Gerald Durrells Naturführer

Gerald Durrells Naturführer

Unter Mitarbeit von Lee Durrell

Mit einem Vorwort von Konrad Lorenz

Für

Theo

(Dr. Theodore Stephanides),
meinen Freund und Mentor, ohne dessen Anleitung ich nichts erreicht hätte,

und für

Pa

(Wilson James Northcross, Sen.),
Lees Großvater, der ihr Interesse an der freilebenden Tierwelt früh geweckt und fürstliche Behausungen für ihre Tiere gebaut hat

Aus dem Englischen übersetzt von Dr. Siegfried Schmitz
Redaktion: Ulla Dornberg, Dr. Sigrun Thiessen
Korrekturen, Register: Irmgard Perkounigg
Herstellung: Dieter Lidl
Satz: Josef Fink GmbH, München

Lizenzausgabe für
Manfred Pawlak Verlagsgesellschaft mbH, Herrsching

Die Originalausgabe wurde entwickelt und produziert von Dorling Kindersley Ltd., London, und ist 1982 unter dem Titel *The Amateur Naturalist* erstmals bei Hamish Hamilton Ltd., London, erschienen

Redaktion der Originalausgabe: Christopher Davis, Stephen Parker
Bildredaktion: Stuart Jackman, Neville Graham

Printed in Germany

ISBN: 3-88199-318-5

Inhalt

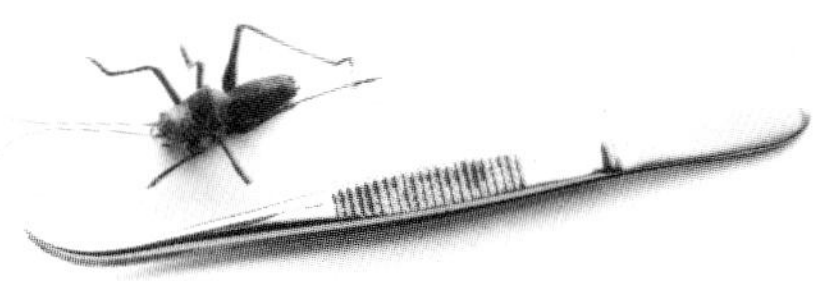

Vorwort

Es ist für mich ein Grund zum Optimismus, wenn alle Menschen, die wirklich von frühester Kindheit an in freier Natur gelebt und die freie Natur erlebt haben, zu nahezu gleichen Überzeugungen gelangen und Weltanschauungen entwickeln, die in den wesentlichen Punkten übereinstimmen. In einer gezielten Umfrage hat mein verehrter Freund Professor Heini Hediger festgestellt, daß unter fünfundzwanzig anerkannten, ja großen Biologen kein einziger war, der nicht schon vor dem fünften Lebensjahr ein brennendes Interesse für die organische Schöpfung gezeigt hätte. Glücklich sind diejenigen zu preisen, denen ein gesegnetes Elternhaus die Möglichkeit bot, mit der freien Natur in eine wirklich nahe Beziehung zu treten, so wie Faust in seinem Dank an den Erdgeist ausspricht:

Erhabner Geist, du gabst mir, gabst mir alles,
Worum ich bat. Du hast mir nicht umsonst
Dein Angesicht im Feuer zugewendet.
Gabst mir die herrliche Natur zum Königreich,
Kraft, sie zu fühlen, zu genießen. Nicht
Kalt staunenden Besuch erlaubst du nur,
Vergönnest mir, in ihre tiefe Brust
Wie in den Busen eines Freunds zu schauen.
Du führst die Reihe der Lebendigen
Vor mir vorbei, und lehrst mich meine Brüder
Im stillen Busch, in Luft und Wasser kennen.

Wesentlich ist die Bedeutung der Worte »Freund« und »Brüder«. Ein Kind, das früh genug zum Naturfreund wird, zweifelt von allem Anfang an nicht daran, daß die Tiere tatsächlich seine Brüder sind. Damit ist bereits eine ganz besondere, kritische und doch liebende und nachsichtige Einstellung zu allen Lebewesen und damit auch zum Mitmenschen gegeben. Wer den Menschen für göttlich und für den Abkömmling von Göttern hält, der muß notwendigerweise auch einen Teufel annehmen, der ihn reitet. Wer sich selbst und die Mitmenschen für Lebewesen hält wie alle anderen auch, wie alle die so liebenswerten und doch so dummen Tiere, die unbezweifelbar unsere Brüder sind, der wird sich und anderen so manches Menschliche und Allzumenschliche verzeihen können. Er wird die Hoffnung aufrechterhalten, daß alles Blutig-Tierische im Menschen, das durch menschliche Technik bloßgelegt wird, einst durch denselben Vorgang überwunden werden kann, der den Menschen aus dem Tier entstehen ließ.

Ich wüßte keine Erziehungsmethode, die dem Hervorbrechen des Unmenschlichen besser entgegenwirken könnte, als den Menschen schon als Kind in möglichst enge Berührung mit »seinen Brüdern im stillen Busch, in Luft und Wasser« zu bringen. Es gibt eine Reihe von Glücklichen, denen solche Gunst des Schicksals zuteil wurde. Einer von ihnen ist Gerald Durrell. Wenn man sein großartiges Buch *Meine Familie und anderes Getier* gelesen hat, so weiß man, daß er in der Tat, wie er selbst sagt, eine überaus glückliche Kindheit durchlebt hat. In jenem Buch hat er seiner Mutter ein unvergängliches Denkmal gesetzt: Diese großartige Frau hat genau gewußt, wie notwendig dem Werden eines kreativen Geistes ein erhebliches Maß an Freiheit ist. Was Gerald Durrell schon als kleiner Bub alles »gedurft« hat, übertrifft sogar alles, was ich im gleichen Alter durfte. Ich habe nämlich eine ähnlich glückliche Kindheit in einem Elternhaus auf dem Lande verlebt, in dem man ebenso tolerant gegen die unglaublichsten Viecher war, die ich selbst gefangen oder – in einem etwas reiferen Alter – gekauft hatte.

Es ist erstaunlich, wieviel Naturgeschichte ein intelligentes Kind unter derartigen Umständen lernen kann, und zwar – und das ist wesentlich – ohne besonders dazu angehalten zu werden. Eines Lehrers und Vorbildes bedarf allerdings auch ein sehr aufgeweckter Knabe – und auch in einer denkbar natürlichen Umgebung. Einen solchen Lehrer hat Gerald Durrell in Theodore Stephanides gefunden, dem er ja auch dieses Buch gewidmet hat.

Die unvergänglich große Gabe, die er seinen Lesern zu schenken hat, ist die strahlende Freude an den Schönheiten der Natur, die er jedem empfänglichen Leser so eindringlich mitzuteilen weiß. Gerald Durrell liebt alles, was lebt! Und es ist, wie Goethe so richtig sagt, nicht der »kalt staunende Besuch«, sondern wahre Freundschaft. Allerdings ist es eine Liebe, die nach genauerer vernunftmäßiger Kenntnis ebenso strebt wie nach enger gefühlsmäßiger Berührung. Was er dem Leser so unmittelbar nahebringt, ist nicht die Ehrfurcht vor großen allumfassenden Naturgesetzen, sondern das Erleben der kleinen, alltäglich begegnenden Tiere und Pflanzen, die jeder sieht und um die sich die wenigsten genug kümmern, um auch nur zu wissen, wie sie heißen. Dieses vertraute Gesicht der uns umgebenden Natur ist, wie ich glaube, besonders geeignet, um Menschen, vor allem jungen Menschen und Kindern, die Augen zu öffnen für die große Wirklichkeit der lebendigen Welt. Der Autor sagt von dem vorliegenden Werk, er habe ein Buch schreiben wollen, wie er es selbst gerne zur Hand gehabt hätte zu jener Zeit, da er als Kind zum Bewußtsein erwachte. Er betont, wie unendlich viel Schönes und Interessantes in der Natur zu finden ist – nicht nur in romantischer Ferne, sondern auch im Garten unmittelbar vor der Haustür.

Das Besondere, worin sich Durrell vor allen anderen mir bekannten Biologen auszeichnet, ist, daß er sich nie auf ein besonderes Gebiet spezialisiert hat. Er interessiert sich für schlechterdings alles, was da kreucht und fleucht oder einfach nur wächst. Daher kennt er in jenen Lebensräumen, mit denen er vertraut ist, nahezu jedes Tier und jede Pflanze, und er bringt seinem Leser nicht die seltensten und vielleicht am speziellsten interessanten Lebensformen nahe, sondern vor allem und am eindringlichsten diejenigen, denen man am häufigsten begegnet. Nicht die Seltenheit hat bei ihm Vorrang, sondern das Gewöhnlichste, das jeder Mensch kennen sollte. Das große ökologische Wissen, das auf diese Weise vermittelt wird, die Kenntnis der Tier- und Pflanzenarten, die zusammen vorkommen und voneinander abhängig sind, bleibt gewissermaßen am Rande stehen. Dennoch kann ich mir keine eindringlichere Schilderung der Meeresküste, des Waldrandes oder sonst einer charakteristischen Lebensgemeinschaft vorstellen.

Es ist immer eine gute Strategie des Lehrens, wenn der Lehrer seinen Schüler nach Möglichkeit denselben Weg entlangführt, den er selbst einst gegangen ist. Durrells Bücher, und im besonderen das vorliegende, zeigen mit großer Genauigkeit und zwingender Anschaulichkeit den Weg, auf den ihn selbst der große Lehrer Natur als Kind und Jüngling geführt hat. Er ist ein guter Vermittler der Worte dieses Lehrers.

Konrad Lorenz
Altenberg/Donau, November 1982

Wie wird man zum Naturforscher?

Uns allen ist das Interesse an unserer Umwelt angeboren. Man beobachte nur einmal ein umherkrabbelndes Baby oder Jungtier. Es untersucht und erfaßt seine Umgebung mit allen Sinnen: dem Gesichts-, dem Gehör-, dem Tast-, dem Geschmacks- und Geruchssinn. Vom Augenblick der Geburt an sind wir Entdecker in einer komplexen faszinierenden Welt.

Soweit ich zurückdenken kann, hat mich alles Lebendige, was mich umgab, fasziniert und begeistert. Eine meiner frühesten Erinnerungen stammt aus jener Zeit, als ich zwei Jahre alt war. Begleitet von meiner Aja, meinem indischen Kindermädchen, machte ich einen Spaziergang auf einer Bergstraße in Indien. Es hatte an diesem Tag heftig geregnet, und die Erde roch würzig und feucht. An einer Straßenbiegung traf meine Aja zwei Freunde, einen Mann und eine Frau, und ich erinnere mich, daß die Frau einen leuchtend magentaroten Sari trug, der wie eine schimmernde Orchidee vom grünen Gesträuch am Straßenrand abstach. Ich verlor sehr bald das Interesse am Gespräch der Erwachsenen und machte mich auf den Weg zu einem nahen Graben, wo ich zu meinem großen Entzücken zwei riesige sandfarbene Nacktschnecken entdeckte, die der Regen hervorgelockt hatte. Sie krochen gemächlich an der Grabenwand umher und hinterließen dabei eine schleimige Spur. Ich hockte mich hin, betrachtete sie hingerissen und sah, wie sie sich ohne Beine auf der Erde fortbewegten. Diese beiden Geschöpfe fesselten meine Aufmerksamkeit, bis meine Aja hinzukam, um nachzusehen, was ich dort trieb. Sie zog mich fort und meinte, ich solle mich nicht mit so schmutzigen Dingen abgeben. Für mich waren sie jedoch nicht nur faszinierend, sondern auf ihre Weise genauso schön wie die Freundin meiner Aja in ihrem prächtigen Sari.

Mein ganzes Leben lang – und ich habe überall in der Welt sehr viele Lebewesen kennengelernt – hat es mich immer wieder verwundert, daß Menschen beim Anblick eines Tiers oder einer Pflanze ausrufen können: »Ist das nicht widerlich?« oder: »Ist das nicht scheußlich?« Ich meine, daß ein wahrer Naturfreund alles, was er sieht, objektiv betrachten sollte. Kein Lebewesen ist scheußlich. Sie alle sind ein Teil der Natur. Man möchte zwar nicht mit einer Klapperschlange oder einer Brennessel in einem Bett schlafen, und es ist ärgerlich, wenn (wie es mir einmal passiert ist) Riesenlandschnecken in unser Zelt einfallen und sämtliche Vorräte auffressen, aber auch solche Organismen haben genauso ein Lebensrecht in dieser Welt wie wir.

Als ich fünf oder sechs Jahre alt war, gestaltete sich die nächste Stufe meiner Naturforscherlaufbahn derart, daß ich Kugelasseln und Marienkäfer in Streichholzschachteln steckte und in der Hosentasche mit mir herumtrug. Und als ich dann mit meiner Familie auf die griechische Insel Korfu übersiedelte, kamen meine naturkundlichen Neigungen endgültig zum Durchbruch. Ich stellte fest, daß die Insel eine große Vielfalt an herrlichem Getier beherbergte, und so sammelte ich nicht nur alle möglichen Tiere, zum Beispiel Schmetterlinge und Käfer, sondern ich hielt sie auch lebend und studierte sie. In meinem Zimmer oder im Garten hatte ich jederzeit ein buntes Tiersortiment, vom Uhu bis zum Skorpion und von der Schildkröte bis zum Seepferdchen. Ich hatte das ungewöhnliche Glück, in Dr. Theodore Stephanides einen Lehrmeister und väterlichen Freund zu besitzen, der über ein enzyklopädisches naturgeschichtliches Wissen verfügte. Er schenkte mir, als ich acht Jahre alt war, mein erstes »pro-

Der junge Naturforscher
Auf dem gegenüberstehenden Foto, das mich im Alter von zehn Jahren zeigt, halte ich stolz einen meiner größten Schätze in der Hand – eine Schleiereule.

Große und kleine Tiere
Jedes Tier oder jede Pflanze ist ein Wunderwerk der Natur, dem man sich mit Staunen nähern sollte. Der riesige See-Elefant *(oben)* und die todbringende Schwarze Mamba *(Mitte)* wirken auf uns aufregend und exotisch, aber für den Naturforscher ist ein gewöhnlicher Haussperling *(unten)* nicht weniger faszinierend.

fessionelles« Instrument – ein Taschenmikroskop. Eine ganz neue Welt erschloß sich mir; ich entdeckte, daß es in den unscheinbarsten Tümpeln und Wassergräben von winzigen Lebewesen wimmelte, und jede Pfütze wurde für mich zu einem Dschungel, der von kleinsten Organismen bevölkert war.

Später wurde dann der Fang von Zootieren in freier Wildbahn mein Beruf, und ich bereiste die halbe Welt zwischen Patagonien und Kamerun, zwischen Guayana und Malaysia. Im Laufe der Jahre habe ich auf diese Weise eine Fülle von Wildtieren kennengelernt. Ich lag auf einem südamerikanischen Strand inmitten von riesigen See-Elefanten, die teils lautstark schnarchten und sich teils, wenn ich mich ihnen zu sehr näherte, in einem Hagelschauer von Kieselsteinen zwei Meter hoch aufrichteten, um mich mit weit aufgerissenem Maul und dumpfem Gebrüll lautstark zu warnen. Im tropischen Urwald Südamerikas habe ich anderthalb Meter lange Zitteraale eingefangen, die ein fast ebenso großes Beutetier mit einer elektrischen Ladung lähmen können. In den Nebelwäldern von Costa Rica beobachtete ich den herrlichen Flug des Vogels Quetzal, der seine meterlangen, goldgrün schillernden Schwanzfedern wie eine Fahne hinter sich herzog, wenn er von Baum zu Baum über eine Lichtung dahinflog, und auf der anderen Seite der Welt habe ich eine aufregende und nicht ganz ungefährliche halbe Stunde in der Nacht damit zugebracht, eine Schwarze Mamba, eine der giftigsten Schlangen Afrikas, wiedereinzufangen, die mir aus einem Käfig entkommen war. Eine besondere Freude war für mich die Begegnung und der spielerische Umgang mit einem Schnabeltier, das aussah wie Donald Duck im Pelzmantel, doch ein fast ebenso großes Vergnügen bereitete es mir, einfach den Spatzen vom Küchenfenster aus zuzuschauen.

Ein Naturfreund und Naturforscher ist in doppelter Hinsicht ein glücklicher Mensch. Zum ersten erfreut er sich an allem, was ihn umgibt, und führt somit ein erfüllteres Leben als jemand, der sich für die Natur nicht interessiert. Und zweitens kann er seinem Hobby überall und jederzeit frönen, denn er betrachtet das Stückchen Natur, das mitten in einer Großstadt ums Überleben kämpft, mit der gleichen Faszination wie einen vom Leben strotzenden Tropenwald. Die großen Wildtierherden in der afrikanischen Steppe begeistern und bewegen ihn genauso wie die Ohrwürmer in seinem Garten.

Die ersten Naturforscher

Der Mensch hat sich von jeher für die Kreaturen interessiert, welche die Welt mit ihm bewohnen. Weil manche Tiere Nahrung lieferten und andere als gefährliche Räuber auftraten, wurden aus den Urmenschen die ersten Naturforscher. Um überleben zu können, mußten sie die Natur beobachten, und wie sorgfältig sie das taten, können wir an alten Höhlenmalereien erkennen.

Vor vielleicht 20000 Jahren begann der Mensch dann Tiere zu domestizieren, nachdem er bis dahin ausschließlich als Jäger gelebt hatte. Der Hund half ihm bei der Jagd, und Gänse und wildlebende Huftiere wurden als Nahrungslieferanten gehalten und weitergezüchtet – das war einfacher, als die Tiere in freier Natur zu jagen. Nachdem die Menschen die Haustierhaltung eingeführt hatten, wandten sie ihre Aufmerksamkeit den Pflanzen zu. Sie zogen nicht mehr als Nomaden auf der Suche nach Wild und dem jahreszeitlich wechselnden Pflanzenangebot weit umher, sondern begannen als Ackerbauern seßhaft zu werden. Wo sich Menschen in großer Zahl ansiedelten, entstanden Dörfer und Städte. Jetzt hielt man Tiere und Pflanzen nicht mehr nur als Nahrungslieferanten, sondern auch um ihrer Eigenart und Schönheit willen. Ein früher Vorläufer des modernen zoologischen Gartens wurde um 1100 v. Chr. in China gegründet und mit dem zutreffenden Namen »Garten der Weisheit« bedacht. Die Pharaonen im alten Ägypten und die meisten Herrscher jener Zeit, unter anderem König Salomo, besaßen ansehnliche Tiersammlungen.

Eines der ersten brauchbaren naturkundlichen Bücher ist die *Historia animalium,* die große Tierenzyklopädie, die Aristoteles um das Jahr 335 v. Chr. zusammenstellte. Er beschrieb mindestens 300 Wirbeltierarten so exakt, daß moderne Zoologen sie zu identifizieren vermochten. Hauptsächlich aus diesem Werk bezog Plinius der Ältere die Informationen für seine 75. n. Chr. in Italien entstandene *Historia naturalis,* die 37 Bände umfaßte. Dieses Riesenwerk enthält zwar eine Fülle von solidem zoologischem Wissen, aber es zeigt auch, wie leichtgläubig Plinius war, denn er verzeichnete viele »unmögliche« Tiere, wie etwa geflügelte Pferde, Einhörner und Meerjungfrauen.

In den nachfolgenden Jahrhunderten machte die Naturgeschichte, wie viele andere wissenschaftliche Fächer auch, nur geringe Fortschritte. Die wenigen Zoos, die es gab, waren im Besitz von adligen Dilettanten und kaum mehr als zweitklassige Menagerien ohne jeden wissenschaftlichen Wert. Noch im 16. und 17. Jahrhundert bestanden naturgeschichtliche Werke vorwiegend aus illustrierten Bestiarien und Kräuterbüchern. Dabei handelte es sich in der Hauptsache um eine Mischung aus Legenden, Aberglauben und Fakten. Die Kräuterbücher waren wenig zuverlässig; sie befaßten sich vor allem mit Pflanzen, die als Arzneien und oft auch als Zaubermittel verwendet wurden. In den Bestiarien stattete man manche bekannten Tiere mit ungewöhnlichen Eigenschaften aus: Der Hirsch saugte Schlangen aus ihren Löchern und verspeiste sie, und das Wiesel konnte tote Junge zum Leben erwecken.

Der Manticora
»In Indien haust ein Tier, Manticora genannt. Es hat oben und unten je drei Zahnreihen; den Kopf eines Mannes mit funkelnden blutroten Augen; einen Löwenkörper; einen Schwanz wie einen Skorpionsstachel und eine schrille Stimme, die so pfeift, daß sie den Tönen einer Flöte ähnelt. Es ist ganz versessen auf Menschenfleisch.« Das Fabelwesen Manticora – der Holzschnitt stammt aus Topsells *Historie of Foure-Footed Beastes* (1607) – taucht noch am Ende des 17. Jahrhunderts in seriösen Werken auf.

Die Erweiterung des biologischen Weltbildes

Die Fortschritte in der Renaissance und die Arbeiten Galileis zu Beginn des 17. Jahrhunderts gaben den Naturforschern zwei wichtige Instrumente an die Hand, das Mikroskop und das Teleskop, so daß sich im Laufe des Jahrhunderts ein allmählicher Wandel der Einstellung, vom Glauben zur Wissenschaft, vollzog. Die Bestiarien und Kräuterbücher wurden nach und nach von wissenschaftlich fundierten Naturkundebüchern verdrängt. Im Zuge dieser Entwicklung erkannten die Naturforscher immer deutlicher, daß sie ein System zur Einordnung der Lebewesen brauchten, denn je mehr die Welt erforscht und je mehr Pflanzen und Tiere entdeckt wurden, desto schwieriger war es, sie alle richtig zu erfassen. Ein junger schwedischer Gelehrter namens Carl von Linné löste schließlich das Problem. Um die Mitte des 18. Jahrhunderts schuf er für die chaotischen »Büros« der Naturforscher ein Karteisystem, und dieses System bildet noch immer die Grundlage für die Klassifizierung der ungezählten Organismen unserer Erde.

Linné ging von folgenden Grundgedanken aus: Er verschaffte sich zunächst einen Überblick über alle lebenden Organismen, und all jene, die einander ähnlich waren, teilte er einer der verschiedenen *Klassen* zu; die Organismen einer Klasse wurden aufgrund ihrer Übereinstimmungen im Detail in mehrere *Ordnungen* unterteilt; eine Ordnung umfaßte wiederum einzelne *Familien* und *Gattungen,* und jede Gattung setzte sich schließlich aus *Arten* oder *Spezies* zusammen. Dieses Klassifizierungssystem ist noch heute in Gebrauch (vgl. S. 287). Die wahrscheinlich größte Errungenschaft Linnés war indes die Benennung eines jeden Lebewesens mit einem unverwechselbaren wissenschaftlichen (lateinischen) Namen, aus dem sich die Gattungs- und Artzugehörigkeit eindeutig ergibt. Nehmen wir zum Beispiel die Große Hufeisennase (eine Fledermausart), deren wissenschaftlicher Name *Rhinolophus ferrum equinum* lautet – von *rhinos* (griechisch für Nase), *lophos* (griechisch für Schopf) *ferrum* (lateinisch für Eisen) und *equinum* (lateinisch für Pferde- . . .). Dieses Tier gehört zu einer Gruppe von Fledermäusen mit einem fleischigen Nasenaufsatz, der bei ihm die Form eines Hufeisens hat. Ein Vogel oder Fisch oder Baum oder Pilz wird in Deutschland, England oder Timbuktu mit unterschiedlichen volks-

Die Kräfte der Pflanzen
Wie die alten Bestiarien waren auch die Kräuterbücher absonderliche Mischungen aus exakten Beobachtungen und abstrusen Legenden. In seinem *Compleat Herbal* von 1719 warnte Tournefort vor den Gefahren des Kräuterschnupfens. »Ein gewisser Herr aus Siena, der eine merkwürdige Vorliebe für den Geruch des Basilienkrauts hatte, nahm sehr häufig das Pulver des getrockneten Krautes zu sich, das er in die Nase einschnupfte; doch nach kurzer Zeit wurde er verrückt und starb; und als sein Kopf von Wundärzten geöffnet wurde, fanden sie in seinem Hirn ein Skorpionsnest.«

Carl von Linné (1707–1778)

Gilbert White (1720–1793)

Charles Darwin (1809–1882)

tümlichen Namen bezeichnet, aber sein wissenschaftlicher Name, der dem Biologen genau sagt, womit er es zu tun hat, ist überall gleich, wo auch immer das Tier oder die Pflanze vorkommen mag. Linné gab sich übrigens auch selber einen wissenschaftlichen Namen – er nannte sich Carolus Linnaeus –, und sein Hauptwerk *Systema naturae* (in der maßgebenden 10. Auflage von 1758) ist ein wichtiger Meilenstein der Naturgeschichte.

Um dieselbe Zeit lebte in Hampshire ein außergewöhnlicher Mann, der Landpfarrer Gilbert White, der als der erste englische Naturforscher gilt. Er beschäftigte sich, im Unterschied zu Linné, nicht mit den wissenschaftlichen Grundlagen der Naturgeschichte, sondern begnügte sich damit, die Natur mit scharfen Augen zu betrachten und sie liebevoll zu beschreiben. White entfernte sich nie sehr weit von dem Dorf Selbourne, in dem er geboren war, und alle seine Beobachtungen machte er in der umliegenden Landschaft. Dennoch ist sein köstliches Buch *The Natural History and Antiquities of Selbourne* (1788) ein Musterbeispiel klarer, faszinierender Naturgeschichtsschreibung geblieben, und die in ihm enthaltenen Erkenntnisse waren ihrer Zeit weit voraus.

Im 19. Jahrhundert setzte dann eine neue Entdeckungswelle ein. Naturforscher reisten in der ganzen Welt umher und sammelten Pflanzen und Tiere in riesigen Mengen. Voll Staunen und Bewunderung erblickten sie den Reichtum und die Vielfalt unserer Erde, vor allem in den Tropen. Alexander von Humboldt, Henry Walter Bates und Alfred Russel Wallace erkundeten die reichen Tropenwälder Südamerikas, und Wallace erforschte später auch Südostasien. In Afrika stießen F.C. Selous, Emin Pascha, Alexander Keith Johnson und andere immer tiefer in den »Dunklen Kontinent« vor und machten dort ebenso erstaunliche botanische und zoologische Entdeckungen. In Nordamerika waren Edmund Beecher Wilson und John James Audubon eifrig damit beschäftigt, die Vogelwelt zu erforschen, zu katalogisieren und zu malen.

Evolution – der Schlüssel zum Verständnis der Natur

In dieser Zeit und Zeitstimmung erhielt ein junger Engländer namens Charles Darwin die Möglichkeit, als Naturforscher an Bord des Vermessungsschiffs »Beagle« um die Welt zu segeln. Es sollte eine bedeutsame Reise werden, nicht nur für Darwin selbst, sondern auch für die gesamte Naturwissenschaft. Bis dahin hatten die meisten Menschen geglaubt, die vielen mannigfaltigen Lebensformen seien in einem Schöpfungsakt gleichzeitig erschaffen worden, so als hätte sie Gott wie einen Haufen Zinnsoldaten fix und fertig aus einer Schachtel auf die Erde gekippt, und ein Elefant oder eine Kiefer habe von Urbeginn an immer gleich ausgesehen. Doch inzwischen waren allerlei merkwürdige Tatsachen ans Licht gekommen. Man hatte Versteinerungen bizarrer Lebewesen, die es längst nicht mehr gab, und jahrmillionenalte Gesteine entdeckt. Und der Mensch besaß die Fähigkeit, aus Haustieren und Kulturpflanzen immer neue Spielarten herauszuzüchten. Diese Tatsachen ließen sich nur schwer mit der Schöpfungslehre vereinbaren, derzufolge alle Lebewesen (und alle Fossilien) innerhalb von sechs Tagen des Jahres 4004 v. Chr. von Gott erschaffen worden waren. Nach vielen Jahren geduldigen Forschens legte Darwin eine einleuchtende Erklärung vor.

Er war ein hervorragender Naturforscher und ein stets neugieriger Wissenschaftler. Seiner Aufmerksamkeit entging nichts. In seinem Reisetagebuch kann man nachlesen, wie sehr ihn alles in der Natur faszinierte, die Fossilien, die er in Patagonien fand, die Spinnen des brasilianischen Urwalds oder auch der Umstand, daß seine Flanellweste während eines Gewittersturms in den Anden zu phosphoreszieren begann. Als Darwin auf den Galapagosinseln eintraf, nahm seine Theorie erstmals Gestalt an. Er entdeckte dort viele verschiedene Finkenarten. Sie alle hatten eine grundsätzliche Ähnlichkeit mit einer Art des südamerikanischen Festlandes, das 900 Kilometer weiter östlich lag, aber sie unterschieden sich geringfügig voneinander in der Größe und im Gefieder, vor allem jedoch in der Schnabelform und -größe. Die Art mit dem größten Schnabel ernährte sich von den größten Samenkörnern; eine andere Art verzehrte fleischige Kakteen, indem sie auf die Leckerbissen mit ihrem gebogenen Schnabel einhackte; eine dritte Art mit einem langen, dünnen Pfriemenschnabel machte hingegen Jagd auf Insekten. Darwin erkannte, daß die Schnabelformen der Ernährungsweise der einzelnen Finkenarten angepaßt waren. Doch warum waren die Galapagosfinken einerseits so ähnlich und unterschieden sich andererseits ein wenig voneinander und von der Festlandsart?

Die Idee einer Evolution des Lebens ist so alt wie die Philosophen des alten Griechenlands, und die großen Naturforscher des 18. und 19. Jahrhunderts, wie Georges Baron de Cuvier, Jean-Baptiste de Lamarck und der Graf von Buffon, waren sich bewußt, daß die Schöpfungslehre den immer stärkeren Beweisen für die Evolution nicht mehr lange standhalten werde. Doch es waren Darwin und, auf der anderen Seite der Welt, Alfred Russel Wallace, die als erste erkannten, *wie* die Evolution abläuft. Den beiden scharfsinnigen Naturforschern war aufgefallen, daß innerhalb einer Gruppe von ähnlichen Organismen keine zwei Individuen absolut gleich sind. Überdies konnten sich beide auf das Werk von Tomas Malthus, einem Nationalökonomen des frühen 19. Jahrhunderts, berufen, der festgestellt hatte, daß die meisten Organismen weit mehr Nachkommen hervorbringen, als überhaupt überleben und sich somit fortpflanzen können. Einige müssen sterben. Diejenigen, die sich von ihren Artgenossen zwar nur geringfügig, aber immerhin in einer Weise unterscheiden, daß sie sich ihrer Umwelt besser anpassen, haben die größten Überlebenschancen. In gewissem Sinne »wählt« oder »selektiert« die Natur die Individuen, die sich weitervermehren. Wenn die Nachkommen die »lebensrettenden« Eigenschaften oder *Anpassungen* von ihren Eltern erben, haben auch sie eine größere Chance, die Unbilden der Umwelt zu überstehen, und sie geben die Anpassungen an ihren eigenen Nachwuchs weiter. Die große Artenvielfalt hat sich somit dank der allmählichen Anhäufung unterschiedlicher Anpassungsformen entwickelt, die durch diese *natürliche Auslese* in verschiedenartigen und sich ständig verändernden Lebensräumen entstanden sind.

Was war auf den Galapagosinseln geschehen? Man geht heute davon aus, daß vor einer Million Jahren ein paar Finken vom südamerikanischen Festland durch einen Sturm auf eine der Inseln verweht worden sind. Die Nachkommen haben sich nach und nach an unterschiedliche Nahrungsangebote angepaßt, die so mannigfaltig waren, daß sich 13 neue Arten entwickeln konnten.

Man kann sich vorstellen, daß Darwins Theorie, die er sehr ausführlich in seinem Buch *Über die Entstehung der Arten* (1859) darlegte, einen Sturm der Entrüstung auslöste. Die Kirche verdammte sie als Gotteslästerung, doch für die Mehrzahl der Naturwissenschaftler war die Lehre von der Evolution durch natürliche Auslese eine Offenbarung, denn damit ließen sich zahllose Rätsel lösen, z.B. das der versteinerten Tiere, die unverkennbar Vorläufer moderner Lebensformen waren, oder der Fossilien jener absonderlichen Geschöpfe, die vor langer Zeit ausgestorben waren, weil sie sich nicht schnell genug an eine sich rasch wandelnde Umwelt anzupassen vermochten. Die Theorie erklärte auch die Existenz von Lebewesen mit ähnlichem Körperbau und ähnlichen Verhaltensweisen, die aber in weit voneinander entfernt liegenden Regionen vorkommen und zwischen denen in der Vergangenheit offensichtlich keinerlei Beziehungen bestanden. Solche Tiere sind das Ergebnis einer *konvergenten Evolution.* Sie zeigen ähnliche Anpassungen, weil sie in der Natur ähnliche Rollen gespielt haben, doch haben sie sich aus nicht miteinander verwandten Vorfahren entwickelt. Das Werk von Darwin und Wallace hat wahrscheinlich mehr als jedes andere unser modernes Naturverständnis geprägt.

Natürliche und künstliche Zuchtwahl oder Auslese

Als Charles Darwin 1835 die Galapagosinseln besuchte, erkannte er eine Parallele zwischen der vom Menschen betriebenen Auslesezucht und der Auslese oder Selektion in der Natur. Die Taubenzüchter haben zum Beispiel durch gezielte Auslese aus der Felsentaube alle möglichen Spielarten herausgezüchtet. Die Natur verfährt durch den »Kampf ums Dasein« ähnlich. Die Schnabelformen der Galapagosfinken haben sich durch natürliche Auslese an unterschiedliche Formen von Nahrung angepaßt und somit den Wettbewerb zwischen den Finkenarten vermieden. Darwin vermutete, daß die Stammform der Galapagosfinken eine südamerikanische Art war, die ein Sturm auf die Inseln verweht hatte.

Natürliche Auslese bei den Galapagosfinken

Künstliche Auslese bei Tauben

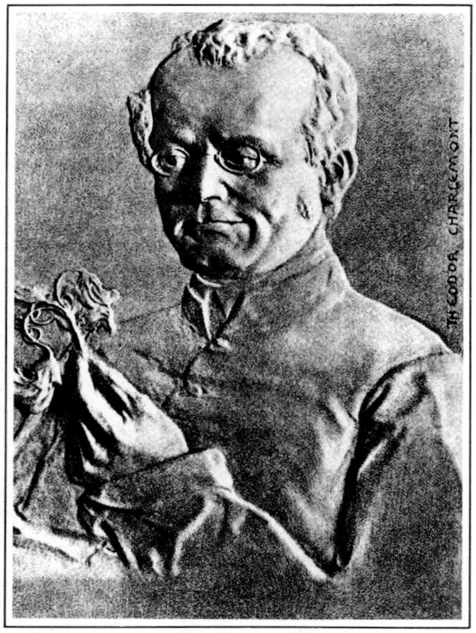

Gregor Mendel (1822–1884)

Damals entstand eine weitere bedeutende Theorie, die allerdings Darwin und Wallace und den meisten Menschen unbekannt blieb. Der österreichische Mönch Gregor Johann Mendel stellte in seinem Klostergarten Experimente mit Gartenerbsen an. Vor allem interessierte ihn die Frage, ob die Samen einer bestimmten Pflanze den Samen glichen, aus denen die Pflanze selbst hervorgegangen war. Er kreuzte Hunderte von verschiedenen Erbsenvarietäten und führte genau Buch über die Samentypen, die aus diesen Kreuzungen hervorgingen. Seine Theorie handelte von den Gesetzmäßigkeiten der *Genetik,* also von der Art und Weise, wie sich die Merkmale der Organismen vererben. Die große Bedeutung seiner Arbeit wurde erst 40 Jahre später erkannt, als den Wissenschaftlern aufging, wie sehr diese Erkenntnisse Darwins Lehre von der natürlichen Auslese stützte. Mendels Geschichte zeigt uns, daß man nicht ans Ende der Welt zu reisen braucht, um bedeutsame Entdeckungen zu machen.

Das moderne biologische Weltbild

Die Wissenschaft vom Leben gleicht einem riesigen Puzzlespiel – ein Teil wurde von den alten Chinesen eingefügt, ein anderes von Aristoteles, und größere Abschnitte haben Männer wie Linné, Darwin und Mendel beigesteuert. Mittlerweile sind größere Flächen komplett, doch gibt es noch immer viel zu tun.

Aus der Sicht des Naturforschers läßt sich der Fortschritt des Wissens in vier Phasen unterteilen: was, wo, wie und warum. Natürlich arbeiten wir noch immer an der Beantwortung der Frage nach dem »Was« und »Wo«, obgleich wir heute schon ziemlich genau wissen, welche Lebewesen die Erde bewohnen und wo sie vorkommen. Seit Darwins revolutionärer Theorie fragen wir nach dem »Warum«. Warum gibt es auf den Galapagos so viele verschiedene Finkenarten? Warum haben die Orchideenblüten eine so merkwürdige Form? Darwin stellte auch die Frage nach dem »Wie«. Wie erklettert eine Pflanze ein Spalier, und wie erbauen winzige Korallen ganze tropische Inseln?

Einer der bedeutendsten Naturforscher der zweiten Hälfte des vorigen Jahrhunderts war der französische Entomologe Fabre. Für ihn war es zwar auch wichtig, Insekten zu sammeln, aber nicht minder interessierte ihn die Frage nach dem Verhalten dieser Tiere. Er gehörte zu den ersten Entomologen, die Feldstudien betrieben und die Lebensgewohnheiten der Insekten in der freien Natur erforschten. Darüber hinaus besaß er die Gabe, seine Entdeckungen so schlicht und eindringlich zu beschreiben, daß selbst Leute ohne jede Fachkenntnisse sie begreifen konnten. Ich erinnere mich, daß ich zehn Jahre alt war, als mich mein Bruder Lawrence mit Fabres Schriften bekanntmachte. Sie eröffneten mir eine Welt voller Zauber. Da war ein Mann, der mir erklären konnte, warum die Mistkäfer mit solchem Eifer kleine Kugeln aus Pferde- oder Kuhdung fabrizieren und sie dann vergraben, oder wie der Leuchtkäfer Schnecken überwältigt und verspeist. Obwohl sich Fabre hauptsächlich mit Insekten beschäftigte, interessierte er sich für die gesamte Natur, von den Pilzen bis zu den Fossilien, und mit seinen Büchern entführte er seine Leser hinaus in die frische Luft, während sich die meisten Naturforscher seiner Zeit lieber im Museum aufhielten. Diese Tradition haben zeitgenössische Forscher wie Konrad Lorenz fortgesetzt, aus deren Untersuchungen des tierischen Verhaltens sich die wissenschaftliche *Ethologie* oder *Verhaltenslehre* entwickelt hat.

Das Arbeitszimmer eines großen Naturforschers
Das Haus des bedeutenden französischen Entomologen Jean Henri Fabre in der Nähe der südfranzösischen Stadt Orange wurde zu Ehren des ehemaligen Besitzers in ein Museum umgewandelt. In Fabres Arbeitsraum *(Foto auf der gegenüberliegenden Seite)* wird ein großer Teil seiner Sammlungen und Gerätschaften aufbewahrt. Fabre sammelte, wie man sieht, nicht nur tote Belegstücke, sondern begründete im vorigen Jahrhundert eine ganz neue Forschungsrichtung, indem er lebende Tiere hielt, um ihre Verhaltensweisen zu studieren.

Ökologie – der Teppich des Lebens

Den modernen Naturforscher interessiert vor allem die Frage, wie sich ein Organismus dank seiner Lebensweise in den Zusammenhang der anderen Organismen einfügt, die ihn umgeben. Er beobachtet alles, was in der *Gemeinschaft* vorgeht, also in der Ansammlung sämtlicher Lebewesen innerhalb eines

Wer frißt was?
Ein Nahrungsnetz ist die grafische Darstellung von Freßbeziehungen innerhalb einer Lebensgemeinschaft, wobei die Nahrungswahl der einzelnen Mitglieder durch Pfeile angedeutet wird. In einem typischen Nahrungsnetz, wie unten gezeigt, bilden Pflanzen die Basis, während große Fleischfresser wie der Fuchs ganz oben stehen. Dieses stark vereinfachte Netz stellt jedoch lediglich die Hälfte des Gesamtbildes dar. Die andere Hälfte - das Nahrungsnetz der »Zersetzer« - umfaßt Organismen, die von Tier- und Pflanzenresten leben und so dem Boden neue »Rohstoffe« zuführen.

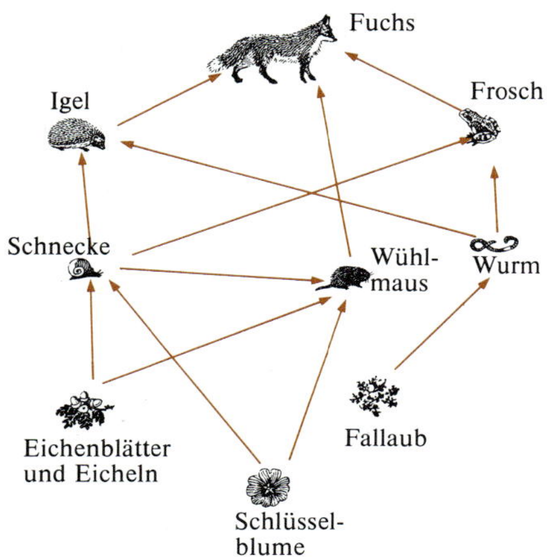

Zusammenarbeit verschiedener Arten
Der kleine blaugestreifte Putzerfisch tropischer Meere ernährt sich dadurch, daß er die winzigen Tiere auf der Haut und den Kiemen größerer Fische abzupft und verspeist, die so von lästigen Schmarotzern befreit werden. Der große Fisch, der ohne weiteres einen Putzer verschlingen könnte, hält sich ruhig, während die kleinen flinken Fische ihre Putzerpflichten erfüllen.

natürlichen Lebensraums, etwa eines Waldes oder eines Korallenriffs, und er erkennt, daß in der Natur jeder Art eine bestimmte Rolle zugewiesen ist. Diese Rolle bezeichnet man als *Artennische,* und sie definiert sich durch den »Beruf« und das Familienleben und die Freunde und Feinde aller Individuen, welche die jeweilige Art bilden.

Ein wesentlicher Faktor, der die gegenseitige Abhängigkeit der Lebewesen in einer Gemeinschaft bestimmt, ist der Nahrungserwerb. Da sind zunächst die Pflanzen, dann die Tiere, welche die Pflanzen fressen, sowie die Tiere, die sich von anderen Tieren ernähren, und schließlich die Pilze und Bakterien, die von den Leichen der Pflanzen wie der Tiere leben. Dieses Geflecht der Ernährungsweisen, des Fressens und Gefressenwerdens, nennen wir *Nahrungsgesetz.* Die wichtigsten »Zersetzer« - Pilze und Bakterien - zerlegen wie eine Fabrik die abgestorbenen Organismen in die Chemikalien, aus denen sie bestehen, und reichern dadurch den Boden mit Verbindungen von Kohlenstoff, Sauerstoff, Wasserstoff, Stickstoff und Phosphor an. Diese Chemikalien werden wieder in den Zyklus einbezogen, wenn Pflanzen die Nährstoffe im Boden und zusätzlich die Energie des Sonnenlichts für ihr Wachstum benötigen. Doch auch bei vielen anderen Gelegenheiten werden die chemischen Bausteine des Lebens von den Organismen aufgenommen oder abgegeben. Ein hechelnder Fuchs erzeugt beispielsweise feuchte Atemluft, die vielleicht nach zwei Millionen Jahren zu einer Eiche zurückkehrt: Die Feuchtigkeit gelangt in die Atmosphäre und wird Teil einer Schneeflocke; diese fällt zur Erde nieder und trifft auf einen Gletscher auf, der allmählich abschmilzt; der Gletscherstrom ergießt sich ins Meer; das Meerwasser verdunstet und bildet eine Wolke, die sich an der Stelle abregnet, wo die Eiche steht. In solchen *Nährstoffzyklen* wandern die Nährstoffe zwischen belebter und unbelebter Materie hin und her.

Organismen sind jedoch nicht nur in ihrer Ernährung voneinander abhängig. Ebenso wichtig sind Unterkunft, Versteckplätze und angemessene Wachstumsbedingungen. Eine Zecke nistet sich im Fell eines Eichhörnchens oder Kaninchens ein; das Eichhörnchen zieht seine Jungen auf einem Baum groß, und das Kaninchen richtet seine Kinderstube zwischen den Wurzeln des Baums ein. Der Baum spendet seinerseits Schatten, den Farne und Glockenblumen zum Wachsen brauchen, und ermöglicht es den Kletterpflanzen, sich zur Sonne emporzuranken.

Zudem sind Lebewesen in hohem Maße abhängig von der physikalischen Beschaffenheit ihrer Umwelt. Ein Wal kann in einer Wüste nicht überleben, eine Palme nicht auf dem Meeresgrund. Für einen Organismus ist es sehr wichtig, ob seine Umwelt warm oder kalt, feucht oder trocken ist, und selbst der Einfallswinkel des Sonnenlichts kann ein wesentlicher Faktor sein.

Die Verfügbarkeit der Dinge, die ein Organismus zum Leben braucht - Nahrungsangebot, Wohngelegenheit und geeignete physikalische Bedingungen -, setzt natürliche Schranken; sie bestimmt, wo Lebewesen existieren und wie viele sich jeweils halten können. Eine Lebensgemeinschaft sowie die dazugehörige physikalische Umwelt bezeichnet man als *Ökosystem.* Die Erforschung dessen, was die Zahl und Verteilung der Lebewesen reguliert, wird *Ökologie* genannt, abgeleitet von dem griechischen Wort *oikos* (Haus, Wohnstatt). Auf unserem Planeten gibt es verschiedene Formen von Ökosystemen, die ihr Gepräge in erster Linie durch die Temperatur und die Feuchtigkeit erhalten. In Weltregionen mit harten Lebensbedingungen sind die Ökosysteme recht einfach - weniger Arten und infolgedessen weniger Glieder im Nahrungsnetz. In kalten, trockenen Regionen erstreckt sich die Tundra; sein Gegenstück in heißen, trockenen Gebieten sind die großen Wüsten. In milderen Klimazonen werden die Ökosysteme komplexer. In feuchteren Breiten gedeihen Nadel- und Laubwälder, und in trockeneren Regionen dehnen sich Savannen und Steppen aus. Rings um den sehr feuchten und warmen »Bauch« des Planeten finden sich die tropischen Regenwälder, deren Ökosystem am üppigsten ist – eine Fülle von Arten in zahlreichen spezialisierten Nischen. Die Wassermassen der Erde zeigen die gleiche Gliederung: Die Artenzahl nimmt in extrem nördlichen und südlichen Klimabereichen stark ab.

Wir Menschen haben vielfach die Vorstellung, die Tiere und Pflanzen führten in der Natur ein glückliches, sorgenfreies Leben. In Wirklichkeit müssen sie sich sehr anstrengen, wenn sie überleben und sich vermehren wollen. Erfolgreich ist nur der Organismus, der im Nahrungswettbewerb obsiegt, der bessere Verstecke, Standorte oder Nistplätze findet und insbesondere mehr Nachkommen aufziehen kann als seine Artgenossen. Viele Arten haben sich zum Zweck des Überlebens auf komplizierte Weise angepaßt – von den Dornen und Nesselhaaren bei manchen Pflanzen bis zur Mimikry in der Tierwelt. Andere ausgeklügelte Anpassungsmechanismen sollen die Fortpflanzung sichern, zum Beispiel abenteuerliche Formen der Samen, die die Ausbreitung erleichtern, die Wechselbeziehung zwischen einer Blüte und dem auf ihre Bestäubung spezialisierten Insekt und eindrucksvolle Balzrituale, etwa die phantastischen Gefiederspiele der Paradiesvögel oder die Hochzeitstänze der Alligatoren.

Die Balz ist nur ein einziger Aspekt der faszinierenden Welt der tierischen Verständigung. Indem die Tiere ihre Absichten durch auffällige Farben, Gesten, Laute, Düfte und sogar Berührungen signalisieren, vergeuden sie weniger Zeit und Energie auf den Streit um Geschlechtspartner und können sich so auf die wichtigeren Aufgaben der Nahrungssuche, der Feindvermeidung, der Paarung und der Aufzucht der Jungen konzentrieren. Welche Bedeutung die Verständigung im Leben der Tiere hat, wurde mir klar, als ich einmal einige Wochen damit zubrachte, eine riesige Kolonie von zwei Millionen Pinguinen in Patagonien zu filmen und auf Tonband aufzunehmen. Die Nistplätze der Kolonie lagen etwa drei Kilometer vom Meer entfernt, und um das Wasser zu erreichen, mußten die Pinguine eine Reihe von mächtigen Sanddünen über-

Balzende Baßtölpel
Viele Vögel haben ein kompliziertes und hochinteressantes Balzverhalten, das verschiedene Tätigkeiten und Gebärden in einer festgelegten Abfolge umfaßt. Die Bewegungen sind vielfach anderen Teilen des Verhaltensrepertoires entlehnt, etwa dem Nahrungserwerb oder dem Kampf, doch sie werden gleichsam zu einem Zeremoniell umfunktioniert. Julian Huxley, der die Balz der Haubentaucher im einzelnen erforschte, hat für diese zweckentfremdeten Verhaltensformen den Begriff der Ritualisierung geprägt. Auf dem Foto widmet sich der männliche Tölpel dem sogenannten »Nackenbeißen«, mit dem er normalerweise männliche Artgenossen traktiert, die in sein Territorium eingedrungen sind. Wenn das Weibchen darauf nicht mit Zurückbeißen, sondern mit der Unterwerfungsgeste des »abgewandten Gesichts« reagiert, kann das Paar zur nächsten Phase des Balzrituals übergehen.

steigen. Wenn sie vom Fischfang heimkehrten, den Kropf angefüllt mit Nahrung für ihre Babys, mußten sie sich zwischen Tausenden und Abertausenden von Nistmulden zurechtfinden. Hier wurde mir bewußt, was für schlechte Beobachter wir sind. Für mich sahen alle Nester und alle Babys gleich aus, doch die Pinguineltern irrten sich niemals und strebten stets schnurstracks auf ihr eigenes Junges zu.

Das Gewebe der Natur - stark und zart zugleich

Innerhalb einer stabilen Lebensgemeinschaft sind die Nischen in der Regel so angeordnet, daß keine Art mit einer anderen in direktem Wettbewerb steht. Die Nische entspricht einer ausschließlichen Rolle, die eine Art in der Gemeinschaft spielt, und es kommt dabei kaum zu Überschneidungen. Manche Arten scheinen ähnliche Rollen zu übernehmen, doch vielfach treten sie dann gleichsam zeitversetzt auf. Greifvögel stellen beispielsweise Nagetieren am Tage nach, Eulen dagegen in der Nacht. Frösche und Kröten können im selben Teich ablaichen, doch im allgemeinen stellt sich dann heraus, daß sich die Frösche zeitig im Frühling fortpflanzen und die Kröten etwas später. In einer Lebensgemeinschaft, die zahlreiche verschiedene Arten umfaßt, sind die Beziehungen der Organismen zu einem komplexen Muster miteinander verflochten. Es gibt ja so viele Methoden des Nahrungserwerbs, der Feindvermeidung und der Wohnraumbeschaffung. Ein Mangel in einem Punkt kann durch Rückgriff auf andere Ressourcen ausgeglichen werden. In einem ungewöhnlich trockenen Frühjahr kann die Insektenpopulation zurückgehen; die Vögel ziehen dann nicht so viele Nachkommen wie sonst groß, da ja nicht genügend Atzung zur Verfügung steht.

Zuweilen können jedoch die Mitglieder einer Lebensgemeinschaft zu einem echten Wettstreit gezwungen werden. Die Invasion einer neuen Art oder auch nur der Wechsel der Jahreszeiten hat manchmal Nahrungs- und Wohnraummangel zur Folge. Einige Arten wandern dann einfach ab, bis sich die Verhältnisse wieder verbessert haben; ein Beispiel dafür ist der Vogelzug. Andere Tiere halten in der kalten, nahrungsarmen Saison ihren Winterschlaf; wieder andere, die in heißen Klimazonen heimisch sind, verfallen in einen Sommerschlaf (Trockenstarre), wenn in Dürrezeiten das Futter knapp wird. Einzelne Arten können sich langfristig nicht behaupten und sterben aus, woraufhin die freigewordenen Nischen sehr schnell von anderen Arten besetzt werden. Daß so etwas im Laufe der Erdgeschichte häufig vorgekommen ist, wissen wir durch Fossilfunde.

Aus alledem geht hervor, daß die Vorgänge in der Natur dynamisch und fließend sind; die Jahreszeiten wechseln, Nischen werden vakant und wieder ausgefüllt, zwischen den Arten entstehen Wettbewerb und Kooperation, und die Nährstoffe machen einen ständigen Recycling-Kreislauf durch. Die großen Ökosysteme gleichen einem komplizierten Teppich, in dem Millionen ineinander verwobener Fäden ein Gesamtbild ergeben. Kleine Risse im Gewebe kann die Natur ausbessern; womit sie allerdings nicht fertig wird, das ist die fortschreitende Schädigung ihres Gewebes durch die Übergriffe des Menschen.

Wir Menschen sind dabei, die Welt, in der wir leben, zu zerstören. Wir beuten die Naturwälder über Gebühr aus und ersetzen sie durch schnellwüchsige exotische Baumarten, in denen die natürliche Fauna verkümmert. Wir überfischen und verseuchen die Gewässer. Überall in der Welt führen landwirtschaftliche Anbaumethoden dazu, daß große Flächen in wenigen Jahren unbrauchbar werden. Wir rotten Tierarten aus und dezimieren andere, zum Beispiel die Großsäuger Afrikas. Wir bürgern Tiere in Regionen ein, wo sie nichts zu suchen haben und die heimische Tierwelt schädigen. Wir gehen mit Pestiziden und Herbiziden so großzügig um, daß nicht nur die schädlichen,

Der Artenschwund
In der Natur hat es schon immer eine Artenumschichtung gegeben; schlecht angepaßte Arten sterben aus und werden durch neue ersetzt. Doch seitdem der Mensch auf der Bildfläche erschienen ist, hat sich dieser Prozeß stark beschleunigt. Der Riesenelch, der einst über weite Gebiete Nordeuropas verbreitet war, ist vor Jahrtausenden ausgestorben, und es ist durchaus möglich, wenn auch nicht exakt nachweisbar, daß der Mensch dabei seine Hand im Spiel gehabt hat. Der flugunfähige Riesenalk der nordatlantischen Küsten wurde wegen seines Fleisches, seiner Haut und seiner Eier ausgerottet; die letzten Vögel mußten 1844 sterben. Der Flügelerbse von den Kanarischen Inseln ist es etwas besser ergangen. Sie ist zwar gegen Ende des 19. Jahrhunderts als Wildpflanze ausgestorben, hat aber als Kulturpflanze überdauert - das Übersammeln für Gartenbauzwecke ist wahrscheinlich der Hauptgrund für ihr Verschwinden gewesen.

sondern auch viele harmlose Organismen getötet werden. Wenn man zudem die wachsende Übervölkerung der Erde bedenkt, dann bereiten wir uns eine düstere Zukunft. Ich komme auf dieses Thema später noch einmal zurück und werde dann auch erläutern, was Sie dagegen unternehmen können.

Wie man zum Hobbynaturforscher wird

Das erste, was sich ein Naturfreund und -forscher zu eigen machen sollte, ist ein Verhaltenskodex. Vergessen Sie nicht, daß Sie das Vorrecht haben, in dieser Welt zu leben, und daß Sie sie höflich und rücksichtsvoll behandeln müssen. Wenn Sie Freunde besuchen, reißen Sie ja auch nicht alle Blumen bei ihnen ab und zertrampeln die Gartenbeete. Auf Seite 320 finden Sie entsprechende Verhaltensregeln; studieren Sie sie bitte sorgfältig, und fügen Sie vielleicht noch weitere Punkte hinzu, die auf Ihren speziellen Arbeitsbereich zutreffen.

Ein großer Vorteil für den Naturliebhaber besteht darin, daß er bereits mit der gesamten Grundausrüstung auf die Welt gekommen ist – Augen, Ohren, Geruchs-, Geschmacks- und Tastsinn. Alle diese Organe können selbstverständlich durch Instrumente ergänzt werden, aber ein Naturforscher sollte imstande sein, auf einer einsamen Insel ohne fremde Hilfsmittel zurechtzukommen. Der menschliche Körper ist das Ergebnis eines großartigen Anpassungsvermögens, und Sie sollten lernen, ihn in der gleichen Weise zu nutzen, wie die Geräte eines Naturforschers – Lupe, Fernrohr, Kamera und so weiter.

Natürlich benötigt man hochentwickelte Geräte, wenn man Vögel am Nest oder Säugetiere beobachten will, ohne von ihnen bemerkt zu werden; ein Feldstecher oder ein Fernrohr sowie ein Tarnzelt sind unerläßlich. Das getarnte Versteck kann ganz einfach oder sehr kunstvoll konstruiert sein. Der berühmte Naturforscher und Fotograf Cherry Kearton baute sich ein Tarnzelt, das wie eine Kuh aussah, und darin kauerte er dann mit seiner Kamera. Doch als er sich eines Tages hineingezwängt hatte und von seinem Bruder alleingelassen worden war, ereilte ihn das Mißgeschick: Er kippte um, und da lag er nun, gefangen in seiner hölzernen Kuh, mehrere Stunden lang auf dem Boden, bis sein Bruder zurückkam und ihn wieder aufrichtete. Das soll Ihnen eine Warnung sein, sollten Sie es auch einmal mit einem Kuhmodell versuchen wollen!

Als ich in meiner Jugend auf Korfu mit meinen Naturstudien begann, hatte ich keinen Zugang zu einschlägigen Fachgeschäften, und selbst wenn es solche Geschäfte gegeben hätte, hätten meine bescheidenen Mittel nicht ausgereicht, aufwendige Schmetterlingskescher oder Spezialbehälter für den Insektenfang zu erstehen. Meine Fangnetze waren aus billigem Musselin selbstgebastelt, zusammengenäht von mir selber oder von meiner Mutter oder Schwester (wer gerade in großmütiger Stimmung war), und mein Tötungsgerät bestand aus einem alten Bonbonglas und einem Wattebausch, den ich in Äther aus der Drogerie eintauchte. Ich mußte stets meine ganze Erfindungsgabe aufbieten, um meine Ausrüstung zusammenzubringen – in unserem Haus durfte keine einzige Flasche oder Blechdose weggeworfen werden; denn sie alle wurden als Behälter für meine Sammlung gebraucht. Streichholzschachteln waren für mich von unschätzbarem Wert, und ein stabiler Kasten aus Holz oder Pappe war ein Geschenk Gottes. Wenn alle Behälter voll waren, benutzte ich bedenkenlos meine sämtlichen Taschen, mein Taschentuch und mein Hemd.

Nachdem mein älterer Bruder eines Tages eine Streichholzschachtel geöffnet und darin einen Skorpion gefunden und nachdem mein anderer Bruder einmal Wassernattern in der Badewanne entdeckt hatte, bekam ich in Griechenland für mein Viehzeug ein eigenes Zimmer. Dieser Raum verwandelte sich dann in eine Mischung aus Schlafkammer, Museum und Miniaturzoo. Es war ein großes Zimmer im Erdgeschoß, mit einer Verandatür, die auf den Gar-

Eine Kamera im Schafspelz
Naturfotografen scheuen keine Mühen, wenn sie gute Aufnahmen machen wollen. Zu Beginn unseres Jahrhunderts erfanden die Brüder Cherry und Richard Kearton alle möglichen Tarnvorrichtungen. In diesem Schaf steckte eine Kamera, die von den Brüdern von einem relativ bequemen nahen Versteck aus durch Fernauslöser bedient wurde. So gelang es den Brüdern, die Flußuferläufer zu fotografieren, auf die sie es abgesehen hatten.

Die Ausrüstung des Hobbyforschers

Wenn man den Rucksack eines Hobbynaturforschers inspiziert, dann entdeckt man meist ein Gemisch aus käuflich erworbenen und improvisierten Ausrüstungsgegenständen. Der Inhalt richtet sich natürlich nach dem jeweiligen Exkursionsziel – verschiedene Netze für das Tümpeln, eine Schaufel für das Graben am Strand oder Papier und Stifte für Rindenreibebilder.

Untersuchung Eine weiße Schale aus Kunststoff oder Emaille ist ideal für die Untersuchung von Proben mit der Lupe.

Sammelgerät Das Schmetterlingsnetz läßt sich zusammenklappen; mit dem Exhaustor kann man winzige Tiere aufsammeln, wenn man an dem Gummischlauch saugt.

Allgemeine Regel Mit dem unerläßlichen Notizbuch, dem Naturführer und der Kamera können Sie »sammeln«, ohne die Natur zu schädigen.

Transport Plastikbeutel halten die Feuchtigkeit der Pflanzen, durchlöcherte Deckel oder Musselinabdeckungen führen den Tieren im Behälter Frischluft zu.

ten hinausging. An einer Wand standen meine Süß- und Salzwasseraquarien, in denen ich unter anderem Seepferdchen, Libellenlarven, Einsiedlerkrebse, Wasserkäfer und Frosch- und Krötenlaich unterbrachte. Daneben stellte ich mehrere Holzkästen mit Frontscheiben auf, besetzt mit Schlangen, Kröten und Fröschen.

Auf einem langen Regalbrett standen reihenweise große Bonbongläser, in denen vielerlei mikroskopisch kleine Süßwassertiere lebten, sowie zahlreiche altmodische Käseglocken aus Drahtgeflecht, unter denen meine Spinnen, Skorpione und Fangschnecken hausten. Da Metallbehälter zu teuer waren, behalf ich mich mit großen irdenen Gefäßen, die sich, bedeckt mit grobem Musselin, ideal als Unterkunft für ungezähltes Getier eigneten. An der gegenüberliegenden Wand hingen meine sämtlichen Schaukästen aus Holz und Glas, die meine Schmetterlings-, Käfer- und Libellensammlung enthielten. Diese Kästen hatte der Dorfschreiner nach meinen Angaben angefertigt, und mit ihm verhandelte ich zwei oder drei Tage lang, bis wir uns auf einen Preis einigen konnten, der mir angemessen erschien. Ich stattete sie mit längs halbierten Weinkorken aus (an denen in meiner Familie nie Mangel herrschte!), und darauf spießte ich meine Exemplare auf.

An der einen Schmalseite des Raums stand mein Bett, und zu meinem großen Verdruß drängte mir meine Mutter auch noch einen Kleiderschrank auf. Ich empfand dies als eine Platzverschwendung, doch ich glich sie wieder aus, indem ich alle meine Fisch- und Schmetterlingskescher unter dem Bett verstaute, ferner die Fäßchen mit Äther und Alkohol, die ich für Konservierungszwecke brauchte, und die Schachteln mit Hanf und Watte für das Ausstopfen von Tieren. Im Kleiderschrank gewann ich durch das Zusammenschieben meiner Sachen so viel Platz, daß ich meine in Segeltuchbeuteln untergebrachten Spezial-Tierfangkästen in ihm aufhängen konnte. Jeder Kasten enthielt getrennte Fächer für Reagenzgläser verschiedener Größe, kleine Blechbüchsen, weithalsige Gefäße, Tötungsgläser, Pinzetten und ähnliches Zubehör, das ich auf meinen Exkursionen benötigte. Mitten im Zimmer stand ein großer Tisch aus rohem Kiefernholz, auf dem ich mikroskopierte, Insekten präparierte und tote Tiere sezierte und ausstopfte. Hier stellte ich stets die Behälter mit meinen neuesten Funden auf, so daß ich sie während der Arbeit beobachten konnte. Natürlich besaß ich auch ein Regal für meine kleine, aber kostbare Bibliothek, vor allem die Werke von Darwin und Fabre.

Sichere Aufbewahrung von Insekten
Viele Alltagsgegenstände lassen sich für das Sammeln von Kleintieren verwenden. Ich bewahre Falter, Heuschrecken und andere Insekten (selbstverständlich getrennt) unter feinmaschigen Glocken auf, die als Fliegenschutz für Käse gedacht sind. Die Fütterung ist einfach; beginnt der Insasse das frische Futter zu erklettern und aufzufressen, entfernt man behutsam das alte Futter.

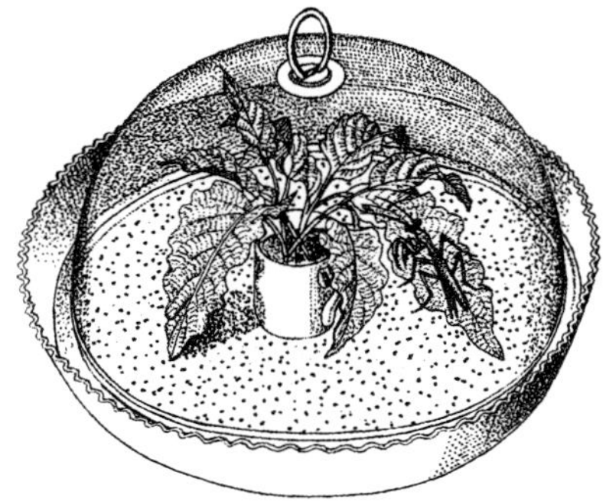

Die Vorbereitung einer Exkursion

Wir verfügen heutzutage glücklicherweise über hervorragende Bestimmungsbücher, die praktisch alle Bereiche der Naturkunde erfassen und mit deren Hilfe man fast jeden Fundgegenstand leicht und eindeutig identifizieren kann. Ich besaß solche Bücher nicht, als ich jung war, und mußte deshalb des öfteren Zeichnungen oder Fotos von Korfu aus bis nach Wien, Rom oder Paris schikken, um mir dort ausgefallene Exemplare bestimmen zu lassen.

Wenn Sie eine weite Exkursion vorhaben, sollten Sie Landkarten und einen Kompaß mitnehmen. Selbst wenn Sie das betreffende Gebiet gut kennen, erweisen sich Karten als nützlich, denn Sie können die Fundstellen der verschiedenen Pflanzen oder Tiere darin eintragen. Hinterlassen Sie immer Nachricht, wohin Sie gehen und wann Sie ungefähr zurück sein wollen. Sie könnten ja von einem Baum fallen und sich das Bein brechen, und wenn niemand weiß, wo Sie stecken, kann das unangenehme Folgen haben.

Der Naturwanderer sollte bei der Wahl der richtigen Bekleidung drei Gesichtspunkte beachten: das Wetter, die Landschaft, die man aufsuchen will, und die geplanten Aktivitäten. Sie werden kaum Gummistiefel anziehen, wenn Sie im Meer schnorcheln wollen.

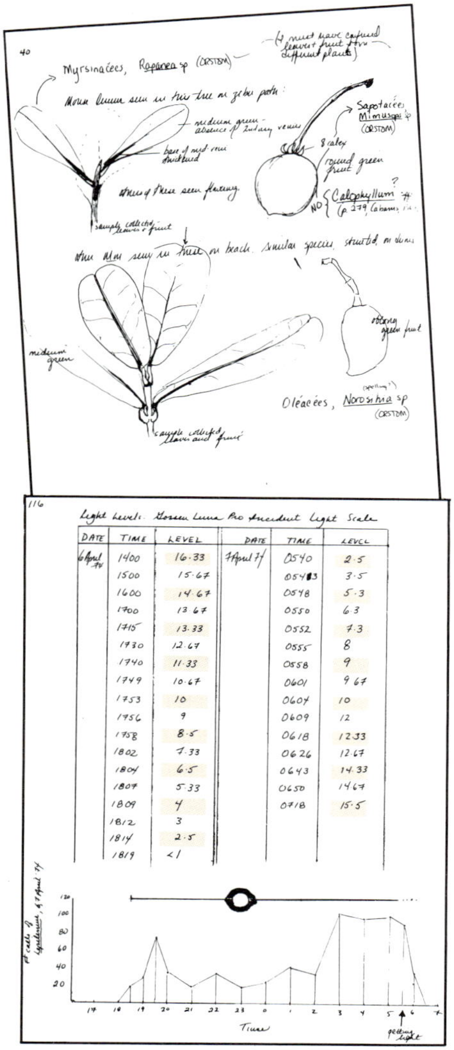

Das Notizbuch des Naturforschers
Ein Notizbuch ist vielfältig verwendbar. Diese Seiten aus einem von Lee geführten Notizbuch zeigen kommentierte Skizzen bestimmter Pflanzen sowie eine tabellarische Zusammenstellung und ein Aktivitätsdiagramm von Lemurenrufen. In einer Kladde sollten Sie an Ort und Stelle alle wesentlichen Beobachtungen notieren und skizzieren, und wenn Sie von Ihrer Exkursion zurückkehren, können Sie daheim diese Aufzeichnungen sichten und sortieren und in ein richtiges Tagebuch übertragen.

Das unverzichtbare Notizbuch

Denken Sie stets daran, daß zu Ihrer Grundausrüstung, neben Ihren Sinnesorganen, ein sorgfältig geführtes Notizbuch gehört. Tragen Sie Ihre Beobachtungen gleich an Ort und Stelle ein – verschieben Sie das nicht auf später, denn Sie werden feststellen, daß Ihr Gedächtnis Sie zuweilen im Stich läßt. Eine knappe Notiz dient als Gedächtnisstütze und kann hinterher daheim in einem richtigen Tagebuch weiter ausgeführt werden.

Fertigen Sie immer ein paar Zeichnungen an, auch wenn Sie meinen, Sie könnten nicht zeichnen. Eine Skizze, sei sie auch noch so ungeschickt, ist eine große Hilfe, wenn Sie die Färbung eines Vogels oder die Form eines Blatts oder einer Blüte exakt festhalten wollen. Sie sollten nicht nur das Aussehen eines Organismus in allen Einzelheiten notieren, sondern auch vermerken, wo und wann Sie ihn gefunden haben, was er gerade tat (fressen, laufen, blühen oder welken) und was schließlich aus ihm geworden ist.

Bedenken Sie, daß das Sammeln von gründlichen Informationen, die ein Gesamtbild eines Organismus ergeben sollen, nicht an einem Tag erledigt werden kann. Ihre Arbeit kann sich oft über Monate oder gar Jahre erstrecken. Viele Ihrer Forschungen werfen neue Fragen auf, die sich erst beantworten lassen, wenn Sie weitere Beobachtungen angestellt haben. Achten Sie bei Ihren Beobachtungen stets darauf, daß Sie sich nicht nur das Tier oder die Pflanze genau anschauen, sondern auch den gesamten Biotop. Notieren Sie sich, welchen Fasan der Fuchs reißt, welches Gras das Kaninchen verspeist, was für ein Baum der beste Nistplatz für einen bestimmten Vogel ist und so weiter. Nichts ist so unbedeutend, um nicht vermerkt zu werden, denn in der Natur hat alles seine Bedeutung. Ein gut geführtes und reich illustriertes Tagebuch wird Ihnen in der Zukunft eine große Hilfe sein. Ich habe in der Zeit, als ich auf Korfu lebte, rund zwanzig Tagebücher gefüllt, die während des Krieges leider verlorengegangen sind. Das bedaure ich sehr, denn in diesen Tagebüchern stand, wann ich zum allerersten Male eine Goldammer erblickte, wie ich meine erste Schnecke sezierte und wie ich über einen längeren Zeitraum hinweg die Schwalben studierte, die unter unserer Dachtraufe nisteten. All das wäre heute für mich eine faszinierende Lektüre.

Zurückhaltung beim Sammeln

Im allgemeinen ist die Natur sehr widerstandsfähig, aber sie ist nicht unerschöpflich, und seit vielen Jahren wird sie von uns Menschen arg strapaziert. Als ich vor einiger Zeit ein Museum in Los Angeles besuchte, entdeckte ich in mehreren großen Schubfächern zahllose Bälge des Kalifornischen Kondors. Es war für mich ein schrecklicher Gedanke, daß da vor mir, sorgfältig präpariert, mehr Kalifornische Kondore lagen, als im Freileben noch existierten. Die Naturforscher der Vergangenheit hatten den Eindruck, die Natur sei eine Schatzkammer, die man niemals ausschöpfen könne, und deshalb sammelten sie vielfach hemmungslos, frei nach dem Motto: »Wo etwas ist, muß noch viel mehr sein.« Heute wissen wir, daß dies nicht wahr ist und daß man die Natur leicht ausplündern kann. Der moderne Naturforscher muß beim Sammeln behutsam und rücksichtsvoll vorgehen.

Der Aufbau einer naturkundlichen Sammlung ist faszinierend und lehrreich und macht außerdem sehr viel Spaß, aber Sie sollten stets überlegen, wozu Sie sammeln und was Sie mit den gesammelten Exemplaren anfangen wollen. Möchten Sie die Erinnerung an ihre Schönheit bewahren, oder wollen Sie seltene Arten bestimmen und beschreiben? Der Naturforscher von heute, dem technische Hilfsmittel wie Fotoapparat und Tonbandgerät zur Verfügung stehen, kann »sammeln«, ohne die Natur im geringsten zu stören, oder er kann dabei nur eine Lupe und ein Notizbuch benutzen. Eine andere Möglichkeit besteht darin, daß Sie die gewünschten Tiere lebend fangen, genau untersuchen, vielleicht sogar eine Zeitlang in Gefangenschaft halten und dann wieder aussetzen. Seien Sie sich jedoch stets bewußt, daß das Wohlbefinden Ihrer Studienobjekte und des betreffenden Biotops sehr viel wichtiger ist als Ihre Fotos, Zeichnungen oder Tonbandaufnahmen.

Wenn Sie sich dennoch zum Sammeln entschließen, erkundigen Sie sich, ob Sie für die jeweiligen Arten eine Genehmigung benötigen. Auskünfte erteilen die zuständigen Naturschutzbehörden. Halten Sie sich an die in Ihrer Genehmigung festgelegten Auflagen und an die Richtlinien, die ich auf Seite 320 zusammengestellt habe.

Porträt eines Hobbynaturforschers

In meiner Bibliothek stehen die Werke vieler Naturforscher der Vergangenheit und Gegenwart. Wenn ich diese Bücher lese, möchte ich nicht nur Informationen aus ihnen beziehen, sondern auch zu ergründen versuchen, was die Autoren gemeinsam haben. Was verbindet wohl Aristoteles mit Mendel oder den unbekannten Verfasser eines alten Bestiariums mit einem modernen Ökologen? Was eigentlich macht einen Naturforscher aus? Nun, ich meine, er muß vor allem sehr wißbegierig sein. Er ist bestrebt, jede kleine Veränderung in der Natur zu beobachten und deren Ursprung und Funktion zu ermitteln. Ein Naturforscher muß seinen Geist offenhalten und sich für vielerlei interessieren, auch wenn er sich auf ein bestimmtes Fachgebiet spezialisiert hat.

Vor kurzem habe ich Evelyn Hutchinson, einen unserer bedeutendsten Ökologen, in seinem Laboratorium an der Yale University besucht. Im Laufe einer einstündigen Unterhaltung sprach er mit mir über das Fortpflanzungsverhalten der Riesenschildkröten, über die Pflanzen- und Tierdarstellungen in illuminierten mittelalterlichen Handschriften, über ein obskures kleines Krebstier, das nur auf dem Zahnfleisch einer bestimmten Walart vorkommt, das blaue Blut der Königskrabbe, die zu den altertümlichsten Tieren unserer Erde zählt, und schließlich darüber, ob William Blake, der englische Dichter und Maler des 18. Jahrhunderts, vielleicht südamerikanische Affen gekannt haben könnte, weil er auf einem seiner Bilder ein paar Affen dargestellt hat, die an ihrem Greifschwanz hängen – ein Phänomen, das auf südamerikanische Arten beschränkt ist. Man sieht, der Aufmerksamkeit von Professor Hutchinson entgeht nichts, und sein mit Ehrfurcht gepaartes Interesse an der Welt, die ihn umgibt, läßt sich durch nichts beirren.

Ein Naturforscher sollte außerdem ein eifriger »Registrator« sein, der über alle Details seines Arbeitsgebiets genau Buch führt. Denn er weiß, daß ihm eine unscheinbare Notiz, die er heute macht, bei der Lösung eines Problems in der Zukunft einen großen Dienst leisten kann. Die meisten großen Naturforscher waren und sind ungemein bescheiden, weil sie es als ein großes Privileg ansehen, daß sie in dieser herrlichen und vielgestaltigen Welt leben dürfen und dazu berufen sind, einige ihrer Geheimnisse zu entschleiern. Am Ende seines Lebens, als er sein gigantisches Werk abgeschlossen hatte – nicht nur über die Evolution, sondern auch über Korallenriffe, Regenwürmer, Pflanzenbefruchtung und viele andere Themen –, schrieb Darwin einem Freund, er wünsche, er hätte der Menschheit einen größeren Dienst erweisen können.

Das Werk von Darwin, Mendel, Fabre, Lorenz und Hutchinson muß selbstverständlich fortgeführt und ausgebaut und auf die Probleme der Rettung unseres Planeten angewandt werden. Doch es ist gut, sich daran zu erinnern, daß die großen Forscher ihre Liebe zur Natur schon als junge Menschen entdeckten, die in Tümpeln und Teichen herumfischten und die Wunderwelt der Kleinstlebewesen in einem Wassertropfen erblickten oder in den Mooren und Wäldern umherstreiften – die also im Grunde nichts anderes taten als das, was ich in diesem Buch beschreiben werde.

In Haus und Garten

Eine der Villen, die wir in meiner Jugend auf Korfu bewohnten, war ein altes Haus in venezianischem Stil. Es sah fast so aus wie ein altes viktorianisches Puppenhaus - quadratisch, mit großen Fenstern und Jalousien. Zwei der riesigen Dachkammern waren düster, doch zwei besaßen Oberlichter und waren recht hell und sonnig. Die großen, hohen Räume hatten Dielenfußböden, die von mächtigen Balken getragen wurden. Wenn es im Sommer sehr heiß war, hörte man die Balken krachen wie Miniaturmusketen, wenn sie sich zunehmend erwärmten, und im Winter ächzten und stöhnten sie, wenn die heftigen feuchten Winde um das Haus fuhren. Unter dem gesamten Gebäude erstreckten sich weite Kellerräume. All das zusammen ergab natürlich eine ideale Wohnstatt, nicht nur für meine Angehörigen und mich, sondern auch für eine Unzahl von anderen Lebewesen.

Immer wenn ich mich dieser Villa näherte, ob am Tage oder am Abend, wenn die Fenster im Schein der Öllampen leuchteten, wünschte ich mir, sie wäre tatsächlich ein altmodisches Puppenhaus, so daß ich sie vorne aufklappen und ihr gesamtes Innenleben, einschließlich der tierischen Bewohner, vom Dach bis zum Keller betrachten könnte.

Von der Dachstube bis zum Keller

In den dunklen Dachkammern hausten allerlei holzbohrende Käfer, unter anderem der Totenuhrkäfer, den man in den Balken klopfen hören konnte - er schlägt mit seinem Thorax gegen das Holz, um durch diese Töne eine Partnerin herbeizurufen. Dort oben lebten auch die Fledermäuse, und auf dem Boden war eine Mauerseglerkolonie zu Hause, deren Babys quiekend und schreiend umherschlurften, während die Vogeleltern wie auf einem quietschenden Karussell unablässig um das Haus flogen und Atzung für ihre Kinder beschafften. In den hellen Mansarden wohnte die *Scutigera,* ein seltsamer Hundertfüßer, dessen Körper mit zahllosen langen, dünnen Beinen befranst war. Es war aufregend, ihm zuzuschauen, wenn er sich an eine Motte oder eine Fliege heranpirschte, die sich dort oben verirrt hatte, denn er bewegte sich bei seinem Angriff mit unglaublicher Geschwindigkeit fort und schien über die Dachsparren dahinzugleiten wie ein Stein auf Eis. Auch Skorpione gab es in diesen Dachkammern und im Sommer Zecken, Flöhe und Spinnen. Im Winter streiften Ohrwürmer auf den Balken umher.

Manchmal fielen Zecken sogar in die Schlafzimmer und Wohnräume ein - zum Entsetzen meiner Mutter. Sie konnten sehr lästig werden, doch mir waren sie nicht unwillkommen, denn sie lieferten mir interessantes mikroskopisches Beobachtungsmaterial. In den Schlafzimmern waren außerdem Kleidermotten und Silberfischchen heimisch, und in der Nacht suchten uns Stechmücken heim, um sich von unserem Blut zu ernähren. Infolgedessen erschien es den Spinnen vorteilhaft, dort ihre Netze zu spannen, in denen sich die Mücken und Motten verfingen, die von unseren Lampen angelockt wurden. Unser Wohn- und Eßzimmer, deren Flügelfenster auf den Garten hinausgingen, erlebten im Sommer Invasionen von Tag- und Nachtfaltern, und im Herbst fanden sich Tagpfauenaugen und Kleine Füchse bei uns ein, um im Haus zu überwintern. Ihnen folgten noch mehr Spinnen, und nachts kamen auch Geckos und huschten an der Decke auf der Suche nach Insekten umher.

Ein Scheibenfingergecko beschleicht eine Fliege

Skorpion

Zecke vor der Nahrungsaufnahme

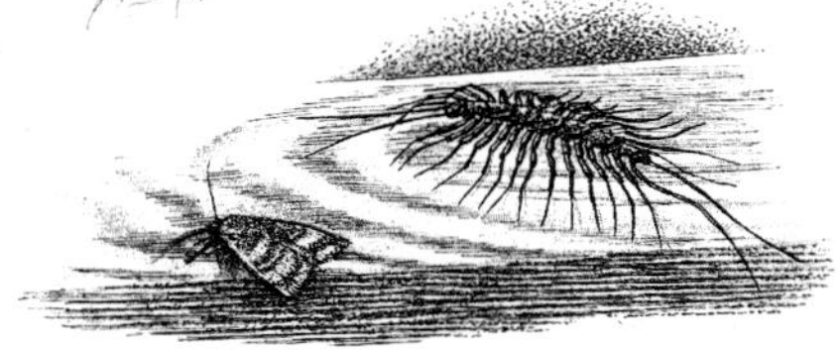

Ein Hundertfüßer verfolgt eine kleine Motte

Mauersegler beim Brüten

Die zutraulichen Mehlschwalben
Diese Vertreter der Schwalbenfamilie *(gegenüber)* waren ursprünglich Fels- und Höhlenbrüter, aber geschützte Nischen in den Mauern unserer Häuser eignen sich als Nistplätze genauso gut, wenn nicht besser.

Schabe
mit Eikapsel

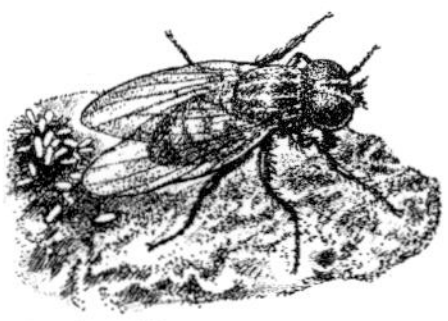

Stubenfliege
nach der Eiablage

Springwurmwickler
auf einem von
Raupen zerfressenen Korken

Erdkröten

In der großen Steinküche, wo meine Mutter auf Holzkohlefeuern kochte und wo es warm und trocken war, hausten kleine Krabbeltiere, die den Silberfischchen ähnelten und den hübschen Namen Ofenfischchen tragen. In diesem Teil des Hauses beherbergten wir auch zwei Schabenarten, gegen die meine Mutter ständig, aber erfolglos Krieg führte. Mich faszinierte die Schönheit dieser Geschöpfe; für mich sahen sie aus wie aus Schildpatt geschnitzt, und ihre Eikapseln waren so elegant wie das schönste Damenabendtäschchen. Ich sammelte gerne diese Kapseln und brütete sie in meinem Zimmer aus (natürlich ohne Wissen meiner Mutter); die Hälfte der geschlüpften Schaben ließ ich frei, und die andere Hälfte verfütterte ich an meine Fangschrecken, Geckos, Laubfrösche und so weiter. Ich fand, das sei eine faire Lösung. Die Vorratskammer wurde häufig von einer Käsemilbeninvasion heimgesucht, und zuweilen stellten sich auch Mehlmilben und Reiskäfer ein. Hier drangen zu bestimmten Jahreszeiten außerdem Bataillone von Ameisen ein, die alle erreichbare Beute fortschleppten, und nicht selten, wenn jemand die Speisekammertür aufgelassen hatte, sauste eine Schmeißfliege blitzschnell hinein und legte ihre Eier auf irgendeinem Stück Fleisch ab. Schmeißfliegen können Fleisch kilometerweit riechen. Ihre zierlichen Eier standen dann aufrecht in kleinen Gruppen, wie Minigrabsteine auf einem Spielzeugfriedhof.

Unten in unseren geräumigen, kühlen Kellern mit ihren Lehmböden und ebenerdigen Gitterfenstern kam man sich fast vor wie in einem Burgverlies. Durch die offenen Gitter drang allerlei Getier ein. Kröten liebten die kühle Kellerluft, Wühlmäuse kamen gleichfalls und bauten hier ihre Nester, Regenwürmer gruben sich in den Boden ein, und Asseln hausten in den Mauerspalten, denn es war hier so feucht, daß sich die kleinen Krebstiere wohl fühlten. Hier fanden sich auch die allesfressenden Weberknechte, die zitternd auf ihren langen, dünnen Beinen standen, und schattenliebende Nacktschnecken, denen meine Brüder besonders gram waren, weil sie sämtliche Etiketten von den Weinflaschen abraspelten. Es gab noch ein anderes Tier, das die kostbaren Weine meiner Brüder bedrohte, und das war die sogenannte Weinmotte, die in unseren feuchten Kellerräumen prächtig gedieh; ihre Larven fraßen den Schimmel, der sich an den Wänden bildete, und bohrten sich in die Korken der Weinflaschen ein.

Tiere mit festem Wohnsitz

Menschliche Behausungen sind spezialisierte Lebensräume. In ihnen gibt es genausoviele Verstecke wie draußen, doch im Gegensatz zur freien Natur ist das Nahrungsangebot durchweg reich und konzentriert sich auf einen engbegrenzten Raum, und im Winter bietet das Haus Wärme und Geborgenheit. Viele typische Hausbewohner wie die allbekannte Hausmaus haben sich schon vor langer Zeit an den Menschen angeschlossen, so daß sie inzwischen von uns, unseren Haustieren und unseren Lebensmittelvorräten abhängig geworden sind.

Es gibt indes viele Tiere, die von Dingen leben, die wir nicht als Nahrung betrachten, etwa die Kleidermotten und verschiedenen Käferarten, die ihre Eier auf Wolle, Federn oder Fell ablegen und deren Larven sich von dem eiweißreichen Keratin ernähren. Das Keratin genügt ihnen allerdings nicht, und so verwerten die Larven wegen der notwendigen Vitamine Zusatznahrung in Form von organischen »Rückständen« auf Pullovern oder Pelzmänteln – Schweiß und Speiseflecken usw. Das Silberfischchen, ein sehr primitives Insekt, das auf eine Stammesgeschichte von 300 Jahrmillionen zurückblicken kann, verspeist sogar Papier, auch für Tiere eine sehr ungewöhnliche Kost. Andere Geschöpfe halten sich an die Schimmelflecken im Papier, so etwa manche Schnecken, Holz- und Bücherläuse.

Wieder andere Tiere nisten sich unmittelbar in den Bauteilen des Hauses ein, zum Beispiel die Holzbohrer, vor allem die Larven der Bock- und Totenuhrkäfer. In tropischen und subtropischen Breiten sind wahrscheinlich die Termiten die schlimmsten Holzschädlinge, doch ihr Sozialleben, das von den Königinnen beherrscht wird und ein ausgeprägtes Kastensystem mit Soldaten und Arbeitern aufweist, ist ein faszinierendes Studienobjekt. Andere ungewöhnliche Insekten, die gerne im Holz bohren, insbesondere in tropischem Hartholz, sind die Kernkäfer. Das Weibchen trägt auf seinem Körper, auf dem behaarten Kopf oder in seinem Verdauungstrakt die Sporen einer bestimmten Pilzart. Wenn es sich durch Holz hindurchfrißt, werden die Sporen abgestreift oder mit den Exkrementen ausgeschieden. Schon bald ist der Gang mit einer dicken Pilzkultur ausgekleidet, die für die Käferlarven die Hauptnahrung darstellt. Das Weibchen pflegt diese »Pilzgärten« sehr sorgfältig; es düngt sie mit seinen Exkrementen und hält die Temperatur und Feuchtigkeit konstant, indem es den Bohrgang öffnet oder mit Holzstaub verschließt. Wenn der Pilzbelag von der Larve nicht sauber abgeweidet wird, verkommt er sehr schnell, sofern ihn die Mutter nicht ständig kontrolliert. Wird sie gestört, verschlingt sie so viel wie möglich von ihrem Garten, damit sie ihn anderswo wieder »anpflanzen« kann.

Hausgäste

Von den zahlreichen Wirbeltieren, die ins Haus kommen, haben es die allgegenwärtigen Ratten und Mäuse auf Nahrung und Fortpflanzungsgelegenheiten abgesehen, vor allem aber auf ein günstiges Winterquartier. Andere Tiere wie Fledermäuse, Eulen und Spatzen finden sich nur deswegen ein, weil ihnen ein Haus gute Nistplätze und Verstecke bietet. In Nordamerika werden die Dachböden oft von Grauhörnchen oder Waschbären heimgesucht. In Europa wohnen unter dem Dach zuweilen Steinmarder und verschiedene Schlafmausarten. Der Dachboden meines Hauses in Frankreich beherbergt eine Gartenschläferfamilie. Die langschwänzigen Tierchen tragen um die Augen eine dunkle Brillenzeichnung, so daß sie wie Pandabären en miniature aussehen. Diese reizenden Kerle haben allerdings eine lästige Angewohnheit: Wenn sie unermüdlich auf den Balken umherrennen, vollführen sie einen solchen Lärm, daß man nicht zum Schlafen kommt. Es klingt, als wären sie die ganze Nacht mit dem Umstellen ihrer Möbel beschäftigt.

In den Tropen kann man das ganze Jahr über eine völlig andere und besonders artenreiche Fauna beobachten, die sich im Haus tummelt. Ein berühmter Naturforscher in Ostindien erzählte mir einmal von 30 Zentimeter langen Hundertfüßern, die, mit den Hinterleibszangen angeklammert, wie Girlanden von den Balken herabhingen und im Umkreis der Lampen Nachtfalter erbeuteten. In Westafrika trifft man schon mal eine Grüne Mamba im Haus an oder in Madagaskar einen Mausmaki. In Südamerika besuchte ich einmal ein Indianerdorf, wo mich der Häuptling in sein großes palmwedelgedecktes Haus einlud. Während wir uns unterhielten, erblickte ich zu meiner Verwunderung auf den Dachbalken mehrere farbenprächtige Abgottschlangen. Dieser Anblick setzte mich deshalb in Erstaunen, weil die Menschen in den meisten Tropenländern vor allen Schlangen, ob giftig oder harmlos, sehr große Angst haben. Ich fragte den Häuptling, wieso er die Schlangen in seinem Haus dulde, und er gab mir zur Antwort, er habe sie im Urwald gefangen und dorthin gesetzt. Offensichtlich sind in den Augen der Indianer Abgottschlangen sehr viel besser geeignet als Katzen, das Haus von lästigen Nagern zu befreien. Sie sahen also nicht nur ungemein dekorativ aus, wie wunderschön gemusterte Teppiche, die über die Balken drapiert waren, sondern sie machten auch kurzen Prozeß mit jeder Ratte oder Maus, die sich uneingeladen ins Haus wagte.

Spinnen und ihre Netze
Jede Spinnenart, die wir im Haus oder in dessen Umgebung antreffen, baut ein unverwechselbares, charakteristisches Netz, und jeder Netztyp ist zum Fang bestimmter Beutetiere bestimmt. Manche Spinnen verbergen sich in einer Gespinströhre, von der strahlenförmig »Stolperdrähte« ausgehen. Wenn ein umherkrabbelndes Insekt einen dieser Fäden berührt, nimmt die Spinne die dadurch entstehende Schwingung wahr und stürzt hervor, um das Opfer mit ihren Giftklauen zu packen und zu töten. Das Radnetz, wie es etwa die Kreuzspinne herstellt, dient dem Fang fliegender Beute. Die Spinne lauert entweder in der Radnabe oder versteckt sich in der Nähe, hinter einem Blatt oder in einer Spalte. Die Deckennetze der Hausspinne bilden flache Gespinstmassen, in denen sich kriechende wie fliegende Beutetiere verfangen.

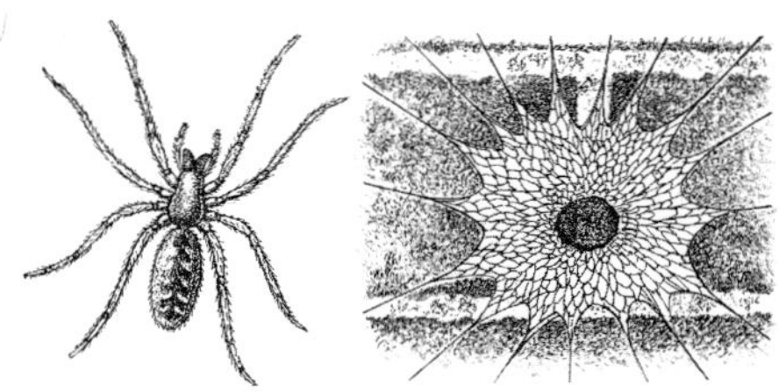

Kellerspinne mit Radialnetz

Hausspinne mit Deckennetz

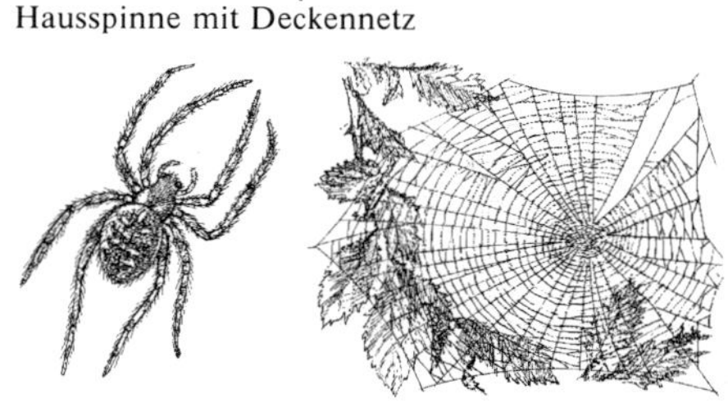

Kreuzspinne mit Radnetz

Im Haus

Alle abgebildeten »Kostproben« stammen aus Wohnhäusern in England und Frankreich, und sie bilden einen guten Querschnitt durch die Vielfalt der Lebensformen, die Ihre Wohnung mit Ihnen teilen. Skorpione räumen mit überzähligen Insekten auf; ein Wespennest ist ein architektonisches Meisterwerk; ein wunderschönes Tagpfauenauge läßt sich auf einem Lampenschirm nieder in der vergeblichen Hoffnung, hier ein ruhiges Winterquartier zu finden. Trotz einiger unwillkommener Hausgenossen kann Ihre Wohnung zu einem ebenso ergötzlichen wie interessanten lebenden Museum werden.

Holzschädlinge Der gefürchtete Hausschwamm ist ein Schimmelpilz, dessen ursprüngliche Heimat der Himalaja ist. Das obere Stück zeigt das befallene Holz, das untere ist der eigentliche Fruchtkörper. Holzwurmlöcher in Furnierholz sind die Ausschlupföffnungen der fertigen Klopfkäfer.

Skorpione hausen in feuchten Winkeln.

Wespennest Dieses auf einem Speicherboden entdeckte Gebilde mit seinen herrlichen geometrischen Formen wurde aus zerkautem und mit Speichel verfestigtem Holz verfertigt.

Eine alte Tomate, die in einer feuchten Ecke der Küche in Vergessenheit geriet, ist schon weitgehend von Schimmelpilzen aufgezehrt, deren Sporen in der Luft schweben.

Tag- und Nachtfalter kommen ins Haus auf der Suche nach einem warmen Winterquartier.

Eine arme Maus hatte sich in einem Anbau hinter einer Tiefkühltruhe gefangen.

Nester Das Lager einer Ratte fand sich auf dem Speicher versteckt. Das Rotkehlchennest war in einem Gewächshaus auf einem Regal hinter Blumentöpfen versteckt.

Freunde und Feinde

Es gibt einige tierische Hausbewohner, die uns nützlich sind, weil sie jene Tiere vertilgen, die unser Hab und Gut zu vernichten trachten oder uns wirklich lästig sind. Zu diesen Freunden zählen Spinnen, Hundertfüßer und Geckos, die alles Ungeziefer von der Schmeißfliege bis zur Stechmücke verspeisen. Daneben leben zahlreiche harmlose Tiere im Haus – harmlos in dem Sinne, daß sie nichts antasten, was uns wertvoll erscheint. Das reizende, musikalische Heimchen sollte man bei uns ebenso freundlich aufnehmen, wie man die Grillen in China zu schätzen weiß. Die Chinesen halten Grillen in kleinen Käfigen und veranstalteten früher sogar Sängerwettbewerbe mit ihnen.

Wenn Sie Ihr Haus nicht mit anderen Lebewesen teilen wollen, so ist das Ihr gutes Recht, denn Ihr Heim ist Ihr Territorium. Wenn Sie sie jedoch mögen – so wie ich –, dann werden Sie feststellen, daß Ihr Haus dadurch an Interesse gewinnt. Es macht Spaß, das Verhalten einer Spinne zu beobachten, die in ihrem Netz in der Zimmerecke Insekten fängt und ihren Nachwuchs aufzieht, oder das seltsame Gebaren der Stelzschnaken, die abends ins Haus kommen, oder das Schlüpfen der Tag- und Nachtfalter an der Außenwand.

Sie müssen freilich ein Auge auf jene Tiere haben, die Krankheiten übertragen, beißen oder stechen oder sich über Gebühr an Eßwaren oder Kleidern vergreifen können. Der beste Schutz besteht darin, daß man jede Masseninvasion unterbindet. Doch wenn es einmal dazu gekommen ist, beschränke man sich tunlichst auf »natürliche« Abwehrmaßnahmen – zum Beispiel auf den Einsatz anderer Tiere, die mit den ungebetenen Hausgästen aufräumen. Sie könnten allerdings Ärger bekommen, wenn Sie versuchen, statt einer Katze eine Boa constrictor zu halten!

Tiere an Mauern und auf Dächern

Selbstverständlich ist nicht nur das Innere des Hauses ein Lebensraum für allerlei Getier – viele halten sich auch außen am Haus auf. Auf Korfu lebten die Geckos unter den Dachziegeln, und in der Nacht wurden die Außenwände zu ihrem Jagdrevier, in dem sie Nachtfaltern und anderen Insekten nachstellten. Spinnen gehen besonders gern an den Mauern auf die Jagd. Überstehende Dachtraufen sind ideale Schlupfwinkel, in denen Wespen ihre Lehm- oder Papiernester bauen oder wo Mehl- und Rauchschwalben ihre Kolonien gründen können. Unter den Dachrinnen treffen Sie auch Schmetterlingspuppen an, die hier vor den Unbilden des Wetters geschützt sind.

Wenn Ihr Haus Fensterläden hat, die nur selten benutzt werden, so kann es vorkommen, daß Fledermäuse ihr Nachtlager darin aufschlagen, und in wärmeren Gegenden sind die glatten Steine vor dem Haus ein gutes Jagdrevier für Gottesanbeterinnen, Laubfrösche und nachtaktive Eidechsen.

Die Mörtelfugen eines Backsteinbaus werden von Ohrwürmern, Spinnen und Kugelasseln gerne als Versteck oder Kinderstube genutzt, und es gibt bestimmte Bienen – die sogenannten Mauerbienen –, die sich an besonnten Wänden regelrecht in den Mörtel zwischen den Steinen eingraben und dort ihre Eikammer einrichten. Lockerer und bröckliger Mörtel wird von Spechten und Sperlingen nach Nahrung durchsucht. Wo an alten Häusern Moos zwischen den Ziegeln oder Steinen wächst, finden sich zahllose winzige Tiere ein, etwa Milben, Tausendfüßer und Spinnen, und des Nachts durchstreifen Nackt- und Gehäuseschnecken diese Miniaturwälder.

Mein französischer Garten

Wenden wir uns jetzt dem Außenbezirk Ihres persönlichen Lebensraums zu, denn dort kann man ungewöhnliche Dinge beobachten, ob Sie nun nur ein

SPUREN UNSICHTBARER HAUSGÄSTE

Anhand von Spuren können Sie die Identität tierischer Mitbewohner ermitteln: unverkennbare Kothäufchen oder – bei holzbohrenden Insekten, die zwecks Paarung das Holz verlassen, – charakteristische »Ausgänge«.

Exkremente
1. Stubenfliegen hinterlassen winzige schwarze Punkte mit einem Durchmesser von 0,5 mm.
2. Schabenkot ist wurstförmig, 2–3 mm lang und gerillt.
3. Die Ausscheidungen der Hausmaus sind zylindrisch und an den Enden zugespitzt, etwa 5 mm lang.
4. Der Kot der Ratten ähnelt dem der Maus, ist aber 10–15 mm lang. Wanderratten setzen ihn in Häufchen ab, Hausratten zerstreuen ihn.

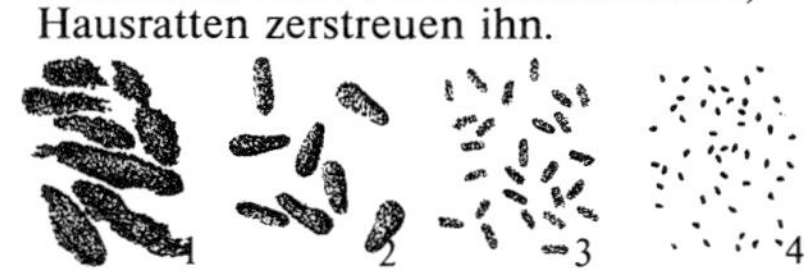

Bohrlöcher in Holz
1. Die Löcher der Totenuhr sind 3–5 mm groß, rund und finden sich fast immer in feuchtem Holz.
2. Die Klopfkäfer (»Holzwürmer«) verfertigen runde, 1,5–2 mm große Löcher.
3. Die Löcher des Hausbockkäfers sind oval, ca. 6×3 mm, und haben oft ausgefranste Ränder.
4. Die Löcher des Kernkäfers ähneln denen des Klopfkäfers, sind aber mit dunklem Ambrosiapilz ausgekleidet.

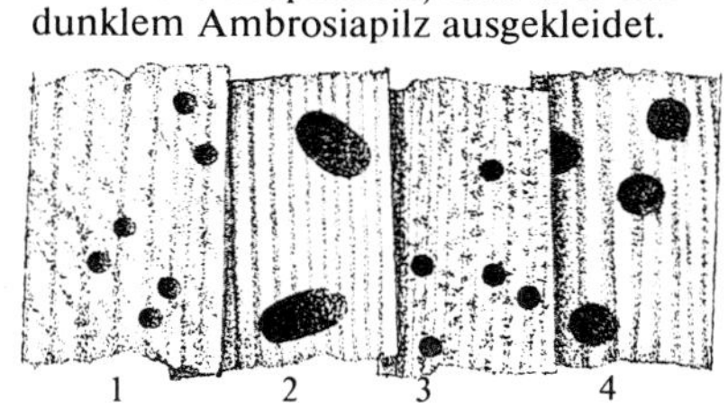

Fußspuren
1. Hinterfußabdrücke der Hausmaus
2. Abdruck des Rattenhinterfußes
3. Die meisten Käfer hinterlassen zwei »Geleise«.

paar Blumentöpfe besitzen oder glücklicher Eigentümer eines großen Gartens sind. Mir selbst gefällt am besten ein Garten, in dem sich alles ganz frei entfalten kann, so wie auf meinem Grundstück in Südfrankreich. Vermutlich verdient es den vornehmen Namen »Garten« überhaupt nicht, denn in Wahrheit besteht es aus einer etwa zehn Hektar großen Wildnis: Hänge, die mit wohlriechenden Kräutern, wie Rosmarin und Thymian, bewachsen sind, kleine Wälder mit verwilderten Wacholderbüschen, Steineichen, Pinien, Feigen, Oliven, Damaszenerpflaumen und Walnußbäumen.

Nur unmittelbar vor dem Haus versuchen wir die Natur zu regulieren, und auch das nur in sehr milder Form. Im wesentlichen beschränken wir uns darauf, die Klematis und die anderen Kletterpflanzen über die bambusgedeckte Terrasse zu ziehen und etwas Gemüse für den Hausgebrauch sowie Rosenbüsche, Schmetterlingssträucher und Lavendel zum Anlocken von Insekten zu pflanzen. Außerdem sorgen wir dafür, daß der Wasserhahn bei warmem Wetter ständig tropft, damit auf den Steinplatten der Terrasse eine kühle Oase entsteht, in der die kleinen Wespen und die Schmetterlinge und Käfer der dürren Garrigue sich laben können. Da sich der Tümpel, der durch das Tropfwasser gebildet wird, unmittelbar vor unserer Wohnzimmertür befindet, müssen wir aufpassen, daß wir nicht auf eine Wespe treten oder von ihr gestochen werden, wenn wir aus dem Haus gehen. Ich habe die Terrasse mit Bambus abgedeckt, weil ich weiß, daß diese hohlen Stangen ein herrlicher Schlupfwinkel für ungezählte Insekten sind, vor allem für die stattlichen blauschwarz schillernden Holzbienen, die zu den größten und borniertesten, aber zugleich farbenprächtigsten Wildbienen zählen. Den ganzen Tag lang hört man sie scharren und krabbeln und summen, wenn sie ihre Nester in den sonnenheißen hohlen Bambusstangen bauen.

Wasserpfützen im Garten
In warmen Gegenden wissen die Tiere frisches Wasser sehr zu schätzen. Wenn Sie einen Wasserhahn im Garten haben, können Sie an heißen Tagen zahllose Insekten anlocken, indem Sie ihn tropfen lassen oder ihn in regelmäßigen Abständen etwas aufdrehen, so daß eine frische, saubere Pfütze entsteht. Der Wasserhahn auf meiner Terrasse wird ständig von anmutigen Faltern, etwa Schwalbenschwänzen, und auch von verschiedenen Wespenarten aufgesucht.

Der ganze Garten ist von trockenen Steinmauern umgeben, die vielerlei Getier beherbergen. Schlanke braune Mauereidechsen gleiten wie Quecksilber über die Steine, riesige Perleidechsen, grün wie Drachen, nehmen ihr Sonnenbad auf den Mauern, und zwischen den Steinen hausen Skorpione, Kreuzkröten, Gartenschläfer und Äskulapnattern.

Alles, was Einlaß begehrt, ist uns willkommen, sei es eine Pflanze oder ein Tier. Für mich ist der Garten aus mehreren Gründen ideal. Nehmen wir zum Beispiel die Schmetterlinge, die sich zwar von unserem Lavendel ernähren, aber für ihre Raupen noch eine andere Futterpflanze brauchen. Die anmutigen Schwalbenschwänze tun sich an unserem Lavendel gütlich, drehen ihre Pirouetten in der Luft und vollführen ihren Hochzeitstanz, doch wenn die Zeit der Eiablage kommt, wehen sie gleich Schneeflocken ins Tal hinunter und deponieren ihre Eier auf dem fiedrigen Wildfenchel, der dort unten wächst. Aus den Eiern schlüpfen winzige behaarte schwarze Larven, die fressen und wach-

sen und sich häuten, bis aus ihnen am Ende große fette grüne Raupen mit schwarzen Streifen hervorgehen. Ich kann also die ganze Lebensgeschichte des Schwalbenschwanzes in einem Umkreis von nur hundert Metern verfolgen.

Wenn ich auf der Terrasse sitze, kann ich eine Gottesanbeterin beobachten, die in den Kletterpflanzen über mir Falter oder Spinnen anpirscht. Ich sehe jagdlüsterne Wespen, die an der Wand Spinnen nachstellen, oder die merkwürdigen Stumpfschnecken (ihr längliches Gehäuse scheint an der Spitze mit einer Schere abgeschnitten zu sein), die zwischen den Schwertlilien unter den Mandelbäumen leben. In der Dämmerung fliegen Bockkäfer an mir vorüber, wie kleine Hexen, die auf Besenstielen reiten. Wenn ich auf den Hängen ober- und unterhalb des Hauses spazierengehe und einen der großen flachen Felsbrocken aufhebe, die mit den gelben Siegeln der Flechten verziert sind, dann finde ich unter ihm vielleicht große, kremig-weiße Spanische Skorpione oder eine Tarantel, während oben auf dem Stein die papierähnlichen Eikapseln der Gottesanbeterin sitzen, die wie längsgestreckte Heuhaufen aussehen. In dem Miniaturdschungel aus Kräutern, die kräftig duften, wenn man auf sie tritt, tummeln sich Dutzende von Heuschreckenarten und zerbrechliche Motten und Hunderte von mikroskopisch kleinen Organismen. Ein solcher Garten ist einfach unbezahlbar. In ihm kann man Blumen züchten und genießen, man kann Gemüse anbauen und sich auf den verwilderten Hanglagen an einer Vielzahl von Lebensformen erfreuen. Man fühlt sich wie ein Bestandteil der Natur, obwohl die geschäftige große Stadt Nîmes nur zehn Autominuten von diesem Paradies entfernt liegt.

Heimat im Gras
Der allbekannte Grüne Grashüpfer kommt überall in Graslandschaften vor, auch in dem derben Gras, das am Rand Ihres Gartens wächst. Wenn er aufgescheucht wird, springt er mit seinen kräftigen Sprungbeinen in die Luft und fliegt ein kleines Stück, um sich in Sicherheit zu bringen. Grashüpfer unterscheiden sich von den Grillen durch kürzere Fühler.

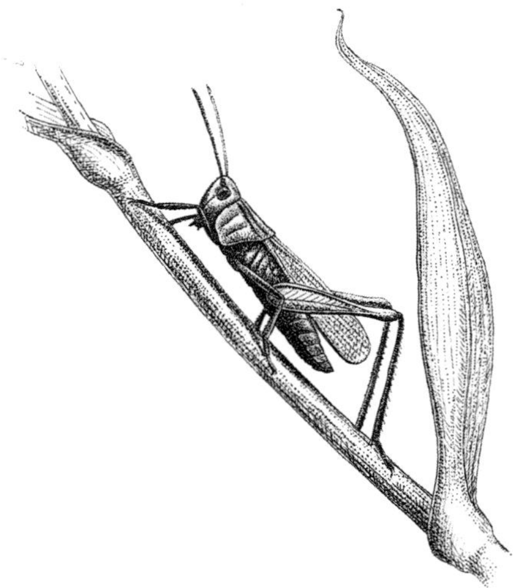

Erforschen Sie Ihren Garten!

Wie Ihr Garten auch aussehen und wo er auch liegen mag, es lohnt sich immer, ihn zu erforschen. Einfach still dasitzen und der Dinge harren, die da kommen, das kann schon eine aufregende Beschäftigung sein. Ganz früh am Morgen hören Sie, wie die Vögel aufwachen, und wenn dann die Sonne alles ein wenig erwärmt, kommen die tagaktiven Tiere zum Vorschein. Und in der Morgendämmerung übernehmen dann wieder andere Geschöpfe das Kommando.

Alte Gärten mit einer bunten Mischung aus Bäumen und anderen Pflanzen beherbergen selbstverständlich eine größere Fülle von Organismen als neu angelegte. Das Tempo, mit dem ein neuer Garten besiedelt wird, hängt davon ab, wie weit er von einer potentiellen »Einwandererquelle« entfernt ist, und die Gästeschar wird um so vielfältiger sein, je mehr der Garten in eine ländliche Umwelt eingebettet ist. Bedenken Sie, daß Pflanzen das erste Glied der verschiedenen Nahrungsketten darstellen; sie bestimmen, wie die weiteren Glieder aussehen werden. Welche Pflanzen im einzelnen gedeihen, ist von vielen Faktoren abhängig, insbesondere vom Boden. Die Luftverschmutzung wirkt sich ebenfalls negativ auf alles Lebende in einem Garten aus.

Im Garten können Sie den Lebenszyklus der Pflanzen gut studieren, denn Sie sind gleichsam ständig »vor Ort« und erleben unmittelbar, wie die Wachstumsbedingungen beschaffen sind, wann die Blütezeit beginnt und wie lange sie dauert, wann die Pflanzen Samen ansetzen und welche Tiere sie fördern oder schädigen. Selbst wenn Ihr Garten sehr sorgfältig angelegt ist, mit gepflegten Blumenbeeten und Gemüsereihen, können Sie mit zahlreichen Besuchern und ständigen Bewohnern rechnen.

Der Blumengarten

Ein gutbepflanzter Blumengarten kann Nektarfresser in großer Zahl anlocken, von den Bienen und bestimmten Fliegen bis zu Käfern und Tag- und Nachtschmetterlingen. Die meisten Insekten dieser Art nutzen die Blüten nicht nur als Nahrungsquelle, sondern bestäuben gleichzeitig auch die Pflanzen.

IM ROSENDSCHUNGEL

Gartenrosen beherbergen ein reiches Tierleben, von den saftsaugenden Blattläusen bis zu den blattlausjagenden Vögeln. Am meisten trifft dies auf die altmodischen, stark duftenden und nektarreichen Rosensorten zu.

Nektarfresser

Als Köder für Insekten erzeugt die Rose einen süßen Nektar. Wenn die Tiere den Nektar trinken, bleibt Blütenstaub an ihnen haften, den sie auf andere Rosenblüten übertragen.

Blattläuse und ihre Freßfeinde

Die Blattlaus durchsticht den Rosenstengel mit ihrem nadelfeinen Rüssel, um den Saft aufzusaugen. Blattläuse sind ungeheuer vermehrungsfreudig; ein Weibchen kann in wenigen Tagen 50 Nachkommen hervorbringen. Diese rasche Fortpflanzung ist wichtig, weil die Tierchen fast wehrlos sind.

Rosensträucher sind wahre Tummelplätze für Insekten. Hier finden sie in Hülle und Fülle die allgegenwärtigen saftsaugenden Blattläuse. Ameisen »melken« sie und hegen und pflegen sie regelrecht, ja sie bauen zu ihrem Schutz sogar winzige »Ställe« aus Sandkörnchen. Blattläuse dienen auch den Larven der Florfliegen als bevorzugte Nahrung und Tarnung. Diese äußerst zerbrechlichen Insekten mit ihren hauchfeinen, durchscheinenden Flügeln und großen Goldaugen legen ihre Eier gern auf den langen Stengeln zwischen den Rosenblättern ab. Wenn die Larven schlüpfen, bilden die Blattläuse ihre Hauptnahrung. Sie saugen sie aus und schieben dann die leeren Körperhüllen auf ihren Rücken, wo sie sich in den Borsten verfangen. Hat sich eine Larve genügend Blattlaushüllen aufgeladen, so ist sie sehr wirksam getarnt. Marienkäfer, die mir immer wie frischbemalte Spielzeugtierchen vorkommen, ernähren sich ebenfalls von Blattläusen, desgleichen ihre Larven. Schmetterlinge, Käfer und Schwebfliegen trinken Rosennektar, und die Schwebfliegenlarven fressen mit Vorliebe Blattläuse. Die Blattschneiderbienen schneiden aus Rosenblättern halbkreisförmige Stücke aus und bauen damit die Zellen für ihren Nachwuchs. Wenn Sie sehr viel Glück haben, entdecken Sie vielleicht auch einmal eine Buckelzirpe, die oben auf dem Thorax einen langen, gebogenen Fortsatz trägt, so daß sie zwischen den Rosendornen nur schwer zu erkennen ist. Die großen Blattlausmengen auf einem Rosenstrauch locken häufig auch alle Arten von Vögeln an; ich habe schon verschiedene Meisenarten, Goldhähnchen und sogar Nachtigallen gesehen, die sich dieses reiche Angebot mit dem größten Vergnügen und Appetit zunutze machten.

Sonnenblumen sind für zahlreiche Tiere eine ergiebige Vorratskammer. Eine mit mir befreundete Schauspielerin, deren Bauernhaus nicht weit von mir entfernt in einem Tal der Provence steht, bepflanzte einmal ein großes Feld mit Sonnenblumen. Sie wollte die Sonnenblumen nicht ernten, sondern brauchte sie nur als Hintergrund für Filmaufnahmen, denn sie drehte gerade einen Film über den berühmten Maler Vincent van Gogh. Es war erstaunlich, wie viele Tierarten dieses eine Sonnenblumenfeld in das kleine Tal lockte. Meisen und andere Vögel hingen an den goldenen Blüten und haschten nach den Insekten, die von den riesigen Blütenköpfen der Sonnenblumen magisch angezogen wurden. Einige Blütenköpfe waren größer als ein Suppenteller und so schwer, daß sie nach unten hingen, und ein jeder enthielt Dutzende von verschiedenen Insekten. Als dann die Blüten welkten und sich die »Suppenteller« in Samenköpfe verwandelten, fanden sich andere Tiere in Scharen ein. Ratten, Mäuse, Schlafmäuse und Eichhörnchen kletterten an den hohen Stengeln empor und stahlen die fetten Samen. Dann kam eine Rotte zottiger Wildschweine, die unter großem Gequieke und Gegrunze das Sonnenblumenfeld zertrampelten und mit lautem Mampfen und Hauergeklapper die Überreste der Samenköpfe verspeisten. Die Stengel lagen da und verrotteten allmählich, und dadurch boten sie Würmern und Myriaden von Kleinstlebewesen reichlich Nahrung.

Natürlich lockt das üppige Leben in einem Blumengarten auch Räuber an. In wärmeren Regionen steigen Gottesanbeterinnen durch das Blumengewirr und halten Ausschau nach saftigen Schmetterlingen, und Krabbenspinnen, die ihre Färbung den Blütenblättern anpassen können, hocken in den Blüten selbst. Andere Spinnen spannen ihre Netze zwischen den Blumen aus, und die Schlupfwespen suchen sich dicke Raupen aus und legen in ihnen ihre Eier ab; den ausgeschlüpften Jungwespen dient dann die Raupe als lebende Speisekammer.

Einer der schlimmsten Räuber ist die gewöhnliche Wespe. Sie sticht ihre Beute (Raupen, Fliegen, Spinnen) und fliegt dann mit ihr ins Nest. Dort machen sich die Wespenlarven über das Opfer her. Es ist verblüffend, welche Lasten eine Wespe tragen kann – manchmal ist das Beutetier viel größer als sie

Garten und Hinterhof

Dieses bunte Sortiment stammt aus mehreren Allerweltsgärten in der Umgebung von London. Es beweist, daß auch ein noch so kleiner Garten ein Miniatur-Naturreservat in der schrecklichen Stein- und Betonwüste sein kann, mit der sich der Mensch umgeben hat. Beobachten Sie wißbegierig und froh die Pflanzen und Tiere, die Ihren Garten bewohnen. Sie brauchen nur einen Spaten voll Erde zu untersuchen oder einen Stein umzudrehen, um eine Vorstellung von der Lebensvielfalt zu gewinnen, die zu Ihren Füßen existiert. Unsere Exemplare wurden im Herbst gesammelt. Der auf natürliche Weise konservierte Maikäfer, dieser unverkennbare surrende Frühlingsbote, kam ausgerechnet unter einem Spaten zum Vorschein.

Vogelreste Schädel und Halswirbel eines Finken (man beachte den kräftigen Samenknackerschnabel) und Flügel und Schulter einer Amsel.

Hundertfüßer Das dünne Exemplar jagt unterirdisch, das breite, flache lebt unter Steinen und in Fallaub.

Bergahorngallen Die Beutel der Gallmilben verfärben sich mit dem Blatt im Herbst.

Attraktive Blüten Diese beiden Blüten locken mit ihrem Duft und Nektar noch spät im Jahr fliegende Falter an.

Nachtfalterraupen Die untere fand sich in einem Kräutergarten, die obere spann gerade ihren Winterkokon.

Schnecken Im Winter verschließen sie ihr Gehäuse mit einem Schleimdeckel.

Fallobst Die obere Birne wurde hauptsächlich von Wespen angefressen, die untere diente Vögeln als Nahrung, wie die Pickspuren verraten.

Insektenspuren Die Rosenblätter wurden wahrscheinlich von Raupen angeknabbert. Es ist zuweilen schwer zu sagen, welche Insektenart dafür verantwortlich war.

Zersetzer Feuchte Stellen im Garten locken Pilze an, so wie diesen Ohrenpilz auf einem Erlenstamm.

Die Jagdwespe
Wespen benutzen ihren Stachel, um ihre Beute zu lähmen. Ist das Opfer zu groß, um auf einmal ins Wespennest getragen zu werden (und eine Wespe kann mehr als ihr Körpergewicht im Flug befördern), so wird es zerteilt und Stück für Stück fortgeschleppt.

selbst. Wenn sie sich zum Beispiel mit einer stattlichen Bremse in die Luft zu erheben versucht, hat man den Eindruck, dem Start eines schwerfälligen Jumbo-Jets zuzuschauen.

Der Gemüsegarten

Ein Gemüsegarten kann dem Naturfreund die Begegnung mit einigen interessanten Lebewesen bescheren. Abgesehen von den Tag- und Nachtfaltern, die ihre Eier etwa auf Kohl oder Karotten ablegen, kommen hier die Blattkäfer und Erdflöhe vor, und in Europa und Nordamerika fällt der gefürchtete Kartoffelkäfer über das Kartoffellaub her. Auf Kartoffelpflanzen findet man bei uns auch die Raupen des Totenkopfschwärmers, der zu den auffälligsten Schwärmerarten gehört.

Zahlreiche Tiere leben freilich unter der Erde und ernähren sich von den Pflanzenwurzeln – die seltsamen unterirdischen Kielnacktschnecken beispielsweise oder einige Tausendfüßer. Hinzu kommen die Larven der merkwürdigen Schnellkäfer, die so heißen, weil sie sich mit einem feinen Klicklaut in die Luft schnellen können, um entweder Feinden zu entgehen oder um sich wie-

Selbst der gewissenhafteste Gärtner muß sich zu seinem Verdruß damit abfinden, daß er sein Gemüse mit den Tieren teilt, die seinen Garten bewohnen. Manche, z. B. bestimmte Raupen und Schnecken, sind Pflanzenfresser und ernähren sich von dem Gemüse selbst. Andere, etwa Spinnen und Hundertfüßer, sind Fleischfresser und unterstützen den Gärtner, weil sie diePflanzenschädlinge dezimieren.

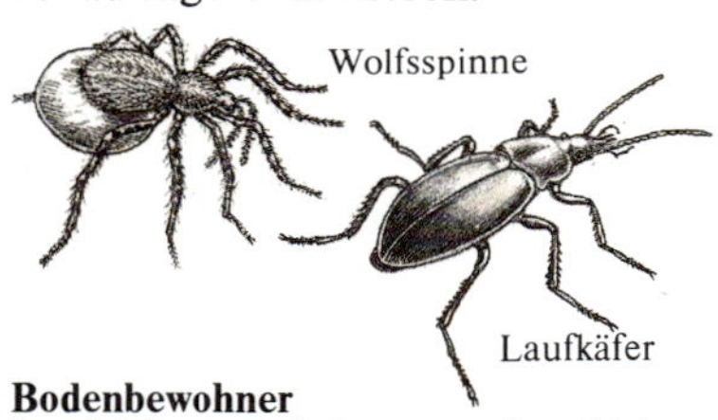

Bodenbewohner
Laufkäfer und Spinnen stellen kleineren Tieren nach. Wegschnecken kommen aus ihren Verstecken hervor und tun sich an Pflanzen gütlich, wenn es kühl und feucht ist.

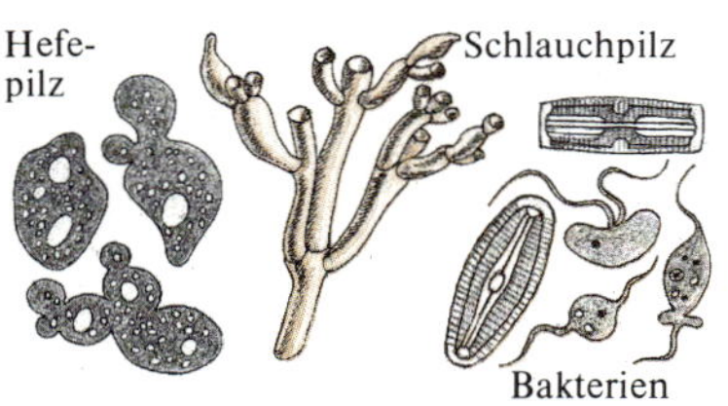

Mikroskopische Bodenorganismen
Unsichtbare Organismen im Boden – Bakterien und Pilze – sind für die Zersetzung von Pflanzen- und Tierresten von lebenswichtiger Bedeutung.

WAS LEBT IM GEMÜSEGARTEN?

Tiere, die über dem Boden leben
Massen von Blattpflanzennahrung locken große Raupen- und Käferpopulationen an.

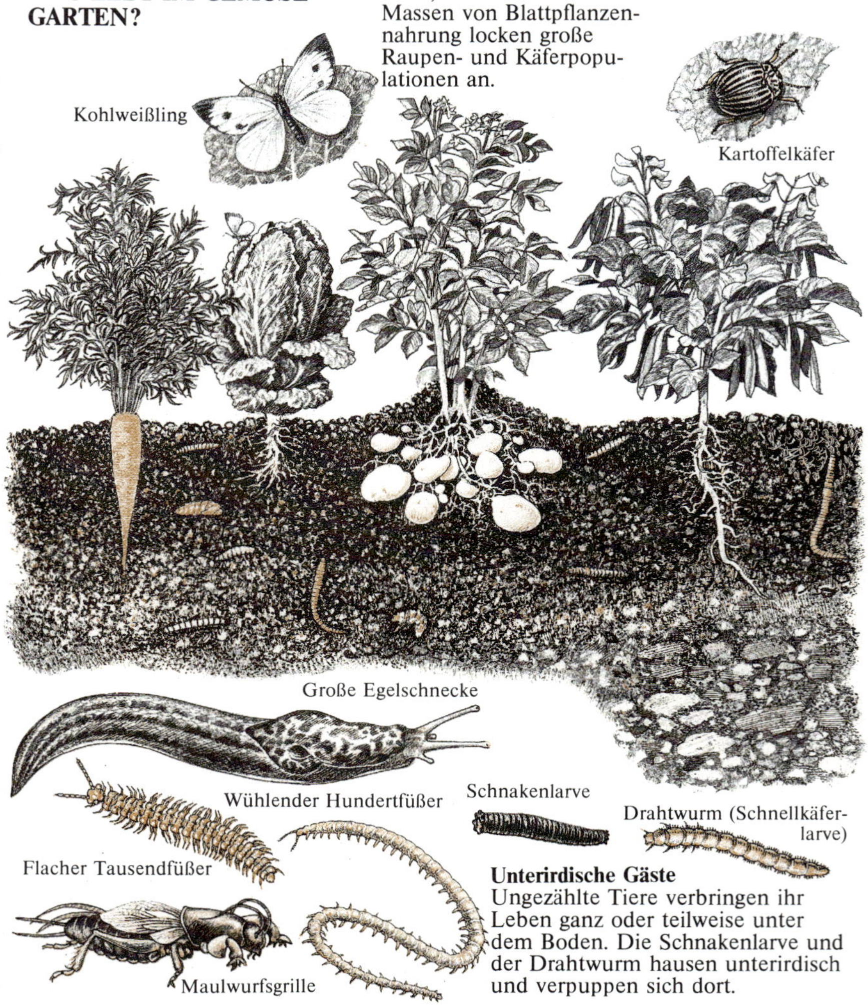

Unterirdische Gäste
Ungezählte Tiere verbringen ihr Leben ganz oder teilweise unter dem Boden. Die Schnakenlarve und der Drahtwurm hausen unterirdisch und verpuppen sich dort.

der aufzurichten, wenn sie auf dem Rücken gelandet sind. Setzen Sie einmal einen solchen Käfer in Rückenlage auf die Hand und bewundern Sie seine artistische Leistung. Der Sprung kommt durch einen komplizierten Mechanismus zwischen Brust und Hinterleib zustande, der eine solche Federkraft besitzt, daß der Käfer wie eine Rakete von der Hand wegschießt. Allenthalben wimmelt es von winzigen Älchen oder Fadenwürmern, die zu den Schlauchwürmern gehören. Auf Möhren findet man die Larven der Möhrenfliege und in Selleriebeeten die der Selleriefliege.

Der Rasen

Schauen Sie sich Ihren Rasen oder irgendeine andere Grasfläche einmal genauer an. Rasen gleichen Teppichen, und wenn man sie aufrollen könnte, würde man in und unter ihnen eine faszinierende Vielfalt an Lebensformen entdecken. Auf dem Rasen selbst wachsen vielleicht wilde Erdbeeren, Veilchen, Löwenzahn und vereinzelt auch Pilze. Beachten Sie, daß die Pilze spezielle Bewohner beherbergen, nämlich bestimmte Käfer und Fliegen, die meist unter den Schirmen Schutz suchen.

Im Gras entdecken Sie winzige Singzirpen, die tagsüber Grashalme fressen, und größere Heuschrecken, die vor Ihren Füßen davonhüpfen. An der Graswurzel tun sich die Larven der Schnaken gütlich, die später, wenn sie ihre Puppenhülle verlassen haben, abends auf dem Rasen ihren Hochzeitstanz aufführen. Auf Rasenflächen sieht man auch die Erdhäufchen, die wie kleine Pfefferhügel die Eingänge der Ameisennester markieren. Ihre Kleinheit täuscht über die Ausmaße der Nestkammern und Gänge hinweg, die unter dem Boden liegen. Sie können auch die ausgetretenen Pfade zwischen den Grashalmen erkennen, auf denen die Ameisen zur Nahrungssuche ausschwärmen.

Regenwürmer sind im Rasenboden massenhaft vertreten. Sie wühlen sich nahe der Oberfläche durch den Boden und fressen dabei Erde, abgestorbenes Gras und andere organische Stoffe. Ihre Ausscheidungen sieht man als kleine Erdhäufchen auf der Rasenfläche. Alle Pflanzen profitieren von diesen Aktivitäten, denn die Würmer belüften den Boden und befördern durch ihre »Tiefbohrungen« Mineralstoffe nach oben, die der Regen so tief hinabgeschwemmt hat, daß sie von den Wurzeln nicht mehr erreicht werden können. Wenige Zentimeter unter einem alten Rasen findet man Steine, die in das von den Würmern umgegrabene feine Erdreich eingesunken sind. Fruchtbare Böden entstehen weitgehend durch die Tätigkeit der Regenwürmer – nach Darwin hat vermutlich kein anderes Tier eine so wichtige Rolle in der Weltgeschichte gespielt. Man kann die Würmer in der Tat als die ersten Gärtner bezeichnen.

Am Abend tanzen kleine Nachtfalter wie Gespenster über dem Rasen, um Geschlechtspartner anzulocken, und im Frühling schlüpfen die Maikäfer aus und surren wie verrückt gewordene Flugzeuge umher. Auch die Vögel lieben den Rasen, denn seine glatte Oberfläche ist für sie ein ideales Jagdgelände. Auf den meisten Rasen können Sie auch Drosseln und Amseln beobachten, die nach Würmern und Insekten suchen, dazu noch Stare und Bachstelzen.

Der Obstgarten

Viele Tiere ernähren sich von den Früchten des Obstgartens. Auf Apfel- und Pflaumenbäumen entdeckt man die zeltartigen Gespinste der Ringelspinner oder die winzigen Apfelwickler, deren Larven von Äpfeln leben und sich dann in Rindenspalten verpuppen. Obststräucher ziehen andere Schmetterlingsarten an, etwa den hübschen Harlekin, dessen eigenartige Spannerraupen Johannis- und Stachelbeerblätter verzehren.

Wenn eine reife Frucht zu Boden fällt, aufplatzt und zu gären beginnt, ist sie ein Festmahl für Wespen und Bienen und verschiedenerlei Fliegen. Auch Igel

Phantome über dem Gras
Der Hopfenwurzelbohrer gehört zu den urtümlichsten Schmetterlingen. Die weißen Männchen kann man an Juni- oder Juliabenden wie kleine Gespenster über Grasbüscheln pendelnd auf und ab schwirren sehen. Mit diesem Schwarmflug versuchen sie Weibchen anzulocken – ein ungewöhnliches Verfahren in der Nachtfalterwelt, denn gewöhnlich lassen sich die Männchen durch den Duft der Weibchen verführen.

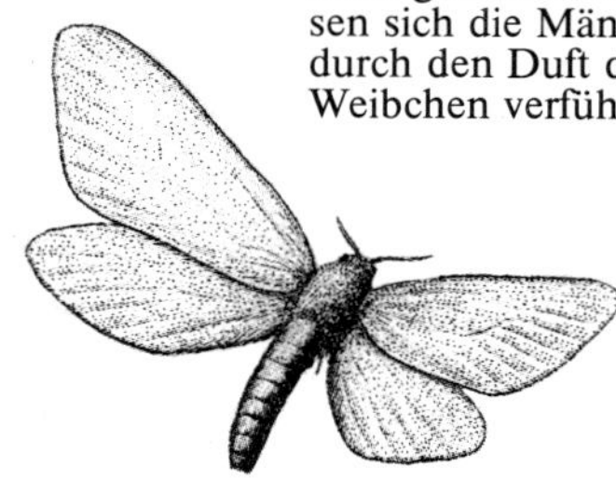

sind sehr scharf auf in Gärung übergegangene Äpfel und Trauben. In Griechenland wie in England habe ich Igel beobachtet, die sich förmlich betrunken hatten und umhertorkelten, wobei sie einander »beschimpften«, streitsüchtig wurden, gegen irgendwelche Gegenstände rannten und sich insgesamt kaum weniger ordinär benahmen als ein betrunkener *Homo sapiens.* In einem Apfel-, Birnen- oder Kirschgarten, vor allem wenn er von einer Hecke gesäumt ist, trifft man Waldmäuse an, die den Insekten an den abgefallenen Früchten nicht widerstehen können. Die Früchte und die von ihnen herbeigelockten Nager ziehen wiederum Dachse, Füchse, Wiesel und Hermeline an. Die blühenden Apfel-, Kirsch- und Birnenbäume sind eine Versuchung für viele Vögel, weil es hier massenweise Insekten zu erbeuten gibt, die von den süßen Duftwolken der Blüten angelockt werden. Zahlreiche Vögel haben auch eine Vorliebe für Rote und Schwarze Johannisbeeren, für Stachel- und Himbeeren. In North Carolina in den USA habe ich sogar Schildkröten gesehen, die zwischen Erdbeerbeeten umherkrochen und sich – zur Empörung des Farmers – den Magen mit Früchten vollschlugen, und in Griechenland waren es Füchse, die gierig nach den Trauben an tiefhängenden Reben haschten.

Die Schaffung eines Naturgartens

Wenn Sie Ihren Garten ganz oder teilweise verwildern lassen und bei der Bepflanzung geschickt vorgehen, können Sie sehr viel für die freilebende Fauna tun. Bedenken Sie, daß jeder Garten ein Naturschutzgebiet im kleinen ist und daß Sie ihn als ein solches hegen sollten, indem Sie für alle Tiere, denen Sie eine Heimstatt geben wollen, geeignete Nahrung, Verstecke und Nistgelegenheiten zur Verfügung stellen. In Großbritannien sind die Gärten mit einer Gesamtfläche von mehr als einer Viertelmillion Hektar ein sicherer Hafen für zahlreiche Geschöpfe, deren natürlicher Lebensraum immer mehr schrumpft.

Ein guter Komposthaufen kommt nicht nur Ihnen und Ihren gärtnerischen Bemühungen zugute, sondern ist auch ein Wohnraum und eine Vorratskammer für die verschiedensten Wirbellosen – für Würmer, Schnecken, Asseln, Ohrwürmer, Fliegenlarven und so weiter. Wenn Sie Nektarfresser anlocken möchten, dann verzichten Sie möglichst auf die neumodischen Blumenzüchtungen, die nur prächtig aussehen, aber nicht mehr richtig duften. Halten Sie sich lieber an schlichte Gartenblumen, zum Beispiel an altmodische Rosensorten, die reich an Duft und Nektar sind. Pflanzen mit trichterförmigen Blüten, etwa Petunien, sind bei Schwärmern sehr begehrt. Nächtlich fliegende Falter lieben Tabakpflanzen und nachts duftende Levkojen. Am Tag ziehen Lavendel und Schmetterlingssträucher zahlreiche Falter und andere Sommerinsekten an; das gleiche gilt für das später blühende Eiskraut.

Wählen Sie Ihr Pflanzensortiment so, daß vom Frühjahr bis zum Spätherbst ständig etwas blüht, und denken Sie auch an ein paar Wildpflanzen, denn wenn Sie Tag- und Nachtschmetterlinge an den Garten binden wollen, müssen Sie für die Raupen die natürlichen Futterpflanzen bereitstellen. Seien Sie also nicht zu penibel – lassen Sie ruhig eine Ecke des Gartens verwildern, wo sich Dornengestrüpp, Disteln, Brennesseln, Ampfer und verschiedene Gräser frei entfalten können. Sie werden feststellen, daß sich die Falter von den Blüten und die Raupen von den Blättern ernähren. Ein solcher Wildwuchs in Ihrem Garten gewährt auch Igeln oder Kröten, bodenbrütenden Vögeln und sogar Blindschleichen und Eidechsen Unterschlupf.

Pflanzen Sie Sträucher an, die kleine saftige Früchte tragen. Brombeeren, Stachelbeeren und Johannisbeeren werden vom Hochsommer bis zum Herbst von Vögeln und Insekten aufgesucht und bieten Drosseln und Rotkehlchen Nistplätze. Sonnenblumen ziehen im Herbst körnerfressende Vögel an – Finken und Sperlinge und viele andere.

Der Komposthaufen
Komposthaufen sind begehrte Wohnstätten für Fliegen- und Käferlarven, aber auch für Vollinsekten. Die Anziehungskraft eines solchen Haufens beruht vor allem auf dem reichen Nahrungsangebot in Form von abgestorbener und verwesender Vegetation und anderen tierischen Bewohnern. Dank der Wärme, die durch die Fäulnisprozesse erzeugt wird, durchlaufen die Insekten einen kürzeren Lebenszyklus als sonst üblich, und in manchen Fällen können sie sich auch im Winter fortpflanzen.

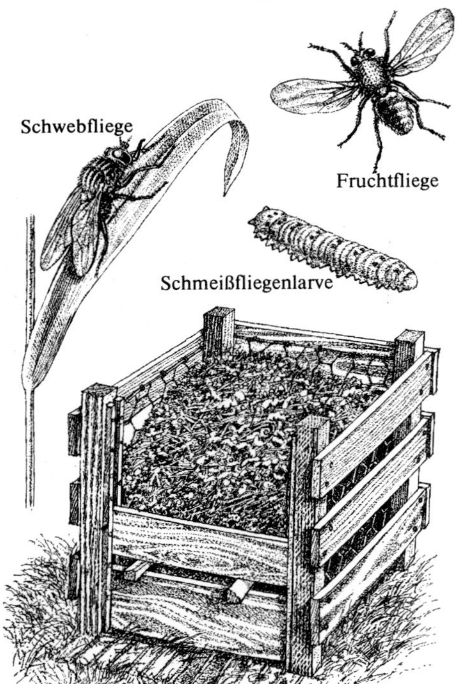

EIN GARTEN FÜR WILDLEBENDE PFLANZEN UND TIERE

Der Schmetterlingsgarten
Zum Anlocken von Tag- und Nachtfaltern pflanzt man stark duftende und nektarreiche Pflanzen wie Buddleja, Schlüsselblume, Wiesenschaumkraut, Lavendel, Flieder, Vergißmeinnicht usw. Nächtlich duftende Petunien, Tabakpflanzen und Nachtkerzen ziehen Nachtfalter an, und Nachtviolen und Geißblatt sind bei Tag- und Nachtfaltern gleichermaßen begehrt. Viele Raupen ernähren sich von Brennesseln. Sorgen Sie also durch Zurückschneiden für zarte Pflanzen. Auch Brombeeren und Disteln sind gute Futterpflanzen.

Der Vogelgarten
Drei Dinge locken Vögel in Ihren Garten – Nahrung, Wasser und Nistgelegenheiten. Viele Gefiederte lieben Beeren, Samen und Nüsse, etwa von Berberitze, Schneeball, Weißdorn, Erle, Steinmispel, Holunder, Stechpalme, Ahorn, Geißblatt und Sonnenblume. Disteln, Karden und Gräser ziehen kleine Samenfresser an, und weiches Obst und Beeren führen fruchtfressende Vögel in Versuchung und werden zugleich von Insekten heimgesucht, die wiederum Insektenfresser ködern. Trink- und Badewasser kann man im flachen Teil des Gartenteichs bereitstellen oder in einem umgedrehten Mülleimerdeckel.

Der Gartenteich
Ein Teich beschert Ihrem Garten viele neue Pflanzen- und Tierarten. Bepflanzen Sie die verschiedenen Wassertiefen, und Tiere in Gestalt von Schnecken und Insekten werden sich schon bald einstellen; ihre Eier werden mit den Pflanzen, durch den Wind und an den Füßen von Vögeln und Säugetieren eingeschleppt. Setzen Sie kleine Fische ein sowie kleine Mengen von Froschlaich.

Flachwasser Seggen, Schilf, Beinbrech, Sumpfgreiskraut, Lilien.

Tieferes Wasser Wassermiere, Froschlöffel, Tannenwedel, Laichkraut.

Schwimmpflanzen Entengrütze, Froschbiß, Wasserschlauch, Schwimmfarn.

FUTTER FÜR VÖGEL UND ANDERE TIERE

Vögel mögen Küchenabfälle, geeignete Essensreste, Käse, trockenen Kuchen und Brot sowie das übliche Vogelfutter - Erdnüsse, Mais, Hirse, Mehlwürmer und »Ameiseneier«. Legen Sie bei kaltem Wetter zusätzlich Futter aus, füttern Sie immer regelmäßig (am besten morgens) und sorgen Sie dafür, daß der Futterplatz vor räuberischen Tieren geschützt ist. Insekten lassen sich mit Wasser anlocken, das mit Marmelade, Sirup oder Honig gesüßt wird.

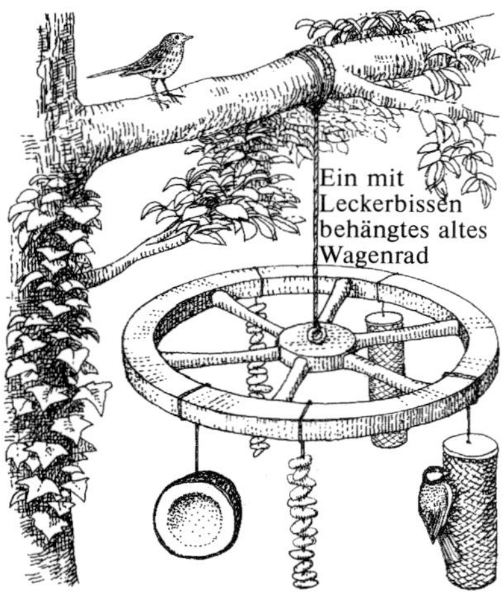

Ein mit Leckerbissen behängtes altes Wagenrad

Nistgelegenheiten
Zwei verschiedene Nistkästen sind unten abgebildet. Ein Einschlupfloch von 30 mm paßt für Feldsperlinge, kleine Meisen und Kleiber, 40 mm eignen sich für Haussperlinge und größere Meisen. Der halboffene Kasten wird von Trauerschnäppern und Rotkehlchen angenommen. Stecken Sie als Nistmaterial etwas Heu in eine nahe Hecke oder Efeuwand. In Blumentöpfen finden Schnecken, Frösche, Rotkehlchen oder Rotschwänzchen Unterschlupf.

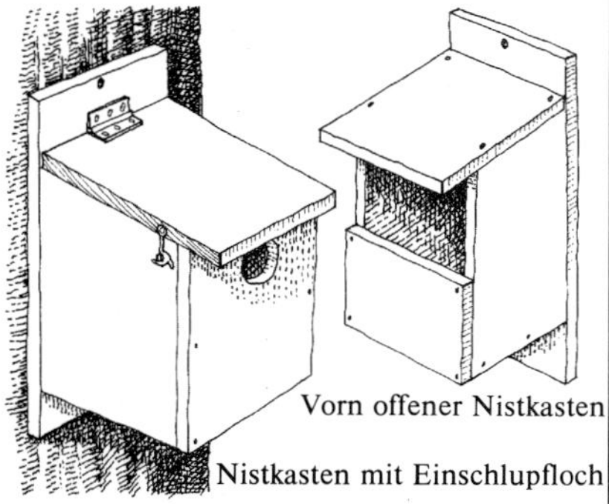

Vorn offener Nistkasten

Nistkasten mit Einschlupfloch

Denken Sie daran, daß viele Tag- und Nachtschmetterlinge eine Winterruhe halten; deshalb müssen Sie Pflanzen setzen, die für diese Insekten Nahrung bereithalten, wenn sie erwachen (Sie können auch kleine Gefäße mit einer Zuckerlösung aufstellen). Je mehr Insekten Sie heimisch machen, desto mehr Insektenfresser finden sich ein, und so entsteht schon sehr bald selbst in einem kleinen Garten eine komplexe Lebensgemeinschaft.

Bäume - Heimstatt für ungezählte Gäste

Wenn Ihr Garten groß genug ist, dann pflanzen Sie möglichst auch ein paar Bäume. Das wird heute immer wichtiger, da die Bäume unserer Wälder und Hecken abgeholzt werden, um Platz für die Landwirtschaft zu machen. Bäume sind die schönsten Gastgeber für Wildtiere, denn sie bieten ihnen sowohl Schutz als auch Nahrung. Ihre Bedeutung läßt sich ermessen, wenn man bedenkt, daß eine einzige Eiche etwa 300 verschiedene Insektenarten beherbergt und überdies noch mehr als hundert Nachtfalterarten mit Nahrung versorgen kann. All dies Getier dient wiederum Säugetieren und Vögeln als Nahrung. Versuchen Sie also Ihr Glück mit einer Eiche, auch wenn sie nur langsam heranwächst. Ein solcher Baum ist gewissermaßen ein Supermarkt für die Vogelwelt der Umgebung, von den Meisen bis zu den Spechten und von Grasmükken bis zu den Würgern.

Haselnuß ist ebenfalls gut geeignet, desgleichen Buchen, denn die Nüsse und Eckern locken Eichhörnchen und Bilche an, und wenn die Nüsse abfallen, sind sie eine wichtige Nahrungsquelle für Wühl- und Feldmäuse. Vögel schlagen sich den Bauch mit den Früchten der beerentragenden Bäume voll - Erlen, Stechpalmen, Weißdorn und Schwarzdorn -, bevor sie zu ihrer Herbstwanderung aufbrechen, und sie kommen im Frühjahr wieder, um ihre Nester im schützenden dichten Laub zu bauen. Stechpalmenfrüchte stehen auch im Winter zur Verfügung, und Standvögel wie Drosseln, Stare und Ringeltauben halten sich in der kalten Jahreszeit an dieses Nahrungsangebot. Achten Sie darauf, daß Sie sowohl männliche als auch weibliche Stechpalmen anpflanzen.

Jeder Baum, der Früchte oder Nüsse trägt, hilft unserer heimischen Fauna, denn Bäume bieten Säugern und Vögeln nicht nur Futter und Fortpflanzungsmöglichkeiten, sondern auch Ruheplätze. Unterschätzen Sie also auf keinen Fall die Bedeutung eines Baums: Er kann von tierischem Leben ebenso erfüllt sein wie eine Großstadt von Menschen.

Wie man Tiere anlockt

Bis jetzt habe ich nur von natürlichen Anreizen gesprochen, die Tiere in Ihren Garten locken - Sie können selbstverständlich noch allerlei zusätzliche Maßnahmen ergreifen. Sie können zum Beispiel Futterhäuschen aufhängen und spezielle Nistgelegenheiten für alle möglichen Tiere schaffen, für Ohrwürmer wie für Eulen. Ohne großen Aufwand können Sie einen Gartenteich anlegen. Dort kann man nicht nur den Vögeln beim Baden zusehen, sondern auch die Entfaltung einer ganz neuen Kategorie von Tieren erleben, die man in einem gängigen Hausgarten sonst nicht antrifft. Vielleicht gehen Sie noch einen Schritt weiter und setzen Libellenlarven oder Molche oder Stichlinge ein. Meine Schwester hat in ihrem Garten ein etwa zwei mal drei Meter großes Becken, in das sie etwas Froschlaich eingebracht hat. Daraus sind kleine Frösche geschlüpft, die den Teich als ihre angestammte Heimat betrachteten und seither im Garten leben (obwohl sie leicht fliehen könnten).

Es ist erstaunlich, wie schnell die Natur reagiert, wenn man ihr zu helfen versucht. Selbst in einer großen Stadt kann man mit einer Handvoll Erdreich und ein paar Pflanzen einen Lebensraum für die Tiere einer entfremdeten Umwelt schaffen, die auf unseren Schutz angewiesen sind.

In Ihrem Garten können Sie die Lebensgewohnheiten und Verhaltensweisen verschiedener Kleintiere studieren, denn er umfaßt eine Vielzahl von Mikrobiotopen. Sie können Ihre Beobachtungen täglich, stündlich oder gar minütlich anstellen. Kontrollieren Sie Fallen so oft wie möglich (jede Falle, die Sie aufstellen, muß regelmäßig überprüft und sofort entfernt werden, wenn sie nicht mehr gebraucht wird). Die hier beschriebenen Experimente sollen Ihnen nur als Anregung dienen; mit der Zeit werden Sie sich sicherlich weitere lohnende Versuchsanordnungen ausdenken.

Wie man eine Fallgrube baut
Eine einfache Fallgrube *(unten)* zum Einfangen von Insekten und anderen Kleintieren läßt sich folgendermaßen herstellen: Ein größeres Marmeladenglas graben Sie so ein, daß seine Oberkante mit der Bodenoberfläche abschließt. Legen Sie ein Brettchen darauf, das auf vier Steinen ruht und einen 2,5–5 cm Spalt über dem Glas freiläßt. Kleine bodenlebende Tiere fallen in das Glas und können an den glatten Wänden nicht mehr emporkriechen, und die Abdeckung schützt die kleinen Gefangenen eine Zeitlang vor Regen, Sonne und Freßfeinden, etwa Igeln und Spitzmäusen.

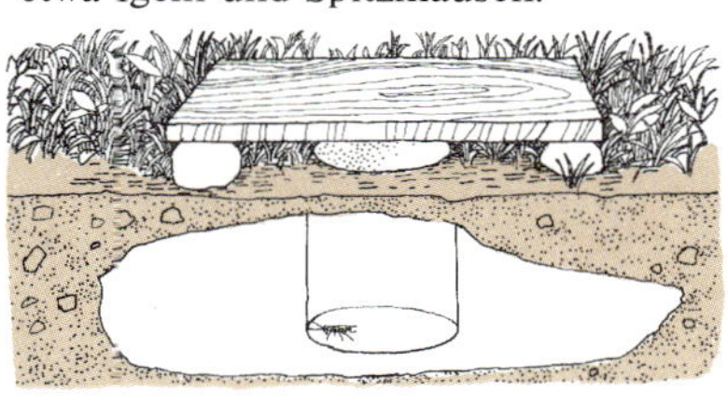

Experimente mit Fallgruben
1. Stellen Sie mehrere Fallgruben auf, z. B. längs der Hecke. Kontrollieren Sie sie morgens, mittags und am frühen und späten Abend. Wann sind die Tiere am aktivsten?
2. Graben Sie Fallen in verschiedenen Gartenbiotopen ein. Vergleichen Sie Art und Zahl der in die Falle gegangenen Tiere.
3. Markieren Sie einzelne gefangene Käfer und andere Tiere mit Farbtupfen *(siehe rechts),* und lassen Sie sie an der Stelle frei, wo sie in die Falle geraten sind. Lassen sie sich noch einmal fangen, und wenn ja, in derselben Falle? So können Sie feststellen, ob die Tiere ihrem Eigenbezirk treu bleiben.
4. Beködern Sie einige Fallen mit Fleisch, Käse oder Obst. Ziehen die unterschiedlichen Köder verschiedenartige Tiere an?

EINFACHE GARTENEXPERIMENTE

Wodurch locken Blüten Bienen an?
Wenn im Sommer Bienen, Wespen und andere Insekten die Blüten für Nektar und Pollen aufsuchen, können Sie ergründen, was die Tiere zu den Blüten hinzieht. Ist es der Geruch oder die Farbe? Besorgen Sie sich einige Fotofilter, die bestimmte Farben des Spektrums ausfiltern und andere durchlassen. Wählen Sie ein klares Filter und eines, das nur ultraviolettes Licht durchläßt. Stellen Sie Ihren Experimentiertisch vor einem insektenreichen Blumenbeet auf. Legen Sie verschiedene Blüten zwischen weißer Pappe und den unterschiedlichen Filtern aus und beobachten Sie, welche Insekten von welchem Teil des Spektrums angezogen werden. Wahrscheinlich interessieren sie sich für die Blüten unter dem klaren und denen unter dem ultravioletten Filter, obwohl letzterer für unsere Augen die Blütenfarben auslöscht. Doch viele Insekten können UV-Licht sehen und lassen sich von ihm leiten. Insekten, die den Tisch ignorieren, orientieren sich vermutlich am Geruch.

Tiere, die in die Fallgrube geraten

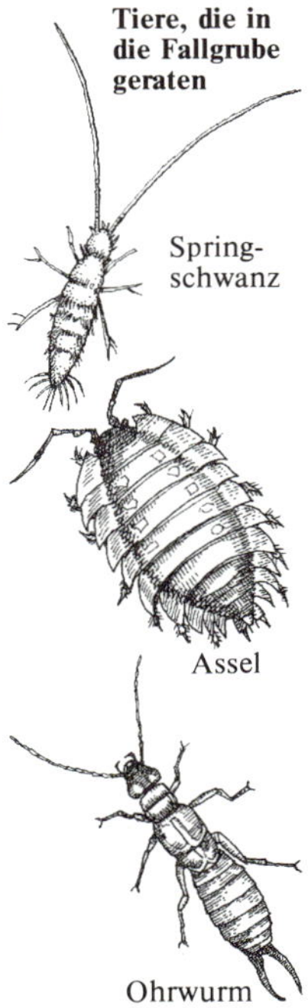

Die Markierung von Kleintieren
Einzelne Tiere markieren Sie am einfachsten mit einem Tröpfchen schnelltrocknender Korrekturflüssigkeit *(rechts).* Bringen Sie den Tupfer auf einem harten, flachen Körperteil an, und zwar an einer unauffälligen Stelle, damit Freßfeinde nicht aufmerksam werden. Sehr lebhafte Tiere kann man ruhigstellen, indem man sie eine Stunde in den Kühlschrank oder ein paar Sekunden in ein Betäubungsglas steckt.

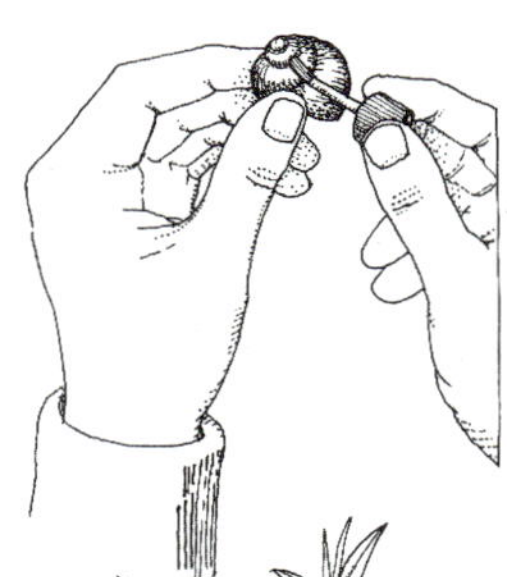

Schneckengewohnheiten
Schnecken sind zumeist Gewohnheitstiere. Sie haben vielfach einen »Schlafplatz«, zu dem sie nach ihren nächtlichen Nahrungsausflügen zurückkehren. Legen Sie einige Blumentöpfe an feuchten Stellen Ihres Gartens aus *(rechts).* Schon nach ein paar Tagen werden Schnecken die Töpfe als Unterschlupf während des Tages angenommen haben. Markieren Sie die Tiere mit Farbtupfen und kontrollieren Sie die Verstecke jeden Tag. Kommen die markierten Tiere zurück? Was passiert, wenn Sie einen leeren Topf in der Nacht verrücken?

In Wiesen und Hecken

In einer vom Menschen geprägten Landschaft kann der Naturfreund in den Wiesen noch immer reiches Anschauungsmaterial finden. Unter dem allgemeinen Begriff »Wiese« verstehen wir alle Flächen, die einst zwecks landwirtschaftlicher Nutzung gerodet wurden und heute zur Heugewinnung oder als Weideland verwendet werden. Wiesen bezeichnet man zuweilen zutreffend als »zahmes« Grasland, weil der Landwirt und sein Weidevieh die Rückkehr zur ursprünglichen Waldvegetation verhindern. Auf Heuwiesen sät der Bauer natürlich Pflanzen aus, von denen er weiß, daß sie dem Vieh schmecken – Lolch oder Raygras, Knäuelgras und Leguminosen wie Klee und Luzerne, die Stickstoff im Boden »halten«. Solche Wiesen werden in jedem Frühjahr gemäht und alle paar Jahre umgepflügt, wodurch sich der Untergrund mit Stickstoff anreichert und für gutes Wachstum sorgt.

Manche Heuwiesen, die einige Jahre lang nicht mehr gesät oder umgebrochen worden sind, zeigen auffällige Veränderungen. Diese unberührten Wiesenflächen sind in den Augen des Naturforschers am interessantesten. Die Gräser herrschen zwar noch vor, aber man findet schon viele krautige Pflanzen und vielleicht sogar die ersten holzigen Sträucher. Wildblumen setzen sich zwischen dem Gras durch, etwa das hübsche, früh blühende gelbe Scharbockskraut, der Gemeine Kerbel und der Ehrenpreis mit seinen wunderschönen blauen Blüten, die winzigen Splittern des sommerlichen Himmels gleichen. Es erscheinen Butterblumen, Kreuzkraut, Wegerich, Ampfer und Leimkraut. Dieser Wildblumenteppich ist reich an Insekten, die wiederum Schwalben, Segler und in der Nacht Fledermäuse anlocken. Für Wühl- und Waldmäuse ist dieses Land ein Paradies, auch wenn sie des Nachts von den lautlosen Eulen gejagt werden. Und im Morgendunst kann man hier Hirsche äsen oder einen Fuchs Jagd auf Mäuse machen sehen.

In einer solchen üppigen Wiese entwickeln sich komplexe Nahrungsnetze. Die zahlreichen Pflanzen erzeugen Wurzeln, Blätter, Nektar und Pollen für vielerlei Getier, das die entsprechenden Freßfeinde anzieht. Man kann sich ausmalen, wie verhängnisvoll sich das frühe Mähen (und Pflügen) auf diese vielfältige Lebewelt auswirkt. Die Blumen werden erbarmungslos geköpft, und wenn die Pflanzen verschwinden, werden die Nester der Vögel und der kleinen Säugetiere freigelegt. Nicht nur die erwachsenen Tiere, sondern auch ihre Jungen sind den Angriffen der Räuber, etwa der Greife und Füchse, ausgesetzt. Das ganze Gewebe, das die Natur so sorgsam aufgebaut hat, kann in einem Tag zerstört werden, und Hunderte von Tieren müssen ihr Leben lassen. Ideal wäre es – aber wie viele Bauern sind schon Idealisten? –, wenn mehrere Heuwiesen nebeneinander angelegt würden, so daß zumindest ein paar Lebewesen die Chance hätten, auf ein Nachbargrundstück auszuweichen, sobald eine Wiese gemäht wird. Doch das geschieht leider nur allzu selten.

Wir erforschen die Wiese

Dank ihrem Reichtum an Pflanzen und Insekten ist eine Heuwiese ein Eldorado für den Sammler. Überdies verändert sich das Insektenleben im Laufe des Tages. Ich erinnere mich an eine saftige Wiese in Dorset, die mit köstlich duftenden Blumen übersät war. Ich verbrachte den ganzen Vormittag mit Sammeln, und zur Mittagsstunde hatte ich alle verfügbaren Gläser, Büchsen und

Eine vorsichtige Sonnenanbeterin
Die meisten Blumen lieben helles Sonnenlicht, aber das Gemeine Leimkraut, auch Taubenkopf genannt, ist zurückhaltender. Diese wohlriechende Wildblume wächst auf Wiesen, an Wegrändern und an anderen Trockenrasenstellen. Bei bedecktem Himmel oder im Schatten öffnen sich die Blüten ganz weit *(rechts)*. Doch wenn die Sonne scheint, ziehen sie sich in den kugelig aufgeblasenen Kelch zurück.

Erfolgreiche Partnerschaft
Eine Hummel *(gegenüberliegende Seite)* sucht mit ihren Fühlern den Nektar einer Distelblüte, und dabei bleibt Blütenstaub an ihr haften. Beide Partner profitieren davon – die Distel versorgt die Hummel mit Nahrung, und die Hummel überträgt den Blütenstaub auf andere Disteln und sichert dadurch die Befruchtung.

Nektartrinken mit »Strohhalm« und »Löffel« Die Mundwerkzeuge der verschiedenen Insekten haben sich an unterschiedliche Formen der Nektaraufnahme angepaßt. Der lange, hohle Saugrüssel der Schmetterlinge ist normalerweise wie eine Uhrfeder unter dem Kopf eingerollt. Wenn der Falter Nahrung sucht, streckt sich der Rüssel wie ein Trinkhalm (links), damit er den Nektar am Grunde der tiefen Kelchblüten erreichen kann. Die Biene hat dagegen einen kürzeren, gegliederten Rüssel, den sie eher wie einen Löffel benutzt; sie schleckt den Nektar aus flacheren Blüten auf.

Schachteln bereits gefüllt, und dennoch gab es dort noch Hunderte von Exemplaren, die mir noch fehlten. Ich radelte eiligst heim, leerte meine Schätze aus, schlang rasch ein Butterbrot hinunter und fuhr zurück zu meiner herrlichen Wiese. Gegen vier Uhr waren meine sämtlichen Sammelgefäße wieder voll, diesmal mit völlig anderem Getier, das ich am Morgen nicht gesehen hatte. Ich fuhr nochmals nach Hause, hinterlegte meine Ausbeute und kehrte zur Wiese zurück, wo ich zu meiner Verwunderung wieder andere Tiere vorfand, welche die untergehende Sonne und die kühler werdende Luft hervorgelockt hatten. Daraus ersieht man, welch eine Schatztruhe ein solches Wiesengrundstück sein kann.

Wenn Sie eine Wiese betreten und sich einen ersten Überblick verschaffen wollen, fallen Ihnen wahrscheinlich zuerst die größeren Nektarfresser auf. Unübersehbar sind die bunten Falter, die von einer Blüte zur anderen flattern, und Sie erkennen, daß jede Art ein charakteristisches Flugverhalten zeigt. Dann folgen die verschiedenen Bienenarten, darunter auch »Hausbienen«, und mit etwas Glück können Sie auch einige der am Tag fliegenden Schwärmer entdecken oder die merkwürdigen, hübschen Widderchen, die aus unerfindlichen Gründen gegen das Cyanid im Tötungsglas immun sind. Schmetterlinge werden vor allem von den farbenprächtigsten Blüten angezogen. Auf solchen Blüten trifft man Gelblinge, Dickkopffalter und Bläulinge an. Es ist seltsam, daß alle Bläulingsraupen (mit Ausnahme einiger weniger Arten) auf dem Rücken eine Drüse besitzen, die eine zuckrige Absonderung ausscheidet, welche von Ameisen sehr geschätzt und regelmäßig abgezapft wird, ohne daß die Raupen dabei Schaden nehmen. Sie stellen somit so etwas wie eine lebende Ameisen-Milchbar dar.

Nicht alle Schmetterlinge, die man auf einer Wiese sieht, sind auf Nahrungssuche; manche, zum Beispiel die Samtfalter, Heufalter und Schachbrettfalter, halten wahrscheinlich Ausschau nach geeigneten Gräsern, auf denen sie ihre Eier ablegen.

Neben den Schmetterlingen können Sie viele verschiedene Bienenarten beobachten, die auf den Wiesenblumen ihrer »Arbeit« nachgehen. Allein in Großbritannien gibt es fast 250 Bienenarten, von der Honigbiene bis zur allbekannten Hummel. Ein Feind der Hummel ist die Schmarotzerhummel, die im Englischen »Kuckucksbiene« heißt, weil sie ähnlich schlechte Manieren hat wie der Kuckuck. Die weibliche Schmarotzerhummel sucht sich im Frühsommer ein Hummelnest. Zunächst wird sie von den Arbeiterinnen attackiert, aber schließlich dank irgendeinem »Zaubermittel« akzeptiert. Ihr nächster

FLUGVERHALTEN DER SCHMETTERLINGE

Jede Schmetterlingsfamilie zeigt ein charakteristisches Flugverhalten, das freilich abgewandelt wird, je nachdem, was der Falter gerade vorhat – ob er nach Nahrung Ausschau hält oder einen Partner oder einen Platz für die Eiablage sucht. Drei bekannte Beispiele sind unten dargestellt; aufgrund Ihrer eigenen Beobachtungen können Sie Details der einzelnen Arten ergänzen.

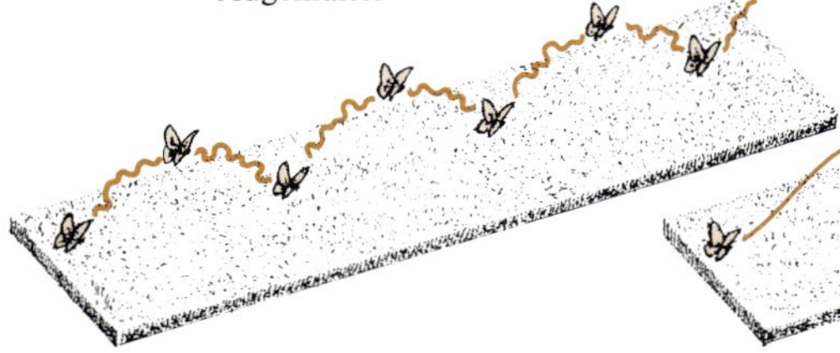

Samtfalter, Heufalter und Schachbrettfalter fliegen in einer geraden Linie, flattern aber ständig auf und ab.

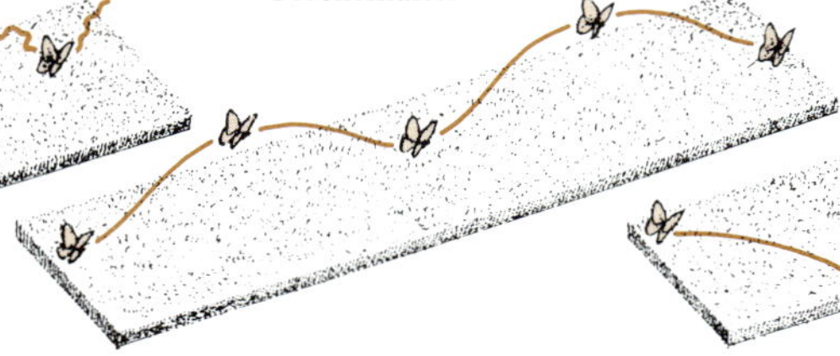

Flache Bogen in gerader Linie verraten den Kleinen Fuchs, das Tagpfauenauge, den Kaisermantel und den Distelfalter.

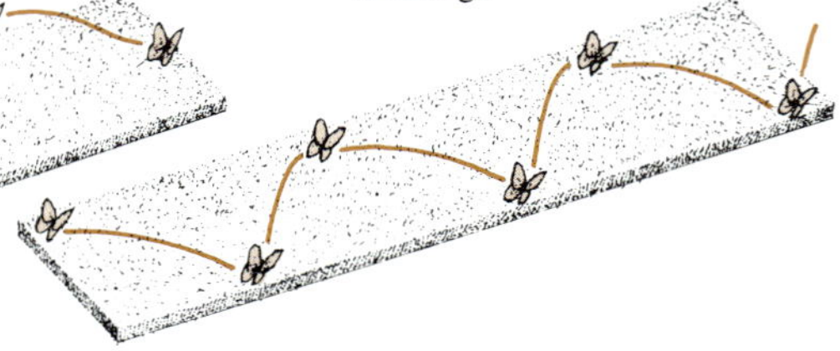

Flacher Zickzackflug kennzeichnet den Kohlweißling, den Zitronenfalter, den Aurorafalter und die Postillione.

SCHMETTERLINGSSAMMELN

Schmetterlinge und andere Fluginsekten fängt man am besten mit einem Spezialnetz, damit die Tiere möglichst wenig Schaden nehmen. Als ich zum erstenmal auf die Schmetterlingsjagd ging, bin ich wie ein Verrückter über die Felder und Wiesen galoppiert. Doch schon bald merkte ich, daß das die falsche Methode war. Man muß vielmehr verstohlen und behutsam vorgehen. Der bei weitem beste Weg zum Aufbau einer Schmetterlingssammlung ist die Nachzucht gefangener Tiere *(vgl. S. 278);* man behält ein Exemplar der Nachkommenschaft und läßt die anderen dort fliegen, wo man die Eltern eingefangen hat. Befolgen Sie stets den Ehrenkodex des Sammlers *(vgl. S. 320),* und töten Sie nie unnütz ein einziges Tier!

Netztypen
Die beiden Haupttypen sind das Rundbügelnetz und das Dreiecksnetz; das letztere kann auch ohne Stiel verwendet werden. Der Beutel sollte aus einem weichen schwarzen Baumwollgewebe bestehen, nicht aus Nylonstoff.

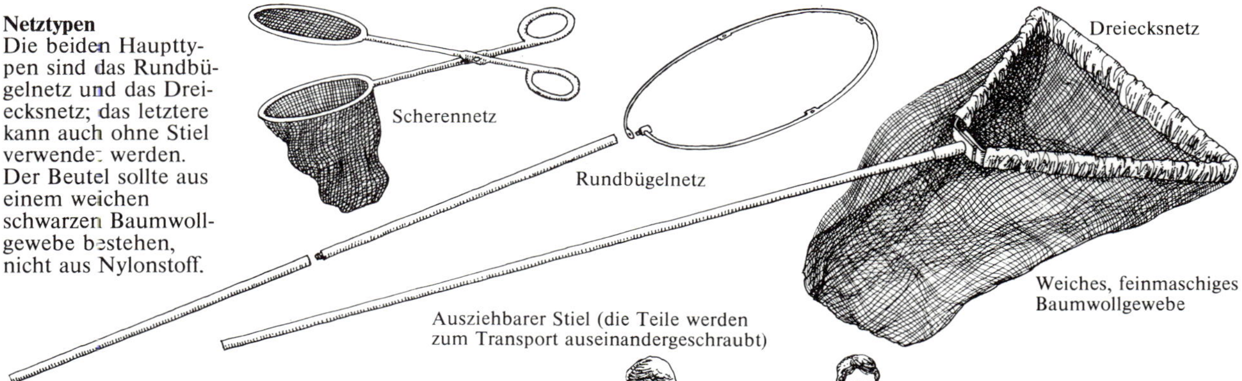

Die Handhabung des Netzes
Einem auf einer Blüte sitzenden Falter nähern Sie sich langsam, ohne daß Ihr Schatten auf ihn fällt. Mit einer raschen seitlichen Bewegung *(rechts)* wird das Tier gefangen. Am Ende der ausholenden Bewegung drehen Sie

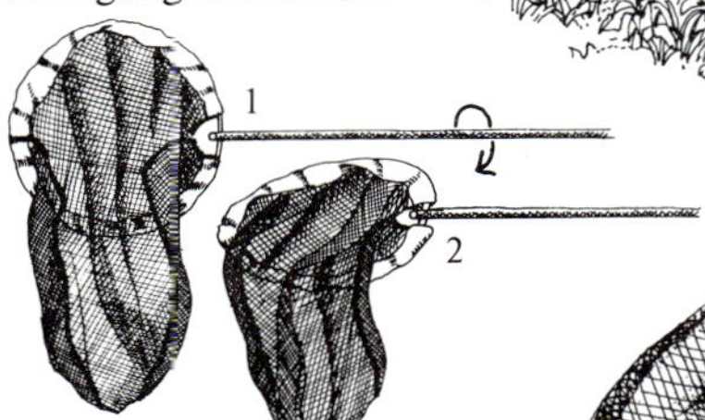

den Stiel mit dem Handgelenk (1), damit sich die Beutelöffnung verschließt (2) und das Insekt nicht mehr entkommen kann. Falter im Flug sind schwerer zu fangen: Lassen Sie das Tier vorbeifliegen, und versuchen Sie es dann mit einer raschen Bewegung zu überholen. In derbem Pflanzenwuchs benutzt man das robustere Schlagnetz *(vgl. S. 198).* Untersuchen Sie das gefangene Insekt rasch; brauchen Sie es nicht, lassen Sie es am Fangort wieder frei.

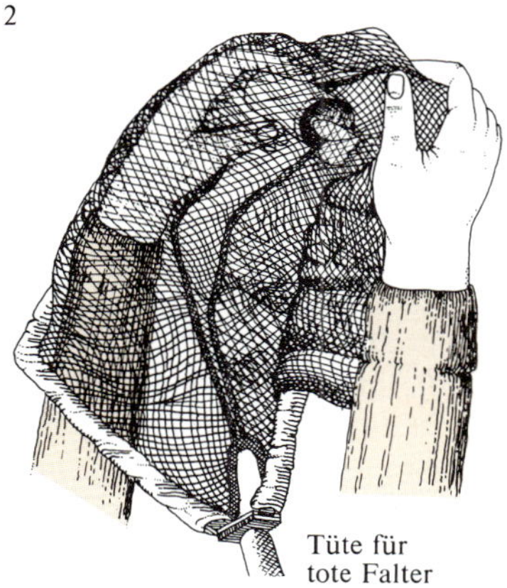
Tüte für tote Falter

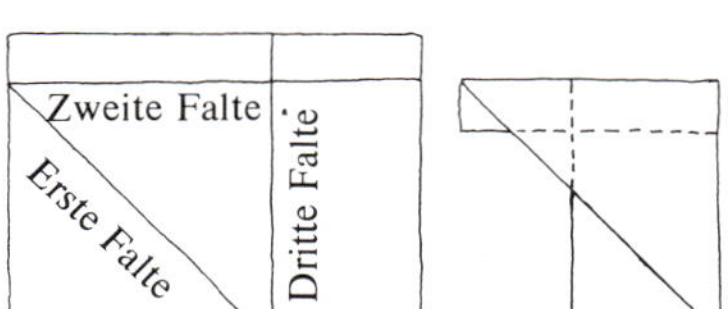

Heimtransport der Schmetterlinge
Ein Behälter für lebende Insekten läßt sich aus der Papprröhre einer Klopapierrolle herstellen. Kleben Sie das eine Ende mit festem schwarzem Papier zu, und halten Sie ein schwarzes Stoffstück und einen Gummiring zum Verschließen der anderen Öffnung bereit. Stecken Sie den Behälter in das Fangnetz, und bugsieren Sie das Tier hinein *(links).* Dann wird es umgesetzt und schließlich in einer selbstgefalteten Schmetterlingstüte verwahrt *(links).*

Ausräuchern von Nachtfaltern
Nachtfalter und andere Insekten ruhen tagsüber oft scharenweise tief im Unterwuchs. Mit Tabaksrauch, den man durch eine Röhre bläst, kann man die Tiere aufscheuchen und mit einem Netz einfangen.

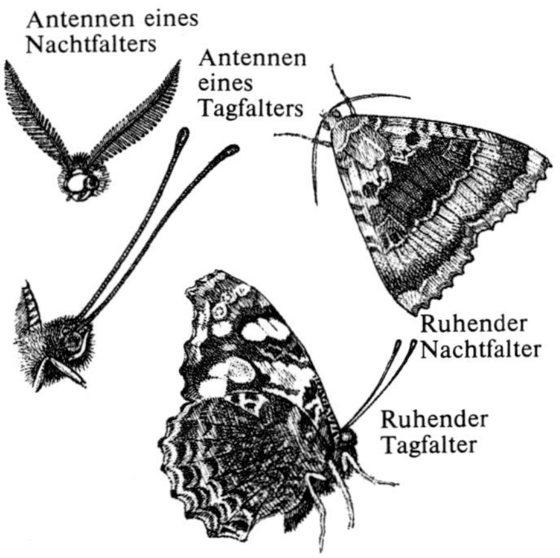

Tag- oder Nachtfalter?
Zwischen Tag- und Nachtfaltern bestehen viele Unterschiede. Erstens fliegen Tagfalter am Tag, Nachtfalter gewöhnlich in der Nacht, aber das ist kein zuverlässiges Indiz, da manche Nachtfalter auch tagsüber munter sind. Zweitens: Nachtfalter spreizen ihre Flügel in der Ruhe seitlich ab, während Tagfalter sie über dem Körper zusammenklappen, doch auch zu dieser Regel gibt es Ausnahmen. Zum dritten sind die Antennen der Tagfalter lang und schlank und am Ende keulig verdickt, wohingegen die der Nachtfalter kürzer und fiedrig sind.

Farbenfrohe Wiesenbewohner
Das obere Foto auf der gegenüberliegenden Seite zeigt einen Essex-Dickkopffalter, der seinen Saugrüssel in eine Distelblüte eintaucht. Dieser kleine Schmetterling ist im ganzen südeuropäischen Raum verbreitet, kommt in England aber nur an der Südostküste vor – daher sein Name. Unten links sitzt ein Blutströpfchen, ein am Tage fliegender Nachtfalter, auf einer Skabiosenblüte. Seine grelle Färbung (Rot ist eine häufige Warnfarbe im Tierreich) zeigt Vögeln und anderen potentiellen Freßfeinden an, daß mit ihm nicht zu spaßen ist; er kann bei einer Bedrohung eine höchst unangenehme Flüssigkeit ausscheiden. Die beiden Hauhechelbläulinge *(Mitte rechts)* paaren sich auf Hufeisenklee; die grünlichen Eier werden meist auf der Kriechenden Hauhechel oder auf Hornklee abgelegt. Rechts unten ist ein Schachbrettfalter zu sehen, der zu den Augenfaltern gehört. Das Weibchen verstreut seine weißen Eier im Gras, wenn es über Wiesen und Weiden hinwegfliegt.

Schritt ist dann die Ermordung der Hummelkönigin, an deren Stelle sie sich setzt. Die Arbeiterinnen betreuen später liebevoll die Brut der neuen Königin, aus der Königinnen und Drohnen hervorgehen. Sobald die Königinnen befruchtet worden sind, sterben die Drohnen, während die Königinnen überwintern. Im nächsten Frühling fliegen sie davon und zetteln anderswo neue Palastrevolutionen unter den armen Hummeln an.

Wenn Sie die verschiedenen Bienen beobachten, die sich geschäftig an den bunten Wiesenblumen zu schaffen machen, dann sollten Sie wissen, daß sie sich von den schönen Farben angezogen fühlen – mit Ausnahme der roten Farbe, die sie nur als tristes Grau sehen. Bienen haben allerdings uns Menschen voraus, daß ihr Sehvermögen im Lichtspektrum weiter hinauf ins Ultraviolette reicht. Blumen, die uns blaßgelb oder weiß erscheinen, sind für die glücklichen Bienen in diesem ultravioletten Bereich möglicherweise bunt wie ein Regenbogen und wunderschön gemustert.

Blüten, Blätter und Stengel

Bei der Erforschung der Wiese sollten Sie sich nicht nur auf die farbenprächtigen Blumen beschränken. Auch auf den unscheinbareren, aber süß duftenden Pflanzen werden Sie zahllose Insekten entdecken – Schwebfliegen, plumpe behaarte Wollschweber und verschiedene Arten der kleinen, dunklen, solitär lebenden Bienen sammeln hier Nektar. Interessant sind die Butterblumen, wie man vor allem die gelben Hahnenfußgewächse nennt; es gibt unter ihnen nikkende und aufrechte Formen. Die nickenden lassen bei Regen den Kopf hängen, und die Insekten benutzen ihn als eine Art Regenschirm und besorgen dabei die Bestäubung. Die aufrechten Butterblumen sind unabhängiger und Selbstbestäuber, brauchen sich also nicht in einen Schirm zu verwandeln. Eine andere gute Fundstelle für Insekten sind die Doldengewächse – Wiesenkerbel, Bärenklau und viele andere. Die Stiele mit den winzigen Blüten stehen dicht beieinander wie Fahrradspeichen. Von diesen Pflanzen ernähren sich nicht nur die soeben genannten Tiere, sondern auch viele andere Arten, kleine Fliegen und Käfer, die Nektar oder Pollen suchen. Hier findet man hübsche Bockkäfer und die winzigen Teppichkäfer, die so hübsch wie Juwelen aussehen, obwohl ihre Larven von verwesenden tierischen Abfällen leben. Die anmutigen Blütendolden des Kerbels bilden eine kleine Welt für sich: Schildwanzen halten in ihnen ihre Siesta, und deren Verwandte, die Raubwanzen, haben hier ihr ergiebiges Jagdrevier, das ihnen die ebenso schönen und angriffslustigen Sandlaufkäfer streitig zu machen versuchen. Räuberische Fliegen schießen im Sturzflug auf die Blütenköpfe herab, wenn sie Jagd auf Insekten machen, und zwischen den Blüten lauert die Krabbenspinne auf unachtsame Beute. Hier trifft man auch die Larven des Ölkäfers an, eines seltsamen schwarzen Insekts, das so aussieht, als wären seine Flügeldecken in der Wäsche eingelaufen. Die Larve ist ein unansehnliches gelbliches, borstiges Gebilde, das einer Laus ähnelt. Sie klettert in die Blüten hinein und wartet dort auf eine honigsammelnde Biene, an die sie sich anklammert, um ins Nest getragen zu werden. Dort steigt die Larve von der Biene auf ein Bienenei um, das in seiner Honigzelle schwimmt. Sie saugt das Ei leer und häutet sich zu einer nackten weißen »Made«, die sich mit den Pollen- und Honigvorräten der Bienen mästet.

Untersuchen Sie auch die Blätter und Stengel der Wiesenpflanzen, denn dort werden Sie verschiedene Heuschrecken, Singzikaden, Blattkäfer und Rüsselkäfer entdecken, außerdem die Raupen zahlreicher Tag- und Nachtfalterarten. Wenn Sie Ihren Kescher durch das Gras ziehen, werden Sie staunen, wie viele Insekten und Larven Sie erbeuten. Vermutlich fangen Sie eine ganze Menge Kleinschmetterlinge, jene winzigen Nachtfalter, die Sie am Abend umherfliegen sehen können. Deren ebenso winzige Raupen minieren vielfach

die Blätter der Wiesenpflanzen und hinterlassen zierliche »Straßen«, während andere Blasen hervorrufen und wieder andere die Blätter zu dünnen Röhren zusammenrollen.

Unten auf dem Boden findet man gleichfalls alle möglichen Organismen. Vielleicht entdecken Sie den Schopftintling, einen hochstieligen Pilz, der so aussieht, als wäre er mit Schindeln gedeckt. Er gehört zur Nahrung der Großen Schwarzen Wegschnecke, die voll ausgewachsen auch rötlich, braun oder schwarz sein kann und um den Fuß einen roten Saum trägt. Die andere Schneckenart, der Sie wahrscheinlich begegnen, ist die Ackerschnecke. Sie wirkt kleiner als die Großen Wegschnecken und unterscheidet sich von ihnen durch ihre unregelmäßigen dunklen Flecken und Streifen auf weißlichem bis bräunlichem Grund und durch die kielförmige Hinterpartie. Hier auf dem Boden ist auch das Reich der Wolfsspinnen, die allen erreichbaren Insekten nachstellen. Unter Steinen finden Sie ruhende Tausendfüßer, die erst in der Dunkelheit hervorkommen. Und unter dünnen, flachen Steinen, die von der Sonne durchwärmt werden, haben Ameisen ihre Nester. Halten Sie besonders nach Roten Waldameisen Ausschau, denn sie sind geeignete »Heimtiere«, wenn Sie zu Hause ein Formikarium einrichten wollen *(vgl. S. 281)*.

Die Wiese bei Nacht

Wiesengrundstücke üben in der Nacht eine besondere Faszination aus, denn sie zeigen dann ein völlig anderes Gesicht. Die meisten Motten oder Nachtfalter haben den Tag ruhend im kühlen Pflanzengewirr der Wiese zugebracht und kommen nun hervor, angelockt durch den süßen Duft gewisser blaßfarbener Blüten, etwa der Nachtkerze oder der Weißen Lichtnelke. Diese Pflanzen verschließen ihre Blüten vor der Sonne und sind deshalb darauf angewiesen, daß sie nachts von Nachtfaltern befruchtet werden. Die nektarfressenden Nachtfalter besitzen lange Saugrüssel und machen dort weiter, wo die Tagfalter aufgehört haben – sie übernehmen sozusagen die Nachtschicht. Sie schweben allerdings bei der Nahrungsaufnahme wie Hubschrauber vor den Blüten und lassen sich nicht wie die Tagschmetterlinge auf ihnen nieder; und im Gegensatz zu den Tagfaltern, die den ganzen Tag über die Blüten ausbeuten können, le-

NACHTFALTER ANLOCKEN UND FANGEN

Nachtfalter kann man auf verschiedene Weise anlocken, wie hier gezeigt wird. Mit einer Lichtfalle erzielt man die besten Erfolge, wenn man sie möglichst weit von anderen Lichtquellen entfernt aufstellt. Zur Erinnerung: Behalten Sie nur die Falter, die Sie unbedingt brauchen!

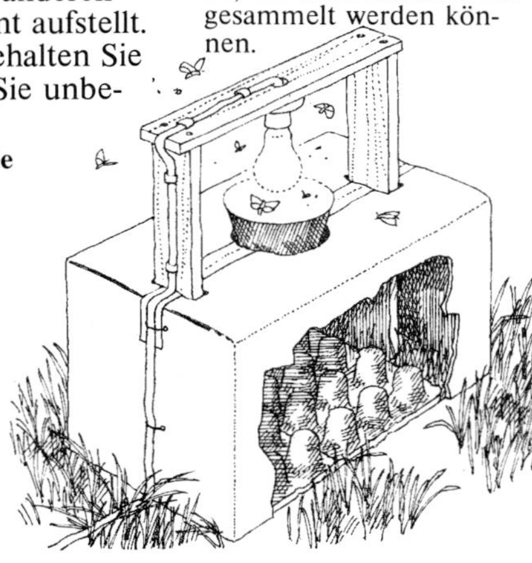

Die Glühbirnenmethode
Eine starke Glühbirne (150 Watt oder mehr) lockt zahllose Nachtfalter an, die im Trichter abwärts fliegen und im Kasten gefangen werden. Ein Eierkarton am Boden bietet ihnen Sitzplätze und Versteckmöglichkeiten, so daß sie nicht wild umherflattern und sich verletzen.

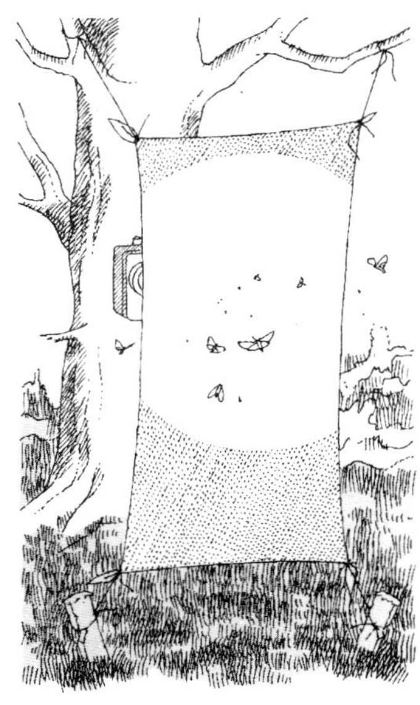

Die Leintuchmethode
Eine Taschenlampe, die ein ausgespanntes Tuch beleuchtet, zieht die Falter an, die dann mühelos eingesammelt werden können.

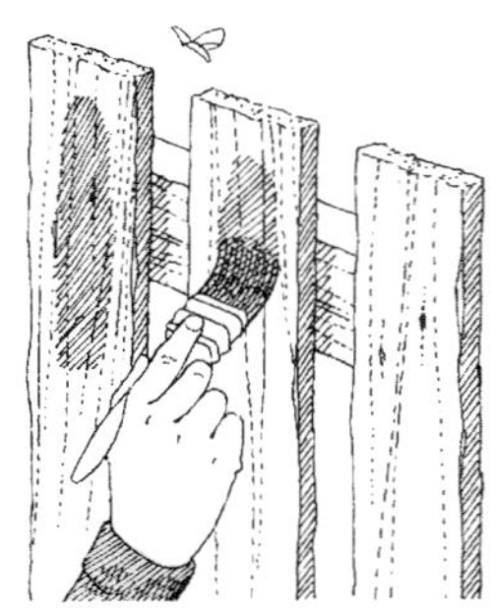

Der gezuckerte Köder
An einem Sommerabend bestreichen Sie ein paar Bretter im offenen Gelände mit einem Gemisch aus Sirup, Birnenessenz und Alkohol, das die Falter anlockt und beduselt. Tragen Sie dann die Bretter heim.

gen die Nachtfalter nur einen kurzen »Freßflug« zurück. Bei manchen Schwärmern dauert er in der Abenddämmerung nur ungefähr eine halbe Stunde.

Die größte Schmetterlingsfamilie überhaupt bilden die Eulenfalter, die auf der ganzen Welt rund 25000 Arten umfassen. Manche Eulen haben ein so feines Gehör, daß sie sogar Fledermäusen ausweichen können. Wenn eine Fledermaus zum Angriff übergeht und ihre Ultraschallrufe ausstößt, die ihr, wie Radarstrahlen, den Standort eines Beutetiers in der Dunkelheit verraten, nimmt der Eulenfalter diese (für den Menschen unhörbaren) Töne auf und entkommt durch ein geschicktes Ausweichmanöver – eine wirklich erstaunliche Leistung und ein ziemlich deprimierendes Erlebnis für die Fledermaus, die über eine so großartige Radaranlage verfügt und dennoch von einem Schmetterling überlistet wird! Einige Nachtfalter nehmen jedoch im ausgewachsenen Zustand überhaupt keine Nahrung mehr auf. Das gilt für die hübschen Bärenspinner, die auf der Wiese nur nach Eiablageplätzen suchen, oder für den Hopfenwurzelbohrer, dessen Weibchen die Eier einfach über die Wiese verstreuen, kaum anders als ein Sämann, der seinen Samen auswirft. Wenn Sie Nachtfalter und andere nachtaktive Insekten auf einer Wiese beobachten wollen, benutzen Sie eine starke Taschenlampe mit rotem Licht. Dann können Sie zusehen, wie beispielsweise die Larven der Augenfalter, der Eulenfalter und der Sägewespen an den Grashalmen emporkriechen, um zu fressen; ebenso machen es die Heupferde oder Laubheuschrecken. Mit einigem Glück entdecken Sie sogar eine Maulwurfsgrille im geräuschvollen Tiefflug, ein ungewöhnliches Insekt, dessen Vorderbeine denen eines Maulwurfs gleichen

Unten, an der Basis der Pflanzenstengel, verwandelt sich der Bodengrund in der Dunkelheit in einen regelrechten Dschungel. Jagdspinnen, die kein Netz spinnen, schleichen umher und tasten nach Insektenbeute. Die schnellen, gefräßigen Steinläufer und andere Hundertfüßer greifen jedes Beutetier unterschiedslos an – Würmer, Käfer und sonstige Insekten, selbst die großen Ackerschnecken. Regenwürmer werden ebenfalls von den Laufkäfern der Gattung *Carabus* gejagt. Die Würmer sind sehr lichtscheu, und nur in der Nacht oder an feuchtwarmen Abenden kann man hören oder sehen, wie sie zwischen den Graswurzeln umherstochern, halb vorgestreckt aus ihren Röhren und auf der Suche nach einem Partner oder einem welken Blatt, das sie unter die Erde ziehen möchten. Sehr früh am Morgen, wenn es gerade hell zu werden beginnt, stellen Vögel den futtersuchenden Würmern nach, aber es gelingt ihnen nicht immer, einen Wurm zu fangen, denn dieser hat auf dem ganzen Körper winzige Borsten, mit denen er sich fest in seinem Loch verankert, so daß nur ein kräftiger Vogel zum Ziel kommt, etwa eine Amsel.

Feuchtwiesen

Tiefliegende Nutzflächen, vor allem wenn sich ein Bach oder ein Fluß hindurchschlängelt, dienen ständig als Weideland. Früher – und manchmal auch heute noch – wurden die Felder im Winter regelmäßig von langsam vordringendem Wasser überschwemmt, um Frostschäden zu vermeiden und ein kontinuierliches Pflanzenwachstum sicherzustellen; diese überfluteten Areale bilden die sogenannten Feucht- oder Naßwiesen. Hier ist der Boden fruchtbar und mit Feuchtigkeit gesättigt, und die Pflanzengesellschaft unterscheidet sich von der auf den trockeneren Heuwiesen. Zierliche Blumen gedeihen hier, zum Beispiel das Wiesenschaumkraut, eine jener Pflanzen, an denen die Schaumzikaden ihren »Kuckucksspeichel« absetzen, und der hohe, goldgelbe Scharfe Hahnenfuß. Ich habe einmal eine Naßwiese gesehen, die mit diesen hübschen Wildblumen so dicht bewachsen war, daß man kaum einen Finger hineinstekken konnte. Sie sah aus wie eine Goldplatte und blendete förmlich das Auge. Diese Blüten sind eine Nektarquelle für verschiedene Insekten, etwa für die

GÄRTNER IN DER NATUR

Regenwürmer sind sehr zahlreich; oft leben 500 auf einem qm Fläche. Sie wären somit schwerer als das darauf weidende Vieh!

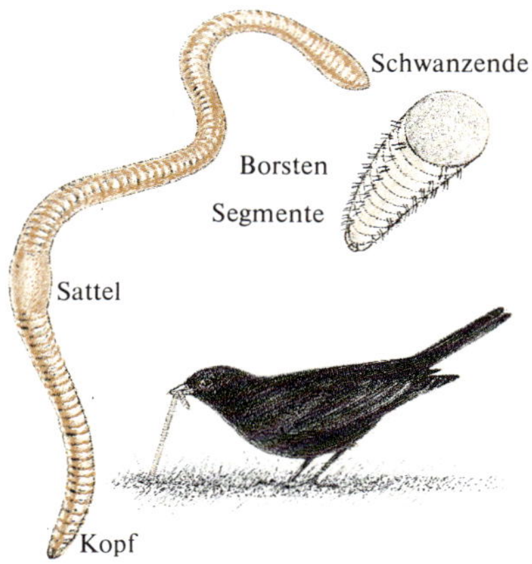

Körperhaare
Auf jedem Segment oder Körperabschnitt des Wurms sitzen vier Paar winzige Haarborsten *(Setae),* mit denen sich das Tier erstaunlich fest in seiner Grabröhre verankern kann.

Paarung
Jeder Wurm ist zugleich männlich und weiblich. Die Tiere paaren sich an der Oberfläche, dann legt jedes seine Eier in einem Kokon ab.

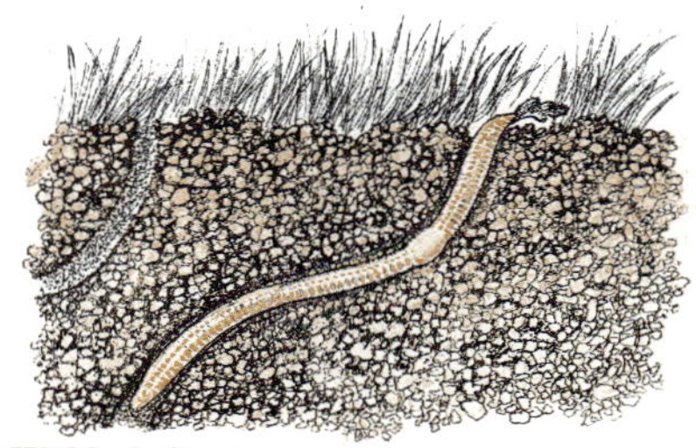

Wühlarbeit
Regenwürmer fressen sich buchstäblich durch den Boden, doch einzelne dauerhafte Wohnröhren können sie fest verschließen, indem sie ein welkes Blatt hineinziehen.

Waffenfliegen, die so heißen, weil sie auf dem Rücken zwei speerähnliche Stacheln tragen. In Feuchtwiesen finden Sie auch das Mädesüß, anmutige Kräuter mit weißlichen Blüten, die herrlich duften, aber keinen Nektar abgeben. Sie beherbergen jedoch vielerlei Käfer und Fliegen, die von den Pollen naschen. Hier wächst ebenfalls die Hohe Schlüsselblume, deren schwefelgelbe Blüten alle in dieselbe Richtung blicken, wie eine Menschenmenge, die auf einen Festzug wartet.

In manchen Feuchtwiesen findet man bestimmte Pflanzen, die dichtgedrängt beisammenstehen - Adlerfarn, Kreuzkraut und Kriechender Hahnenfuß, lauter Pflanzen, die für weidende Rinder oder Pferde ungenießbar sind. Ebenso stoßen Sie oft auf Büschel aus hoher Rasenschmiele. Alle diese Pflanzenansammlungen sind gleichsam Inseln in der Wiese und stellen ein Refugium für ruhende Nachtfalter dar. Vielleicht versuchen Sie einmal, ein solches Pflanzendickicht auszuräuchern, denn Sie können sicher sein, daß Sie Kleinschmetterlinge in großer Zahl erbeuten, möglicherweise sogar eine sogenannte Trinkerin, deren Raupe Tau trinkt - wahrlich eine merkwürdige Sitte für eine Raupe! Beim Ausräuchern werden natürlich auch noch zahlreiche andere Tiere der verschiedensten Arten zum Vorschein kommen.

Feuchtwiesen werden als Weideflächen genutzt, und das ist für den Naturfreund ein wahres Geschenk. Betrachten Sie jeden Pferdeapfel und jeden Kuhfladen als einen Schatz (das gilt übrigens nicht nur für Feuchtwiesen). Ein frischer Kuhfladen, noch warm und feucht, ist für Mist- und andere Käfer und verschiedene Schmetterlinge ein höchst willkommenes Nahrungsreservoir, und er wird für viele Fliegenlarven zu einer nahrhaften, warmen Kinderstube. Auch manche Pilze lieben Dung; die Düngerlinge mit ihrem gelblichen glokkenförmigen Hut und ihrem hohen, schlanken Stiel sprießen nicht selten aus Pferdekot hervor. Seien Sie nicht pingelig: Dung ist in den Augen des Naturforschers ein wertvolles natürliches Produkt, das ihm unsere Haustiere zur Verfügung stellen (das ist im Grunde eine der wenigen Taten, die sie vollbringen).

Feuchtwiesen sind ein sehr lukratives Jagdgelände für Amphibien oder Lurche. Ich erinnere mich an eine solch ausgedehnte, flache Wiesenfläche auf Korfu, die während der Frühlingsregenfälle knöcheltief unter Wasser stand. Das waren selbstverständlich ideale Bedingungen für laichende Frösche, Kröten und Molche, und dort sammelte ich Laich und adulte Tiere. Ich stellte sehr bald fest, daß ich mir die Unterstützung zahlreicher ungewöhnlicher Helfer zunutze machen konnte. Die Zigeuner vom griechischen Festland brachten ihre Rinderherden (riesenhafte schwarze Tiere mit mächtigen gebogenen weißen Hörnern) zum Weiden auf diese Feuchtwiesen. Wenn diese ebenholzfarbenen Ungetüme sehr gemächlich durch das Wasser plantschten und das saftige Gras abweideten, trieben sie die Amphibien vor sich her. Ich brauchte mich nur vor die Herden hinzustellen, die mir die gewünschten Tiere buchstäblich ins Netz scheuchten. Ich machte es im Grunde nicht anders als die Kuhreiher in den verschiedenen Weltgegenden; diese Vögel erbeuten auf die gleiche Weise Heuschrecken und andere Insekten, die von grasenden Büffeln und sonstigen Großtieren in der Savanne aufgeschreckt werden.

An den feuchtesten Stellen der Wiesen werden Sie Binsen und Seggen vorfinden und dazwischen, wenn Sie großes Glück haben, ein paar Bernsteinschnecken. Mir ist es leider nie gelungen, eine zu fangen, doch ich kenne seit langem die ebenso bizarre wie faszinierende Story, die sich um sie rankt. Die Bernsteinschnecke ist der Zwischenwirt einer Saugwurmart. Das heißt, die Schnecke beherbergt eine Zeitlang diesen Wurm, bis er sich als letzten Gastgeber einen Vogel aussucht. Das spielt sich folgendermaßen ab: Ein Saugwurm dringt in die Schnecke ein, und seine Larven richten sich in deren Fühler ein. Dort pulsieren sie wie ein Leuchtturm in grünen und braunen Farbringen, bis zu siebzigmal in der Minute. Dies erregt die Aufmerksamkeit eines Vogels, der

Die Kuhfladengesellschaft
Auch wenn wir über Dung die Nase rümpfen, ist er eine wichtige Nahrungsquelle für allerlei Kleintiere wie Fliegen, Käfer und Würmer. Der Dungkäfer und die Kotfliege legen ihre Eier in den Rissen des Kuhfladens ab, und die ausschlüpfenden Larven ernähren sich vom Kot. Der Mistkäfer gräbt unter dem Fladen einen Gang, an dessen Ende er mehrere Kotkügelchen unterbringt, so daß die Larven geschützt sind und etwas zum Fressen vorfinden. Dann werden die Eier im Bau abgelegt.

Insektenpanzer
Die *Picromerus*-Schildwanze *(gegenüberliegende Seite)* ist ein breites, abgeflachtes Insekt, dessen Körper mit einem Schild gepanzert ist. Die meisten Schildwanzen sind Pflanzenfresser und brauchen diesen Panzer zu ihrem Schutz. Bei einer Art, *Elasmucha grisea,* betreut das Weibchen sogar seinen Nachwuchs und stellt sich bei Gefahr schützend vor ihn - ein seltenes Beispiel für Brutfürsorge im Insektenreich.

Eine alte Wiese

Auf dieser Exkursion entdeckten wir eine alte Wiese in Cambridgeshire unweit der berühmten Monkswood-Versuchsstation. Es war ein warmer Tag mit gelegentlichem Sonnenschein, und an solchen Tagen verströmen Wiesen einen herrlichen Duft. Das unebene Gelände, das wir erforschten, war einstmals Ackerland gewesen, wie wir an der Vielfalt der Gräser erkennen konnten. Grasfluren wie diese beherbergen eine reiche Insektenfauna, wie man schon bald feststellt, wenn man den grünen Miniaturdschungel näher inspiziert. Vielerlei kleine Säugetiere wie Mäuse und Spitzmäuse sowie bodenbrütende Vögel wie Wiesenpieper und Lerchen ernähren sich von den Insekten und den Sämereien.

Die Nickende Distel wächst an den Feldrainen, wo die Wiese in Wald oder Hecken übergeht.

Abgetrennter Flügel einer Lerche oder eines Wiesenpiepers, Opfer eines Greifvogels.

Schleimpilz erstickt Grasblüten und verhindert ihre Entwicklung.

Frische Tierleiche Schon nach kurzer Zeit wird dieser Spitzmauskadaver von Grabkäfern beerdigt oder von Aasfressern verzehrt sein.

Großer Kohlweißling und Raupe Dieser Schmetterling legt seine Eier auf Kohlpflanzen ab.

Spinnen und Käfer Die meisten Wiesenspinnen jagen ihre Beute und spinnen keine Netze. Der schlanke Soldaten- oder Weichkäfer ernährt sich von Blütenköpfen. Der Kleine Hirschkäfer fand sich in der Nähe abgestorbener Ulmen.

Tierspuren Junge Spinnen sind aus diesem Zelt ausgekrochen. Der Kuckucksspeichel entsteht durch die Larven der Schaumzikaden, Ehrenpreis beherbergt die Larve einer Gallfliege.

Wiesenblumen sind dem Menschen schon seit langer Zeit vertraut und tragen deshalb vielfach mehrere regional verbreitete volkstümliche Artnamen.

Wegerich ist eine typische Wiesenpflanze, der sich in unserem Rasen als »Unkraut« unbeliebt macht.

Gräser sind schlanke Pflanzen mit hohlen Stengeln und winzigen Blüten, die in Ährchen angeordnet sind. Eine typische Wiese im Flachland weist etwa 20 Grasarten auf. Manche ergeben ein gutes Heu. Andere, z.B. das Hohe Schwingelgras, haben nur geringen Nährwert und gelten als Unkraut.

Die Segge zählt zu den Riedgrasgewächsen. Sie besitzt einen stabilen Stengel und wurstförmige Ährchen.

andernfalls die Schnecke kaum beachten würde. Der Vogel verspeist die Schnecke, und die einzigen, die von diesem komplizierten Verfahren profitieren, sind die Würmer. Die Schnecke ist tot, der Vogel leidet nun unter Innenparasiten, und nur die Würmer können sich über den Ausgang der ganzen Geschichte freuen. Ich habe mir immer gewünscht, einmal eine solche Bernsteinschnecke mit flackernden Fühlhörnern zu finden.

Hecken

In vielen Gegenden Europas und Nordamerikas sind die Felder und Wiesen von Hecken eingefaßt, die die Landschaft wie ein Schachbrett gliedern. Viele Hecken sind Jahrhunderte alt - in England haben einige sogar ein Alter von tausend Jahren - und stellen artenreiche Lebensgemeinschaften unter der Obhut des Menschen dar. Die heckenbestandenen Feldraine haben eine große ökologische Bedeutung, denn in ihnen finden Hunderte von Lebensformen Unterschlupf und Nahrung: Wildblumen, Schmetterlinge und andere Insekten, Vögel, Mäuse, Füchse, Wiesel und Hermeline.

Ich erinnere mich an eine Hecke in Hampshire, die ein Weizenfeld und einen Kartoffelacker voneinander trennte. Der Streifen, der die Demarkationslinie zwischen diesen beiden offenen Flächen bildete, war etwa 500 Meter lang, mit Buschwerk bewachsen, hauptsächlich mit Brombeeren, Weißdorn, Haselnußsträuchern und Erlen, und durchsetzt mit einzelnen kleinen Eichen und Buchen, die dicht von Efeu bedeckt waren. Diese Gebüschreihe zwischen zwei großen Feldern war wirklich eine Insel des Lebens. Neben den zahlreichen Insekten, die unter verrottenden Stämmen oder in der Krautschicht aus Veilchen, Schlüsselblumen und anderen Pflanzen hausten, nisteten hier zehn verschiedene Vogelarten. In den Haselnußdickichten lebten Schlafmäuse, und im von Farn und Unkraut überwucherten abgestorbenen und verwesenden Unterholz tummelten sich Wühl- und Waldmäuse, denen eine Wieselfamilie eifrig nachstellte. Am Ende dieser Heckenreihe zog eine Füchsin ihre Jungen auf, und Hasen, die beiderseits die Felder bewohnten, suchten regelmäßig das Gesträuch auf, um Schutz und Kühle zu finden. Es war eine eigenständige Welt im kleinen, die hier zwischen zwei Feldern eingebettet lag.

Die beschämende Art und Weise, wie diese alten Hecken niedergewalzt werden, damit immer größere Felder entstehen, ist eine kriminelle Torheit, denn dadurch zerstört man nicht nur das Gesicht der Landschaft und die in ihr heimische Tierwelt, sondern man schafft auch weite offene Flächen, die dann der Erosion anheimfallen, wie es sich schon oft in anderen Weltregionen gezeigt hat. Ich habe gesehen, daß sich an den Wegen neben den ihrer Hecken beraubten Feldern fruchtbares Erdreich angesammelt hat, das dort nutzlos verkommt. Die gründliche Erkundung einer alten Hecke kann eine faszinierende Aufgabe sein, denn dieser Lebensraum umfaßt im allgemeinen einen Feldrain (der an den Weg oder die Straße angrenzt), einen Graben und schließlich einen Erddamm, auf dem die eigentliche Hecke steht. Die Hecke besteht aus dichtgepflanzten Büschen, vielfach Weißdorn mit ineinander verflochtenem Gezweig, und das Ganze ist oft von Kletterpflanzen überwachsen, etwa von Geißblatt, dessen süßer Duft sich gegen Abend verstärkt und Schwärmer anlockt. Hier und da zwischen den Heckensträuchern stehen höhere Bäume, beispielsweise Eichen oder Erlen. So können sich in einer typischen Heckenvegetation viele Mikrobiotope entwickeln.

Zwergmaus vor ihrem Nest

Säugetiere der Hecke

Es gibt einige reizende Kleinsäuger, die in Hecken zu Hause sind, etwa die zierlichen Zwergmäuse mit ihrem hellbraunen Fell und ihren großen Augen. Es sind niedliche Kerlchen, die wie Kobolde in der Hecke oder auf den Getreidehalmen der benachbarten Felder umhertanzen, wobei sie ihren Greifschwanz fast wie bestimmte Affen benutzen. Ihre hübschen Grasnester, gerade so groß wie ein Tennisball, finden sich dicht über dem Boden in der Hecke oder auf den Roggen- und Weizenfeldern nebenan. In diesem Nest wirft das Weibchen fünf oder sechs Junge, die so winzig sind, daß der ganze Wurf kaum mehr wiegt als eine Münze. In Hecken können Sie auch die Sommerwohnungen der Schlafmäuse entdecken, kugelförmige Gebilde aus Gras, Moos und kleinen Zweigen. Manchmal baut die Rötelmaus in höheren Lagen ihr Nest; sie scheint Federn als Nistmaterial vorzuziehen. In der dichten Fallaubschicht am Fuß der Hecke treiben sich Tag und Nacht Feldmäuse und Kleinwühlmäuse herum, auf der Suche nach Würmern, Spinnen und Insekten. Diese kleinen Nager legen zwischen ihren langen hektischen Aktivitätsperioden immer wieder kurze Ruhepausen ein. Gefährliche kleine Raubtiere, wie Hermeline und Wiesel, machen in der Hecke Jagd auf bodenbrütende Vögel und Kleinsäuger. Die Hermeline sind erheblich größer als die Wiesel und etwas blasser gefärbt; außerdem erkennt man sie an ihrer dunklen Schwanzspitze. Nur die Igel können sich gegen diese blutdürstigen Räuber verteidigen, indem sie sich einfach zu einer Stachelkugel zusammenrollen.

Heckenvögel

Hecken, zumal ältere, sind bei vielen Vogelarten sehr beliebt. Die Hecke bietet ihnen nicht nur reichlich Nahrung, sondern auch Deckung und verschiedenartige Nistgelegenheiten. Kleine Insekten, Spinnen und Würmer gibt es massenhaft in den Abfällen unter der Hecke, und in diesen Abfällen stochern Rotkehlchen, Zaunkönige, Heckenbraunellen, Dorngrasmücken und andere Gefiederte gern herum. Die Rotkehlchen bauen ein ziemlich schlampiges Nest, während das Zaunkönigmännchen aus Moos meist mehrere wunderschöne Kugelnester anlegt, damit sein Weibchen die freie Auswahl hat. Die Heckenbraunellen brüten im unteren Teil der Hecke, und ihre Eier sind ganz wunderbar himmelblau gefärbt. Die Grasmücke ist so scheu, daß man von ihr wahrscheinlich kaum mehr zu sehen bekommt als ein Aufblitzen der hellen Schwanzaußenfedern, wenn sie ins Unterholz eintaucht. Sie setzt ihr zerbrechliches Grasnest genauso wie die Braunelle ziemlich tief unten in die Hecke. Die größeren Vögel, die Drosseln und Amseln, bevorzugen kräftigere Beute, etwa Schnecken und Heuschrecken. Diese Arten bauen recht ansehnliche Nester; das der Amsel wird innen dick mit Lehm ausgekleidet. Hänflinge, Buchfinken, Feldsperlinge und Goldammern ernähren sich von den Sämereien des Feldes und der Feldraine und flechten kleine, solide Napfnester.

Die Heckenbrüter bauen jedes Frühjahr ein neues Nest, so daß man im Herbst, wenn die Vögel das Brutgeschäft erledigt haben, ohne weiteres ein paar dieser Nester entnehmen kann. Auf diese Weise erhalten Sie nicht nur interessante Vergleichsobjekte für Ihr »Museum«, sondern nebenbei auch viele Larven und Puppen verschiedener Kleinstschmetterlinge und Käfer. Buchfinken- und Sperlingsnester sind besonders stark von Insekten befallen. In einem solchen alten Nest entdeckt man vielleicht sogar einmal eine überwinternde Schlafmaus.

Bewohner der Heckenböschung

Der Damm, der die Hecke trägt, ist im allgemeinen trocken, weil das Wasser von ihm abfließt. Das gilt vor allem für nach Süden gerichtete Böschungen, und dort finden Sie auch die frühen einjährigen Pflanzen, die blühen und Samen ansetzen, bevor die Sommersonne allzu heiß herniederbrennt: Acker-Schmalwand und Wegrauke, Sandkraut und Hirtentäschel. Böschungen kön-

DAS SAMMELN VON NESTERN

Sammeln Sie Nester nur im Herbst und Winter, wenn sie von ihren Erbauern nicht mehr gebraucht werden *(vgl. S. 270)*. Ziehen Sie Handschuhe an, um die Hände vor Flöhen- und anderen Insektenbissen zu schützen.

Die Freilegung des Nests geschieht mit Baumschere (von o. n. u. arbeiten).

Herausnehmen des Nests
Ziehen Sie das Nest behutsam aus der Hecke und legen Sie es für den Transport in einen Plastikbeutel.

DIE HECKE - EIN UNTERGEHENDER LEBENSRAUM

Eine ausgewachsene Hecke umfaßt eine Fülle von Kleinbiotopen für zahlreiche standorttreue Arten. Darüber hinaus ist sie ein kühles Refugium für die Tiere der umliegenden Felder. Die ältesten englischen Hecken gehen auf die Zeit der Normannen zurück, sind also fast 1000 Jahre alt. Man kann das Alter einer Hecke anhand der Zahl der Holzpflanzenarten abschätzen, und zwar nach folgender Methode: Schreiten Sie ein 30 m langes Heckenstück ab, und zählen Sie die auf dieser Strecke fest etablierten holzigen Pflanzenarten - Weißdorn, Hasel, Erle, Esche, Eiche usw. Für jede Art rechnen Sie dann 100 Jahre. Bei fünf Arten kann man also davon ausgehen, daß die Hecke bereits am Ende des Mittelalters gepflanzt worden ist - leider heutzutage oft an einem einzigen Tag durch einen Bulldozer vernichtet.

Heckenbrütende Vögel
Das Rotkehlchen *(ganz oben links)* sitzt auf seinem Gelege, und der Hänfling *(oben links)* füttert gerade seine Jungen. Die Goldammer *(rechts)* hält nach Beute Ausschau.

Heckenrand und Graben
Ein Wiesel, das von seinem nächtlichen Jagdausflug zurückkehrt, bahnt sich schnuppernd einen Weg durch Wildblumen und Gräser, die den unberührten Heckenrain säumen. Die Vegetation ist hier reich abgestuft, von den Pflanzen auf dem trockenen Boden am Rand bis zu den feuchtigkeitsliebenden Farnen im dahinterliegenden Graben. Heute werden Feldraine vielfach abgemäht und so die Pflanzenvielfalt sehr reduziert.

räucher und Nester
ne dichte Strauchschicht eine ausgezeichnete eckung für brütende Völ, von denen links drei rten abgebildet sind. Die eisten Vögel ziehen im hr zwei oder drei Bruten f, und sie bauen ihre äteren Nester in höhen Heckenregionen, da e Sträucher, Kletterpflann und die übrige Vegeion dann üppiger sind. an schätzt, daß rund 40 ogelarten in Hecken und ldgehölzen brüten und ahrung finden, und viele eitere Arten suchen e Hecke als Unterhlupf oder Nahngsplatz auf.

Heckenbäume
Ein Baum, der allein steht wie hier, kann seine volle Größe erreichen – im Wald wird sein Wachstum meist durch die Nachbarbäume beeinträchtigt. Junge Eichen sind oft ziemlich unregelmäßig geformt, doch im Lauf der Jahre werden sie ebenmäßiger und fülliger.

Böschung
Der trockene, lockere Boden der Böschungen ist ideal für alle möglichen Wühler und Grabtiere, z.B. für diese Rötelmaus, die sich vor dem vorbeikommenden Wiesel versteckt. Sie hat ihr Grasnest inmitten der verzweigten Laufgänge angelegt. Rötelmäuse sind meist nachtaktiv und vorwiegend Vegetarier, aber manchmal nagen sie auch ein Schneckenhaus auf, um an das darin verborgene Tier heranzukommen.

nen aber auch feucht sein, wenn sie nach Norden liegen und von einer dichten Hecke beschattet werden, und dann gedeihen dort Farne, Veilchen, Schlüsselblumen und der prächtige Gefleckte Aronstab. Ja, die verschiedenen Mikrobiotope einer Hecke bringen eine solche Fülle von Wildblumen hervor, daß man sie hier besonders gut kennenlernen und bestimmen kann. Es gibt wohl kaum eine schönere und erholsamere Freizeitbeschäftigung als die Erforschung einer schattigen Böschung mit Hilfe eines Bestimmungsbuches. Sobald Sie sich genauer umsehen, werden Sie staunen, wie viele Arten Sie entdecken. Einige der gängigsten zeichnen sich durch große Schönheit aus, etwa das Kleine Habichtskraut oder Mausohr und das golden blühende Scharbockskraut. Nicht nur die Farben der Blüten sind so herrlich, auch ihre Gesichter sind so völlig verschieden; vergleichen Sie beispielsweise einmal das schüchterne, fast traurig dreinblickende Veilchen mit dem leuchtenden, fröhlich trompetenden Geißblatt!

Auf manchen Heckenböschungen ist der Boden mehr oder weniger locker und krümelig und bildet somit einen idealen Lebensraum für vielerlei grabende Tiere. Hier sind die verschiedenen Grabwespen zu Hause und auch die

DIE ERSTELLUNG EINES PFLANZENPROFILS

Auf einer feuchten Wiese können Sie ausprobieren, wie man ein Pflanzenprofil erstellt. Die zunehmende Feuchtigkeit sowie das Weideverhalten des Viehs ergeben sehr unterschiedliche Kleinbiotope für alle möglichen Pflanzen. Holen Sie die Genehmigung des Grundeigentümers ein, bevor Sie anfangen! Treiben Sie an einer feuchten Stelle einen Stock in den Boden und einen zweiten in einen trockeneren Untergrund, und verbinden Sie beide Stöcke etwa einen Meter hoch mit einer Schnur. Schreiten Sie die Schnur ab und notieren Sie sich die Pflanzenarten und -höhen, die längs des Feuchtigkeitsgefälles wachsen.

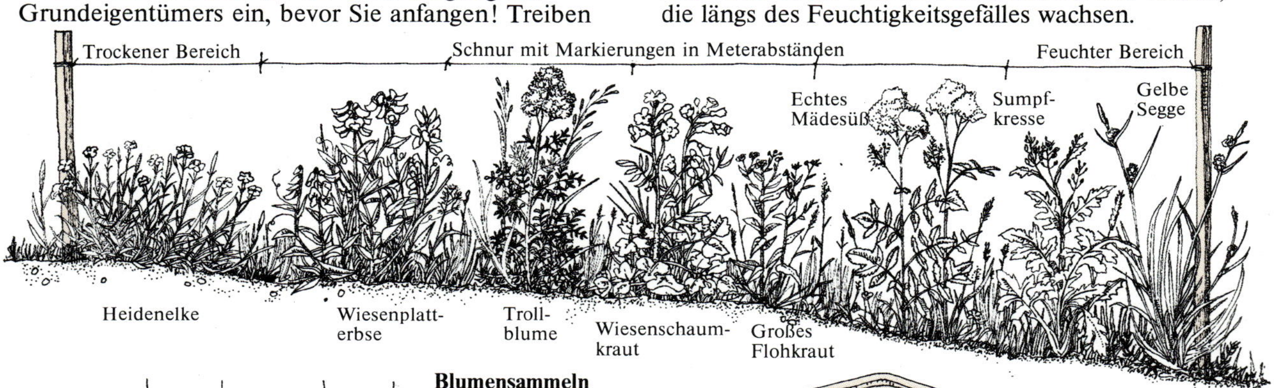

Blumensammeln
Nehmen Sie bei trockenem Wetter nur frische Blüten. Schneiden Sie den Stengel möglichst tief *(links)* mit den Blättern ab. Wachsen die Blätter getrennt von den Blüten, schneiden Sie beides ab. Entnehmen Sie auch einen Samenkopf.

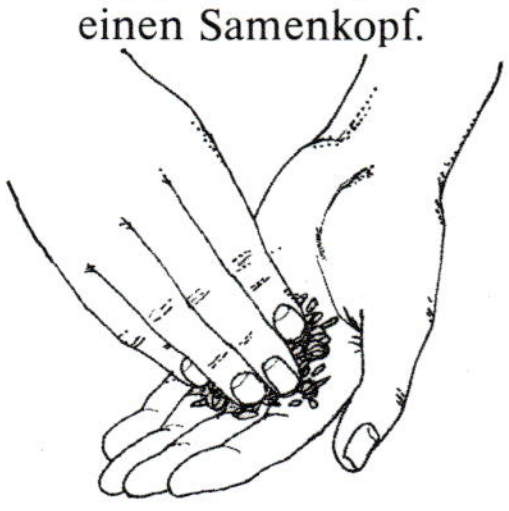

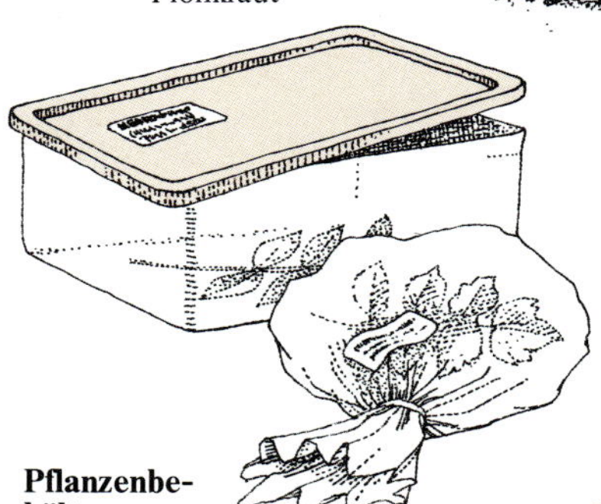

Pflanzenbehälter
In einer Plastiktüte können Sie die Pflanzen heimtragen, bevor sie welken, doch eine Dose mit Deckel ist besser, weil sie darin nicht zerdrückt werden.

Etikettierung
Beschriften Sie stets die eingesammelten Pflanzen an Ort und Stelle. Notieren Sie Fundstelle, Datum, Bodenbeschaffenheit und sonstige Einzelheiten, und fügen Sie jedem Exemplar ein eigenes Etikett bei.

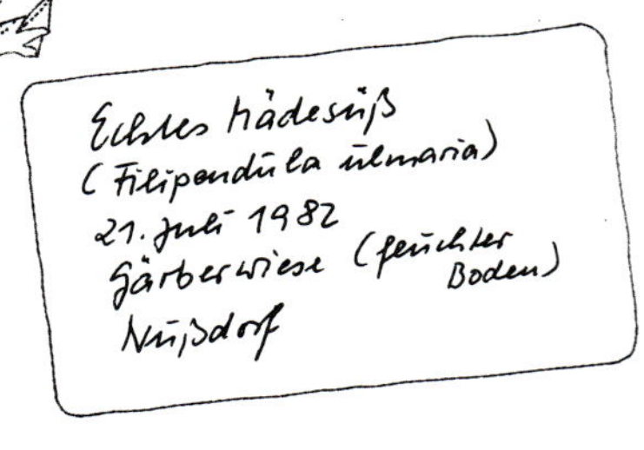

spinnenjagenden Wespen, die ihre durch einen Stich gelähmten Beutetiere in ihre Röhren einschleppen. Die Spinnen liegen dann dort wie makabre, unbewegliche Nahrungsbehälter, bis die Wespenbrut ausschlüpft und sich an ihnen gütlich tut. In solchen Böschungen finden Sie die Baue der Waldmäuse und der Karnickel, die am frühen Morgen und Abend hervorkommen, um auf den umliegenden Feldern zu äsen. Leider richten die Kaninchen in den Hecken und Feldgehölzen großen Schaden an, nicht nur, weil sie die Böschungen durchwühlen und den Boden durcheinanderbringen, sondern auch, weil sie die Heckenpflanzen und Bäume unterminieren.

Eines der faszinierendsten Grabtiere, denen ich begegnet bin, ist die Falltürspinne. Diese Spinnen waren an Böschungen auf Korfu sehr zahlreich vertreten, doch man mußte schon sorgfältig nach ihnen Ausschau halten, denn jede »Falltür«, rund wie eine kleine Münze, war mit Moos so geschickt getarnt, daß sie vollkommen mit der Umgebung verschmolz. Unter der Falltür - sie besteht aus Gespinstseide und hat abgeschrägte Kanten und winzige »Handgriffe«, mit deren Hilfe die Spinne die Tür geschlossen hält - befand sich eine lange besponnene Röhre, in der die Spinne lauerte, ein dickes, glänzend schokoladebraunes Tier mit mächtigen Kieferfühlern. Ich grub des öfteren solche Röhren aus und brachte sie in Keksdosen unter; die Spinnen wurden schon bald so zutraulich, daß sie ihre Falltür aufmachten, um Futter entgegenzunehmen. Wenn die Spinnenkinder unten in der Röhre zur Welt kommen, sind sie hellgrün, und wenn sie dann allesamt auf ihrer Mutter herumkrabbeln, sieht diese aus wie eine behäbige Dame in einem grünen Pelzmantel.

Natürlich wird in der Lebensgemeinschaft einer solchen Böschung jede Wohnung mehrfach genutzt. Im Frühling zieht vielleicht eine Hermelinfrau mit ihrem Nachwuchs oder eine Igelin mit ihren Kindern in einen alten Kaninchenbau ein. Igel halten auch gern ihren Winterschlaf in einem gemütlichen Kaninchenkessel. Verlassene Waldmauslöcher sind ein idealer Unterschlupf für Kleinwühlmäuse oder Hummeln.

Von Charles Darwin ist eine hübsche Hummelgeschichte überliefert. Er untersuchte den rotblühenden Wiesenklee und entdeckte, daß die Hummeln wegen ihrer langen Zunge die einzigen Insekten waren, die den Klee bestäuben konnten; des weiteren stellte er fest, daß es auf Böschungen und in Hecken in der Nähe von Städten und Dörfern weitaus mehr Hummelnester gab als anderswo. Dies hatte nach Darwins Ansicht seinen Grund darin, daß in den Städten und Dörfern mehr Katzen lebten, welche die Mäuse verspeisten und dadurch deren Population kurzhielt, was wiederum den Hummeln zugute kam, weil die Mäuse deren Nester überfielen und den Honig und die Brut auffraßen. Eine solche Beziehung zwischen Klee und Katzen herzustellen ist ein Meisterstück ökologischer Detektivarbeit. Heute wissen wir über diese Nahrungsketten viel besser Bescheid, und es ist verblüffend, welche Zusammenhänge hier bestehen - so zum Beispiel zwischen dem Waldkauz und der Schlüsselblume. Hecken sind günstige Gelegenheiten zum Aufspüren solcher Verbindungen, da sie so reich an pflanzlichem und tierischem Leben sind.

Gräben und Feldraine

Unterhalb der Heckenböschung verläuft meist ein Graben, und ein richtiger Graben zieht den Naturfreund wie ein Magnet an. Gräben können ständig trocken, ständig feucht oder zu verschiedenen Zeiten trocken oder feucht sein; das hängt davon ab, ob sie als Entwässerungskanäle benutzt werden. Manche Gräben werden in regelmäßigen Abständen gereinigt, und dann kann man beobachten, wie schnell sie von einjährigen Pflanzen zurückerobert und wiederbesiedelt werden. In wasserführenden Gräben sollten Sie nach Moosen und Lebermoosen Ausschau halten, und diese sind auch beliebte Wohnstätten

Ein versteckter Jäger
Die Falltürspinne ist in wärmeren Mittelmeergegenden weit verbreitet. Statt ein Netz zu spinnen, verfertigt sie eine kleine Falltür am Eingang eines tiefen Tunnels. Falltürspinnen fressen praktisch alles, was sie in ihre Wohnröhren hineinziehen können - sogar andere Spinnen.

Die Hecke

Für den Naturforscher ist eine reife Hecke ein herrliches Jagdrevier. Während unserer Expedition zu der Hecke am »Pilgerweg« in Kent regnete es fast den ganzen Tag, aber wir fanden dennoch viel Interessantes in diesem ökologisch reichen Lebensraum. Die Vielzahl der Holzpflanzenarten, die sich auf engem Raum zusammendrängten und die von Kletterpflanzen überwuchert und von Gräsern und Wildblumen gesäumt waren, zieht vielerlei Insekten, Vögel und Säugetiere an. Die meisten Schmetterlinge, Bienen und sonstigen Fluginsekten hatten Schutz vor dem Regen gesucht, doch Nackt- und Gehäuseschnecken genossen die Feuchtigkeit und fraßen sich eifrig durch die Vegetation. Auf dem Boden längs der Hecke entdeckten wir zahlreiche Knochen und andere Überbleibsel nächtlicher Jagdunternehmungen.

Unverdauliche Reste Ein Eulengewölle, bestehend aus Maushaaren und -knochen, und Kaninchenkot markieren die Stelle, wo sich diese Tiere gewöhnlich aufhalten.

Pflanzengallen gibt es in vielen Formen – Regentropfenmuster auf einem Erlenblatt, rötliche Knötchen auf Feldahornlaub oder »Rosenkönige« oder »Schlafäpfel«, die eine winzige Gallwespe bei der Hundsrose hervorbringt.

Hainbänderschnecken sind in Hecke und Wald unterschiedlich gefärbt und gezeichnet.

Fraßspuren Diese Brennessel wurde von Raupen des Kleinen Fuchses bearbeitet.

Kaninchenüberreste Die Überbleibsel einer Fuchs- oder Wieselmahlzeit sind von Insekten gesäubert worden.

»Natternhemd« einer Kreuzotter Diese Schlange häutet sich bald nach dem Winterschlaf. Abgestreifte Häute findet man in trockeneren Heckenpartien.

Das Waldbingelkraut ist ein Vertreter der Wolfsmilchgewächse. Sein milchiger Saft ist giftig.

Die Taubnesseln und ihre Verwandten haben Blüten wie das Löwenmäulchen und kantige Stengel.

Häufige Blütenpflanzen des Heckenbodens sind die Wikken, die mit ihren Ranken an der Vegetation hochklettern, und das Klettenlabkraut, das andere Kräuter und Gräser überwuchert.

ie Gemeine chmerwurz hat eine, gelbliche üten und rote eeren, die ebenso ftig sind wie die hwarze Wurzelnolle.

Altes Holz, das von Pilzen befallen ist. Der wellig wachsende braune Baumschwamm ist das ganze Jahr über auf morschem Holz anzutreffen.

der Erdkröte und der merkwürdigen Kreuzkröte, die einen durchgehenden hellen Streifen auf dem Rücken trägt und lieber läuft als hüpft. In den trockenen Gräben finden Sie kräftig bewurzelte perennierende Pflanzen, wie etwa die Brennessel, die man trotz ihrer unangenehmen Eigenschaften kochen und zu Salat verarbeiten kann und zugleich die Futterpflanze für die Raupen einiger unserer schönsten Schmetterlinge ist, des Admirals und des Tagpfauenauges. Der Admiral faltet die Brennesselblätter zusammen, legt jeweils ein Ei in diesen »Umschlag« und versiegelt ihn mit Seide. Die Raupe, die beim Ausschlüpfen dunkel und stachlig ist, sieht ebenso unappetitlich aus wie ihre Nahrungspflanze. Tagpfauenaugenraupen sind gleichfalls dunkel und borstig, und wie die Admiralsraupen ernähren sie sich von Mai bis Juli innerhalb eines Seidengespinsts. Dann gehen beide verschiedene Wege; sie wühlen sich in den Boden ein und verwandeln sich in bräunlich-grüne Puppen.

Oft erstreckt sich zwischen dem Graben und der Straße oder dem Feldweg ein Randstreifen oder Feldrain, und dieses Gelände hat am meisten auszuhalten. Es wird immer wieder zertrampelt, gemäht und mit den chemischen Stoffen der Schädlingsbekämpfungsmittel und Auspuffgase verpestet. Nur die widerstandsfähigsten Pflanzen können hier überdauern, etwa Disteln, Kerbel und Pastinak.

Heckenbewohnende Kleinsäuger
Die meisten Hecken und Feldgehölze beherbergen eine stattliche Population von kleinen Säugetieren, die nahrungssuchend im Laub und Unterwuchs umherhuschen, gewöhnlich in der Dunkelheit. Die Wühlmäuse mit ihrem kurzen Schwanz, der stumpfen Nase und den kleinen Ohren sind Pflanzenfresser. Die echten Mäuse haben lange Schwänze und große Ohren und ernähren sich nicht so einseitig; sie fressen Sämereien, Nüsse, Beeren, sukkulente Pflanzen und Kleingetier, vor allem Insekten. Die Spitzmäuse, die eine lange bewegliche Schnauze besitzen und deren Ohren fast im Fell verschwinden, sind gierige Insektenfresser.

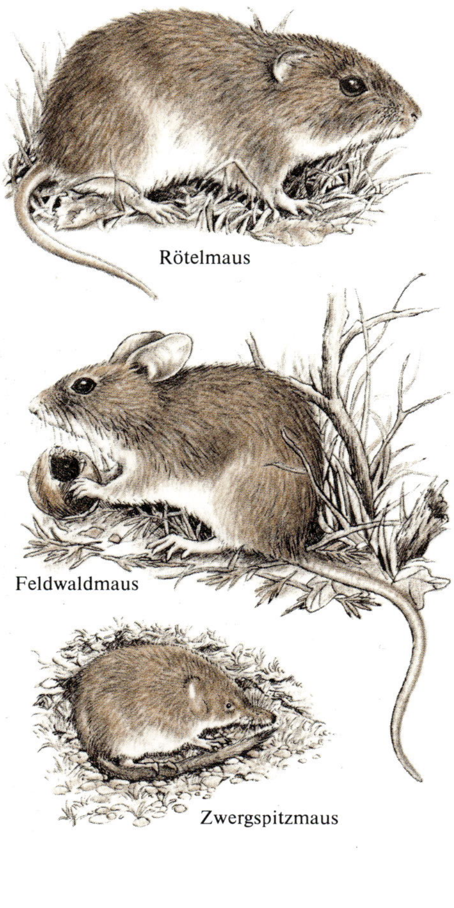

Rötelmaus

Feldwaldmaus

Zwergspitzmaus

Fang und Studium kleiner Säugetiere

Aufgelassene Wiesen, Hecken und Felder eignen sich ausgezeichnet für das Studium des Revierverhaltens kleiner Säugetiere, mit Hilfe von Fallen für den Lebendfang, von denen es zwei Typen gibt. Mit dem einen wird jeweils nur ein Tier gefangen, zum Beispiel mit den bewährten Longworth- oder Havahart-Fallen. Sie sind nicht allzu teuer, aber Sie können sich nach demselben Bauprinzip auch selbst eine Fangvorrichtung basteln. Als Junge habe ich auf Korfu eine besonders praktische Schnappdeckelfalle »erfunden« (zumindest habe ich mir alles selbst ausgedacht), die auf der gegenüberliegenden Seite beschrieben wird.

Problematischer ist der zweite Fallentyp, der für den Mehrfachfang verwendet werden kann. Ich erinnere mich, daß ich einmal tagelang eine große Rötelmaus beobachtete, die jeden Abend, wenn sie zum Vorschein kam, denselben Pfad über die Wiese bis zur Hecke benutzte. Das Tierchen war den Weg so oft gegangen, daß es mit seinen Pfötchen das Gras abgewetzt hatte und der Wechsel aussah wie eine Miniaturstraße. Ich beschloß, die Rötelmaus einzufangen und eine Zeitlang zu studieren; also stellte ich eine Schnappdeckelfalle auf, die ich mit einem Apfelschnitz beködert hatte. Als erstes fing ich eine Wühlmaus und tags darauf eine Waldmaus. Aus unerfindlichen Gründen mied meine Rötelmaus die Falle. Ich baute die Falle erneut auf und verwendete diesmal als Köder ein Stück Brot, das ich in Anislikör eingetaucht hatte, dessen Duft und Geschmack viele Kleinsäuger unwiderstehlich finden. Als ich nach ein paar Stunden zurückkam, entdeckte ich eine üble Bescherung. Meine arme Rötelmaus, angelockt vom Anisett, war tatsächlich in die Falle gegangen. Aber sobald sie gefangen war, folgte ihr ein Wiesel nach, das sie unverzüglich umbrachte und sie schon größtenteils verspeist hatte, als ich eintraf. Obwohl es mir leid tat, daß meine liebenswerte dicke Rötelmaus ein so schreckliches Ende gefunden hatte, freute ich mich sehr über das Wiesel, denn ich hatte schon seit vielen Monaten vergeblich versucht, einen solchen kleinen Räuber zu fangen. Diese Geschichte lehrt, daß man *Fallen regelmäßig überprüfen muß.* Ich rate davon ab, Fallen über Nacht sich allein zu überlassen, und wenn es sich nicht vermeiden läßt, benutzen Sie wenigstens eine Falle des Longworth-Typs sowie reichlich Köderfutter und Stroh oder Gras, damit ein früh gefangenes Tier nicht hungern oder frieren muß.

FANG UND UNTERSUCHUNG VON KLEINSÄUGERN

Hecken, Wiesen und Waldränder sind ideale Lebensräume für das Studium der Verhaltensweisen der Kleinsäugerpopulation, vor allem der Wechsel und Pfade, welche die einzelnen Tiere auf der Suche nach Nahrung benutzen. Als Grundausrüstung benötigen Sie eine oder mehrere Fallen zum Lebendfang, wie sie hier vorgestellt werden. Bevor Sie mit dem Tierfang beginnen, müssen Sie wissen, welche Tierarten geschützt sind. Wenn Sie kleine Säugetiere zu Hause pflegen wollen, beachten Sie die Hinweise auf Seite 283. Vergessen Sie nie, daß das Wohlergehen Ihrer »Gefangenen« (denn darum handelt es sich im Grunde) an erster Stelle steht. Den »Ehrenkodex« des Sammlers und Tierfängers finden Sie auf Seite 320.

Fallentypen
Zwei gebräuchliche Fangvorrichtungen für Kleinsäuger sind die Longworth- und die Havahart-Falle, die in England bzw. Amerika entwickelt wurden, aber in Abwandlungen auch in anderen Ländern verwendet werden. Beide sind für den Einzelfang bestimmt. Das Tier riecht den Köder und betritt die Falle; sobald es weit genug vorgedrungen ist, wird eine Falltür ausgelöst und verriegelt, so daß alle anderen Tiere ausgesperrt bleiben. Zum Ködern von Wühlmäusen und Mäusen empfehlen sich frisches Grünzeug oder Körner, während Spitzmäuse und kleine Raubtiere, etwa Wiesel, auf rohes Fleisch scharf sind. Legen Sie stets etwas Stroh in die Falle, damit sich der Insasse warm halten kann. Stellen Sie eine Falle vom Longworth-Typ leicht nach unten geneigt auf, um das Eindringen von Regen zu verhindern. Wenn Sie mehrere Fallen besitzen, können Sie sie rasterförmig anordnen *(s. unten)*. So haben Sie die Möglichkeit, das Wanderverhalten der einzelnen Tiere zu studieren, wenn Sie sie durch Fellmarkierung *(s. unten)* gekennzeichnet haben.

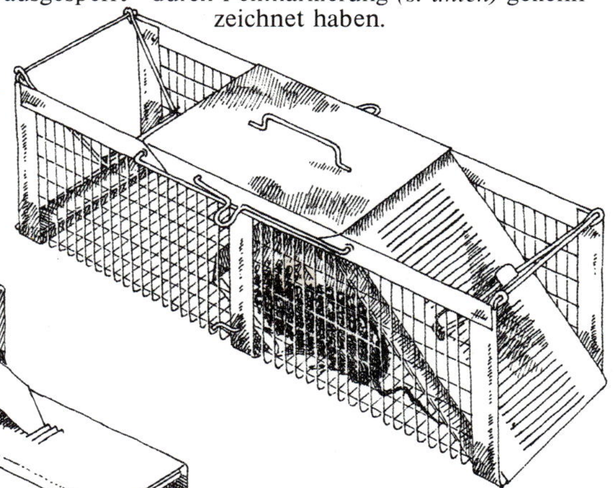

Havahart-Falle

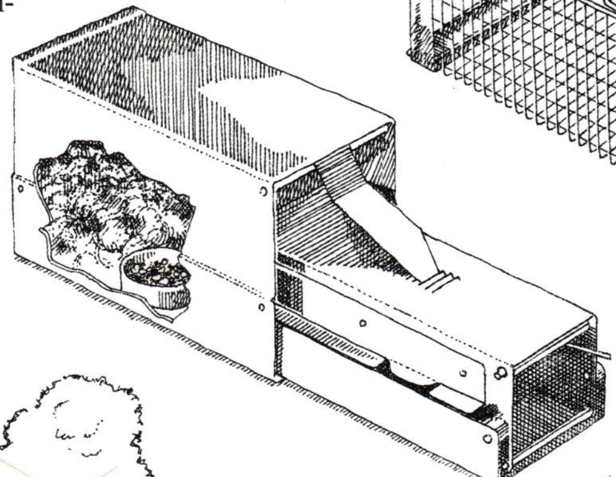

Longworth-Falle

Gefärbte Köder in einer Schale

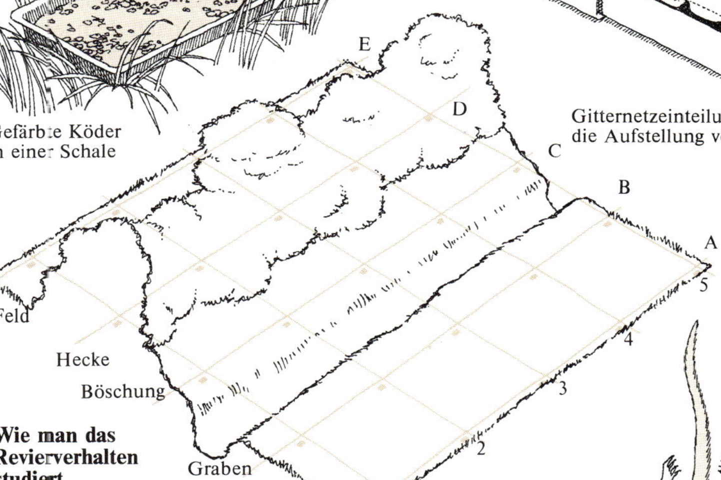

Gitternetzeinteilung für die Aufstellung von Fallen

Kippdeckelfalle
Schneiden Sie den Deckel einer großen Blechbüchse so zu, daß er in die Öffnung paßt. Befestigen Sie ihn auf Mittelachse an einem Draht, so daß ein Tier, das auf den Deckel tritt, in die Büchse hineinfällt. Tarnen Sie die eingegrabene Falle mit Erde und Laub.

Wie man das Revierverhalten studiert
Eine kleine Plastikschale dient als Köderbehälter für Kleie, Hafer oder ähnliches Mausfutter. Wenn Sie mehrere Schalen und Lebensmittelfarben besitzen, können Sie ermitteln, wie weit einzelne Kleinsäuger beim Nahrungserwerb umherwandern. Stellen Sie die beköderten Schalen in einem Abstand von 2–3 Metern auf, wobei Sie die oben abgebildete Gitternetzeinteilung zugrunde legen. Benutzen Sie zuerst ungefärbte Köder, die Sie an einer Stelle nach einigen Tagen durch gefärbtes Futter ersetzen. Kleinsäuger setzen bei der Nahrungsaufnahme häufig Kot ab, und zwar mit Vorliebe auf einer glatten Unterlage; die flache Köderschale wird somit zu einer idealen Latrine. Farbige Ausscheidungen, die an anderen Stellen erscheinen, zeigen also an, wie weit die betreffenden Tiere umhergezogen sind, und geben einen Überblick über das Revierverhalten der Population.

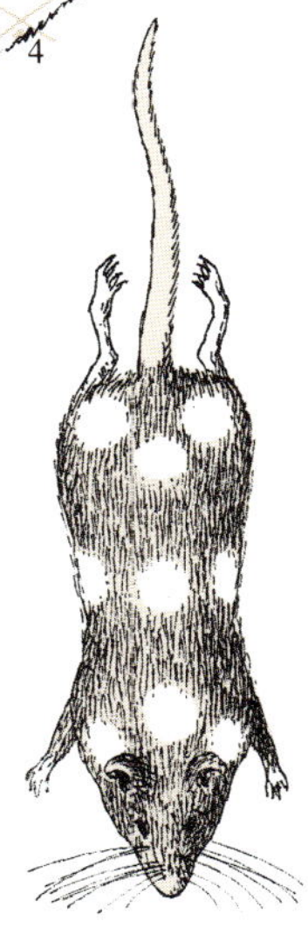

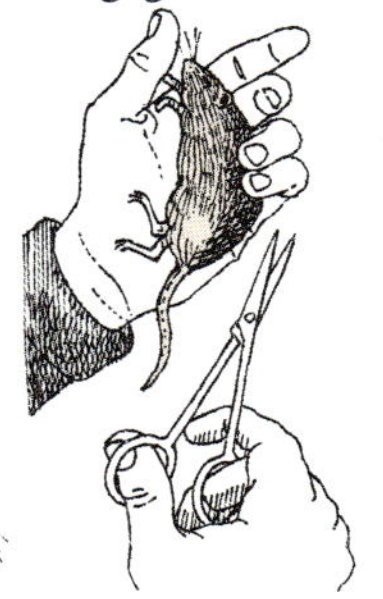

Fellmarkierung zur Wiedererkennung von Individuen
Das Tier in die Hand nehmen (Handschuhe tragen!), vorsichtig kleine Fellstücke herausschneiden. Sie können – wie links gezeigt – bis zu 9 Tiere so markieren, daß Sie sie wiedererkennen, falls sie noch einmal in die Falle geraten.

Im Buschland

In der Nähe meines Hauses in Südfrankreich erstreckt sich eine von Büschen und Sträuchern bestandene Landschaft, die sogenannte »Garrigue«. Hier erreichen die einzelstehenden Stieleichen und andere Bäume nur selten eine Höhe von mehr als drei oder vier Meter, und das dürre Land ist von Wildkräutern und Heidepflanzen überzogen. Mein Grundstück grenzt an eine weite Garrigue-Fläche, die der französischen Armee gehört. Hier versammeln sich mehrmals in der Woche die Soldaten, um zu lernen, wie man einander umbringt, und dann vernimmt man das Dröhnen der Mörser, das Geknalle der Karabiner und das Gekecker der Maschinengewehre. Und dennoch - oder vielleicht deswegen, denn das Militär ist zu sehr mit sich selbst beschäftigt, um sich für die Natur zu interessieren - ist dieses Gelände von einer erstaunlich mannigfaltigen Fauna bewohnt. Wildschweinrotten und zahlreiche südeuropäische Reptilien wie Glattnattern und Aspisvipern sind hier zu Hause. Auch viele Nagerarten gedeihen hier, und aus diesem Grunde kann man häufig Greifvögel beobachten, unter anderem so seltene Arten wie den Habichtsadler, der in der niedrigen Vegetation horstet.

Wildschweine

Aspisviper

Buschlandschaften wie die Garrigue finden sich auch anderswo im Mittelmeerraum, und das Pendant im westlichen Nordamerika sind die Beifußsteppe und das Chaparral. An der Südspitze Afrikas und Australiens existieren ähnliche Landschaftsformen, desgleichen sogar in Zentralchile. Die Entstehung eines solchen Buschlandes setzt ein entsprechendes Klima voraus - heiße, trockene Sommer (meist mit Dürreperioden) und feuchte, kühle Winter. Die meisten Sträucher sind mehrjährig und besitzen ein weitverzweigtes und ausgedehntes Wurzelsystem, so daß sie, wenn der Frühling kommt, als erste die Feuchtigkeit und die Nährstoffe aufnehmen können, die der Winterregen tief in den Boden geschwemmt hat. Manche dieser Straucharten sondern aus den Wurzeln und Stämmen sogar ein Gift ab, das Gräser und andere Pflanzen mit Erfolg daran hindert, sich in ihrem Umkreis festzusetzen und ihnen die Wasser- und Nahrungsreserven zu entziehen.

Die Blätter des Strauchwerks sind im allgemeinen hart und lederig wie die der Stieleiche oder schlank und silbrig wie die des Ölbaums. Solche Blattformen reduzieren den Feuchtigkeitsverlust erheblich - eine unbedingte Notwendigkeit in diesen trockenen Landstrichen. Die Stämme sind durchweg schlank, aber zäh und holzig, und das Gestrüpp bleibt niedrig und wird nur selten fünf Meter hoch. Die Stämme senden kleine Äste und Zweige in großer Zahl aus, die einander durchdringen und ein dichtes Kronendach ausbilden. Dieses Dach bietet den hier lebenden Tieren eine hervorragende Deckung, während es gleichzeitig den bodenlebenden Geschöpfen im glühendheißen Sommer Kühle und Schatten spendet, und die im Herbst reifenden Früchte stellen ein reiches Nahrungsangebot für alle Samenfresser dar.

Die Ursprünge des Buschlandes

Die Garrigue und die anderen Buschlandschaften (Macchia, Maquis usw.), die das Mittelmeer säumen, sind heute längst nicht mehr so dicht wie einst. Früher waren die Regionen mit einem Waldteppich aus Stieleichen, Erdbeerbäumen, Kiefern, Korkeichen und stachelköpfigen wilden Olivenbäumen überzogen. In

Ein anmutiges Reptil
Diese sonnenliebende Zauneidechse *(gegenüberliegende Seite)* kriecht auf der Suche nach Insekten im Heidekraut umher. Die variabel gefärbten Tiere sind über fast ganz Europa und Westasien verbreitet und stehen bei uns unter Schutz.

Mediterrane Gewächse
Wenn man das niedrige Gesträuch der Garrigue durchstreift, steigt einem der Duft der flüchtigen Öle, die dem Feuchtigkeitsverlust der Pflanzen vorbeugen, warm und durchdringend in die Nase. Der harzige Geruch der Zistrose ist besonders kräftig nach einem Regenguß; die blauen Blüten des Rosmarins werden von Bienen besucht.

diesen Wäldern hausten Wildziegen und Wildschafe und einstmals sogar Löwen. Doch seit über 8000 Jahren plündert der Mensch diese Landschaften, und die Wälder hatten keine Chance gegen die Viehzüchter und deren Haustiere, die landhungrigen Bauern und die vielen anderen, die Holz für Schiffe, Städte und Paläste brauchten.

Wegen der Dürre und der daraus entstehenden Brände in diesen Landstrichen würde echter Wald viele Jahrhunderte benötigen, um sich zu regenerieren, selbst wenn man ihn gewähren ließe. Doch inzwischen ist aus dem Buschland - das ein frühes Stadium der allmählichen Waldregenerierung darstellt - ein eigenständiger natürlicher Lebensraum geworden, und die Vegetation widersteht nicht nur extremen Dürrezeiten, sondern ist auch weitgehend »feuerfest«. Nachdem eine jähe Feuersbrunst eine Gegend versengt und geschwärzt hat, kann man zusehen, wie das Gestrüpp sehr schnell wieder frisches Grün aus den Wurzeln hervortreibt. Die Samen mancher Arten brauchen sogar die Hitze des Feuers, um auskeimen zu können.

Viele einjährige Pflanzen sprießen im Frühsommer zwischen den Sträuchern empor, blühen, setzen Samen an und sterben, bevor die herbstlichen Brände sie töten können. Diese Gewächse sind eine Insektenfundgrube für den Naturforscher. Deshalb ist es nicht verwunderlich, daß der große Entomologe Jean-Henri Fabre fast vierzig Jahre in der Garrigue zubrachte, um die vielen faszinierenden Insektenarten zu erforschen, die in diesem trockenen, ausgedörrten Gebiet heimisch sind.

Eine der interessanten Entdeckungen, die Fabre bei seiner Forschungsarbeit machte, war die Erkenntnis, daß manche Nachtfaltermännchen den Aufenthaltsort der frischgeschlüpften Weibchen durch den Geruch herausfinden, zuweilen über sehr große Entfernungen. Er benutzte für seine Experimente das Große Nachtpfauenauge, und Sie können sich meine Freude vorstellen, als meine Frau Lee und ich - ganz zufällig - die gleiche Beobachtung machten wie Fabre, nur 50 Kilometer von seinem alten Haus entfernt, aber fast hundert Jahre später. Das kam so:

Wir feierten gerade Lees Geburtstag, als auf unserer Terrasse eine riesige fette, kugelrunde Raupe erschien, länger als mein Finger und mit Warzen verziert, auf denen kleine Borstenbüschel saßen. Die Grundfarbe war grünlichgelb, und die Warzen waren blau. Es war wirklich ein hübsches Geschöpf, und Lee meinte, es sei das schönste Geburtstagsgeschenk, das sie bekommen habe. Sie setzte es in eine Holzschachtel und wollte sich erst nach der Party um die Raupe kümmern, doch als sie nachschaute, entdeckte sie, daß der Insasse an der einen Schachtelwand einen länglichen eiförmigen Kokon gesponnen und sich darin zurückgezogen hatte, um sich zu verpuppen. Er blieb den ganzen Winter in diesem Zustand, ohne ein Lebenszeichen von sich zu geben. Doch dann, an unserem Hochzeitstag, schlüpfte der größte und schönste Nachtfalter, den man sich denken kann. Die Schwingen waren in verschiedenen Grau- und Brauntönen gestreift und hatten kremfarbene Säume. Mitten auf jedem Vorderflügel befand sich ein großer Augenfleck, bestehend aus einem schwarzen Rand, einem kremfarbenen Ring und einem weiß und rot überhauchten blauen Stern. Diese herrlichen »Augen« wiederholten sich auf dem Hinterflügel; die Ähnlichkeit dieser Abzeichen mit den Augen eines Pfauenschwanzes hat diesem Schmetterling seinen Namen gegeben. Lee behauptete natürlich, dies sei das schönste Hochzeitsfestgeschenk überhaupt! Sie beschloß, den Falter freizulassen, also stellte sie die Schachtel abends ohne Deckel auf die Terrasse. Wir staunten nicht schlecht, als wir am anderen Morgen zwei Große Nachtpfauenaugen in der Schachtel fanden. Ein fremdes Männchen paarte sich mit unserem Weibchen, das den Partner durch seinen Duft angelockt haben mußte. Die beiden blieben eine Weile zusammen, und dann legte das Weibchen an der Schachtelwand eine ganze Eierserie ab. Sobald sie damit fertig war, ließen wir sie und das Männchen fliegen. Zwei Wochen später krochen aus den fünfzig Eiern winzige schwarze Raupen mit rötlichen Haaren aus. Sie fraßen zwar eifrig an Apfelblättern, doch leider überlebte keine einzige.

Der Umstand, daß männliche Nachtfalter auf diese Weise von den Weibchen angezogen werden, ist für den Naturforscher äußerst praktisch, denn er kann jungfräuliche Weibchen (also solche, die frisch geschlüpft sind und noch nicht begattet wurden) als »Köder« für gute, zuchtwillige Männchen benutzen. Am besten sammeln Sie freilebende Raupen und lassen sie sich verpuppen. Dann trennen Sie die Geschlechter – doch, Sie können sie tatsächlich bei einigen Arten unterscheiden, indem Sie die Puppen genau untersuchen (das Männchen hat am Ende zwei winzige Höcker). Sobald ein Weibchen schlüpft, setzen Sie es früh am Abend in eine »Männerfalle«. Sie werden staunen, wie viele Freier sich am anderen Morgen eingefunden haben. Suchen Sie sich für Ihr Zuchtpaar das schönste Männchen aus, und lassen Sie die anderen anschließend wieder frei.

Eine andere interessante Beschäftigung ist das Studium des Nachtfalterverhaltens. Dafür eignen sich am besten Arten, die auch am Tage fliegen, etwa der Eichenspinner oder das Kleine Nachtpfauenauge, beides wunderschöne Insekten. Die Weibchen dieser Arten senden ihre Duftsignale am Nachmittag aus; so können Sie den gesamten Vorgang leichter beobachten. Sobald Ihr Weibchen geschlüpft ist, stecken Sie es in einen großen Musselinbeutel, den Sie an derselben Stelle aufhängen, wo Sie die Raupe gefangen haben. Setzen Sie sich hin und warten Sie ab, bis die Männchen ihrem »Ruf« folgen. Dann können Sie beobachten, ob und wie die Schmetterlingsfrau auf die Freier reagiert. Sie können sogar ein paar Männchen einfangen und markieren, indem Sie einen kleinen Tupfer schnelltrocknender Korrekturflüssigkeit oben auf den Thorax setzen; anschließend transportieren Sie die markierten Tiere ein Stück in Windrichtung, um festzustellen, in welcher Entfernung sie das Weibchen noch riechen können und wie lange sie brauchen, um zu ihm zurückzukehren.

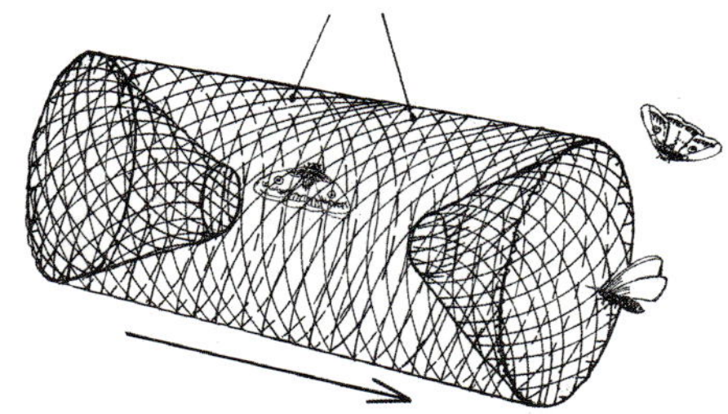

Duftfalle
Setzen Sie das frischgeschlüpfte Nachtfalterweibchen *(vgl. S. 278)* in eine Falle aus feinmaschigem Kükendraht. Die Trichter an den Seiten sollen eine Öffnung von etwa 3 cm haben. Schon nach wenigen Stunden werden Faltermännchen durch den Duft des Weibchens angelockt. Sie dringen in die Falle ein und umflattern hektisch ihre Partnerin. Quartieren Sie das Weibchen und ein Männchen in einen geräumigen, schattigen Käfig um, und lassen Sie die beiden zur Paarung mindestens 24 Stunden in Ruhe. Dann wird das Männchen freigelassen, während das Weibchen in einen mit der jeweiligen Nahrungspflanze ausgestatteten Behälter kommt. Aus den Eiern können Sie Raupen und schließlich fertige Falter aufziehen.

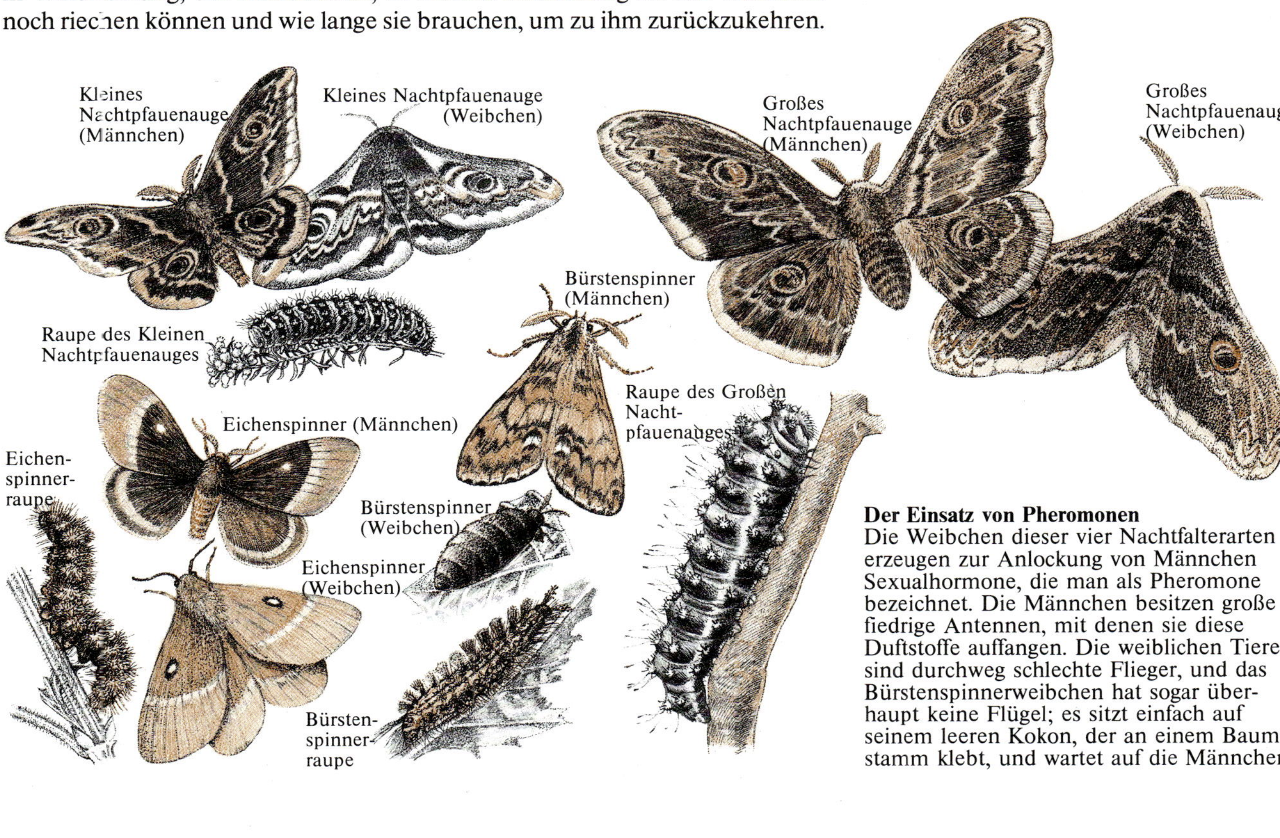

Der Einsatz von Pheromonen
Die Weibchen dieser vier Nachtfalterarten erzeugen zur Anlockung von Männchen Sexualhormone, die man als Pheromone bezeichnet. Die Männchen besitzen große fiedrige Antennen, mit denen sie diese Duftstoffe auffangen. Die weiblichen Tiere sind durchweg schlechte Flieger, und das Bürstenspinnerweibchen hat sogar überhaupt keine Flügel; es sitzt einfach auf seinem leeren Kokon, der an einem Baumstamm klebt, und wartet auf die Männchen.

In der Garrigue

Machen Sie einmal während Ihres Urlaubs an der Mittelmeerküste eine kurze Fahrt landeinwärts, und Sie gelangen in eine trockene Strauchlandschaft, in der niedriges, zerstreutes Buschwerk mit Grasflächen, Felsen und Sand abwechselt. Dieser Lebensraum wird in Südfrankreich als »Garrigue« bezeichnet. Die Garrigue in der Umgebung unseres Hauses war im August das Ziel unserer Sammelexkursion. Die heiße Luft war erfüllt vom aromatischen Duft der Wildkräuter und vom unaufhörlichen Summen und Surren der Insektenmassen. Ein merkwürdig geformter »Zweig« schnappte plötzlich nach einem vorüberkommenden Insekt und stellte sich damit als eine der gefürchteten Gottesanbeterinnen heraus; ein lautes Rascheln im Unterholz verriet uns die Anwesenheit einer großen Perleidechse, die ihrerseits furchtlos die Gottesanbeterin attackierte.

Südliche Zwenke

Der Besitzer dieser Federn, ein Rothuhn, lebt in trockenem Gesträuch und Ackerland. Im Sommer frißt es Heuschrecken und Grillen.

Bockkäfer Seine holzbohrenden Larven sind arge Baumschädlinge und befallen auch Holzteile in Häusern.

Wespennest In der Sommerhitze befächeln die Arbeiterinnen das Nest mit den Flügeln, um die Larven zu kühlen.

Junge Schmalwanze

Erwachsene Schmalwanze

Die Raub- oder Jagdfliege ist in dürren Gegenden stark verbreitet. Sie kauert auf einem Blatt oder Zweig, greift im Sturzflug ein vorbeifliegendes Insekt an, injiziert ihm ihr Gift und saugt es dann aus.

Raubfliege

Hummel

Heuschrecke

Täuschende Ähnlichkeit Diese Wanze gleicht auffallend einem Samenkopf ihrer Nahrungspflanze.

Abgestoßene Haut der Zikade, die als Larve mehrere Jahre unter der Erde lebt.

Puppe des Großen Nachtpfauenauges

Hinterflügel eines Schwalbenschwanzes

Großes Ochsenauge

Bläuling

Schmetterlingspuppe

Eichenspinnermännchen

Spannerraupe

Haut einer Gottesanbeterin

Eikapsel einer Gottesanbeterin

Flockenblume

Der dichtgesponnene Kokon des Nachtpfauenauges ähnelt dem der Seidenraupe, die wirtschaftlich eine so große Bedeutung hat. Können Sie die zierliche und am Grashalm gut getarnte Spannerraupe erkennen?

Todbringende Geliebte Die weibliche Gottesanbeterin verspeist ihren Partner (mit Ausnahme der Flügel) meist wenige Stunden nach der Begattung.

Schnecken halten im Sommer gewöhnlich einen »Sommerschlaf« in ihrem Gehäuse, das mit getrocknetem Schleim verschlossen wird.

Von einem Eichhörnchen leergefressene Mandel

Von einer Ratte aufgenagte Mandel

Unterkiefer einer Ratte

Nest einer solitären Wespe

Stumpfschnecke

Bänderschnecke

Weiße Schnecke

Tellerschnecke

Blumen der Strauchlandschaft Im Spätsommer sind die Blüten verwelkt und abgestorben, und es bleiben nur die vielerlei seltsam aussehenden Samenköpfe zurück. Die meisten dieser Pflanzen haben trockene, zähe und stachelige Blätter, die einerseits Weidetiere abschrecken und andererseits zur Feuchtigkeitskonservierung im dürren und heißen mittelmeerischen Sommer beitragen.

Die Kermeseiche hat eine gedrungene, buschige Gestalt und stechpalmenähnliche Blätter. Die Eicheln sind wertvolle Nahrung für Nager und andere Pflanzenfresser.

Phönizischer Wacholder Er unterscheidet sich von den anderen Wacholderarten durch seine Beeren, die sich im zweiten Jahr rötlich verfärben und nicht blau, purpurn oder schwärzlich wie sonst üblich.

Durch solche Versuche, die Sie nach Belieben abwandeln können, sind Sie, wie seinerzeit Fabre, in der Lage, einige faszinierende Geheimnisse des Insektenverhaltens zu entschleiern, und vielleicht entdecken Sie dabei noch etwas ganz Neues und bislang Unbekanntes.

Heiden und Moore

Zwei bekannte Spielarten des Busch- oder Strauchlandes sind die Heide- und Moorlandschaften. Heiden kommen vor allem dort vor, wo der Boden leicht, trocken und sandig ist, während Moore auf feuchtem, flachem Untergrund über altem Muttergestein entstehen. Moorlandschaften liegen im allgemeinen höher und sind kälter und regenreicher als Heiden.

Da in beiden Fällen der Boden durchweg arm an mineralischen Nährstoffen ist, insbesondere an Stickstoff, zählen viele hier wachsende Pflanzen zu den Hülsenfrüchtlern oder Leguminosen, wie etwa der Stechginster. Die vorherrschenden Heide- und Moorpflanzen, die Heidekrautgewächse, haben *symbiotische* Beziehungen zu bestimmten Pilzarten entwickelt, die an ihren Wurzeln leben und atmosphärischen Stickstoff binden. Die Heide- und Moorvegetation hat sich auch insofern an ihre Umwelt angepaßt, als sie Wasserverlusten vorbeugt, was übrigens auch auf die Pflanzen in anderen Buschländern der Erde zutrifft. Die Wurzeln der Heidepflanzen reichen tief hinab, und die Blätter sind zäh und besitzen eine dicke Kutikula (Häutchen der äußeren Zellschicht) und eingesunkene Stomata (Spaltöffnungen); bei einigen Arten sind sie zudem be-

HEIDEN UND MOORE

Heide- und Moorlandschaften verdanken ihre Entstehung dem Menschen. Wo auf tiefliegenden Sand- oder Kiesböden die Wälder gerodet wurden, entwickelte sich Heide; Moore sind typisch für höhergelegene entwaldete Regionen. In Heidegebieten ist die Torfschicht dünn, während sie in Mooren eine Mächtigkeit von 10 m haben kann. Die Flora und Fauna der beiden Lebensräume weisen große Übereinstimmungen auf; die Abweichungen beruhen in der Hauptsache auf der jeweiligen Temperatur und Niederschlagshöhe.

Heideboden
Heideböden können Sie an eingesunkenen Pfaden und Torfabstichen studieren. Dicht unter der dünnen Oberflächenschicht (1) liegt eine flache Schicht aus trockenem Torf (2), die wie ein Deckel die Zufuhr von Sauerstoff behindert. Ein orangefarbenes Band aus Eisensalzen bildet gleichsam eine »Pfanne« (3), die den Pflanzenwurzeln das Eindringen in den Unterboden (4) verwehrt. Darüber gedeihen nur Pflanzen mit Flachwurzeln.

haart. Die Blätter des Steifen Borstengrases rollen sich zu winzigen Zylindern zusammen; die Stämme des Stechginsters sind gefurcht und bei jungen Pflanzen behaart. Alle diese Merkmale haben den Zweck, Feuchtigkeit zu binden.

Wieso sind mineralische Nährstoffe Mangelware in solchen Landschaften? Und weshalb spricht man von Wasserarmut, wenn von niederschlagsreichen Sumpfmooren die Rede ist? Bei der Beantwortung der Frage nach dem Mineralstoffmangel muß man die Verrottungsgeschwindigkeit der pflanzlichen und tierischen Überreste bei der Bildung fruchtbaren Bodens bedenken. In Heidelandschaften schreitet die Verwesung langsam fort, weil der Untergrund so trocken ist. Das Wasser versickert schnell im Sandboden, und die Nährstoffe, die sich vielleicht angesammelt haben, werden damit weggespült. In den nördlichen Mooren hingegen ist die flache Bodenschicht mit Wasser vollgesogen und kalt, und dadurch wird der Verwesungsprozeß ebenfalls gehemmt. Was die Frage des Wasserverlusts angeht, so erklärt sich die Anpassung der Heidepflanzen mit dem raschen Abfließen des Regenwassers in den Heidelandschaften, aber auch im Moor können die Pflanzen »dürsten«, obgleich doch Wasser genug vorhanden zu sein scheint. Das hat seinen Grund darin, daß die dünne Bodenschicht kalt ist und nicht viel freien Sauerstoff enthält, weil sie fast ständig mit Wasser vollgesogen ist. Dies wirkt sich negativ auf die Wasserabsorptionsfähigkeit der Pflanzen aus, und zudem verstärken die ständig wehenden Winde die Verdunstung der Feuchtigkeit auf den Blättern. Deswegen leiden die Pflanzen der Moorlandschaften unter einem »physiologischen« Feuchtigkeitsmangel – sie können einfach nicht genügend Wasser aufnehmen.

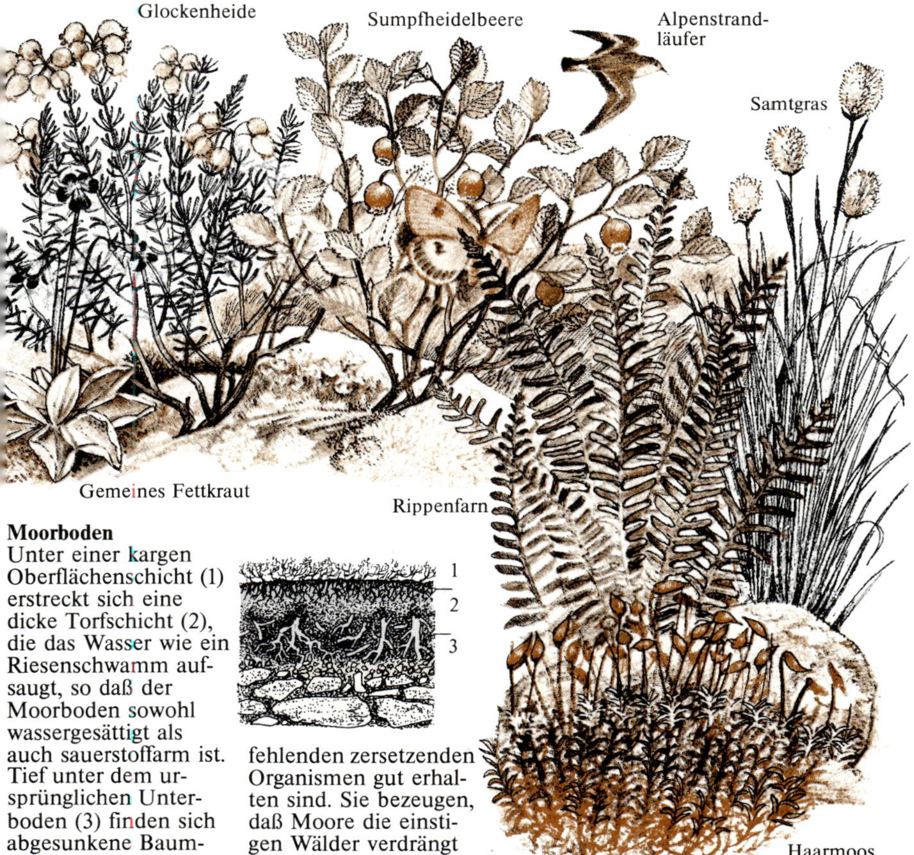

Moorboden
Unter einer kargen Oberflächenschicht (1) erstreckt sich eine dicke Torfschicht (2), die das Wasser wie ein Riesenschwamm aufsaugt, so daß der Moorboden sowohl wassergesättigt als auch sauerstoffarm ist. Tief unter dem ursprünglichen Unterboden (3) finden sich abgesunkene Baumstümpfe, die wegen der fehlenden zersetzenden Organismen gut erhalten sind. Sie bezeugen, daß Moore die einstigen Wälder verdrängt haben.

Ligusterblatt Die große flache Oberfläche läßt die Feuchtigkeit entweichen.

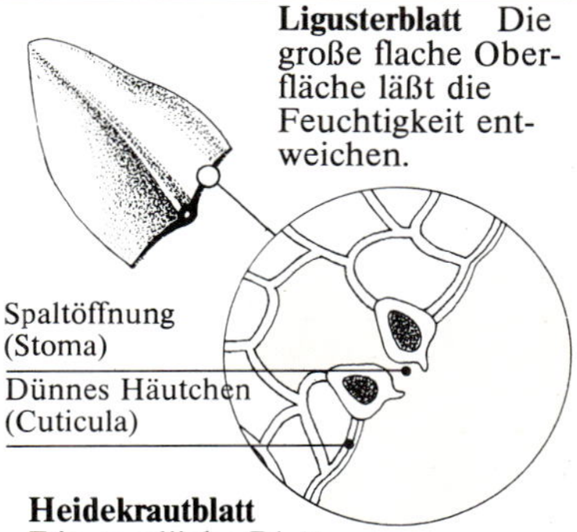

Heidekrautblatt
Die rundliche Blattform und die dicke Haut verhindern die Abgabe von Feuchtigkeit.

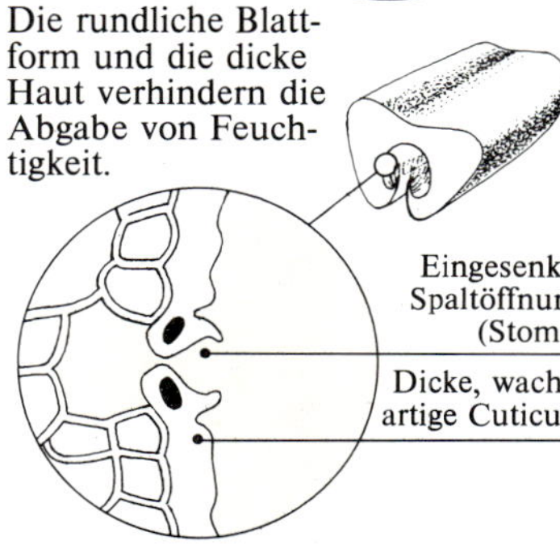

Festhalten des Wassers
Trotz des Regens, der auf eine Heidelandschaft niedergeht, trocknet die dünne Torfschicht meist schnell aus. Viele Pflanzen haben sich an diese trockenen Lebensbedingungen angepaßt. Im Vergleich zum Blatt einer Waldpflanze ist beim Heidekrautblatt die Unterseite eingerollt.

Heidelandschaft

Diese Exkursion führte uns nach Dorset, in eine meiner englischen Lieblingslandschaften. Das Wetter war scheußlich – kalt und bewölkt, später auch noch regnerisch –, und so sahen wir nicht viele Fluginsekten. Die flache Gegend war hauptsächlich mit Heidekraut und Ginster bewachsen und von fuchsrotem Adlerfarn durchsetzt; überall lag Karnickelkot herum, und hin und wieder stießen wir auf sumpfige Senken. Unten im Heidekrautdschungel tummelten sich Käfer und Spinnen, aber die Ameisen kamen an diesem kalten Tag nicht aus der Erde hervor. An den nährstoffarmen morastigen Stellen bestritten Sonnentaugewächse ihren Lebensunterhalt mit Insekten. Die hier abgebildeten Kostproben sind ein Spiegelbild der Heidelandschaft – trockener Boden mit Heidekraut, Adlerfarn, Stechginster und Gräsern, dazu eine Ansammlung von Sumpfpflanzen.

Sumpfpflanzen wachsen in Bodensenken, wo das Wasser nur langsam versickert und sich zeitweilig kleine Tümpel bilden. Binsen, Seggen und Gräser gedeihen in diesen »Oasen« der Sandheide.

Flechten, in denen Pflanzen und Algen eine Lebensgemeinschaft eingehen, können sich fast überall behaupten, selbst auf nacktem Gestein.

Sonnentau findet sich mit nährstoffarmen Böden ab, weil er sich von Insekten ernährt. Wir beobachteten, wie diese Pflanze eine Schnake fing, indem sie das Tier wie ein Krake umschlang.

Das Heidekraut ist eine zähe, drahtige Pflanze, die sich an kargen, trockenen Boden angepaßt hat und ihrerseits für zahllose Insekten eine reiche Nektarquelle darstellt.

Adlerfarn gedeiht auf Sandboden (ungewöhnlich für einen Farn), und der schöne goldgelb blühende Ginster, der mit Stacheln bewehrt ist wie ein alter Ritter, hält die Weidetiere fern.

Pilze wachsen zwischen dem Heidekraut und im niedrigen Gras am Rande der Heide, wo sie pflanzliche und tierische Überreste zersetzen.

Die Raupen der Heidefalter ernähren sich von Heidekraut und leben versteckt und gut getarnt auf bestimmten Pflanzenteilen.

Jagdspinnen stellen aktiv ihrer Beute nach, spinnen aber ein »Zelt« für den Nachwuchs.

Der Dreihornmistkäfer gräbt einen tiefen Stollen *(unten)*.

Kaninchenkot findet sich in »Latrinen« längs der Wechsel.

Im einzelnen bestehen freilich Unterschiede zwischen den beiden Lebensräumen. In Mooren findet man häufig die Glockenheide mit ihren dichten, doldigen rosaroten Blütenköpfen, die wie Ballontrauben oben auf dem Stengel sitzen. Hier stehen verschiedene steife, aufrechte Seggen- und Binsenarten, und Moose und Lebermoose wachsen zwischen den dichten Büscheln der höheren Vegetation. Im Heideland gedeihen sowohl Schmetterlingsblütler wie der Besenginster und der Hornklee als auch Stechginster und Flachs und Sumpfveilchen, die mit ihren weißen oder violetten Blüten zwischen dem Heidekraut hervorlugen. In den Lebensgemeinschaften der Heide findet man manchmal die unschuldig aussehende Nesselseide, auch Teufelszwirn genannt. Sie hat keine Blätter, aber einen harten, roten Stengel und Knäuel von zierlichen rosigen Blüten. Doch lassen Sie sich von ihrem Aussehen nicht täuschen, denn dies ist eine Art Pflanzen-Dracula. Sie klettert gegen den Uhrzeigersinn an ihrem Opfer hoch und durchdringt mit den Wurzeln ihres drahtigen Stengels das Fleisch ihrer Wirtspflanze, um ihr die Nährstoffe auszusaugen.

Als ich an der englischen Südküste lebte, entdeckte ich in den Heidegebieten ringsum eine interessante Pflanzen- und Tierkollektion. In tiefgelegenen, sumpfigen Gegenden sammelte ich den winzigen Sonnentau, den ich auf der Fensterbank pflegte, anmutige insektenfressende Pflanzen, die wie See-Anemonen aussehen und agieren. Wie ich mich erinnere, verdanke ich es dem Sonnentau, daß ich einmal ein Tier erwischte, das ich schon lange fangen wollte – den absonderlichen Hundertfüßer *Geophilus electricus,* der etwa fingerlang und dünner als ein Streichholz ist und die merkwürdige Angewohnheit hat, im Dunkeln zu leuchten (deshalb heißt er auch Leuchtender Erdläufer). Ich hatte diesem Geschöpf schon seit langem nachgestellt, doch ohne Erfolg. Dann machte ich eines Tages eine Exkursion zu einem Sumpf inmitten einer ausgedehnten Heide, wo ich, wie ich wußte, auf dem Heidekraut die Kokons des kleinen Nachtpfauenauges finden konnte. Nachdem ich einige Kokons eingesammelt hatte, drang ich tiefer in den Sumpf ein, um mir ein paar Sonnentaugewächse zu holen, die dort im Überfluß wuchsen. Zu meinem Erstaunen umklammerte der erste Sonnentau, den ich erblickte, mit seinen seltsamen linsenförmigen Blättern einen der begehrten leuchtenden Hundertfüßer. Mit einiger Mühe befreite ich ihn aus der klebrigen Umarmung, und er schien keinen Schaden genommen zu haben. Am selben Abend gab er in dem Spezialbehälter, den ich ihm eingerichtet hatte, eine großartige Vorstellung. Er flitzte über die Blätter und das Moos und die Rindenstücke und glühte gespenstisch in der Dunkelheit, fast wie ein erleuchteter Zug, der durch die Nacht rast.

Sonnentaugewächse kommen natürlich auch in sumpfigen Mooren vor, desgleichen ein anderer Insektenfresser, das Gemeine Fettkraut. Bei dieser Pflanze sind die ziemlich fleischigen Blätter an den Rändern nach innen gebogen und mit einer klebrigen Flüssigkeit überzogen. Wenn ein Insekt auf einem solchen Blatt landet, bleibt es wie an einem altmodischen Fliegenfänger haften. Dann rollt sich das Blatt zusammen, um die Beute zu umschlingen, und die Blattdrüsen scheiden einen Verdauungssaft aus, mit dem das Insekt aufgelöst und absorbiert wird. Auf diese Weise gewinnen Sonnentau und Fettkraut den lebenswichtigen Stickstoff, der es ihnen ermöglicht, sich auf sauren Torfböden zu behaupten, wo dieses Element fehlt.

Ein Akt der Notwehr
Als Reaktion auf eine Bedrohung stößt der sogenannte Nasenbluterkäfer eine rote Flüssigkeit aus dem Mund aus. Dieses Verhalten, das man als Reflexbluten bezeichnet, ist in der Welt der Insekten nichts Ungewöhnliches, wie jeder weiß, der einmal Wanzen, Raupen oder Heuschrecken in die Hand genommen hat. Diese Tiere schrecken Freßfeinde mit einem Tropfen einer übelriechenden Flüssigkeit ab.

Tiere der Sandheide

Wenn man sich auf der Heide gründlich umschaut, entdeckt man mit ziemlicher Sicherheit Mistkäfer und den sogenannten Nasenbluter *(Timarcha tenebricosa),* einen dunklen rundlichen Käfer, der so heißt, weil er am Mund ein Tröpfchen rote Flüssigkeit ausscheidet, wenn man ihn anfaßt. An sandigen Stellen zwischen dem Heidekraut stößt man auf die konischen Fallgruben des

Ameisenlöwen, der breiten Larve der Ameisenjungfer. Wehe der Ameise, die in eine solche Grube hineingerät. Die Larve, die unten an der Kegelspitze im Sand vergraben lauert, beginnt die Ameise sofort mit Sandkörnchen zu bombardieren. Schließlich rutscht das Opfer an der schrägen Wand nach unten und wird von der Larve verspeist.

In Heidegebieten können Sie auch grünliche Zauneidechsen, bronzefarbene Blindschleichen, Glattnattern und Kreuzottern beobachten. In einer englischen Heidelandschaft entdeckte ich einmal eine weibliche Kreuzotter, die gerade ihr Sonnenbad nahm. Es war das größte Exemplar, das ich je gesehen hatte, und als ich die Schlange nach einer aufregenden Jagd endlich erwischt hatte, stellte ich fest, daß sie so lang wie mein Arm und ganz wunderschön gezeichnet war. Sie war so dick, weil sie, wie ich annahm, kürzlich mindestens eine kleine Ringelnatter oder einen ganzen Wühlmauswurf verschlungen hatte. Sie können sich also meine Überraschung vorstellen, als sie drei Tage später 17 Junge zur Welt brachte, die allesamt ebenso schön waren wie die Mutter. Ich hielt die Tiere ein paar Wochen lang, doch dann wurden die Versorgungsschwierigkeiten so groß, daß ich die gesamte Schlangenfamilie bis auf zwei Jungtiere zusammenpackte und in der Heide wieder aussetzte. (Achtung: Kreuzottern sind giftig, und der Umgang mit ihnen sollte Experten vorbehalten bleiben.)

Die Tierwelt der Hochmoore

Mäusebussard

Die großen Moorlandschaften in Nordengland, Schottland und anderswo beherbergen eine ungewöhnlich reiche Fauna. Zu den Vögeln, die zwischen Felshängen und Felsblöcken heimisch sind, gehören der majestätische Steinadler, der schwere Bussard und der kleine Merlin, einer der zierlichsten Falken in England, die im Heidekraut brüten. Hier können Sie auch die großen schwarzen Raben beobachten, die größten Vertreter der Krähenfamilie; vielleicht vollführen sie gerade in der Luft ihre Saltos und Loopings und schikanieren einen kreisenden Steinadler, denn Raben fürchten sich vor keinem anderen Vogel. Sie fressen alles, was sie überwältigen können, und vergreifen sich gerne an Möwengelegen und sogar an den Eiern des Steinadlers.

Ziegenmelker

An den Bächen, die das Moor durchziehen, finden Sie mit etwas Glück die Ringdrossel, einen unverkennbaren Vogel, denn das Männchen ist tiefschwarz, das Weibchen etwas matter gefärbt, doch beide tragen auf der Brust ein weißes halbmondförmiges Band. Am Abend taucht möglicherweise im Heidekraut ein höchst seltsamer Vogel auf, der Ziegenmelker, der Jagd auf Nachtfalter und andere Insekten macht und dabei seinen merkwürdigen surrenden Schrei ausstößt. Das schöne Gefieder, ein raffiniertes Gemisch aus braunen, grauen und kremfarbenen Tönen, ist für diesen Vogel das perfekteste Tarnkleid, wenn er tagsüber mit geschlossenen Augen auf dem Boden ruht. Ich habe einmal fast in Reichweite eines Ziegenmelkers auf der Erde gesessen und Picknick gemacht, und eine Stunde lang bemerkte ich nichts von seiner Anwesenheit. Erst als ich aufstand, wäre ich beinahe auf ihn getreten. Ziegenmelker haben einen kurzen Schnabel, den sie aber so weit aufsperren können, daß sie sogar große Schwärmer und fliegende Käfer verschlingen, wenn sie lautlos durch die Luft flitzen. Der männliche Ziegenmelker zeigt in der Dämmerung seinen anmutigen Balzflug. Er umwirbt seine Angebetete mit akrobatischen Drehungen und Wendungen, Saltos und Überschlägen, und dabei klappt er seine Flügel über dem Rücken zusammen. Ihren Namen verdanken die Ziegenmelker dem Umstand, daß man sie abends häufig in der Nähe von Ziegen und anderen Weidetieren beobachtete und daraus den Schluß zog, sie saugten Milch aus den Eutern der Ziegen und Kühe. In Wahrheit stellten sie jedoch den Insekten nach, die von den Herden angelockt wurden.

Merlin

Moorlandschaft

An einem kühlen, bewölkten Julitag ähnelt die Moorlandschaft von Dartmoor auf den ersten Blick der ihr verwandten Landschaftsform, der Heide. Doch wenn man zwischen dem Heidekraut und den Pflanzenwurzeln ein wenig gräbt, wird der erste Unterschied sofort sichtbar: Der Moorboden ist dicht, elastisch, feucht und torfig, ganz anders also als der trockene, sandige Heideboden. Moos- und Flechtenpolster sind überall verstreut, und die meisten Pflanzen sind widerstandsfähige, niedrige Formen, die den für hochgelegene Moore typischen kalten Winden trotzen. Das trockene Heidekraut beherbergt erstaunlich viele Tiere. Wenn man sich still hinsetzt, kann man die melancholischen Rufe der Brachvögel vernehmen, und wenn man sich allzu geräuschvoll vorwärts bewegt, erblickt man vielleicht ein Moorschneehuhn, das über dem Heidekraut abstreicht.

Dunenfeder

Abgebissene Moorschneehuhnfeder, Überrest einer Fuchsmahlzeit. Weite Moorgebiete werden heute niedergebrannt, um die Bestände der begehrten Schneehühner zu vergrößern.

Kokon der Trinkerin (Nachtfalter)

Eischale der Ringeltaube

Leerer Kokon Trinkerpuppe

Raupengemeinschaft Die Raupen der Nachtpfauenaugen leben in den ersten Häutungsphasen zusammen.

Blaubeerhummel

Heidekrauthummel

Dungfliege

Großes Ochsenauge

Eulenfalterraupe

Cladonia-Flechte

Hundsflechte und Sumpfmoos

Die Fetthenne speichert Wasser in ihren dicken Blättern. Diese Pflanze wächst oft auf altem trockenem Mauerwerk – daher wird sie auch Scharfer Mauerpfeffer genannt.

Ameisen Ein paar Vollinsekten und Eier aus einer Ameisenkolonie, die vielleicht 10000 Tiere umfaßt. Das Nest befand sich unter einem großen flachen Stein.

Flechten zeigen höchst unterschiedliche Wuchsformen. Die hellroten Spitzen sind die Fruchtkörper des Pilzpartners. Ob auch der Algenpartner mit den Pilzsporen verfrachtet wird, ist ungeklärt.

Parmelia-Flechte

Winteropfer Die Besitzer des Horns und der Rippe wurden wahrscheinlich von der Winterkälte überrascht und starben hoch droben im Moorgebiet. Die Überreste fanden sich im flachen Quellwasser eines Moorbachs.

Leben auf Dung Die Tintlinge gehören zu den Pilzen, die gerne auf Kot wachsen, der in einem ansonsten nährstoffarmen Terrain eine ergiebige Nahrungsquelle darstellt. Andere Dungfresser sind bestimmte Dungfliegen sowie Kot- oder Dungkäfer. Die Natur vergeudet nichts, und schon nach wenigen Tagen werden diese Schafexkremente restlos verschwunden sein.

Die frühen Heidel- oder Blaubeeren entwickeln sich aus den herabhängenden rötlichen Blüten. Die wohlschmeckenden blauschwarzen Beeren sind bei Vögeln und Säugetieren sehr begehrt.

Heidekrautgewächse Das Gemeine Heidekraut herrscht vor, doch auf trockenerem Untergrund wird es von Glockenheide verdrängt – ein »Wegweiser« für kundige Wanderer in gefährlichem Sumpfmoor.

Moorschneehühner auf dem Tanzplatz
Im Morgengrauen eines frühen Frühlingstages, noch bevor sich die Nebel verzogen haben, versammeln sich die Hähne in ihrer Arena, einem Platz, der schon seit Generationen benutzt wird und dementsprechend kahl ist. Hier entspinnt sich jetzt ein faszinierender, doch unblutiger Kampf. Das Ziel dieses Schaukampfes ist das Territorium, also das Zentrum der Arena, wo ein Hahn sich den zuschauenden Hennen von seiner besten Seite zeigen kann. Ein dominanter Hahn, der sich ein optimales Territorium in der Mitte erobert, kann am Ende bis zu 80 Prozent der verfügbaren weiblichen Tiere begatten.

Die eindrucksvollsten Balzspiele in den Hochmooren vollführen indes wohl die Birkhähne, herrliche Vögel mit schwarzem, bläulich überhauchtem Grundgefieder, braunen Schwingen, weißem Schwanzsaum und auffälligen roten »Augenbrauen«. Sie balzen einzeln oder in Gruppen von fünf bis mehr als fünfzig Hähnen auf bestimmten »Tanzplätzen« oder Arenen. Zuerst schauen sie sich um und beginnen zu kollern. Dann strecken sie die Hälse waagerecht vor, schlagen heftig mit den Flügeln, stellen die Schwanzfedern fächerförmig auf und geben gurgelnde und knarrende Laute von sich, die eine halbe Stunde lang hintereinander erklingen können. Manchmal unterbrechen sie ihr Balzlied und stoßen einen krähenden Ruf aus, der von einem Luftsprung und flatternden Flügelschlägen begleitet wird.

In den englischen Hochmooren hat man auch die Möglichkeit, verschiedene größere Säugetiere zu beobachten. Der Fuchs ist stets zur Stelle, und wer großes Glück hat, bekommt sogar eine Wildkatze zu Gesicht, ein schönes Tier, das wie ein sehr großer Haustiger aussieht und einen mächtigen buschigen Schwanz besitzt. Als ich noch im Whipsnade Zoo arbeitete, hatte ich ein Paar dieser eleganten Geschöpfe zu betreuen, aber es gelang mir nicht, sie zu zähmen, obwohl ich ihnen Leckerbissen wie Kaninchen oder Mäuse anbot.

Der König des Moors ist der Rothirsch, das größte und imposanteste Wildtier in Großbritannien. Mit einer Schulterhöhe von fast anderthalb Metern und einem ausladenden gegabelten Geweih sind die Hirsche ein prächtiger Anblick. Die beste Zeit für die Rotwildbeobachtung ist die Brunft zwischen Mitte September bis Ende Oktober. Dann scharen die männlichen Hirsche eine Gruppe von Kahlwild (Weibchen) um sich und beginnen mit dem lautstarken Röhren zur Sicherung ihres Reviers und mit ihren Rivalenkämpfen, die mit dem mächtigen Geweih ausgetragen werden.

Ich erinnere mich an einen Tag in Schottland, an dem ich schon früh am Morgen im Moor war. Der Nebel war sehr dicht, weil die eben aufgegangene Sonne noch nicht kräftig genug war, ihn zu zerstreuen. Als ich, zitternd vor Kälte, das taunasse Heidekraut durchstreifte, vernahm ich ringsum das kampflüsterne Röhren der Hirsche. Während ich darauf wartete, daß sich der Nebel lichtete, schnürte sechs oder sieben Meter entfernt ein Fuchs vorüber, der so sehr mit seinen eigenen Angelegenheiten beschäftigt war, daß er mich überhaupt nicht bemerkte. Er leuchtete wie eine Flamme im Nebel auf, und ich konnte die Tauperlen an seiner Flanke und Lunte erkennen. Nach einem kurzen Augenblick war er im Nebel verschwunden. Um mich her röhrten die Hirsche, und es war deprimierend, daß ich sie zwar hören, aber nicht sehen konnte. Dann erklang ganz in meiner Nähe der Kampfruf eines Hirsches, der von einem anderen beantwortet wurde, und durch den Nebel drangen das Klappern und Krachen der Geweihe, als die beiden aufeinander losgingen. Ich kroch vorwärts, und der Zufall wollte es, daß in diesem Augenblick eine leichte Brise die Nebelschleier zerteilte und den Blick freigab auf zwei prachtvolle Hirsche, die sich duellierten. Im Hintergrund drängten sich die jeweiligen Kahltierrudel zusammen und starrten besorgt auf die beiden Kämpen. Mit gesenktem Kopf und ineinander verhedderten Geweihen schoben sich die Hirsche wie Ringer vor und zurück. Atemdampf stieg aus ihren Nüstern auf. Wie bei vielen anderen Tieren, die solche Rivalenkämpfe veranstalten, handelte es sich hier offensichtlich nicht um einen Streit auf Leben und Tod, sondern um einen Geschicklichkeitstest und Kräftevergleich. Die Nackenmuskeln traten hervor, und die Läufe spannten sich, als die beiden sich im Kreise drehten. Hin und wieder zogen sie die Geweihe zurück, um sie gleich darauf erneut aufeinanderkrachen zu lassen in dem Bestreben, eine günstigere Position zu gewinnen. Leider konnte ich den Ausgang des Kampfes nicht miterleben, denn nach etwa zwei Minuten senkte sich der verflixte Nebel wieder und löschte die Hirsche und die umliegende Landschaft aus.

DAS FAMILIENLEBEN DES ROTWILDS

Der Rothirsch – ursprünglich ein Waldtier –, hat sich im Laufe der Zeit auch an offenes Gelände und an Moorlandschaften angepaßt. Hier ernährt sich das Wild hauptsächlich von Gräsern, die durch Flechten, Pilze und Nutzpflanzen der Ackerbauflächen ergänzt werden. Das Kahlwild (Weibchen) bildet kleine Rudel, die oft nur aus einem Alttier mit zwei oder drei Kälbern bestehen, während die Hirsche (Männchen) einzeln leben oder sich in lockeren Gruppen zusammenschließen. Die Kahlwildrudel halten enger zusammen – wenn z.B. Gefahr droht, »mahnt« das ranghöchste Alttier mit schrillen Warnrufen die Gefährtinnen, die dann sofort kehrtmachen und der Anführerin in Einzelreihe folgen. Bei den männlichen Tieren ist ein solches »väterliches« Schutzverhalten unbekannt.

Das Geheimnis des Hirschgeweihs

Nur die Hirsche tragen ein Geweih, ein paariges Knochengebilde, das mit Blutgefäßen wohl versorgt ist. Erstaunlich ist, daß das Geweih alljährlich zum Frühlingsanfang abgeworfen wird und sofort wieder neu zu wachsen beginnt. Ende Juli schält sich der weiche Hautüberzug, (Bast) ab und wird »gefegt«, so daß der blanke Knochen zum Vorschein kommt. Seine höchste Entwicklung erreicht das Geweih erst nach mehreren Jahren, wenn es 14 Spitzen oder Enden aufweist (Vierzehnender). Kurioserweise scheinen bestimmte geweihlose Hirsche (»Mönche«) beim Kampf und in der Fortpflanzung erfolgreicher zu sein als Geweihträger.

Entwicklung innerhalb eines Jahres

Wachstum in aufeinanderfolgenden Jahren

Die Brunft – ein Fortpflanzungsritual

Der Herbst ist die Brunftzeit, in der die fortpflanzungsfähigen Hirsche reihum ihre Brunftschreie ausstoßen (»röhren«) und sich zusammenfinden, um mit aufeinanderkrachenden Geweihen ihre Rivalenkämpfe auszutragen. Der siegreiche »Platzhirsch« sichert sich ein Territorium und einen Harem. Doch kann er seine Stellung als Haremschef nur selten länger als eine Woche behaupten, denn dann wird er von einem jüngeren und kräftigeren Rivalen verdrängt.

Im Grasland

Echte Grasfluren gibt es in den meisten Weltgegenden, wo die Niederschläge nicht ausreichen für die Entfaltung dichter Wälder, aber immerhin so reichlich sind, daß die Entstehung einer Wüste verhindert wird. Die großen Graslandschaften bedeckten einst fast die Hälfte der Landfläche unseres Planeten, von den welligen Prärien Nordamerikas zu den weiten Savannen Afrikas und den riesigen Steppen Eurasiens. Für mich ist die argentinische Pampa eine der reizvollsten Landschaften der Erde. Wenn man mitten in diesem großen Grasland steht und sich langsam im Kreise dreht, dann erstreckt sich die Pampa, flach wie ein Billardtisch, auf allen Seiten bis zum Horizont. Die wichtigsten Vegetationsformen sind die riesigen Pampasgrasbüschel mit ihren hohen weißen Samenköpfen und ihren schmalen, rasiermesserscharfen Blattscheiden. Nur sehr wenige Bäume gedeihen hier; ihren Platz nehmen Riesendisteln ein, die gewaltigen stachligen Kandelabern gleichen und höher wachsen als ein Reiter zu Pferde.

Es gilt allgemein, daß die Grasländer nur wenige oder gar keine Bäume aufweisen, die den austrocknenden Wind abfangen könnten, und deshalb erleben die meisten Regionen dieser Art regelmäßig Dürreperioden. Das hat zur Folge, daß die vorherrschenden Pflanzen mehr unter als über der Erde leben. Dicht unter der Oberfläche breitet sich ein dichtes Gewirr von Wurzeln und Rhizomen aus (das sind unterirdische Stengel, die für die Ausbreitung der Pflanze sorgen und Nahrung für sie speichern). Manche Graswurzeln reichen einen Meter tief in den Boden hinab, und die Pfahlwurzeln anderer weichstengeliger Pflanzen können auf der Suche nach Wasser und Nahrung den Untergrund bis zu fünf Meter tief durchdringen.

Die Gräser, die Hülsenfrüchtler und andere krautige Pflanzen, vor allem Mitglieder der Korbblütlerfamilie, blühen vom Frühling bis zum Herbst, und so gleicht die Graslandschaft einem sich ständig verändernden Gemälde in satten Farben, je nachdem welche Pflanzenarten gerade in Blüte stehen. In der amerikanischen Prärie reicht die Farbenskala vom kräftigen Purpurrot der Kuhschellen bis zum leuchtenden Gelb der Goldrute. Die russischen Steppen sind besternt mit Blumen, durchsezt mit großen Flecken und Polstern aus smaragdgrünem Moos, überschwemmt von den herrlichen blauvioletten Blüten der Schwertlilien und dann von wogenden stahlgrauen Grasschwaden. In der Trockenzeit nehmen die Gräser freilich verschiedene Brauntöne und andere düstere Farben an. In dieser Zeit, wenn die weite Landschaft zundertrocken ist und die heftigen Sommergewitter ihre Blitze herabschleudern, ist die Feuersgefahr groß. In vielen Teilen der Welt sind die Grasländer schon lange vor dem Auftreten des Menschen durch Brände »reguliert« worden, insbesondere in solchen Regionen, wo auf eine kurze feuchte Wachstumsperiode eine lange heiße und regenarme Zeit folgt, in der alle Pflanzen verdorren. In Westafrika habe ich einmal erlebt, wie ein Blitz mitten in der Steppe in einen kümmerlichen Baum einschlug. Im Nu standen der Baum und das starre, strohtrockene goldene Gras in Flammen, und die Flut der rötlichen und gelben Flammen ergoß sich mit der Geschwindigkeit eines laufenden Menschen über den Hang. Von Panik ergriffen, rannten schnelle Tiere wie Klippschliefer, Rohrratten, Erdhörnchen und Schlangen vor dem Feuer davon, aber langsame Geschöpfe

Pampasgras aus Argentinien

Säugetierleben unter der Erde
Der Maulwurf *(gegenüberliegende Seite)* ist häufig in Graslandschaften anzutreffen, wo er in dem normalerweise lockeren Erdreich mühelos graben kann und wo ihm reichlich Nahrung in Gestalt von Regenwürmern, Nacktschnecken und Bodeninsekten zur Verfügung steht. Er kommt nur selten an die Oberfläche und hat stark verkümmerte Augen, aber er kann ausgezeichnet schwimmen, wenn es sein muß.

Wiesenerneuerung
Der Samen ermöglicht es den Pflanzen, neue Standorte zu besiedeln. Manche Samen, etwa die des Löwenzahns und des Wollgrases, werden vom Wind verfrachtet und haben eine fallschirmähnliche Form. Die Klette ist eine hakige Frucht, die auf einem vorbeikommenden Vogel oder Säugetier als »Anhalter« reist.

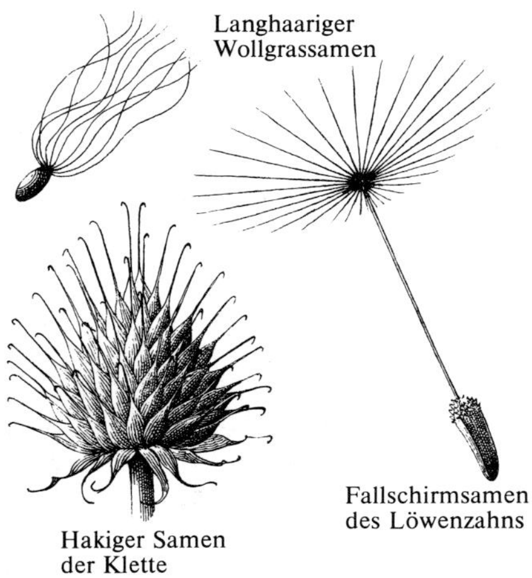

Laufende Reparaturarbeiten
Termitenarbeiter *(gegenüberliegende Seite)* verschließen mit Schlamm einen Riß in der Wand ihres Nesthügels. Diese Termiten gehören zu den kleinsten Tieren der afrikanischen Savanne, aber zugleich auch zu den zahlreichsten – eine große Kolonie kann mehr als eine Million Individuen umfassen. Termiten haben zwar eine primitive Anatomie, wie die ihnen nahestehenden Wanzen, aber ihre sozialen Organisationsformen sind ungemein kompliziert.

wie etwa Schildkröten wurden von den Flammen verschlungen. Es war auffällig, wie sich alle Greifvögel aus der Umgebung über dem Rand des vordringenden Feuers versammelten und auf die Echsen und Hörnchen herabstießen, die zu entkommen versuchten, und die insektenfressenden Vögel verfuhren ähnlich mit den fliehenden Heuschrecken und sonstigen Insekten.

Wenn sich ein Steppenbrand ausgetobt hat, schwemmt der Regen mineralische Nährstoffe aus den verkohlten Überresten der verbrannten Pflanzen in den Boden. Fast unmittelbar darauf sprießen wieder schnellwüchsige Pflanzen aus dem Boden, vor allem die Hülsenfrüchtler. Da die gesamte holzige Vegetation vernichtet ist, sind die Gräser vom Wettbewerb um Lebensraum befreit und können die Steppe zurückerobern. Ehe man sich versieht, ist die schwarze, aschebedeckte Fläche wieder mit grünen Flecken gesprenkelt, und schon bald sind die Brandnarben unter einem grünen Meer junger Pflanzen verschwunden.

Die Pollen der Gräser werden vom Wind verbreitet, während die meisten anderen Pflanzen auf Insektenbestäubung angewiesen sind. Die Art und Weise, wie die verschiedenen Samen verstreut werden, ist faszinierend. Manche erheben sich in die Luft und haben sich, wie die Graspollenkörner, fallschirmähnliche Aufwüchse zugelegt, mit deren Hilfe sie sich vom Wind tragen lassen und große Entfernungen zurücklegen. Andere Samen sind mit Haken, Harpunen, Ankern und Stacheln versehen, die sich im Feder- oder Haarkleid von Vögeln und Säugetieren verfangen, und auf diese Weise werden die Samen von der Mutterpflanze wegbefördert.

Insektenleben im Gras

Die Krautschicht, knie- oder sogar hüfthoch wie in den Wiesen, beherbergt im Grasland die reichste Insektenfauna, die ihren Höhepunkt im Sommer und einen zweiten, aber weniger eindrucksvollen Höhepunkt im Herbst erreicht. Neben den Nektarfressern finden sich hier zahlreiche Insektenarten, die sich von verschiedenen Pflanzenteilen ernähren – zum Beispiel Heuschrecken sowie Mai- und Blattkäfer. Andere Insekten können die dünne »Haut« der Pflanzen durchbohren und deren Säfte aussaugen, so die Singzikaden und Blattläuse, die zu den Schnabelkerfen gehören. Wenn Sie in diesem Vegetationstyp auf Insektenfang gehen, sollten Sie unbedingt einen festen Leinenkescher benutzen, damit Sie nicht allzu viele Kletten und stachelige Samen erwischen.

Der Boden ist die Heimat der Ameisen und Würmer, die ihn durch ihre Wühlarbeit belüften und mit Fallaub anreichern. In der dicken Fallaubschicht, die den Boden bedeckt und sich in unterschiedlichen Stadien der Verwesung befindet, leben Aaskäfer und Jagdspinnen sowie im Untergrund verwurzelte Pflanzen wie der Löwenzahn und die wilde Erdbeere. Der nährstoffreiche Teppich aus Fallaub und Mulm erzeugt Feuchtigkeit und milde, gleichbleibende Wärme, und die dicke Schicht der Pflanzen, die über ihm wächst, bietet Schutz vor Wind und Sonne.

Die Termiten, die sogenannten »weißen Ameisen« (die jedoch keine echten Ameisen sind, sondern urtümliche, den Schaben verwandte Insekten) sind außergewöhnliche Tiere, die selbst unter der glühenden Sonne der tropischen Graslandschaften ihr eigenes Mikroklima erzeugen können. In gemäßigten Breiten sind sie recht unscheinbar, aber in den Tropen werden sie zu glänzenden Architekten und Ingenieuren. Die steppenbewohnenden Arten errichten gigantische, betonharte Bauten mit einem königlichen Gemach für den winzigen König und die beleibte Königin, mit zahllosen Galerien für Arbeiter und Soldaten, mit Kinderstuben, Klimaanlage und zuweilen auch »Pilzgärten«. Diese sorgfältig angelegten und gehegten Gärten werden von »Gärtnertermiten« betreut, die pflanzliche Abfälle in den Bau eintragen; darauf wachsen

dann die Pilze, die der Kolonie als Nahrung dienen. Manche Termiten-Turmbauten sind im Vergleich zu den kleinen Bewohnern so hoch, daß sie, auf menschliche Maßstäbe übertragen, die mehrfache Höhe der größten Wolkenkratzer erreichen.

Termitennester werden nicht nur von Termiten genutzt. In Hügelbauten, deren Wände geborsten waren, habe ich als Untermieter schon große Rohrratten, Stachelschweine, Schuppentiere und Speikobras entdeckt, einmal sogar einen fünf Meter langen Python, der, eng zusammengerollt, ein Gelege von drei Dutzend Eiern ausbrütete.

Die Vögel des Graslandes

Die kleinen Grasland- oder Steppenvögel ernähren sich von Insekten oder Sämereien beziehungsweise von einer Mischung aus beidem. In der nordamerikanischen Prärie, die nicht von Haustieren beweidet wird, findet man zum Beispiel Wiesenstärlinge und Heupferdspatzen, die von den Insekten und Larven der hohen Krautschicht leben. Auf stark beweideten Prärien werden sie von den körnerfressenden Ohrenlerchen abgelöst, wahrscheinlich deshalb, weil das überweidete Gras nicht der rechte Lebensraum für eine reiche Insektenfauna ist. Diese Veränderung des Nahrungsangebots läßt sich möglicherweise unmittelbar auf das undisziplinierte Weideverhalten der Haustiere zurückführen. Auf den Savannen Ostafrikas ist beispielsweise das Grasland dicht von Zebra- und Antilopenherden bevölkert, und dennoch gibt es hier Insekten in Hülle und Fülle, die von Trappen, Kuhreihern und Bienenfressern erbeutet werden, wenn die Herden durch das Gras ziehen.

Viele Kleinvögel des Graslands unternehmen spezielle »Gesangsflüge«, um ihre Territorien abzugrenzen und Geschlechtspartner anzulocken. Manche dieser Lieder sind lang und kompliziert, und vielfach bestehen sie aus Trillern oder Brummtönen, die im offenen Gelände weit tragen. Andere zeigen auffällige Flugbilder, so etwa die Witwenvögel der afrikanischen Steppe, die ihre überlangen Schwanzfedern zur Schau stellen, oder der Scherentyrann in den Grasfluren Paraguays, der seine beiden langen Schwanzfedern kreuzt, als wollten sie den blauen Himmel zerschneiden. Viele Hühnervögel, wie Rebhühner, Wachteln und Perlhühner, haben ein prächtig gezeichnetes Federkleid, das sie am Boden hervorragend tarnt. In der Fortpflanzungszeit legen zahlreiche Arten, vor allem Rauhfußhühner, im Gras Arenen an, auf denen die Hähne ihre kunstvollen Balztänze aufführen.

Scherentyrann der paraguayischen Grassteppe

Sekretär der afrikanischen Savanne

Die Greifvögel des offenen Graslandes sind durchwegs kraftvolle Flieger, wie etwa der Gaukler, ein Schlangenadler, der für seine akrobatischen Flugspiele berühmt ist, und der Turmfalk, der auf der Beutejagd häufig wie ein dunkles Kreuz rüttelnd in der Luft steht, aber so manövrierfähig ist wie ein Hubschrauber. Hinzu kommen die Spezialisten, zum Beispiel der afrikanische Sekretär, der mit seinen phantastischen Augen, seinem Hakenschnabel und seinen »gepanzerten« Läufen für die Schlangenjagd ideal ausgerüstet ist.

Herden, Rudel und Städte

In den großen Graslandschaften der Erde ist eine gewaltige Fülle von Säugetieren beheimatet. Viele Pflanzenfresser sind ausgesprochen gesellig. Das Zusammenleben in der Herde gewährt Sicherheit, denn sobald ein Zebra einen Räuber, etwa einen Löwen, erblickt und Alarm schlägt, rasen alle Zebras geschlossen davon, und in der allgemeinen Verwirrung sind die Chancen des Löwen geringer, ein einzelnes Beutetier zu erwischen. In der weiten Steppe, wo es – im Vergleich zum Wald – kaum Versteckmöglichkeiten gibt, bestehen Wechselbeziehungen nicht nur zwischen Artgenossen, sondern auch zwischen verschiedenen Arten. Eine Giraffe kann zum Beispiel wegen ihrer großen Körperhöhe eine Gefahr eher wahrnehmen als ein Zebra, und durch ihr verändertes Verhalten warnt sie somit die Zebras in ihrer Nähe, die von dieser Gefahr bedroht sind. Aber auch die Jäger der Steppe sind zuweilen gesellig. Wolfsrudel arbeiten bei der Beutejagd eng zusammen. Die Hyänenhunde in Ostafrika haben ihre Jagdmethode zu einer hohen Kunst entwickelt; sobald eine Antilope von der Herde getrennt ist und von diesen unerbittlichen Wildhunden reihum gehetzt wird, hat sie kaum noch eine Chance. Sogar die Löwen jagen in Kooperation, und ein aufeinander eingespieltes Löwenrudel ist eine wirksame Tötungsmaschine, denn jedes Tier übernimmt seinen bestimmten Part im mörderischen Schachspiel der Jagd.

Viele Kleinsäuger des Graslandes hausen gemeinsam in komplexen unterirdischen Bauen. Die nordamerikanischen Präriehunde legen unter der Erde regelrechte Städte an, die viele Hektar umfassen können. Ihre Pendants in den eurasischen Steppen sind die reizenden Perlziesel oder Susliks und verschiedene Wühlmausarten. In der südamerikanischen Pampa habe ich einmal Viscachas gefangen, dachsgroße Nagetiere mit schwarzer Gesichtsmaske. Die Tiere leben in großen Kolonien und sammeln leidenschaftlich gerne alle möglichen Gegenstände, mit denen sie die Eingänge ihrer Baue dekorieren. Wenn man in dieser Gegend etwas verliert, sollte man zuerst in der nächsten »Viscachastadt« nachschauen. Ein Mann, der von einer Estancia zur anderen quer durch die Pampa ritt, verlor unterwegs seine goldene Uhr. Drei Tage darauf beschloß er, sämtliche Viscachasiedlungen aufzusuchen, die an seinem Weg lagen. Und tatsächlich, schon in der zweiten Stadt fand er seine Uhr, die zusammen mit Zweigen, Blüten, ein paar weißen Steinen und mehreren Blechbüchsen ein »Stadttor« verzierte!

Die meisten Wühler halten sich stets in der Nähe einer Einschlupfröhre auf, die in ihre unterirdische Stadt führt, und wenn Gefahr droht, verschwinden sie blitzschnell unter der Erde. Der Präriehund stößt einen schrillen Warnpfiff aus, bevor er mit dem Kopf voran in seinen Bau fährt, und dadurch wird die gesamte Kolonie alarmiert. In Argentinien hört man manchmal, wie die Tukotukos unter der Erde ihren Warnruf von sich geben (von dem diese Kammratten ihren Namen haben), wenn sie über ihrem Bau Schritte wahrnehmen.

Die Grabtätigkeit der Nager und der anderen Säugetiere hat, wie der Würmer, beträchtliche Auswirkungen auf den Boden. In manchen russischen Steppengebieten spielen beispielsweise die Perlziesel eine wichtige Rolle, weil sie die Oberflächenschicht mit den salzreichen unteren Schichten vermischen, und über Zieselbauen nimmt das Pflanzenwachstum merklich zu. In Regionen mit strengem Winter halten Säugetiere wie die Präriehunde, Perlziesel, Tukotukos und Murmeltiere einen Winterschlaf. Im Falle der Perlziesel erleben die Vorkommensgebiete teilweise so harte Winter und trockene Sommer, daß diese kleinen Tiere nicht nur winter-, sondern auch sommerschlafen.

Die kleinen geselligen Graslandbewohner lassen sich gewöhnlich nur in der Nacht oder am frühen Morgen oder Abend blicken, doch es gibt einige Arten, die ihr ganzes Leben unter der Erde verbringen. Zu diesen Tieren, die nur selten oder niemals das Tageslicht sehen, zählen unter anderem die Goldmulle und die Blindmäuse. Auf der anderen Seite haben wir die Arten, die auf dem Boden große Sprünge machen, etwa die Hüpfmäuse, die Springmäuse und die Eselhasen. Sie hüpfen freilich nicht aus schierer Lebensfreude so hoch in die Luft, sondern um ihren Raubfeinden zu entgehen und um zu erkunden, ob irgendwelche Räuber in der Nähe sind.

Auch einige kleine Steppenraubtiere benutzen Erdbaue; sie verstecken ihre hilflosen Neugeborenen in selbstgegrabenen Löchern oder Höhlen. Das gilt für nordamerikanische Frettchen und Dachse, für die Mungos in Afrika, für den asiatischen Steppenfuchs und den afrikanischen Löffelhund, von dem die

GESELLIGE NAGER

Die soziale Grundeinheit der Präriehunde umfaßt ein oder zwei Männchen, zwei oder mehr Weibchen, einige Jungtiere und mehrere Babys. Benachbarte Familienverbände streiten sich ständig um Territorialbesitz, aber alle stoßen bei Gefahr bellende Warnlaute aus.

Stets wachsam und auf der Hut
Der Präriehund hält ständig Ausschau, um sich selbst und seine Nachbarn vor Kojoten, Frettchen oder Dachsen zu schützen.

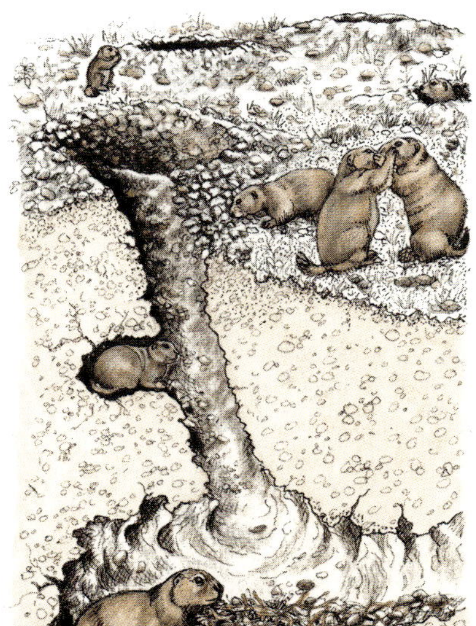

Präriehundbau
Der Erdwall um den Eingang schützt vor Überschwemmung, und in einer Tiefe von einem Meter befindet sich eine »Wachstube«, in der die Tiere bei Gefahr Zuflucht suchen. Darunter liegt das ausgepolsterte Nest.

Katzentiere der Steppe
Der sandfarbene Karakal *(ganz oben)*, zuweilen auch Wüstenluchs genannt, entwikkelt mit seinen langen, kraftvollen Beinen, die an einen Geparden erinnern, hohe Geschwindigkeiten. Er durchstreift die Steppen und Halbwüsten Nordafrikas und Westasiens auf der Suche nach Beutetieren (einschließlich der flinken Gazellen), die er mit rasantem Tempo hetzt. Der Serval *(oben)* mit seiner leopardenähnlichen Fleckenzeichnung ist ebenfalls sehr schnell. Seine Lieblingsnahrung sind Perlhühner und anderes Federvieh – er rennt so schnell, wie manche Vögel fliegen, und kann fast 2 m hoch in die Luft springen, um ein tieffliegendes Opfer zu packen.

Afrikaner behaupten, er rolle Straußeneier mit den Pfoten vor sich her und stoße sie gegen Steine, bis sie zerbrechen. Manche Raubtiere machen sich die Wühlarbeit anderer Arten zunutze, wie etwa der schwarz-weiße Skunk, den ich in den Riesendisteldickichten der argentinischen Pampa jagte. Skunks oder Stinktiere verbringen vielfach den Tag in Nagetierbauen. Zuweilen töten und verspeisen sie den rechtmäßigen Wohnungsinhaber, doch bei anderer Gelegenheit fordern sie das arme Opfer lediglich dazu auf, ein Stück zur Seite zu rücken, damit sich das Stinktier neben ihm häuslich einrichten kann. Kleinkatzen wie die Pallaskatzen, die Pampaskatzen und die Servale, die geschmeidigsten und schönsten kleinen Raubtiere überhaupt, benutzen zur Jungenaufzucht die verlassenen Baue der Stachel- oder Wildschweine.

Manchmal leben verschiedene Arten in unterirdischen Wohnungen zusammen. Verlassene Präriehundstädte werden des öfteren von Klapperschlangen und Kanincheneulen gleichzeitig in Besitz genommen. In Südamerika richten die Kanincheneulen häufig ihre Bruthöhlen in Viscachasiedlungen ein. In der Pampa habe ich solche Eulen steif und aufrecht wie Soldaten vor den Eingängen Wache halten sehen.

Die großen Herden des Graslandes

Die prächtigsten und eindrucksvollsten Bewohner der Grasländer sind die großen Huftiere. Herden von Bisons und Gabelböcken durchziehen die nordamerikanischen Prärien, und in den Steppen Südrußlands und Innerasiens lebt die merkwürdige Saiga-Antilope mit ihrer auffallenden Knollennase. Doch in der afrikanischen Savanne trifft man, wie allgemein bekannt, mehr große Huftierarten an als irgendwo sonst auf der Erde. Hier hat sich eine Grasland-Lebensgemeinschaft von ungeheurer Vielfalt und großer Schönheit entwickelt, in deren Mittelpunkt dieser einmalige Reichtum an pflanzenfressenden Säugern steht. Sie sind in ihre Umwelt hervorragend eingepaßt. Sie besitzen hochkronige, abgeflachte Backenzähne zum Zermahlen des Grases, aber ihre Ernährungsweise ist selektiv, das heißt, jede Art hat sich auf bestimmte Kost spezialisiert. Die Zebras weiden zum Beispiel die Spitzen der Krautschicht ab, während Topis und Gnus die Mittelschicht bevorzugen und die Thomsongazellen die kürzeren Gräser und die abgefallenen Früchte. Giraffen, Elefanten und Nashörner halten sich an die unterschiedlichen Etagen der Bäume und Sträucher, die über die Savanne verstreut sind. Diese selektive Nahrungsaufnahme sowie die ständige Bewegung der Herden schützen die Landschaft vor Überweidung und der darauf folgenden Erosion.

Die Huftiere besitzen lange Beine, die es ihnen gestatten, in einer federnden, scheinbar mühelosen Gangart große Entfernungen zurückzulegen, wozu sie auf der Suche nach neuen Weidegründen während der unausbleiblichen Trockenzeiten gezwungen sind. Die Massenwanderungen der Huftiere gehören zu den spektakulärsten Naturschauspielen, die unsere Erde zu bieten hat. In der Serengeti kann man noch immer Herden von Hunderten und Tausenden Thomsongazellen und gigantische Prozessionen der Gnus bestaunen. Zu Beginn des 19. Jahrhunderts war die Wanderung der Springböcke in Südafrika ein einmaliges Erlebnis. Herden von mehr als 25 000, ja Millionen Tieren waren keine Seltenheit; sie überschwemmten das Land und zertrampelten rücksichtslos Löwen, Hyänenhunde und andere Raubtiere, die ihnen im Weg waren, und sogar Menschen sind nachweislich von diesen gewaltigen Tierzügen niedergewalzt worden.

Auf den Wanderzügen zu neuen Nahrungsquellen verzichten die Tiere wohlweislich darauf, einander zu schikanieren und zu bekämpfen, denn die Gefahren sind dann ohnehin groß genug und brauchen nicht noch durch innere Streitereien erhöht zu werden. Doch in der Fortpflanzungszeit ist das anders. Die Böcke kämpfen miteinander um Territorien und Weibchen. Bei den hörnertragenden Huftieren ist der Kampf jedoch ritualisiert. Er gleicht eher einem Judowettkampf; die Tiere gehen aufeinander los, lassen die Hornansätze zusammenkrachen oder forkeln sich mit den Hörnern, um ihre Kräfte zu messen. Die spitzen Enden des Gehörns werden dabei nicht eingesetzt, und wie bei den Rothirschen und vielen anderen Tieren fügen sich die Böcke nur selten echte Verletzungen zu.

Die neugeborenen Jungen der hörnertragenden Huftiere lassen sich in zwei Gruppen einteilen – in solche, die ihren Müttern schon nach sehr kurzer Zeit folgen (wie bei den Gnus), und in solche, die »abliegen«, die also darauf warten, daß das Muttertier zu ihrem Versteck zurückkehrt, um sie zu säugen und zu säubern (wie bei der Thomsongazelle). Doch die meisten Huftierkinder müssen schon kurz nach der Geburt auf eigenen Beinen stehen können, wenn sie überleben sollen.

Aufmarsch der Steppentiere

Die großen Huftierherden haben ihre Freunde, ihre Feinde und sogar das, was man makaber als ihre Leichenbestatter bezeichnen könnte. Freunde der Weißbart- und Weißschwanzgnus sind die Strauße, weil diese großen Vögel mit dem überlangen Hals und den guten Augen die Herden vor nahenden Raubtieren warnen; deshalb sieht man häufig Gnus in der Nähe dieser gefiederten, aber flugunfähigen Wachtposten weiden. Ebenso halten sich, wie bereits erwähnt, die Zebras und andere Weidetiere an die Giraffen. Weitere Freunde sind die Madenhackerstare, die den Huftieren in doppelter Hinsicht nützlich sind. Erstens setzen sie sich auf die Säugetiere und spazieren auf ihnen hin und her, um sie von Außenparasiten zu befreien. Und zum zweiten haben sie einen gu-

Die Lebensweise der Huftiere
Das Gebiß und die Beine und Hufe der graslandbewohnenden Huftiere, wie etwa des nordamerikanischen Bisons *(unten),* haben sich auffallend an die grasende Lebensweise angepaßt. Die Backenzähne sind groß und haben halbmondförmige Kronen aus hartem Schmelz, die sich hervorragend zum Zermahlen und Zerkleinern der zähen Gräser und anderer Pflanzen eignen. Die langen Beine dienen der raschen Fortbewegung, die für Pflanzenfresser sehr wichtig ist, weil sie vielfach fast wehrlos sind und von Beutegreifern stark bejagt werden. Die Fußknochen sind kräftig, aber leicht und verringern somit das Gewicht der Tiere, wenn sie über die Steppe galoppieren.

Huftierfuß **Huftiergebiß**

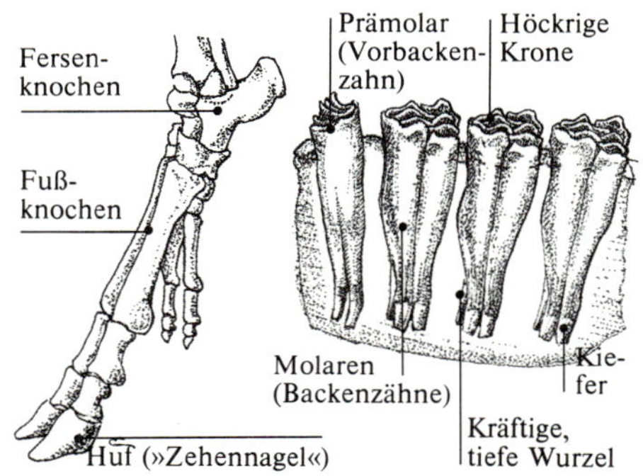

Gelbschnabel-Madenhacker

Flecken- oder Tüpfelhyäne

ten Blick für etwaige Gefahren, die sie ihren Gastgebern durch einen Warnruf anzeigen. Es ist schon vorgekommen, daß Madenhacker ein schlafendes Nashorn bei drohender Gefahr aufgeweckt haben.

Die Feinde der Herdentiere sind zahlreich. Eine Ausnahme bilden nur die Elefanten und Nashörner, die kaum Feinde haben (abgesehen vom Menschen natürlich), doch hin und wieder werden Babys dieser Dickhäuter von einem Löwen mit Erfolg attackiert. Im allgemeinen machen die Löwen jedoch lieber Jagd auf Zebras und Gnus, während die Geparden und Hyänenhunde kleineren Arten wie Gazellen oder Impalas nachstellen. Die Hyänenhunde wagen sich allerdings auch an ein Gnu oder Zebra heran, wenn ihr Rudel groß genug ist. Servale, Löffelhunde und Adler sind jederzeit bereit, sich auf ein Jungtier der kleineren Huftiere zu stürzen.

Die »Leichenbestatter« oder Aasfresser sind die Schakale, die Hyänen mit ihrem Knochenbrechergebiß und die wachsamen, allgegenwärtigen Geier. Sie alle töten und verzehren ungeschützte Huftierkinder, wenn sie sie erwischen, aber auch kranke oder verletzte Alttiere. Doch ihre Hauptaufgabe ist es, nach den anderen Räubern »aufzuräumen« – sie tun sich an den Überresten der Raubtiermahlzeiten gütlich. Die Schakale beseitigen sämtliche Fleischreste, die Hyänen zermahlen und verschlingen einfach alles – Knochen, Fell und Hufe –, und die Geier stoßen ihren nackten Kopf und Hals (so werden keine Federn schmutzig und blutig) tief in den Kadaver hinein.

Sollten Sie Gelegenheit haben, eine der großen Graslandschaften unserer Erde zu besuchen, so ist ein Feldstecher oder ein Fernrohr unerläßlich. Vielleicht können Sie sich in der afrikanischen Savanne in der Nähe eines Wasserlochs verstecken und die vielgestaltige Parade der Wildtiere abnehmen, angefangen mit den vielen Antilopenarten, die zur Tränke kommen und manchmal in unmittelbarer Nähe eines Löwenrudels, das mit vollem Magen im Schatten ruht, zu äsen beginnen. Sie scheinen zu wissen, daß die Löwen satt und deshalb im Augenblick relativ harmlos sind. Dann sehen Sie Kaffernbüffel, massige, dunkle Gestalten, die sich zwischen den anmutigen Antilopen einen Weg bahnen, oder Sie beobachten eine Giraffe, die ihre langen Beine ganz weit spreizt, damit sie mit dem Kopf den Wasserspiegel erreichen kann. Sie erblikken Warzenschweine, Riesenwaldschweine, Elefanten, Nashörner und viele andere faszinierende Geschöpfe, die in der Savanne zu Hause sind.

Doch wenn Sie das Glück haben, solche Szenen in sich aufzunehmen, bedenken Sie, daß Sie nur noch Restbestände der einst gigantischen afrikanischen Tierwelt vor sich haben. Weite Gebiete der natürlichen Grasfluren mit ihren ungezählten Pflanzen- und Tierarten sind unter den Pflug genommen worden, und noch viel mehr Land wird infolge Überweidung durch Rinder, Ziegen und Schafe zerstört, was zur Folge hat, daß die Zahl der Wildtiere stark zurückgeht. Sehr viel hat der Mensch vernichtet. Die wildlebenden Tiere werden zunehmend in immer kleiner werdende Areale zurückgedrängt. In fünfzig Jahren ist vielleicht überhaupt kein Platz mehr für die herrlichen Huftiere der großen Grasländer. Eine der traurigsten Reisen, die ich jemals gemacht habe, war eine mehrtägige Eisenbahnfahrt durch die endlose, ausgedörrte und erodierte amerikanische Prärie, die einst eine der größten Ansammlungen von Landsäugetieren ernährte, die es auf der Welt gegeben hat – die Herden der vielen Millionen Bisons. Doch heute sind diese früher so üppigen Grasfluren staubig, trocken und fadenscheinig geworden, weil wir Menschen sie gedankenlos überweidet und überfordert haben.

Das englische Hügelland

Während der Mensch für die Zerstörung großer natürlicher Lebensräume verantwortlich ist, hat er in einigen wenigen Fällen durch seine Eingriffe die Mannigfaltigkeit des Lebendigen sogar noch gefördert. Die Hecken und Feldgehölze sind ein Beispiel dafür, ein weiteres sind die Graslandschaften in Südengland – das bekannte Kalksteinhügelland der »Downs«. Diese Landschaft verdankt ihre Entstehung ursprünglich der Rodung der Buchenwälder durch die Steinzeitmenschen und wurde anschließend von Kaninchen und Schafen beweidet. Das richtete keinen Schaden an, weil den nicht allzu zahlreichen Schafen genügend Platz zur Verfügung stand und weil die Karnickel durch Füchse kurzgehalten wurden. Diese beiden Pflanzenfresser schützten die Landschaft vor der vordringenden Waldvegetation. In dem offenen Terrain, das somit reichlich Sonne und Wärme abbekam und gut entwässert wurde, weil die seichte Bodenschicht auf Kalkgestein ruht, begannen sich vielerlei Pflanzen und Tiere zu entfalten, die im übrigen Großbritannien selten sind. Die Knabenkrautgewächse oder Orchideen mit ihren Knollenwurzeln sind beispielsweise an den hier herrschenden Wasser- und Nährstoffmangel sehr gut angepaßt. Von den drei Blütenblättern dieser Pflanzen nimmt die Lippe, das Labellum, die absonderlichsten Formen an, denen viele Arten ihre seltsamen und anmutigen Namen verdanken: Frauenschuh, Spinnenragwurz, Affenknabenkraut, Helmknabenkraut usw. Die Lippe der Bienenragwurz gleicht einer weiblichen Biene so lebensecht, daß die männlichen Bienen sie zu begatten versuchen. Für das Bienenmännchen ist das ein Mißerfolg, aber nicht für die Pflanze, denn die Biene nimmt während des »Liebesspiels« große Mengen Blütenstaub mit dem Kopf auf. Wenn sie nun bei einer anderen Orchidee ihr Glück versucht, wird der Blütenstaub übertragen und die Pflanze befruchtet.

Zahlreiche Kalkhügelpflanzen haben Wuchsformen, die sie vor dem Austrocknen oder dem Gefressenwerden schützen. Die Disteln halten sich an die Rosettenform, und ihre Blätter sind mit Dornen bewehrt, wohingegen das Sonnenröschen und der Wilde Thymian am Boden kriechen. Grasfluren wie diese eignen sich besonders gut für eine Bestandsaufnahme der Flora mit Hilfe des sogenannten Quadrats. Die beste Methode, einen repräsentativen Querschnitt zu erhalten, also nicht »zufällig« ein besonders ergiebiges Areal auszuwählen, besteht darin, daß man das Quadrat über die Schulter wirft – die Stelle, wo es landet, wird dann untersucht. Indem man eine Reihe von »Prüffeldern« erforscht, gewinnt man einen zutreffenden Überblick über die jeweilige Flora, und wenn man eine weitere Bestandsaufnahme zu einem späteren Zeitpunkt durchführt, erkennt man, wie sich die Pflanzenpopulationen im Lauf der Jahreszeiten oder infolge wechselnder Landnutzung verändern.

Viele Falterarten haben ihre Heimat in der Kalkhügellandschaft; die sogenannten Kalkhügel- und Adonisbläulinge sowie der silbergefleckte Dickkopffalter sind mehr oder weniger auf diesen Lebensraum beschränkt. Bis vor kurzem konnte man hier noch den Arionbläuling finden, der inzwischen vermutlich in Großbritannien ausgestorben ist. Seine Raupe ernährt sich zunächst von Thymian und wandert dann im Herbst ziellos umher, bis sie auf eine Ameise stößt, die sich mit ihr anfreundet und sie in ihr Nest schafft. Dort wird die Raupe wegen ihres begehrten »Nektars« von den Ameisen verhätschelt, während sie sich ihrerseits mit Ameisenlarven mästet. Nachdem sie den Winter auf so angenehme Weise verbracht hat, verpuppt sie sich, und der fertige Falter schlüpft im Frühjahr.

Von den übrigen Schmetterlingen wären der hübsche Schachbrettfalter und die anmutigen dunkelgrünen Perlmutterfalter zu nennen. Auch Schnecken findet man hier in großer Zahl, weil der Kalk ein wichtiges Baumaterial für ihre Gehäuse darstellt. Viele Teile des Kalkhügellandes sind mit kleinen Buchen- und Eibengehölzen bestanden, in denen die meisten heckenbewohnenden Tiere heimisch sind. Aber wie viele andere Grasfluren der Welt ist auch diese kleine englische Kalkhügellandschaft mit ihrer interessanten Fauna von einer zunehmenden landwirtschaftlichen Nutzung bedroht.

BOTANISCHE BESTANDSAUFNAHME

Ein quadratischer Rahmen ist ein praktisches Hilfsmittel für botanische Bestandsaufnahmen innerhalb einer bestimmten Landschaft. Der Holzrahmen hat eine Kantenlänge von 1 m und wird durch Drähte in kleine Quadrate unterteilt. Legen Sie den Rahmen an einer beliebigen Stelle auf den Boden, dann bestimmen und zählen Sie die Pflanzen in diesem Geviert.

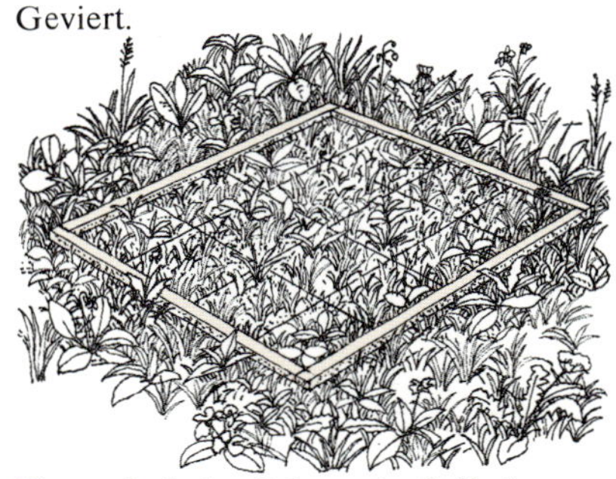

Ein quadratischer Rahmen im Gelände

Ameisen und Raupen
Die Raupen mancher Bläulinge, vor allem des Arionbläulings *(oben)*, werden von Roten Waldameisen auf ähnliche Weise »gemolken« wie die Blattläuse. Die Ameisen streicheln die Raupe und trinken die süße Flüssigkeit, die aus einer Drüse auf der Rückenmitte der Raupe austritt.

In der Wüste

Wüsten sind, entgegen der landläufigen Meinung, keineswegs tote Landschaften. Diese ausgedehnten, heißen und ausgedörrten Regionen sind für den Naturforscher sogar von ganz besonderem Interesse, weil sich eine erstaunliche Zahl von Pflanzen und Tieren an die hier herrschenden harten Lebensbedingungen angepaßt hat. Die Wüste birgt eine eigene seltsame Lebewelt, die in ihrer Trockenstarre verharrt, bis die seltenen Regenfälle einsetzen. Dann ist die Wüste plötzlich von Leben durchpulst, und vielerlei Pflanzen und Tiere erwachen aus ihrem Schlummer, um sich zu vermehren. Sie blüht förmlich auf, und die öde, scheinbar leblose Landschaft aus rotem, gelbem oder weißem Sand, die unter einer sengenden Sonne liegt, verwandelt sich über Nacht in einen schimmernden Blumenteppich, den der Regen hervorgezaubert hat. Die Samen dieser Pflanzen, die vielleicht zehn Jahre lang unter dem Sand geruht haben, erwachen plötzlich und zeugen neues Leben. Mit großer Geschwindigkeit keimen sie aus, und die jungen Pflanzen durchbrechen die Oberfläche und erblühen. Dann streuen sie ihre Samen aus und sterben ab, bevor die lange beschwerliche Trockenzeit wieder einsetzt; inzwischen haben sich die Samen tief und sicher in den heißen Wüstenboden eingebettet, um auf die nächste Regenperiode zu warten. In den kurzen Augenblicken, in denen der Regen sich über die Wüste ergießt, wird die karge Landschaft mit einem unbeschreiblichen Farbenreichtum überschüttet – Schwaden von Schlüssel- und Sonnenblumen und blaßgoldene Flächen des Wüstenlöwenzahns.

Diese plötzliche Blütenpracht bringt natürlich eine Fülle von Insekten zum Vorschein, denen jetzt überreichlich Nahrung in Form von Nektar und Pollen zur Verfügung steht. Die Sicherstellung der Bestäubung ist in der Wüste von lebensentscheidender Bedeutung, denn die Frist, in der die Bedingungen für die Samenbildung günstig sind, ist sehr kurz, und deswegen werden die Wüstenpflanzen fast ausnahmslos von Tieren befruchtet (im Gegensatz zur weniger zuverlässigen Alternative der Windbestäubung). Tag- und Nachtfalter und Bienen sind daran beteiligt, und mancherorts helfen auch Vögel und Fledermäuse mit. In den Wüsten Nordamerikas wird der riesige Saguaro-Kaktus von langzüngigen Fledermäusen befruchtet, die im Schwebflug vor den Blüten stehen und den Nektar aufsaugen. Doch den Preis für die komplizierteste und ungewöhnlichste Bestäubungsmethode tragen zweifellos die Yucca und die Yucca-Motte davon. Man kann ohne weiteres behaupten, daß die Yucca (eine große Palmlilie mit stachligen Blättern) und die Yucca-Motte so eng miteinander verbunden sind, daß die eine ohne die andere nicht existieren könnte: Die weibliche Motte sammelt mit ihren Mundwerkzeugen, die speziell für diese Aufgabe eingerichtet sind, Blütenstaub von einer Yucca-Blüte. Sie formt die Pollen zu einer Kugel, die unter ihrem Kopf hängt. Dann trägt sie diese Pollenkugel zu einer nahen Yucca-Blüte und preßt sie auf den Griffel; nur so ist eine Befruchtung möglich. Anschließend führt die Motte ein oder zwei Eier in den Fruchtknoten unterhalb des Griffels ein. Wenn die Raupen schlüpfen, sind die Pflanzensamen teilweise entwickelt. Einige davon dienen den Raupen als Nahrung, doch es bleiben genügend übrig, um die Zukunft der Yucca zu sichern. Es handelt sich also gleichsam um ein biologisches Karussell: Die Yucca kann ohne die Motte keine Samen hervorbringen, und die Mottennachkommen hätten nichts zu fressen, wenn es die Samen nicht gäbe.

Die Yucca-Motte sorgt für die Bestäubung der Yucca-Blüten

Nestdiebstahl in einem alten Saguaro-Kaktus
Sichere Nistplätze sind in der exponierten Wüstenlandschaft Mangelware. Dieser Elfenkauz *(gegenüberliegende Seite)* hat eine Bruthöhle mit Beschlag belegt, die wahrscheinlich von einem Specht angelegt wurde. In ähnlicher Weise werden in gemäßigten Breiten Baumlöcher zunächst von Spechten ausgehöhlt und später von Eulen, Staren oder Meisen übernommen.

Das Leben in natürlichen Wüstengebieten

Natürliche Wüsten mit ihren ungewöhnlichen Bewohnern bedecken ein Siebtel der Landfläche unseres Planeten, doch daneben entstehen durch Überweidung und verfehlte landwirtschaftliche Nutzung künstlich geschaffene, leblose Wüsten in einem Tempo von sechs Millionen Hektar pro Jahr. Wie aber entsteht eine natürliche Wüstenlandschaft? Sie liegt in der Regel auf der Lee- oder Windschattenseite einer großen Gebirgskette, die feuchte Luft nach oben abdrängt, wodurch diese Luft sich abkühlt und über den Bergen abregnet. Die trockene Luft wandert weiter, und im Bereich des »Regenschattens« bildet sich eine Wüste. Die Rocky Mountains fangen den Regen ab, der von der amerikanischen Westküste stammt, und das von Bergen gesäumte Innere Australiens hat sich über weite Strecken in unwirtliche Wüste verwandelt.

Die meisten Menschen meinen, Wüsten seien heiß und trocken, doch das ist ein Trugschluß, denn manche Wüstengebiete in höheren Breiten sind kalt. Ich glaube, ich habe in meinem ganzen Leben noch nie so gefroren wie bei meinen Tierfangexpeditionen in bestimmten südamerikanischen Wüstenzonen. Wir schliefen in unseren Kleidern und hatten uns neben einem prasselnden Feuer dick in Decken eingewickelt, und dennoch war uns kalt. Aber wenn am Morgen die Sonne aufgegangen war, wurde es so heiß wie in einem Feuerofen.

Manche Wüsten sind nichts weiter als sandige Einöden, doch andere weisen eine schüttere Strauchdecke auf. Die Vegetationsmenge einer Wüste hängt natürlich von der Niederschlagshöhe ab. Eines jedoch haben alle Wüsten, ob heiß oder kalt, kahl oder bewachsen, gemeinsam: Fast alles Wasser, das in Form von Regen auf sie niedergeht, verdunstet sehr schnell wieder, und die Regenfälle, obschon an bestimmte Jahreszeiten gebunden, sind sporadisch und unberechenbar.

Mich hat von jeher die Frage interessiert, wie Pflanzen und Tiere in solchen Regionen gedeihen können. Viele Organismen meiden die Dürre auf die eine oder andere Weise: Da sind zum Beispiel die sogenannten »ephemeren« Pflanzen, die als Samen die heißen, trockenen Zeiten überdauern, und viele Vögel ziehen fort, während andere Lebewesen sich verstecken und die Dürreperioden »verschlafen«. Doch in den meisten Wüstengebieten findet man das ganze

Kakteen sind die Charakterpflanzen der heißen Wüstenzonen. Nirgendwo haben sie sich eindrucksvoller entwickelt als in Amerika. Infolge der rücksichtslosen Sammeltätigkeit sind inzwischen viele Arten selten geworden, und einige mußten unter Schutz gestellt werden; der goldene Tonnenkaktus aus Mexiko zählt zu den gefährdeten Arten.

Kaktusformen
Der Feigenkaktus **(1)** setzt sich aus scheibenförmigen Sprossen zusammen; die Cholla **(2)** hat dünne Stengel und gefährliche Dornen; der Saguaro **(3)** ist hoch und verzweigt.

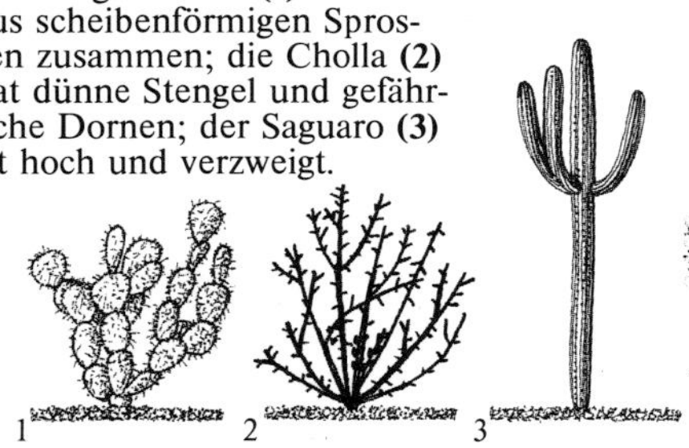

STACHLIGE SUKKULENTEN DER TROCKENWÜSTE

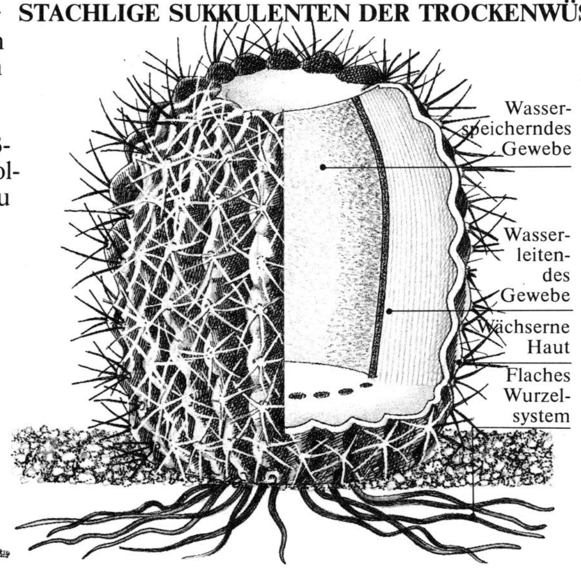

Im Inneren eines Kaktus
Der Hauptkörper eines Kaktus besteht aus einem aufgeschwollenen Stamm, der die Sonnenenergie einfängt, mit deren Hilfe durch die Photosynthese Nahrung erzeugt wird. Die Blätter sind zu Dornen rückgebildet, vielleicht zur Abschreckung von Freßfeinden. Bei manchen Arten bilden die Dornen einen Überzug, der dicht über der Haut Luft festhält und dadurch wie eine Isolierschicht zum Schutz vor den Nachttemperaturen funktioniert, die unter dem Gefrierpunkt liegen können.

Jahr über grüne Pflanzen und aktive Tiere; das sind die »dürreresistenten«, die wirklich zählebigen Organismen, deren Anpassung an ihre lebensfeindliche Umwelt ans Wunderbare grenzt.

Die wohl bekanntesten Wüstenpflanzen sind die zahlreichen phantastischen Kakteenarten, vor allem jene, die in den amerikanischen Wüsten vorkommen. Ihr dicker, rundlicher Pflanzenkörper ist so konstruiert, daß er die Verdunstung verzögert; das gilt etwa für den gedrungenen Tonnenkaktus mit seinem »Dickbauch«, der dem Wind und der Sonne die geringstmögliche Oberfläche aussetzt. Kaktusgewächse haben keine Blätter, aber sie sind bewehrt mit gefährlichen Dornen oder Stacheln, bei deren Anblick jedes Tier es sich zweimal überlegt, ob es hineinbeißen soll. Die Kakteen führen mit ihren dicken Stämmen eine spezielle Form der Photosynthese durch – sie fangen während des Tages die Energie des Sonnenlichts ein und benutzen sie des Nachts zur Erzeugung des lebenswichtigen Zuckers. Die Gestalt der Kaktusgewächse hat außerdem die Aufgabe, Wasser zu speichern, und hinzu kommen ausgedehnte flache Wurzelsysteme, die jede verfügbare Feuchtigkeit aufsaugen. Diese Pflanzen können bei der Feuchtigkeitsaufnahme förmlich anschwellen; ihre Stämme dehnen sich aus wie grüne Ballons. Der Saguaro- oder Kandelaberkaktus kann 15 Meter hoch und 200 Jahre alt werden; es sind tatsächlich riesige stachlige Kandelaber, die ein Gewicht von zehn Tonnen erreichen, von denen vier Fünftel gespeichertes Wasser sind. Wenn man einen solchen Kaktus ausquetschen könnte, würde man mit dem Wasser 1000 Badewannen füllen können!

Die Wüste am Tag

Wenn sich irgendein Lebewesen in der sengenden Sonne in der Wüste herumtreibt, dann ist es garantiert eine Echse, die auf der Jagd nach Insekten mit Höchstgeschwindigkeit über den glühenden Sand rennt. Wüstenechsen sind meistenteils sehr schnellfüßige Opportunisten. Das haben wir beide, Lee und ich, kürzlich auf Madagaskar erlebt. Wir waren in eine seltsame wüstenartige Landschaft gefahren, die wegen der dort heimischen kaktusähnlichen Riesengewächse oft als »Stachelwald« bezeichnet wird. Als wir auf der holprigen Piste entlangfuhren, kamen wir zu einer Stelle, wo Termiten mitten auf dem Weg ein Nest gebaut hatten. Zum Glück war der Bau nicht sehr hoch, und wir meinten, wir könnten einfach über ihn hinwegfahren. Doch dabei rissen wir ungewollt das Dach ab und legten dadurch das komplizierte Tunnelgewirr des Nestes und eine große Zahl der bleichen, zierlichen Arbeitstermiten frei. Die ersten, die die Bresche in der Festung entdeckten, waren einige große schwarze Ameisen aus einer nahen Kolonie. Sie versammelten sich sehr bald auf dem Nest, packten die Termiten und schleppten sie als nahrhafte Beute fort. Dieser Teil des »Waldes« war jedoch auch von zahlreichen schlanken und behenden Echsen bewohnt, die schnell auf die Prozession der schwarzen Ameisen aufmerksam wurden, die jeweils eine Arbeitstermite zwischen den Kiefern trugen. Das war ein gefundenes Fressen für die Reptilien, die sich auf die Marschkolonnen der Ameisen stürzten und sie mit der Schnauze ergriffen. Mit einer raschen Kopfbewegung spuckten sie die ungenießbaren schwarzen Ameisen aus und verschlangen die Termiten. Sie liefen neben den Ameisenkolonnen hin und her, um sich möglichst viele Termiten einzuverleiben. Schließlich entdeckten sie das beschädigte Nest, wo sie sich an Termiten gütlich tun konnten, ohne sie den Ameisen stehlen zu müssen. Merkwürdig war, daß die Echsen genau wußten, wieso die schwarzen Ameisen ungenießbar und die Termiten köstliche Leckerbissen waren.

Ein schlangengleicher Skink (Glattechse) lauert Termiten und anderen Wirbellosen auf.

Echsen und Schlangen werden zuweilen als »Kaltblüter« bezeichnet, was besagen soll, daß sich ihre Körpertemperatur mit der Umgebungstemperatur

Eine texanische Krötenechse aus der Sicht ihrer Insektenbeute

verändert (stecken Sie einmal eine Schlange, die sich kalt anfühlt, unter Ihr Hemd, und Sie werden sehr bald spüren, wie sie sich erwärmt). Die »warmblütigen« Tiere (Säuger und Vögel) halten dagegen ihre Körpertemperatur automatisch konstant, gleichgültig, wie warm oder kalt es ringsum ist. Wüstenechsen sind indes Meister in der Kunst, Schwankungen der eigenen Körpertemperatur auf ein Minimum zu reduzieren, und diese Temperaturregulierung erfolgt durch Verhaltensmechanismen. In der amerikanischen Wüste lebt eine der absonderlichsten Echsen, die den Namen Krötenechse erhalten hat, weil sie einen gedrungenen krötenähnlichen Körper besitzt und weil sie mit Dutzenden von Stacheln bedeckt ist, die wie Rosendornen aussehen. Wenn sie in der Sonne auf ihre Insektenbeute lauert, sind ihre scheinbar zufälligen Bewegungen außerordentlich präzise und werden geregelt vom Einfallswinkel der Sonne. Diese Reptilien verfügen über eine sehr merkwürdige Verteidigungswaffe: Sie können aus den Augenlidern Blut auspressen. Vor einigen Jahren schickte mir ein Freund in den USA sechs dieser ausgefallenen Geschöpfe. Sie hatten offensichtlich einen sehr unruhigen Flug hinter sich, denn sie waren ziemlich gereizt, als sie ankamen, und sobald ich den Deckel von ihrem Transportbehälter abnahm, bedachten sie mich mit zwölf Blutstrahlen, die mein ganzes Hemd ruinierten.

Für den Naturforscher sind der frühe Morgen und der Abend die besten Zeiten für Wüstenexkursionen, weil es dann kühl ist. Vielleicht bekommen Sie nur ein paar Vögel und Echsen zu Gesicht, aber vor Ihnen breitet sich eine erstaunliche Vielfalt von Exkrementen, Spuren und anderen Hinweisen aus, mit deren Hilfe Sie die verschiedenen Tiere bestimmen können. Man findet Serien von Fährten, die einem verraten, was dort lebt. Indem ich solchen Fährten folgte, habe ich schon viele Wüstenbewohner gesehen und eingefangen, von Käfern bis zu Springmäusen. Einmal bin ich einem Käfer fast einen Kilometer weit über die heißen Sanddünen nachgegangen, bevor ich ihn erwischen konnte, und zu meiner Freude stellte sich heraus, daß es sich um eine recht seltene Art handelte.

Die Wüste in der Nacht

Am Abend erwacht die Wüste erst wirklich zum Leben, denn tagsüber verstekken sich die meisten Tiere vor der mörderischen Sonne. Wenn die Nacht hereinbricht und die Temperaturen drastisch absinken, kommen aus Löchern oder unter Steinen die großen behaarten Spinnen, die Hundertfüßer und die hummerähnlichen Skorpione hervor, um auf Insektenjagd zu gehen. Von Insekten ernähren sich auch die Fledermäuse, die Segler und die Ziegenmelker, die den Tag im Zustand der Wärmestarre in Höhlen oder Felsspalten verbracht haben, um ihre Energien für die nächtliche Beutejagd zu schonen. Dann kommen auch die winzigen Elfenkäuze (die kleinste Eulenart, die nur 15 Zentimeter hoch wird) aus ihren Wohnungen, die vielfach Löcher in den Stämmen des Saguarokaktus sind. Diese kleinen Vögel stellen nicht nur Nagetieren nach, sondern auch Spinnen und Insekten. Ich habe einmal einen Elfenkauz beobachtet, wie er einen Hundertfüßer, der so lang war wie er selbst, tötete und auf einmal hinunterschluckte.

Neben den Spinnen und Skorpionen zählen einige Kleinsäuger zu den kleinsten und zugleich angriffslustigsten bodenlebenden Räubern. Wenn es Abend wird in den Wüstengebieten, tauchen überall auf der Welt höchst sonderbare Tiere auf. Es erscheinen die zierlichen Grashüpfer- und Zwergmäuse der amerikanischen Wüsten, die Wüstenigel Asiens und Afrikas, und in Afrika außerdem die seltsamen Goldmulle, deren Haar wie golden umsponnenes Glas wirkt. In Afrika sind auch die drolligen Elefantenspitzmäuse zu Hause, mit ihren riesigen Augen und langen Schnuppernasen, die tatsächlich Ähnlichkeit mit einem Elefantenrüssel haben. In den USA und Mexiko leben stellenweise sogar Wüstenwühlmäuse, obwohl Wühlmäuse normalerweise feuchte Wohngebiete bevorzugen. In den roten Wüsten Australiens findet man die eigenwilligen kleinen Beutelmäuse und Springbeutler. Diese artenreichen Beuteltiergruppen ernähren sich von Arthropoden, aber viele australische Beutelmäuse attackieren und verspeisen auch die echten Mäuse, die dort heimisch sind und zum Teil so groß werden wie sie selber.

Alle die winzigen Wüstennagetiere haben sich hervorragend an ihre sonnengedörrten ökologischen Nischen angepaßt. Die Taschenspringer oder »Känguruhratten« Nordamerikas ruhen beispielsweise tagsüber in ihren Bauen, deren Eingänge sie sorgfältig verstopfen, damit die Luft drinnen kühl und feucht bleibt. Sogar die Sämereien, die sie in ihrem Bau speichern, tragen zur Feuchtigkeitskonservierung bei, indem sie die Feuchtigkeit aus der Atemluft der Tiere absorbieren. Die Taschenspringer verlieren auch mit ihren Ausscheidungen nur sehr wenig Wasser – ihr Urin ist viermal so konzentriert wie der des Menschen. Wie ihr Name sagt, entgehen sie bei der nächtlichen Nahrungssuche etwaigen Räubern durch gewaltige Sprünge. Bei jedem Sprung legen sie einen halben Meter zurück, und in einer Sekunde schaffen sie sechs Meter, was keine schlechte Leistung ist, wenn man bedenkt, daß die Tierchen nur daumengroß sind. Sie können einen Feind auch dadurch ausspielen, daß sie mitten in der Luft ihre Richtung ändern, wobei sie ihren buschigen Schwanz als Steuerruder benutzen. Wenn alles versagt, kicken sie dem Angreifer Sand ins Gesicht. Sie tragen auch untereinander Hetzjagden und Ringkämpfe aus, denn die so reizend aussehenden Kerlchen sind streitsüchtige kleine Ungeheuer.

Viele andere Wüstennager, etwa Renn-, Spring- und Hüpfmäuse, sowie manche australischen Beuteltiere sind ähnlich gute Springer wie die Taschenspringer, denn das scheint im Wüstenterrain eine besonders günstige Fortbewegungsart zu sein. Andere Nager zeigen andere Verhaltensformen, die nicht weniger ungewöhnlich sind. Die australische Hermannsburg-Zwergmaus (ei-

Hüpfer und Springer in der Wüstennacht
In den Stunden der Dunkelheit wimmelt es in der normalerweise leeren Wüste von nachtaktiven Nagern, die nach den vom Wind herbeigewehten Samen suchen. Wissenschaftler haben einmal geschätzt, sie könnten auf einem Hektar der kalifornischen Wüste mehr als 3,5 Milliarden Samenkörner sammeln – genug Nahrung für die Nagetiere, die samenfressenden Vögel, die Ernteameisen und die vielen anderen Samenfresser, und dennoch bleiben noch riesige Mengen übrig, die den Fortbestand der Pflanzenarten sichern.

Doppelzweckohren
Der fotogene Fennek oder Wüstenfuchs ist ein kleines nachtaktives Raubtier der Sahara und der arabischen Wüstenregionen. Seine riesigen Ohren strahlen überschüssige Wärme ab und dienen zugleich als »Radarantennen«, welche die Geräusche der Beutetiere auffangen - das feine Rieseln des Sandes, wenn eine Maus vorüberhuscht, oder das Gekrabbel eines Käfers. Andere Wüstentiere, etwa der Eselhase oder der Löffelhund, besitzen ähnlich überdimensionale Ohren. Darin zeigt sich eine Tendenz, die man als Allensche Regel bezeichnet. Demnach entwickeln warmblütige Tiere in heißen Gegenden zur Wärmeabgabe relativ große Ohren, Füße, Schwänze.

ne echte Maus und kein Beuteltier) schichtet vor dem Eingang ihres Baus kleine Steinhaufen auf. Diese kühlen während der Nacht ab, und in der Wärme des frühen Morgens schlägt sich das in der Luft enthaltene Wasser auf ihnen als Tau nieder; die Mäuschen können ihren Feuchtigkeitsbedarf decken, indem sie nur die feuchten Kiesel ablecken.

Alle diese kleinen Nachttiere, neben den ungezählten Nagern auch kleine Raubtiere, werden verfolgt von Jägern, zum Beispiel von Schlangen wie den afrikanischen Sandottern und den amerikanischen Seitenwinder-Klapperschlangen. Diese beiden Schlangen haben eine merkwürdige seitliche Fortbewegungsmethode entwickelt, mit der sie auf der weichen Sandoberfläche rasch vorankommen. Eine höhere Stufe nehmen die größeren Raubtiere ein, die Frettchen, Dachse, Stinktiere, Kleinkatzen und die zu meinen Lieblingstieren gehörenden Hundeartigen mit ihren riesigen Ohren: der Kitfuchs in Nordamerika, der Löffelhund und der winzige Fennek in Afrika.

Ich erinnere mich noch lebhaft an eine Begegnung mit einem jungen Fennekpaar. Zwei meiner Freunde, beide großartige Amateur-Naturforscher, arbeiteten in Nordafrika an verschiedenen ornithologischen Projekten, und jedesmal wenn sie zum Zoo von Jersey zurückkehrten, brachten sie mir ein Geschenk mit, ein paar Eidechsen oder einen Skorpion oder etwas Ähnliches, womit man eben das Herz eines Naturfreundes erfreuen kann. An jenem bewußten Tag betraten sie braungebrannt und wohlgelaunt mein Büro und stellten eine kleine Pappschachtel auf meinen Tisch, die vielleicht, wie ich dachte, einige interessante Reptilien oder etwas dergleichen enthielt. Vorsichtig hob ich den Deckel ab, und da drinnen lagen zwei Fennekbabys. Die riesigen Ohren entfalteten sich wie Fahnen, schwarze Nasen und schwarze Augen waren auf mich gerichtet, und hinter diesen anmutigen Masken verbargen sich die schlanken, zitternden Körper. Ich nahm die Tierchen aus der Schachtel, und beide lagen in meinen Händen wie zwei Eier im Nest. Als ich die hinreißenden Geschöpfe auf den Tisch setzte, biß mich das eine sofort, und das andere urinierte ausgiebig auf meine noch nicht unterschriebene Post. Doch sie waren so entzückend, daß mir das nicht das geringste ausmachte.

Vögel der Wüste

Von allen Lebewesen scheinen es die Vögel in der Wüste am schwersten zu haben. Jene Gefiederten, die nicht ausgesprochen nachtaktiv sind – wie etwa die Eulen –, gehen nur in der Morgen- und Abenddämmerung, wenn es am kühlsten ist, ihrem Nahrungserwerb nach, und den übrigen Tag verbringen sie an irgendeinem Schattenplätzchen. Die Insektenfresser sind sehr zahlreich vertreten, und die erbeuteten Insekten liefern ihnen nicht nur Nahrung, sondern auch Feuchtigkeit. Die körnerfressenden Arten müssen dagegen neben der im Futter enthaltenen Feuchtigkeit noch zusätzlich Wasser aufnehmen, und um es zu finden, legen sie häufig unglaublich weite Entfernungen zurück. Flughühner, die tief in den Wüstengebieten Nordafrikas leben, fliegen mehrere hundert Kilometer zu einer Oase, um dort zu trinken und, was noch wichtiger ist, um ihren im Nest hockenden Jungen Wasser zu bringen.

Ich erinnere mich an meinen Besuch von Ayers Rock, der im Herzen Australiens liegt und der mächtigste Felsblock der Welt ist. Mitten in der Wüste erhob er sich vor mir und wechselte seine Farbe im Licht der wandernden Sonne. An seiner Basis entdeckte ich mehrere winzige Wassertümpel, und an einem scheuchte ich eine Schar freilebender Wellensittiche auf, die hier tranken und badeten. Die Sonne ging gerade unter, und Ayers Rock leuchtete wie ein Rubin in den letzten Strahlen. Die kleinen Papageien, die bei meinem plötzlichen Erscheinen in Panik gerieten, strichen gemeinsam ab und standen einen Augenblick lang vor der roten Felswand. Dann schlugen die Vögel einen Bogen und flogen davon. Das war wahrscheinlich die nächste Tränke in einem Umkreis von 300 oder mehr Kilometern.

Viele Vögel, die man in der Wüste während der Regenperioden antrifft, verziehen sich in der Trockenzeit. Sie balzen, nisten und brüten sehr schnell und machen sich dabei die Insektenscharen zunutze, mit denen sie ihre Jungen atzen können; doch wenn die Trockenheit einsetzt, wandern sie in freundlichere Klimazonen ab. Die Vögel jedoch, die sich ganzjährig in der Wüste aufhalten, haben sich vortrefflich an die unfreundlichen Lebensbedingungen angepaßt, besonders was ihr Brutverhalten angeht. Bei den meisten Vögeln wird die Fortpflanzungsbereitschaft durch den sogenannten Photoperiodismus ausgelöst, das heißt, die Tageslänge sagt ihnen, wann sie brüten sollen. Doch manche Wüstenvögel richten sich nach den Regenfällen. Mehrere kleine Insektenfresserarten Zentralaustraliens bleiben jahrelang treu verpaart, aber die Begattung und Eiablage findet erst statt, wenn starker Regen fällt und die Voraussetzungen für die Jungenaufzucht günstig sind. Die Helmwachtel im amerikanischen Südwesten geht noch weiter; sie macht nicht eher einen Paarungsversuch, als bis so viel Regen gefallen ist, daß die Vegetation zum Vorschein kommt und die Nahrungszufuhr gesichert ist.

Helmwachtel

Tiere, die der Dürre ein Schnippchen schlagen

Manche Wüstenbewohner weichen der Trockenheit auf besonders sinnreiche Weise aus. Da gibt es zum Beispiel einen amerikanischen Vogel namens Whip-Poor-Will, einen nachtaktiven Vertreter der Ziegenmelker, der während des trockenen, kalten Winters »schläft« und erst im Frühling aus seiner Trokkenstarre erwacht, wenn Insektennahrung reichlich zur Verfügung steht. Andere kleine Wüstenwirbeltiere, etwa die winzigen Hüpfmäuse, überbrükken die Trockenzeit in einem ähnlichen Schlafzustand. In den Sandwüsten rings um die argentinische Stadt Mendoza habe ich einmal Gürtelmäuse gejagt, die nur in diesem begrenzten trockenen Lebensraum vorkommen. Dieses kleinste Gürteltier wird nur etwa 15 Zentimeter lang und trägt einen hübschen, stark rückgebildeten Rückenpanzer und ein langes silbriges Fell, das unter dem Panzer hervorsteht und die ganze Unterseite bedeckt. Die Tiere ernähren sich hauptsächlich von Insekten und Larven. Wenn der bitterkalte Winter vor der Tür steht (Mendoza liegt am Fuß der Anden), wühlen sich die Gürtelmäuse tief in den Sand ein und halten einen Winterschlaf.

Ausgefallene Methoden, den Unbilden des Klimas zu entgehen, praktizieren die wüstenbewohnenden Amphibien oder Lurche. Grundsätzlich ist es schon ungewöhnlich, daß man überhaupt Frösche und Kröten mit ihrer empfindlichen Haut und ihrer Wasserabhängigkeit in Wüstengebieten antrifft. In der nordamerikanischen Wüste verbringt die Schaufelfußkröte acht oder neun Monate in ihrem selbstgegrabenen Bau, und sie kommt nur hervor, wenn ein starker Regenguß den Boden durchweicht und sie aufweckt.

Der australische Wasserreservoirfrosch übersteht Trockenzeiten auf ganz ungewöhnliche Weise. Wenn die seltenen Regenfälle einsetzen, verlassen diese Frösche ihre unterirdischen Verstecke, begeben sich eiligst zu den Wassertümpeln zwischen den Felsen und schlagen sich wie besessen den Magen mit Insekten voll, die infolge des Regens geschlüpft sind. Die Frösche paaren sich und laichen ab, und die Kaulquappen entwickeln sich in einem erstaunlichen Tempo. Wenn dann die Tümpel auszutrocknen beginnen, nehmen die jungen und alten Tiere so viel Wasser wie nur möglich auf und verziehen sich in ihre Höhlen, wo sie sich in eine Haut einhüllen, die durchsichtigem Cellophan gleicht. Durch diese Hülle wird die angesammelte Feuchtigkeit festgehalten, und so ruhen die Frösche, eingewickelt in Cellophan, wie in Trance zwei oder drei Jahre im Boden, bis sie beim nächsten Regen aus ihrem Koma erwachen.

Eingraben zum Schutz gegen das Austrocknen
Wenn der Wüstenboden nach dem spätsommerlichen Regen auszutrocknen beginnt, gräbt sich die Schaufelfußkröte tief ein, und zwar mit den Hornfortsätzen an den Sohlen der Hinterfüße *(s. unten rechts)*. Sie bleibt etwa neun Monate lang bis zur nächsten Regenzeit unter der Erde, doppelt geschützt durch eine Schleimhülle, mit der sie sich umgibt.

In der Tundra

Wenn man irgendwo auf der Welt nordwärts reist, läßt man schließlich die großen Wälder hinter sich. Sie werden von niedrigen Koniferen, Zwergweiden und Birken abgelöst. Schon bald hört auch diese Vegetation auf, und man befindet sich auf einer weiten baumlosen Ebene, die mit einer dünnen, scheckigen Decke aus zwergwüchsigem Heidekraut, Felsbrocken mit zottigem Flechtenbehang und hellen Wollgrasbüscheln überzogen ist. Das ist die Tundra. Es gibt sie nur im hohen Norden, denn am anderen Ende der Erde verlieren sich die Kontinente in den Weiten des Ozeans, und hier, im tiefen Süden, erstrekken sich nur die Eiswüsten der Antarktis, in denen sich nicht einmal die primitivste Vegetation behaupten kann.

Wie die Wüste und der Tropenwald ist auch die Tundra eine Welt für sich, und ihre Pflanzen und Tiere sind ihrer Unwirtlichkeit hervorragend angepaßt. Eines der ungewöhnlichsten Phänomene der Tundra ist der Dauerfrostboden, die ständig gefrorene Bodenschicht, die einen Meter oder mehr unter die Oberfläche hinabreicht. Diese feste Eisdecke läßt kein Wasser durchsickern und kann auch von Pflanzenwurzeln nicht durchdrungen werden. Der Dauerfrostboden ist bedeckt von einer dünnen, mit Wasser vollgesogenen Erdschicht, die im Winter einfriert und im Sommer auftaut. Über das Land fegen Winde hinweg, die winzige, dolchspitze Boden- und Eispartikel mit sich führen und die Pflanzen wie mit Schmirgelpapier bearbeiten. In dieser Kühlhausatmosphäre zersetzt sich totes organisches Material sehr langsam (ähnlich wie in Moorlandschaften), und deshalb sind Nährstoffe Mangelware, obwohl die Zersetzer – Bakterien und Pilze – in dem vereisten Boden genauso zahlreich vorkommen wie in gemäßigteren Breiten.

Kein Wunder, daß nur wenige Pflanzen unter solchen Bedingungen überleben können, doch die wagemutigen Arten, die hier gedeihen, nutzen jeden sich bietenden Vorteil aus. Das kann eine kleine Bodenerhebung sein, die den Wind abhält, oder ein winziges Areal, das gut entwässert wird, oder ein besonders günstiger Südhang. An gut entwässerten Standorten wachsen Zwergbirken und Zwergweiden sowie verschiedene niedrige Gräser und Kräuter. Wo sich Senken wie riesenhafte Fußabdrücke gebildet haben, entstehen Sümpfe, die ein Paradies für Seggen, Binsen und anmutige samtweiche Moose sind. Ungewöhnlich ist die Art und Weise, wie sich manche Pflanzen den Schnee als schützende Decke zunutze machen – kaum anders als die Eskimos, die aus Schneeblöcken ihre Iglus bauen. Unter der winterlichen Schneedecke fühlen sich Moose und Kräuter wohl, weil sie von der eiskalten Luft darüber abgeschirmt sind, und die Schneeschmelze liefert das nötige Wasser.

Nur in zwei oder drei Monaten des Jahres steht die Sonne so hoch am Himmel, daß Eis und Schnee abschmelzen und die Pflanzen wachsen können. Doch gleichsam zum Ausgleich geht die Sonne in dieser Zeit niemals unter, so daß die Vegetation bei der Herstellung der lebensspendenden Zuckerverbindungen mit Hilfe der Sonnenlichtenergie Überstunden machen kann. Einige Pflanzen, etwa das Mariengras, stellen ihre Blätter kerzengerade aufrecht, um die schräg einfallenden Sonnenstrahlen besser auffangen zu können. Im kurzen arktischen Sommer scheinen sich alle Lebensvorgänge zu beschleunigen, als wollten die Organismen die kostbare kurze Zeit, die ihnen zugemessen ist, so gut wie möglich nutzen. Die Insektenfauna ist nicht so mannigfaltig wie in

Der Sonne nach
Die Küstenseeschwalbe *(gegenüberliegende Seite)* brütet in Kolonien an der Tundraküste. Am Ende des nördlichen Sommers zieht sie auf der längsten Wanderroute aller Vögel, mehr als 14000 km weit, zum Südpolarmeer, wo sie den südlichen Sommer verbringt.

Die Ringelgänse brüten in der arktischen Tundra, aber überwintern entlang der Atlantikküste.

Der Sandregenpfeifer brütet in der Tundra und zieht im Winter südwärts bis nach Afrika.

anderen Weltgegenden, aber immerhin tummeln sich hier Millionen von Stechmücken und Fliegen. Die Moore und Tümpel beleben sich plötzlich mit Wasserpflanzen und Krebstieren, mit Insekten und Fischen. Die Wasserflächen verdunkeln sich von den großen Scharen der Enten und Gänse, und die Ufer sind dicht besetzt von Regenpfeifern und Schnepfenvögeln. Alle diese Vögel ziehen rasch ihre Nachkommen groß und fliegen dann südwärts in wärmere, freundlichere Klimazonen. Da dort droben alles schnell gehen muß, brauchen beispielsweise die Jungen der nördlichen Rotkehlchen bis zur Geschlechtsreife nur halb so lange wie ihre südlichen Vettern, einfach deshalb, weil sie in der ewigen Sonne fast rund um die Uhr gefüttert werden. Die Erdhörnchenkinder erreichen ihr Erwachsenengewicht schon dreieinhalb Monate nach der Geburt und sind dann bereit für den langen Winterschlaf.

Wenn der lange dunkle Winter kommt, scheint in den gefrorenen Einöden alles Leben erstorben zu sein. Es ist allerdings merkwürdig, daß die einzigen echten Winterschläfer der Tundra die Erdhörnchen sind. Doch was geschieht mit den anderen Tieren während des strengen Winters? Die meisten Vögel wandern klugerweise nach Süden, aber die Alpenschneehühner harren aus; sie graben tiefe Gänge in den Schnee, um an die Zweige und Blattknospen der ruhenden Pflanzen heranzukommen. Im Unterschied zu den anderen Rauhfußhühnern tragen die Schneehühner sogar Federn auf den Zehen, so daß sie gewissermaßen winzige Schneeschuhe anhaben, mit denen sie sich auf dem Schnee mühelos fortbewegen können. Abgesehen von ein paar schwarzen Flecken, verfärbt sich ihr Federkleid im Winter vollkommen weiß, und wenn sie sich bei der Annäherung eines Fuchses oder Wolfs in den Schnee ducken, werden sie zu einem Bestandteil der weißen Landschaft und entgehen so dem Entdecktwerden. Ein anderer Vogel, der sich im Winter ein weißes Gefieder zulegt, ist die Schnee-Eule. Dieser mächtige und unverwechselbare Jäger ist im Sommer dunkel gebändert, doch wenn der Winter beginnt, zieht er sein milchweißes Gewand an, aus dem nur die gelben Augen wie grelle Lichter hervorleuchten. Die Schnee-Eule jagt selbst die gut getarnten Schneehühner, doch ihre Hauptnahrung sind Lemminge.

Die Lemminge - Dichtung und Wahrheit

Lemminge sind faszinierende kleine Geschöpfe, braun und golden und reizend anzusehen. Es ist seltsam, daß ein so winziges und liebenswertes Nagetier geradezu das Lebenselement der Tundra darstellt, doch spielt es eine überaus wichtige Rolle im gesamten Nahrungsnetz dieser unwirtlichen Landschaft.

Die Vermehrungsfreudigkeit der Lemminge ist erstaunlich. Ein Weibchen kann im Jahr drei Würfe mit jeweils bis zu zwölf Jungen hervorbringen, und die weiblichen Tiere des ersten (und manchmal sogar des zweiten) Wurfs sind bereits knapp drei Wochen fortpflanzungsfähig - eine wahre Lemming-Fließbandproduktion. Wenn der Schnee hoch liegt, graben die kleinen Pflanzenfresser Tunnels hinein, so daß sie sich von Wurzeln, Moosen und Gräsern ernähren und zugleich ihr Fortpflanzungsgeschäft fortsetzen können. Kein Wunder also, daß sie, wenn sie sich im Lauf von drei oder vier Jahren rapide vermehrt haben, die gesamte Pflanzendecke einer Region abfressen und dann gezwungen sind, um des Überlebens willen eine ihrer berühmten Massenwanderungen zu unternehmen.

Die Fruchtbarkeit der Lemminge hat eine absonderliche Legende entstehen lassen. Neben den normalen Wanderungen von den winterlichen zu den sommerlichen Nahrungsplätzen kommt es alle vier oder fünf Jahre zu riesigen Wanderzügen, aber die Vorstellung, daß die kleinen Tiere dabei Selbstmord begehen, ist ein Mythos. Wie die Springböcke der afrikanischen Grassteppen müssen auch die Lemminge, wenn ihre Population zu groß wird, weiterziehen mit dem Ziel, neue Landstriche mit mehr Futter und weniger Nahrungswettbewerb zu finden. Und so machen sie sich hoffnungsvoll auf den Weg, Tausende und Abertausende von Tieren, die in geschlossener Formation marschieren und leise vor sich hin pfeifen, um den Kontakt untereinander aufrechtzuerhalten. Wenn sie auf ein Hindernis stoßen, einen Bach, einen See oder gar das Meer, halten sie einen Augenblick inne, um sich Mut zu machen, und dann stürzen sie sich unter dem Druck der hinteren Reihen hinein. Sie sind gute Schwimmer, aber dennoch überleben nur wenige. Wenn sie aufs Meer hinausschwimmen (und für einen Lemming sieht auch der Ozean nur wie ein Fluß aus), fallen sie zu Tausenden den Möwen und Fischen zum Opfer.

Obgleich die meisten Raubtiere der Tundra – Eulen, Wiesel und Polarfüchse – Jagd auf verschiedenerlei Beutetiere machen, wie Schneehühner, Erdhörnchen und Schneehasen, sind sie sehr stark auf die Lemmingbestände angewiesen. Das kleine Wiesel kann mindestens einen Lemming pro Tag verspeisen, eine Schnee-Eule bis zu sieben, und ein Polarfuchs nimmt in einem Monat bis zu hundert zu sich. Weil somit die Lemminge eine Art Standardnahrung darstellen, beeinflussen ihre Populationsschwankungen erheblich das Leben aller anderen Tundratiere. In Zeiten, in denen die Lemmingbestände abnehmen, kann man beobachten, wie sehr die übrigen Tiere davon betroffen sind. Angesichts des Nahrungsmangels pflanzen sich die Füchse nicht fort, und die Schnee-Eulen zeitigen entweder kleine Gelege oder wandern nach Süden ab.

Als ich im Whipsnade Zoo meine Volontärzeit absolvierte, war ich sehr stolz darauf, daß man mir die Betreuung einer eigenen Abteilung übertrug. Sie umfaßte einige Anoas (Zwergbüffel aus Celebes), einige Marderhunde – und einige Polarfüchse, die zu den Hauptfeinden der Lemminge gehören. Diese Füchse sind viel kleiner und zierlicher gebaut als die allgemein bekannten Rot-

DAS LEBEN DER LEMMINGE

Mehr noch als der geschäftige Biber führt der Lemming ein sehr aktives Leben. Wenn viele Tiere der Arktis schlafen, sind die Lemminge noch immer munter; in ihrem labyrinthischen Bau fressen sie Wurzeln und unterirdische Triebe. Auch die Fortpflanzung geht weiter, so daß im Durchschnitt pro Jahr fünf Würfe zustande kommen, die jeweils sechs bis acht Junge umfassen. Wenn im Mai oder Juni der Schnee schmilzt, steigen die Lemminge aus ihrem Bau und verteilen sich über das sumpfige Gelände, um sich an Gräsern und Seggen gütlich zu tun. Im Herbst sind die früher im selben Jahr geborenen Jungtiere bereits geschlechtsreif.

Aus der Vogelperspektive
Das Lemmingfell verfärbt sich allmählich vom vorwiegend braunen Winterkleid zum vorwiegend schwarzen Sommerkleid. Die Zweifarbigkeit löst aus der Sicht eines Greifvogels die Körperumrisse auf.

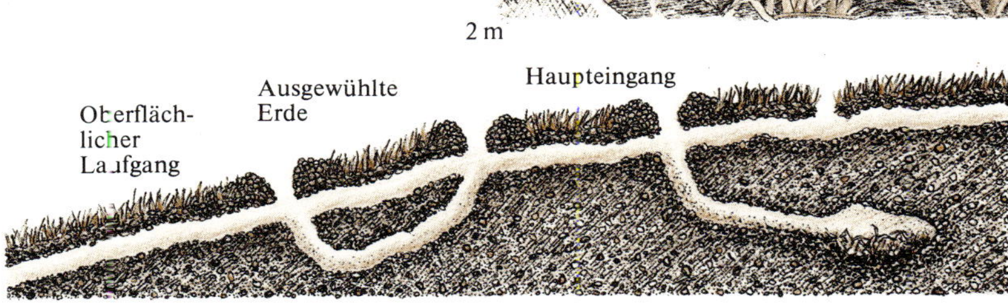

Schnitt durch einen Lemmingbau
Berglemminge legen ihre Baue bevorzugt in tiefem Boden auf Süd- oder Westhängen an. Die oberflächlichen Gänge erstrecken sich unter der teppichartigen Tundravegetation nach allen Seiten. Die großen Nester, etwa so groß wie ein Fußball, werden zuweilen oberirdisch gebaut, versteckt im Zentrum eines Grasbüschels oder zwischen dichtstehendem Heidekraut.

Ein arktischer Räuber und seine Beute
Die großen scharfen Augen der Schnee-Eule *(gegenüberliegende Seite)* entdecken auch die kleinsten Bewegungen der Beutetiere, zum Beispiel des hübschen Alpenschneehuhns *(rechts)* und des Schneehasen *(rechts unten)*. Die abgebildete Eule ist ein männliches Tier, das ganzjährig sein völlig weißes Gefieder behält; das Federkleid des Weibchens ist dunkel gebändert und dient somit der besseren Tarnung während der Brutzeit. Die Alpenschneehühner leben im Winter in selbstgescharrten Schneemulden und ernähren sich von Schößlingen und Gräsern. Im Frühling färben sich ihre Federn dunkel. Die Umfärbung beginnt am Kopf und breitet sich nach hinten aus, so daß die Vögel bis zur Brutsaison ein rötlich geschecktes braunes Gefieder tragen, das mit den Wurzeln und trockenen Zweigen der Tundravegetation verschmilzt. Die Schneehasen im äußersten Norden bleiben das ganze Jahr über weiß, während die weiter südlich lebenden Tiere braun, rötlich oder gelb werden. Alle drei Tiere auf den Fotos besitzen weit abspreizbare bepelzte oder befiederte Füße, die ihnen als »Schneeschuhe« dienen.

füchse. Ihr Sommerfell ist hübsch aschgrau und verfärbt sich im Winter schneeweiß. Wenn ich das Gehege meiner Füchse betrat, um sie zu füttern, sausten sie um mich herum wie Gespensterwesen und stießen dabei hohe vogelähnliche Schreie aus. Es dauerte ein paar Wochen, bis ich herausbekam, daß ich sie aus falschverstandener Tierliebe ständig überfütterte. Als ich ihr kleines Waldstück säuberte, fiel mir ein unangenehmer Geruch auf. Ich suchte nach der Ursache und entdeckte schließlich unter einem Blätterhaufen ein großes Fleischversteck. Da erst ging mir auf, daß sich meine Füchse genauso verhalten hatten wie im Freileben: Wenn es in der Tundra bei den Lemmingen in regelmäßigen Abständen zu einer Bevölkerungsexplosion kommt, erbeuten die Polarfüchse so viele, wie sie nur können, und lagern die Leichen in einer Vorratskammer ein, als Vorsorge für die bevorstehenden mageren Monate.

Rentiere, Wölfe und Moschusochsen

Die wohl eindrucksvollsten Tiere der Tundra sind die Wölfe und die wildlebenden Rentiere (in Nordamerika Karibus genannt), die auf ihre Weise die großen Raubtiere und Huftierherden Afrikas repräsentieren. Die meisten Rentierherden sind Wanderherden; sie verbringen den kurzen Sommer in der Tundra und ziehen bei Anbruch des schlechten Wetters nach Süden. Sie streben dem relativen Schutz der Nadelwälder zu, wo sie die Schneedecke wegscharren, um an die Rentierflechten heranzukommen, die ihre Hauptnahrung bilden. Es wird sogar berichtet, daß sie auch Lemminge nicht verschmähen.

WÖLFE - GESELLIGE RÄUBER

Wölfe leben in einem erweiterten Familienverband, der als effiziente Jagdgruppe zusammenarbeitet. Die Rudelführer sind ein dominantes Männchen und Weibchen, die allein für die Fortpflanzung zuständig sind. Die Rudelhierarchie sieht vor, daß beim Tod oder bei der Verletzung eines Rudelführers die rangnächsten Tiere nachrücken. Die Welpen vergnügen sich wochenlang mit Spielen und Herumtollen. Dabei lernen sie alle Gebärden und Stellungen, die sie als Erwachsene brauchen, um die Familientradition aufrechtzuerhalten. Rudel von 20 Tieren sind die Norm, doch im Winter tun sich die Wölfe vielfach zu größeren Rudeln von rund 50 Individuen zusammen, die auch große Beutetiere erfolgreich hetzen können.

Körpersprache
Neben dem Heulen, mit dem sich Wölfe über größere Entfernungen verständigen, verfügen sie für den unmittelbaren Umgang über eine Körpersprache aus Schwanzhaltungen und Mienenspiel; beides zusammen dient dem verstärkten Ausdruck der jeweiligen Stimmung oder Botschaft. Die meisten dieser Signale beziehen sich auf die Rangordnung innerhalb des Rudels. Die Abbildungen zeigen eine Signalsequenz von der Aggression *(unten links)* über die Normalhaltung bis zur völligen Unterwerfung.

Die größten Feinde der Rentiere sind natürlich die Wolfsrudel, welche die Herden umkreisen und überfallen. Doch ein gesundes, ausgewachsenes Rentier ist ihnen durchaus gewachsen, und so müssen sich die Räuber meistenteils mit alten, kranken oder schwachen jungen Tieren begnügen. Dieses natürliche Selektionsverfahren kommt den Rentierherden insgesamt zugute, weil die Kümmerlinge ausgemerzt werden und nur die starken Tiere überleben.

Der Wolf steht von jeher in einem schlechten Ruf; er wird als bösartiger Mörder geschildert und sogar mit magischen Kräften in Verbindung gebracht, wie die Begriffe Werwolf, Wolfsmensch usw. bezeugen. Doch inzwischen wissen wir mehr über die Wölfe, und es steht fest, daß sie nicht die erbarmungslosen, kaltblütigen Killer sind, als die man sie verteufelt hat. Wie nahezu alle Raubtiere töten sie, um zu leben – nicht mehr. Ihr Sozialverhalten ist komplex und faszinierend zugleich. Das Rudel von etwa zwanzig Tieren ist in der Regel ein erweiterter Familienverband und im allgemeinen ausgesprochen friedfertig. Die Ordnung unter den Wölfen wird durch eine ausgeklügelte Zeichensprache der Rute aufrechterhalten – Wölfe »sprechen« mit dem Schwanz, den sie zum Signalisieren und zur Rangfixierung benutzen. Wenn sie auf der Jagd sind, verständigen sie sich freilich durch melodische Heultöne, und regelmäßig stimmen sie einen großen Chorgesang an, um mit benachbarten Rudeln in Fühlung zu bleiben oder um ihr Revier abzugrenzen.

Rentier

Wenn die Wölfin ihre fünf bis sieben Jungen zur Welt bringen will, gräbt sie sich eine Höhle. In ihr betreut sie ihre Kinder, und solange sie säugt, wird sie von den anderen Rudelmitgliedern mit Nahrung versorgt. Auch den entwöhnten Jungwölfen bringt das Rudel Futter. Nach dem Abstillen kann die Wölfin die Jungen alleinlassen und mit dem Rudel jagen, doch ein junges Weibchen bleibt als Kindermädchen zurück, um die Kleinen vor marodierenden Räubern zu schützen.

Es gibt Berichte, wonach Wölfe selbst die stärksten und wehrhaftesten Säugetiere der Tundra, die Moschusochsen, reißen sollen, doch wie es ihnen gelingt, den Abwehrriegel dieser Huftiere zu durchbrechen, ist mir ein Rätsel. Wenn Moschusochsen sich bedroht fühlen, bilden sie einen Kreis, in dem die starken Alttiere mit dem Kopf nach außen stehen und alle Jungtiere im Zentrum versammelt sind. Der Angreifer sieht sich also einem dichten Wall aus massigen Köpfen und scharfen Hörnern gegenüber. Moschusochsen sind eher kleine, untersetzte Tiere, die einem überdimensionalen Ziegelstein mit Haaren gleichen – und was für Haare! Sie besitzen von allen Wildtieren das längste Haarkleid – fast einen Meter lang – zum Schutz gegen die Kälte.

Der allererste Moschusochse, den ich zu Gesicht bekam, war ein Baby im Kopenhagener Zoo. Ich wollte zunächst kaum glauben, daß ich nicht ein Spielzeug vor mir hatte, so entzückend war das Kleine. Es war fast quadratisch und mit dichtem Haar bedeckt, das wie frischgeschnitten aussah. Es hatte glänzende, pummelige Hufe, dicke Beine, eine schimmernde Lackledernase und riesige Augen mit einem Anflug von Blau. Der kleine Bursche stampfte grämlich mit den Hufen, als ich mich mit ihm zu unterhalten versuchte, aber schließlich geruhte er, zu mir zu kommen und laut schmatzend meinen Finger zu lecken, wobei er mich ernst mit seinen großen blauen Augen betrachtete. Seit jenem Augenblick bin ich verliebt in die Moschusochsen, und ich hoffe, daß sie niemals von dieser Erde verschwinden werden.

Moschusochse

Doch leider muß man feststellen, daß auch die Zahl der Moschusochsen im Abnehmen begriffen ist, vor allem durch die Schuld des Menschen. Der Verteidigungsring, den sie zum Schutz ihrer Jungen bilden, richtet gegen einen Jäger mit einem Gewehr nichts aus. Man hat die Tiere jedoch endlich unter Schutz gestellt, so daß sich ihre Bestände hoffentlich wieder erholen werden. Der Moschusochse ist ein zottelhaariges tapferes Charaktertier der Tundra und verdient wie alle Wildtiere der Erde unser Mitgefühl.

Im Laubwald

In weiten Gebieten der Erde herrscht ein Klima, das wir »gemäßigt« nennen – das heißt, es ist dort weder sehr kalt noch sehr heiß, weder sehr trocken noch sehr feucht. In diesen Breiten finden wir die großen Laubwälder. Das Aussehen solcher Waldlandschaften ändert sich ständig: Im Frühling sind die Bäume mit dem vielfältig abgestuften Grün der breiten Blätter bekleidet, doch wenn der Herbst kommt, entfaltet sich ein lebhaftes Farbenspiel aus braunen, goldenen und roten Tönen, weil das Laub zu welken beginnt und schließlich abfällt und den Boden mit seinen bunten Farben überzieht.

Laubwälder bedecken hauptsächlich die obere Hälfte unseres Planeten, und zwar südlich des trockeneren und kälteren Gürtels des immergrünen Nadelwalds. Die gleichförmig dunkelgrünen Nadelwälder gleichen gewissermaßen einem strengen Kleid, unter dessen Saum die helleren und fröhlicher gefärbten Laubwälder wie ein Rüschenpetticoat hervorschauen. Auf der Südhalbkugel sind solche Laubwälder selten – nur einige an der Südspitze Südamerikas und auf Neuseeland. In der gemäßigten Zone Australiens setzen sich die Laubwälder im wesentlichen aus den vielen verschiedenen Eukalyptusarten zusammen, die jedoch immergrün sind.

Die drei wichtigsten Laubwaldlandschaften finden sich in Europa, wo sie sich in einem schmalen Keil nach Rußland hinein erstrecken; im östlichen Zentralasien, von China und Korea bis Japan; und im östlichen Mittelteil Nordamerikas. Die Britischen Inseln waren einst fast vollständig von einem dichten Eichen- oder Buchenwald überzogen, und es heißt, in der guten alten Zeit habe ein Eichhörnchen vom Severn bis zum Wash durch das Geäst der Bäume wandern können, ohne zum Erdboden absteigen zu müssen. Das amerikanische Pendant dieses Eichhörnchens hätte auf die gleiche Art sogar 1500 Kilometer zurücklegen können. Doch diese Zeiten sind leider längst vorbei, weil der Mensch die Wälder gerodet hat, um Bauholz zu gewinnen und Platz für die Landwirtschaft zu schaffen. Im 19. Jahrhundert waren in Großbritannien nur noch fünf Prozent der Bodenfläche bewaldet, und im Osten der Vereinigten Staaten haben die großen Städte und die sich rasch ausbreitende landwirtschaftliche Nutzung den Wald zurückgedrängt und zerstört. Ein paar kümmerliche Restbestände haben sich noch auf den Berghängen erhalten, wo die Land- und Forstwirtschaft zu beschwerlich ist. Eine solche Enklave ist die weite Berglandschaft der Cevennen in der Nähe unseres südfranzösischen Hauses, eine andere sind die Bergwälder der amerikanischen Appalachen, wo meine Frau Lee als Kind in den Sommerferien Fische in den Seen fing und zwischen den Bäumen Jagd auf Schlangen machte. Da sind ferner das große Waldgebiet von Bialowieza in Polen, in dem die letzten Wisente umherschweifen, und der geschichtsträchtige New Forest in England mit seinen hochragenden alten Eichen und Buchen. Hier habe ich meine Naturforschungen hoch zu Roß betrieben – übrigens eine herrliche Methode der Fortbewegung und des Beobachtens. Der New Forest, der diesen Namen ganz zu Unrecht trägt, ist ein Überbleibsel jener Urwälder, die einst nach dem Rückgang der Vereisung vor rund 10 000 Jahren ganz England bedeckten und in denen dazumal große Säugetiere wie Wölfe und Wildschweine umherzogen.

Betrachtet man den Wald als ein Ganzes, so stellt er sich als ein Riesenorganismus dar, der sich aus vielen Einzelkomponenten zusammensetzt, so wie der

Winter- und Sommergewand
Der im Sommer von Blättern eingehüllte Laubbaum enthüllt erst bei Anbruch des Winters die wahre Gestalt eines »Holzskeletts«. Die Eiche *(ganz oben)* besitzt eine ausladende unregelmäßige Krone mit stark verzweigtem unterem Geäst; das Laub sitzt in Büscheln am Ende der Triebe, und die Borke der älteren Bäume ist rissig. Der Bergahorn *(oben)* hat eine regelmäßigere breite und abgewölbte Krone und eine helle graubraune Borke, die in flachen Schuppen abblättert.

Ein neugieriges Jungtier
Dieser Fuchswelpe *(gegenüberliegende Seite)* hat sich ein wenig selbständig gemacht, nachdem er mehrere Wochen lang mit seinen Wurfgenossen vor dem elterlichen Bau gespielt hat. Die Fähe führt ihr Junges in die Jagd ein, indem sie es auf ihre nächtlichen Expeditionen mitnimmt, doch schließlich ziehen die Jungfüchse auf und davon und lernen, auf eigenen Füßen zu stehen.

DIE ERSTELLUNG EINES BODENPROFILS

Ein Bodenprofil verrät, welche Bodenverhältnisse welchen Organismen zusagen, und gibt Aufschluß über wühlende Tiere aus unterschiedlichen Biotopen.

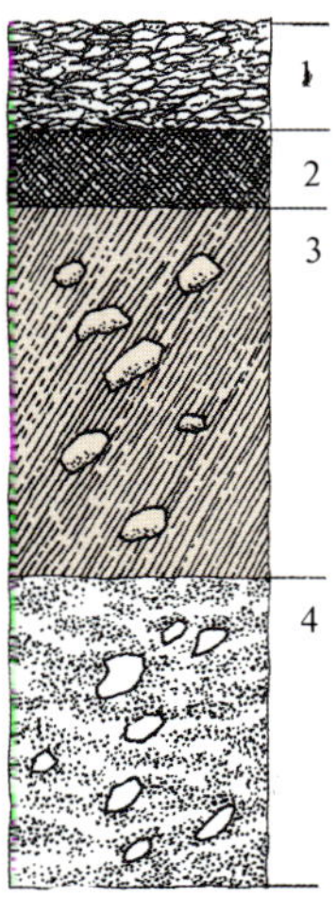

Waldbodenprofil Heben Sie eine kleine Grube aus, damit Sie den Boden im Querschnitt betrachten können. Ein typisches Laubwaldprofil *(rechts)* hat eine hohe Fallaubschicht **(1)**, die in den dicken, fruchtbaren Humus des Oberbodens übergeht **(2)**. Die Unterbodenschicht ist mit organischen Stoffen durchsetzt **(3)** und liegt auf dem Untergrund oder Muttergestein **(4)**, etwa Ton, auf.

menschliche Körper aus zahllosen Zellen besteht. Ein Wald ist ein Klimaregulator. Die Millionen von Bäumen scheiden Feuchtigkeit und Sauerstoff aus, erzeugen Regenfälle, reinigen die Atmosphäre und sind somit von großer Bedeutung für alles Leben. In einem dichten Wald erwärmt sich die Luft langsamer und kühlt allmählicher ab, so daß die Extreme der Temperatur und des Feuchtigkeitsgehalts nicht so stark hervortreten; und die Masse der Bäume bricht und besänftigt die Kraft des Windes, so daß sich ein heftiger Sturm im Gewirr der Äste und Zweige in eine sanfte Brise verwandelt. Die Waldbewohner leben also in einer relativ ausgeglichenen Umwelt.

Innerhalb einer Waldregion gibt es Areale, die für vielerlei Pflanzen und Tiere sich ständig wandelnde Biotope bereitstellen. Wenn ein sterbender Baum umstürzt, reißt er eine Lücke in die Walddecke, die mehr Sonnenlicht einläßt und so gleichsam zu einem hell erleuchteten Fenster wird, in dem lichtliebende Organismen gedeihen, bis sich das Laubdach wieder schließt und die Wunde des Waldes verheilt ist. Natürliche Lichtungen entstehen auch durch geringfügige Unterschiede im Mineralgehalt des Bodens oder durch eine leicht veränderte Hangneigung, mit der sich auch der Wasserabzug und der Einfallswinkel der Sonne verändern.

Die Bäume, die Herrscher des Waldes

Aus der Sicht der Tiere und Pflanzen sind natürlich die Bäume selbst die wichtigsten und alles beherrschenden Organismen des Waldes. Ein Baum ist, wenn man darüber nachdenkt, eine wunderbare Hervorbringung unserer Erde, und seine Gestalt und seine Größe bestimmen, welche Lebensformen unter ihm und in seinen Zweigen Schutz und Geborgenheit finden. Für sehr viele Tiere ist ein einzelner Baum nicht nur Heimat, sondern auch Nahrungslieferant. Der Baum eröffnet die Nahrungsketten mit seinen Blättern (lebenden wie abgestorbenen), Blüten, Früchten und Samen, und auch für zahlreiche Pflanzen schaffen die Bäume günstige Wachstumsbedingungen in Form von fruchtbarem Erdreich, Schatten und Substrat.

Der Gesamtcharakter eines Waldes, seine ganze Persönlichkeit, wird geprägt von den Eigenschaften der einzelnen Bäume: von den Wurzeln, die entweder tief in den Boden hinabreichen oder sich unter der Oberfläche wie ein Gewebe ausbreiten; von der Form der Krone, die wie eine Spindel nach oben strebt oder eine grüne Decke bildet; von der Rinde, die glatt wie Seide oder rauh wie Schmirgelpapier sein kann oder gerunzelt ist wie Nashornhaut. Nehmen wir zum Beispiel die Stein- oder Traubeneiche. Sie braucht ein flaches Wurzelsystem, um das Regenwasser auffangen zu können, bevor es im lockeren Boden, ihrem bevorzugten Standort, versickert, und somit entzieht sie der Krautschicht sowohl Feuchtigkeit als auch Nährstoffe. Unter diesen Eichen werden Sie im Frühjahr nur Glockenblumen antreffen, und später dann Adlerfarn – beide Pflanzen können sich mit einem Mangel an Wasser und Nahrung abfinden. Auf der anderen Seite bilden die hohen Buchen ein dichtes, schimmerndes Blätterdach aus, das sich zeitig im Frühling entwickelt; deshalb wächst unter ihnen nichts außer schattenliebenden Pflanzen wie Brombeeren und Sauerklee. Im Herbst fallen dann Millionen von Buchenblättern ab und lassen eine dicke Laubschicht entstehen, in der es die winzige Bodenflora, etwa Moose, sehr schwer hat. Pilze gedeihen jedoch gut in dieser Schicht, zumal der berüchtigte giftige Grüne Knollenblätterpilz. Sogar zwei Blütenpflanzenarten wachsen hier, die kein Licht brauchen – sie lassen sich von Pilzen mit Energie versorgen. Das sind der Fichtenspargel (ein Wintergrüngewächs) und die Vogelnestwurz (eine Orchidee). Diese Saprophyten oder Moderpflanzen betreiben keine Photosynthese – sie besitzen kein Chlorophyll –, sondern verlassen sich auf die Pilze, die an ihren Wurzeln leben und ihnen Nahrung zuführen.

Die Beispiele, welche die Vorrangstellung der Bäume im Wald bestätigen, ließen sich beliebig vermehren. So sieht man häufig Eichen vollkommen eingehüllt in Mäntel aus Flechten und Moosen, die sich an ihre rauhe Borke anklammern, während diese Pflanzen an der glatten Rinde von Buchen oder Eschen keinen Halt finden.

Wälder zeigen vielfach ein ganz anderes Gesicht, wenn der Mensch in sie eingegriffen hat. Auslichten und Beschneiden, Beweidung und Neuanpflanzen, Abholzen und natürlich auch Brände haben Folgen für die Bäume und damit auch für das pflanzliche Leben, das in ihrem Schutz wächst.

Die Beschaffenheit der unteren Waldetage hat erheblichen Einfluß auf das tierische Leben. Tausendfüßer und Nacktschnecken benötigen einen feuchten Untergrund; Regenwürmer verschmähen Eichenblätter; Eidechsen lieben ein lückenhaftes Kronendach, das das begehrte Sonnenlicht durchläßt; Fasanen brauchen zum Brüten eine dichte Deckung; Rotwild sucht ebenfalls Schutz in Dickungen – und so weiter und so fort. Es zeigt sich, daß die unterschiedlichen Waldbäume – ihre Gestalt, ihre Größe, ihr Alter, ihre Rinde, ihr Laub und ihre Wuchsformen – diktieren, was auf, in, unter und zwischen ihnen lebt. Im Wald ist der Baum König.

In den gemäßigten Breiten der Welt gibt es viele Laubwaldtypen, die jeweils nach den dominierenden Baumarten benannt werden. So herrscht in Europa vielfach die Stieleiche vor, und auf trockeneren Böden übernehmen die Steineiche und (auf kalkhaltigem Untergrund) die Buche das Kommando. Die Verteilung der Laubwälder in Nordamerika ist besonders interessant. Von Südkanada bis fast zur Mitte des Subkontinents erstrecken sich Wälder aus Buchen und Ahorn (von einer Art wird der köstliche Sirup gewonnen). Weiter südlich herrschen Mischwälder vor, in denen die Tulpenbäume den Ton angeben, die aber auch von mehreren anderen Arten durchsetzt sind. Reist man in den tiefen Süden der USA, so stößt man auf eine Mischung von Eichen, Hickorybäumen und Magnolien.

Da im Wald die Bäume eine so überragende Rolle spielen, sollten Sie wenig-

Der Etagenaufbau ist am besten in einem reifen, gut gehegten Eichenwald zu erkennen, in dem der Baumbestand ausgedünnt wurde, so daß das Licht bis zum Boden durchdringt.

Die Etagen des Waldes
Der dreidimensionale Wald gliedert sich in vertikale Schichten oder Etagen, die jeweils charakteristische Pflanzen und Tiere aufweisen. Das Grundschema eines typischen Waldes umfaßt in der Regel fünf Etagen, und dieses Schema kann der Naturfreund auf seinen heimatlichen Wald anwenden. Neben dieser »Seitenansicht« können Sie auch die gängigere Aufsicht von oben benutzen, wie sie auf Landkarten erscheint; verwenden Sie verschiedene Symbole für die einzelnen Baumarten. Das ist eine gute Grundlage für die weitere Erforschung des Wanderverhaltens der Tiere.

Kronenschicht
Diese oberste Etage besteht aus der Masse der ineinander verflochtenen Äste und Zweige sowie dem Laubwerk und den Früchten der ausgewachsenen Bäume, und hinzu kommt die große Vielfalt der kronenschichtbewohnenden Tiere.

Strauchschicht
Sie setzt sich aus Büschen, Sträuchern, höheren Holzpflanzen und Jungbäumen zusammen. Viele Tiere, insbesondere Insekten und Vögel, finden Unterschlupf im dichten Unterwuchs, der in den Lücken der Kronenschicht nach oben strebt.

Krautschicht
Das ist der Teppich aus Blumen und Kräutern, aus Farnen, Moosen und sonstigen niedrigen Pflanzen, der von zahllosen Tieren besiedelt wird, vor allem von Insekten und anderen Wirbellosen.

Fallaub
Der Waldboden ist bedeckt mit abgeworfenem und verwesendem Laub und anderen pflanzlichen Abfällen sowie allerlei Pilzen und ganzen Scharen winziger Organismen, zu denen sich manchmal auch Gäste, etwa auftauchende Würmer, hinzugesellen.

Boden
Das Fundament des Waldes bildet der Boden, in dem die Bäume wurzeln, die ihm ständig ihre »Gaben« in Form von Blättern, Zweigen, Samen und Früchten zuführen, am Ende auch ihren eigenen Pflanzenkörper, wenn sie absterben und verrotten.

Der Laubwald im Frühling

Ein hoher Buchenwald ist im Frühling, bevor sich die Millionen von jadegrünen Blätter entrollt und das schimmernde Laubdach gebildet haben, ein lichter, luftiger Aufenthalt. Leider war es an dem Tag, an dem wir dieses herrliche Waldstück besuchten, kühl und feucht, doch gleichwohl verströmte der Wald einen üppigen Duft wie ein frischer Pflaumenkuchen. Wir schritten über einen Teppich aus Wildblumen, und die dunkelgrünen Schwaden des Bärenlauchs erfüllten die Luft mit ihrem Geruch. Die dicke Fallaubschicht unter den mächtigen grauen Säulen der Baumstämme beherbergt ungezählte kleine Wirbellosenarten. Wenn man die Laubstreu vorsichtig beiseite räumt, kann man das Leben der Tiere beobachten, die den Waldboden bewohnen.

Fadenflechten sind ein Indikator für saubere Luft

Säugetierspuren Die gesäuberten und gebleichten Knochen gehörten einmal einem Dachs und einem Kaninchen. Das Wollbüschel stammt wahrscheinlich von einem verirrten Schaf, und die Eckern und Nüsse verraten die Anwesenheit von Mäusen und Eichhörnchen.

Überreste einer Mahlzeit Die gebänderten bräunlichen Federn stammen von einer Fasanenhenne, die vermutlich von einem Fuchs gerissen wurde.

Das Fallaub und seine Bewohner Der gelbe Pilz bezieht seine Nahrung aus dem verwesenden Laub. Schnecken, Asseln und Tausendfüßer ernähren sich ebenfalls vom Fallaub.

Amselnest und Eischalen Die zerbrochenen Schalen, die sich in einiger Entfernung vom Nest fanden, wurden wohl von den Vogeleltern hier abgelegt.

Ein »Drosselamboß« und die Überreste von Bänderschnecken, die auf ihm zerschmettert wurden. Man beachte die variable Färbung der Gehäuse!

Ein blattminierendes Insekt hat sich auf diesem Brombeerblatt eingenistet und das Einrollen und die Verfärbung bewirkt.

Frühe Waldpilze Die beiden dunklen Pilze sind hart und ungenießbar. Die weiche Speisemorchel ist dagegen wegen ihres köstlichen Geschmacks sehr begehrt.

Schattenliebende Pflanzen Im Frühling überziehen Moose die alte Borke wie grüner Samt, und das Hundsveilchen beginnt zu blühen.

Waldblumen Diese drei Wildblumen blühen früh, noch bevor das dichte Blätterdach das Sonnenlicht vom Waldboden abschirmt.

Adlerfarn Der Haupttrieb des Farns, an dem sich die »Schnecke« entrollt.

Neues Wachstum Junge Buchenblätter sind erstaunlich glatt und weich und haben eingekerbte, flaumig gesäumte Ränder. Die braunen Knospenhüllen bleiben noch lange erhalten, nachdem die Blätter sie gesprengt haben.

stens die Baumarten Ihrer heimatlichen Wälder kennen. Prägen Sie sich das Erscheinungsbild und die besonderen Merkmale der einzelnen Bäume ein. Messen Sie ihre Höhe und ihren Umfang, skizzieren Sie ihre eigentümlichen Kronenformen, und versuchen Sie ihr Alter zu schätzen. Vergessen Sie auch nicht die Vertreter der Strauchschicht, die von den hohen Bäumen überragt werden – die Stechpalmen, Eiben, Kirschen und die Jungbäume. Sie sind wichtige Nistgelegenheiten für die Vögel und »Stützpfeiler« für die Spinnennetze, die zum Fang von Fluginsekten an strategisch günstigen Stellen angebracht werden.

Waldpilze

Die wichtigsten Bewohner des Waldbodens sind jene, deren Tätigkeit auf den ersten Blick am unscheinbarsten wirkt. Ich meine damit die vielen Pilzarten. Die bunten Pilze, die aus der Erde hervorschießen und den Waldboden zieren, sind allerdings nur die »Früchte« dieser Pflanzen, also die Bestandteile, die die Sporen zum Zwecke der Vermehrung enthalten. Die eigentliche harte Arbeit der Zersetzung leisten die Massen der Pilzfäden oder Hyphen und die kleinen runden Pilzkörper im Boden. Die Fäden breiten sich wie ein kompliziertes Netz unter der Erde aus, und sie besorgen, zusammen mit Bakterien und anderen Mikroben, zu 80 bis 90 Prozent die Zersetzung der toten organischen Stoffe des Waldes. Andererseits bilden die unterirdischen Pilzteile Nahrung für Milben, Springschwänze und Nematoden oder Fadenwürmer, bei denen es sich zumeist um mikroskopisch kleine Wesen handelt. Doch in der verkehrten Welt, die in der Natur nichts Ungewöhnliches ist, gibt es auch eine Pilzform, die von diesen pilzfressenden Nematoden lebt, und zwar auf höchst ungewöhnliche Weise. Sonnentaugewächse und ähnliche Pflanzen verwenden selt-

BAUMSTATISTIK

Es ist interessant, das Schicksal eines Baums über die Jahre hinweg zu verfolgen. Registrieren Sie seine Höhe, seinen Stammumfang und seine Kronenentwicklung. Was das Alter angeht, so gibt es eine Faustregel, die besagt, daß ein Baum mit voller Krone so viele Jahre zählt, wie der Stammumfang in Zoll (ca. 2,5 cm) mißt; Ausnahmen sind z.B. die schnellwachsenden Pappeln und die langsamwachsenden Kastanien.

Kronenausdehnung
Messen Sie die Entfernung der äußersten Zweige vom Stamm in acht Richtungen ab und fertigen Sie eine maßstabgerechte Zeichnung an. Exponierte Bäume haben vielfach eine »windschiefe« Krone.

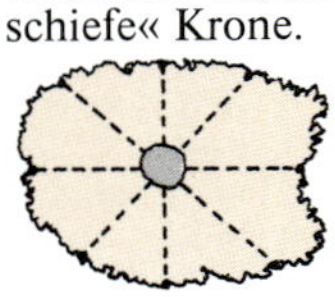

Lichter Wald

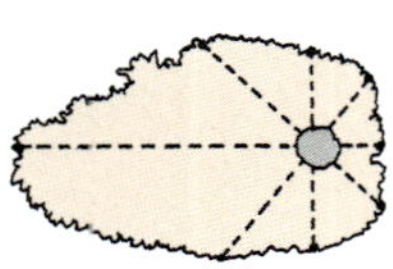

Windiger Hang

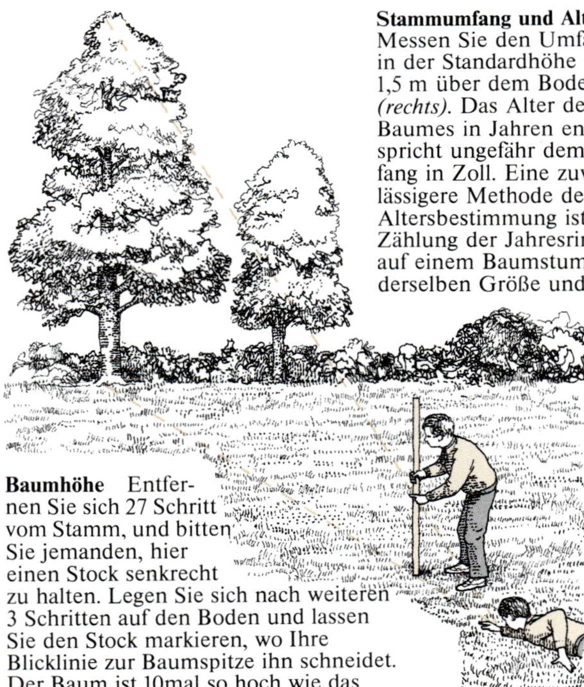

Baumhöhe Entfernen Sie sich 27 Schritt vom Stamm, und bitten Sie jemanden, hier einen Stock senkrecht zu halten. Legen Sie sich nach weiteren 3 Schritten auf den Boden und lassen Sie den Stock markieren, wo Ihre Blicklinie zur Baumspitze ihn schneidet. Der Baum ist 10mal so hoch wie das abgesteckte Stockende.

Stammumfang und Alter
Messen Sie den Umfang in der Standardhöhe von 1,5 m über dem Boden *(rechts)*. Das Alter des Baumes in Jahren entspricht ungefähr dem Umfang in Zoll. Eine zuverlässigere Methode der Altersbestimmung ist die Zählung der Jahresringe auf einem Baumstumpf derselben Größe und Art.

Die Wachstumsgeschwindigkeit der Eibe nimmt mit den Jahren ab.

Umfang 2 m, Alter 120 Jahre

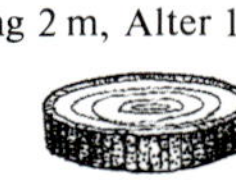

Umfang 5 m, Alter 300 Jahre

Umfang 6 m, Alter 500 Jahre

same Methoden zum Fang von Insekten, doch wir kennen auch einen Pilz, der unter der Erde wächst und mit einer Henkerschlinge seine Nematodenbeute einfängt. Der Pilz verfügt über eine Reihe von winzigen Schlingen, die von seinen Fäden herabbaumeln. Die Zellen – es sind nur drei –, aus denen eine solche Schlinge besteht, sind im höchsten Maße berührungsempfindlich. Wenn nun ein Fadenwurm, der sich einen Weg durch den Untergrund bahnt, versehentlich in eine solche Schlinge hineingerät, reizt die Reibung seines Körpers die Zellen, und die Schlinge schwillt blitzschnell an, um das Opfer zu erdrosseln. Der ganze Vorgang dauert nur eine Zehntelsekunde.

Während ich dies schreibe, ist Herbst in der Provence, und die Pilzsaison hat soeben begonnen. Auf unserem farbenprächtigen Dorfmarkt werden in großen Körben die verschiedensten Pilze feilgeboten, bei deren Anblick einem Feinschmecker das Wasser im Munde zusammenläuft. Alle diese Pilze sind in den umliegenden Wäldern der Cevennen gesammelt worden und daher wunderbar frisch. Da sind die fetten rostbraunen Steinpilze und die Pfifferlinge, die wie vom Wind umgestülpte Schirmchen aussehen und gekocht so herrlich nach Champagner schmecken. Da sind die jungen Waldchampignons, purpurrot und kugelig und umgeben von einem weißen fleischigen »Eierbecher«. Man darf sie auf keinen Fall mit dem Fliegenpilz verwechseln, der stark giftig ist. Es war übrigens ein Fliegenpilzbaby, das in Walt Disneys Film »Fantasia« einen so reizenden Tanz aufführte.

Pilze haben so herrliche Farben und Formen, daß sie den Naturfreund zum Zeichnen, Malen und Fotografieren einladen, was man an Ort und Stelle tun kann, ohne sie zu schädigen. Aber Sie können auch behutsam ein paar junge Exemplare, deren Hut sich gerade geöffnet hat, einsammeln und mit heimnehmen, um sie zu trocknen oder um Sporendrucke anzufertigen (vgl. S. 254). Dadurch werden die Bestände nicht gefährdet. Der Reichtum der Waldpilze beeindruckte den großen französischen Naturforscher Fabre so sehr, daß er mehr als 600 Arten in zarten, exakten und wunderschönen Aquarellen verewigte. Viele Pilze tragen ebenso hübsche wie anschauliche Namen: Parasolpilz, Prachtbecherling, Wolliger Milchling oder Stinkmorchel. Die kugelrunden, weißlichen Boviste explodieren förmlich, um ihre Sporen zu verbreiten, und die Haut der ihnen nahestehenden Erdsterne schält sich zur Freisetzung der Sporen in Lappen ab. Der Hallimasch, an sich ein ziemlich unansehnlicher Pilz, bringt von ihm befallenes faules Holz im Dunkeln zum Leuchten. Schmutzbecherlinge wachsen auf verrottenden Baumstümpfen und Holzresten, und unten an den Stämmen alter Bäume findet man Schwefelporlinge, Holunderschwämme, Ohrlappenpilze und Holzkeulen. Natürlich sind sie nicht alle eßbar, und einige Pilze enthalten sogar ein starkes Gift, wie etwa der Knollenblätterpilz, der Pantherpilz, der Riesenrötling, der Tigerritterling und der Speitäubling.

Freilich, wenn wir sagen, ein Pilz sei ungenießbar, so ist das Ansichtssache (und im allgemeinen lassen wir Menschen nur eine einzige Ansicht gelten – unsere eigene). Doch viele Pilze, bei denen wir die Nase rümpfen, sind Leckerbissen für Schnecken, Fliegenmaden und Käferlarven. Der übelriechende Schleim, den die Stinkmorchel absondert, lockt beispielsweise Nacktschnekken an und wird eifrig von Fliegen aufgeleckt, die auf diese Weise zur Ausbreitung der Sporen beitragen.

Das plötzliche Auftreten so vieler unterschiedlicher Pilzfruchtkörper im Herbst hat seinen Grund vermutlich im Zusammenwirken von Regen, Wärme und nahrhaftem Laub, das im Spätsommer massenhaft zur Erde herabregnet. Unter solch günstigen Bedingungen schmücken ungezählte Pilze den Waldboden und produzieren sehr schnell ihre Sporen; bei den ersten Frösten welken sie, sterben ab und verschmelzen wieder mit der Erde, der sie entsprungen sind.

Ein Pilz, der Tiere frißt

Um ihre pflanzliche Kost zu ergänzen, haben bestimmte Pilze sich höchst sinnreiche Vorrichtungen zugelegt, mit denen sie kleine Wirbellose im Boden und in der Laubstreu fangen. Die Zeichnungen zeigen die »Strangulierung« eines Fadenwurms (Nematode). Sobald das Opfer gefangen und getötet ist, wird es vom Pilz verspeist, der dadurch zusätzlich Nährstoffe für sein Wachstum gewinnt. Noch viele andere Pilzarten, die im Unterschied zu den bekannten Hutpilzen nie über dem Boden erscheinen, erbeuten und verzehren Kleinsttiere. Manche benutzen dazu klebrige Fäden, andere erzeugen gewaltige Mengen klebriger Sporen. Wenn eine solche Spore von einer Amöbe oder einem Fadenwurm verschlungen wird oder an dem Organismus kleben bleibt, keimt sie aus und sendet massenhaft Hyphen aus, die das Opfer schließlich töten.

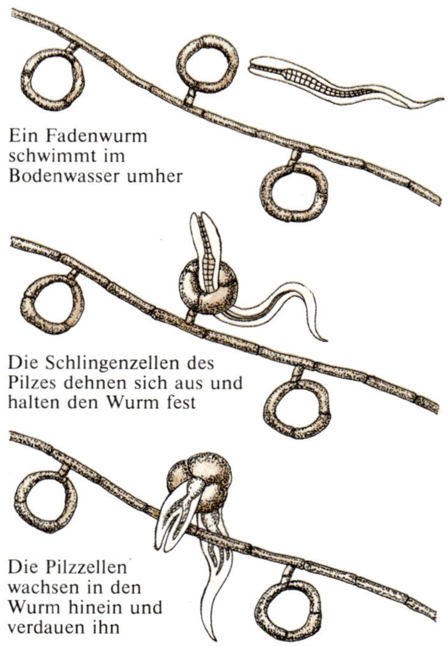

Ein Fadenwurm schwimmt im Bodenwasser umher

Die Schlingenzellen des Pilzes dehnen sich aus und halten den Wurm fest

Die Pilzzellen wachsen in den Wurm hinein und verdauen ihn

Im Fallaub
Diese Großaufnahme einer Plattbauchspinne der Gattung *Drassodes (gegenüberliegende Seite oben)* zeigt, wie furchterregend sie auf die kleinen Fallaubbewohner wirken muß. Die Spinne überwältigt ihre Beute, indem sie sie mit Gespinstseide umwickelt. Die *Polydesmus*-Bandfüßer *(unten links)* krabbeln in der Laubstreu und unter feuchten Borkenstücken umher und leben von Pflanzennahrung. Asseln *(unten rechts)* scheinen gesellige Wesen zu sein, da sie sich unter feuchter Rinde zusammenfinden, doch sie werden nur bei der Suche nach einem geeigneten feuchten Lebensraum zusammengeführt.

WINTERBESCHÄFTIGUNGEN

Viele Nachtfalter überwintern im Puppenstadium. Man findet die Puppen meist etwa 20 Zentimeter von einem Baumstamm entfernt zwischen den Wurzeln; die Nordseite von alten Eichen, Pappeln und Linden ist besonders ergiebig. Die Laubstreu enthält zudem zahlreiche kleine, aber interessante Lebewesen *(vgl. S. 264).*

Füllen Sie die Erde nach Entnahme der Puppen wieder sorgfältig auf

Fallaub stecken Sie in eine Plastiktüte, damit es feucht bleibt

Leben auf dem Waldboden

Wenn Sie auf dem weichen Teppich des Waldbodens dahinschreiten, atmen Sie dann die würzige Luft ein und denken Sie an die Tausende von Lebewesen unter Ihren Füßen, die mit der Verarbeitung der Fallaubschicht beschäftigt sind. Dieser »Abfall« besteht in allen Wäldern aus unzähligen abgestorbenen Pflanzen- und Tierarten und natürlich aus tierischen Exkrementen, doch im Laubwald setzt er sich in der Hauptsache aus abgefallenen Blättern zusammen. Das Fallaub ruht auf dem feuchten Boden und bleibt dadurch selbst feucht, und andererseits bedeckt es wie ein dicker Mantel den Boden und schützt ihn vor größeren Temperaturschwankungen. Die Grenze zwischen der Laubstreu und dem Humus, dem Endprodukt des Verwesungsprozesses, ist fließend. Die Millionen und Abermillionen Blätter, die in einem Frühlingswald die Bäume schmücken, verfärben sich bis zum Herbst, sterben und schweben zum Waldboden nieder; im darauffolgenden Sommer haben sich diese spröden toten Herbstblätter durch die Zauberkräfte des winterlichen Regens, der Frühlingswärme und der Pilze und Bakterien in einen weichen, braunen »Fleckerlteppich« verwandelt. Dann lassen Scharen von emsigen »Gärtnern« den Laubmulm durch ihren Körper passieren und zerkleinern ihn noch weiter. Zu diesen Gärtnern zählen Regenwürmer, Nackt- und Gehäuseschnecken, Tausendfüßer, Asseln und vielerlei Insektenlarven. Schließlich wird der verwesende Mulm durch Mikroben noch mehr zersetzt und wird zu einem Bestandteil des dunklen, nahrungsreichen Humus, der unter der Fallaubschicht liegt.

Die Würmer sind bekanntlich Wühler, desgleichen manche Tausendfüßer und Insektenlarven. Unter der Erde sind sie vor dem Austrocknen sicher, und in Dürrezeiten wühlen sie sich einfach noch tiefer ein. Die anderen Abfallfresser, zum Beispiel Schnecken, Saftkugler und Asseln, graben dagegen nicht; sie kriechen vor allem nachts umher, denn sie würden in der warmen Tagesluft austrocknen und sterben. Tagsüber suchen sie Schutz in Abfallhaufen oder unter umgestürzten Baumstämmen oder Steinen. Von allen bodenlebenden Wirbellosen sind die verschiedenen Schneckenarten die wichtigsten Abfallverwerter, weil sie am besten für die Verdauung des zähen, faserigen Pflanzenmaterials eingerichtet sind. Ich pflege seit langem eine große Schneckenkollektion, denn das sind für mich besonders interessante Geschöpfe, nicht nur wegen der vielgestaltigen Gehäuse, die sie hervorbringen, sondern auch wegen ihrer Verhaltensweisen. Schneckenhäuser sind in der Tat sehr abwechslungsreich. Manche Arten haben ein flaches Gewinde, wie ein ordentlich zusammengerolltes Tau an Deck eines Segelschiffs; das trifft etwa auf die kleinen Diskus- oder Scheibenschnecken zu. Das Gehäuse der Puppenschnecken ist höher und rundlicher und an der Mündung vielfach gezähnt. Ein schlankes, kegelförmiges Haus gehört wahrscheinlich einer Schließmundschnecke, die häufig auf Baumstümpfen anzutreffen ist und die Mündung ihres stets linksgewundenen Gehäuses mit einem genau passenden Kalkplättchen verschließen kann. Die Glasschnecken besitzen ein fast durchsichtiges Haus, in dem man den pulsierenden Weichkörper wie auf dem Röntgenschirm erkennen kann. Fast überall findet man die schöngezeichneten Bänderschnecken, die die Drosseln gerne auf ihrem »Amboß« zerschmettern. Doch diese Schnecken stehen den Vögeln nicht immer zur Verfügung, denn sie verbringen den Winter unter der Erde und versiegeln dann ihr Gehäuse mit einer kleinen Tür (Epiphragma), die aus gehärtetem Schleim besteht. Im Frühling löst sich dieser Deckel auf, und die Tiere kommen wieder zum Vorschein. In das Frühjahr fällt auch die Schneckenhochzeit, die sich zwar fast im Zeitlupentempo vollzieht, aber dennoch ein faszinierender Vorgang ist. Die Partnerwahl ist bei Schnekken weit weniger problematisch als bei uns Menschen. Einer Schnecke ist jede

Liebe in feuchter Umgebung
Nach einem Regenfall im Spätfrühling finden sich zwei Bänderschnecken zusammen, um sich im Moos des Waldbodens zu paaren. Jede Schnecke besitzt sowohl männliche als auch weibliche Geschlechtsorgane, und nachdem sie einander befruchtet haben, legen sie beide ihre perlmuttschimmernden Eier in Häufchen im Boden oder in der Laubstreu ab. Die landlebenden Weichtiere, die Gehäuse- und Nacktschnecken, müssen sich einige Mühe geben, wenn sie sich erfolgreich begatten wollen; die meisten Mollusken indes, die im Wasser leben, stoßen einfach ihre Eier und ihr Sperma ins Wasser aus und überlassen die Befruchtung dem Zufall.

Schnecke derselben Art, der sie zufällig begegnet, als Partner willkommen, denn Schnecken sind Zwitter oder Hermaphroditen, also männliche und weibliche zugleich. Wenn Sie Schnecken züchten wollen, brauchen Sie sich somit keine Gedanken über Männchen und Weibchen zu machen. Sobald Sie ein Paar besitzen, haben sie in Wirklichkeit zwei Männchen und zwei Weibchen. Der Hochzeitstanz ist langsam und sanft und besteht darin, daß die Tiere ihre »Füße« zusammenpressen und einander mit den Hörnern, auf denen die Augen sitzen, immer wieder liebkosen. Bei den Bänderschnecken harpunieren die Partner sich gegenseitig mit einem winzigen »Liebespfeil«, der aus Kalzium besteht. Dieser Pfeil löst den Austausch von Sperma aus, und nach der Paarung gehen die Schnecken ihrer Wege und legen Trauben ihrer weißen, perlähnlichen Eier unter Steinen oder Holz oder im Boden ab.

Die Tausende von Abfallfressern werden ihrerseits von anderen Tieren gejagt, die denselben Lebensraum bewohnen. Wolfsspinnen, Weberknechte, verschiedene Lauf- und Aaskäfer samt deren Larven sowie die Larven der Raubfliegen durchstöbern die Laubschicht nach Beute. Manche dieser Räuber haben sich dabei weitgehend spezialisiert. Afterskorpione stellen zum Beispiel Milben nach, während bestimmte Käfer und deren Larven (etwa Leuchtkäfer) es auf die langsamen Schnecken abgesehen haben. Doch auf der anderen Seite gibt es auch räuberische Gehäuse- und Nacktschnecken. Die Raubglanzschnecke, die mit ihrem winzigen abgeflachten Gehäuse am Hinterende wie eine Mischung aus beiden Formen aussieht, macht im lockeren Boden Jagd auf Würmer, Hundertfüßer und sogar andere Schnecken.

Räuberische Wirbeltiere im Fallaub

Die Miniaturwelt des Waldbodens bildet die Nahrungsgrundlage für verschiedene kleine Wirbeltiere, die die Laubstreu auf der Suche nach Beute durchstreifen. In besonderen feuchten Wäldern trifft man Kröten, Molche und Salamander an. Die Kröten brauchen, wie alle Amphibien, in der Fortpflanzungszeit Teiche oder Bäche, doch im Unterschied zu den dünnhäutigen Fröschen kommen sie dank ihrer dickeren und trockeneren Haut auch tief im Wald vor, in ziemlicher Entfernung vom Wasser. Auf dem europäischen Festland lebt die höchst merkwürdige Geburtshelferkröte, deren Laich zur Entwicklung kein Wasser benötigt. Bei dieser Art fungiert das Männchen als »Geburtshelfer«: Es übernimmt die Eierstränge und schlingt sie wie Armreifen fest um seine Hinterbeine. Der Krötenmann trägt diesen nicht sonderlich schönen Zierat wie eine sehr reiche glupschäugige Dame, die sich mit allzuviel Schmuck behängt hat, so lange mit sich herum, bis die Kaulquappen ausschlüpfen wollen. Dann eilt er zum Wasser und taucht seine Hinterbeine hinein, damit die Kinder sogleich davonschwimmen können. Niemand hat bis jetzt herausgefunden, woher die Kröte weiß, daß sich die Quappen zum Schlüpfen anschicken. Sollten Sie mit viel Glück einen Krötenmann entdecken, der seine Eierlast herumschleppt, dann versuchen Sie ihn nicht zu fangen, denn die Tiere sind nervöse kleine Gesellen, die ihre Laichstränge schnell im Stich lassen.

Die meisten landbewohnenden Schwanzlurche sind wie die Kröten bei der Fortpflanzung auf Wasser angewiesen. Doch außerhalb der Laichzeit bekommt man sie nur selten zu Gesicht, weil sie so versteckt leben. Die hübschen Tiger-, Marmor- und Fleckenquerzahnmolche im östlichen Nordamerika halten sich die meiste Zeit in Erdhöhlen auf und kommen nur bei Regenwetter hervor. Die verschiedenen europäischen Schwanzlurche schützen ihre empfindliche Haut unter feuchten Baumstämmen oder Steinen, die sie erst am Abend verlassen, um auf Nahrungssuche zu gehen. Das gilt etwa für die Gefleckten und Gestreiften Feuersalamander Kontinentaleuropas. Feuersalamander paaren sich normalerweise an Land.

Das Männchen ist ein schrecklich übereifriger Freier und jagt in seiner Begeisterung jedem anderen Salamander in Sichtweite ohne Rücksicht auf dessen Geschlecht nach; er umwirbt sogar Attrappen, die er allerdings sehr bald umwirft. Hat er endlich die richtige Partnerin gefunden, muß sie in korrekter Form auf seine übertriebenen athletischen Umarmungen reagieren, und dadurch ermutigt, setzt er ein Samenpaket auf dem Boden ab. Dann bewegt er sich zur Seite, nachdem er das Weibchen in die richtige Stellung gebracht hat, so daß es seinen »Liebesbrief« mit der Kloake aufnehmen kann. Bei dieser Art können Sie die einzelnen adulten Individuen an ihrer Zeichnung erkennen, die wie ein Fingerabdruck unverwechselbar ist. Keine zwei Feuersalamander sehen genau gleich aus, und da sie zwanzig Jahre alt werden können und stets dasselbe Revier bewohnen, können Sie die Salamanderpopulation Ihres Waldes recht gut kennenlernen.

Seltsamerweise werden Sie im Fallaub des tiefen Waldes nur sehr wenige Echsen antreffen. Das liegt vermutlich daran, daß diese Tiere offeneres Gelände vorziehen, wo sie nicht nur jagen, sondern auch Sonnenbäder nehmen können. Immerhin findet man auch im Wald ein paar Vertreter der allgegenwärtigen Bergeidechse, ebenso die Blindschleiche, eine beinlose Echsenart. Die Bergeidechse, die auch Waldeidechse genannt wird, macht Jagd auf Gliederfüßer, während die Blindschleiche weiche Beutetiere vorzieht, vor allem Würmer und Nacktschnecken. Diese beiden Reptilien legen keine Eier, sondern sind lebendgebärend. Die Schleiche bringt zwölf bis zwanzig Junge zur Welt, wunderschöne schlanke Tierchen, die aussehen, als wären sie aus Gold gegossen und die auf dem Rücken einen auffälligen schwarzen Streifen tragen. Die Geburt geschieht im allgemeinen an einem versteckten Plätzchen, zum Beispiel in einem verrotteten Baumstumpf.

Die waldbewohnenden Schlangen erbeuten je nach Körpergröße Insekten, Eidechsen, Kröten, Nagetiere und sogar Kaninchen. In Europa haben wir die giftigen Kreuzottern, die ihrer Beute auflauern, und die Glattnattern, die ihre Kost etwas abwechslungsreicher gestalten, indem sie sogar andere Schlangen verfolgen und verschlingen. In Europa und Nordamerika sind verschiedene Kletter- und Zornnattern heimisch, die beide ausgezeichnet klettern können. Die Zornnattern sind sehr flink; man hat die Geschwindigkeit, mit der sie durch das Unterholz gleiten, mit fast neun Stundenkilometern gestoppt.

Nicht alle Schlangen sind giftig, ja die Mehrzahl der Arten ist harmlos. Ein Naturforscher, der in einem Giftschlangengebiet arbeitet, braucht jedoch nicht bei jedem Schritt in Panik zu geraten. Im allgemeinen haben die meisten Schlangen genausoviel Angst vor dem Menschen wie der Mensch vor ihnen, und sie weichen jedem Zweibeiner tunlichst aus. Es ist tröstlich zu wissen, daß für einen Amerikaner die Wahrscheinlichkeit, vom Blitz erschlagen zu werden, dreimal so groß ist wie die eines Schlangenbisses, und in Europa ist die Gefahr eines tödlichen Giftschlangenbisses noch viel geringer. Gleichwohl sollten Sie eine gewisse Vorsicht walten lassen: Achten Sie darauf, wohin Sie treten (eine Schlange, auf die ein schwergewichtiger Naturforscher seinen Fuß setzt, kann man schwerlich tadeln, wenn sie zurückbeißt); stecken Sie Ihre bloßen Hände nicht in Höhlen oder Baumlöcher, bevor Sie das Innere untersucht haben; tragen Sie eine Hose aus dickem Stoff und Gummistiefel oder festes Schuhwerk.

Zu den winzigen Säugetieren, die in der Laubschicht jagen, gehören verschiedene Spitzmausarten, die beutesuchend hin und her flitzen. Kurioserweise können Sie zuweilen auch junge Maulwürfe beobachten, die auf dem Boden jagen, statt wie ihre Eltern darauf zu warten, daß Kleingetier durch das Dach ihrer Gänge purzelt. Von den Spitzmäusen sind sowohl die Weißzahnspitzmäuse zu nennen als auch die Rotzahnspitzmäuse, deren Gebiß wie verrostet aussieht. Diese Tiere finden Sie höchstwahrscheinlich auch in Hecken und Feldgehölzen, bei denen es sich ja um nichts anderes handelt als einen Wald en

Ein eidechsenähnlicher Lurch und eine schlangenähnliche Eidechse
Die Hautdrüsen des leuchtend gefärbten Feuersalamanders scheiden ein widerliches Sekret aus, wenn sich das Tier bedroht fühlt. Der scheue nachtaktive Lurch, der Würmer, Nacktschnecken und allerlei Gliederfüßer auf dem Waldboden jagt, wird in alten Legenden mit dem Feuer in Verbindung gebracht. Das hängt damit zusammen, daß er tagsüber gern in verrottendem Holz ruht: Man stelle sich vor, man sitzt vor einem prasselnden Feuer und erblickt einen Salamander, der aus den Flammen hervorkommt! Die Blindschleiche ist eine beinlose Eidechse, die dank ihrer schlanken Gestalt das Fallaub und den Boden auf der Suche nach Würmern durchwühlen und auf der Jagd nach Nacktschnecken in Rindenspalten hineingleiten kann. Feuersalamander und Blindschleichen sind ovovivipar, d. h., die Weibchen legen keine Eier, sondern behalten sie bis zum Schlüpfen in ihrem Leib und gebären dann die lebenden Jungen.

Feuersalamander

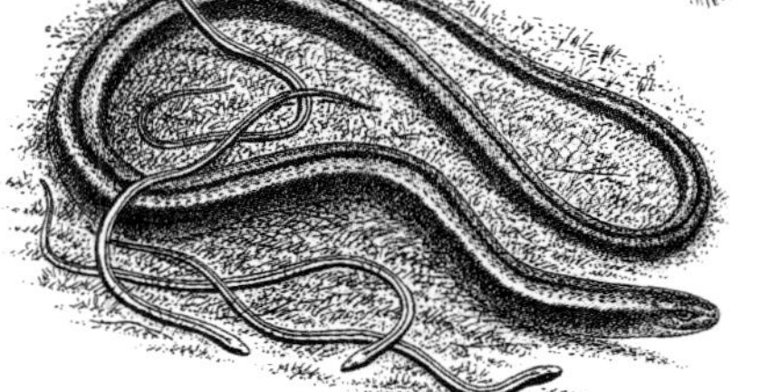
Blindschleiche mit Nachwuchs

miniature. In Südwesteuropa, in den Restbeständen der Wälder und in den aus Steinen locker aufgeschichteten »Hecken«, lebt das kleinste Säugetier der Erde. Das ist die Etruskerspitzmaus, eine weißzähnige Art, die nur so groß wird wie Ihr Daumen – weniger als fünf Zentimeter.

Manche Leute haben leider etwas gegen Spitzmäuse. Die Tierchen sind aggressiv, steitsüchtig und unersättlich – sie verspeisen sogar den scheußlich schmeckenden Salamander und schrecken notfalls auch nicht vor Kannibalismus zurück. Neben diesen unerfreulichen Eigenschaften besitzen die Spitzmäuse einen moderigen Geruch, der ziemlich unangenehm ist. Man findet des öfteren tote Spitzmäuse, die wahrscheinlich von einem größeren Beutejäger getötet und dann liegengelassen wurden, weil sie wegen ihres Körpergeruchs ungenießbar sind. Doch trotz all ihrer Mängel sind Spitzmäuse interessante Tiere. Einer ihrer liebenswertesten Züge ist es, daß sie ihre Kinder ausführen, was dann fast so aussieht, als ob eine Mädchenklasse einen Ausflug mache.

TOD, ZERFALL UND WIEDERGEBURT

Ein verrottender Baumstamm beherbergt eine kleine, aber faszinierende und nahezu autarke Lebensgemeinschaft, in der man sehr gut den Prozeß der ökologischen Sukzession beobachten kann – eine Artengruppe folgt auf die andere, so lange, bis schließlich ein stabiles Endstadium erreicht ist (in diesem Fall die Rückkehr der zerfallenen Überreste des Stamms in den Boden). Der kundige Naturfreund kann an den jeweiligen Arten, die den Stamm besiedeln, erkennen, wann der Baum abgestorben ist.

Umgestürzter Stamm
Feuchtigkeitsliebende Tiere – Nacktschnecken und Asseln – suchen als erste Unterschlupf. Ihnen folgen bald fleischfressende Hundertfüßer und Spinnen. Die Sechsaugenspinne *Dysdera* erbeutet mit ihren mächtigen Kiefern Asseln.

Ein Jahr später
Der Stamm ist inzwischen von Käfern durchlöchert und mit Moos und Pilzen bedeckt. Borkenkäfer schieben ihren abgeflachten Körper unter die Rinde. Die Larven des Feuerkäfers leben von verwesendem Holz, während die Käfer selbst Nektar saugen.

Noch ein Jahr darauf
Der Stamm ist durchzogen von den Gängen holzbohrender Insekten, die Spechten als Nahrung dienen. Die Goldwespe legt ihre Eier in das Nest einer Holzwespe. Die Dolchwespe versorgt ihre Zellen mit Fliegen. Die Entwicklung der Hirschkäferlarven dauert mehrere Jahre.

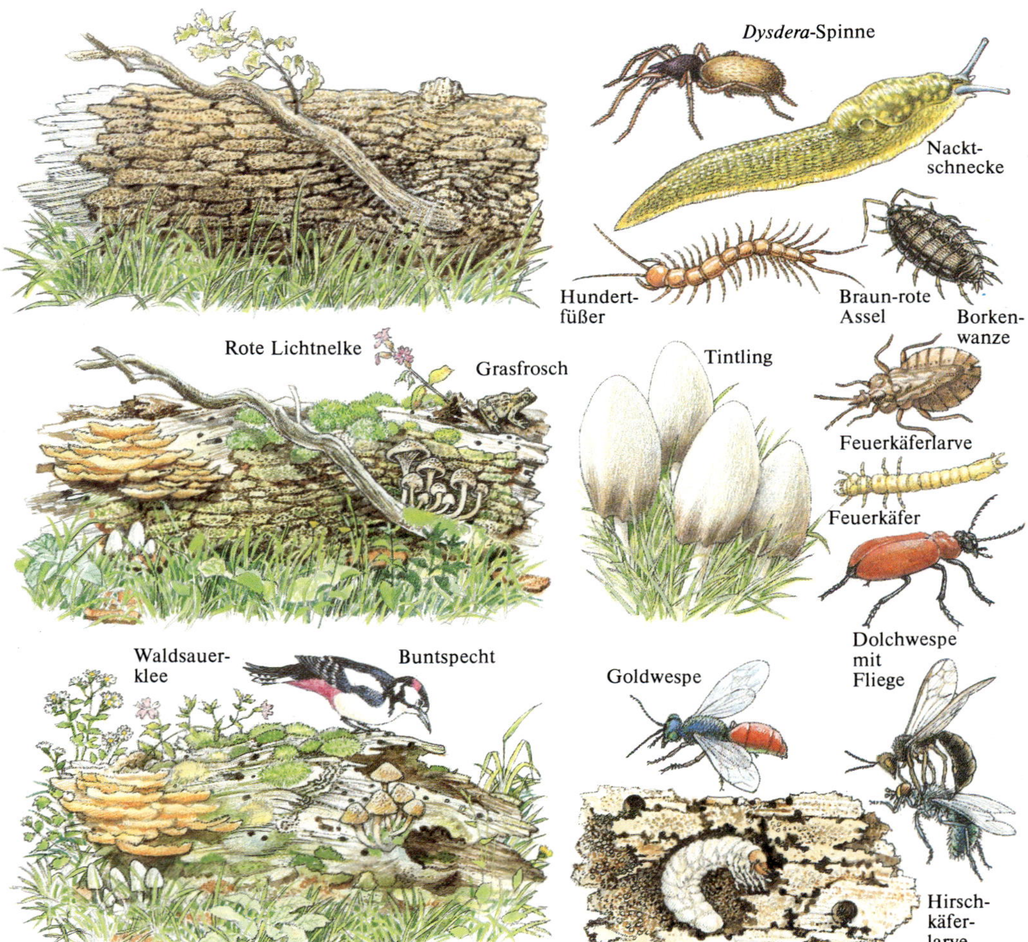

Zum erstenmal habe ich dieses erstaunliche Spitzmausverhalten im New Forest erlebt. Ich lehnte mich gegen eine Böschung und betrachtete mit meinem Fernglas ein Spechtnest in einem hohen Eichenbestand. Plötzlich bemerkte ich, daß sich im kurzen Unterwuchs der Böschung etwas bewegte, und zuerst dachte ich, es sei eine Schlange. Doch dann kam das unbekannte Wesen zum Vorschein, und ich sah, daß es eine Spitzmausmutter mit ihren Kindern war, sechs an der Zahl. Das erste hielt das Fell der Mutter dicht am Schwanzansatz fest mit dem Schnäuzchen gepackt. Das zweite Baby hatte das Fell des ersten ergriffen, und so ging es weiter bis zum letzten. Das Ganze glich einer Reihe von Conga-Tänzern; der Eindruck des Tanzens wurde noch dadurch verstärkt, daß alle Tiere genau im gleichen Schritt marschierten. Der Anblick war ebenso reizend wie erheiternd. Es handelt sich bei diesem Spitzmausverhalten offenbar um eine Schutzmaßnahme. Die Kinder können sich auf der Laubstreu verteilen, um das Jagen zu erlernen, doch beim kleinsten Geräusch bilden sie eine Conga-Reihe, die sich vielleicht deshalb als nützlich erweist, weil sie einer Schlange ähnelt. Wie dem auch sei, Spitzmäuse sind auf jeden Fall sehr geräuschempfindlich. Sie geraten schon beim Rascheln eines Blatts oder beim Aufprall eines Regentropfens in Panik, und einzelne Tiere sind sogar bei einem lauten Geräusch tot umgefallen (zum Beispiel beim Niesen eines unachtsamen Naturfreundes).

Ein neuer Lebensanfang
Wenn man einen Farnwedel von oben betrachtet, sieht man die Schatten der sporentragenden Sporangien, die auf der Unterseite der Blätter sitzen. Die hochinteressante Entwicklung einer Farnpflanze können Sie genauer verfolgen, wenn Sie ein paar Wedel mit reifen Sporangien in einem Plastikbeutel nach Hause tragen. Daheim schütteln Sie die Sporen auf kleine sterilisierte Torfbrocken. Legen Sie den Torf in eine flache Wasserschale, die mit einer Glasscheibe oder einer durchsichtigen umgedrehten Schüssel zugedeckt wird. Statt einer kleinen Farnpflanze sprießen nach einigen Wochen rundliche Pflänzchen aus dem Torf, die Lebermoosen ähneln und sowohl männliche als auch weibliche Fortpflanzungsorgane besitzen *(vgl. S. 256)*. Wenn Sie die Pflanzen feucht halten, findet eine Befruchtung statt, und aus dem mit fleischigen Lappen versehenen Vorläufer entwickelt sich unverkennbar eine junge Farnpflanze.

Pflanzen und Tiere der Krautschicht

Im Wald ist der Boden fast immer feucht, weil er von oben durch die höheren Baumetagen abgeschirmt und beschattet wird, während unter ihm die meisten Baumwurzeln sehr tief hinabreichen und somit der oberflächlichen Schicht keine Feuchtigkeit entziehen. Auf diesem feuchten Boden gedeihen Farne und Kräuter, und zwischen ihnen breiten sich Laub- und Lebermoose aus, die auf der Oberfläche liegen und die Feuchtigkeit wie Schwammteppiche aufsaugen. Im Gegensatz zu den meisten Pflanzen besitzen die Moose kein Wassertransportsystem, so daß sie nur so hoch werden, daß sie aus der Laubschicht hervorschauen, oder sie überziehen durchweichte verfaulende Holzteile und feuchte Steine. Sie sind die pflanzlichen Gegenstücke zu den Amphibien des Tierreiches, denn ihre Befruchtung muß im Wasser stattfinden. Doch schon ein ganz dünner Wasserfilm gestattet es den Samen (Spermatozoiden), schwimmend eine Eizelle zu finden. Die Lebermoose breiten ihre Blättchen auf dem Boden aus; sie verdanken ihren Namen dem Umstand, daß diese Blättchen wie eine Leber gelappt sind. Die Moospflanzen bilden grüne und goldene Polster oder winzige Türmchen aus, und die meist gestielten Kapseln, die im Frühling erscheinen, enthalten die sich entwickelnden Sporen. In der Trockenheit des Sommers fällt das Kapseldach ab, und darunter teilt sich ein »Zahnring«, so daß schon ein leichter Wind die Sporen erfassen und über den Wald verstreuen kann. Man kann die Stiele und Kapseln sammeln und diesen aufregenden Vorgang daheim genau verfolgen.

Auch die Farne brauchen zur Fortpflanzung Wasser, doch sie machen sich die Sache einfacher: Ihre Spermatozoiden und Eizellen befinden sich an der Unterseite eines herzförmigen, abgeflachten Prothalliums, das dicht über dem Boden liegt. Es ist ziemlich klein, gewöhnlich nicht länger als ein Zentimeter, doch wenn Sie im Herbst Farnsporen sammeln und mit nach Hause nehmen, können Sie Ihre eigenen Prothallien wachsen lassen und den ganzen Zyklus beobachten (vgl. S. 256).

Der herbstliche Laubfall bringt es mit sich, daß die Bewohner des Laubwaldes der Witterung stärker ausgesetzt werden, und wenn dann der Winter mit Macht einsetzt, begibt sich der Wald zur Ruhe. Inmitten der hohen kahlen Bäume, die ohne ihre Blätter wie dunkle Skelette dastehen, stammen die einzigen grünen Flecken, die das Dunkel beleben, von den glänzenden Stechpalmenblättern und dem zartgeäderten Efeulaub. Auf den toten Ästen entstehen leuchtende Farbtupfer durch die kleinen Pilze – Stockschwämmchen, Winterrüblinge und die herrlich scharlachroten, hellgesäumten Prachtbecherlinge. Um diese Jahreszeit halten manche Tiere fest zusammengerollt ihren Winterschlaf, und andere verbringen den Winter in wärmeren Regionen. Diejenigen, die dableiben und munter sind, sind besonders wachsam, weil der Unterwuchs, der ihnen sonst Deckung bietet, jetzt abgestorben und verschwunden ist. Der winterliche Wald wirkt wie tot, aber er schläft nur. Die meisten niedrigen krautigen Pflanzen des Waldbodens, die man unter dem Begriff Krautschicht zusammenfaßt, besitzen unter der Erde ihre gutgeschützten Nahrungsspeicher in Form von Knollen, Kormen, Zwiebeln und Rhizomen. Das sind Vorratskammern, in denen Energie gespeichert ist und unangetastet bleibt, bis sie im Frühling den Bodenpflanzen die nötige Schubkraft gibt. Diese Pflanzen müssen schnell wachsen und blühen, bevor sich die Bäume mit Millionen von frischen Blättern überziehen. Im Spätfrühling und Sommer bilden die Blätter ein dichtes Laubdach, das das Sonnenlicht abhält und das Wachstum der niedrigen Pflanzen auf dem nunmehr schattigen Waldboden einschränkt. Die Wellen der Frühblüher umfassen Buschwindröschen und Bingelkraut, die Büschel der Schlüsselblumen und die blauen Schleier ungezählter Glockenblumen. Dazwischen werden Sie auch einige »Flüchtlinge« aus unseren Gärten finden, etwa Narzissen mit ihren goldgelben Trompetenblüten oder weißschimmernde Schneeglöckchen. Etwas später erscheinen die zarten Veilchen und die Sternmieren, und schließlich folgen die Sommerblumen mit ihren dunklen, breiten Blättern und ihren kleineren, weniger farbenprächtigen Blüten – Günsel, Klette, Wald-Vergißmeinnicht und Sauerampfer, um nur einige Arten zu nennen.

Die weichen Blätter und Stengel der Krautschichtgewächse sind eine ideale Nahrung für die Vegetarier unter den Waldbewohnern, und wenn Sie diese Pflanzen untersuchen, werden Sie Fraßspuren von Insektenlarven, Nacktschnecken, Kaninchen, Mäusen und sogar Vögeln entdecken. Sie finden vielleicht die wollig behaarte Raupe des Eichenspinners (die allerdings hauptsächlich auf Ginster, Weißdorn und Heidekraut lebt) oder die seltsamen stacheligen Perlmutterfalterraupen, deren Futterpflanze das Veilchen ist. Andere Tiere tun sich ebenfalls an den jungen Waldpflanzen gütlich. Die Schmalwanzen kann man beim Saftsaugen beobachten, und ebenso findet man die merkwürdigen Hieroglyphen und Muster, welche die Blattminierer, meist Larven verschiedener Nachtfalter und Fliegen, in den Blättern selbst hervorbringen.

Winzige Nagetiere besiedeln den Laubwald in großer Vielfalt. Manche leben vegetarisch, wie beispielsweise die europäische Gelbhalsmaus. Dieses anmutige Tier mit seinen großen Augen und seinem gelben »Kragen« frißt die vielerlei Nüsse, die auf den Waldboden herabfallen, und was es nicht auf der Stelle verspeisen kann, lagert es in unterirdischen Vorratskammern ein. Andere Nager sind Allesfresser, so die Weißfußmäuse und die reizenden Hüpfmäuse in der Neuen Welt und die altweltlichen Rötelmäuse. Sie ernähren sich zwar vorwiegend von Pflanzen, aber sie stöbern auch häufig im Fallaub herum auf der Suche nach Insekten und Larven. Die Rötelmäuse werden nicht ganz zu Recht beschuldigt, daß sie durch das Entrinden von Bäumen, zumal Erlen, beträchtlichen Schaden anrichten. Sie sind allerdings gute Kletterer, und man sieht des öfteren Bäume, an denen sie von der Stammbasis bis hinauf ins Geäst Rindenteile abgebissen haben, doch größere Schäden entstehen dadurch allenfalls in Zeiten des Nahrungsmangels. Der eigentliche Übeltäter, der Bäume ringförmig entrinden kann, ist die Erdmaus. Sie knabbert unten am Stamm einen Rindenring ab und tötet auf diese Weise den Baum. Eines der liebenswertesten Waldnagetiere ist in Europa zu Hause – die kleine Birkenmaus, die auf dem

Frühlings- und Sommerblumen des Waldes
Im April trifft man die weißen Blüten der Großen Sternmiere in Waldlichtungen und auch auf Heckenböschungen in großer Zahl an. Der Kriechende Günsel liebt feuchte, lehmige Standorte und überzieht vielfach schattige Areale des Eichenwaldes. Von Mai bis Juli locken seine pagodenförmigen Blütenstände, die vorwiegend blau, manchmal auch rosig oder weiß sind, Bienen und Schmetterlinge an. Das Wald-Vergißmeinnicht wächst auf schwarzen, wassergesättigten Böden.

Rücken einen unverwechselbaren schwarzen Längsstreifen trägt. Dieser Beeren- und Insektenfresser ist von Natur aus so sanftmütig und friedfertig, daß er nicht einmal zu beißen versucht, wenn man ihn in die Hand nimmt. Man sollte meinen, die Birkenmaus müsse deswegen ein ideales Heimtier abgeben, doch man würde sie leider nur selten zu sehen bekommen, weil sie von allen Säugetieren den längsten Winterschlaf hält - acht Monate im Jahr.

Durchgangsstraßen zum Kronendach

Obwohl manche Sträucher als Sprungbrett zum Laubwerk und Gezweig der Baumwipfel dienen, benutzen die meisten Tiere zwischen Boden und Kronendach die Hauptstraßen, nämlich die Stämme. Wenn Sie einen Baum genauer erforschen wollen, sollten Sie dem Stamm besondere Aufmerksamkeit schenken, vor allem der Beschaffenheit seiner Rinde. Schälen Sie jedoch niemals frische Rinde ab - das wäre so, als wollten Sie jemandem bei lebendigem Leibe die Haut abziehen. Fertigen Sie lieber Reibebilder von der Rinde an, und zwar nach demselben Verfahren, das jene exzentrischen Leute, vor allem in England, anwenden, die in alten Kirchen die Flachreliefs der Messingplatten auf große Papierbogen übertragen. Lockere oder abgefallene Rindenstücke sind oft schön verziert mit den Bohrgängen der Borkenkäfer und deren Larven. Diese Rillen, die auf dem entblößten Stamm oder innen auf den abgestoßenen Rindenstücken zu sehen sind, bilden Muster, die für die verschiedenen Käferarten charakteristisch sind. Man darf selbstverständlich am Boden liegende Rindenteile für seine Sammlung mitnehmen, oder man stellt ein Reibebild der Bohrgänge vom Stamm oder von Rindenstücken her. Einer der Borkenbohrer, der Große Ulmensplintkäfer, ist verantwortlich für die Verbreitung eines berüchtigten Pilzes, dem schon so viele Ulmen zum Opfer gefallen sind; diese tödliche Krankheit wird als Ulmensterben bezeichnet.

Bevor Sie einem Baum zu Leibe rücken, um mit der »Reibearbeit« zu beginnen, sollten Sie die Rinde sorgfältig auf Pflanzen und winzige Tiere hin untersuchen, die dort heimisch sind. Auf der Schattenseite des Stammes finden Sie vielleicht einen Überzug aus hellgrünem Pulver. Das ist die Alge *Pleurococcus,* es lohnt sich, eine kleine Kostprobe davon in einen Umschlag zu stecken und unter dem Mikroskop zu betrachten. In Rindenspalten, die so tief und feucht sind, daß sie ein bißchen Erde enthalten, finden Sie verschiedene Moospflanzen. Möglicherweise entdecken Sie auch trockene und krustige Flechten. Flechten wachsen sehr langsam und sind sehr widerstandsfähig, so daß sie auf allen Seiten des Stammes vorkommen. Sie sind echte Epiphyten, die ihre gesamte Nahrung aus dem Staub und Wasser in der Luft beziehen und den Baum lediglich als bequemen Sitzplatz benutzen.

Viele Nachtfalterarten, sowohl fertige Insekten als auch Raupen, ruhen auf der Rinde, wo sie so gut getarnt sind, daß sie selbst in dieser exponierten Lage kaum zu erkennen sind. Manche gleichen abgebrochenen Zweigen oder Knoten auf dem Stamm, andere sind so lebhaft gefärbt und gemustert, daß sie völlig mit der Rinde und deren Flechtenaufwuchs verschmelzen. Verschiedene Wanzen und Blattläuse sitzen auf den Stämmen und saugen eifrig Nahrung aus der Rinde. Vielleicht finden Sie auch Schildläuse, die entweder wie flauschige Wollbällchen aus feinen Wachsfäden aussehen oder einen winzigen Schutzschild tragen. Schmalwanzen und gefährliche Raubwanzen huschen auf der Rinde umher und machen Jagd auf kleinere Tiere, oder sie stellen unter lockerer Rinde Käfer und Käferlarven nach. Am Abend tauchen manche Jagdspinnenarten aus der Streuschicht auf und klettern zur Jagd an den Stämmen hoch, während andere in den Rindenspalten selbst hausen. Das reiche Insektenangebot ist eine ergiebige Nahrungsquelle für viele Vögel, für Baumläufer, Kleiber und Spechte.

RINDENREIBEBILDER

Für Ihre Baumbelegsammlung können Sie Rindenreibebilder anfertigen. Reiben Sie nicht nur den Stamm, sondern auch die untersten Äste ab; sie zeigen häufig abweichende Muster.

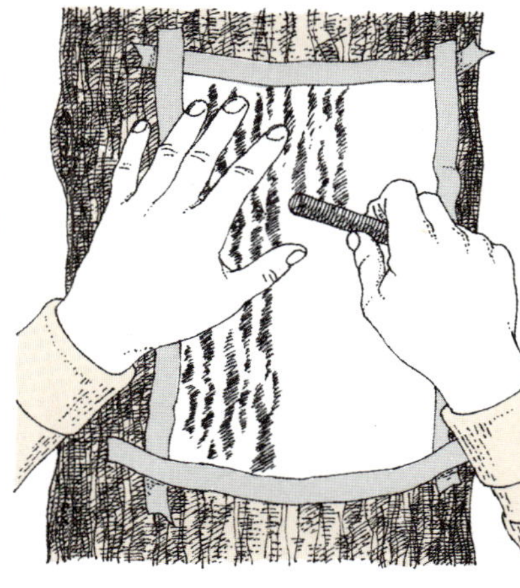

Wie man ein Reibebild herstellt
Sie brauchen fettabweisendes Papier, Klebeband und Wachsmalkreide. Kleben Sie das Papier an der gewünschten Stelle fest, und reiben Sie mit der flachen Seite der Kreide langsam darüber hinweg, und zwar stets in derselben Richtung.

Ein klassischer Fall von Tarnung
Die hier abgebildete helle Form des Birkenspanners, die an einem flechtenverkrusteten Stamm ruht, ist typisch für offenes Gelände mit unverschmutzter Luft. Doch seit der Mitte des vorigen Jahrhunderts hat sich eine dunkle Spielart entwickelt, die sich an die rußgeschwärzte Rinde in Industriegebieten anpaßte - ein Musterbeispiel für Evolution in Aktion!

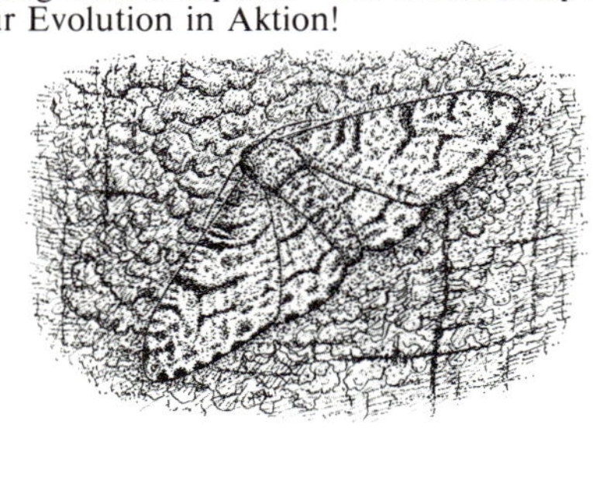

Wir beide, Lee und ich, haben in unserer Jugend - sie in Amerika und ich auf Korfu - Baumhäuser gebaut. Das macht nicht nur sehr viel Spaß (aber bitte nur Seile, keine Nägel verwenden!), sondern ist auch dem Naturfreund nachdrücklich zu empfehlen. Ein Baumhaus ist ein gutes Versteck und zugleich ein idealer Beobachtungsstand, von dem aus man den Stamm und die Wipfelregion in Augenhöhe erforschen kann. Lee konnte von ihrem Baumhaus aus eine Kreischeulenfamilie im Auge behalten, die eine Höhle in einem Nachbarbaum bewohnte, und sie sah häufig Opossums und Waschbären, die auf der Suche nach Insekten und Vogeleiern an den Stämmen hochkletterten oder von Baum zu Baum wanderten. Sie konnte auch die akrobatischen Leistungen der Eichhörnchen und Streifenbackenhörnchen bewundern, die im Geäst herumturnten, um nach Nüssen und frischen Trieben zu haschen.

Mein Baumhaus war recht ansehnlich und stand in einem riesigen Ölbaum, der ein Alter von tausend Jahren gehabt haben muß. In ihm verbrachte ich die Nächte, umgeben von zahllosen Glühwürmchen, die das Haus in ein gespenstisches grünlich-weißes Licht tauchten. Den Blicken verborgen und mit Hilfe meines Fernglases konnte ich viele Vögel bei der Jungenaufzucht beobachten. Turmfalken horsteten fast in Reichweite. Elstern bauten direkt über mir ihr Nest, und fasziniert schaute ich drei Beutelmeisenpaaren zu, die im nahen Gezweig ihre seltsamen birnenförmigen Nester zusammenflochten. Am Abend konnte ich Eulen beim Verlassen ihres Tagesschlafplatzes in den Olivenbäumen beobachten und die ballettreifen Darbietungen der Bilche bestaunen, die einander jagten und wie kleine graue Rauchwolken durch die Bäume flitzten. Als ich an einem heißen Nachmittag zu meinem Baumhaus hinaufstieg, entdeckte ich, daß sich in ihm eine große Äskulapnatter eingerichtet hatte. Wir waren beide gleichermaßen überrascht, und bei meinem Versuch, die Schlange zu fangen, stürzten wir gemeinsam vom Baum. Zu meiner großen Enttäuschung entkam mir das Tier.

ABKLOPFEN VON ZWEIGEN

Auf Blättern und im Gezweig lebende Kleintiere kann man durch Abklopfen der Zweige gewinnen, indem man ein helles Tuch auf einen zusammenlegbaren Holzrahmen spannt *(unten)*. Manche Sammler benutzen auch einen aufgespannten Regenschirm! Schlagen Sie mit einem Stock kräftig auf den Zweig, ohne ihn vorher berührt zu haben. Leichte Schläge oder Schütteln nutzen nichts, weil Sie damit nur den Wind nachahmen, an den die Tiere gewöhnt sind.

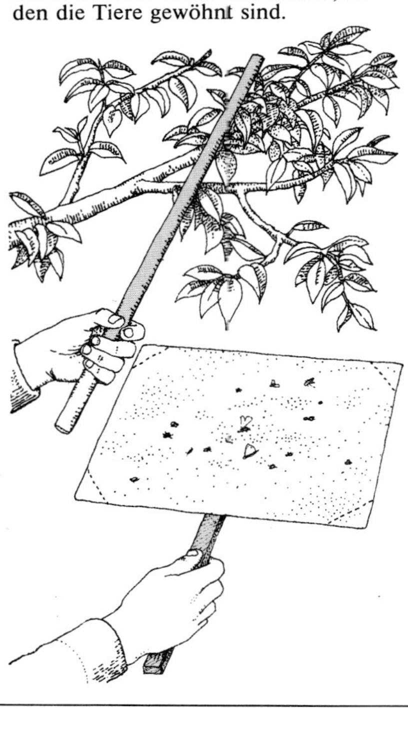

Blüten, Blätter und Kleingetier im Kronendach

Wenn wir an Waldbäume denken, stellt sich nur selten die Assoziation Blüte ein. Aber auch die Bäume sind natürlich Blütenpflanzen, und sie bringen vielfältige attraktive, wenn auch meistenteils winzige Blüten hervor. In jedem Frühling ist die Waldluft erfüllt von Billionen schwebender Pollenkörner, die von den männlichen Blütenkätzchen stammen, und wenn Sie die schräg einfallenden Balken des Sonnenlichts betrachten, können Sie in ihnen den Blütenstaub als dichten Dunstschleier erkennen. Viele Baumarten setzen ihre Pollenwolken frei, bevor oder während die Blätter erscheinen, weil dann offenbar der Blütenstaub ungehindert von den Luftströmungen befördert wird, so daß er die weiblichen Blüten leichter erreicht. Nach der Bestäubung beginnt die Entwicklung der Früchte, die Blätter vergrößern sich allmählich, und die Wipfel breiten sich aus - der Sommer ist endlich da.

Während des Sommers werden die voll belaubten Bäume mit ihrer schimmernden Blätterpracht von tausend Insektenarten überfallen. Sie werden nicht nur von den laubfressenden Käfern heimgesucht, sondern auch von den frei umherwandernden Raupen zahlreicher Nachtfalter und sogar einiger Tagfalter beknabbert. Blattminierer hinterlassen ihre Spuren - Larven von Wespen, Rüsselkäfern und Sägewespen, aber auch von Nachtfaltern und Fliegen. Man kann beobachten, wie sich die Fraßgänge erweitern, weil die Larve immer dicker wird. Wenn Sie diese Tunnels sorgfältig untersuchen, können Sie oft die jeweilige Art ermitteln, indem Sie darauf achten, wo sie ihren Kot ausscheidet. Die Exkremente erscheinen als dunkle Fleckchen unter dem papierdünnen grünen oder braunen Blattgewebe, das das Tunneldach bildet. Außerdem finden Sie Blattläuse, Milben und bestimmte Rüsselkäfer, die bunte Tupfer auf den Blättern hinterlassen oder sich in schützenden Blattrollen, Falten oder Höckern ernähren. Doch die auffälligsten Erscheinungen im frischen Blätterkleid der Bäume stammen von den Gallenherstellern, die zu den tüchtigsten Architekten in der Natur gehören und das Waldlaub mit unglaublichen Bauwerken verzieren.

Dabei handelt es sich meist um Gallwespen, aber auch verschiedene Käfer, Fliegen und Milben können Gallen hervorbringen. Diese Tiere legen ihre Eier irgendwo im Blatt ab, in der Mittelrippe, im Stengel, im Blattstiel oder in Knospen oder sogar Zweigen. Wenn die Larve schlüpft, übt sie auf das umgebende Gewebe einen Reiz aus, so daß es anschwillt und abenteuerliche Formen und Farben annimmt. Die Gestalten und Erscheinungsformen der Gallen sind Legion: Sie bilden Flecken, Gruben oder Vorsprünge, sind spitz, rund, stachelig, behaart oder glatt und können aussehen wie Vasen, Nieren oder Artischocken. Anfangs sind sie meist jadegrün; manche werden dann rot oder gelb, andere überziehen sich mit Streifen.

Jede Galle wird von einer sich entwickelnden Larve bewohnt. Bei einigen Arten kommt das fertige Insekt im Sommer zum Vorschein, bei anderen verfärbt sich die Galle braun und dient der Larve als Winterquartier. Doch damit ist die Geschichte der Galle noch nicht zu Ende, denn in fast jeder Galle werden Sie andere Lebewesen entdecken, die entweder am ursprünglichen Erbauer und Eigentümer der Galle schmarotzen oder sich als Hausbesetzer eingenistet haben. In der häufigen Eichengalle hat man schon bis zu 75 Insektenarten neben dem rechtmäßigen Besitzer, der Eichengallwespenlarve, nachweisen können. Wenn Sie also Gallen mit heimnehmen, können Sie vorher nie wissen, was aus ihnen hervorkommt. Das Sammeln von Gallen ist eine sehr vergnügliche Beschäftigung: Die Gebilde haben nicht nur hübsche Formen, die zum Zeichnen, Malen und Fotografieren verführen, sondern sie stecken auch voller Überraschungen, weil man bis zuletzt herumrätselt, was wohl aus ihnen herauskriechen wird. Die besten Sammelzeiten sind natürlich der Hochsommer und Herbst, wenn die Gallen voll entwickelt sind.

Bei Herbstbeginn sind auch die Früchte der Bäume dick, reif und zum Abfallen bereit - die Eicheln, die Bucheckern, die Hickorynüsse, die behaarten Samen der Pappeln und die geflügelten der Ahornbäume, die wie kleine Hubschrauber zur Erde trudeln. Jetzt bricht die Zeit der herrlichen Herbstfarben an. Ich bin einmal durch die herbstlichen Wälder an der kanadisch-amerikanischen Grenze geritten, und die Fülle der roten, bräunlichen, gelben und scharlachroten Farben blendete mich dermaßen, daß ich das Gefühl hatte, ich sprengte durch ein buntes Glasfenster.

Aber warum verändern die Blätter ihre Farben? Die Antwort klingt prosaisch. Die leuchtenden kanariengelben Farbtöne der abfallbereiten Blätter entstehen durch Farbstoffe, die man Karotinoide nennt und die durch das normale grüne Chlorophyll (Blattgrün) hindurchscheinen, das in den sterbenden Blattzellen nicht mehr aktiv ist. Die kräftige Rotfärbung ist auf das Vorhandensein von Anthocyan-Farbstoffen zurückzuführen, die durch das Zusammenwirken des Sonnenlichts und des im Blatt gefangenen Zuckers während eines Kälteeinbruchs zustande kommen.

Warum verlieren die Laubbäume alle ihre Blätter im Herbst, während die dunkleren Baumriesen weiter nördlich, die Koniferen oder Nadelbäume, ständig grün bleiben? Das hat seinen Grund darin, daß die breiten, weichen Blätter der Laubbäume mehr Wasser durch Verdunstung abgeben als die schmalen, wächsernen Nadeln der Koniferen. Da Baumwurzeln aus kaltem oder gefrorenem Untergrund nicht so leicht Wasser aufnehmen können, ist die Abstoßung der Blätter (wie bei den Laubbäumen) bzw. der Besitz wasserdichter Blätter (wie bei den immergrünen Gewächsen) eine gute Methode der Wasserkonservierung. Der Laubfall wird eher durch die Verkürzung der Tageslänge als

Gallen und Blattminierer
An fast jeder Pflanze findet sich zumindest ein Blatt, das durch Gallenerzeuger oder Minierer deformiert ist. Die Schuldigen sind gewöhnlich Wespenlarven, Rüsselkäfer, Milben oder Nachtfalter, die sich im Pflanzengewebe häuslich einrichten. Die Gallenproduzenten machen sich den Umstand zunutze, daß die Pflanze bei einem Befall versucht, den Eindringling durch zusätzliche Gewebebildung abzublocken, so wie ein Splitter im Finger eine Entzündung und dann eine Gewebsabschnürung hervorruft.

Blattgalle der Eiche mit Gallwespe

Knopfförmige Eichengalle mit Gallwespe

Eschenblattminierer und Miniermotte

Buchenblattminierer und Rüsselkäfer

durch das Absinken der Temperatur ausgelöst, so wie auch der Wechsel zum Wintergefieder oder -fell bei manchen nördlichen Vögeln und Säugetieren durch die verringerte Tageslichtdauer bewirkt wird.

Waldvögel

Alle Etagen der Laubwälder werden von Scharen der verschiedensten Vögel voll ausgenutzt. Ihre ersten Beobachtungen der Gefiederten und ihrer Verhaltensweisen können Sie machen, indem Sie sich ganz einfach angewöhnen, eine Waldlandschaft gemächlich zu durchstreifen: Ein Naturforscher, der es eilig hat, wird nie etwas Aufregendes entdecken. Eine Anleitung zum Vogelbeobachten finden Sie auf Seite 140, aber die nützlichsten Instrumente für das Vogelstudium befinden sich auf beiden Seiten Ihres Kopfes - Ihre Ohren. Im tiefen, dichten Wald können Sie die Vogelarten an den Geräuschen erkennen, die sie hervorbringen: das Knacken der Samenkörner, wenn Finken im Winter Nahrung aufnehmen, das Hämmern der fleißigen Spechte, das Rascheln im Laub, in dem Rotkehlchen und andere kleine Weichfresser nach Insekten und Raupen stöbern. Und außerdem gibt es die zahlreichen Lautäußerungen, mit denen die Gefiederten sich untereinander verständigen, von den plötzlichen durchdringenden Alarmrufen bis zum leisen Schwatzen einer Vogelgruppe, die gemeinsam auf Nahrungssuche ist.

Weil Zweige und Laub die Sicht beeinträchtigen, sind Töne im Wald ein brauchbareres Verständigungsmittel. Die meisten kleinen Waldvögel sind als gute Sänger allgemein bekannt, und durch ihren Gesang zeigen sie einander die Grenzen ihres Territoriums an. Das Territorialverhalten ist eine gute Strategie für einen Vogel, dessen Nahrung mehr oder weniger stationär ist, was auf jeden Fall für Beeren, Samen und ähnliche Pflanzenkost gilt, aber auch für die Kleintiere, die sich nicht viel umherbewegen. Ein Vogel, der ein Territorium besitzt, findet stets genügend Futter für sich und seine Familie. Mit einiger Geduld können Sie das Territorium eines Gefiederten kartieren, wenn Sie die Positionen seiner Singplätze fixieren. Die besten Sänger sind in der Regel am unscheinbarsten gefärbt, obwohl man eigentlich erwartet, daß ihrem herrlichen Gesang auch ein prächtiges Federkleid entspricht.

Der Frühlingsanfang ist die günstigste Zeit für das Studium der verschiedenen Vogellieder und -rufe. Dann haben noch nicht alle Vögel zu singen begonnen, und deshalb werden Sie weniger verwirrt und irritiert als im Sommer,

Gefiederte Sänger in der Morgenfrühe
Sobald das erste Frühlicht den nebelverhangenen Wald durchdringt, werden die Vögel munter und bereiten sich auf den langen Tag vor. Auf einem frühmorgendlichen Waldspaziergang zu Sommersanfang können Sie eine »Besetzungsliste« des Vogelkonzerts erstellen und die Auftritte der einzelnen Vogelarten registrieren. Warum so viele Gefiederte nach dem Aufwachen so hingebungsvoll singen, ist bis heute noch nicht restlos geklärt, doch das soll uns nicht hindern, ihren Gesang zu genießen. Als erste singen gewöhnlich die Amseln (die vielfach am Abend auch als letzte noch zu hören sind), und dann folgen die Singdrosseln, die Krähen und die Tauben. Die zweite Sängergruppe umfaßt das Rotkehlchen, den Gartenrotschwanz, den Fasan und die Mönchsgrasmücke, und gleich darauf lassen Misteldrossel, Weidenlaubsänger und Zaunkönig ihre Stimmen erschallen. Schließlich stimmen die Meisen, Spechte und Buchfinken in das Morgenkonzert ein, während die frühen Sänger nach und nach verstummen und sich ihrer »Tagesarbeit« zuwenden.

wenn am frühen Morgen das große Orchester aus hundert verschiedenen Vogelarten einsetzt. Außerdem sind im zeitigen Frühling die Bäume noch nicht voll belaubt, so daß die optische Vogelbestimmung normalerweise viel leichter ist als im Sommer.

Die meisten Naturfreunde verschaffen sich einen persönlichen Zugang zum Repertoire der Vogelstimmen. Die Amsel zum Beispiel, ein Frühstarter, der schon an einem schönen Februartag zu hören ist, läßt gewöhnlich das Schlußmotiv von Beethovens Violinkonzert erschallen. Da die Amsel diese Tonfolge nicht von Beethoven übernommen haben kann, muß er sie wohl umgekehrt von der Amsel übernommen haben. Nach der Schwarzdrossel tritt die Singdrossel auf, und dann folgt der schmelzende, leidenschaftliche Gesang der Nachtigall. Viele Vögel üben im Frühling nur für das eigentliche Sängerfest, das später im Jahr stattfindet. Manche Gefiederte wiederholen sich unermüdlich; in einem nordamerikanischen Wald lebt beispielsweise der Rotaugenvireo, der, wie ein geduldiger Vogelfreund bei einem ebenso geduldigen Vireo festgestellt hat, seinen Ruf an einem einzigen Tag 22000mal wiederholt.

Sobald die gefiederten Troubadoure die Balz und die Paarung hinter sich haben, widmen sie sich der ernsten Aufgabe der Familiengründung. Waldvögel sind, wie fast alle Vögel, sehr heikel, was den Nistplatz und das Nistmaterial angeht. Manche brüten in Baumlöchern, wobei sie entweder den Baum selbst aushöhlen (wie die Spechte) oder sich in den Nisthöhlen anderer Leute einmieten (wie die Eulen, Rotschwänzchen und Meisen). Die Kleiber beziehen gleichfalls vorgefertigte Höhlen, und wenn ihnen das Einschlupfloch zu groß vorkommt, verkleinern sie es teilweise mit Lehm, so daß in der Mitte der ursprünglichen Öffnung nur ein kleibergerechtes Loch übrigbleibt.

Nach dem Schlüpfen der Jungen geben sich die Vogeleltern sehr viel Mühe, um das Nest vor den Blicken der Räuber zu schützen. Die Eierschalen werden entweder aufgegessen oder sorgfältig entfernt und in einem größeren Abstand vom Nest deponiert, wobei zuweilen die kleinere Hälfte der Schale vorsorglich in die größere Hälfte gesteckt wird. Man kann ein Ei, das die Altvögel weggetragen haben, von einem Ei, das von einem Freßfeind zerbrochen wurde, leicht unterscheiden, denn nur im ersteren findet man ein eingerolltes, getrocknetes Häutchen an der Innenseite der Bruchkante und keine Spur von Dotter oder Eiweiß. Bei den Fasanen und Flughühnern können die Kinder ihren Eltern schon bald nach dem Schlüpfen folgen, so daß es hier die Altvögel nicht nötig haben, die Eierschalen zu entfernen.

Die Fütterung eines Nests voll lautstark bettelnder Vogelbabys ist eine Vollzeitbeschäftigung. Ich habe verschiedentlich Jungvögel von Hand aufgezogen, sowohl winzige zerbrechliche Goldhähnchen als auch geräuschvolle Elstern und würdevolle Eulen, und somit kann ich den Vogeleltern nachfühlen, wie sehr sie sich plagen müssen. Wenn man ein Vogelkind mit Futter dermaßen vollgestopft hat, daß es fast zu platzen droht, und man kommt fünf Minuten später wieder vorbei, so wird man von einem weit aufgesperrten roten Mund begrüßt, und der Piepmatz rollt die Augen und jammert und versucht einem so eindringlich wie möglich klarzumachen, daß er kurz vor dem Verhungern ist.

Die meisten Vögel sind hingebungsvolle Eltern und wählen, ohne Rücksicht auf ihre eigene Verpflegung, für ihre Jungen das Allerbeste aus, zum Beispiel proteinhaltige Insekten und weiche nahrhafte Raupen. Bei einem Kohlmeisenpaar hat man einmal 900 Nestbesuche am Tag gezählt. Aus einem Versteck kann man die Anflüge der fütternden Vogeleltern sehr gut beobachten und zählen. Schwankt die Zahl der Anflüge mit der Zahl der Jungen im Nest? Und müssen sich Vögel, die einen Kuckuck im Nest haben, mehr anstrengen als andere?

Nicht alle Elternvögel sind gezwungen, pausenlos lebende Nahrung für ihre Kinder herbeizuschleppen. Die beiden Ausnahmen sind die Tauben und die

Wohnungseinrichtung
Ein Kleiber legt letzte Hand an seine neue Wohnung, die verlassene Nesthöhle eines Spechts. Der neue Wohnungsinhaber verkleinert zum Schutz vor Raubfeinden den Eingang, und schon bald werden hier sechs bis zehn Nestlinge auf Futter warten.

Der Laubwald im Herbst

Unser Laubwald ist typisch für den feuchten Lehmboden in der südostenglischen Grafschaft Surrey. Mächtige Eichen dominieren, und zwischen ihnen stehen niedrigere Weißbirkengruppen, Espen und vereinzelte Ahornbäume. Bei unserem Besuch hatten die Bäume ihr Laub schon großenteils abgeworfen, und der Wald war an diesem Oktobertag von einer zauberhaften Stille erfüllt. Zwischen den Bäumen wuchsen so viele Pilze in allen erdenklichen Formen und Farben, daß sie einen bunten Teppich bildeten. Das Fallaub unter unseren Füßen war hoch und locker, und als wir die welken Blätter und die abgefallenen Zweige genauer inspizierten, entdeckten wir zahllose Kleintiere, die sich auf den Winter vorbereiteten.

Rindenaufwuchs Diese Flechte ist häufig in Gegenden mit mäßig verschmutzter Luft. Pilze befallen die Rinde bestimmter Bäume; *Daldinia concentrica* ist typisch für die Esche.

Pilze allüberall
Der Birken-
schwamm ode
-porling ist so
daß ein großes
Exemplar eine
Menschen trag
kann. Dagegen
der Schleimpil
eine sehr weic
Konsistenz;
er kann wie ei
Schnecke am
Stamm empor
chen. Der auff
ge Fliegenpilz
mit Vorliebe u
Birken und ist
giftig. Die Bov
haben ihre Sp
freigegeben un
ähneln jetzt de
halbleeren Sta
beuteln eines
Mini-Staubsau

Herbstlaub Das auffällige Gelb und Rot des einen Ahornblattes hebt sich deutlich von dem größeren Exemplar ab, das von Insekten befallen ist.

Gallen Vier winzige Insekten im Entwicklungsstadium – drei Wespen und eine Mücke – haben diese Mißbildungen verursacht.

Der junge Steinpilz kann sich infolge Schneckenfraßes nicht mehr entwickeln.

Beeren enthalten die Sämlinge des nächsten Jahres in einer fleischigen Frucht. Die Beeren der Gemeinen Schmerwurz sind für den Menschen giftig; Brombeeren sind dagegen wohlschmeckend und bei Vögeln und Säugern gleichermaßen begehrt.

Im Borkenuntergrund Diese Wirbellosenkollektion kam unter einer Borke zum Vorschein.

Finken. In den ersten Tagen nach dem Schlüpfen der Jungtauben erzeugen beide Eltern in ihrem Kropf die sogenannte Kropfmilch. Die Babys tauchen ihre Schnäbel in den elterlichen Kropf und saugen diese Flüssigkeit auf. Damit sich die Jungen dabei nicht beschmutzen, entwickeln sich bei ihnen die Kopf- und Kinnfedern als letzte. Bei den Finken würgen Vater und Mutter für ihre Neugeborenen Samenkörner aus, und die Babynahrung wird erst später durch Insekten ergänzt.

Die Mühen des Hausbaus, der Wohnungsreinigung und der Babypflege sparen sich unsere Kuckucke, die andere Vögel für sich arbeiten lassen. Der männliche Kuckuck treibt sich umher und erfüllt die Landschaft mit seinem wohlklingenden Ruf, und die Kuckucksfrau legt bekanntlich ihre Eier in die Nester anderer Vögel. Erstaunlicherweise gleichen ihre Eier in Farbe und Zeichnung denen des Wirtsvogels. Wenn der kleine Kuckuck ausschlüpft, fühlt er sich im Kreise der rechtmäßigen Nestbesitzer nicht wohl. Sein Hohlrücken ist außergewöhnlich empfindlich, und wenn ein Jungvogel oder ein Ei in diese Höhlung gerät, richtet sich der Kuckuck auf, um das lästige Kitzeln loszuwerden, und befördert wie ein Kipplader den Jungvogel oder das Ei aus dem Nest. Auf der Welt gibt es viele Kuckucksarten, die nicht alle so schlechte Manieren haben wie unser europäischer Vertreter. Die amerikanischen Schwarz- und Gelbschnabelkuckucke führen ein makelloses, vorbildliches Familienleben, so wie andere Vögel auch.

Angesichts der vielen Nester, in denen es von hungrigen Mäulern nur so wimmelt, ist es gut, daß der Laubwald für die in ihm lebenden Vögel eine schier unvorstellbare Nahrungsfülle bereithält. Tausende von verschiedenen Gliederfüßern gibt es hier, daneben Schnecken und zahlreiche größere Tiere. Und zudem stehen auf der Speisekarte pflanzliche Gerichte in Form von Nüssen, Sämereien und saftigen Beeren.

Viele Waldvögel sind Allesfresser, zumal die mittelgroßen und großen Arten, wie Eichelhäher, Elstern und Drosseln. Fasanen und Rauhfußhühner holen sich ihre abwechslungsreiche Nahrung aus der niedrigen Vegetation und der Fallaubschicht des Waldbodens.

Die meisten Arten beschränken sich im allgemeinen mit wenigen Futtertypen innerhalb einer Waldregion, doch die Vielfalt ihrer Ernährungsweisen ist verblüffend.

Kleiber klettern an den Ästen und Stämmen umher und hebeln mit ihrem spitzen, leicht aufgeworfenen Schnabel Insekten aus den Rindenspalten heraus, und dabei bewegen sie sich ebenso geschickt mit dem Kopf nach unten wie nach oben. Sie keilen häufig auch Nüsse in Ritzen ein und hämmern sie dann auf, um an den weichen Kern heranzukommen. Auf diese Weise horten sie Nüsse für den Winter, doch da sie ein schlechtes Gedächtnis haben, finden sie sie oft nicht mehr wieder. Ebenso große Kerbtierjäger sind die Spechte, die den Wald mit ihrer geräuschvollen Aktivität widerhallen lassen, wenn sie auf der Suche nach holzbohrenden Insekten auf die Stämme einhämmern. Sobald sie einen Bohrgang erschlossen haben, holen sie die Larven mit ihrer hervorragend angepaßten Zunge heraus. Die Spechtzunge ist ein staunenswertes Werkzeug, überzogen mit klebrigem Speichel und bewehrt mit Widerhäkchen. Dank den im Kopf verborgenen Ziehmuskeln kann der Specht seine Zunge weit vorstrecken und tief in die Bohrgänge einführen. Die Muster der Spechtlöcher sind typisch für die jeweilige Art, desgleichen die Hackrhythmen. Ohne den Vogel zu Gesicht zu bekommen, kann man also aus dem Futterplatz und den Trommelschlägen schließen, welche Art man vor sich hat. Wie die Kleiber klemmen auch die Spechte gerne Nüsse in Rindenspalten ein, aber im Unterschied zu seinen verschwenderischen Kollegen benutzt ein Specht dieselbe Spalte immer wieder, und so sammelt sich auf dem Boden unter seiner Speisekammer sehr bald ein unordentlicher Haufen leerer Schalen an.

Bei den schöngefiederten Waldschnepfen sind Schnabel und Augen hervorragend an ihre Technik des Nahrungserwerbs angepaßt. Wenn die Schnepfe auf dem weichen, feuchten Waldboden auf Wurmjagd geht, stößt sie ihren schwertförmigen Schnabel tief in die Erde. Sie kann ihre Beute mit Hilfe ihrer extrem empfindlichen Schnabelspitze aufspüren. Der Vogel kann dank seiner besonderen Augenstellung nach oben und hinten sichern, während er gleichzeitig vorne nach Würmern Ausschau hält.

Die insektenfressenden Vögel des Waldes nutzen bei der Nahrungssuche jeden verfügbaren Raum. Rotkehlchen und Nachtigallen wühlen sich durch die Laubstreu und wenden dabei die Blätter um wie eine fleißige Hausfrau, die ihre Betten macht. Waldbaumläufer steigen an den Stämmen wie auf einer Wendeltreppe hoch. Fliegenschnäpper suchen sich einen bestimmten Zweig aus, auf dem sie unbeweglich hocken, bis sie ein Fluginsekt erspähen; dann schnellen sie sich wie ein Akrobat in die Luft und ergreifen die Beute. Die zierlichen Grasmücken und Meisen suchen hingebungsvoll die Blattoberflächen nach Insekten ab, und die Zaunkönige zeigen ein sehr ähnliches Verhalten, allerdings in den unteren Etagen des Dickichts.

Achten Sie darauf, wie sich im Wechsel der Jahreszeiten die Nahrungsmengen und -formen verändern, die den Gefiederten in Ihrem Wald zur Verfügung stehen. Die Insekten und weichen Früchte verschwinden mit Anbruch der kalten Witterung. Viele Vogelarten weichen dem verknappten Nahrungsangebot aus, indem sie zu ergiebigeren Weidegründen abwandern, aber das Wanderverhalten der einzelnen Arten ist sehr komplex. Die Grasmücken sind Nachtzieher und orientieren sich vermutlich an den Sternen. Drosseln und andere Vögel ziehen bei Tag in lockeren Verbänden, und man vermutet, daß sie ihren Kurs mit Hilfe des Sonnenstandes und vertrauter Landmarken bestimmen. Es grenzt an ein Wunder, daß selbst die Jungvögel, die im selben Jahr das Licht der Welt erblickt haben, ihr Ziel über Hunderte von Kilometern hinweg mit unfehlbarer Sicherheit zu finden vermögen. Manche schließen sich natürlich ihren erfahrenen Eltern an, aber andere wandern allein, so etwa die europäischen Jungkuckucke auf ihrer Reise nach Afrika. Einige Arten sind Teilzieher, die nicht sehr weit wandern; sie suchen nur die wärmeren Regionen ihres Verbreitungsgebiets auf und vereinigen sich mit ihren dort heimischen Artgenossen. Andere, vor allem die Körnerfresser, bleiben ganzjährig zu Hause, da für sie das Futterangebot konstant ist. Schließlich gibt es noch solche Arten, die einfach ihre Ernährungsweise ändern, um sich der in ihrem Lebensraum jeweils verfügbaren Nahrung anzupassen.

Dem aufmerksamen Beobachter wird nicht entgehen, daß viele Vogelarten manchmal schon losziehen, bevor sich das Nahrungsangebot tatsächlich verändert hat. Das Zugverhalten wird bei den verschiedenen Arten durch unterschiedliche Faktoren ausgelöst, etwa durch die verkürzte Tageslichtdauer, durch Wetterumschläge oder gar durch die Positionen der Sonne und der Sterne. Beobachten Sie genau die Zugvogelarten, die in Ihrem Wald leben, und versuchen Sie herauszubekommen, welche Umstände sie zum Ziehen veranlassen. Notieren Sie sich die Abflugzeiten. Aus der Zeitung oder vom Wetteramt können Sie zur Berechnung der Tageslänge die Zeit des Sonnenaufgangs und -untergangs erfahren, ferner alle wesentlichen Informationen über Temperaturen, Niederschläge, Bewölkung und andere atmosphärische Bedingungen. Machen Sie ebenso sorgfältige Aufzeichnungen, wenn die Vögel im Frühjahr wieder in den Wald zurückkehren. Dadurch gewinnen Sie schon bald einen faszinierenden Einblick in den Mechanismus der »biologischen Uhr« unserer Vögel. Vergessen Sie nicht: Die Aufgabe des Naturforschers ist es, zu beobachten und zu registrieren. Manche Details des Vogelzugs sind erst in den letzten Jahren von den Ornithologen durch Beringungsaktionen entschlüsselt worden. Die Fachleute verwenden dazu haarfeine Netze, welche die Vögel

Die raffinierte Spechtzunge
Ein Grünspecht füttert seine Nachkommen mit einem Brei aus ausgewürgter Insektenkost. Man beachte, wie der Altvogel sich mit seinen steifen Schwanzfedern abstützt und sich mit den Kletterfüßen an die Rinde anklammert. Der Grünspecht bewohnt offene Waldlandschaften. Die klebrige Zunge kann er gut 15 cm über die Schnabelspitze hinaus vorstrecken und so in die Bohrgänge von Insektenlarven oder in Ameisennester einführen.

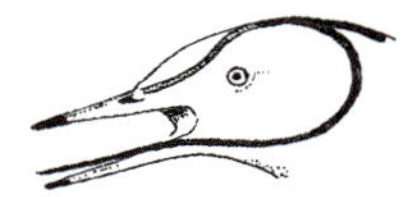
Zurückgezogene Zunge

Vorgestreckte Zunge

nicht sehen können, und spannen sie in Lichtungen aus, wo die Wahrscheinlichkeit groß ist, daß die Zugvögel in sie hineinfliegen. Tausende und Abertausende von Gefiederten wurden gefangen, bestimmt, vermessen, gewogen, mit einem Fußring versehen, der eine Ziffer und die Adresse des Beringers enthält, und dann wieder freigelassen. Diese Forschungsarbeit erbringt laufend neue Erkenntnisse über die Zugwege und Zugzeiten der Vögel. Sollten Sie einmal einen beringten toten Vogel finden (beachten Sie, daß der Fang von Wildvögeln ohne Genehmigung verboten ist), so schicken Sie den Ring an die angegebene Anschrift. Fügen Sie so viele Informationen wie möglich hinzu - zum Beispiel das Datum, den Fundort, die Wetterverhältnisse und den Zustand des Vogels -, denn auf diese Weise können Sie vielleicht dazu beitragen, daß ein weiteres Geheimnis des Vogelzugs entschleiert wird, der den Ornithologen noch immer Rätsel aufgibt.

Meister Grimbart auf seinem Abendbummel
Der Dachs hat vorsichtig seinen Bau verlassen, um den Waldboden nach Nahrung abzusuchen. Praktisch alle pflanzliche wie tierische Kost ist ihm willkommen. Im Frühling besucht er gerne das Terrain unter Krähenkolonien, um sich die verunglückten Vögel zu holen, und zur selben Jahreszeit gräbt er auch junge Kaninchen aus, die er enthauptet und auffrißt. Er schnüffelt an modernden Stämmen herum, die er dann mit seinen mächtigen Vorderklauen systematisch zerlegt, um an die im Inneren versteckten Nacktschnecken und saftigen Insektenlarven heranzukommen. Eine neuere Untersuchung hat allerdings ergeben, daß die Dachsnahrung bis zur Hälfte aus Regenwürmern besteht.

Große Säugetiere - die höchste Stufe im Nahrungsnetz des Waldes

Der Naturforscher, der sich mit den größeren Landsäugetieren des Waldes befaßt - mit Dachsen, Füchsen, Iltissen, Wildkatzen und Hirschen -, hat das Ende der Nahrungsketten erreicht, die von den bereits beschriebenen Pflanzen und dem Kleingetier ausgehen. Nehmen wir eine ganze einfache Kette: Auf dem Speisezettel eines Fuchses steht vielfach ein recht hoher Anteil von Kaninchen, und diese ernähren sich ihrerseits vom Unterwuchs. Selbstverständlich ist dies eine sehr vereinfachte Darstellung, wenn man die Vielzahl der Nahrungsketten bedenkt, die in einer Waldlandschaft gegeben sind.

Betrachten wir zum Beispiel den hübschen Dachs mit seiner unverkennbaren schwarzweißen Gesichtsmaske. Man kann ihn gelegentlich am Tage, doch

häufiger in der Dämmerung oder am Abend mit seinem bärenähnlichen Gang auf dem Waldboden umhertrotten und nach Nahrung suchen sehen. Die Dachsnahrung umfaßt alles mögliche: Vogeleier, Wühlmäuse, Aas, Wespen, Honig, Nacktschnecken, Brombeeren, Frösche und Schlangen. Versuchen Sie sich einmal die Feinheiten all der verschiedenen Nahrungsketten vorzustellen, die bis hinauf zum Dachs führen! Die komplexen Wechselbeziehungen, die einem Puzzlespiel geichen, können ihren Ausgang nehmen von einer Mikrobe und über viele Stationen zu einem Frosch überleiten, der, wenn er gefressen wird, sozusagen zum Dachs wird. Jede einzelne Nahrungskette ist Teil eines Gewebes, das so verschlungen ist wie eine feine Spitzenarbeit. Aber mit dem Dachs ist die Geschichte natürlich noch nicht zu Ende. Obwohl die Dachse außer dem Menschen keine echten Feinde haben, beherbergen sie, wie alle Säuger, eine Fülle von Parasiten. Da sind die Ektoparasiten oder Außenschmarotzer, vor allem Zecken und Flöhe, die ihnen Blut abzapfen, und die verschiedenen Endoparasiten oder Innenschmarotzer, die sich von ihrem Gewebe ernähren. Wenn der Dachs schließlich stirbt, begründet er weitere Nahrungsketten, denn an seiner Leiche tun sich andere Lebewesen gütlich – Krähen, Käfer und Fliegenmaden. Am Ende treten die Kleinstorganismen in Aktion, und die Überreste des Dachses kehren wieder in die Erde zurück. Und damit schließt sich der Kreis, denn in der nahrhaften Erde, die aus dem Dachskadaver entstanden ist, gedeihen Moose, Farne, Veilchen oder andere Pflanzen, mit denen der Zyklus wieder von vorne beginnt.

Das Leben der Dachse spielt sich rings um ihren Bau ab, ein kompliziertes Gebilde aus Kesseln, Kammern und Röhren, die peinlich saubergehalten werden. Es sind sehr reinliche Tiere, die sich regelmäßig ein frisches Lager aus Farnwedeln, Gräsern und Glockenblumen bereiten. Rund um den Bau graben sie Löcher, die als Toiletten dienen. Dachse können bis zu zehn Jahre alt werden, und die Baue gehen von einer Generation zur nächsten über und werden ständig erweitert.

Den ersten Dachsbau meines Lebens habe ich im New Forest gesehen. Der Bauer, der in der Nähe wohnte, erzählte mir, der Bau habe schon zur Zeit seines Urgroßvaters existiert, und da der Bauer selbst schon 80 Jahre alt war, mußte die Dachswohnung weit über 150 Jahre alt sein. Eines Abends, kurz nach Sonnenuntergang, bezog ich Stellung zu meiner ersten Dachsbeobachtung. Zu meiner Überraschung kam schon fast im selben Augenblick ein Dachs durch den grün dämmernden Wald angetrabt. Er näherte sich eher zögernd dem Bau und hielt immer wieder inne, um zu wittern oder um sich zu kratzen. Plötzlich erschien im Eingang, der sogenannten Einfahrt, der schwarzweiße Kopf eines anderen Dachses, der vorsichtig die Luft einsog und dann langsam herauskam. Sie, denn es war eine Fähe, ging zu dem Ankömmling hinüber, und die beiden beschnupperten einander und ließen dabei leise Grunzlaute und ein kehliges Knurren hören. Erst da ging mir auf, was für ein unwahrscheinliches Glück ich hatte, denn das Paar eröffnete soeben sein Liebesspiel. Zuerst beschnüffelten sie sich gegenseitig das Gesicht und »unterhielten« sich ein Weilchen, dann begann die Fähe im Uhrzeigersinn zu kreisen, immer rundherum, gefolgt von ihrem schwerfälligen Partner. Nach etwa 30 Umdrehungen machte sie einen Augenblick Pause, und der Rüde leckte ihr die Schnauze. Darauf lief sie abermals im Kreis herum, diesmal gegen den Uhrzeigersinn, und nach 30 weiteren Runden blieb sie stehen und gestattete es dem Rüden, sie zu besteigen. Dabei hielt er sie am Nackenfell gepackt, und sie stieß ein leises Grunzen und Wonnelaute aus. Als die Paarung beendet war, betrieben sie gegenseitige Körperpflege, und anschließend begannen sie ein höchst anmutiges Spiel: Fast eine Stunde lang rangen sie miteinander im Mondlicht, bissen sich zum Schein und wälzten sich auf dem Boden. Am Ende schüttelten sie sich und trotteten gemeinsam in den schattendunklen Wald.

FÄHRTEN UND ABDRUCKE

Waldbewohnende Säugetiere werden Sie nicht oft zu Gesicht bekommen, da sie zumeist ein scheues Nachtleben führen. Aber Sie können ihre Anwesenheit an ihren Spuren erkennen. Deutliche Trittsiegel findet man an schlammigen Ufern, auf Reitwegen und in feuchten Senken.

Wie man einen Gipsabguß herstellt

Sie brauchen etwas Gips in einem Plastikbehälter, einen Pappstreifen und eine Büroklammer. Fertigen Sie zuerst eine Skizze des Fußabdrucks an, dann säubern Sie Abdruck und Umgebung mit einem festen Grashalm. Drücken Sie den Pappstreifen in den Boden und sichern Sie ihn mit der Büroklammer. Dann verrühren Sie Gips und Wasser zu einem weichen Brei und gießen den Abdruck aus. Nach etwa einer halben Stunde graben Sie den Abguß mitsamt der Pappe und der anhaftenden Erde aus. Der ausgehärtete Abguß wird dann mit einem Etikett versehen, das alle wichtigen Informationen enthält.

Hinterfußabdrucke einiger häufiger Waldsäugetiere

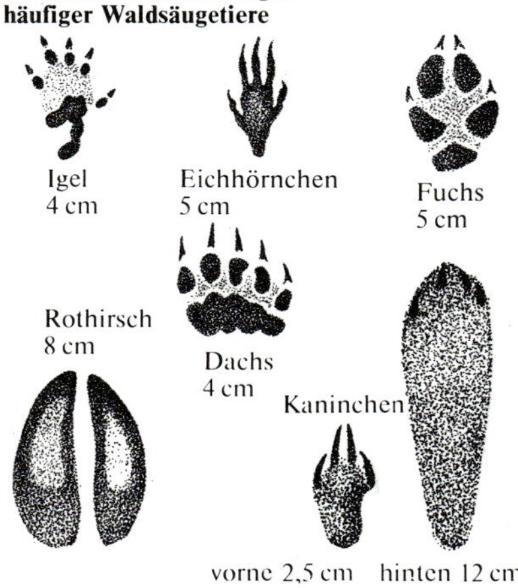

Im Nadelwald

Eine der größten geschlossenen Waldlandschaften der Erde liegt nicht in den Tropen, wie man vermuten möchte, sondern im hohen Norden. Es ist der riesige nördliche Nadelwaldgürtel, auch Borealwald oder Taiga genannt, der sich in der Alten Welt von Skandinavien über Rußland bis Japan und in der Neuen Welt von Neuengland und quer durch Kanada bis zum Pazifik erstreckt. Der Borealwald bedeckt ein fast zusammenhängendes Gebiet von zwei Milliarden Hektar; im Norden geht er in die Tundra über und dringt in Korridoren längs der Gebirgszüge weit nach Süden vor, wo er nach und nach dem Laubwald Platz macht.

Während der letzten Eiszeit lag das heute von Nadelwald überzogene Land größtenteils unter einer dicken Eisschicht. Vor rund 10000 Jahren zogen sich die Gletscher langsam aus diesen Breiten zurück, wobei die mächtigen Eisfinger das Land nur widerwillig losließen. Die zurückweichende Vereisung hinterließ tiefe, kalte Binnenseen, dunkle Sumpfmoore und ausgekehlte Flußbetten und lagerte Narben aus Gesteinsschutt ab, die sogenannten Moränen. Als das Eis weiter nach Norden zusammenschrumpfte, kam eine Landbrücke zwischen Sibirien und Alaska zum Vorschein, und zwar dort, wo heute die Beringstraße die beiden Kontinente trennt. Tier und Pflanzen konnten sich nach Belieben über diese Landbrücke ausbreiten, und so ist es nicht verwunderlich, daß die Nadelwälder der Alten und der Neuen Welt so viele Bewohner gemeinsam haben; die Landbrücke verschwand erst vor einigen Jahrtausenden.

Die Nadelwälder sind zum größten Teil kalt und schneereich, aber da es hier keinen Dauerfrostboden gibt, können die Bäume gut gedeihen. Die diesen Umweltbedingungen am besten angepaßten Baumarten sind die Nadelhölzer oder Koniferen (»Zapfenträger«) - Kiefern, Lärchen, Fichten und Tannen. Im Gegensatz zu den meisten Bäumen werfen die Koniferen - mit Ausnahme der Lärchen - ihre sämtlichen Blätter nicht auf einmal ab und stehen somit im Winter nicht »nackt« da. Sie stoßen vielmehr das ganze Jahr über Blätter in kleinen Mengen ab und behalten so stets ein fast vollständiges grünes Kleid, so daß sie die Photosynthese (das Einfangen der Sonnenenergie) durchführen können, wenn die Temperaturen über dem Gefrierpunkt liegen. In Anpassung an eine solche unwirtliche Umwelt sind die Blätter der immergrünen Bäume nadelförmig und wächsern, um den Feuchtigkeitsverlust zu verringern; das ist deshalb wichtig, weil die Wurzeln bei kaltem oder Frostwetter nicht ohne weiteres Wasser aufnehmen können. Der Stamm, gleichsam das Rückgrat des Baumes, ist durch eine dicke gefurchte Rinde geschützt. Die Kiefern haben meist eine unregelmäßige Gestalt, während die Fichten und Tannen wie grüne Spitztürme aufragen; beide Wuchsformen sind hervorragende Anpassungen, weil der schwere Schnee von den nach unten gerichteten Ästen abgleitet.

Nadelbäume sind ganzjährig ein ausgezeichneter »Windfang« und schützen das Innere des Waldes vielfach sogar vor heftigen Winterstürmen. Andererseits läßt das ständig begrünte Kronendach nur wenig Licht durch, und die trockene Nadelschicht auf dem Boden fördert das Auskeimen von Samen nicht. Die Folge davon ist, daß sich unter den Bäumen kaum ein dichter Unterwuchs entfalten kann - nur Farne, Moose und einige wenige Krautpflanzen können in dieser düsteren Region gedeihen. Wo jedoch ein Wasserlauf, ein See oder ein Sumpf die Walddecke unterbricht und eine feuchte, sonnenhelle Lich-

Grauhörnchen und Eichhörnchen
Die Einbürgerung des amerikanischen Grauhörnchens in Großbritannien gegen Ende des vorigen Jahrhunderts ist bekannt, desgleichen der Rückgang der angestammten Eichhörnchen. Doch ob die größeren und aggressiveren Grauhörnchen die scheuen Eichhörnchen vertreiben, ist ungeklärt. Man hat zwar beobachtet, daß sich beide Arten um die Nahrung streiten, aber die Eichhörnchen verschwinden auch aus Gebieten, in denen es keine Grauhörnchen gibt. Eichhörnchen gedeihen nur richtig in naturbelassenen Nadelwäldern. Wir holzen diese Wälder ab und ersetzen sie durch Zierbäume und raschwüchsige Nutzhölzer. Die anpassungsfähigen Grauhörnchen fühlen sich auch in diesen Forsten wohl und breiten sich weiter aus.

Räuber im Baumwipfel
Der gewandte Baummarder *(gegenüberliegende Seite)* jagt im Kieferngeäst Vögel, Eichhörnchen und andere Kleintiere. Dieses scheue und seltene Raubtier bewohnt nur entlegene Regionen und hat sich teilweise in baumlose Felsgebiete zurückgezogen, um der Verfolgung zu entgehen.

tung schafft, tauchen andere Pflanzenformen auf. Hier wachsen die Weiden mit ihren langen jadegrünen Blättern, die bei den Elchen so beliebt sind, und Erlen und die Dickichte der Wilden Erdbeeren stellen einen reichgedeckten Tisch für fruchtfressende Vögel und Säugetiere dar. In den natürlichen Lücken der Koniferendecke trifft man Espen an, deren Blätter ständig zittern und beben, weil sie so lose mit den Zweigen verbunden sind – daher stammt auch die Redensart, jemand »zittert wie Espenlaub«. Häufig sind die Espen von Weiß- und Moorbirken begleitet oder von der amerikanischen Papierbirke, deren Rinde sich in großen weißen Stücken ablöst und im Wind flattert. Verschiedene Wildblumen und Sträucher – Wintergrün, Heidelbeere, Heidekraut, Wacholder und andere – fühlen sich in solchen besonnten Gehölzen wohl und versorgen die Waldtiere mit Samen und Beeren. In den nördlichsten Bezirken der Taiga hören die Tannen und Lärchen allmählich auf, aber die zähen, kälteunempfindlichen Birken behaupten sich hier noch immer. Diese Birkenart, deren Äste durch die eisigen Winde, die aus der Tundra kommen, verdreht werden, trägt den zutreffenden wissenschaftlichen Namen *Betula tortuosa.*

In den dämmerigen Tiefen des Nadelwaldes gedeihen zahlreiche Pilze auf dem Boden, die ihre kahlen Köpfe durch den Nadelteppich stecken. Manche ähneln gelben oder orangefarbenen Schirmen, andere erhobenen Zeigefingern. Diese Pilze bilden ein kompliziertes Fadengewirr mit ihren Hyphen aus, das die Oberfläche wie ein Netz umspannt und Millionen von Nadeln, Zweigstücken und anderen Abfallstoffen zusammenhält, die auf den Waldboden fallen. Dieser organische Abfall ist eine ideale Nahrung für die Pilze, denen zudem im Frühjahr der Regen des Blütenstaubs zugute kommt, der von den Zapfen herabrieselt. Das Ganze ergibt ein mattenartiges Geflecht, das Chemikalien zurückhält und speichert, so daß sie nicht ausgelaugt werden und verlorengehen. Man findet hier nur wenige Regenwürmer, die zur Zersetzung des

Der Boden des Nadelwaldes wirkt zwar nicht so verheißungsvoll wie die üppige Streuschicht eines Laubwaldes, aber auch auf dem Nadelteppich gedeihen faszinierende Tiere und Pilzarten. Am zahlreichsten sind die Milben, die zu Millionen die Abfalldecke durchschwärmen. In der Welt der Milben gibt es viele Spezialisten – manche fressen Kiefernnadeln, andere ernähren sich von Pilzen oder moderndem Holz, und wieder andere leben räuberisch und stellen Nematoden, Springschwänzen und anderen Milben nach. Wenn Sie tief genug graben, um das Bodenprofil freizulegen, entdecken Sie unter den frisch abgefallenen Nadeln (1) eine dikke, teilweise verweste torfige Schicht, den Rohhumus (2). Darunter erstreckt sich eine hellere graue Bodenschicht, die sogenannte Bleicherde (3). Es lohnt sich, das Bodenprofil eines Nadelwaldes abzuzeichnen und mit dem des Laubwaldes zu vergleichen *(vgl. S. 106).*

UNTER DEM NADELTEPPICH

Die obere Schicht
Die meisten abfallbewohnenden Milben sammeln sich nahe der Oberfläche. Auf einen Quadratmeter kommen Tausende von Individuen, die höchstens einen Millimeter lang werden, und ihre acht Beine zeigen an, daß sie zu den Arachniden gehören.

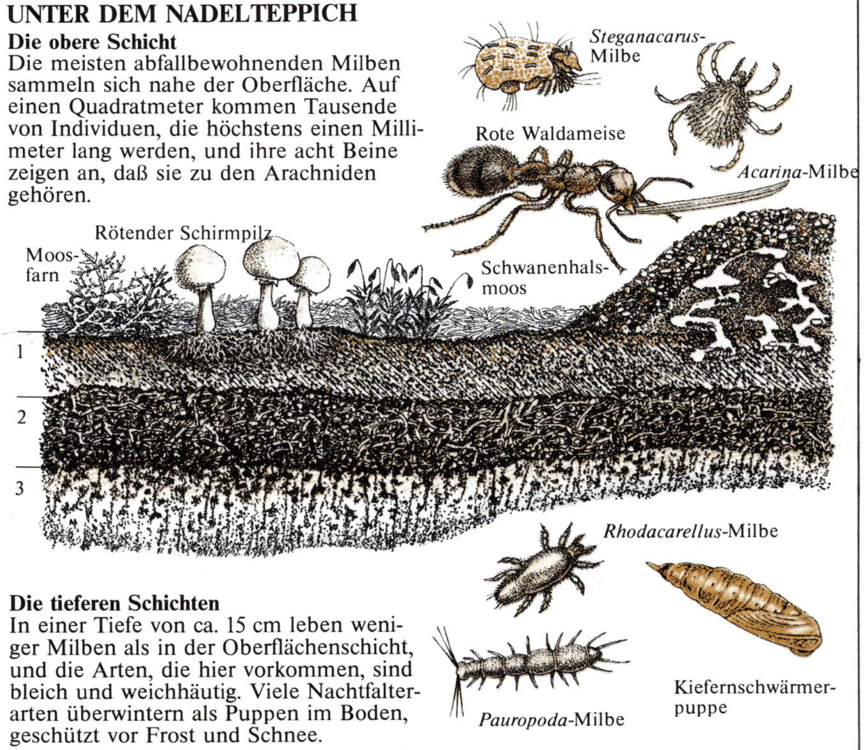

Die tieferen Schichten
In einer Tiefe von ca. 15 cm leben weniger Milben als in der Oberflächenschicht, und die Arten, die hier vorkommen, sind bleich und weichhäutig. Viele Nachtfalterarten überwintern als Puppen im Boden, geschützt vor Frost und Schnee.

Waldbodenbelags beitragen, und wegen der Kälte schreitet die Verwesung in der dicken Nadelschicht langsam fort. Aber millionenfach leben hier Bodenmilben, die sich vom Hyphengewebe der Pilze ernähren. Nehmen Sie einmal eine Portion Nadelwaldboden mit heim, und Sie werden aus ihr mit Hilfe des selbstgebastelten Tullgren-Trichters *(vgl. S. 264)* eine faszinierende Fülle von winzigen Arthropoden extrahieren. Und Sie werden entdecken, daß die scheinbar unbelebte Nadeldecke in Wahrheit eine dichtbesiedelte Miniaturmetropole ist.

Insekten der Kiefernwälder

Die meisten Nadelwaldinsekten verbringen den Winter als Puppen, die sich vor dem strengen, eiskalten Winter schützen, indem sie entweder tief im Erdboden oder im Inneren der Baumstämme stecken. Doch wenn der Frühling in den Wald einkehrt, erscheint keine große Blütenpracht, an der sich die Insekten gütlich tun könnten. Koniferen werden wie die Gräser vom Wind bestäubt, und deshalb brauchen sie keine farbenfrohen nektarreichen Blüten, um Insekten anzulocken. Die Blüten sind winzig und ausgesprochen unscheinbar; deswegen müssen sich die vegetarisch lebenden Insekten der Taiga nach anderen Nahrungsquellen umsehen. Sie fressen die Blätter und Rinden der Bäume und sogar das feste Holz. Die grün und gelb gezeichnete Raupe des Kiefernschwärmers hängt zwischen den Nadeln und ist kaum zu erkennen, wenn sie sich durch sie hindurchfrißt. Der absonderlich aussehende Kiefernrüsselkäfer besitzt eine gebogene Schnauze, die einem Elefantenrüssel gleicht, und durch diese Röhre kann er aus dem lebenden Baum Saft saugen. Er richtet viel mehr Schaden an als seine Larve, die sich nur von verrottenden Baumstrünken ernährt.

Nadelwälder sind die Heimat vieler Holz- und Sägewespen, die primitive Verwandte der echten Wespen und Bienen sind und nicht die typische »Wespentaille« haben. Ein besonderes ungewöhnliches Insekt ist die Riesenholzwespe. Das Weibchen hat einen langgestreckten gelben Hinterleib mit bläulichen Querbinden, und ihr Legestachel ist ein leistungsfähiger Bohrer. Mit diesem Instrument bohrt sie ein etwa ein Zentimeter tiefes Loch in den Baum, in dem sie dann ihr Ei oder ihre Eier ablegt. Das erstaunliche ist jedoch, daß sie jedem Ei vorher einen Pilz »eingeimpft« hat, den die Larve später in ihrem Darm mit sich herumträgt. Ohne den Pilz würde die Larve zugrunde gehen, denn er ermöglicht es ihr, ihre aus Holz bestehende Kost zu verdauen. Man sollte meinen, eine solche Larve sei in ihrem hölzernen Schrein von Räubern und Parasiten sicher, doch das ist nicht der Fall. Ihr Feind ist eine Holzschlupfwespe der Gattung *Rhyssa,* der sogenannte Pfeifenräumer. Das Weibchen dieser Art besitzt ebenfalls einen langen Legebohrer. Es landet auf einem Baumstamm und wandert leichtfüßig auf ihm hin und her, und dabei »horcht« es mit seinen Antennen auf die Bewegungen der Holzwespenlarven, die im Inneren des Baumes ihrem Nahrungserwerb nachgehen. Sobald die Schlupfwespe ein Opfer entdeckt hat, zieht sie ihren Legestachel wie ein Schwert aus der Scheide und versenkt ihn tief in den Stamm. Wenn die Spitze die fette Made erreicht hat, führt die Wespe ein Ei in sie ein. Aus dem Ei schlüpft dann eine Schlupfwespenlarve, die die Holzwespenmade als Speisekammer benützt.

Auch die Sägewespen sind für die Holzarbeit hervorragend ausgerüstet. Der Legestachel der weiblichen Wespe besteht aus zwei kleinen Sägen, die wie ein Taschenmesser herausklappen. Mit diesem bemerkenswerten Instrument schlitzt sie Kiefernnadeln der Länge nach auf, und in die so entstandene Falte legt sie bis zu 20 winzige Eier. Die ausschlüpfenden Larven leben frei, im Gegensatz zu vielen anderen Larven der Hautflügler (Wespen und Bienen). Tatsächlich sehen sie eher wie Raupen aus, und ihre grünliche Farbe ist den Kie-

Der Pfeifenräumer und sein Opfer
Die weibliche Riesenholzwespe sieht gefährlich aus, aber was ein Stachel zu sein scheint, ist lediglich ihr Legebohrer, den sie in den Stamm eines kranken Nadelbaums einführt, um ihre Eier abzulegen. Wenn die Holzwespenmade schlüpft, ist sie eine leichte Beute für den sogenannten Pfeifenräumer. Das ist eine große Holzschlupfwespe *(Rhyssa persuasoria),* die bei Holzwespen schmarotzt. Der Pfeifenräumer bohrt sich mit hochgestellten Legebohrerscheiden bis zur Made durch und deponiert sein Ei auf ihr, die dann seiner eigenen Larve als Frischfutter dient.

Riesenholzwespe

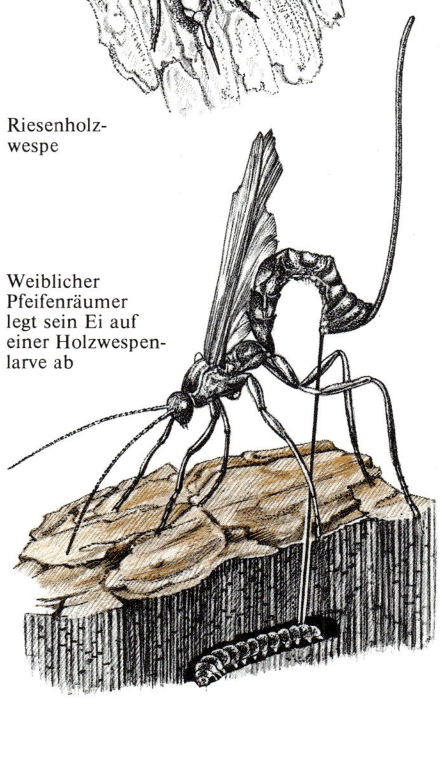

Weiblicher Pfeifenräumer legt sein Ei auf einer Holzwespenlarve ab

Nadelwald

Unsere Nadelwälder sind zum großen Teil Nutzholzplantagen, in denen die Bäume sehr dicht nebeneinander gepflanzt werden, so daß sich nur wenig Unterholz entwickeln kann. Die Stille, die in diesen Wäldern herrscht, ist ein Zeichen für das Fehlen tierischen Lebens. In einem Naturnadelwald ist das ganz anders, aber solche Landschaften sind inzwischen selten geworden und finden sich meist nur noch in höheren Lagen. Unser Besuch galt einem kleinen Waldgebiet unmittelbar südlich von Loch Ness. Es war ein kühler, regnerischer Tag Ende September. Zwischen den Kiefern, die einen strengen Harzgeruch verströmten, hatte sich eine abwechslungsreiche Strauchschicht entfaltet, die eine vielfältige Fauna beherbergte.

Violetter Laufkäfer Dieser Käfer fand sich zwischen Kiefernnadeln in der Astgabel eines Baumes.

Rippenfarn gedeiht auf sauren Böden und bleibt, was bei solchen großen und empfindlich wirkenden Blättern ungewöhnlich erscheinen mag, auch den ganzen Winter über grün und frisch.

Flechten Feinfiedrige grüne Flechten, die von den niedrigen Ästen herabhängen, sind ein Zeichen für unverschmutzte Luft. Die feuchte Luft im Waldesinneren ist ideal für diese pilz- und algenähnlichen »Pflanzen«.

Pilze Auf dem Nadelwaldboden gedeihen spezielle Pilze, die Kleinsäugern, Fliegenlarven und Nacktschnecken als Nahrung dienen.

Zapfen Die Kreuzschnäbel sprengen die Zapfenschuppen mit ihren ungewöhnlich geformten Schnäbeln auf. Die Eichhörnchen nagen dagegen die Schuppen einfach ab.

Die Waldkiefer war der vorherrschende Baum in unserem Waldgebiet. Ältere Exemplare mit ausladenden Kronen sind sehr eindrucksvoll.

Schwarzkiefer und Fichte Diese beiden Eindringlinge in den Waldkiefernbestand sind aus Samen hervorgegangen, die der Wind aus den nahen Forstgebieten herübergeweht hatte.

Pflanzen der Strauchschicht Im Wald ist Wacholder von unregelmäßigerem Wuchs als die aufrechte Form im offenen Gelände. Heidelbeer- und Heidekrauttriebe werden oft von Vögeln verspeist.

Die Kiefernbuschhorn-Blattwespe
Diese Blattwespe ist als Nadelwaldschädling berüchtigt. Das Weibchen legt mit seiner Legesäge seine Eier in Kiefernnadeln ab, und die Larven verzehren Nadeln in großen Mengen. Im Unterschied zu den Larven der anderen Wespen und der Bienen sehen die Blattwespenlarven wie Raupen aus. Doch die Larve der Buschhorn-Blattwespe besitzt mindestens sieben Paar Scheinfüße und drei Paar echte Füße, während eine Raupe nur zwei oder drei Scheinfußpaare hat.

Kiefernbuschhorn-Blattwespe

Blattwespenlarve auf Kiefernnadeln

fernnadeln, die ihre Nahrung bilden, sehr gut angepaßt. Die Larven der Kiefernsägewespen leben in Gruppen zusammen, und wenn sie gestört werden, verkrümmen sie sich S-förmig und wackeln hin und her, wie Tänzer in einer Raupen-Diskothek.

Die Larven einiger Sägewespenarten haben einen höchst ungewöhnlichen Kletterstil. Wenn eine solche Larve von einem Zweig abstürzt, scheidet sie nicht automatisch eine seidene Rettungsleine aus, wie es die Raupen tun, um an ihr wieder emporzuklettern. Statt dessen bedient sie sich einer Methode, wie sie die Techniker beim Reparieren einer Telefonleitung anwenden. Die Larve umspinnt sich selber mit einem Seidenstrang, dessen Enden sie am Zweig oder Ast befestigt. Gestützt durch diese Halterung, windet sie sich ein kleines Stück nach oben. Dann verfertigt sie einen neuen Strang, steigt wieder etwas höher, und so fährt sie fort, bis sie ihr Ziel erreicht hat.

Viele der genannten Insekten verursachen in den Nadelwäldern der Taiga erhebliche Schäden. Einer der schlimmsten Übeltäter ist der sogenannte Fichtenknospenwurm, die kleine fadendünne Raupe eines ziemlich unauffälligen nordamerikanischen Nachtfalters, der unglückseligerweise auch in die Nadelholzwälder Eurasiens vorgedrungen ist. Die Larven überwintern auf Fichten- und Tannenzweigen und erwachen im Mai, und dann beginnen sie freßgierig Nadeln, Knospen und Blüten zu verspeisen. In periodisch wiederkehrenden Katastrophenjahren können sie ganze Waldbestände vernichten.

Es gibt jedoch ein Geschöpf, das man fast als Heger und Beschützer des Waldes bezeichnen könnte: die große Rote Waldameise. Die Kolonien dieser Ameisen bauen im Wald riesige Nester und schwärmen weit auf den Bäumen umher, auf der Suche nach Raupen und anderen Insekten, die sie als Futtervorrat in ihre Nester schleppen. Man schätzt, daß eine größere Ameisenkolonie – 50 000 bis 5 000 000 Individuen – pro Tag bis zu 100 000 Insekten und Larven vertilgen kann. Die Schädlingsbekämpfungserfolge dieser Ameisenart sind so eindrucksvoll, daß man sie in einigen Ländern gesetzlich geschützt hat.

Die Nester der Roten Waldameise sind mächtige, hauptsächlich aus Kiefernnadeln bestehende Hügel, die anderthalb Meter hoch sind und einen Durchmesser von drei Metern haben. Unter dem Hügel erstreckt sich ein Labyrinth aus Gängen und Kammern, das tief in den Boden hinabreicht. Den Eingang, der den ganzen Tag bewacht wird, verschließen die Ameisen am Abend sehr sorgfältig. An warmen, sonnigen Frühlingstagen vollführen die Ameisen aus den Nestern einer Region ihre Hochzeitsflüge. Schwärme geflügelter Männchen und Weibchen steigen wie eine Rauchsäule aus ihrem Nest hoch. Aus einem anderen Nest erhebt und schraubt sich eine zweite Säule in die Luft. Die beiden Säulen treffen schließlich aufeinander und vereinigen sich zu einer großen Ameisenfontäne, meist an einer erhöhten Stelle, auf einem Baumwipfel oder einer Anhöhe. Viele Männchen und Weibchen fallen erschöpft zu Boden und verenden, aber es bleiben genügend befruchtete Königinnen zur Gründung neuer Kolonien übrig. Diese Königinnen können zwanzig Jahre alt werden, und all die Tausende und Abertausende von Arbeitsameisen eines Nestes stammen von einer Königin oder von einigen wenigen Königinnen ab. Die verschiedenen Nester sind manchmal durch Ameisenstraßen miteinander verbunden, so daß eine ganze Gemeinschaft Millionen von Einzeltieren umfassen kann.

Zwei fremde Lebewesen sehr unterschiedlicher Art nisten sich gerne in den Ameisenwohnungen ein. Das erste ist die Larve eines Käfers, der als fertiges Insekt an der Unterseite und auf dem Kopf einen weißen »Pelz« trägt und dessen rötlich-gelbe Flügeldecken mit einigen schwarzen Punkten verziert sind. Die Larve baut sich aus dem eigenen Kot eine seltsame tönnchenähnliche Behausung, die an einem Ende verschlossen ist. Sie lebt in diesem ziemlich unhygienischen Loch und ernährt sich von den Puppen der Roten Waldameise. Das andere Tier, das sich in Ameisennestern häuslich einrichtet, ist der Bär. In den Wintermonaten ziehen sich die Ameisen tief in den Untergrund zurück und bleiben dort, bis es wieder wärmer wird. Bären, die in der kalten Jahreszeit einen geeigneten Schlafplatz suchen, halten die riesigen Nadelhaufen offensichtlich für ein besonders gemütliches Bett. Sie graben sich in die Hügel hinein und verschlafen hier den Winter, stehen aber klugerweise rechtzeitig auf, bevor die Ameisen zu Frühlingsanfang wieder nach oben steigen.

Vögel der nördlichen Wälder

Wenn der Frühling kommt, schmilzt das Eis auf den Gewässern des borealen Nadelwaldes, und die dichte Vegetation an den Ufern lockt viele Wasservogelarten an. Zusätzlich bringen die Wälder, genauso wie die Tundra, im Sommer Myriaden von Insekten hervor, und diese überreiche Nahrungsquelle wirkt wie ein Magnet, der zahllose insektenfressende Vögel anzieht, etwa Grasmükken und Meisen, die aus dem Süden kommen und die Zahl der Standvögel vermehren.

Zu den farbenprächtigsten Standvögeln der Taiga zählt der große Grünspecht; er ist so herrlich bunt, daß er eher wie ein Tropenvogel aussieht. Man hört überall ihre kichernden Rufe, wenn die Spechte Jagd auf ihre Lieblingsnahrung, die Roten Waldameisen, machen. Sie wühlen sich in die großen Nadelhaufen und in die Erde hinein und schlagen breite Breschen in die Wände bis ins Nestinnere, wo sie mit ihrer vorschnellenden Zunge wie mit einem spitzen Löffel die Ameisen einsammeln. Eine andere Spechtart, der Dreizehenspecht, der im Unterschied zu den meisten Vertretern seiner Familie kein Rot am Kopf, sondern eine gelbe Krone trägt, meißelt sehr geschickt Insektenlarven aus den Nadelbaumstämmen und -ästen heraus. Dem Dreizehenspecht fehlt die nach hinten gerichtete erste Zehe der anderen Spechtarten, und so kann er sich, unbehindert durch diese Zehe, noch weiter zurücklehnen, um die Rinde und das Holz mit wuchtigen Schnabelschlägen zu zersplittern.

Selbst jene Gefiederten, die normalerweise von Sämereien oder Beeren leben, mästen sich im Sommer mit den Insektenmassen. Das gilt für den Erlenzeisig und den Hakengimpel, und die wunderschönen Seidenschwänze jagen und tauchen wie Fliegenschnäpper nach Fluginsekten. Das Federkleid der Seidenschwänze ist in zarten braunen Pastelltönen gehalten, mit gelben Glanzlichtern auf Schwingen und Schwanz. Die Armschwingen sind mit seltsamen wachsähnlichen Plättchen besetzt, die kleinen scharlachroten Weihnachtskerzen ähneln. Die Funktion dieser kuriosen Anhängsel ist unbekannt. Die Seidenschwänze zeigen außerdem ein interessantes Balzverhalten. Das Männchen überreicht dem Weibchen ein »Geschenk« in Gestalt einer Ameisenpuppe, einer Beere oder auch eines ungenießbaren Gegenstandes. Der Freier bietet es seiner Angebeteten mit der Schnabelspitze dar, sie nimmt es ebenfalls mit der Schnabelspitze entgegen und gibt es ihm dann zurück. Dieser Vorgang wiederholt sich mehrere Male. Es scheint eine symbolische Handlung zu sein, die dem Ringtausch bei der Verlobung oder Hochzeit entspricht, denn das Geschenk wird nur selten verspeist, selbst wenn es eßbar ist.

Wenn der Herbst zu Ende geht, verschwinden die Seen unter einer Eisdekke, und die ungezählten Insekten sterben ab oder verpuppen sich. Die Wasservögel und die zierlichen Grasmücken und Meisen ziehen nach Süden, und die Jahresvögel der Taiga stellen sich auf Pflanzenkost um. Die Seidenschwänze kehren zu den Beeren zurück, die Finken verköstigen sich mit Samen und Schößlingen, und sogar die Spechte verschmähen jetzt die Körnernahrung nicht mehr. Der Buntspecht versteht sich darauf, Kiefernzapfen in eine Astgabel oder eine Baumspalte einzukeilen, und dann hämmert er die Schuppen weg, um an die Samen heranzukommen. Unter einer solchen »Spechtschmie-

Der Fichtenkreuzschnabel, ein Vertreter der Finkenfamilie

Die Balz des Auerhahns
Der herrliche Auerhahn *(gegenüberliegende Seite)* stößt gerade seinen Balzruf aus. Das Auerwild ist die größte und eindrucksvollste Art der gesamten Rauhfußhühnersippschaft. Der mächtige Hahn läßt häufig im Morgengrauen ein ganz leises Lied hören, bevor er mit der eigentlichen Balz beginnt. Dann bläht er sich auf wie ein kollernder Truthahn, wobei er die Flügel hängen läßt und den Schwanz wie einen Fächer aufstellt. Der Balzruf wird 200mal am Tag wiederholt, auf dem Höhepunkt der Fortpflanzungsperiode sogar bis zu 600mal. Er besteht aus einem Laut, der wie das Wetzen einer Sense klingt, und aus knappenden und schnalzenden Tönen, wie das Knacken von Zweigen. Der Vogel ruft etwa achtmal in der Minute und legt dann eine Pause ein, worauf er von neuem loslegt.

Rauhfußkauz

de« kann man Hunderte von entkernten Zapfen finden, so wie man rings um einen »Drosselamboß« zerbrochene Schneckengehäuse entdeckt. Ein Mitglied der Finkenfamilie hat sich an das Leben im Nadelwald so gut angepaßt, daß es normalerweise im Winter nicht Hunger zu leiden braucht. Das ist der Kreuzschnabel, der einen der merkwürdigsten Schnäbel in der gesamten Vogelwelt besitzt. Mit den hakenförmig gekreuzten Schnabelenden vermag der Vogel die Samen aus dem Inneren der Zapfen herauszuziehen. Kein Wunder, daß sich die Kreuzschnäbel mit einem solchen Spezialschnabel und angesichts einer so ergiebigen Nahrungsquelle fast ausschließlich von Kiefern- bzw. Fichtensamen ernähren. Die beiden Hauptarten heißen demnach auch Kiefern- und Fichtenkreuzschnabel.

Die Bodenvögel des Nadelwaldes, zumal das Auer- und Birkwild und das nordamerikanische Tannenwaldhuhn, ernähren sich sehr abwechslungsreich. Im Sommer halten sie sich natürlich an das große Insektenangebot. Junge Auerhühner verzehren dann wie die Spechte bevorzugt Rote Waldameisen, was einigermaßen verwunderlich ist, weil die Ameisen eine hochkonzentrierte Ameisensäure erzeugen, die sie eigentlich ungenießbar machen müßte. Im Winter suchen die großen Vögel Schutz unter den niederhängenden Schirmen der Nadelbaumäste und fressen Kiefern-, Fichten- und Tannennadeln, die uns fast ebenso ungenießbar erscheinen wie die Roten Waldameisen. Doch all diese bodenlebenden Rauhfußhühner verfügen zur Verarbeitung solcher zähen Kost über einen sehr kräftigen Muskelmagen und einen langen Verdauungstrakt. Beim Auerwild entwickelt sich im Winter zudem eine harte Schnabelscheide, die beim Nahrungserwerb gute Dienste leistet und im Frühjahr wieder abgestoßen wird.

Der kleinste der räuberisch lebenden Vögel des Nadelwaldes ist der hübsche Raubwürger mit seinem grauen Grundgefieder und dem stattlichen Hakenschnabel, der für Beutejäger typisch ist. Im Gegensatz zu den anderen Würgerarten, die ihre Beutetiere auf Dornen aufspießen, klemmt der Raubwürger seine Opfer fast immer in Astgabeln ein. Das Aufspießen oder Einklemmen erlaubt es den Würgern, ihre Beute ohne Zuhilfenahme der Krallen in aller Ruhe zu verspeisen.

Eulenvögel dürfen in keiner Waldlandschaft fehlen. Die kleinste Eulenart der Nadelwälder ist der eurasische Sperlingskauz, der nur wenig größer wird als der Elfenkauz der amerikanischen Wüstengebiete, die kleinste Eule überhaupt. Sperlingskäuze führen eine Einehe, das heißt, sie gehen eine »dauerhafte Paarbindung« ein. Meist brüten sie in leerstehenden Nisthöhlen des Buntspechts, und während das Weibchen das Gelege bebrütet, jagt das Männchen kleine Nager und Vögel, die es seiner Partnerin bringt. Sie ist eine überaus reinliche Hausfrau, die ihr Nest regelmäßig säubert und Gewölle, Exkremente und Futterreste hinausbefördert. Diese Abfälle sammeln sich unter dem Baum und sind ein zuverlässiges Zeichen dafür, daß dort Sperlingskäuze brüten. Die Käuzchen sind sehr lärmfreudig, und die Kleinvögel, denen sie nachstellen, etwa Kohl- und Haubenmeisen, rotten sich sofort zusammen, wenn sie einen Kauz rufen hören, und »hassen« ihn an, um ihn zu vertreiben. Wenn Sie im Wald den Gesang des Sperlingskauzes imitieren, ohne daß die kleinen Vögel darauf entsprechend reagieren, so können Sie davon ausgehen, daß kein Kauz in dieser Gegend zu Hause ist. Es kann allerdings auch sein, daß Ihr Nachahmungsversuch allzu schlecht ist!

Eine andere reizende Eulenart, die den Nadelwald bewohnt, ist der Rauhfußkauz. Der anmutig braun und aschgrau befiederte Vogel hat stark ausgeprägte »Augenbrauen« und einen breiten weißen Gesichtsschleier, aus dem die gelben Augen hervorleuchten. Die in Baumhöhlen nistenden Rauhfußkäuze haben einen besonders gefährlichen Feind, den Baummarder, der es auf die Eier oder Jungvögel abgesehen hat. Wenn Sie in einem Baum eine ver-

dächtig erscheinende Höhle entdecken und wissen wollen, ob sie bewohnt ist, dann kratzen Sie einmal mit den Fingernägeln an der Rinde. Ist der Kauz zu Hause, wird er wahrscheinlich mit seinem weißen Gesicht und seinen sonnenblumengelben Augen auf Sie herabstarren, um festzustellen, ob Sie ein Baummarder sind oder nicht.

Die Greifvögel der Nadelwälder haben sich an die schwierige Jagd zwischen den dichtstehenden Bäumen sehr gut angepaßt. Die Habichte und Sperber können mit ihren kurzen Schwingen und langen Schwänzen besonders gut in den Bäumen manövrieren. Sie »pirschen« ihre Beute an, fliegen niedrig von einer Deckung zur anderen und stürzen sich dann blitzschnell auf ihre Beute, um sie mit den langen scharfen Krallen zu packen. Interessant ist, daß diese Greife nicht in der unmittelbaren Umgebung ihres Horstes jagen, und die Kleinvögel, die ihre Hauptnahrung darstellen, scheinen das zu wissen. Sie können in der Nachbarschaft eines Greifvogelnestes in Frieden leben und brüten, in dem sicheren Bewußtsein, daß sie nicht gefressen werden.

Säugetiere des borealen Nadelwaldes

Viele Säugetierarten, die wir heute ausschließlich den großen Borealwäldern zuordnen – Wölfe, Grislybären, Elche, Stachelschweine, Vielfraße usw. –, waren einst viel weiter verbreitet, bis in die Laubwaldregionen des Südens.

Doch als die Zahl der Menschen zunahm und sie immer mehr Land für sich beanspruchten, wurden die Tiere nach Norden abgedrängt und fanden Zu-

DAS BEOBACHTEN WILDLEBENDER TIERE

Es ist gleichermaßen lehrreich und vergnüglich, Vögel und Säugetiere in der freien Natur zu beobachten und ihr Verhalten in einem Skizzenbuch oder mit der Kamera festzuhalten *(vgl. S. 196)*. Nichts geht über das unmittelbare Kennenlernen der Tiere. Einige Kenntnisse kann man aus Büchern sachkundiger Zoologen gewinnen, vor allem aus älteren Werken, die vielfach eine Fülle von Einzelinformationen über die Nahrungsaufnahme, das Brutverhalten usw. enthalten. Aber es gibt keinen Ersatz für die eigene Beobachtung und für die Erkenntnisse aus erster Hand.

Bekleidung
Fast immer ist es draußen kälter als man meint, insbesondere am Abend. Ziehen Sie mehrere dünne Kleidungsstücke übereinander an, damit Sie sich »entpellen« können, wenn es Ihnen zu warm wird. Nylonsachen verursachen Geräusche, wenn Sie sich bewegen; wählen Sie also besser Wolle oder Baumwolle (die außerdem »atmet«, so daß Sie nicht ins Schwitzen geraten), doch nehmen Sie auch einen zusammengerollten Nylon-Anorak mit, falls es regnen sollte. Grüne und braune Kleidung ist vorzuziehen, da Sie ja im Gelände möglichst wenig auffallen wollen. Handschuhe und eine Wollmütze sind praktisch am Abend, nicht nur der Wärme wegen, sondern auch als Schutz gegen Stechinsekten. (Das Einschmieren mit Insektensalbe ist wenig sinnvoll, denn die Tiere riechen sie sofort und bleiben in ihrem Versteck.)

Köder
Manchmal kann man ein scheues Tier mit einem Leckerbissen hervorlocken. Säugetiere lieben im allgemeinen salzige Sachen – Dachse mögen z.B. gesalzene Erdnüsse. Insektenfressende Vögel und Säuger (etwa Spitzmäuse) haben eine Schwäche für Mehlwürmer und kleingeschnittene Regenwürmer; Mäuse und Wühlmäuse nehmen Kleie, Körner, Müsli und dergleichen an, während Schermäuse für einen Apfelschnitz alles andere stehenlassen.

Fernglas
Jeder ernsthafte Amateurforscher wird sehr bald einsehen, daß er auf ein Fernglas nicht verzichten kann. Das Glas muß einerseits handlich sein und andererseits eine ausreichende Vergrößerung gewährleisten. Die Einteilung der Ferngläser erfolgt durch zwei Zahlen. Die erste gibt die Vergrößerung an, die zweite den Durchmesser des Objektivs. Wählen Sie eine Vergrößerung zwischen $\times 6$ und $\times 10$. Bei einer geringeren Vergrößerung lassen sich kleine Vögel nicht mehr identifizieren, und bei höheren Werten ist das Blickfeld zu klein, und es ist schwierig, einen Gegenstand anzuvisieren und das Glas ruhig zu halten. Die Größe des Objektivs ist ebenfalls wichtig. Eine große Linse läßt mehr Licht durch, erhöht aber das Gewicht des Instruments. Der beste Allzweck-Feldstecher weist die Werte 9×40 oder 8×40 auf; ein 7×50-Glas, das etwas lichtstärker ist, eignet sich vor allem in der Dunkelheit.

Erdnußbutter lockt Säugetiere an

In Anisette eingeweichtes Brot

flucht in den größten unberührten Waldlandschaften, die sich auf unserer Erde noch erhalten haben. Hier schweift nun der riesige Elch umher, die größte Hirschart überhaupt – der Alaska-Elch erreicht eine Widerrist- oder Schulterhöhe von zweieinviertel Meter. Elche sind massige und (für unsere Begriffe) unschöne Tiergestalten mit langen Beinen, Spreizzehen und einer großen, rüsselförmig überhängenden Oberlippe. Die Bullen tragen ein mächtiges Schaufelgeweih mit tief eingeschnittenen Rändern. So wenig elegant der Elch uns auch vorkommt, er ist an seinen Lebensraum hervorragend angepaßt. Mit seinen hohen Beinen und seiner fleischigen, beweglichen Lippe kann er bequem das weiche Laub und die jungen Zweige hoch in den Bäumen abweiden. Wenn ein Elch einen jungen Baum mit besonders saftigen Blättern entdeckt, an die er nicht herankommt, dann steigt er kurzerhand über den Stamm hinweg und biegt ihn mit seinem Schwergewicht zwischen den Vorderläufen so weit nach unten, daß der Stamm entweder abbricht oder der Elch bis zu den Blättern vordringen kann. Im Sommer gehören Wasserpflanzen zu seiner Lieblingsnahrung, und um sie zu erreichen, steigt er schnurstracks in Seen und Teiche hinein. Es ist ein spektakuläres Bild, wenn ein Elch in der Morgensonne in einem Gewässer umherwatet, den Kopf tief eintaucht, um eine Weile unter Wasser zu äsen, und dann seine gewaltigen Schaufeln hochhebt, die von Teichrosen und sonstigen Gewächsen umflochten sind. Die Tiere bevorzugen weiche, grüne Pflanzenkost, und deshalb halten sie sich meist in der Nähe von Sümpfen und Gewässern auf. Im Winter geben sich die Elche notfalls auch mit Koniferennadeln zufrieden.

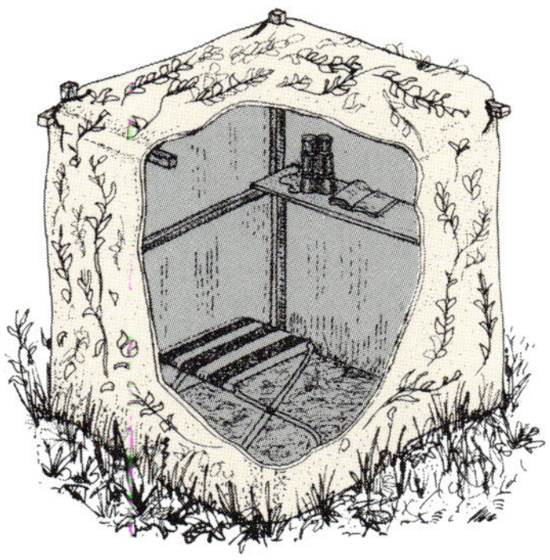

Verstecke
Ein Versteck oder ein Tarnzelt ist sehr praktisch, wenn man heimlich Vögel oder Säugetiere beobachten und fotografieren möchte, die sich eine Zeitlang an einer bestimmten Stelle aufhalten. Tragbare Tarnzelte kann man kaufen oder selber basteln – ein altes Laken, ein paar Leisten und verschiedene Farbreste genügen. Bringen Sie in Sitz- und Standhöhe Sehschlitze an sowie einen Schlitz für Ihre Kamera, ferner ein Ablagebrett für Ihr Notizbuch. Stellen Sie das Tarnzelt schon einige Tage vorher auf, damit sich die Tiere der Umgebung an seinen Anblick gewöhnen. Ein guter Trick ist es, das Zelt zusammen mit einem Freund zu betreten, der sich bald darauf wieder entfernt; viele Vögel können nämlich nicht »zählen« und glauben deshalb, das Zelt sei leer.

Vorbereitung
Im allgemeinen sind die Vögel tagaktiv, während die meisten Säugetiere, vor allem im Wald, nachtaktiv sind. Halten Sie zunächst nach Fährten und vielbenutzten Wechseln Ausschau, außerdem nach Kot, Haarbüscheln und Federn, Fraßspuren und Eingängen besetzter Baue. Bei Nachtbeobachtungen ist es am günstigsten, wenn Sie das Terrain am Tag sondieren und sich kurz vor Einbruch der Dunkelheit einfinden, denn nichts vergrämt ein wildlebendes Tier so sehr wie ein eifriger Naturfreund, der auf der Suche nach seinem Versteckplatz umherstampft. Pirschen Sie sich gegen den Wind an. Wenn Sie Hunger bekommen, knabbern Sie keine Zwiebäcke, sondern kauen Sie in aller Stille ein Butterbrot.

Dachsbeobachtung
Ein Abend, den Sie in der Gesellschaft einer Dachsfamilie zubringen, ist ein herrliches Erlebnis. Ich habe einmal einen Dachsbau beobachtet, der zwischen den Wurzeln eines mächtigen Bergahorns inmitten eines Mischwaldes lag. Ich wußte genau, wann die Insassen hervorkommen wollten: Unmittelbar nach Einbruch der Dämmerung hörte ich sie in den Gängen herumstampfen, während sie sich auf die nächtliche Nahrungssuche vorbereiteten.

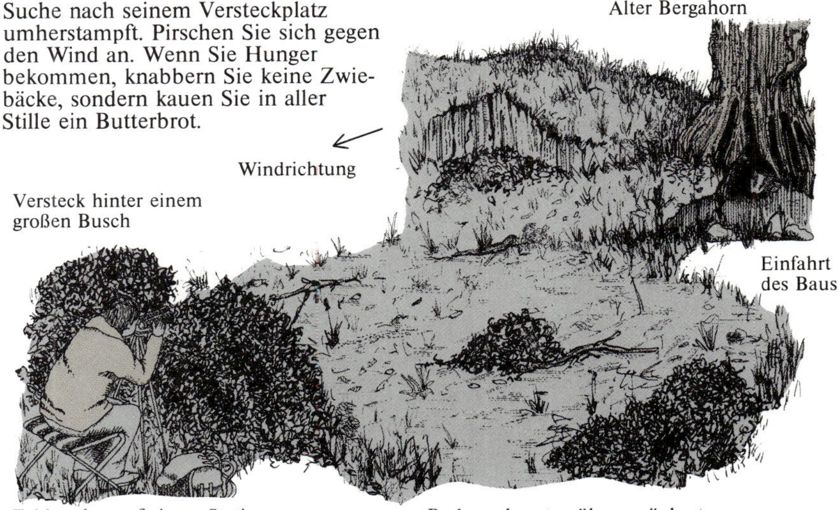

Die gut pferdegroßen, kraftvollen Elche, die mit ihren Hufen gewaltig ausschlagen können, sind selbst angreifenden Wölfen durchaus gewachsen. Die Wölfe müssen schon in Rudeln von weit mehr als zwanzig Tieren jagen, wenn sie auch nur einen jungen oder kranken Alaska-Elch zur Strecke bringen wollen. Doch trotz seiner Größe und furchterregenden Erscheinung ist ein handaufgezogener Elch ein sanftes und folgsames Geschöpf. Die Steinzeitmenschen in Sibirien haben möglicherweise schon Elche als Zugtiere abgerichtet, und neuerdings unternimmt man in Skandinavien und Rußland Versuche, diese Tiere zu domestizieren. Aber selbt bei zahmen Elchen kann es Probleme geben. Sie sind große Pilzliebhaber und wandern gern in den Wald, um dort »kniend« die zarten Leckerbissen abzufressen. Und wenn ein solcher Elch auf pilzsammelnde Menschen stößt, scheucht er sie davon und benutzt dann die Gelegenheit, sämtliche Pilze aus den Körben zu stehlen.

Die Nadelwälder der Neuen Welt sind die Heimat des Grislys, einer Braunbärenunterart. Solange man ihn in Ruhe läßt, ist er ein friedfertiger Geselle, der im Wald herumstöbert auf der Suche nach Insekten, kleinen Nagern, bodenbrütenden Vögeln und deren Gelegen sowie Nüssen und Beeren. Im Frühjahr reißt er allerdings auch größere Säugetiere, etwa junge Hirsche. Grislys vertilgen auch jederzeit Aas, und da man sie fressenderweise an verendeten Kühen beobachtete, gerieten sie zu Unrecht in den Verdacht, »Rindermörder« zu sein. Daraufhin wurden sie in ihrem südlichen Verbreitungsgebiet so erbarmungslos mit Gewehr und Gift verfolgt, daß sie dort praktisch verschwunden sind und heute nur noch im hohen Norden überdauern.

Zu den verschiedenen Rassen oder Unterarten des Braunbären (sämtliche

Ein wasserliebender Vegetarier
Der Elch weidet gerne weiche, saftige Wasserpflanzen ab. Er kann seinen Kopf einige Zeit unter Wasser halten, während er mit seinen fleischigen Lippen die untergetauchte Vegetation abzupft. Die langen Beine und die breiten, flachen Füße gestatten ihm nicht nur die Fortbewegung im winterlichen Tiefschnee, sondern auch das Umherwaten in tiefen, schlammigen Gewässern, um während des Sommers an die Wasserpflanzen heranzukommen.

Braunbären bilden eine einzige Art – *Ursus arctos)* gehören die größten Landraubtiere, nämlich die riesenhaften Kodiak- und Kamtschatkabären. Zum erstenmal habe ich Kodiakbären bei einem Besuch im Whipsnade Zoo gesehen, lange nachdem ich dort angestellt war. Die Bären waren in einer tiefen Grube untergebracht, in der zu meiner Zeit Tiger gehaust hatten. Als ich von oben auf die Tiere hinabsah, war ich ein wenig enttäuscht, denn sie kamen mir nicht sonderlich groß vor. Doch dann führte mich der Wärter die Treppe hinunter zu der vergitterten Tür der Grube, und sogleich erhoben sich die Bären auf die Hinterpranken und kamen auf uns zu. Es war ein eindrucksvoller Anblick. Die Tür war so hoch, daß ein Mann bequem hindurchgehen konnte, aber die Bären überragten sie und verdunkelten den Eingang, so daß ich mir fast den Hals verrenken mußte, um ihre Köpfe zu sehen. Aufgerichtet maßen sie nach meiner Schätzung mindestens drei Meter, wenn nicht mehr. Die Vorstellung, daß diese zottigen Giganten, obzwar den Raubtieren zugehörig, weitgehend vegetarisch lebten, kam mir absonderlich vor. Doch tatsächlich hatte ihre »fleischliche« Zukost im Freileben hauptsächlich aus den Lachsen bestanden, die sie im Frühling gefangen hatten. Gleichwohl sahen sie so schreckenerregend aus, daß ich es nicht für ratsam hielt, ihnen eine Beere anzubieten – vielleicht hätten sie auch noch die Hand dazugenommen!

Wenn von Winterschlaf die Rede ist, denken viele Menschen sofort an Bären, die jedoch keine echten Winterschläfer sind. Sie verschlafen zwar den Winter und zehren dabei von ihren Fettreserven, aber während der ganzen Zeit beträgt ihre Körpertemperatur ungefähr 35° C, was für ein Säugetier mehr oder weniger normal ist; sie sinkt keineswegs auf 5° C oder noch weniger ab, wie bei den richtigen Winterschläfern, zum Beispiel den Schlafmäusen oder insektenfressenden Fledermäusen. Bei dieser Normaltemperatur können die Bären sehr schnell ihre Höhlen oder ihr zweigbedecktes und mit Moos ausgepolstertes Lager verlassen, wenn sie sich bedroht fühlen. Diese Erkenntnis ist erst neueren Datums, und die Leute, die früher in Bärenhöhlen gekrochen sind, um die Rektaltemperatur des schlafenden Insassen zu messen, müssen sehr unerschrockene Naturforscher gewesen sein.

Ein anderes Tier, das in seinem südlichen Vorkommensgebiet immer mehr Boden verloren hat, ist das nordamerikanische Stachelschwein, ein reizendes Geschöpf, das auf den ersten Blick eher bepelzt als stachlig aussieht. Es wird verfolgt und aus seiner Waldheimat verdrängt, weil es mit seinen scharfen Zähnen angeblich das Nutzholz schädigt, doch wie gewöhnlich wird das Ausmaß der Schäden gewaltig übertrieben. Im Winter kann ein Stachelschwein allerdings einen Baum umbringen, aus dem einfachen Grund, daß dieses ziemlich schwere und plumpe Tier sich im tiefen Schnee nur mühsam fortbewegen kann und deshalb einen festen Standort vorzieht. Sobald es sich auf einem geeigneten Baum häuslich eingerichtet hat, beginnt es die Nadeln und die Rinde zu verspeisen, bis am Ende nur noch das Gerippe des Baumes übrigbleibt. Durch Futtermangel zum Handeln gezwungen, wechselt das Tier eher widerwillig auf einen anderen Baum über. Stachelschweine machen sich indes unangenehm bemerkbar, wenn sie einen Lagerplatz entdecken, denn in der Nacht beknabbern sie erwiesenermaßen gerne schweißgetränkte Gegenstände wie Paddel, Holzkisten, Griffe und Sättel. Wenn die Lagerinsassen am anderen Morgen aufwachen, sind sie empört, daß ihre Ausrüstung beschädigt ist.

Das weibliche Stachelschwein bringt jedes Jahr ein Kind zur Welt, und zwar ein sehr gewichtiges Kind – als würde eine Menschenmutter ein 16 Kilogramm schweres Baby gebären. Überdies wird das Jungtier erst im zweiten Lebensjahr geschlechtsreif. Diese geringe Vermehrungsrate sowie die Verfolgung durch den Menschen sind die Ursachen dafür, daß das Stachelschwein heutzutage nur noch in entlegenen nördlichen Waldgebieten anzutreffen ist.

Dieses ebenso rare wie liebenswerte nordamerikanische Stachelschwein ist

Ein Bär, der auf Bäume steigt
Der nordamerikanische Schwarzbär oder Baribal ist ein geschickter Kletterer. Selbst große Alttiere können Bäume besteigen, um Nester zu plündern oder nach Honig zu suchen. Im Unterschied zu seinem größeren Vetter, dem Braunbär, pflanzt sich der Schwarzbär nur alle zwei Jahre fort. Wie die meisten anderen Bären frißt er nahezu alles, was ihm vor die Schnauze kommt.

Zwei Mitglieder der Marderfamilie
Die Marder oder Musteliden sind anpassungsfähige Jäger, die in den verschiedensten Lebensräumen verbreitet sind. Der nordamerikanische Fischermarder zählt zu den größten Vertretern seiner Familie und ist ein flinker und gewandter Beutegreifer, der Eichhörnchen oder Stachelschweinen sowohl auf dem Boden als auch im Geäst nachstellt.

Fischermarder

Hermelin

Das Hermelin mit seiner schwarzen Schwanzspitze und seinem weißen Bauch kommt in Eurasien und Nordamerika vor. Es ist ein beherzter Jäger, der es mit jedem Tier bis zur Größe eines Hasen aufnimmt.

nicht näher verwandt mit den afrikanischen Stachelschweinen, sondern eher so etwas wie ein stachliges Meerschweinchen (deswegen ist auch die Bezeichnung Baumstachler oder Urson dem gängigen volkstümlichen Namen vorzuziehen). Doch wie andere Stachelschweine steht es in dem Ruf, es könne seine Stacheln abschießen, was jedoch völlig unzutreffend ist. Wenn es in die Enge getrieben wird, verteidigt es sich vielmehr mit Schlägen seines stachligen Schwanzes. Die Stacheln sitzen allerdings nur lose in der Haut und tragen winzige Widerhaken wie ein Pfeil. Wenn sie in den Feind eindringen, lösen sie sich vom Schwanz und bohren sich infolge ihrer Widerhäkchen immer tiefer in das Fleisch des Angreifers. Trotz dieser Abwehrwaffe hat das Stachelschwein neben dem Menschen einen Feind, der es töten und fressen kann. Das ist der Fischermarder, der das Stachelschwein als Leckerbissen betrachtet. Wenn er eines erwischt, wirft er es auf den Rücken und reißt ihm den unbestachelten Bauch auf.

Der Fischermarder sieht einem kleinen, langgestreckten und geschwänzten Bären nicht unähnlich und hat ein langes, dichtes und schimmerndes Fell. Er gehört zur ungewöhnlich erfolgreichen Raubtierfamilie der Marder, die neben den eigentlichen Mardern die Iltisse, Nerze, Otter und Stinktiere umfaßt. Die europäischen Vertreter dieser Gruppe sind sehr lebenstüchtig und anpassungsfähig. Die Wiesel und Hermeline bewohnen auch Hecken und Feldgehölze und gehen selbst in offenem Gelände auf Beutejagd. Iltisse werden schon seit langem gezähmt und als Frettchen sehr gern bei der Kaninchenjagd verwendet.

Die Gruppe der hübschen, eleganten marderartigen Raubtiere ist berüchtigt für ihre Blutdürstigkeit. Dieser schlechte Ruf ist bis zu einem gewissen Grade berechtigt, denn den Mardern ist der Instinkt eigen, so viele Beutetiere wie möglich auf Vorrat zu töten, ob sie nun gerade Hunger haben oder nicht. Wenn einer in einen gutbesetzten Hühnerstall einbricht, richtet er ein Blutbad an, dem kaum ein Federvieh lebend entkommt. Aber die Marder machen das dadurch wieder gut, daß sie die Nagetierbestände regulieren. Wer seinen Hühnerstall einbruchsicher ausbaut, wird feststellen, daß die Marder dafür die unerwünschten Nager kurzhalten. In der Bronzezeit wurden wahrscheinlich verschiedene Marderarten an Stelle von Katzen gehalten, weil sie bei der Nagerbekämpfung so entschlossen und geschickt zu Werke gingen. Sie sind in der Tat sehr viel energischer und zugleich verspielter als Katzen; wenn sie sich balgen, benehmen sie sich fast wie kleine Ballettänzer.

Die europäischen Mitglieder der Marderfamilie sind überall in den Nadelwaldregionen Eurasiens verbreitet, und Wiesel und Hermeline haben auch in Nordamerika eine Heimat gefunden. Die leidenschaftlichen Jäger attackieren jedes Beutetier, das sie überwältigen können. Das sogenannte Kleinstwiesel, nur 17 Zentimeter lang und die kleinste Raubtierart der Welt, ist so schlank, daß es sogar winzigen Mäusen in deren Bau nachstellen kann, während Hermeline und Iltisse es mit Tieren von Hasengröße aufnehmen.

Die ganze Gruppe ist erstaunlich vielseitig. Der europäische Baummarder und der amerikanische Fichtenmarder sind gewandter als jeder Zirkusakrobat; bei der Verfolgung von Vögeln oder Eichhörnchen fliegen und springen sie voller Anmut durch das Geäst. Die Fischermarder und Zobel fühlen sich auf dem Erdboden wohler, wo sie Jagd auf Mäuse und andere Kleinnager machen. Man hat allerdings einmal einen Fischermarder beobachtet, der mit der Geschwindigkeit eines Kurzstreckenläufers durch die Bäume sauste, um Chipmunks zu erbeuten, die ihrerseits hervorragende Akrobaten sind. Baummarder sind sogar imstande, Auerwild zu beschleichen und zu überwältigen – keine schlechte Leistung. Diese anpassungsfähigen Räuber nehmen zur Ergänzung ihrer vorwiegend aus lebender Beute bestehenden Nahrung auch jederzeit Nüsse, Insekten, Beeren und zuweilen gar Honig zu sich.

Das marderartige Raubtier mit dem übelsten Leumund ist vermutlich der Vielfraß, der im gesamten eurasischen und amerikanischen Borealwald heimisch ist. Seine sprichwörtliche Gefräßigkeit hat ihm nicht nur seinen volkstümlichen Namen eingetragen, sondern ihn auch zu einem geschworenen Feind der Fallensteller gemacht. Er patrouilliert nämlich regelmäßig die aufgestellten Fallen ab und stiehlt die toten oder sterbenden Tiere, und manchmal bricht er sogar in die Hütten der Trapper ein, um deren Fänge zu rauben. Der Vielfraß ist zwar der größte Vertreter der Marderfamilie, aber ein ziemlich gedrungenes Tier, weniger als einen Meter lang und fast hundeähnlich in seiner Erscheinung. Trotz seiner bescheidenen Körpergröße ist er ein sehr aggressiver und furchtloser Räuber, der nachweislich sogar Bären und Pumas von ihrem Riß vertreibt, um sich der fremden Beute zu bemächtigen. Im tiefen Winterschnee, der den meisten anderen Tieren sehr zu schaffen macht, bewegt sich der Vielfraß auf seinen breiten, mit Spannhäuten versehenen Füßen, die wie Schneeschuhe funktionieren, ganz mühelos fort. Auf diese Weise kann er sogar Elche und Karibus erbeuten. Im Gegensatz zu anderen Mardern tötet er nie mehr, als er auf einmal oder in zwei »Sitzungen« verkraften kann. Im Sommer streift er geräuschvoll schnuppernd im Wald umher und ernährt sich dann vorwiegend von Nüssen, Beeren, Nagetieren, Vogeleiern und Aas.

Ungeachtet seines schlechten Rufs ist ein handaufgezogener Vielfraß ein reizender Hausgenosse, der mit fast hundegleicher Ergebenheit an seinem Herrn hängt. Ein Freund von mir, der in der Nähe von Kopenhagen lebte, besaß zwei Vielfraße, die er als Babys zu sich genommen hatte. Es waren entzückende Geschöpfe. Als ich ihnen zum erstenmal vorgestellt wurde, begrüßten sie mich so stürmisch, daß ich fast das Gleichgewicht verloren hätte. Bei einem Waldspaziergang tollten sie wie Hunde um uns herum und stießen dabei vor Aufregung kleine kehlige Laute aus. Als wir dann am Abend nach der Heimkehr vor dem Kamin saßen, versuchten beide Tiere auf meinen Schoß zu klettern. Sobald sie feststellten, daß der Platz für zwei dicke Vielfraße nicht ausreichte, schlossen sie einen Kompromiß: Sie betteten beide ihren Kopf in meinen Schoß und entschlummerten unter lautem, langanhaltendem Schnarchen.

Wie so viele andere Tierarten haben auch die Vielfraße ihre letzten Rückzugsgebiete in den Nadelwäldern im Norden Eurasiens und Nordamerikas. Angst, Haß und auch Aberglaube führten dazu, daß sie geächtet und rücksichtslos verfolgt wurden und werden. Man fängt sie sogar in Fallen, weil sich ihr Fell, das bei Frostwetter nicht steif wird, zu Gesichtsschutzmasken und Mützen verarbeiten läßt. Der Mensch ist der einzige Feind des Vielfraßes wie so vieler anderer Tiere auch.

So wie der Vielfraß an Boden verliert, gehen auch die Fischermarder und andere Marderarten in der Hälfte ihres kanadischen Verbreitungsgebiets stark zurück. Dennoch werden in vielen dieser Provinzen, wo man sich über die schwindenden Bestände am meisten Sorgen machen müßte, die Tiere noch immer wegen ihres Pelzes gejagt. Die Pelze erzielen so hohe Preise, daß ganze Scharen von »Sonntagstrappern« sich austoben – sehr unerfreuliche Typen, die sich von schierer Habgier leiten lassen und nicht von dem als fadenscheinige Rechtfertigung vorgebrachten Motiv, es ginge ihnen um Jagdsport oder um die Sicherung ihres Lebensunterhalts. Wie immer in solchen Fällen müssen die Tiere darunter leiden. Dieser Vorwurf richtet sich nicht speziell gegen die Kanadier, sondern gegen einen gewissen Menschenschlag, der leider nur allzusehr verbreitet ist. Immerhin veröffentlichen die Kanadier wenigstens ihre Fangquoten; es ist weitaus schwieriger, aus Rußland entsprechende Zahlen zu erfahren, obwohl wir zu schätzen wissen, daß die Russen einiges für die Wiedereinbürgerung von Zobeln und Bibern getan haben. Gleichwohl tragen in den meisten Weltgegenden die Pelztiere ihre größte Gefahr ständig mit sich herum – ihre Haut!

Der Vielfraß
Der Vielfraß trägt seinen Namen mit einigem Recht, denn er ist ein gefräßiges Raubtier, das manchmal auch die Köder der Fallensteller stiehlt oder Lebensmittelvorräte plündert. Doch der Mensch hat den Vielfraß viel stärker verfolgt, als es die von ihm angerichteten Schäden rechtfertigen, und deshalb kann sich dieser stämmige Marder nur noch in entlegenen Rückzugsgebieten der kanadischen und eurasischen Nadelwälder behaupten.

Im Tropenwald

Keine Landschaftsform der Erde birgt eine größere Fülle von Überraschungen und einen unerschöpflicheren Vorrat an Geheimnissen als der Tropenwald. In Südamerika erblickte ich einmal etwas, was wie ein Baumstumpf aussah und sich dann in einen Tapir verwandelte und davonlief. Ähnlich erging es mir in Malaysia: Was mir wie die abgesägten Zweigenden vorkam, geriet plötzlich in Bewegung – es waren absonderliche Insekten, die kleinen Chiantiflaschen mit Beinen glichen. Auf meiner ersten Expedition in den westafrikanischen Regenwald beobachtete ich sorgfältig, wie mein Führer Zweige und Blätter zusammenbog, um unseren Pfad zu markieren; als ich diese Technik zum erstenmal selber ausprobierte, hatte ich mich schon innerhalb einer Stunde hoffnungslos verirrt. Ich habe mich in einer Lichtung des malaiischen Dschungels einmal auf den Boden gehockt, und nach drei Minuten war ich übersät mit zahllosen Egeln, die mittels einer mysteriösen Radaranlage den Weg durch das Laub zu mir gefunden hatten.

Manche Überraschungen sind von ganz anderer Art: Von einem Lagerplatz in Westafrika aus spürte ich eines Tages sehr gründlich einem Lebewesen nach, das nach meiner Überzeugung eine bislang unbekannte Säugetierart sein mußte, die ihren Paarungsruf erschallen ließ. Als ich schließlich die Schallquelle entdeckte, sah ich vor mir meinen – unmusikalischen – Koch, der singend in einem nahen Bach das Geschirr spülte.

Die warmfeuchten Regionen der Erde, in denen die tropischen Wälder gedeihen, sind aus der Sicht des Naturforschers die reichsten, farbenprächtigsten und aufregendsten Gebiete unseres Planeten. Wenn man in einem Tropenwald stehenbleibt und sich langsam um seine eigene Achse dreht, dann erblickt man in einem Umkreis von nur zehn Metern eine so unglaubliche Vielfalt von Lebensformen, daß man viele Lebensalter brauchte, um die Naturgeschichte auch nur eines kleinen Teils dieser Organismen zu ergründen, ganz zu schweigen von den Wechselbeziehungen, die zwischen ihnen bestehen. Wohin man auch schaut, überall entdeckt man irgendwelche merkwürdigen und wundersamen Anpassungsmechanismen, die Staunen und Faszination auslösen.

Die tropischen Baumriesen werden vielfach abgestützt durch mächtige Strebepfeiler, große Flanken des Stamms, die so hoch wie ein Haus sind und eine solche lichte Weite haben, daß man einen Lastwagen zwischen ihnen abstellen könnte. Die Stämme selbst sind gerade und schlank wie eine Stange und erreichen manchmal eine Höhe von fünfzig Metern, ehe die ersten Äste sich ausbreiten und das Kronendach bilden. Diese Riesen des Waldes bieten mit ihrem Stamm und Geäst Lebensraum nicht nur für Tiere, sondern auch für andere Pflanzen. Hoch oben in den Wipfeln wachsen mächtige Geweih- und Nestfarne. Sie bilden korbähnliche Formen aus, mit denen sie die von oben herabfallenden Blätter, Früchte und Zweige auffangen können. Diese Abfälle werden im Lauf der Zeit zu Humus zersetzt, der den Farnen als Nahrung dient und Lebensmöglichkeiten für Würmer und Tausenfüßer schafft. Jeder epiphytische Farn ist eine kleine Welt für sich, so etwas wie ein hängender Garten. In vielen Tropengebieten wird das Leben der Baumgiganten durch Würger- oder Mörderfeigen bedroht, die mit ihren kraftvollen »Armen« den Baum umschlingen und seinen Stamm von unten bis oben wie eine Krake erdrücken. Der erwürgte Baum stirbt schließlich, er verrottet und zerfällt, während die siegreiche

Wunderwerke der Architektur
Viele hohe Tropenbäume besitzen Nebenstämme oder Brettwurzeln, die wie die Strebepfeiler gotischer Kathedralen emporwachsen und dem Baum einen festen Halt in der relativ flachen Bodenschicht des Tropenwaldes verleihen.

Ein baumbewohnender Menschenaffe
Der Orang-Utan *(gegenüberliegende Seite)* verfügt gleichsam über vier Arme, wenn er sich gemächlich, aber mit ungewöhnlicher Geschicklichkeit durch die Baumwipfel auf der Insel Sumatra bewegt. Dieser Affe, dessen Name soviel wie »alter Waldmensch« bedeutet, ist infolge der raschen Zerstörung seines Lebensraums stark gefährdet.

Feige wie ein monströses Gittergeflecht aus dem Waldboden emporwächst. Voller irritierender Gegensätze ist die unvorstellbar reiche Lebewelt der Tropen. Bei den Reptilien treffen wir einerseits die Komodowarane an, die vier Meter lang werden und eine Ziege verschlingen können, andererseits winzige inselbewohnende Geckos, die kürzer sind als ihre wissenschaftlichen Namen. Da sind die schlanken Baumschlangen, die von Baum zu Baum »fliegen«, und Flugechsen, die ähnliche Leistungen vollbringen. In der Welt der Säugetiere besteht ein ebenso großer Kontrast zwischen den Gorillas, jenen sanften, vegetarisch lebenden Riesen der afrikanischen Wälder – sie können soviel wiegen wie drei ausgewachsene Männer und erreichen stehend eine Höhe von fast zwei Metern –, und den Zwergseidenäffchen des Amazonasurwalds, von denen zwei bequem in eine Tasse passen. Da gibt es gefiederte Baumeister, die aus Fallaub und Erde Bruthügel für ihre Eier errichten, und Nashornvögel, die ihre Weibchen in Baumhöhlen einmauern, damit sie auf ihrem Gelege sitzen bleiben. Da gibt es die Goliathkäfer, so groß wie eine Männerhand, und blaue Morphofalter, die das Format eines ansehnlichen Vogels erreichen. Ich habe einmal eine kilometerlange Marschkolonne gesehen, die aus Treiberameisen bestand und Riesenmengen von Insekten aus dem Unterwuchs aufscheuchte. Da sind die scheuen Waldgiraffen, die Okapis, die erst zu Beginn unseres Jahrhunderts entdeckt wurden, weil sie der Wald so gut verbirgt, und die winzigen afrikanischen Kleinstböckchen, die nur dreißig Zentimeter hoch werden und bleistiftdünne Beine haben. Und da sind schließlich die vielen Katzenarten, vom südamerikanischen Jaguar, der auf seinem chrysanthemengelben Fell eine wunderschöne schwarze Fleckenzeichnung trägt, bis zum Schwarzen Panther in Asien, dessen Fell wie Ebenholz glänzt. Nichts, was man sich vorzustellen vermag, ist zu bizarr für die Tropen, weder grellbunte Fröschchen, die in ihrer Haut ein tödliches Gift bergen, noch Bäume, die hundert Jahre lang ohne Unterbrechung Blüten hervorbringen können.

Der bekannte Zoogeograph Philip Darlington hat einmal gesagt: »Ein junger Naturforscher, der glaubt, er könne die Welt und die Lebewesen und die Evolution begreifen, ohne die Tropen zu kennen, täuscht sich sehr ...« Dem stimme ich voll zu. Ja, wenn ich eine gute Fee wäre, dann würde ich angehenden Naturforschern einen Monat im Tropenwald zum Geschenk machen.

Das eigenartige Okapi ist in Zentralafrika heimisch

Die größte landlebende Echse – der indonesische Komodowaran

Südamerikanischer Baumsteigerfrosch der Gattung *Dendrobates*

Die Lebensfülle der Tropen

Man muß sich einmal klarmachen, daß die Tropenwälder mehr Arten beherbergen als alle anderen terrestrischen Ökosysteme der Erde zusammengenommen. Nehmen wir zum Beispiel ein Urwaldareal in Malaysia oder Amazonien: Sie werden dort zehnmal so viele Baumarten antreffen wie in einem entsprechenden Waldgebiet der gemäßigten Zone. Im kleinen tropischen Korridor Mittelamerikas leben fast viermal so viele Vogelarten wie in der gesamten östlichen Waldlandschaft der Vereinigten Staaten.

Warum sind die Tropenwälder so reich an Lebensformen? Schließlich sind sie kaum anders beschaffen als alle anderen Waldtypen. Auch hier haben wir eine Bodendecke mit Laubstreu, dann die unteren Etagen der Kraut- und Strauchschicht und ganz oben das Kronen- oder Laubdach. Ein Tropenwald »funktioniert« auch genauso wie jeder andere Wald: Die hohen Bäume bilden das Gerüst und sind wie die kleineren Pflanzen und die Tiere vom Boden und vom Klima abhängig, und beides wird zum Teil wiederum geprägt von den Bäumen. Woher kommt also der gewaltige Unterschied zwischen tropischen und anderen Wäldern?

Die Antwort ergibt sich aus der Lage der Tropenwälder auf unserem Planeten. Sie bekommen riesige Sonnenlicht- und Wärmemengen ab, die zusammen mit den starken Regenfällen eine ganzjährige Entfaltung von Lebensprozessen ermöglichen. Das Pflanzenwachstum, von dem alles andere Leben abhängt, entwickelt sich so üppig, daß es Hunderte von unterschiedlichen Mikrobiotopen entstehen läßt, in denen sich ihrerseits Tausende von verschiedenartigen Tieren tummeln.

Auch in den Tropen gibt es einen Jahreszeitenwechsel, doch er ist längst nicht so ausgeprägt wie in den gemäßigten Breiten weiter nördlich und südlich. Das Erscheinungsbild der feuchten Tropenwälder mit ihrem reichen Tier- und Pflanzenleben bleibt über lange Zeiten mehr oder weniger gleich.

In der ganzjährig vorherrschenden Sonne und Hitze sind das Absterben und die Wiedergeburt der Blätter ein konstanter Vorgang. Die Jahreszeiten, soweit man davon überhaupt sprechen kann, werden bestimmt von der mehr oder weniger großen Niederschlagsmenge und wirken sich insofern aus, als die Blüte und die Fruchtbildung sich in den trockeneren Monaten etwas verlangsamen. Doch in manchen Tropenregionen, die am regenärmsten sind, werfen die Bäume ihr ganzes Laub gleichzeitig ab. Es ist ein merkwürdiges Erlebnis, wenn man durch einen solchen Wald wandert, der so kahl ist wie ein europäischer Wald im Januar, und wenn man zugleich spürt, wie die Sonne herniederbrennt, und die Stimmen zahlreicher exotischer Vögel vernimmt.

Wie in anderen Wäldern bildet auch hier ein Baum eine wesentliche Grundeinheit, die für die Tiere, die in, auf und um ihn herum leben, von lebenswichtiger Bedeutung ist. In den kühleren Waldlandschaften der Erde entspricht ein Baum einem menschlichen Wohnblock. In den Tropen jedoch könnte man einen jeden der riesigen Waldbäume mit einer ganzen Stadt vergleichen, so zahlreich und mannigfaltig sind seine Bewohner und Gäste.

Ich erinnere mich, daß ich zum erstenmal einen solchen Baum erblickte, als ich auf Tierfang in Westafrika war. Er hatte an der Basis ein gewaltiges Loch, das so groß war wie eine Kirchentür, und wies bis zu einer Höhe von 20 Metern, wo die Äste ansetzten, eine Vielzahl von Spalten und Rissen auf. Der Baum wirkte ganz und gar unbelebt, doch wir beschlossen, ihn dennoch zu inspizieren, denn wir waren überzeugt, daß er zumindest ein paar Überraschungen für uns bereithielt. Da wir eine Gruppe von erfahrenen Tierfängern und Zoologen waren, hatten uns die Beamten der zuständigen Forstbehörde die Genehmigung erteilt, alle geeignet erscheinenden hohlen Bäume »auszuräuchern«.

Zunächst mußten wir sämtliche Löcher und Spalten mit Netzen bespannen. Dann wurde in der Höhlung an der Basis vorsichtig ein kleines Feuer entzündet und gleich darauf mit grünem Laub abgedeckt. Das schützte den Baum vor dem Übergreifen der Flammen, und zugleich entwickelten die schwelenden Blätter einen dichten Rauch. Als die ersten gewundenen Rauchsäulen in das hohle Bauminnere aufstiegen, kam eine ganze Menagerie zum Vorschein. Hoch oben tauchten Eulen, drei Schlangen und eine Kolonie von Gleitbilchen *(Idiurus)* auf, seltsame und seltene Dornschwanzhörnchen, die mit Hilfe ihrer seitlich angewachsenen Hautfalten von Baum zu Baum gleiten können. Etwas tiefer erschienen kleine schokoladenbraune und gelbe Fledermäuse mit Bulldoggengesichtern, und nebenan waren ein paar grüne Baumhörnchen mit flammendroten Schwänzen zu Hause. Noch weiter unten entdeckten wir Riesentausendfüßer, lange, leuchtend rotbraune Würste mit einem ganzen Wald von Beinen, und große Skorpionspinnen, die wie plattgewalzte Spinnen aussahen und mit ihren langen Beinen und Kieferfühlern den Durchmesser eines Suppentellers hatten. Hinzu kamen kleine Frösche, teils grasgrün und teils so bunt gestreift und gefleckt, daß sie eher exotischen Süßigkeiten als Amphibien glichen. Am Fuß des Baums trieb der Rauch mehrere Baumrattenarten ins Freie. Einige trugen sozusagen Nadelstreifenanzüge; dieser Eindruck entstand durch Längsstreifen, die sich aus winzigen kremfarbenen Tupfen auf grauem Untergrund zusammensetzten. Zu diesen Ratten gesellte sich eine Riesen-

Wuschliger Flieger
Die Nächte in Westafrika werden belebt durch die mausgroßen Nagetiere der Gattung *Idiurus,* die man als Gleitbilche bezeichnet. Sie gleiten mit Hilfe ihrer paarigen Flughäute, die zwischen den Vorder- und Hintergliedmaßen ausgespannt werden, zwischen den Bäumen hin und her. Der ausgestreckte lange, borstengesäumte Schwanz dient beim Gleitflug als Ruder. Ein Gleitbilch kann von einem Baumstamm starten und bis zu einem anderen Baum segeln, der mindestens 50 m entfernt ist. Tagsüber drängen sich die kleinen Nager fast wie Fledermäuse in Baumhöhlen dicht zusammen. Die Fähigkeit des Gleitfliegens ist bei Waldtieren nichts Ungewöhnliches: Flughörnchen, Frösche und Schlangen haben sich lose Hautfalten zugelegt, mit denen sie sich im Urwald fortbewegen können, ohne zum Boden absteigen zu müssen.

hamsterratte, so groß wie eine kleine Katze und mit mächtigen Backentaschen, in denen sie ihre Nahrung sammelt und aufbewahrt. Auf dem Boden erschienen außerdem untertassengroße Baumkröten mit riesigen sanften Goldaugen. Alle diese Tiere und noch einige mehr hatten in einem einzigen hohlen Baum eine Heimat gefunden.

Bodenbewohner der Tropenwälder

Im tropischen Regenwald ist der Boden viel dünner als in Nadel- und Laubwäldern, und zwar deshalb, weil die Verwesung in der feuchtheißen Luft so rasch voranschreitet und die Bäume die Feuchtigkeit und die Nährstoffe so schnell aufsaugen, daß sich Humus kaum entwickeln kann. Die dünne Bodenschicht ist der Grund dafür, daß sich die Erosion in den Tropen so rapide und verheerend auswirkt, denn sobald die schützende Walddecke verschwunden ist, wird die karge Erde weggeschwemmt, und zurück bleibt nur das ausgedörrte Muttergestein. Doch trotz ihrer geringen Tiefe beherbergen die ungestörten Erd- und Fallaubschichten des tropischen Waldbodens eine Überfülle von Lebensformen, die zum großen Teil außerhalb der Tropen nicht vorkommen. Neben den Regenwürmern und vielen anderen Lebewesen, die denen des Laubwaldes ähneln, gibt es hier so merkwürdige Geschöpfe wie blinde Wühlschlangen und Blindwühlen, seltsame wurmartige Amphibien, die ihre Baue im faulenden Laub zwischen den schützenden Wurzeln der Riesenbäume anlegen. Spinnen und Milben durchstöbern die Laubstreu, und ihnen stellt in Westafrika ein winziges Chamäleon nach, das nicht größer wird als ein Streichholz. Der Winzling steigt auf den verschrumpelten Blättern umher und sieht einem welken Blatt noch ähnlicher als ein echtes welkes Blatt! Hier findet man Schnekken, die größer sind als ein Apfel, und Spitzmäuse, die kleiner sind als unser kleiner Finger; Zikaden, die sich als Bauchredner betätigen; und Käfer, die ein so intensives grünes Licht ausstrahlen, daß man nur ein halbes Dutzend davon braucht, um in der Nacht lesen zu können.

Oberhalb der Laubstreu und der Bodenvegetation befindet sich das Unterholz, die Strauchschicht. Neben den Sträuchern und Baumschößlingen gedeihen hier epiphytische Orchideen, Kletterpflanzen wie die armdicken Lianen und die Würgerfeigen. Alle diese Pflanzen streben wie Raketen nach oben und versuchen einander zu verdrängen, um möglichst bald die sonnigen Höhen des Kronendachs zu erreichen. Die Bäume selbst dienen als Leitern für die Kletterreben und tragen ganze Epiphytengärten auf ihren breiten Gliedmaßen. In Lichtungen oder auf den Flußufern umschlingen diese verschiedenen Gewächse der unteren Etage die Bäume so dicht, daß der Wald undurchdringlich erscheint, und sie hängen von den Ästen herab wie grüne Vorhänge.

Tropische Blütengehänge
Orchideen gedeihen hoch oben im Kronendach, wo sie reichlich Licht bekommen. Diese attraktiven Epiphyten haben kräftige Kletterwurzeln und lange herabhängende Luftwurzeln, deren endständige Zellschichten die Feuchtigkeit aus der Atmosphäre buchstäblich aufsaugen. Zum Schutz gegen das Austrocknen speichern die Orchideen Wasser in Luft- oder Scheinknollen. Andere Epiphyten, etwa Bromelien, bilden eine Blattrosette aus, die Wasser und pflanzliche Abfälle auffängt und gleichsam im Zentrum der Pflanze einen feuchten Komposthaufen darstellt. In diesem Regenwassertümpel, der sich in der Regenzeit füllt, können Stechmücken, Baumfrösche und Salamander hoch über dem Erdboden ihren gesamten Lebenszyklus vollenden.

Der größte Dachgarten der Welt

Die grüne oberste Etage ist die aufregendste und herrlichste Region des Tropenwaldes. Der unermeßliche sonnenbeschienene Garten der Kronenschicht ist eine Welt für sich, und in ihm leben Tiere, die niemals auf den Boden hinabsteigen. Ihr ganzes Leben spielt sich hoch am Himmel ab, dort, wo die Baumwipfel ineinander übergehen und Straßen und Lauben ausbilden und reiche Nahrung in Form von Rinde, Blättern, Blüten und Früchten bereithalten.

Das Kronendach gehört zwar zu den am dichtesten besiedelten Bezirken des Urwaldes, aber auch zu jenen, die den Naturforscher am meisten frustrieren. Da steht er nun in der Düsternis zwischen den Urwaldriesen, hört die Geräusche der Tiere hoch über ihm und wird von den ungezählten Bewohnern des sonnigen obersten Stockwerks mit halbgegessenen Früchten, Blüten und Samenkörnern bombardiert – doch die Sicht ist ihm versperrt. Unter solchen

Umständen befällt den Naturforscher sehr schlechte Laune sowie eine chronische Halsstarre. Bei einer Gelegenheit ist es mir jedoch gelungen, in die Wipfelregion vorzustoßen, und das war ein zauberhaftes Erlebnis. Es geschah in Westafrika, wo ich auf dem dichtbewaldeten Hang eines Berges namens N'da Ali kampierte. Als ich eines Tages durch den Wald streifte, entdeckte ich, daß ich mich auf einer in den Berg eingeschnittenen großen Stufe befand. Die mit Schlingpflanzen bedeckte Felswand fiel etwa 50 Meter steil ab, so daß sich neben und etwas unter mir das Kronendach der Bäume erstreckte, die von der Basis des Steilhangs aufragten. Dieser Steilhang war mehr als ein Kilometer lang und für mich ein natürlicher Balkon, von dem aus ich das Leben in den Wipfeln beobachten konnte, indem ich mich im Schutze des niedrigen Unterwuchses am Rande des Felsens auf den Boden legte. Im Lauf einer Woche verbrachte ich viele Stunden dort oben, wo vor meinen Augen eine ganze Wildtierprozession vorüberzog. Unglaublich war die Zahl der Gefiederten, von den zierlichen Nektarvögeln, die in allen Regenbogenfarben schillerten und wie Hubschrauber von Blüte zu Blüte surrten, bis zu den Scharen der mächtigen schwarzen Nashornvögel mit ihrem unproportioniert großen gelben Schnabel, die nicht gerade elegant umherflogen und bei der Suche nach Früchten einen Höllenlärm vollführten. Vom frühen Morgen bis zum Abend, wenn die Dunkelheit mir die Sicht nahm, schaute ich manchmal dieser Tierparade zu. Affenhorden jagten vorbei, gefolgt von aufmerksamen Vogelschwärmen, die gierig nach den Insekten schnappten, welche die Affen bei ihrem geräuschvollen Waldspaziergang aufscheuchten. Eichhörnchen spielten Fangen oder hetzten hinter Eidechsen her oder streckten sich flach auf den höchsten Ästen aus.

Eines Morgens gelangte ich sehr früh zu einer Stelle, wo ein großer Baum gerade Früchte trug. Die ganze Baumkrone wimmelte von Eichhörnchen, die sich an den Früchten gütlich taten, und von kleinen Vögeln, die den von den Früchten angelockten Insekten nachstellten. Wie alle Kronendachbewohner waren die Hörnchen sehr verschwenderisch; sie bissen einmal in eine Frucht hinein, warfen sie dann fort und zogen weiter. Die Früchte fielen auf den Bo-

Ein eindrucksvoller Balanceakt
Ein indischer Nashornvogel hockt auf seinem Lieblingsansitz. Bei diesem jugendlichen Männchen ist der knochige Schnabelaufsatz noch nicht vollständig entwickelt. Der mächtige Aufsatz der erwachsenen Männchen dient vermutlich als Verstärker für die durchdringende Stimme. Bei manchen Nashornvogelarten mauert das Männchen seine Partnerin mit einem Gemisch aus Schlamm und Exkrementen in die Bruthöhle ein. Es bleibt nur eine kleine Öffnung, durch die das Männchen das Weibchen mit Früchten, Insekten und kleinen Reptilien füttert.

Weißbartstummel- oder Colobusaffe aus dem tropischen Afrika

Männlicher Nasenaffe aus Borneo

den tief unten, wo sich eine Rotte Buschschweine grunzend und quiekend über die Reste der Eichhörnchenmahlzeit hermachte. Ein jähes lautes Krachen, wie von einer Brandungswoge, die gegen eine Felsküste prallt, verriet mir, daß ein Affentrupp im Anmarsch war, und mit einem Schlag verschwanden sämtliche Eichhörnchen, die offensichtlich ebenfalls wußten, was der Lärm zu bedeuten hatte. Vor den Affen zog ein Nashornvogelschwarm einher, der flügelklatschend und rauschend ohne erkennbare Ordnung auf dem Fruchtbaum landete und bei der Nahrungsaufnahme zu tuten und zu schnaufen begann. Unmittelbar danach trafen die Affen ein, und zu meiner Freude erkannte ich eine Gruppe meiner Lieblingsaffen, nämlich der grün-grauen Dunklen Weißnasen-Meerkatzen, die auf der Nase einen großen weißen herzförmigen Fellfleck tragen, mit dem sie aussehen, als wären sie von einem Schneeball getroffen worden. Es sind flinke, zierlich gebaute Tiere, deren seltsame, fast grämliche Rufe an Vogelschreie erinnern. Der Trupp umfaßte rund 30 Köpfe, darunter mehrere entzückende Babys. Während die Alttiere sich still dem Nahrungserwerb widmeten, begannen die Babys – wie alle jungen Tiere – zu streiten, die Umgebung zu erkunden und ihre Eltern zu ärgern. Ich bemerkte eine kleine Äffin, die auf einem Ast einem großen Fruchtbüschel zustrebte. Kurz bevor sie es erreichte, kam ein Nashornvogel herangerauscht und machte zwischen den Früchten eine Bruchlandung, dicht vor der weißen Nase der Kleinen. Das plötzliche Auftauchen des mächtigen schwarzen Vogels, der fünfmal so groß war wie sie und einen riesigen, bedrohlich wirkenden Schnabel besaß, demoralisierte das Affenkind völlig. Es wollte weglaufen, verlor den Halt und stürzte mit einem klagenden Entsetzensschrei vom Ast ab. Zum Glück landete es nach etwa fünf Metern in einem Schlingpflanzengewirr.

Fasziniert beobachtete ich das Kommen und Gehen der Tiere, und dabei stellte ich fest, daß bestimmte Arten gemeinsam fraßen, während andere einander auswichen. Ich konnte auch entdecken, daß durch das dichte Gezweig genau festgelegte Wege verliefen, die den Urwaldtieren ebenso vertraut waren, wie es für uns Menschen die Straßen in unseren Städten und Dörfern sind.

In den Wäldern der gemäßigten Zone sind die dominierenden Wipfelbewohner die Vögel, die sich nur mit sehr wenigen anderen Tieren in diesen Lebensraum teilen müssen. Doch in den Tropen besiedeln neben ihnen zahlreiche Säuger, Reptilien und Amphibien die Kronenschicht, wie ich auf meiner Felsplattform im N'da-Ali-Wald erkennen konnte. Auf Borneo ist die Wipfelregion die Heimat der Nasenaffen, bei denen die seltsam geformte Nase bis zum Kinn herabhängt, und der Flugfrösche, die mit Hilfe der stark vergrößerten Spannhäute an den Füßen wie mit einem Fallschirm von einem Baum zum anderen gleiten. In den Urwäldern Zentralafrikas leben die Ölpalmenhörnchen und Horden der schwarz-weißen Guereza-Affen ebenso wie Chamäleons und Baumschlangen. In den Amazonaswäldern machen zahlreiche Wipfelbewohner den Vögeln den Lebensraum auf den Baumriesen streitig: Faultiere, die ihr ganzes Leben lang kopfunter im Geäst hängen und ihr Fell mit Algenaufwuchs tarnen; Scharen von kleinen Krallenaffen und Totenkopfäffchen; Klammeraffen, die sich an ihrem Greifschwanz »aufhängen« können; schließlich die großen Opernsänger des Urwaldes, die Brüllaffen.

Zum erstenmal hörte ich den Gesang der Brüllaffen, als ich in Guayana am Ufer eines Flusses kampierte. Nichtsahnend hatte ich meine Hängematte zwischen zwei Bäumen ausgespannt, in denen sich eine Gruppe von Roten Brüllaffen aufhielt. Um fünf Uhr am Morgen, als es gerade hell zu werden begann, mußte die etwa fünfundzwanzigköpfige Horde dem gesamten Wald verkünden, daß das hier ihr Territorium sei. Die Tiere befanden sich unmittelbar über mir auf den Bäumen, und ihre machtvoll vibrierenden Rufe hätten mich beinahe aus meiner Hängematte geschleudert. Es war ein herrliches Bild: Zwischen dem leuchtend grünen Laub und den rosa Blüten der Bäume ließen diese prachtvollen Tiere, deren Fell wie ein Gemisch aus Gold- und Kupferfäden schimmerte, ihre Kehlen bis zum Umfang einer Grapefruit anschwellen, als sie im Chor ihren Besitzanspruch geltend machten.

Ungewöhnlich artenreich ist die Vogelfauna der Tropen. Selbstverständlich haben die Finken, Grasmücken und ähnliche Singvögel, die in anderen Waldformen heimisch sind, ihre tropischen Pendants. Hinzu kommen Vogelgruppen, die fast ausschließlich in tropischen Breiten leben – die große Schar der früchte- und samenfressenden Papageien und Sittiche etwa und die schillernden Zuckervögel und Kolibris, die sich von Nektar ernähren.

Manche Vögel verlassen in der Trockenzeit die Wipfel der Tropenbäume und ziehen fort, freilich nicht in der typischen Nord-Süd-Richtung, sondern praktisch überallhin, wo sie mehr Nahrung finden. Auf Madagaskar gibt es fünf Vogelarten, die geradewegs nach Westen fliegen und den »Winter« in Afrika verbringen. Und eine fernöstliche Rackenart legte zwischen dem »sommerlichen« Thailand und dem »winterlichen« Borneo die unglaublich große Strekke von 3200 Kilometer zurück; die gesamte Wanderung erfolgt somit innerhalb der Tropen.

Hellroter Ara aus Südamerika

Südamerikanischer Kolibri

Anpassung an das reiche Nahrungsangebot des Waldes
Bei den Vögeln der Tropen sind die Schnäbel fast so abwechslungsreich wie das Federkleid. Die Papageienschnäbel sind sehr kräftig und insofern einzigartig in der Vogelwelt, als sie mit einem Gelenk ausgestattet sind. Mit ihnen können harte und dickschalige Nüsse wie mit einer Kneifzange aufgeknackt werden. Der Kolibri saugt mit seiner hervorragend angepaßten Zunge und einem ebensolchen Schnabel Nektar aus tiefen röhrenförmigen Blütenkelchen. Diese energiereiche Nahrung ist ein idealer »Brennstoff« für die kleinen Vögel, die im Durchschnitt 60mal in der Sekunde mit den Flügeln schlagen.

Die sinnlose Zerstörung

Die tropischen Urwälder der Welt sind unberührte Schatzhäuser für viele verschiedene Pflanzen- und Tierarten, die dem Menschen nützlich sind oder werden könnten. Schon heute beziehen wir aus diesen riesigen Waldlandschaften Rohstoffe, die für unsere Medizin, Industrie und Landwirtschaft lebensnotwendig sind. Verschiedene Extrakte aus südostasiatischen Schlangenwurzgewächsen werden beispielsweise zur Behandlung von Herzgefäßerkrankungen, Darmkrankheiten, Bluthochdruck und sogar Schizophrenie angewendet. Ein südamerikanisches Gürteltier leistet gute Dienste bei der Erforschung der Lepraseuche und hoffentlich auch bei der Entwicklung eines Heilverfahrens. Ein kleines Kraut aus Madagaskar erweist sich als hilfreich bei der Leukämiebehandlung. Naturkautschuk wurde erstmals in den Tropenwäldern entdeckt. Viele Nutzpflanzenvarietäten – Kaffee, Nüsse, Ananas und so weiter – sind aus wildlebenden tropischen Stammformen herausgezüchtet worden. Selbst der Ausspruch, daß »jeder ein Huhn im Topf« haben sollte, wäre nicht möglich gewesen, wenn ihm nicht die Domestizierung des asiatischen Bankivahuhns vorangegangen wäre. Darüber hinaus sind die Urwälder der Tropen Wettergestalter für weite Gebiete. Die riesige Ansammlung von Bäumen absorbiert Feuchtigkeit wie ein grünes Löschpapier und gibt sie nach und nach wieder ab. Diese Feuchtigkeit fällt schließlich als Regen auf die Erde, wird wiederum absorbiert und freigesetzt, und so geht der Kreislauf unaufhörlich weiter.

Man sollte meinen, all die Wohltaten, die wir von unseren Tropenwäldern empfangen, würden uns Menschen veranlassen, diese Regionen unseres Planeten zu schützen. Doch das ist leider nicht der Fall. Auch bei der Zerstörung dieser Wälder geht der Mensch mit der gewohnten verbrecherischen Gedankenlosigkeit vor. Die noch nicht abzuschätzenden Folgen müssen wir selber tragen. Mit der Rodung der Urwälder gehen auch bis jetzt noch unentdeckte Heilmittel, Nahrungsreserven und industrielle Rohstoffe verloren. Der Untergang der klimastabilisierenden Wälder läßt in den Tropen sowohl Überschwemmungen als auch Wasserknappheit entstehen und bringt Tod und Krankheiten und Elend über Millionen von Menschen.

Das Tempo, mit dem gegenwärtig die tropischen Wälder abgeholzt, niedergebrannt und gelichtet werden, ist erschreckend. Eine Waldfläche von der halben Größe Großbritanniens wird Jahr für Jahr gerodet. Wenn das so weitergeht, sind die tropischen Urwälder der Erde, mit all ihren Schätzen und potentiellen Vorteilen für die Menschheit, in 85 Jahren verschwunden.

Im Gebirge

Viele unterschiedliche Biotope, vom dichten Wald bis zur kargen Tundra, kann man aufsuchen und erforschen, ohne weite Entfernungen zurücklegen zu müssen, falls man das Glück hat, in der Umgebung eines Gebirges zu leben. Die ganze Variationsbreite der Temperaturen und Niederschlagshöhen, die für die verschiedenen Ökosysteme verantwortlich ist, findet sich auf einem Berg zwischen Basis und Gipfel wieder. Je höher man hinaufsteigt, desto dünner wird die Atmosphäre; die Luft kühlt sich dabei ab und lädt ihre Feuchtigkeit als Regen oder Nebel auf den unteren Hängen ab. Ein Bergsteiger kommt zuerst durch die Region des Laub- und Tropenwaldes, durchmißt dann die Stufe der immergrünen Koniferen, die in der kalten, trockenen Luft gedeihen, und anschließend eine tundraähnliche Vegetationsstufe, die schließlich in die von Schnee und Eis bedeckten höchsten Hanglagen übergeht.

Das Gesamtgefüge der Natur ist freilich ungeheuer komplex, und es ist unmöglich, einen Ausschnitt der natürlichen Welt so darzustellen, als richte er sich nach einer Handvoll simpler Regeln. So darf man sich auch einen Berg nicht als eine Art Hochzeitskuchen mit sauber abgegrenzten Schichten und Dekorationen vorstellen. Die verschiedenen Vegetationstypen gehen ineinander über, und die Grenzlinien verschwimmen; zudem wird die Sache noch komplizierter durch den Standort des jeweiligen Berges. Was damit gemeint ist, haben wir beide, Lee und ich, in den Regenwäldern von Costa Rica erlebt. Wir bestiegen dort einen kleinen Berg, der genau auf dem Weg der heftigen Winde lag, die durch eine Lücke zwischen dem höheren Berg hindurchfegten. Auf der einen Seite war dieser Berg von üppigem Wald überzogen, während die Pflanzen auf der anderen Seite, die dem Wind ausgesetzt war, völlig anders aussahen, sie waren kleiner und klammerten sich eng an den Hang an. Als wir auf dem Kamm des Berges entlanggingen (wobei wir aufpassen mußten, daß wir nicht hinabgeweht wurden), konnten wir die auffällige Demarkationslinie erkennen, die allein durch die Macht des Windes entstanden war. Ein anderes Beispiel: Die windzugewandten Hänge einer großen Gebirgskette können dicht bewaldet sein, weil die aufsteigenden Luftmassen sich über ihnen abregnen, wohingegen die gegenüberliegenden Hänge, die Leeseite, im »Regenschatten« nur eine Steppen- oder Strauchvegetation aufweisen. Auch die Temperaturunterschiede spielen eine wichtige Rolle; in gemäßigten Breiten fängt die Nadelwaldzone auf den kühlen, schattigen Nordhängen früher an als auf den sonnigen Südhängen.

Das zierliche Edelweiß wächst in den Alpen in Höhen von mehr als 3500 m.

Das Pflanzenleben oberhalb der Baumgrenze

Sobald Sie auf »Ihrem« Berg den schützenden Waldgürtel durchstiegen haben, gelangen Sie in die alpine Tundra. (Unter der alpinen Tundra versteht man eine Tundravegetation, die sich in der höhenbedingten Kälte entfaltet; das Wort »alpin« bedeutet soviel wie »auf einem Berg«, und zwar auf jedem Berg, nicht etwa nur in den europäischen Alpen.) Hier ist die dünne, karge Bodenschicht einer starken Sonneneinstrahlung, der Gefahr von Erdrutschen und gewaltigen täglichen Temperaturschwankungen ausgesetzt. Um sich in diesem prekären Lebensraum behaupten zu können, wachsen viele Pflanzen in dichten Polstern oder Matten. Jede Pflanzenansammlung ist so fest ineinander verwoben,

Der schöne Apollo
Der Apollofalter *(gegenüberliegende Seite)* ernährt sich hauptsächlich von Flockenblumen. Fast jeder Berg oder Gebirgszug weist seine eigene geographische Rasse dieser Schmetterlingsart auf; bislang sind mehr als 600 Rassen beschrieben worden. Apollofalter fliegen langsam und tanzen und gleiten wie wunderschöne große Schneeflocken die Hänge hinab.

Die Höhenstufen des Gebirges
Kein Berg ist wie der andere, aber dennoch gelten für die Pflanzen, die auf den verschiedenen Höhenstufen wachsen, allgemeingültige Regeln. Die Zeichnung zeigt die Vegetationsgürtel, die man beim Besteigen des Südhangs eines hohen Berges durchquert (am kälteren Nordhang sind die einzelnen Stufen etwa 300 m tiefer anzusetzen). Viele Pflanzen und Tiere besiedeln die alpine Stufe und die arktischen Regionen gleichermaßen; die der Gipfelzone stammen aus der letzten Eiszeit.

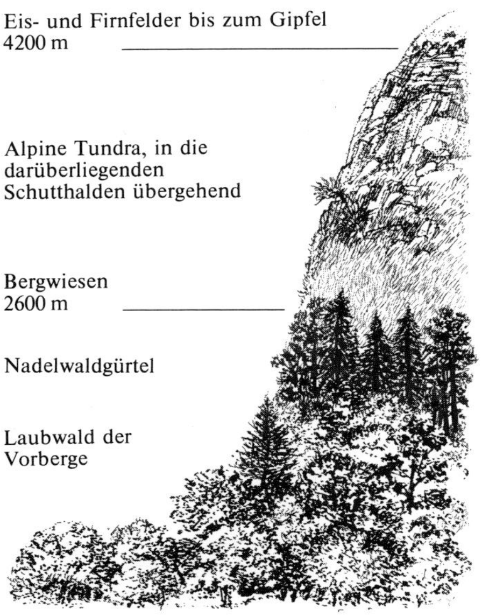

daß sie einer kleinen Falle gleicht, die alle vom Wind zugewehte Erde festhält. Die Gewächse ducken sich auf den Boden, wehren dadurch Sonne und Wind ab und werden zu kleinen Brutkammern für Insekten und anderes Kleingetier. Das Innere eines solchen Pflanzenpolsters kann 20 Grad wärmer sein als die Umgebungsluft, und das reicht aus, das Überleben eines Käfers oder Schmetterlings zu sichern.

Die alpinen Pflanzen müssen mit ihren Ressourcen sparsam umgehen und wachsen deshalb im allgemeinen langsam. Ihre Hauptaufgabe ist es nicht, im kurzen Sommer mit prächtigem Grün zu prunken, sondern in dieser Zeit stetig Nahrungsreserven in den Wurzeln zu speichern, damit sie die bitterkalten Jahreszeiten heil überstehen. Sie kuscheln sich in die Daunendecke des Schnees (die im Vergleich zur Außentemperatur warm ist), und sie erfrieren nicht, weil die Flüssigkeit, die sich nur schwerfällig in ihren Zellen bewegt, so dick ist, daß sie wie ein Frostschutzmittel funktioniert. Die Blätter sind gleichsam von einem Nebelschleier überzogen, bei dem es sich in Wirklichkeit um einen feinen haarigen Belag handelt, der Wärme bindet und den Wind abhält.

Es kann Jahre dauern, bis Gebirgspflanzen genügend Energie gespeichert haben, um kurzlebige Blüten hervorzubringen, doch wenn sie blühen, färben sich die Bergwiesen so herrlich bunt, daß man ihre Verwandlung kaum für möglich halten möchte. Auf einem Untergrund aus dunkelgrünen Blättern glühen dann leuchtende Farben – Rosa und Blau und Gelb. Das erstemal habe ich die Blütenpracht der Hochgebirgspflanzen während einer Fahrt durch die Alpen erlebt. Ich hatte diese Blumen noch nie aus nächster Nähe betrachtet, und so stellte ich den Wagen ab und wanderte querfeldein. Ich blickte nieder und sah, daß ich knöcheltief in einen farbenprächtigen Teppich aus winzigen Blüten versank, deren Namen ich nicht kannte. Manche ähnelten Miniaturröschen, die man der kleinsten Elfenfee der Welt hätte überreichen können, andere waren Stiefmütterchen mit zierlichen blauen Gesichtern, nicht größer als der Nagel meines kleinen Fingers. Die Versuchung, sie zu pflücken, war übermächtig; man möchte am liebsten einen ganzen Armvoll dieser farbenfrohen Blumen mit nach Hause nehmen und das ganze Haus mit ihnen schmücken. Aber wenn man sich klarmacht, daß ein einziges Samenkorn vielleicht Jahre braucht, um zu einer großen Pflanze heranzuwachsen und die nächste Generation zu begründen, muß man der Versuchung widerstehen.

Die Pflanzen der alpinen Tundra haben viele Probleme zu bewältigen, die mit ihrer physischen Umgebung zusammenhängen, und sie haben auch einige Schwierigkeiten mit den Tieren, die mit ihnen zusammenleben. Als anschauliches Beispiel möchte ich die Geschichte der Nördlichen Taschenratten in den Rocky Mountains erzählen. Diese entzückend aussehenden kleinen Nager haben einen Fehler, nämlich den, daß sie als Gärtner allzu energisch zu Werke gehen. In den Rockies gibt es herrliche Bergwiesen, die mit Seggen und Polsterpflanzen bestanden sind (die letzteren haben eine gewisse Ähnlichkeit mit altmodischen Nadelkissen). Diese beiden Gewächse kommen sehr gut miteinander aus, weil die Segge ein weitausgebreitetes, aber nicht sehr tiefes Wurzelsystem hat, während die Polsterpflanze über eine tief hinabreichende Pfahlwurzel verfügt. Wenn nun Taschenratten in eine solche Wiese einfallen, graben sie eifrig ihre Gänge und stoßen dabei auf die Wurzeln beider Pflanzen, die sie als große Delikatesse betrachten. Dieser Wurzelverzehr bekommt den Pflanzen gar nicht, und außerdem wird die gesamte niedrige Vegetation durch die hochgewühlte Erde erstickt. Die kleinen Bodenpartikel werden vom Wind weggeweht, und zurück bleibt nur der gröbere Kies, der Wasser nicht sehr gut hält, und so können sich die Seggen nicht wieder erholen, weil das Wasser für ihre Wurzeln zu tief im Untergrund versickert. Wenn die Seggen und Polsterpflanzen verschwinden, machen sich größere und kräftigere Pflanzen wie Schafgarbe und Glockenblumen auf der Wiese breit, deren Wurzeln von den

Taschenratten verschmäht werden. Der zunehmende Nahrungsmangel vertreibt die kleinen Nagetiere, und nach einiger Zeit erscheinen die Polsterpflanzen wieder auf der Bildfläche. Sie können gedeihen, weil ihre Wurzeln nicht mehr als Nagermahlzeit herhalten müssen, und ihre langen Pfahlwurzeln durchdringen die Kiesschicht und gelangen an das Wasser. Staub und Pflanzenreste sammeln sich nach und nach in der dichten »Perücke« der Polsterpflanzen an, und es bildet sich allmählich eine Humusschicht. Wenn sich der Bodenbelag verbessert, können auch die Seggen wiederkehren, die mit der Zeit alle Pflanzen mit Ausnahme der Polsterpflanze verdrängen – der Kreislauf ist vollendet, und die Wiese ist in ihre Ausgangsposition zurückgekehrt. Dieser Vorgang, der hundert Jahre lang dauern kann, ist ein Beweis dafür, daß die Natur flexibel genug ist, naturgegebene Schäden zu reparieren. Womit sie jedoch nicht fertig wird, das sind die plötzlichen rohen Übergriffe des Menschen.

Kleingetier in großen Höhen

In hochalpinen Lagen ist die Wirbellosenfauna recht bescheiden, aber immerhin trifft man hier an sonnigen Tagen noch Springschwänze und kurzgeflügelte Käfer und Heuschrecken im Freien an. Auch einige kleine Falterarten leben dort oben, zum Beispiel Heufalter, die dicht über dem Boden fliegen. Sie halten sich an den Pflanzen fest und versuchen sich möglichst unter dem kräftigen Wind fortzubewegen. Die meisten dieser Insekten sind tagaktiv, und am Morgen nach einer Frostnacht befinden sie sich zumeist in einem Trancezustand und werden erst unter dem Einfluß der Sonnenwärme munter. Man kann zusehen, wie sie in den ersten Sonnenstrahlen zögernde Bewegungen machen, so wie auch wir an einem kalten Wintermorgen nur schwer aus dem Bett kommen. Hochgebirgsinsekten haben, genauso wie die Pflanzen, zwischen denen sie leben, eine sehr lange Entwicklungszeit. Viele Schmetterlinge benötigen für ihren Lebenszyklus zwei Jahre, und manche Heuschrecken brauchen sogar drei.

Ein Bergbewohner, dem ich gerne einmal persönlich begegnen würde, ist die Himalaja-Heuschrecke. Hoch oben in der dünnen Luft einer der mächtigsten Gebirgsketten unserer Erde ist dieses ungewöhnliche Geschöpf zu Hause. Bunt bemalt wie ein Clown, mit scharlachroten Wangen, blauschwarzem Kopf, braunen, gelbgesprenkelten Flügeln und gewaltigen blauen Sprungbeinen, zirpt sich diese prachtvolle Heuschrecke durchs Leben und hüpft mit ausgelassener Fröhlichkeit zwischen den Bergblumen umher, und das in einer Höhe, wo uns Menschen die Luft auszugehen droht.

Reptilien und Amphibien, wechselwarme Tiere wie die Wirbellosen, sind in den kalten Hochlagen rar, doch es gibt ein paar Arten, die sich in solch lebensfeindlichen Regionen zu behaupten vermögen. In Europa, in den Alpen, kommen der Bergmolch und der glänzend schwarze Alpensalamander vor. Im Himalaja lebt eine Echse, die Krötenkopfagame, die sich rühmen kann, die am höchsten beheimatete Reptilienart zu sein – sie wurde schon in Höhen von 5000 Metern angetroffen.

Gebirgsvögel

Im allgemeinen halten es warmblütige Tiere – Vögel und Säuger – in der kalten Höhe am ehesten aus. Auf den hochgelegenen Matten der Alpen wohnen die Heckenbraunelle, der Schneefink und der wunderschöne Mauerläufer, der wie ein großer Schmetterling aussieht, wenn er sich an einer Felswand niederläßt und seine magentarot schimmernden Flügel zur Schau stellt. Im Frühling und Sommer jagen diese Vögel in den Hochlagen nach Insekten, im Winter steigen sie in tiefere Lagen ab. Einige größere Vogelarten verbringen den größten Teil

Amphibien in großen Höhen
Der Alpen- oder Bergmolch *(unten)* lebt in kalten, unbewachsenen Teichen und langsamfließenden Bächen. Seine schwimmenden Larven erreichen körperlich oft nicht das Erwachsenenstadium, werden aber geschlechtsreif und können sich als »Kaulquappen« bereits fortpflanzen – ein merkwürdiges Phänomen, das bei Schwanzlurchen nicht selten vorkommt und wissenschaftlich als Neotenie bezeichnet wird. Die dunkle Färbung des Alpensalamanders *(ganz unten)* ist ein Anpassungsmechanismus, der der Wärmeabsorption dient. Dieser Lurch bringt in feuchten Felsspalten lebende Junge zur Welt. Er ist in Europa noch in Höhen von 3000 m zu finden.

Der Berg

Der große französische Naturforscher Fabre hat einmal bemerkt, daß für ihn eine Bergbesteigung fast das gleiche sei wie eine Reise von den Subtropen zum Polarkreis. Der Berg, auf den er sich bezog und den auch wir an einem sonnigen Septembertag besuchten, ist der Mont Ventoux in der Nähe der südfranzösischen Stadt Avignon. Die typische »Zonierung« der Flora und Fauna ist manchmal schwer zu erkennen, wenn man bergauf steigt, vor allem wegen des unregelmäßigen Geländes und wegen der Unterschiede zwischen den schattigen Nord- und den besonnten Südhängen. In Gipfelnähe, bei etwa 1800 m, verkümmern die Pflanzen zu zwergwüchsigen und kompakten niedrigen Formen mit kräftigen Wurzeln und kleinen, zähen Blättern. Das ist eine Anpassung an das rauhe Höhenklima mit kalten, heftigen Winden, intensiver Ultraviolettstrahlung und Feuchtigkeitsmangel, das auf den geröllbedeckten Felshängen herrscht.

Geröllflechten bilden die erste Phase bei der Kolonisierung der felsigen Gipfelregion. Sie beziehen Nährstoffe aus dem lockeren Gestein.

Zapfen, die wahrscheinlich von Eichhörnchen leergefressen wurden. Die in Bergwäldern heimischen Eichhörnchen sind vielfach dunkel, ja schwarz gefärbt. Die Kiefernsamen und die Schuppen sind verspeist worden.

Vogelbeeren Die auffälligen roten Beeren ziehen vor allem Amseln und Drosseln an, die das Fruchtfleisch verzehren und die Samen weit verstreuen.

Männliche Zapfen Dagegen wachsen weibliche Lärchenzapfen paarig und weisen alle in eine Richtung

Moossteinbrech

Wacholderbeeren brauchen bis zur Reife zwei Jahre; diese purpurvioletten Beeren nähern sich der Reife (im ersten Jahr sind sie hellgrün). Im Gebirge bildet der Wacholder kleine, kompakte Strauchformen aus zum Schutz gegen Kälte und Wind.

Silberdistel

Gebirgsschmetterlinge sind oft dunkler gefärbt als ihre Pendants in der Ebene, um möglichst viel von der schwachen Sonneneinstrahlung im Frühling und Herbst einzufangen.

Laubheuschrecken sind Allesfresser. Beim Sammeln sollte man sie also getrennt halten. Sie sind wärmeliebend und sonnen sich gern auf dunklen, Wärme absorbierenden Steinen.

Drei Spinnentiere Der Weberknecht frißt lebende oder tote tierische Kost; die Wolfsspinne ist eine Pirschjägerin, und die Haubennetzspinne baut ihr Netz im Gebüsch.

Bremse Das Bremsenweibchen saugt das Blut von Säugetieren, das Männchen ernährt sich von Blütennektar.

Kompakte niedrige Pflanzen Im Spätfrühling zeigen sich die Bergblumen zwar von ihrer schönsten Seite, aber auch der Frühherbst hält mancherlei Überraschungen bereit, z. B. die prachtvollen Samenköpfe der Eberwurz-Disteln. Man beachte auch das niedrige Polster des Steinbrech mit geringer Oberfläche.

Die rotgeränderten Samenkapseln des Stumpfblättrigen Ampfers ähneln denen des uns vertrauteren Sauerampfers. Daneben sehen wir die schirmförmige Einzelblüte eines Doldengewächses.

Steinadler

Bart- oder
Lämmergeier

des Jahres oberhalb der Baumgrenze, so etwa die Alpendohle, verschiedene Rebhuhnarten und im Himalaja die anmutigen, sehr lautfreudigen und rasant fliegenden Königshühner. In den neuseeländischen Alpen lebt sogar eine Papageienart, die jenseits der Baumgrenze brütet. Das ist der große und sehr schöne Kea.

Als ich vor einigen Jahren in Neuseeland einen Naturschutzfilm drehte, stellte ich fest, daß der Kea ein sehr umstrittener Vogel ist. Er war allgemein verhaßt bei allen Schafzüchtern, die ihn beschuldigten, nicht nur Lämmer zu töten, sondern auch ausgewachsene Schafe zu attackieren. Angeblich riß der Vogel den Schafen den Rücken auf, um an das Nierenfett heranzukommen, das nach Aussage der Farmer für ihn ein besonderer Leckerbissen war. Die Schafe überlebten natürlich eine solche unsanfte Behandlung nicht. Die Ornithologen meinen dagegen, das sei alles Unsinn und die Keas interessierten sich nur für Schafkadaver oder allenfalls für sehr kranke Schafe, die sich nicht mehr von der Stelle bewegen könnten. Während diese Kontroverse ausgetragen wurde (und wird), erschien es uns wichtig, die Vögel in freier Wildbahn zu filmen. Alle Leute erzählten uns, das sei ganz einfach. Man brauche nur in die Berge zu steigen, die Kameras aufzubauen und »Kea, kea, kea« zu rufen, und schon würden die unersättlich neugierigen Vögel herbeifliegen. Tag für Tag stiegen wir in die Berge, bauten die Kameras auf und riefen »Kea, kea, kea«, und jeden Abend kehrten wir in unser Hotel zurück, ohne die störrischen Vögel auf unseren Film gebannt zu haben. Als wir eines Morgens reichlich deprimiert das Problem besprachen, hörte eine Hotelangestellte zufällig unser Gespräch mit. Wenn wir Keas filmen wollten, meinte sie, könnten wir sie hinter dem Hotel finden, denn jeden Morgen stelle sich dort ein ganzer Schwarm ein, um sich die Küchenabfälle zu holen! Gleich nach dieser Eröffnung drehten wir endlich unseren Film über die anmutigen großen Papageien mit ihrem grünlichen Grundgefieder, ihren leuchtend rot-gelben Unterschwingen und ihrem kräftigen Hakenschnabel.

Die größeren Gebirgsvögel gleiten und kreisen über den Hängen und lassen sich dabei von den Luftströmen tragen, die spiralig aus den Tälern aufsteigen. Emporgehoben und hin und her gestoßen von den beständigen Winden, können die Vögel mit ihren außergewöhnlich scharfen Augen ihre Beute erspähen. Adler horsten manchmal an der Baumgrenze, jagen aber in höheren Lagen; dadurch erleichtern sie sich das Atzen ihrer Jungen, denn so befördern sie die Nahrung gewissermaßen treppab und nicht treppauf. In den Bergen Eurasiens streichen die Gänsegeier durch den Luftraum über den Tälern, und in den südamerikanischen Anden begegnet man dem riesigen Kondor, dessen Schwingen die größte »Segelfläche« in der gesamten Vogelwelt haben. In diesem einsamen Hochgebirge kann man, wenn es sonst ganz still ist, die Kondore vorüberrauschen hören; ihre Flügel durchschneiden die Luft mit einem Geräusch, das an pfeifende Degenklingen gemahnt.

Der größte und (für mein Gefühl) schönste Greifvogel Europas ist der Bart- oder Lämmergeier. Es ist ein eindrucksvoller Anblick, wenn er auf seinen zweieinhalb Meter klafternden Schwingen dahingleitet. Mit seinem gebogenen Schnabel, den funkelnden roten Augen und dem dunklen »Kinnbart« sieht er fast aus wie ein Pirat aus dem 16. Jahrhundert. Ein besonderer Leckerbissen für den Bartgeier ist Knochenmark, das er sehr geschickt erbeutet. Er trägt einen Knochen in große Höhen und läßt ihn dann auf die Felsen fallen, wo er durch den Aufprall zersplittert. Der Vogel holt sich dann den zerbrochenen Knochen und löffelt das weiche Mark mit der Zunge heraus. Dieser prachtvolle Greif baut seinen Horst im Winter, indem er ein stattliches Gewirr aus Zweigen und Ästen an einer Felswand aufhäuft, und die Außenseite des Horstes polstert er mit großen Fetzen Schafwolle aus, um die Nachkommen vor den Unbilden des Wetters zu schützen.

Säugetiere der höheren Lagen

Bergbewohnende Säugetiere gibt es in allen Formen und Größen, doch die kleineren haben durchweg das Aussehen einer Fellkugel, denn bei dieser Gestalt sind die Wärmeverluste am geringsten. In der kalten Jahreszeit halten manche Kleinsäuger einen Winterschlaf (das trifft auf die Murmeltiere und die Erdhörnchen zu), während andere in ihren warmen unterirdischen Bauen aktiv bleiben (wie die Taschenratten und Wühlmäuse). Zu der letzteren Gruppe gehören auch die Pfeifhasen, die mit unseren Hasen verwandt sind, aber eher weichbepelzten, rundlichen Meerschweinchen ähneln. Diese asiatischen und nordamerikanischen Hasentiere sind sehr zielstrebige Landwirte, was es ihnen ermöglicht, das ganze Jahr über munter zu bleiben. Die Russen nennen sie »Heumacher«, und genau das tun die Pfeifhasen. Wenn der Sommer zur Neige geht, widmen sie sich mit großem Eifer dem Heumachen; sie schneiden mit ihren scharfen Zähnen Grashalme ab und arrangieren sie sorgfältig in kleinen Bündeln, die auf den sonnenwarmen Felsen zum Trocknen ausgelegt werden. Wenn es zu regnen anfängt, schleppen die Pfeifhasen angeblich ihre kostbaren »Garben« mit fieberhafter Eile an einen geschützten Ort, um sie nach dem Unwetter sofort wieder in die Sonne zu schaffen. Ist das Heu richtig gedörrt und schön knusprig, lagern die Tiere es als Wintervorrat ein.

Ein kleines Säugetier, das in den Vorbergen der Anden heimisch ist, ist die Cuvier-Hasenmaus oder Berg-Chinchilla, die mit ihren langen Ohren und ebensolchem Schwanz nicht ganz in das Bild der »Fellkugel« paßt. Ich erinnere mich an eine Fahrt durch Argentinien, auf der wir am Ende den hoch aufragenden Wall der Anden erreichten. Obwohl es Sommer war, trugen die Gipfel allesamt zerfetzte Schneekappen, und die Luft war trotz der warmen Sonne frisch und kalt. Hier wollte ich Cuvier-Hasenmäuse filmen und fangen. (Deren Verwandte, die oder das Langschwanz-Chinchilla, aus dem man die Pelzmäntel macht, ist ein kleines taubengraues Tier, das ebenfalls in den Anden lebt, aber inzwischen sehr selten geworden ist, weil man es wegen seines Fells so rück-

Herbstliche Ernte
Ein Murmeltier sorgt für den Winter vor, indem es bündelweise trockenes Gras sammelt und in seinen Bau einträgt, als Baumaterial für sein stattliches Lager und als Nahrungsvorrat. Murmeltiere leben in großen Höhen und entgehen den schlimmsten Unbilden des Wetters durch einen Winterschlaf, der acht Monate dauern kann. An warmen Sommertagen widmen sie sich ausgiebig der Nahrungsaufnahme; mit Gräsern und Wurzeln bauen sie eine große Fettreserve auf, mit der sie die lange Winterschlafzeit überstehen.

Nordamerikanisches Dickhornschaf

Europäische Gemse

sichtslos verfolgt.) Die Cuvier-Hasenmaus ist ein kurioses Geschöpf, etwa so groß wie ein Kaninchen, mit einem fast kaninchenähnlichen Kopf und kraftvollen Hinterläufen, die an ein Känguruh erinnern. Die Tiere bilden Kolonien in den hochgelegenen Felstälern und ernähren sich von den wenigen Pflanzen und Flechten, die sie dort vorfinden.

Nach einer mehrtägigen Suche entdeckten wir ein kleines Tal, das von einem winzigen Bach durchflossen wurde, und das war die Heimat von etwa zwanzig Cuvier-Hasenmäusen. Wir schlugen etwas entfernt von diesem Tal unser Lager auf und machten uns dann daran, die Tiere zu filmen und einzufangen. Es folgten die beiden enttäuschendsten Wochen, die ich je erlebt habe. Wir versuchten die Kerle mit allen erdenklichen Tricks vor die Kamera zu bekommen, und in unserer Verzweiflung bauten wir sogar ein Tarnversteck aus Felsbrocken. Doch nach zwei Wochen hatten wir nur ein paar Sekunden Film belichtet, auf dem nicht mehr zu sehen war als das Hinterteil einer Hasenmaus, die in einem Geröllhaufen verschwand. Das Ärgerliche war, daß die Tiere recht zutraulich waren, wenn wir ohne Kameras das Tal betraten. Sie ließen uns ziemlich nahe an sich heran, während sie zwischen den Felsen herumsprangen und immer wieder innehielten, um zu fressen oder sich den Schnurrbart zu striegeln. Unsere Fangversuche waren ungefähr ebenso erfolgreich wie unsere Filmarbeit. Keine Falle und kein Köder vermochte sie zu überlisten, und in diesem Gelände aus großen Felsblöcken, zerborstenem Gestein und stellenweise dichtem Unterholz war es unmöglich, die Tiere in Netze zu treiben. Nach zwei Wochen mußten wir unverrichteter Dinge wieder abziehen. Das Leben eines Naturforschers ist nicht immer eine Erfolgsstory!

Die größeren Bergtiere überwintern nicht. Die Nordamerikanischen Wapitis und Dickhornschafe (mit ihrem herrlich geschwungenen Gehörn, das wie ein römischer Helm aussieht) und die verschiedenen Wildziegen und -schafe der eurasischen und nordafrikanischen Bergwelt wandern je nach Jahreszeit und Nahrungsangebot an den Hängen auf und ab. Wie ihre Wanderbewegungen vom Pflanzenwuchs bestimmt sind, so sind die Bewegungen der Raubtiere von den Ortsveränderungen ihrer Huftierbeute abhängig. Wenn die Herden in den Bergen auf- oder absteigen, werden sie verfolgt von Wölfen, Bären und Großkatzen. Auf dem langen Gebirgszug, der sich von Nordamerika bis hinunter zur Südspitze Südamerikas erstreckt, lebt und jagt eine Raubkatze, die mehr volkstümliche Namen hat als jede andere Katzenart. Das ist *Felis puma,* der Puma, der in den verschiedenen Teilen seines Verbreitungsgebietes auch Kugar oder Berglöwe genannt wird.

Eines jener Huftiere, das sich nicht die Mühe macht, ständig an den Berghängen auf- und wieder hinabzusteigen, ist die Schneeziege der Rocky Mountains, die keine Ziege ist, sondern unserer Gemse nahesteht. Dieses untersetzte schneeweiße Tier hat ein langes, kummervolles Gesicht, bei dessen Anblick ich stets den Eindruck habe, es müßte eigentlich einen goldenen Kneifer tragen, denn so sehr ähnelt es einem gesetzten Geistlichen oder Literaten aus dem Biedermeier. Dieser Eindruck verstärkt sich noch, wenn man die Schneeziegen in Bewegung sieht – sie sind ungemein trittsicher, aber zugleich bedächtig und voller Würde, und es haftet ihnen eine gewisse Feierlichkeit an, wenn sie in ihrem Reich oberhalb der Baumgrenze auf der Suche nach Flechten und Zweigen umherstreifen. Im Winter nehmen ihre Hufe und ihre dolchspitzen Hörner den blauschwarzen Glanz eines Gewehrlaufs an. Vor dem blendenden Weiß eines sonnenbeschienenen Schneefelds sieht man von den Tieren nicht mehr als ihre Hörner und Hufe, ihre schwarzen Lippen und ihre dunklen, seelenvollen Augen. Wie andere Tiere mit einem wertvollen Haarkleid hat man auch die Schneeziegen wegen ihrer wunderbaren milchweißen Wolle, die weicher als Kaschmirwolle ist, im vorigen Jahrhundert so stark bejagt, daß sie beinahe ausgerottet worden wären.

Fauna und Flora der Bergwälder

Die Lebensformen der Hochlagen weisen auf allen Bergen der Welt verblüffende Übereinstimmungen auf. In fast allen Gipfelregionen finden sich Flechten und Polsterpflanzen, große Vögel, die auf den Windströmungen wie auf Straßen durch die Täler gleiten, bepelzte rundliche Kleinsäuger und klettergewandte größere Säugetiere. Doch wenn man die höheren Hänge verläßt, werden die Unterschiede deutlich, denn weiter unten nehmen die Berge die typischen Merkmale der sie umgebenden Landschaften an. Natürlich gibt es auch hier noch immer gewisse Ähnlichkeiten; die erste Vegetationsstufe, auf die man an der Baumgrenze stößt, setzt sich regelmäßig aus knorrigen, zwergwüchsigen immergrünen Bäumen zusammen, aber welche Baumarten man jeweils antrifft, hängt von der geographischen Lage des Berges ab. In Nordamerika und in den Alpen sind es dunkelgrüne, wohlriechende Nadelhölzer, im Himalaja dagegen leuchtend blühende Rhododendronwälder. Auf den Mondbergen, die sich in Afrika beiderseits des Äquators erstrecken, sind die ersten hohen Bäume, denen man begegnet, vielfach gar keine Bäume, sondern hoch aufragende Heidekrautgewächse; wenn man sich zwischen ihnen bewegt, kommt man sich fast so vor wie ein Käfer, der in einer mitteleuropäischen Heidelandschaft umherkrabbelt.

In den Bergen der gemäßigten Zone schließen sich weiter unten die Laubwaldgürtel an, aber auch sie unterscheiden sich in den verschiedenen Weltregionen erheblich voneinander. In der chinesischen Provinz Szetschuan bestehen diese Laubwälder aus Tannen und Rhododendren, die in tieferen Lagen von Bambuswäldern abgelöst werden. Diese phantastische Landschaft im westlichen China beherbergt vielerlei ungewöhnliche und unverwechselbare Tiere. Das ist die Heimat des drolligen schwarz-weißen Riesenpandas oder Bambusbären, der raffinierte Turnübungen vollführt und sich manchmal sogar mit würdevoller Betulichkeit auf den Kopf stellt; er schert sich nicht im mindesten darum, daß die Zoologen noch immer darüber streiten, ob sie ihn als einen Bären, einen Waschbären oder einen Fall für sich einstufen sollen. Unbekümmert um diese gewichtige Kontroverse, trottet der Riesenpanda über die Berghänge und mampft genüßlich die wohlschmeckenden Bambussprossen. Der Kleine Panda oder Katzenbär ist hier ebenfalls zu Hause; er ist viel kleiner als sein in aller Welt beliebter großer Vetter und sieht mit seinem kastanienbraunen Fell und seinem quergestreiften Schwanz wie eine Kreuzung aus Waschbär und Fuchs aus.

In den Gebirgen der Tropenländer steigt man von der tundraähnlichen Gipfelregion durch den immergrünen Nadelholzgürtel in den sogenannten Nebelwald ab. Hier ist die Luft ständig mit Feuchtigkeit gesättigt, und die Bäume sind in unaufhörlich kreisende Nebelwolken gehüllt. Das ist für den Naturforscher eine unerschöpflich reiche Landschaft: Die Bäume sind mit einem teppichdicken Moosbelag überzogen, behängt mit bizarren Epiphyten und geschmückt mit ganzen Kaskaden von farbenprächtigen Orchideen. Riesige Baumfarne gedeihen hier, die wie mächtige schimmernde Fontänen aus dem Boden emporschießen. Die Vegetation ist durchweg üppig und vielgestaltig, und das gleiche gilt für die vielen Vögel, denen dieser Pflanzenwuchs reichlich Nahrung bietet. Die neuweltlichen Kolibris schwirren wie funkelnde Edelsteine von Blüte zu Blüte, und in den Tiefen des Waldes zeigt der merkwürdige orangerote Felsenhahn sein ungewöhnliches Balzverhalten. Der Hahn findet sich auf einer speziellen »Bühne« ein und führt dort seinen Balztanz auf, wobei ihm mehrere Artgenossen beiderlei Geschlechts gebannt und mit ernster Würde zuschauen. Sobald ein Tänzer erschöpft ist, wird er sogleich von einem anderen abgelöst, so daß in den Darbietungen dieser herrlichen Vögel nie eine Pause eintritt.

Sagenumwobene Vögel
Die Nebelwälder, die die Berghänge in Mittelamerika überziehen, sind die Heimat des herrlichen Quetzals. Die Abbildung zeigt ein Paar dieser Vögel; das Männchen erkennt man an seinem prachtvollen, eleganten Gefieder und an den lang ausgezogenen Schwanzfedern. Diese Federn waren als Schmuck bei den Aztekenherrschern sehr begehrt. Die Vögel wurden in großen Aviarien gehalten und alljährlich ihrer langen Federn beraubt. Heute ziert der Quetzal das Staatswappen Guatemalas, und der *quetzal* ist die Währungseinheit dieses Landes.

An Teich, Bach und Fluß

Die Teiche und Seen bilden die großen Süßwasserbehälter unseres Planeten, und die Flüsse und Bäche, die das Land kreuz und quer durchziehen, sind ihre Venen und Arterien. Es ist eine überraschende Tatsache, daß von allen Wassermassen der Erde (die Ozeane und das Wasser, das in Gletschern und im Eis und Schnee der Polkappen gebunden ist) diese Binnengewässer nur einen winzigen Bruchteil darstellen, vergleichbar einem einzigen Tropfen in einer Weinflasche – und dennoch sind sie für uns von lebenswichtiger Bedeutung. Jedes terrestrische Ökosystem verfügt über seine eigene »Wasserversorgung«. Da sind die Eistümpel der Tundra; die tiefen, kalten Seen des borealen Nadelwaldgürtels; die reißenden Gebirgsbäche, die sich in der Ebene in breite und gemächlich dahinfließende Wasserflächen verwandeln; die großen braunen Ströme, die den Regenwald bewässern; schließlich die Oasenquellen in den unermeßlichen Weiten der kahlen Wüste. Alle diese Binnengewässer spielen eine wichtige Rolle im Haushalt der Natur, aber nicht minder der unscheinbare Teich im Wald vor unserer Haustür.

Wasser gehört zu den Lebenselementen unserer Erde. Landpflanzen spüren es mit ihren Wurzeln auf, boden- und baumbewohnende Tiere suchen es auf, um zu trinken und zu fressen oder nur um zu baden und zu spielen. Viele Organismen können sich ohne Wasser nicht vermehren. Das Wasser hat einen nicht zu überschätzenden Einfluß auf das Lebensgefüge des festen Landes. In den amerikanischen Wüstengebieten können beispielsweise die Samen der Eisen- und Perückenbäume erst dann auskeimen, wenn sie von den Sturzfluten, die sich in die trockenen Flußbetten, die Arroyos, ergießen, herumgestoßen und abgeschliffen worden sind. Vor allem aber beherbergt das Süßwasser eine eigene überreiche Flora und Fauna – von den wunderschönen Teichrosen bis zu den Wasserkäfern und Fischen.

Soviel ich weiß, ging mir zum erstenmal richtig auf, was für eine komplexe Lebewelt im Wasser existiert, als mir mein Freund und Lehrer Theodore auf Korfu einen einzigen Wassertropfen vorführte, den er einem alten Trog vor unserer Küche entnommen hatte. Als ich ihn unter dem Mikroskop betrachtete, erstand vor meinen Augen ein ganzer Dschungel. Ich erblickte seltsame Hüpferlinge *(Cyclops),* die mißgestalteten Krabben ähnelten und auf beiden Seiten Beutel mit scharlachroten Eiern trugen, wie ein mit Zwiebelsäcken beladener Esel. Scharen von Pantoffeltierchen sausten vorüber; die kurzen Härchen oder Wimpern, die ihren einzelligen Körper säumten, bewegten sich rasch wie Miniaturpaddel. Daphnien, sogenannte Wasserflöhe, enthüllten in ihrem durchscheinenden Leib die herrlichsten Farben, und die hinreißenden Kieselalgen zeigten eine solche Formenvielfalt, daß man meinte, ein Meisterarchitekt habe sie entworfen. Alle diese Organismen und noch manche andere lebten in einem einzigen Tropfen, und ich hatte davon nicht die geringste Ahnung, bis ich den ersten Blick durch das Mikroskop tat.

Ein guter Naturforscher ist stets auf alles vorbereitet; deshalb sollten Sie auf jede Exkursion – auch wenn Ihr Ziel nicht ein Bach oder Teich ist – ein paar Reagenzgläser mitnehmen, die sich mit Korken fest verschließen lassen. Wasserproben aus allen möglichen Pfützen oder Köchern, aus hohlen Bäumen oder von Laub verstopften Dachrinnen können Sie stundenlang beschäftigen, wenn Sie Besitzer eines relativ einfachen Mikroskops sind. Und wenn Sie kein

Hochzeit im Frühling
Ein Stichlingsweibchen gibt dem Liebeswerben seines Partners nach, der es zu seinem Unterwassernest gelockt hat. Die Balz der Stichlinge ist eine komplizierte Angelegenheit; das Männchen verführt das Weibchen mit seinem prächtigen Hochzeitsgewand und geleitet es mit seinem Zickzacktanz zum Nesteingang.

Ein gefiederter Edelstein am Flußufer
Zu den aufregendsten Erlebnissen eines Naturfreundes gehört die Begegnung mit einem Eisvogel *(gegenüberliegende Seite),* der über einem stillen Fluß- oder Bachabschnitt auf Beute lauert. Das Gefieder ist eine spektakuläre Mischung aus schillernden Farbtönen, und wenn der Vogel taucht, verschwimmen alle Farben zu einem leuchtenden Blitzstrahl. Der speerförmige Schnabel eignet sich hervorragend dazu, kleine Fische, etwa Weißfische und Stichlinge, unmittelbar unter der Wasseroberfläche zu erhaschen.

Künstler sind, so werden Sie angesichts der Formen und Farben dieser wasserbewohnenden Kleinstlebewelt den Wunsch verspüren, einer zu werden.

Auf Korfu habe ich von Theodore die Kunst gelernt, die Biotope des Süßwassers zu erforschen. Zu unseren Expeditionen brachen wir so früh wie möglich auf, und am Vorabend vergewisserte ich mich, daß mein gesamtes Zubehör in Ordnung und in meiner speziellen Sammelbox verstaut war, die ich mir nach einem Entwurf von Theodore gebastelt hatte. Sie bestand aus einem Metallkasten mit mehreren exakt gearbeiteten Fächern für Reagenzgläser, Gefäße und Metalldosen mit durchlöchertem Deckel, in denen ich Wasserkäfer, Schnecken oder interessante Wasserpflanzenbüschel unterbringen konnte. Hinzu kamen der unentbehrliche Kescher und das Planktonnetz – ein kleines Netz, das am Ende ein Fläschchen trägt –, ferner ein Enterhaken mit Leine, mit dem man Wasserpflanzen fassen und ans Ufer ziehen kann. Die Sammelbox hatte keinen Deckel, sondern paßte genau in einen festen Segeltuchbehälter mit einer Klappe zum Zudecken. So war der Kasten vor der grellen Sonne geschützt, doch gleichzeitig konnte die Luft zirkulieren. Für eine derartige Exkursion genügt – bei warmem Wetter – die allereinfachste Bekleidung, denn man wird mit ziemlicher Sicherheit schmutzig und naß. Ich trug gewöhnlich ein kurzärmeliges Hemd, kurze Hosen und Sandalen. Man wählt am besten Sachen, die rasch trocknen.

Wenn Sie sich einem Gewässer nähern, ob es nun ein stiller See oder ein raschfließender Bach ist, sollten Sie behutsam vorgehen, denn Sie wissen ja nicht im voraus, was für Tiere am Ufer zu sehen sein werden. Es könnte gerade ein Fuchs oder ein Iltis oder Wiesel zur Tränke gekommen sein, oder vielleicht ist ein Reiher beim Fischfang. Sie könnten sogar das Glück haben, ein Hirschrudel zu erspähen oder einen Biber, der einen Baumstamm durch das Wasser schleppt, um seinen Damm oder seine Burg auszubessern. Oder Sie entdecken eine Bisamratte, die vor dem Schlafengehen einen leichten Wasserpflanzenimbiß zu sich nimmt. Ein Bergbachbewohner, den ich liebend gern einmal sehen würde, ist der Pyrenäen-Desman. Dieses kuriose kleine Säugetier ähnelt einem Wassermaulwurf und besitzt eine außergewöhnlich lange Schnuppernase. In Frankreich wird es »Trompetenmaus« genannt wegen seiner merkwürdigen Nase, die es beim Schwimmen als Schnorchel benutzt.

Sobald Sie näher ans Ufer herankommen, sollten Sie auf dem Schlammboden nach den Spuren von Vögeln und Säugetieren Ausschau halten, und möglicherweise entdecken Sie auch Höhlen von Uferschwalben, Bienenfressern oder Eisvögeln in der Uferböschung. Auf Korfu kannte ich eine Gegend, wo Wasserläufe ein ausgedehntes Schachbrettmuster bildeten. Das waren alte venezianische Salzgärten, doch zu meiner Zeit baute man auf den einzelnen Quadraten Nutzpflanzen wie Mais und Wassermelonen an. Die mit Süßwasser gefüllten Kanäle selbst waren ein Paradies für den Naturfreund, denn sie bargen Wasserschnecken, Schildkröten und vieles andere Getier. In meinen Augen war es immer eine Bewährungsprobe für einen guten Naturforscher, wenn man sich diesen Kanälen so vorsichtig nähern konnte, daß die sonnenbadenden Schildkröten, Schlangen und Frösche nicht aufgeschreckt wurden.

Gehen Sie ganz langsam, wenn Sie an das Wasser selbst herankommen, damit Ihr unverhoffter Anblick oder Ihr Spiegelbild und die Erschütterungen durch Ihre Schritte nicht die Kaulquappen, Molche, Wasserkäfer und kleinen Fische verscheuchen, die sich gern im seichten Uferwasser aufhalten. Der Vormittag und der frühe Nachmittag sind wahrscheinlich die besten Zeiten für das Herumplanschen in Teichen und stillen Bächen, weil dann die kleinen Tiere in der warmen Sonne am muntersten sind und weil das Licht für die Beobachtung besonders gut ist. Wenn Sie am Ufer entlanggehen, untersuchen Sie auch die Pflanzenstengel, an denen vielleicht die abgestoßenen Häute von Wasserinsekten hängen. Hin und wieder entdecken Sie mit etwas Glück eine Libellen-

SAMMELN VON WASSERORGANISMEN

Außer den Geräten auf Seite 20 benötigen Sie ein Planktonnetz *(vgl. S. 190)*, die unten abgebildeten Netze und Enterhaken und ein schmales Glasgefäß oder eine Plastikwanne für Schlamm- und Pflanzenproben.

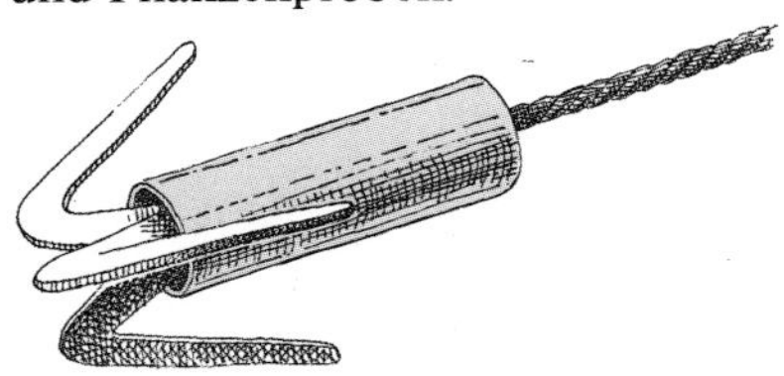

Der Enterhaken
Dieses dreihakige Instrument wird wie ein Anker an einer langen Schnur befestigt. Schwingen Sie den Haken ein paarmal über dem Kopf und werfen Sie ihn dann mitten in einen verkrauteten Teich oder See. Anschließend ziehen Sie ihn zu sich heran und inspizieren die Pflanzenausbeute. Einen solchen Enterhaken kann man aus drei zurechtgebogenen Drahtstücken selber anfertigen.

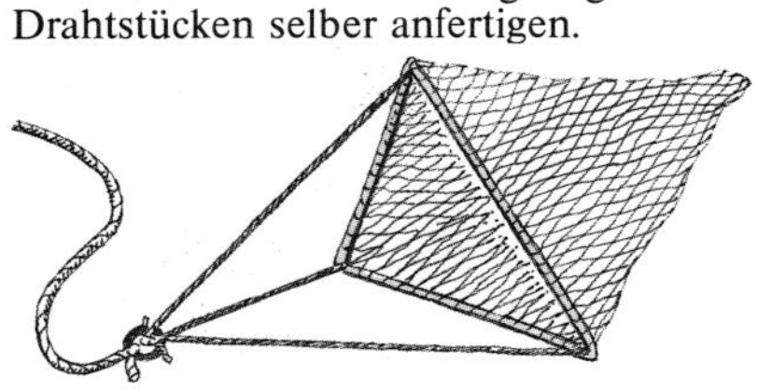

Die Dredsche
Die stabile Dredsche wird über den Gewässerboden gezogen, um Pflanzen, Schlammproben und bodenlebende Tiere zu erbeuten. Das Netz besteht meist aus starkem Nylongeflecht, und das untere Rahmenteil wird durch ein längs aufgeschnittenes Schlauchstück geschützt.

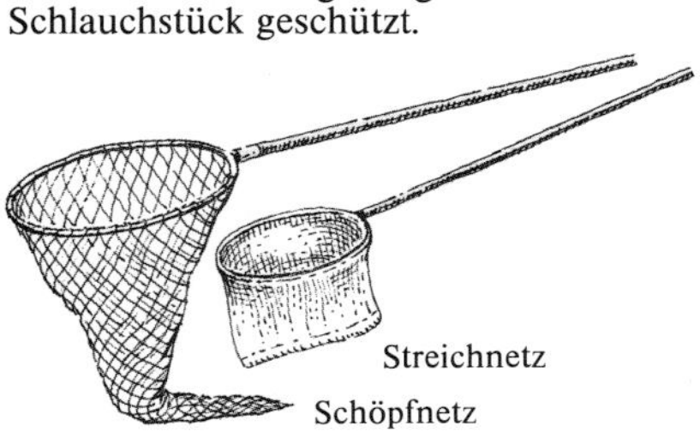

Streich- und Schöpfnetz
Das Streichnetz oder der Kescher wird zum Fang kleiner Fische und anderer Schwimm- und Schwebeorganismen der oberen und mittleren Wasserschichten benutzt. Mit dem etwas tieferen und stabileren Schöpfnetz kann man Schlamm- oder Kiesproben aus dem Seichtwasser entnehmen oder treibende Pflanzen herausholen.

larve, die wie ein kriegerisches Ungeheuer an einem Rohrkolbenstengel hochklettert. Bleiben Sie dann geduldig stehen, und Sie werden staunend mit ansehen, wie sich dieses düstere braune und häßliche Geschöpf in eine blau oder rot schillernde Libelle verwandelt. Man möchte es kaum für möglich halten, daß das eine aus dem anderen hervorgeht!

Am Ende einer Tagesexkursion empfanden wir es als besonders lohnend, in der Abenddämmerung ganz still am Ufer des Teichs oder Bachs zu sitzen und einfach den Tieren zuzuschauen. Allerlei Wasservögel fielen ein, nachdem sie den ganzen Tag lang auf den Feldern nach Nahrung gesucht hatten, und kleine Fledermäuse huschten über die Wasseroberfläche dahin, um ein Schlückchen zu trinken. Nach und nach kamen dann die Nachttiere zum Vorschein - Fischotter, die sich aufmachten, eine saftige Forelle zu fangen, oder ein Dachs, der sein maskiertes Gesicht in den Bach tauchte. Und an Frühlingsabenden versammelten sich die Frösche und Kröten scharenweise an den Teichen und Seen, um sich zu paaren und ihren herrlichen Abendchoral anzustimmen.

Eine Welt unter Wasser

Stellen Sie sich einmal vor, wie es ist, unter Wasser zu leben. Sie würden sich vorkommen wie ein Vogel, denn wie ein Vogel von der Luft getragen wird, so gibt das Wasser den in ihm lebenden Organismen Auftrieb. Die meisten Wasserpflanzen brauchen zum Beispiel keine festen holzigen Stämme, um sich aufrecht zu halten - sie benutzen das Wasser als Stütze und lassen ihre Blätter einfach schwimmen. Strömung und Wirbel, gleichsam die »Winde« in der Unterwasserwelt, haben ebenfalls ihr Gutes. Kleinlebewesen brauchen sich nicht anzustrengen, um von einem Ort zum anderen zu gelangen; viele schweben oder treiben dahin, und die zarten Wimpern der Einzeller und die winzigen Borsten der kleinen Krebstiere genügen durchaus für deren Liliputreisen. Das Wasser schützt außerdem seine Bewohner vor großen Temperaturschwankungen, weil es sich viel langsamer erwärmt und abkühlt als die umgebende Luft.

Trotz dieser Vorteile bringt das Leben im Wasser Probleme mit sich. Die standorttreuen Pflanzen und Tiere müssen Mittel und Wege finden, sich irgendwo zu verankern, damit sie nicht abgetrieben werden. Auch die größeren Tiere, wie Wasserkäfer, Fische und sogar Otter, haben mit Schwierigkeiten zu kämpfen: Die schnelle Fortbewegung ist im Wasser sehr viel anstrengender als in der Luft. Diese Tiere haben eine stromlinienförmige Körpergestalt entwickelt, die es ihnen gestattet, bei der Flucht vor Feinden oder auf der Jagd nach Beute rasant durch das Wasser zu schießen.

Eiskaltes Wasser enthält nur ein Zwanzigstel der Sauerstoffmenge, die in der Luft vorhanden ist, und in wärmerem Wasser ist es sogar noch weniger. Manche Tiere decken ihren Sauerstoffbedarf, indem sie Luft durch »Schnorchel« einatmen - so machen es Stechmückenlarven, Schlammfliegenlarven und Wasserskorpione. Andere Arten, zum Beispiel Schwimmkäfer und Rückenschwimmer, praktizieren eine sehr sinnreiche Form des »Gerätetauchens«. Sie tragen Luftbläschen, die gegen ihre Tracheenöffnungen gepreßt werden - das sind die Atemlöcher der Insekten, die unseren Nasenlöchern entsprechen -, mit nach unten und kehren zum Auftanken an die Wasseroberfläche zurück, wenn der Luftvorrat verbraucht ist. Wieder andere Tiere entnehmen den Sauerstoff unmittelbar dem Wasser, und zwar mittels Diffusion durch dünne Häutchen. Manchmal sind diese Vorrichtungen sehr kunstvoll, etwa bei den Kiemen der Fische und den Darmkiemen der Libellenlarven. Doch diese Atemorgane sind insofern problematisch, als von den Membranen auch Wasser absorbiert wird, das die Körperflüssigkeit »verdünnt«. Deswegen müssen alle diese Süßwassertiere kurioserweise über ein Verfahren verfügen, das über-

Zwei weitverbreitete Amphibien
Der Wasserfrosch wie der Kammolch müssen zur Fortpflanzung das Wasser aufsuchen. Die Froschbalz beruht auf den quakenden Lautäußerungen, die das Zusammenfinden der Tiere erleichtern. Hat ein Männchen eine Partnerin gefunden, umklammert es sie fest und befruchtet den von ihr ausgestoßenen Laichhaufen.

Wasserfrosch

Kammolch

Im Vergleich zu den Fröschen sind die Molche ziemlich schweigsam. Das Männchen lockt das Weibchen mit seinem hübschen Gewand und mit den heftigen Schlängelbewegungen des Schwanzes an. Molcheier werden einzeln an langblättrigen Wasserpflanzen abgelegt, die das Weibchen säuberlich zusammenfaltet.

Der Teich

Der Teich ist heute ein vom Untergang bedrohter Biotop; er wird häufig mit Unrat vollgestopft oder zugeschüttet. Tiere wie die einst so häufigen Wasserfrösche werden immer seltener. Teiche sind dennoch faszinierende Lebensräume, und unser Teich in Shropshire, den wir an einem warmen, sonnigen Julitag aufsuchten, war da keine Ausnahme. Man braucht nur in das seichte Wasser zu schauen und erblickt die verschiedensten Tiere, die auf dem Boden umherkriechen oder vorüberschwimmen: Molche mit ihren anmutigen Schwanzbewegungen, Taumelkäfer, die wie Edelsteine an der Oberfläche funkeln, die großen Gallertklumpen des Froschlaichs oder ungezählte zappelige Kaulquappen. Da ein Teich nur ein geringes Wasservolumen hat, erwärmt er sich im Sommer rasch und wird somit zu einer idealen Heimstatt für vielerlei Lebensformen. Ständige Teichbewohner wie die Wasserlungenschnecken und die Wasserkäfer erhalten zeitweilig Zuwachs durch zahllose Insektenlarven und durch Amphibien, die den Teich als eine Art Kinderstube benutzen.

Kost und Logis Die Reibezunge der Schlammschne ken hat auf dem oberen Blatt brau Spuren hinterlasse die runden Löche stammen von Köcherfliegenlarve

Auf der Sonnenseite des Teichs findet man die großen gelben Blüten der Wasserschwertlilie, die im Schatten nur eindrucksvolle schwertförmige Blätter, aber keine Blüten ausbildet.

Bodenbewohner Die großen Libellen- und Käferlarven sind Räuber, die es mit einem Stichling aufnehmen können. Die Köcherfliegenlarve ernährt sich von Abfällen.

Luftjäger
Libellen wie die Quelljungfer sind rasante Flieger, die fast jedes andere Fluginsekt einzuholen vermögen. Sie orten ihre Beute mit ihren riesigen Augen.

Teichschnecken
Die Große Schlammschnecke verlangt einen dichtbewachsenen Teich, doch die Posthornschnecke fühlt sich in stehenden und fließenden Gewässern gleichermaßen wohl.

Metamorphose Nach wenigen Wochen wird sich die Kaulquappe mit den kaum angedeuteten Beinen in einen Jungfrosch verwandeln.

Röhricht Der Ästige Igelkolben hat breite schwertförmige Blätter, kleine gelb-braune männliche und große weibliche Blüten, die sich gerade zu stachligen Früchten umbilden.

schüssige Wasser loszuwerden. Einzeller wie Amöben und Pantoffeltierchen wenden eine sehr simple Methode an, die man mit einem Mikroskop gut beobachten kann. Das Wasser sammelt sich in einer Vakuole, einem winzigen Bläschen, das immer größer und größer wird, bis der Organismus es plötzlich zusammendrückt und das Wasser aus dem Körper hinausspritzt. Nieren erfüllen diese Aufgabe bei den wasserlebenden Wirbeltieren, zum Beispiel bei den Fischen und bei den Amphibien, die untergetaucht Wasser durch die Haut »einatmen« (außerhalb des Wassers benutzen sie dagegen ihre Lungen).

Die Oberfläche des Wassers stellt einen völlig anderen Lebensbereich dar. Wenn Sie leicht genug wären, könnten Sie ohne weiteres auf der »Haut« des Wassers umherspazieren. Diese Haut entsteht durch die Oberflächenspannung, das heißt, die Wassermoleküle werden untereinander stärker angezogen als durch die darüber befindliche Luft. Dadurch bildet sich sozusagen eine Decke auf dem Gewässer. Der Zaubertrick mit der auf Wasser schwimmenden Nadel wurde von Wasser- und Teichläufern schon längst angewandt, bevor ihn die Zauberkünstler erfanden. Die Oberflächenspannung kommt auch Tieren wie den Wasserwanzen zugute, die vom Teichboden zur Oberfläche emporsausen und von dieser »Decke« herabhängen, während sie mit vorstehendem Hinterende Luft aufnehmen.

Man sieht, das Leben im nassen Element ist nicht minder kompliziert als das Landleben: Man muß die Probleme der Fortbewegung oder der Verankerung bewältigen und dafür sorgen, daß man genügend Licht, Sauerstoff und Nahrung bekommt. All diese Faktoren werden wiederum dadurch beeinflußt, wo man jeweils lebt – in einem stehenden oder fließenden Gewässer, in einem warmen tropischen See oder einem kalten Tümpel in nördlichen Breiten, im seichten Wasser oder in größeren Tiefen.

Eine dreistöckige Wasserpflanze
Das Pfeilkraut wurzelt mit Vorliebe im tiefen, nährstoffreichen Schlamm des Teichbodens und am Rand von Kanälen und langsamfließenden Gewässern. Im Frühling erscheinen als erstes die untergetauchten riemenförmigen Blätter, denen die ovalen Schwimmblätter und schließlich die charakteristischen pfeilspitzenähnlichen Überwasserblätter folgen. Die Pflanze trägt sowohl weibliche als auch männliche Blüten; den weiblichen fehlen die Blütenblätter.

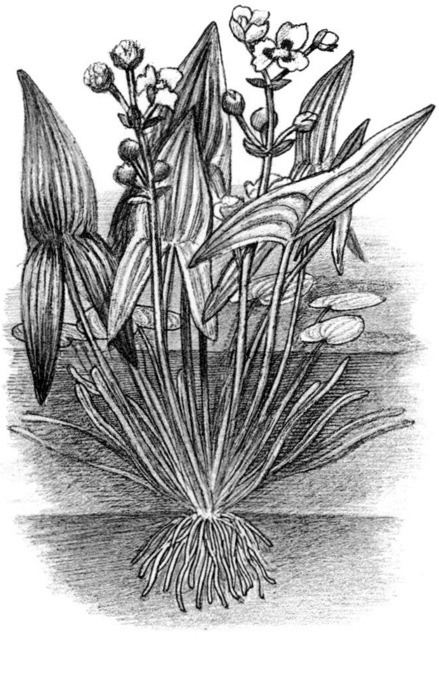

Reiches Leben im Seichtwasser

Als jugendlicher Naturforscher auf Korfu habe ich sehr viel Zeit damit zugebracht, in Teichen herumzuwaten oder in den flachen Buchten kleiner Seen zu planschen. Das seichte Wasser eines Teichs oder der Gewässerrand eines Sees (die sogenannte Litoralzone) ist bei weitem der ergiebigste Süßwasserlebensraum, was die Zahl der Arten angeht. Hier wurzeln Wasserpflanzen mit vollständig untergetauchten Blättern, die sich entweder wie grünes Haar in langen Fäden oder wie eine weitverzweigte Filigranarbeit ausbreiten. Diese buschige Form bedingt, daß die Blätter von einer großen Wassermasse umspült werden, wodurch der Austausch von Sauerstoff und Kohlendioxid gefördert wird. Manche Blätter bewegen sich anmutig wie grüne Ballettänzer in der Strömung, während andere, etwa die Armleuchteralgen, steif dastehen und von Kalk überkrustet sind. Die Pflanzen, die etwas näher zum Ufer hin verwurzelt sind, lassen ihre Blätter auf dem Wasser schwimmen, wo sie sich scheibenförmig verteilen, um die Sonnenstrahlen aufzufangen; das gilt für manche Teich- oder Seerosen und Laichkräuter.

Einige Wasserpflanzenarten sind ganz erstaunliche Gebilde, denn sie besitzen drei verschiedene Blattformen. Das Pfeilkraut hat beispielsweise grasähnliche Unterwasserblätter, riemenförmige Schwimmblätter und pfeilförmige Luftblätter, die zum Himmel emporweisen. Eine solche Pflanze hat natürlich vielerlei Tieren gute Wohngelegenheiten zu bieten. Die Luftblätter sind bequeme Ruheplätze für Fluginsekten, die ihr Jugendstadium als wasserlebende Larven verbracht haben – Köcherfliegen, Zünsler und Libellen. Die Libellen, gefräßige geflügelte Räuber, sind wahrscheinlich die lebhaftesten Insekten, die Sie im Umkreis eines Gewässers antreffen können. Auf Schilfrohren oder Blättern sitzend, lauern sie auf Beute. Ihr rasanter und kraftvoller Flug und ihr ungewöhnlich scharfer Gesichtssinn ermöglichen es ihnen, fast jedes andere geflügelte Insekt zu erbeuten und außerdem Eindringlinge sofort zu erkennen (jede Libelle hütet eifersüchtig ihr Territorium) und von einem potentiellen Geschlechtspartner zu unterscheiden. Nicht selten können Sie auch zwei Libellen beim »Tandemflug« beobachten. Das ist die sogenannte Paarungskette, ein wesentlicher Bestandteil des Fortpflanzungsrituals.

Jungfrösche, die soeben ihre Beine bekommen und ihren Kaulquappenschwanz in den Körper absorbiert haben, betrachten ebenfalls Luft- und Schwimmblätter als praktische Sitzgelegenheiten. An den Stengeln dicht über dem Wasserspiegel findet man zuweilen die merkwürdigen Schlammkokons der Taumelkäfer und die mit Blattstückchen bedeckten Seidengespinste des Seerosenzünslers oder anderer Zünslerarten.

Die Larven dieser Zünsler sind natürlich Raupen. Nun sollte man meinen, eine Raupe habe unter Wasser nichts zu suchen, doch dieses seltsame Geschöpf ist an seinen Lebensraum hervorragend angepaßt. Auf der Unterseite eines Schwimmblatts haust die Raupe in einem »Sandwich«, das sie selbst herstellt, indem sie ein einige Zentimeter langes Blattstück ausschneidet und mit Seidenfäden an die Blattunterseite anheftet. In diesem Hohlraum bleibt die Raupe vollkommen trocken, und sie atmet vermutlich den Sauerstoff, der von »ihrem« Blatt bei der Photosynthese abgegeben wird. Die Zünslerraupen ernähren sich wie andere Raupen von Blättern, doch um an ihre Mahlzeit heranzukommen, müssen sie den Kopf aus ihrem kleinen wasserdichten Gehäuse stecken. Ihr Körper ist jedoch so dicht behaart, daß durch diese Haare das Entweichen des Sauerstoffs und das Eindringen des Wassers verhindert werden – ein wahrlich verblüffender Anpassungsmechanismus.

Noch viele andere Lebewesen besiedeln die »verkehrte Welt« unter schwimmenden Blättern. Häufig entdeckt man hier die winzigen Bryozoen, die Moostierchen. Obwohl die Kolonien mancher Bryozoen sehr große Ähnlichkeit mit einem Moosbelag haben, handelt es sich um echte Tiere mit der Fähigkeit, sich fortzubewegen. Sie wandern allerdings kolonieweise, und sie werden wahrscheinlich nie einen olympischen Rekord erringen, weil sie in einer Stunde höchstens etwa zwei Zentimeter schaffen. Sie ernähren sich mit Hilfe ihrer bewimperten Tentakel (Fangarme), die Schwebeorganismen in die Mundöffnung strudeln.

Ein anderes kleines und einfach gebautes Tier, das an untergetauchten Blättern lebt, ist die durchscheinende, fadenförmige Hydra, ein Süßwasserpolyp. Hydren zu sammeln und in einem Aquarium oder auch in einem größeren Marmeladenglas zu halten ist eine aufregende Sache. Wie ihre Verwandten, die Blumentiere und Quallen, hat der Süßwasserpolyp in seinen Tentakeln zahlreiche Nesselzellen oder Nematozysten, die seine Beute lähmen. Hydren sind ziemlich schwer zu erkennen, wenn man erstmals ein Blatt aus dem Wasser holt, denn sie fallen sofort zu kleinen Gallerthäufchen zusammen, doch steckt man das Blatt in einen wassergefüllten Behälter, dann kann man, sofern es »bewohnt« ist, nach wenigen Stunden schlanke Lebewesen wahrnehmen, die etwa einen Zentimeter messen und mit langen Tentakelfäden bestückt sind. Mit ihren Fußscheiben am Glas festsitzend, wedeln die Polypen mit ihren Tentakeln in der Hoffnung, Wasserflöhe oder winzige Würmer zu erwischen.

Von den Blattunterseiten können Sie im Frühjahr und Sommer die gallertigen Laichhäufchen von Schlammschnecken, die wie ein verkleinerter Sagopudding aussehen, und die sehr hübschen Tellerschnecken ablesen. Diese Weichtiere sind besonders interessant, weil sie von Landschnecken abstammen und deshalb noch immer durch Lungen atmen, nicht durch Kiemen wie die echten Wasserschnecken. Manchmal sieht man eine Tellerschnecke mit dem Fuß nach oben an die Wasseroberfläche treiben, wo sie Luft holt. Doch sobald sie die Anwesenheit eines Menschen bemerkt, stößt sie die Luft aus und plumpst wie ein Stein auf den Teichboden.

Taucherglocke
Wenn Sie eine Wasserspinne erwischen, setzen Sie sie in ein gut abgedecktes Aquarium; dann können Sie beobachten, wie sie eine unten offene »Taucherglocke« spinnt, die sie mit Luft füllt. Wenn die Spinne auf die Jagd geht, nimmt sie einen kleinen Sauerstoffvorrat in Form winziger Luftbläschen mit, die zwischen ihren Körperhaaren haftenbleiben.

Unter manchen schwimmenden Blättern finden Sie dunkle Klümpchen; das sind räuberische Planarien. Diese gefährlichen Plattwürmer bewegen sich gleitend fort und verspeisen Schneckenlaich und andere organische Stoffe, denen sie unterwegs begegnen. Sie sind vorwiegend in der Nacht aktiv, wandern umher und nehmen ihre Nahrung mit einem röhrenförmigen Schlund auf, der auf der Bauchseite angebracht ist. Dieses Organ ist so kräftig, daß es sogar kleine Happen aus lebenden Beutetieren aussaugen kann – wenn Sie eine Schnekke oder ein ähnliches Lebewesen wären, dann wäre eine Planarie das letzte Tier, dem Sie in einer finsteren Nacht begegnen möchten! Falls Sie diese absonderlichen Tiere sammeln wollen, sollten Sie ein Fleischstückchen an einem Faden ins seichte Wasser hängen. Am anderen Morgen werden Sie dann eine ganze Plattwurmkollektion finden, die sich an dem Köder gütlich tut.

Teich- und Wasserrosenblätter sind selbstverständlich besonders beliebte Aufenthaltsorte für viele Wassertiere, und häufig kann man Teichhühner und Bleßhühner beobachten, die diese Blätter umwenden, um Schnecken und sonstiges Kleingetier von der Unterseite abzuernten. Die meisten Tiere, welche die Unterseite von Schwimmblättern bewohnen, können auch an untergetauchten Blättern und Stengeln leben. Hier tritt nun Ihr Enterhaken in Aktion. Es kann allerdings frustrierend sein, wenn sich dieses Gerät in Wurzeln oder Steinen verhakt. Andererseits ist die Arbeit mit diesem Haken in einem dichten Wasserpflanzengewirr oft genauso lohnend wie das Umdrehen und Absuchen der Blätter. Aus einem stillen, klaren See kann man zum Beispiel die langen, zerbrechlichen Fäden von Grünalgen oder Kolonien von Süßwasserschwämmen, die wie eine Kruste auf Pflanzenstengeln sitzen, an Land ziehen. In einen solchen Schwamm sind vielleicht sogar stachlige Schwammfliegenlarven eingebettet. Möglicherweise finden Sie auch verschiedene Egel, die zwischen den Pflanzen auf eine Mitfahrgelegenheit bei Fischen, Fröschen oder Schnecken gewartet haben, und lakritzenschwarze Gelbrandkäfer und hellrote Wassermilben. Beachten Sie, daß manche Egel – unter anderem die Pfer-

IM SCHLAMMBODEN

Verrottende Pflanzen und verwesende Tiere stellen eine reiche Nahrungsquelle für die Teichbewohner dar. Köcherfliegenlarven durchstöbern den organischen Detritus, und Teichmuscheln filtern winzige Futterteilchen aus dem Wasser, das sie durch ihre Siphonen einsaugen und ausstoßen. Die Ernährung ist also kein Problem, aber das Atmen kann im sauerstoffarmen Wasser schwierig werden. Der dünnwandige Körper der Schlammröhrenwürmer *(Tubifex)* ist dicht mit dem Pigment Hämoglobin bedeckt, das Sauerstoff aufnimmt. Die Würmer stekken im Schlamm und vollführen schlängelnde Bewegungen. Die Larve der Gefleckten Faltenmükke lebt im Schlamm, aber ihr ausziehbares Atemrohr ragt über den Wasserspiegel und saugt die lebensnotwendige Atemluft ein.

Süßwassermuscheln verankern sich mit ihrem fleischigen Fuß im Schlamm.

Die Köcherfliegenlarve *Phryganea* durchsucht den Bodenmulm nach Nahrung.

Schlammröhrenwürmer stecken gewöhnlich tief in ihren Wohnröhren.

Die Larve der Gefleckten Faltenmücke ruht dicht unter der Wasseroberfläche im Schlamm.

deegel – ihren Opfern nicht das Blut aussaugen, sondern ihre Beutetiere als Ganzes verschlingen.

Tiere auf dem Teichboden

Zwischen den Steinen, dem Schlamm und der verwesenden Vegetation am Boden eines Teiches leben verschiedene Plattwurm- und Egelarten, vor allem aber findet man hier die Jugendformen zahlreicher Insekten. Wenn Sie sich am Ufer eines Teichs oder Sees hinsetzen und sich auf eine kleine Fläche vor Ihnen konzentrieren, dann werden Sie, sobald sich Ihre Augen an das »Durchschauen« des Wassers gewöhnt haben, allerlei Getier auf dem Boden umherkrabbeln sehen. Köcherfliegenlarven kriechen mit ihren Gespinströhren dahin, die zum Schutz oder zur Tarnung mit Stöckchen, Steinchen, Blattresten oder Sandkörnern verkleidet sind. Gleichfalls auf dem Gewässerboden hausen die Nymphen (Larven) der Klein- und Großlibellen – wahrscheinlich die raubgierigsten Bewohner des Flachwassers. Wenn eine Eintagsfliegenlarve oder eine Kaulquappe oder auch ein kleiner Fisch vorüberkommt, streckt die Libellenlarve plötzlich ihre unter dem Leib eingeklappte Fangmaske wie eine monströse Greifzange aus. Sie schnellt vor, und die großen Krallen an der Spitze schließen sich wie Finger um das Opfer.

Man kann Bodentiere mit einem Netz einfangen, doch wenn Sie eine Dredsche oder Kelle benutzen, erhalten Sie außerdem eine Fülle von mikroskopisch kleinen Organismen, die auf dem Bodenschlamm hin und her huschen. Diese Kleinstlebewelt umfaßt zum Beispiel Nacktamöben *(Amoeba)* und Schalamöben *(Arcella);* die letzteren besitzen ein Gehäuse, so daß sie fast wie bewegliche Miniaturhüte aussehen. Beim Dredschen gewinnen Sie zudem Tiere, die im schlammigen Mulm selbst leben, etwa Teichmuscheln, allerlei Fliegen- und Mückenlarven und Würmer, die mit den terrestrischen Regenwürmern verwandt sind. Kippen Sie Ihre Ausbeute in eine flache weiße Schüssel, die etwas Wasser enthält, stellen Sie das Ganze eine Zeitlang in den Schatten, und dann können Sie beobachten, wie die Organismen der Mulmschicht an der Grenzscheide zwischen Wasser und Schlamm leben.

Der Schlammboden ist für zahlreiche Pflanzen und Tiere ein Winterruheplatz. In der kalten Jahreszeit können Sie verschiedene Insektenlarven und -puppen, winterschlafende Schnecken, Taumel- und Gelbrandkäfer sowie »Winterknospen« von Wasserpflanzen erbeuten. Die Entnahme einer Bodenprobe ist in den Wintermonaten vielfach genauso ergiebig wie im Frühling und Sommer.

Leben in offenen Gewässern

Die Zahl der im Wasser eines größeren Teichs oder eines Sees schwebenden Organismen ist riesengroß. Pflanzen wie die Entengrütze oder der Froschbiß bedecken die Oberfläche wie ein Rasen, und hinzu kommen die untergetauchten Arten, etwa der merkwürdige fleischfressende Wasserschlauch und das Hornblatt, deren gesamter Lebenszyklus, einschließlich Blüte und Befruchtung, unter Wasser abläuft. Doch die Mehrzahl der Schwebeorganismen ist sehr klein. Sie bilden das Plankton, ein buntes Gemisch aus winzigen Pflanzen, Tieren und Einzellern.

Diatomeen (Kieselalgen), Bandalgen und Grünalgen – das pflanzliche oder Phytoplankton – leben mittels Photosynthese. Überall dort, wo Sonnenlicht das Wasser durchdringt, können sie existieren. Mitten in einem großen See bilden sie das Fundament des Nahrungsnetzes, weil dort im offenen Wasser nur wenige größere Pflanzen gedeihen. Pantoffeltierchen, Rädertiere und winzige Krebse wie Daphnien und Hüpferlinge ergeben zusammen das tierische oder

Der räuberische Gelbrandkäfer
Das Vollinsekt *(oben)* und die Larve *(ganz oben)* des Gelbrandkäfers haben ähnliche Lebensgewohnheiten. Sie sind gefräßige Teichräuber und greifen sogar Tiere an, die erheblich größer sind als sie selbst. Der Käfer will sich gerade auf eine junge Kaulquappe stürzen, während die Larve dabei ist, einen kleinen Fisch zu verspeisen. Beide Formen atmen an der Wasseroberfläche; die Tracheen (Atemöffnungen) des Vollinsekts sitzen am Hinterleibsende, das aus dem Wasser gestreckt wird, wenn der Käfer zur Oberfläche aufsteigt, während sich die Larve mit ihren beiden Schwanzfäden, welche die Tracheen enthalten, am Oberflächenfilm des Wassers »aufhängt«.

Fische in stehenden oder trägen Gewässern
Die bucklige Schulter und der hochgebaute, abgeplattete Körper des Brassen sind unverwechselbar. Dank seiner Schlankheit kann der Fisch auch zwischen dichtstehenden Pflanzenstengeln hindurchschwimmen. Bei der Nahrungsaufnahme wird das Maul zu einer nach unten gerichteten Röhre erweitert, die Weichtiere und Würmer aus dem Schlamm aufsaugt, beziehungsweise Wasser ausstößt, um das weiche Sediment aufzurühren. Der Karpfen durchstöbert mit seinem »Schmollmund« den Boden nach schlammbewohnenden Beutetieren. Er ist viel schwerer gebaut als der Brassen und kann sehr groß und alt werden. Karpfen lieben wärmeres Wasser mit dichten Pflanzenbeständen und haben sich auch an Flußabschnitte angepaßt, wo das Kühlwasser von Kraftwerken eingeleitet wird. Der Hecht ist ein kraftvoller Raubfisch, der mit seiner pfeilförmigen Gestalt hohe Geschwindigkeiten erreicht. Die Augen haben ein gutes binokulares Sehvermögen, und die Zähne sind zum Festhalten der Beute nach hinten gerichtet.

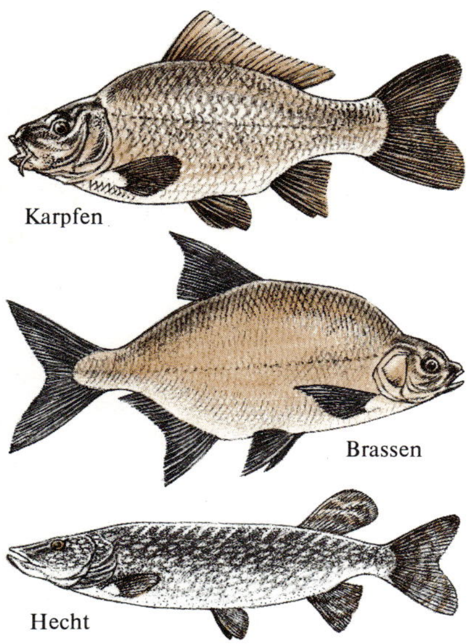

Zooplankton. Sie ernähren sich vom Phytoplankton (und wenn sich die Gelegenheit bietet, auch voneinander), stellen also die zweite Stufe im Nahrungsnetz dar. Wegen ihrer Kleinheit sind die meisten Zooplankter der Strömung hilflos ausgeliefert, aber einige können auch ein bißchen schwimmen, und im ruhigen Wasser steigen sie aus eigener Kraft langsam auf und ab, je nachdem welche Wasserschicht ihnen gerade am ehesten zusagt.

Die guten Schwimmer unter den Teich- und Seetieren führen zum größten Teil ein räuberisches Leben. Groß ist die Zahl der gefräßigen und sehr beweglichen Wanzen und Käfer – Rückenschwimmer und Ruderwanzen, Gelbrandkäfer mit ihren großen Fangarmen und saugenden Mundwerkzeugen, Taumelkäfer und stattliche schwarzglänzende Kolbenwasserkäfer. Seien Sie vorsichtig, wenn Sie einen dieser Käfer fangen, denn sie können ganz schön zwicken! Mit ihren kraftvollen Kiefern erbeuten sie praktisch alle Unterwassertiere, die sie bewältigen können. Ein Gelbrandkäfer kann zum Beispiel Fische fangen und verspeisen, die doppelt so groß sind wie er selber.

Wie die Fledermäuse, Bienen und viele andere Tiere vollbringen die Fische Sinnesleistungen, die uns Menschen abgehen, und das ist der Grund, warum wir uns in die Welt, in der sie leben, nur schwer hineinversetzen können. Fische haben die ungewöhnliche Fähigkeit, die Schwingungen im Wasser wahrzunehmen, was sich für sie als sehr nützlich erweist. Schwingungen werden erzeugt durch Beutetiere und Freßfeinde, durch die Schwimmbewegungen der Artgenossen, sofern es sich um Schwarmfische handelt, und selbst dadurch, daß Wasser einen Stein oder eine Pflanze umfließt oder daß ein ungeschickter Naturfreund am Ufer zu heftig auftritt. Das dafür zuständige Sinnesorgan ist die Seitenlinie, die man als feinen dunklen Längsstreifen beiderseits des Fischkörpers erkennt. In Wirklichkeit sind es Rillen mit kleinen Poren, und in jeder Pore sitzen winzige gallertüberzogene Haarbüschel, die sich mit den Wasserschwingungen hin und her bewegen. Es muß großartig sein, wenn man nicht nur Augen hat, mit denen man die Umgebung erfaßt, sondern gleichzeitig auch fühlen kann, was ringsum vorgeht, etwa so, wie wir den Wind oder die Berührung einer fremden Hand auf dem Körper verspüren.

Die Fische bedienen sich sowohl ihrer Augen als auch ihrer Seitenlinie, und viele Männchen legen in der Fortpflanzungszeit ein farbenprächtiges Hochzeitskleid an, um den Weibchen zu imponieren. Von März bis Juli vertauscht zum Beispiel das Stichlingsmännchen seine unscheinbare Normalfärbung mit einer leuchtend rötlich-orangefarbenen Unterseite, einem grünschimmernden Rücken und strahlend blauen Augen. Gewisse Fischarten können über Wasser genauso gut sehen wie unter Wasser, so etwa die asiatischen Schützenfische. Diese kuriosen Fische erbeuten ihre Nahrung, indem sie zum Wasserspiegel aufsteigen, eine Fliege oder eine Heuschrecke auf einem Blatt über dem Wasser anvisieren und dann ihr Opfer mit einer Maschinengewehrsalve aus Wassertropfen abschießen.

Der Kampf mit der Strömung

Der wichtigste Faktor, der das Leben in Bächen und Flüssen bestimmt, ist selbstverständlich die Tatsache, daß das Wasser fließt. Fließendes Wasser weist niedrige, aber gleichbleibende Temperaturen auf und enthält viel mehr Sauerstoff als stehende Gewässer. Tatsächlich könnten die weitaus meisten Bachorganismen im stillen, warmen Altwasser eines Teichs nicht überleben. Das Problem, das den im Wasser eines reißenden Bachs treibenden Organismen zu schaffen macht, ist die Gefahr, daß sie gegen Steine geschmettert oder über den Kieselboden gezerrt werden. Die Strömung fegt das Bachbett rein und hinterläßt nur Steine oder Kiesel, zwischen denen Wasserpflanzen kaum Wurzeln schlagen können, selbst wenn sie mit der Kraft der Strömung fertig würden. Das Pflanzenleben umfaßt deshalb fast ausschließlich Diatomeen, Grünalgen und vielleicht einige Wasser- und Lebermoose, die sich an die Steine anklammern. Das hat zur Folge, daß die Hauptbasis des Nahrungsnetzes in einem Bach nicht aus schwebendem Phytoplankton und großen Wasserpflanzen besteht, wie wir sie in Seen und Teichen antreffen. Die Nahrungsgrundlage wird vielmehr aus dem Oberlauf importiert: Fallaub und abgestorbene Zweige, Überreste von toten Tieren und vom Regen ins Wasser geschwemmte Bestandteile des fruchtbaren Waldbodens.

Wenn die Blätter mit der Strömung bachabwärts treiben, werden sie von Bakterien und Pilzen angegriffen, von Köcher- und Steinfliegenlarven zerkleinert und von den netzspinnenden Larven der Köcherfliegen und von Kriebelmücken- und Eintagsfliegenlarven gesammelt und verspeist.

Die meisten Bewohner schnellfließender Gewässer sind an ihre Umwelt sehr geschickt angepaßt. Manche sind stark abgeflacht, so daß sie in engen Spalten Schutz suchen können. Die Stein- und Eintagsfliegenlarven und ihre Freßfeinde, die Plattwürmer, haben allesamt einen stämmigen, abgeplatteten Körper. Manche Köcherfliegenlarven kleben ihre Gehäuse an Steine fest oder beschweren sie zusätzlich mit Ballaststeinchen. Einige Arten – die netzspinnenden Köcherfliegen – bauen keine Köcher, sondern halten sich mit winzigen Häkchen fest und warten auf Nahrung, die in ihre Seidennetze gespült wird. Die Kriebelmückenlarven besitzen neben Häkchen auch noch eine »Rettungsleine«, die aus einem Seidenfaden besteht. Diese seltsamen Geschöpfe wenden eine faszinierende Methode an, wenn es Zeit wird, den Bach zu verlassen und sich in ein Vollinsekt zu verwandeln. Die Puppe nimmt aus dem Wasser so viel Sauerstoff auf, daß sie nicht nur genug zum Atmen hat, sondern auch noch eine Luftblase zwischen ihrem Körper und der Hülle einlagern kann. Sobald das fertige Insekt schlüpft, schießt es wie eine kleine silberne Rakete zur Wasseroberfläche empor. Dort zerplatzt die Blase, und die Mücke ist mit trockenen Flügeln startbereit.

Die wichtigsten Räuber in raschfließenden Bächen sind die Fische. Die muskulösen, stromlinienförmigen Forellen und Bachsaiblinge leben im Frühjahr von Insektenlarven und stellen sich im Sommer auf Insekten um, die ins Wasser fallen. Ein kleinerer Jäger ist die Groppe, die unter Steinen versteckt lebt und sich von Larven und Forellenlaich und -brut ernährt. Der ungewöhnlichste Unterwasserjäger ist indes ein Vogel, die Wasseramsel. Sie kann ihre Nasenlöcher verschließen und unter Wasser »fliegen«, und sie wandert sogar auf dem Boden umher, um Insekten und Fischchen aufzuspüren.

Vom Bach zum Fluß

Wenn ein reißender Wasserlauf ebenes Gelände erreicht, verringert sich die Strömungsgeschwindigkeit, und zwischen den Steinen können einzelne Pflanzen Fuß fassen. Der Wasserhahnenfuß mit seinen langen Blättern und Wasserkresse treiben hier wie eine grüne Schleppe im Wasser. Weiter unten verlangsamt sich die Strömung noch mehr und beginnt den Schlick abzulagern, den sie hangabwärts transportiert hat. Viele Wasserpflanzen gedeihen in diesem jungen Schlammsediment und bieten vielerlei Tieren Unterschlupf. Allmählich bildet sich Plankton, und ein Teil der Lebensgemeinschaft des Bachs nimmt nun Eigenschaften an, wie sie für Teiche oder Seen charakteristisch sind. Dennoch, viele Flußorganismen benötigen gut durchlüftetes Wasser, und so trifft man hier Tiere an, die in vollkommen ruhigem Wasser nicht existieren könnten. Manche Deckelschnecken (sie heißen so, weil sie ihr Gehäuse mit einem Deckel, dem sogenannten Operculum, verschließen können) atmen durch Kiemen, im Gegensatz zu den teichbewohnenden Schlammschnecken, die zu den Wasserlungenschnecken gehören. Fische wie die Äsche, die Barbe

Tiere in sauberen, schnellfließenden Gewässern
Der torpedoförmige Hasel ist ein flinker Schwarmfisch, der Bäche mit sauberen Kiesböden bevorzugt. Er stellt den Insekten und Würmern nach, die in der Strömung treiben. Die Forelle hat ein wunderschön gezeichnetes Schuppenkleid, das sie fast unsichtbar macht, wenn sie im Sonnenlicht dahingleitet. Der Fluß- oder Edelkrebs ist der einzige große Süßwasserkrebs unserer Heimat. Er geht in der Nacht auf Nahrungssuche.

Europäische Forelle

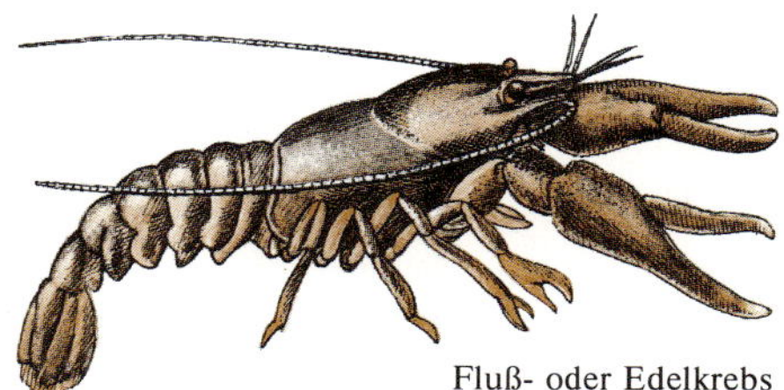
Fluß- oder Edelkrebs

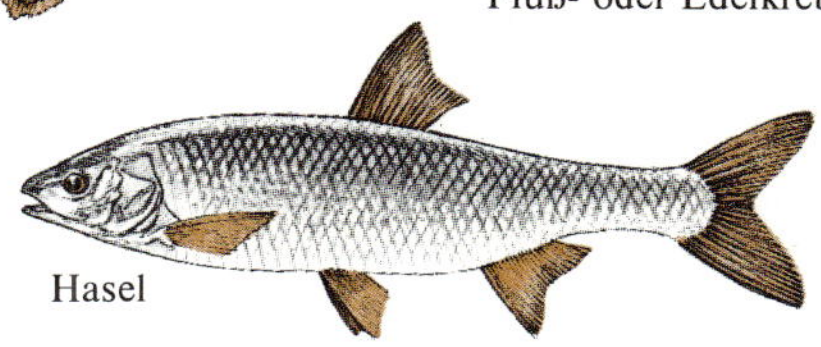
Hasel

WASSER-LICHTFALLE

Manche Wassertiere werden, wie die Motten, vom Licht angezogen. Man kann daher eine Lichtfalle in einem Bach aufstellen. Am späten Abend holt man sie ein und untersucht die Ausbeute.

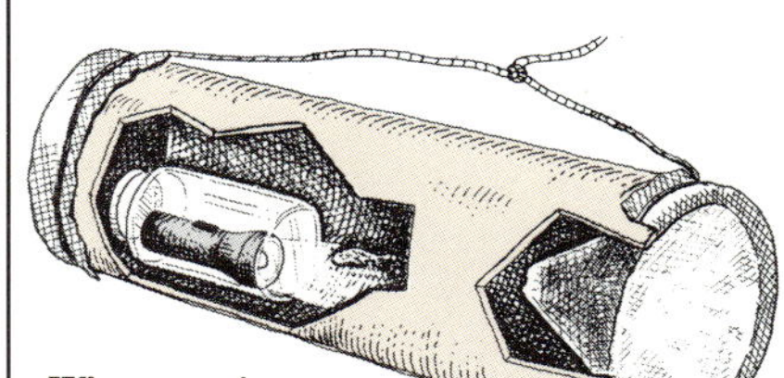

Wie man eine Lichtfalle herstellt
Eine kleine brennende Taschenlampe wird in ein wasserdichtes Glasgefäß gesteckt, das man in eine alte Tonröhre einlegt. Formen Sie aus feinmaschigem Drahtgeflecht einen Deckel für das eine Röhrenende und einen Trichter für das andere. Mit einer starken Kordel wird die Falle so ins Wasser versenkt, daß der Trichter gegen die Strömung gerichtet ist.

Schnellfließender Bach

Unsere Sammelexkursion zu einem Bach im Süden der Grafschaft Devon, die an einem regnerischen Aprilmorgen stattfand, erschien zunächst wenig verheißungsvoll. Der reißende Bach wirkte auf den ersten Blick unbelebt, doch als wir ihn näher in Augenschein nahmen, entdeckten wir, daß das Wasser und die Ufer von Organismen wimmelten. Dank der hohen Fließgeschwindigkeit und der turbulenten Strömung bietet ein solcher Bach sauerstoffreiches Wasser mit konstanten, wenngleich niedrigen Temperaturen. Schilf, Farne, Moose und andere feuchtigkeitsliebende Pflanzen wachsen in großer Fülle auf dem Ufer und halten den stromab treibenden Schlick und Detritus fest, so daß für viele Tiere ein vor der Strömung geschütztes Refugium entsteht.

Leben unter Steinen Man braucht ein gutes Auge, um die aus Sandkörnchen bestehenden Wohnröhren der vier Köcherfliegenlarven und die Süßwasser-Napfschnecke zu sehen.

Wasserfenchel

Isoperla-Steinfliegenlarve

Quelljungfernlarve

Netz einer Köcherfliegenlarve

Süßwasserkrebschen

Köcherfliegenlarven in ihren Wohnröhren

Gegenblättriges Milzkraut

Stelzschnake

Ein verfaulender Baumstrunk mit Gegenblättrigem Milzkraut und Laub- und Lebermoosen. Die Lebermoose sind stärker abgeflacht als die Laubmoose, und der Körper oder Thallus besitzt breite gelappte Blätter. Beide Moosformen bringen keine Blüten, sondern Sporen hervor, die nur dann auskeimen, wenn sie auf einem feuchten Untergrund landen.

Unter der Oberfläche Das dunkle Gebilde zwischen den Wasserfenchelblättern ist ein Fangnetz, das eine Köcherfliegenlarve zum Einfangen von Futterteilchen, die in der Strömung treiben, gesponnen hat.

Moose brauchen Feuchtigkeit Dieses zypressenblättrige Moos klammert sich an einem Uferstein an und wird durch Gischt oder Wasserspritzer befeuchtet.

Laubmoos

Lebermoos

Gegenblättriges Milzkraut

Diese Vogelüberreste stammen vermutlich von einer Wasseramsel oder Kohlmeise. Sie fanden sich auf einem umgestürzten Baum, der über dem Bach lag, und waren wahrscheinlich bei einer Nerzmahlzeit übriggeblieben – frische Nerzfährten entdeckten wir auf dem Schlammboden in der Nähe.

Wirbelknochen Die rauhe Knochenoberfläche dieses Schafhalswirbels ist von Grünalgen besiedelt worden.

Schneckengehäuse, wohl von einer Wühlmaus aufgebrochen

Kieferknochen Sowohl der Unterkiefer als auch der Halswirbel wurden wahrscheinlich aus höheren Lagen hier angespült.

Schmetterlingsporling

Lackporling

Porlinge spielen eine wichtige Rolle bei der Holzzersetzung. Diese Pilze setzen Millionen von winzigen Sporen frei, und zwar aus Röhren an der Außenkante des Pilzkörpers.

Laubmoos Dieses Moos mit dem treffenden Namen Schwanenhalsmoos zeigt sehr anschaulich die gelben Sporenkapseln, die es auf anmutigen Stielen über das Fallaub emporhebt.

Waldsauerklee Diese hübsche weiße Frühlingsblume hält sehr viel Nektar und Blütenstaub bereit, erzeugt aber nur wenige Samen. Die Samen für die nächste Generation stammen von kleineren Blüten, die im Sommer erscheinen und sich nur selten öffnen, so daß sie sich selbst bestäuben müssen.

Adlerfarn

Scharbockskraut

Stromlinienförmiger Schwimmer
Ein Fischotter rutscht an einem Flußufer hinab ins Wasser. Sobald er untertaucht, legen sich die langen feuchten Grannenhaare seines Fells flach an die weiche Unterwolle an. Beim Schwimmen gleitet der ganze Körper in harmonisch fließenden Bewegungen dahin; die kurzen, kraftvollen Gliedmaßen mit den schwimmhautversehenen Füßen treiben das Tier an, während der abgeplattete Schwanz als Ruder dient. Otter jagen zwischen der Morgen- und Abenddämmerung, vor allem Aale und Forellen, aber auch Flußkrebse werden in großer Zahl erbeutet. In freier Wildbahn werden Sie nur selten einem Fischotter begegnen, da die Tiere ein heimliches Leben führen, aber Sie sollten nach ihrem zigarrenförmigen Kot Ausschau halten, der am Ufer an bestimmten Stellen abgesetzt wird und die Reviergrenzen markiert.

und der Bitterling und Krustazeen wie die Süßwasserkrabben und Flußkrebse verlangen ebenfalls ein verhältnismäßig sauerstoffreiches Wasser. Einen solchen Flußkrebs zu fangen erfordert sehr viel Geschick und Schnelligkeit. Die Tiere sehen ausgezeichnet mit ihren gestielten Augen, die sie nach vorne und hinten drehen können. Wenn Gefahr droht, zeigen sie ihr verblüffendes Fluchtverhalten. Der fächerförmige Schwanz klappt zusammen, und wie mit Düsenantrieb schießt der Krebs rückwärts durch das Wasser. Am besten fängt man Flußkrebse am Abend, wenn sie auf dem Boden umherschweifen, um Jagd auf Kleintiere und Aas zu machen, und des öftern innehalten, um Wasserpflanzen zu sich zu nehmen. Ein im seichten Wasser verankerter Fleischbrocken, der einen kräftigen Gestank verbreitet, lockt die Tiere mit ziemlicher Sicherheit an.

Tiere, die viel Sauerstoff benötigen, können in verschmutzten Bächen und Flüssen nicht überdauern, weil jede Form der Verschmutzung - ob organisch (etwa bei Abwässereinleitung) oder thermisch (zum Beispiel durch Kühlwasser aus Kraftwerken) - die Sauerstoffmenge reduziert. Ich kenne einen Bach, der durch den Garten eines amerikanischen Freundes fließt. Noch vor zehn Jahren wimmelte das Wasser von Flußkrebsen, Schildkröten und vielen anderen Tieren. Doch nachdem sich Industrie auf den Hängen stromaufwärts angesiedelt hat, ist der Bach »umgekippt«, ein Beispiel für die kriminelle Weise, wie wir mit einem der wichtigsten Lebenselemente unserer Erde umgehen.

Die Wechselbeziehung zwischen Land und Wasser

Einer der faszinierendsten Flüsse, den ich je besucht habe, ist der Essequibo im nördlichen Guayana. Dieser breite, dunkelbraune Strom windet sich langsam zwischen einer weiten Graslandfläche auf der einen Seite und einem dichten Tropenwald auf der anderen hindurch. Ich wohnte damals bei einem gewissen Tiny McTurk, der in dieser Gegend geboren war und ständig dort gelebt hatte. Er kannte den Fluß und dessen Ufer wie kein anderer, ich hätte mir also keinen besseren Führer wünschen können.

Am ersten Tag unseres Aufenthalts fuhr Tiny mit uns flußabwärts. Wir glitten zwischen Baumriesen dahin, die mit Schlingpflanzengirlanden behängt und mit mächtigen vielfarbigen Orchideenbüscheln geschmückt waren. Wir scheuchten Störche und Reiher auf und auch einen Schwarzen Scherenschnabel, dessen untere Schnabelhälfte länger ist als die obere; wenn er das Wasser durchfurcht, schöpft der Unterschnabel Nahrung in Form von kleinen Fischen und Insekten aus dem Wasser.

Nach einiger Zeit durchfuhren wir eine Flußbiegung und stießen auf einen Mammutbaum, der mit pinkfarbenen und gelben Blüten übersät war. McTurk stellte den Außenbordmotor ab, und unser großes Kanu trieb auf das Ufer zu. Als das Echo des Motors erstarb, grinste uns McTurk an und sagte, wir sollten einmal dem Gesang des Baums lauschen. Und wirklich, wir hörten ein mächtiges vibrierendes Summen wie von einem Riesendynamo. Zuerst dachte ich, es seien Bienen, doch als ich mit meinem Fernglas in den Baum hinaufschaute, erkannte ich, daß das Geräusch von ungezählten Kolibris stammte. Sie standen in der Luft, saugten an den Blüten, und dabei erzeugten sie mit ihren Flügeln die surrenden Töne. Es war ein atemberaubender Anblick, diese Myriaden winziger Vögel, die wie Juwelen in der Sonne funkelten, während sie von Blüte zu Blüte flitzten. Hin und wieder gerieten sie in Streit, und dabei lösten sich die Blütenblätter, die herniederschwebten und die braunen Fluten wie mit einem Teppich überzogen. Manche wurden von Fischen gefressen, andere sanken auf den Boden ab und bereicherten stromabwärts die Humusschicht. Das war ein wunderbares Beispiel für das wohltätige Wirken eines Flusses: Das Wasser sichert den Lebensunterhalt eines Baums, der seinerseits wer weiß wie vielen Tieren Blüten und Früchte und Schutz gewährt; überdies läßt der Baum Blätter und Früchte in den Fluß fallen, die stromab befördert werden und andere Teile des Waldes mit Nahrung versorgen; und schließlich verbreitet der Fluß die Samen des Baums und sichert damit den Fortbestand der nachwachsenden Baumgenerationen.

Wenig später verließen wir den Hauptstrom und fuhren in einen breiten, ruhigen Nebenfluß ein, der fast wie ein Kanal wirkte. Hier war der Wasserspiegel mit den Blättern und Blüten der »Königlichen Seerose« *Victoria regia* bedeckt; jede rosafarbene Blüte hatte die Größe eines Brautstraußes, und jedes Blatt war so groß und rund wie ein Autoreifen. McTurk mahnte uns, nicht die Hände ins Wasser zu stecken, wegen der berüchtigten Piranhas. Die hier heimischen Piranhas waren stattliche eiförmige Fische mit silbrig-weißem Schuppenkleid und einer gefährlichen Bulldogschnauze, bestückt mit vielen rasiermesserscharfen Zähnen. Sie jagten im Schwarm, und wenn ein Fisch eine Beute erwischt hatte, wurde das arme Opfer von dem ganzen Schwarm buchstäblich zerfetzt.

Die Piranhas stehen in sehr schlechtem Ruf, doch das ist eine ungerechte Verallgemeinerung. Wir Menschen neigen zur Übertreibung, wenn es um Tiere geht, die uns verhaßt sind. Vor einiger Zeit wurde im Amazonasbecken eine großangelegte ökologische Bestandsaufnahme durchgeführt, die beweist, daß manche Piranha-Arten sanftmütige Vegetarier sind. Neben dieser Erkenntnis erbrachte die Untersuchung noch weitere aufschlußreiche Resultate. Der Amazonas und seine Nebenflüsse enthalten demnach wahrscheinlich ein Viertel der Süßwassermassen unserer Erde, und der Hauptstrom ergießt *pro Sekunde* 200 Millionen Liter Wasser in den Atlantischen Ozean! Aus der Untersuchung ergibt sich ferner die starke Wechselbeziehung zwischen dem Wasser und dem Land, durch das es fließt. Weite Gebiete des Beckens werden die meiste Zeit des Jahres unter Wasser gesetzt, und die Fische können die Flußbette verlassen und im Urwald umherschwimmen; sie scharen sich unter den Bäumen zusammen und tun sich an den herabfallenden Samen und Früchten gütlich. Die wohlschmeckenden Samen der Gummibäume werden mit einem Geräusch, das wie ein leiser Gewehrschuß klingt, aus ihren Kapseln gesprengt und fallen ins Wasser, wo sie sofort von Fischen verschlungen werden.

Die Erforschung des Amazonas ergab noch viele interessante Fakten. Die Fische, die im Wald Nahrung aufnehmen, versorgen den Strom durch ihre nährstoffreichen Exkremente mit zusätzlichem Dünger – nicht anders als die afrikanischen Flußpferde, die außerhalb des Wassers äsen und anschließend in ihm ihren Kot absetzen –, und die großen Kaimane (die Krokodile Südamerikas) tun desgleichen, wenn sie Landtiere erbeuten. Und während die Fische in den Überschwemmungsgebieten und in den kleineren Wasserläufen umherschwimmen, betätigen sie sich als Gärtner, denn sie lassen die Samen durch ihren Körper wandern und verteilen sie dadurch über weite Flächen. Des weiteren wurde nachgewiesen, daß die Menschen, die im Amazonasbecken leben, ihren Eiweißbedarf weitgehend mit Fischen decken, und drei Viertel der Fische, die sie essen, haben sich ihrerseits von den Samen und Früchten des Urwalds ernährt. Dadurch, daß die Regierungen der südamerikanischen Staaten die Vernichtung der Amazonaswälder zulassen, verurteilen sie wahrscheinlich einen Teil ihrer eigenen Bevölkerung indirekt zum Hungertod.

Die allbekannte Redensart, daß man vor lauter Bäumen den Wald nicht sieht, ist ein beherzigenswerter Ausspruch für den Naturfreund, der sich bemühen sollte, ein Ökosystem als ein integrales, aus vielen Elementen zusammengesetztes Ganzes zu begreifen. Ein Freund von mir, ein tüchtiger Naturwissenschaftler, meinte einmal, als er die Geschichte von der gegenseitigen Abhängigkeit der Land- und Wasserökosysteme im Amazonasbecken hörte: »Wir müssen uns hüten, vor lauter Bäumen die Fische nicht zu sehen!«

Die südamerikanische Seerose
Victoria regalia (oder *regia*)

Schwarzer
Scherenschnabel

Im Sumpf

Die Sumpfgebiete der Erde und die ihnen verwandten Landschaftsformen – Moore, Moraste, Wiesenmarschen und Fenne – sind Lebensräume ganz besonderer Art, in denen Wasser und Land eine Einheit bilden. Man könnte sie als Süßwasser-Feuchtgebiete bezeichnen, um sie von den küstennahen Feuchtgebieten wie Ästuarien und Salzmarschen zu unterscheiden, wo der Einfluß des Meerwassers die Lebewelt prägt.

Die meisten Sumpflandschaften beherbergen eine außergewöhnliche Vielfalt an Lebensformen, weil sie den Pflanzen und Tieren beides zu bieten haben – reichlich Wasser und reichlich Sonnenschein. Es gibt freilich einige Ausnahmen von dieser Regel, etwa die dichtbewaldeten Sumpfgebiete Nordamerikas. Sie sind vielfach sehr dunkel, denn die mächtigen Zypressen und Tupelobäume bilden mit ihrem ineinander verflochtenen Geäst ein dichtes Kronendach.

Als ich in South Carolina war, mußte ich meinen Freunden dort eingestehen, daß ich noch nie einen Zypressensumpf gesehen hatte. Daraufhin stiegen wir sofort in Ruderboote und fuhren los. Wir paddelten buchstäblich durch einen Wald. Überall erblickten wir wunderschöne Vögel, aber die meisten waren in den hohen Baumwipfeln nur schwer zu erkennen, und ich war mit ihren Rufen noch nicht hinreichend vertraut, um sie aufgrund ihrer Lautäußerungen bestimmen zu können. Nicht minder schön, aber zugleich lebensgefährlich waren die Wassermokassinschlangen, die von den Amerikanern »Cottonmouth« (Baumwollmund) genannt werden und zu den giftigsten Schlangen Nordamerikas gehören. Diese Reptilien ruhten zusammengerollt auf den Baumstümpfen, die unregelmäßig über den Sumpf verteilt waren. Sie verhielten sich ganz still und betrachteten uns mit starrem Blick, doch wenn wir uns ihnen zu sehr näherten, streckten sie sich und glitten in die braunen Fluten. Ich war hingerissen von ihrer Schönheit und Eleganz, aber mir war dennoch etwas unbehaglich zumute, als unsere Fahrrinne plötzlich durch mehrere umgestürzte Zypressenstämme blockiert wurde. Uns blieb nichts anderes übrig, als aus dem Boot zu steigen und es über das Hindernis hinwegzubugsieren. Es war ein ungemütliches Gefühl, im dunklen Wasser zu stehen, in dem soeben mehrere riesige und gereizt wirkende Mokassinschlangen verschwunden waren.

Sumpfgebiete wie diese bergen wahrscheinlich noch viele Geheimnisse für den Biologen, denn nur wenige sind bisher gründlich erforscht worden. Erst vor kurzem wurde beispielsweise im Great Dismal Swamp, dem »Großen Sumpf der Hoffnungslosigkeit« in Virginia, eine bedeutende Entdeckung gemacht. Der Name kennzeichnet die Gegend sehr treffend, denn in diesem Sumpf pflegten sich während des amerikanischen Bürgerkriegs entlaufene Sklaven zu verstecken. Als Wissenschaftler kürzlich eine Bestandsaufnahme der Säugetierfauna des Sumpfgebiets machten, konnten sie hier die Südliche Lemmingmaus wiederentdecken. Die reizenden Nager waren gesund und munter, obwohl sie seit der Jahrhundertwende als ausgestorben galten.

Vom Sumpf zum Wald – der Vorgang der Sukzession

Feuchtgebiete entstehen gewöhnlich im Umkreis von Gewässern, etwa an den flachen Rändern von Seen oder Teichen oder dort, wo breite Flüsse hin und wieder über die Ufer treten. Auch fleißige Biber können Feuchtgebiete schaf-

Weiß als Gefahrensignal
Eine bedrohte Wassermokassinschlange behauptet ihren Platz und öffnet das Maul, um ihre Giftzähne und die weiße Innenseite des Rachens, die ihr den Namen »Baumwollmund« eingetragen hat, zur Schau zu stellen. Diese Schlange verbringt viele Stunden träge in den nordamerikanischen Sümpfen, doch wenn ihre Jagdlust erwacht, wird sie sehr lebhaft und bewegt sich blitzschnell. Sie kann Fische unter Wasser verfolgen, packen und verschlingen.

Wechsel des Lebensstils
Eine Mosaikjungfer *(gegenüberliegende Seite)* hat ihren ersten Auftritt an Land, nachdem sie als Larve zwei Jahre unter Wasser gelebt hat. Wenn die wasserbewohnende Larve, die sogenannte Nymphe, voll ausgereift ist, kriecht sie an einem Stengel hoch und befreit sich nach einem kurzen Atemholen aus ihrer Hülle. Die kleinen, schwachen Flügel dehnen sich allmählich aus, wenn Blut in sie hineingepumpt wird, und schon nach einer Stunde schießt das fertige Insekt wie ein blaugrün schillernder Blitz in seinen neuen Lebensraum davon.

fen, indem sie Bäche durch ihre Dämme blockieren, wodurch das Wasser aufgestaut wird und den angrenzenden Wald überschwemmt. Doch die meisten Feuchtgebiete sind Stadien in dem langsam fortschreitenden Naturvorgang, den wir als »ökologische Sukzession« bezeichnen. Das bedeutet, daß eine Lebensgemeinschaft den Boden bereitet für eine andere und andersartige Lebensgemeinschaft, die sich allmählich durchsetzt. Durch diesen Prozeß kann sich ein See schließlich in einen Wald verwandeln. Das geht folgendermaßen vor sich: Der See füllt sich nach und nach mit pflanzlichen und tierischen Abfällen auf und wird damit zu einem Sumpf; aus diesem entwickelt sich eine Moor- oder Marschwiese, die in ein Flachmoor oder eine Feuchtwiese übergeht; am Ende entfaltet sich dann eine Waldvegetation. Das letzte Stadium dieses Prozesses ist auf Seite 41 beschrieben, wo sich zum Beispiel eine aufgelassene Heuwiese allmählich in einen Naturwald zurückverwandelt. Selbstverständlich ist das Endprodukt nicht notwendigerweise ein Wald. Wie der endgültige Lebensraum aussieht, hängt unter anderem von der Temperatur und von der Niederschlagshöhe ab. Eine kleine Variante dieser geradlinigen oder »linearen« Sukzession ist die sich wiederholende oder »zyklische« Sukzession, wie sie durch die Geschichte der Nördlichen Taschenratte (vgl. S. 156) veranschaulicht wird. In welcher Form die ökologische Sukzession auch ablaufen mag, die Veränderungen vollziehen sich oft so langsam, daß man sie kaum wahrnimmt, und jede Einzelphase kann Jahrhunderte dauern, bis sie stufenweise in die nachfolgende übergeht.

Das Leben im Sumpf

Wenn die Wasserpflanzen in einem See absterben, lagern sie sich auf dem Boden ab; dadurch wird das Wasser mit Nährstoffen angereichert und die Wassertiefe allmählich reduziert. Je seichter der See wird, desto besser gedeiht die Überwasservegetation. Die steifen, aber elastischen Stengel der Schilfgräser, Seggen und anderen Pflanzen, die sich über den Wasserspiegel erheben, wiegen sich im Wind, während ihre Wurzeln oder Rhizome (Wurzelstöcke) sich wie Hände ausbreiten und im Bodenschlamm verankert sind. Die Rhizome vieler Schilf- und Rohrkolbengewächse bringen, da sie zum Stengel gehören, Sprossen hervor, und so entsteht ein verworrenes Geflecht von Rhizomen, aus dem ein dichter Pflanzenwuchs, das Röhricht, hervorgeht. Jetzt kann man bereits von einem Sumpf sprechen, in dem wasserlebende Würmer den weichen, glitschigen Schlamm durchwühlen und Sumpfschnecken die Stengel und Blätter der Pflanzen abweiden. Der Sumpf ist eine Kinderstube für Jungfische und Kaulquappen, und es gibt Eintagsfliegen- und Libellenlarven in Hülle und Fülle, obwohl die einzelnen Arten, die man hier antrifft, von denen des Seewassers verschieden sind. Die Enten gründeln nach Nahrung, indem sie Schlamm durch die feingezähnten Schnabelränder seihen, und Bisamratten fällen Schilfrohre, die sie als Nahrung und »Bettzeug« benötigen. Ein naturbelassenes Sumpfgebiet ist ein wichtiges Brutrevier für Wasservögel wie Schwäne, Reiher und Rallen, die ihre Nestplattformen im ausgedehnten Röhricht verstecken können.

Zu den merkwürdigsten Vogelkindern, denen ich jemals begegnet bin, gehören die Nachkommen des Hoatzins, eines krähengroßen Vogels, der in südamerikanischen Sumpfregionen heimisch ist. Die Nestlinge haben an den vorderen Flügelkanten auffällige, stark gebogene Krallen, bei denen es sich um stammesgeschichtliche Überreste des Daumens und ersten Fingers handelt. Sie erinnern an die entsprechenden Gliedmaßen des prähistorischen *Archaeopteryx*, des bislang ältesten durch Fossilien belegten Urvogels, der sich aus den Reptilien entwickelt hat. Auch die eben geschlüpften Hoatzinbabys benehmen sich eher reptilien- als vogelähnlich. Sobald sie trocken sind, kön-

Natürliche Verbreitung
Wenn eine Wasserralle im Röhricht umherstreift, wird sie unwissentlich zum Transportmittel für Milben, Schnecken und Pflanzensamen, die an ihren Füßen haften. Auf diese Weise werden sowohl Pflanzen als auch Tiere über das Sumpfgelände verteilt. Die Entfernungen vergrößern sich in der Zugzeit der Rallen; dann kann z.B. eine Milbe plötzlich in einen Sumpf versetzt werden, der von ihrem »Geburtsort« viele hundert Kilometer entfernt ist.

nen sie mit Hilfe ihrer krummen Krallen im nestnahen Gezweig umherklettern. Nicht nur das: Wenn ihnen, nur wenige Minuten nach dem Ausschlüpfen, irgendeine Gefahr droht, lassen sie sich vom Baum ins Wasser fallen, und sie tauchen so lange unter, bis sie ohne Gefahr wieder an die Oberfläche kommen können. Diese Fähigkeit ist eine einmalige Anpassungserscheinung, und als ich die seltsamen Vögel in den Sümpfen von Guayana beobachtete, hatte ich das Gefühl, die fernen Ahnen all unserer Vögel seien plötzlich wieder zum Leben erwacht.

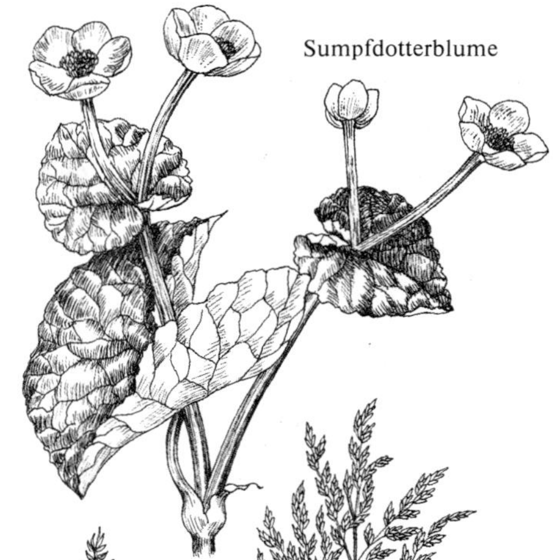

Sumpfdotterblume

Gilbweiderich

Rohrglanzgras

Die Welt der Moorwiesen

Durch das Absterben und den langsamen Zerfall der Schilfrohre, Rohrkolben und anderen Sumpfpflanzen verlandet nach und nach der Boden. Er ist natürlich noch immer von Wasser durchtränkt, aber nicht mehr unbedingt das ganze Jahr über von Wasser bedeckt. Man spricht jetzt von einer Moor- oder Marschwiese. Auf ihr wachsen Binsen, Seggen und Gräser, und durch sie verwandelt sich der einstige Sumpf in eine Wiesenlandschaft, die mit seichten Tümpeln gesprenkelt ist. Wie eine alte Wiese ist sie übersät mit mehrjährigen Wildblumen - Wasserschwertlilien, Hahnenfuß, Mädesüß und Gilbweiderich. Im Unterschied zu den Waldblumen blühen die Sumpfpflanzen erst relativ spät.

Eine Moorwiese kann sehr viele Tiere ernähren, denn die üppige Vegetation zieht Massen von Insekten an, insbesondere Fliegen und Schnaken. Die kleineren Tiere gleichen jenen, die man auch auf einer Feuchtwiese vorfindet - Frösche, Ringelnattern, Mäuse und Wühlmäuse sowie deren Raubfeinde, Wiesel und Hermeline. Das Gebiet muß schon ziemlich groß sein, wenn es genügend Beute für Sumpfohreulen und Rohrweihen bereithalten soll, und auch, wenn sich zum Beispiel Enten hier ansiedeln sollen, die trotz ihres sonst geselligen Wesens keine Koloniebrüter sind und für das Verbergen ihrer Nistplätze viel Platz brauchen.

Ein Sumpf oder eine Moorwiese eignet sich besonders gut für die Aufstellung eines Tarnzelts, wenn man das Privatleben der hier lebenden Vögel beobachten will. In einer Sumpflandschaft auf Korfu habe ich einmal sechs Verstecke an strategisch günstigen Punkten aufgestellt, so daß ich je nach Tageszeit das Treiben der verschiedensten Brutvogelarten erkunden konnte. Enten, Gänse, Schwäne und Rallen haben Nachkommen, die sehr frühreif sind und Nestflüchter genannt werden. Das heißt, daß die Küken schon wenige Stunden nach der Geburt, wenn ihre Federn trocken sind, die Augen weit offen und genug Kraft haben, um hinter ihrer Mutter herzuschwimmen und selbständig Futter aufzupicken. Selbstverständlich beschützt die Mutter sie weiterhin, und sie gibt ihnen, wenn sie schlafen, Geborgenheit und Wärme unter ihrem Gefieder. Ermüdete Jungschwäne reiten gerne auf dem Rücken der Mutter, die wie eine stolze Galeone mit ihnen dahinsegelt. In den Sümpfen Mexikos lebt ein merkwürdiger rallenartiger Vogel, das Zwergbinsenhuhn, das seine Sprößlinge in zwei kleinen Hauttaschen unter den Flügeln mit sich herumträgt.

Das Vogelverhalten und die Verständigung der Gefiederten untereinander sind besonders faszinierend. Wenn sich beispielsweise ein Entenküken verirrt hat, piept es so lautstark, daß die Mutter weiß, wo sie nach ihm zu suchen hat. Leider erfahren dadurch auch Beutefeinde wie die Rohrweihe, wo das Entlein steckt. Diese Greifvögel horchen bewußt auf die Rufe verirrter Küken, wenn sie auf der Suche nach Beute über ihrem Sumpfrevier kreisen. Doch andererseits gehen kleine Enten nicht sehr oft verloren, weil sie gleich nach dem Schlüpfen instinktiv dem ersten beweglichen Gegenstand folgen, den sie erblicken. Im Freileben ist das naturgemäß die eigene Mutter. Diese Verhaltensweise wird als Prägung bezeichnet, und sie wurde von dem berühmten Verhaltensforscher Konrad Lorenz schon in den dreißiger Jahren einwandfrei

Sumpfland

Großflächige Sumpfgebiete wie unser Exkursionsziel in der südfranzösischen Camargue gehören zu den letzten unberührten Lebensräumen in Europa. Im Sommer sind Sümpfe für menschliche Besucher nur schwer zugänglich, vor allem wegen der zahllosen Stechinsekten, aber auch deshalb, weil der tückische Boden kaum begehbar ist. Wir unternahmen unseren Ausflug an einem warmen und schwülen Spätsommertag – ideale Bedingungen für die Stechmücken! Doch für den wohlvorbereiteten Naturfreund ist eine Sumpflandschaft ein aufregendes Forschungsobjekt. Wo sich ein Fluß (in unserem Falle die Rhône) dem Meer nähert, verlangsamt er seine Fließgeschwindigkeit und lagert dicke Schlammschichten ab, in denen die typischen Sumpfpflanzen gedeihen – Schilf und Seggen. Solche Pflanzen können mit den Wurzeln ständig im Wasser stehen und entwickeln sich üppig in dem nährstoffreichen Schlamm und Schlick.

Im Wasser Der mit Barteln bewehrte Wels und der Koboldkärpfling (der Stechmückenlarven verzehrt) sind aus Nordamerika hier eingebürgert worden, der letztere zur »biologischen« Bekämpfung der Stechmückenmassen.

Flugfeder einer Stockente

Rückenfeder eines Graureihers

Federn Da Sumpfgebiete von zahlreichen Vögeln, die hier wenige Feinde zu fürchten haben, zur Mauserzeit besucht werden, findet man hier Federn in großer Zahl. Wenn Federn von einem Vogel stammen, der einem Räuber zum Opfer fiel, sind sie am Schaft meist abgebrochen oder verbogen.

Diese Spinne spinnt ein Netz aus weißer Seide zwischen den Schilfrohren. Wir beobachteten ihr Verhalten bei Gefahr – die Spinne sitzt im Netzzentrum und schwingt auf und ab, wodurch das Netz zu vibrieren beginnt.

Wasserwanze

Großer Kolbenwasserkäfer

Wasserläufer

Hemianax-Libelle

Geflügelter Jäger Eine der größten Libellen, die in der Sumpflandschaft heimisch sind – ein idealer Lebensraum für ihre Larven und Beutetiere.

Laichkrautsamen

Wildschweinkot

Samen sind Nahrung für viele Vögel und vegetarische Säugetiere. Die samengespickten Kothaufen fanden wir auf weichem Schlammboden, der von tiefen Schwarzwildfährten kreuz und quer durchzogen war.

Gestrandeter Karpfen Das Skelett und die Schuppen dieses Fisches findet man häufig in Gegenden, wo der Sumpf austrocknet. Das Fleisch ist von Möwen, Krähen, Gleitaaren und Weihen abgepickt worden.

Karpfenschuppen

Diese kleinen Laubfrösche schicken sich gerade an, ihre bisherige Heimat im Wasser zu verlassen und die Sträucher und kleinen Bäume am Rande des Sumpfes zu erobern. Die leuchtend grüne Färbung ist für sie eine ausgezeichnete Tarnung, wenn sie im Geäst hocken und geduldig darauf warten, daß fliegende oder kriechende Insekten in ihre Reichweite kommen. In der Camargue gibt es auch eine himmelblaue Laubfroschart.

Entengrütze Die Blätter der Entengrütze oder Wasserlinse schwimmen an der Oberfläche und werden, wie schon der Name sagt, in großen Mengen von Enten verzehrt.

Fraßspuren Schlammbewohnende Wirbellose sind Nahrung für die Riesenscharen der Watvögel. Diese Schnabelspuren stammen wahrscheinlich von einem Kampfläufer, der im dicken, klebrigen Schlamm des Sumpfbodens nach Würmern und Krebstierchen herumstocherte.

Sumpfgras Dieses sich rasch ausbreitende schwimmende Gras wird in den Sommermonaten gern von den berühmten Camargue-Pferden und -Rindern gefressen.

Schilf oder Rohrkolben? Diese beiden Begriffe werden oft miteinander verwechselt, obwohl beide Pflanzen ganz verschiedenen Familien angehören: Der Rohrkolben ist ein Vertreter der Rohrkolbengewächse, während das Schilf zu den Süßgräsern gestellt wird. Schilf und Rohrkolben sind jedoch gleichermaßen kosmopolitische Pflanzen, die in der Sumpfflora überall in der Welt den Ton angeben.

nachgewiesen. Er prägte durch Zufall zehn neugeborene Gänsekinder auf sich selbst, das heißt, er war ungewollt das erste sich bewegende Lebewesen, das die Tiere nach dem Schlüpfen sahen. Die Gössel nahmen daraufhin an, er sei ihre Mutter. So mußte Lorenz einen anstrengenden Sommer lang Mutterstelle an ihnen vertreten; er mußte sie betreuen, mit ihnen schwimmen und in ihrer »Sprache« mit ihnen reden. Das war zweifellos eine Vollzeitbeschäftigung, aber Lorenz' Untersuchungen an seinen Stiefkindern wurden zur Grundlage seiner Arbeit über das Instinktverhalten, die wiederum wegweisend war für die Ethologie, die Lehre vom tierischen Verhalten. Man sieht, sogar ein paar »dumme« Gänschen können in der Wissenschaft Bedeutung erlangen.

Leben in der Camargue

Nicht weit von unserem Haus in Frankreich erstreckt sich ein weites Sumpfgebiet, die Camargue, ein flacher Keil aus Sand und Schlamm zwischen der Petit Rhône und den Rhône-Mündungsarmen. Hier, in den stillen, flachen Gewässern, die mit Schilfwäldern durchsetzt sind, leben Wildtiere in großer Zahl, vom Frosch bis zum Flamingo. Diese Gegend ist außerdem bekannt für ihre hitzigen schwarzen Kampfstiere und die schönen weißen Camargue-Pferde. Die Stiere werden zwar für Stierkämpfe verwendet, aber in diesen Kämpfen geht es den *razateurs* – so heißen die jugendlichen Heißsporne des Dorfes – nur darum, eine oder mehrere bunte Troddeln, die »Kokarden«, von den Hörnern des Stiers herunterzuholen. Sie benutzen dazu eine Art Pferdestriegel. Es ist ein sehr gefährlicher Sport, bei dem schon viele *razateurs* schwer verletzt worden sind, doch der Stier wird nie verletzt, und nach einem etwa zwanzigminütigen Kampf holt man ihn aus der Arena und läßt ihn in den Sümpfen der Camargue wieder frei. Einige dieser Stiere sind dank ihrer Geschicklichkeit sehr berühmt geworden, und die Provençalen verfolgen die Auftritte der Tiere, wie man anderswo in der Welt Box- oder Ringkämpfe verfolgt. Ich war der Meinung, dieses Thema würde einen großartigen Filmstoff abgeben, und so schrieb ich ein Drehbuch über einen Stier namens Marius; die Story umfaßte sein ganzes Leben, von der Geburt bis zum Tod. Um die Szenen seiner Jugend zu filmen, mußten wir uns tief in die Sumpfgebiete begeben, wo die Bullen und Kühe hausen und die Kälber in den großen Schilfdickichten das Licht der Welt erblicken. Es war ein wunderbares, aufregendes Erlebnis, weil wir auf den weißen Pferden reiten mußten – die Bullen gingen nämlich sofort zum Angriff über, wenn sie einen Fußgänger erblickten. Wir wurden freilich fast aufgefressen von Millionen Stechmücken, die uns und unsere Pferde wie ein vibrierender Schleier umhüllten, aber wir konnten die Bullen filmen und darüber hinaus viele interessante Tiere in der freien Natur beobachten: Bienenfresser, die, jadegrün und blau schimmernd, Insekten am Himmel jagten; Tausende von Kuhreihern, die gleich Schneeflocken einfielen; Grau- und Purpurreiher; zahllose Kleinvögel, vor allem Grasmücken; und auf den offenen Wasserflächen zwischen dem Röhricht eine große Ansammlung von Flamingos, die wie dahintreibende rosa und rote Rosenblüten aussahen. Vor den Hufen der Pferde brachten sich die Frösche und Teichschildkröten in Sicherheit, und im Schilf klammerten sich die grünen und zuweilen blauen Laubfrösche an die Blätter und schluckten vernehmlich. Wir erblickten mehrere Sumpfbiber, und einmal nahm ein Wildschwein geräuschvoll und empört schnaubend vor uns Reißaus. Die Camargue ist ein Musterbeispiel dafür, wie wichtig solche Feuchtgebiete sind, denn allein dieses eine große Areal beherbergt offensichtlich Millionen verschiedener Lebensformen, von denen manche, etwa die insektenfressenden Vögel, für den Menschen von erheblichem Nutzen sind. Es ist erfreulich, daß der größte Teil der herrlichen Camargue-Landschaft als Naturschutzgebiet ausgewiesen wurde.

Vögel der Camargue
Die Sumpflandschaft der Camargue eignet sich hervorragend zur Vogelbeobachtung, vor allem weil man hier nicht bis zu den Knien im Schlamm umherwaten muß, wenn man viele interessante Arten kennenlernen will. Die beiden abgebildeten Vögel kann man vom Auto oder von den das Röhricht durchziehenden Pfaden aus beobachten. Die Rohrweihe sieht man meist in geringer Höhe über dem Schilf dahinfliegen und den Boden nach Schermäusen und jungen Sumpfvögeln absuchen. Die Bienenfresser sind farbenfrohe Zuwanderer aus Afrika. Sie fliegen oft in kleinen Gruppen und lassen bei der Insektenjagd aufgeregte schmelzende Triller ertönen. Große Beutetiere, etwa Libellen, werden gegen einen Zweig geschmettert, bevor sie abgeschluckt werden.

Moore und Fenne

Wenn der Prozeß der ökologischen Sukzession langsam fortschreitet, baut sich der sumpfige Boden Schicht um Schicht auf. Die Entwässerung verbessert sich, und die Verwesung der Pflanzen verläuft schneller, wodurch der Boden zusätzlich angereichert wird. Allmählich entwickelt sich eine richtige Wiese (und schließlich ein Wald). Aber in regenreichen oder tiefliegenden Gebieten kann der Untergrund nie vollständig austrocknen, und damit geht auch eine Verlangsamung der Verwesungsvorgänge einher. Teilweise zersetzte organische Stoffe verfestigen sich und werden zusammengepreßt durch das Gewicht der Pflanzen und Tiere, die weiterhin an der Oberfläche leben und sterben. Auf dieser wassergetränkten sauren Unterlage gedeihen Torfmoose *(Sphagnum),* die das Regenwasser wie ein Schwamm aufsaugen und festhalten. Es entsteht schließlich ein Moor, und die zusammengedrückten, kompakten halbverwesten Abfälle verwandeln sich in Torf. Die Kohle-, Erdöl- und Erdgasvorkommen, von denen unsere Energieversorgung abhängt und die tief unter alten Wäldern oder Grasfluren begraben liegen, waren einst mächtige Torfan sammlungen, in denen vor Jahrmillionen eine phantastische Tierwelt lebte.

Das Leben im Moor ist hart. Das Torfmoos ist augenscheinlich nicht besonders wohlschmeckend, und die übrige Vegetation ernährt allenfalls Moorschneehühner und Hasen. Die wichtigsten Pflanzenfresser sind die Insekten, deren Leben hier manchmal bizarre Formen annimmt: Man kann Schnaken beobachten, die Moos fressen, und auf der anderen Seite gibt es Pflanzen wie beispielsweise die Sonnentaugewächse, die Insekten verschlingen. Einige Torfmoore sind allerdings nicht ganz so öde und karg, wie man es von dieser Landschaftsform gewohnt ist. In den »Fens« von East Anglia (Ostengland) ist der Boden so mineralreich, daß er nicht nur Torfmoose, sondern auch zahllose andere Pflanzen ernährt. Dieser Pflanzenwuchs bildet die Basis einer großen Nahrungspyramide, die eine reiche Fauna trägt. In den Moortümpeln wimmelt es von Leben, und die Ufer sind von dichtem Röhricht gesäumt, die Nistplätze unter anderem für die Sumpfrohrsänger bereithalten, die ihre zierlichen Napfnester zwischen den Schilfhalmen flechten. Bleßhühner, Moorschneehühner und Lappentaucher sind ebenfalls vertreten und bauen ihre Schwimmnester auf dem Wasserspiegel.

Die ersten Versuche, die Fennen trockenzulegen, wurden in römischer Zeit unternommen, doch sie hatten keine größeren Auswirkungen. Dann kamen der vierte Earl of Bedford und eine Gruppe von Spekulanten zu Beginn des 17. Jahrhunderts zu dem Schluß, daß die Trockenlegung des fruchtbaren Fennlandes ein großer Gewinn (für die Landwirtschaft) sein würde. Man holte Holländer, die im Deichbau und in der Entwässerung von Feuchtgebieten sehr versiert waren, ins Land, und ein gewisser Cornelius Vermuyden wurde mit der Arbeit betraut. Er ließ das Flußbett des Old Bedford River zwischen Earith und Denver ausheben und schuf dann, parallel dazu, den 30 Meter breiten New Bedford River. Die Trockenlegung solcher weiträumigen Moor- und Sumpfgebiete kann freilich unerwünschte Folgen haben. Das entwässerte Land trocknet aus, schrumpft und sinkt ab. Im Holme Fen hat jemand um die Mitte des vorigen Jahrhunderts eine Eisenstange so tief in den Torfboden getrieben, daß ihre Spitze mit der Oberfläche abschloß. Heute ragt die Stange fast drei Meter aus dem Torf heraus. Obwohl inzwischen viele Feuchtgebiete unter Schutz gestellt worden sind, leiden diese Lebensräume noch immer unter den Eingriffen des Menschen. Durch die großzügige Entwässerung des umgebenden Ackerlandes hat sich der Grundwasserspiegel abgesenkt, die Moore und Sümpfe trocknen allmählich aus, und die wasserliebenden Pflanzen und die spezialisierte Insektenfauna verschwinden nach und nach. Wenn nicht sehr bald etwas geschieht, droht unseren Feuchtgebieten der endgültige Untergang.

Fluginsekten des Sumpflandes
Die allgegenwärtigen Stechmücken sind an ruhigen Wasserflächen stets anzutreffen. In Sumpfgebieten leben sie zu Millionen und aber Millionen. An feuchten Abenden kann man in der Camargue von dicken schwarzen Schwärmen dieser Insekten attackiert werden, die alle auf eine Blutmahlzeit erpicht sind. Nur die Weibchen sind Blutsauger; sie brauchen die eiweißreiche Nahrung für die Produktion der Eier, die als winzige Flöße auf der Wasseroberfläche abgelegt werden und aus denen zapplige Larven hervorgehen. Der reizvolle Sumpf-Teppichfalter ist auf Wiesenrautenflächen beschränkt, wo seine Raupe Nahrung findet.

Sumpf-Teppichfalter

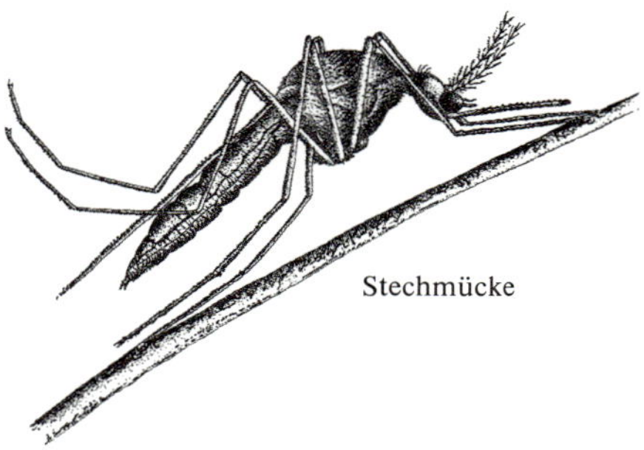

Stechmücke

In den Feuchtgebieten am Meer

Die Ästuarien (Mündungszonen) und die sich anschließende Marschlandschaft – beides kann man unter dem Oberbegriff küstennahe Feuchtgebiete zusammenfassen – sind durch eine seltsame Liebesbeziehung miteinander verbunden, fast eine Vermählung von Festland und Meer. Die Frucht dieser Verbindung ist eines der produktivsten Ökosysteme der Erde, eines, das für den Naturfreund und -forscher von ganz besonderem Interesse ist. Leider hat es den Anschein, daß diese Lebensräume den Regierungen nicht so sehr am Herzen liegen, obgleich doch gerade den Feuchtgebieten generell eine überragende Bedeutung für unsere Umwelt zukommt.

Das Gesamtgefüge der küstennahen Feuchtgebiete und die Art und Weise, wie sie »funktionieren«, sind faszinierende Phänomene. Mit der Regelmäßigkeit eines Uhrwerks wechseln die Gezeiten und laden ihre Last aus Kleinstorganismen und organischem Abfall ab. Das Meer dringt in die Flußmündungen ein und überspült die Schlammflächen oder Watten und die höhergelegenen Marschen und Salzwiesen. Wenn das Gezeitenwasser wieder abfließt, säubert es die Marschen, indem es die dort angesammelten Abfälle fortschwemmt. Jetzt tritt der Fluß in Aktion. Er bahnt sich seinen Weg zum Meer, setzt immer wieder die Ufer unter Wasser und lagert seinerseits Schlickmassen ab, die er tief aus dem Binnenland herbeigeführt hat.

Die Mündungszone, die Schlammflächen und die Marschen, wo Flußwasser und Meerwasser zusammentreffen, stellen eine eigene Welt von verwirrender Vielfalt dar. Sie ist manchmal trocken, manchmal naß, und wenn sie naß ist, dann handelt es sich entweder um Süßwasser oder um Salzwasser oder um eine Mischung aus beidem. In dieser zwiespältigen Welt suchen die Organismen aus dem Fluß, vom Festland und aus dem Meer nach Nahrung und Unterschlupf. Einige sind selbstverständlich stärker von Land und vom Süßwasser der Flüsse abhängig, während andere auf den Salzgehalt des Meerwassers angewiesen sind. Die beiden scheinbar so gegensätzlichen Lebensräume sind ineinander verzahnt wie Teile eines höchst komplizierten Puzzlespiels.

Die Küstenfeuchtgebiete sind sehr unterschiedlich beschaffen. Jedes erhält sein Gepräge von der Natur des jeweiligen Flusses und den Gezeiten, die es mit Nahrung versorgen, aber auch vom Klima. Ein Ästuar in den Tropen unterscheidet sich beträchtlich von einem nordeuropäischen. An der nordamerikanischen Westküste sind die Mündungstrichter und die Marschzone schmal, weil die Flüsse schnurstracks den Steilhang des Kontinentalschelfs herabstürzen. Dagegen breitet sich das Süßwasser des mächtigen Amazonas wie ein riesiger brauner Fächer im blauen Ozean aus; schon in einer Entfernung von hundert Kilometern erkennt man, daß man sich der Strommündung nähert. Vor dem Mündungsbereich mancher Flüsse bilden sich Sandbänke, die ihn abschirmen. In diesen geschützten Ästuarien, die den Gezeiten nicht so stark ausgesetzt sind, kann sich Brackwasser entwickeln. Ein gutes Beispiel dafür ist das Wattenmeer in Nordwesteuropa, desgleichen die liebliche Pleasant Bay vor Cape Cod in Nordamerika. In den Tropen sind dies Brachwasserbuchten, vielfach von Mangroven gesäumt, jenen herrlichen Bäumen, die sich mit korbförmigen Stützwurzeln auf dem Boden festhalten und dadurch das Festland sichern.

In Flüssen, die sich gemächlich durch die Küstenebene winden, kann das

Die Kleine Seenadel, eine nordeuropäische Art, zwischen Seegras

Von der Flut überrascht
Diese Qualle *(gegenüberliegende Seite)* wurde von den warmen Wassermassen des Golfstroms in Küstennähe getragen und von der Flut in eine Flußmündung in Irland verfrachtet. Das Tier hat mit seinen nesselnden Tentakeln eine Seestachelbeere, eine Verwandte der Qualle, gefangen.

Gezeitenwasser in Form einer Springflut in die Mündung eindringen. Das sind Flutwellen, die mit unterschiedlicher Größe und Gewalt stromaufwärts stürmen und manchmal auch die Ufer mit erfassen. Diese ungewöhnliche Tätigkeit des Meerwassers kann man am Severn beobachten, wo die Springfluten fast zwei Meter hoch ansteigen. Auf dem Jangtse in China erreichen sie Höhen von fünf Metern und können den Flußschiffen sehr gefährlich werden.

Die sich ständig wandelnde Mündungszone

Alles in der Natur ist in Bewegung, wächst und vergeht, und auch der Lebensraum des Ästuars ist alles andere als statisch, genausowenig monoton wie ein Wald oder See. In vielen Fällen ergießt sich die Flut als große Wassermasse in den Fluß. Sie drängt ihn zurück und bewirkt in allen Schichten eine gründliche Vermischung von Salz- und Süßwasser. Doch die Tees in Nordengland und der mächtige Mississippi besitzen gleichermaßen Mündungszonen, in denen die Flut fast verstohlen als »Salzwasserkeil« auf dem Flußbett vorwärts kriecht. An der Oberfläche strömt zugleich weiterhin Süßwasser ins Meer, so daß sich so etwas wie ein Schichtkuchen ergibt, bei dem es nur zu einer teilweisen Vermischung von Salz- und Süßwasser kommt.

Die Vegetation des Ästuars und der Salzmarschen sammelt sich, wenn sie stirbt und verwest, als organischer Abfall an, der vom Fluß, den kleineren Prielen und der zurückweichenden Ebbe meerwärts geschwemmt wird. Zum Teil dient er den Kleintieren als Nahrung, die das Gebiet bewohnen, aber eine große Menge wird vom Niedrigwasser hinausgetragen und bereichert die Küstengewässer. Im Cocktail aus Salz- und Süßwasser entsteht eine Art Nährstoff-Falle, die dafür sorgt, daß die Mündungszone bis zu dreißigmal fruchtbarer ist als das offene Meer. Dieser außerordentlich hohe Nährstoffgehalt des Wassers bringt bei den verschiedenen Tierarten dichte Populationen hervor – zahllose Schnecken und Kieselalgen und Millionen von Jungfischen. Merk-

Ästuare und andere Küstengewässer eignen sich hervorragend zum Studium der küstennahen Meereswelt. Mit den hier gezeigten Fanggeräten kann man Organismen aus verschiedenen Wassertiefen bergen. Wie bei allen anderen Fängen sollten Sie auch in diesem Fall Ihre Ausbeute in den angestammten Lebensraum zurückversetzen, wenn Sie Ihre Untersuchungen abgeschlossen haben.

FANG MIT NETZEN UND FLASCHEN

Das Wadenetz *(oben)* eignet sich ausgezeichnet zum Fang von kleinen Meerestieren. Es ähnelt einem Tennisnetz, ist aber engmaschiger und am Oberrand (»Obersimm«) mit Schwimmern versehen. Indem man ein Ende des Netzes nachzieht, watet man im Halbkreis durch das Seichtwasser *(links)*. Dann holt man zusammen mit seinem Partner das Netz an den Enden der Saumleinen ein.

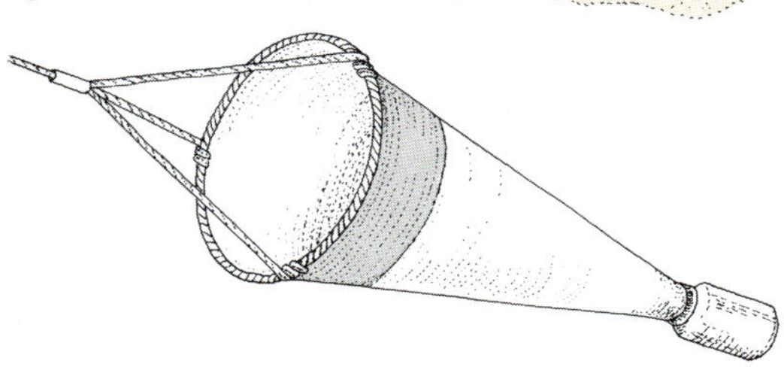

Das Planktonnetz
Dieses feinmaschige, kegelförmige Netz wird an einer langen Schnur langsam durch das Wasser gezogen. Winzige Schwebeorganismen gelangen durch einen Trichter in die Flasche an der Spitze des Netzes. Die Ausbeute wird ausgekippt und mit Lupe oder Mikroskop untersucht. Ein Planktonnetz kann man sowohl im Meer als auch in Binnengewässern verwenden.

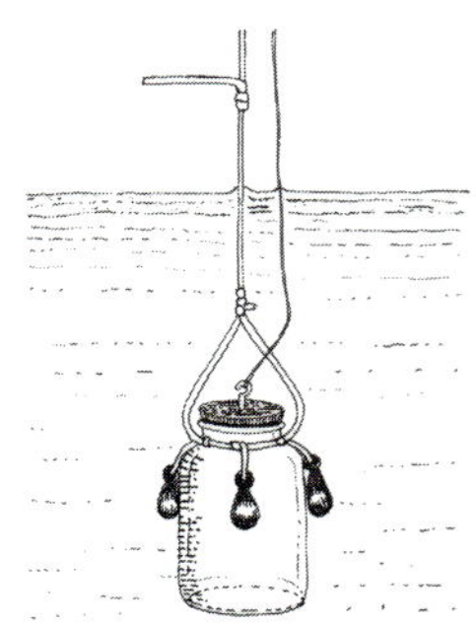

Die Meyer-Flasche ist an einer Schnur aufgehängt, während am Korken eine zweite Schnur befestigt ist. Man versenkt die Flasche in die gewünschte Tiefe und löst dann den Korken. Wenn man die Flasche langsam hochzieht, dringt kaum Wasser aus den oberen Schichten in die Flasche ein, und die Tiefenprobe bleibt unverfälscht.

würdig ist jedoch, daß in Ästuarien, Watten und Marschen die Zahl der standorttreuen Arten trotz des nährstoffreichen Wassers und trotz der Spezialanpassungen der hier lebenden Organismen auffallend niedrig ist, verglichen etwa mit einem Wald oder einem Binnensee. In gewissem Sinne ist das Leben an der Küste ebenso mühsam wie etwa in der Tundra; die Lebewesen haben hier zwar keine Probleme mit dem Licht, der Dunkelheit, dem Wasser und dem Eis, aber sie müssen fertig werden mit dem Schlamm, dem Salz- und Süßwasser sowie den heftigen Stürmen und Flutwellen, die unaufhörlich die Küstenlinie umgestalten. Zudem schwellen die Flüsse im Winter und Frühjahr durch Niederschläge und Schmelzwasser stark an. Dadurch vergrößern sich die Wassermenge und gleichzeitig die mitgeführten Schlickmassen, und das hat wiederum zur Folge, daß die Ästuarien dann weniger salzig, aber viel turbulenter sind als im Sommer und Herbst. All diese Veränderungen beeinflussen das Leben im Mündungsbereich, bei dessen Erforschung man stets den Ästuartyp, die Jahreszeit und den Gezeitenrhythmus berücksichtigen muß.

Zwei Lebensweisen - Schwimmen und Seßhaftigkeit

Eine Mündungszone ist ein günstiger Ort zum Einfangen und Untersuchen der driftenden und schwimmenden Organismen, die mit den beiden pulsierenden Wasserströmen hin und her wandern. Für die Kleinstlebewesen sollten Sie hier ein Planktonnetz und für die größeren ein Wadenetz verwenden. Wenn Sie ein Boot besitzen oder leihen können, achten Sie darauf, daß es bei Ihrer Arbeit gut verankert ist. Auf Korfu hatte ich ein hübsches, fast kreisrundes Flachboot, das auf den Namen »The Bootle Bumtrinket« getauft worden war. Es war ein herrliches Fahrzeug, das mein Bruder für mich gebaut hatte, aber es lag so flach auf dem Wasser, daß es vom leisesten Wind und der kleinsten Welle wie ein Kreisel umhergewirbelt wurde, was meine Beobachtungstätigkeit stark beeinträchtigte. Wenn Sie ein Boot benutzen, sollten Sie außerdem die Gezeitenfolge in dem betreffenden Gebiet kennen und sich einprägen. Sie können sich nämlich so sehr in Ihre Arbeit vertiefen, daß Sie gar nicht merken, wie Sie aufs offene Meer hinausgetragen werden.

Eine weniger gefährliche und mühsame Möglichkeit, die im Wasser treibenden und schwimmenden Organismen zu studieren, bietet eine Mündungszone mit einem Pier oder einer Mole. Sie können die Pfosten, auf denen der Pier ruht, zu einer Art Thermometer für das Auf und Ab der Gezeiten umfunktionieren, indem Sie die verschiedenen Wasserhöhen des monatlichen Zyklus auf ihnen markieren. Bei Niedrigwasser muß zwar Ihr Fanggerät mit langen Stielen oder Seilen ausgestattet sein, aber Sie haben bei Ihren Untersuchungen auf jeden Fall einen festen Boden unter den Füßen und laufen keine Gefahr, aufs Meer hinausgetrieben zu werden.

Ein praktisches Hilfsmittel zur Entnahme von Wasser- und Planktonproben in verschiedenen Tiefen - besonders wichtig bei einem »Salzwasserkeil« - ist die Meyer-Flasche. Eine sehr günstige Gelegenheit zum Gebrauch dieser Flasche, zumal für den Besitzer eines Mikroskops, ist die Zeit der »Wasserblüte«. Im Frühjahr, wenn die Lichtmenge zunimmt, vermehrt sich das Phytoplankton, das hauptsächlich aus winzigen pflanzenartigen Kieselalgen und Panzergeißelalgen besteht, sehr schnell, und darauf folgt eine starke Vermehrung des Zooplanktons, vor allem der kleinen Krebschen, die umherschwimmen oder am Abend vom Schlammboden aufsteigen, um sich das Phytoplankton einzuverleiben. Unter dem Mikroskop können Sie feststellen, daß Wasserproben aus unterschiedlichen Tiefen abweichende Anteile dieser absonderlichen Kleinstlebewesen enthalten.

Im Sommer findet man vielleicht Quallen, die sich am Plankton gütlich tun, oder mit viel Glück sogar einen besonders gefräßigen Planktonvertilger, die so-

Die Planktonschwärme
In den oberen Zentimetern des Meerwassers wimmelt es von Millionen mikroskopisch kleiner Pflanzen und Tiere. Dinoflagellaten, wie *Noctiluca* und *Polykrikos* besitzen zur Fortbewegung peitschenförmige Geißeln. Die langen fransenähnlichen Anhängsel von *Elphidium* dienen dem Fang von noch kleineren Beutetieren.

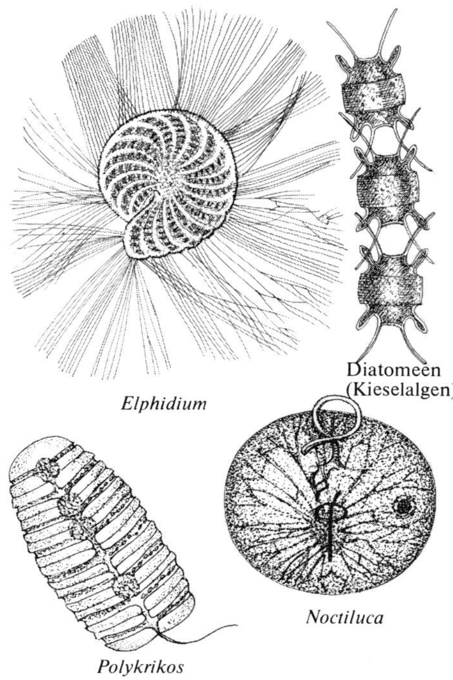

Ästuare und Salzmarschen

Ein Ästuar ist eine Übergangszone, und das wurde uns ganz deutlich, als wir an einem sonnigen Junitag ein Küstengebiet in der Nähe von Southampton besuchten. Die Pflanzen und Tiere werden abwechselnd im Salzwasser des Meeres und bei Ebbe im Süßwasser des Flusses gebadet. Nur wenige Organismen haben sich an diesen ständigen Wechsel des Salzgehalts angepaßt, aber jene Arten, denen dies gelungen ist, haben den merkwürdigen Mischbiotop ganz für sich und bewohnen ihn in ungeheuren Mengen. Auf der landzugewandten Seite des Watts entfalten sich Salzmarschen oder -wiesen. Sie sind von Pflanzen mit unterschiedlicher Salzwasserresistenz bewachsen. Grasflächen und Schilf herrschen vor, und schlammbewohnende Wirbellose und natürlich die Watvögel sind die auffälligsten Vertreter der Fauna.

Natürlicher Abfall Verfilzter Salzwiesendetritus, der vom Gezeitenwasser zusammengeballt wurde. Tote Seegräser sind durchsetzt mit leeren Schneckengehäusen, Krabbenhäuten und anderen natürlichen Abfallstoffen.

Die dunkle Herzmuschel hat sich durch Schwefelwasserstoff verfärbt, ein natürliches Gas, das mit Eisensalzen reagiert.

Kleine Schneckenhäuser Die winzigen Jenkins-Schnauzenschnecken sind typisch für geschützte Ästuare. Die größeren rauhen Strandschnecken sind charakteristischer für die höhere Felsküstenzone.

Käferschnecken auf einem Kiesel

Gemeine Seepocken

Seepocken und Dreikantwürmer

Krustenbildung Jeder feste Gegenstand, der auf den sich ständig verschiebenden Schlammboden des Ästuars gerät, wird schon bald von Seepocken und Röhrenwürmern überkrustet.

Frischgehäuteter Krabbenpanzer Wenn die Krabbe ihren Panzer abgestoßen hat, ist sie leicht verwundbar; so zieht sie sich in ein Versteck zurück, bis der neue Panzer gehärtet ist.

Seetang

Tange leben in der unteren Gezeitenzone des Ästuars; wenn sie vom Meer auf den Strand gespült werden, trocknen sie aus und sterben.

Meersalat

Darmtang

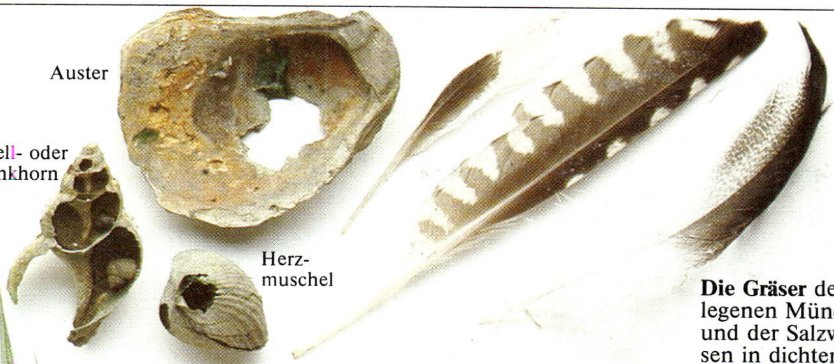

Strandabfall Die drei Mollusken wurden wahrscheinlich von Vögeln erbeutet, und das Meer hat dann den Rest besorgt. Von den vielen Federn, die man am Strand auflesen kann, stammen die meisten von Möwen, doch die hier abgebildeten gehörten vielleicht einem standorttreuen Rotschenkel oder sogar einem durchziehenden Regenbrachvogel, der auf dem Weg zu seinem nördlichen Brutrevier auf den Shetlands oder Orkneys war.

Die Gräser der höhergelegenen Mündungszone und der Salzwiesen wachsen in dichten Schwaden und sind für Brutvögel eine hervorragende Deckung.

Das Reis- oder Spartgras ist eine zähe Pflanze, die den kahlen Schlammboden des Ästuars als eine der ersten besiedelt. Das ausgedehnte Wurzelwerk trägt zur Verfestigung des Untergrunds bei, und die unterirdisch kriechenden Rhizome sichern eine rasche Ausbreitung. Diese Eigenschaften sorgen für eine solide Basis, die der Ansiedlung anderer Pflanzen und Tiere zugute kommt.

Strandaster Zu sehen sind die kurzen grundständigen Blätter; die Pflanze bringt hohe violette und gelbe Blüten hervor.

Dehnbare Blätter Die Strandsalzmelde *(rechts)* besitzt wie die Strandaster und der Queller dicke, fleischige Blätter, mit deren Hilfe sie Wasser bei Veränderung des Salzgehaltes aufnehmen oder ausscheiden kann.

Mehrstöckige Lebensgemeinschaften
Die Pfähle unter einem Pier oder Kai sind auf den ersten Blick unangenehm kalt und tropfnaß, aber es lohnt sich, einmal genauer hinzuschauen und die vielen Lebensformen zu untersuchen, die normalerweise gut verborgen im unteren Küstenbereich leben. Wegen der meist senkrechten Pfahlwände können sich hier nur wenige Pflanzen festsetzen, und deshalb herrschen krustenbildende Tiere vor, die eine vertikale Artengliederung von der Hoch- bis zur Niedrigwassermarke zeigen. Halten Sie Ausschau nach den schönen Seenelken und den verzweigten, befransten Lederkorallen, die man Meerhand oder Tote Manneshand nennt. Hölzerne Piere sind vielfach durchlöchert von den Wohnröhren bohrender Weichtiere und Krustazeen.

genannte Seestachelbeere, die zu den Rippenquallen gehört. Wenn sie das Tier in ein Gefäß mit Wasser werfen, erscheint ein stachelbeerähnlicher Körper mit acht schillernden Plättchen und einem langen Tentakelpaar. Im Wasser wirken diese Geschöpfe so durchsichtig – wie kleine kugelige Cellophanbeutel –, daß man ihre Anwesenheit nur an dem anmutigen Farbenspiel ihrer »Rippen« oder Ruderplättchen erkennen kann, die beim Schwimmen auf und ab schlagen. Sie sind extrem zerbrechlich, noch zerbrechlicher als dünnes Glas, so daß sie in einem Sturm massenhaft zerstört werden; deshalb ist es oft schwierig, auch nur ein einziges intaktes Exemplar zu erbeuten. An ihren fadenförmigen Tentakeln besitzt die Seestachelbeere, im Gegensatz zu den echten Quallen, keine Nesselzellen. Zum Fangen und Lähmen der Beute benutzt sie statt dessen Klebezellen, die in ihre Tentakel eingebettet sind.

Die Arbeit auf einem Pier gibt Ihnen nicht nur Sicherheit, sondern ermöglicht es Ihnen auch, bei Ebbe die verschiedenen Lebewesen zu inspizieren, die sich an den Pfeilern festgesetzt haben. Diese haben sich übrigens aus demselben Grund hier angeklammert, aus dem Sie selber den Pier benutzen – sie verhindern dadurch, daß sie aufs Meer hinausgeschwemmt werden. Miesmuscheln und Austern sind fast immer vorhanden, doch Sie werden um diese Muscheln herum eine wunderliche und vielgestaltige Lebewelt entdecken: Schwämme, Bryozoen, Borstenwürmer und Krustazeen, vielleicht sogar einen Muschelwächter, eine erbsenförmige weichhäutige Krabbe, die erstmals von Aristoteles beschrieben worden ist. Dieses drollige kleine Geschöpf stiehlt Nahrung aus den Kiemen der Muschel und benutzt deren Schale als Wohnung. Sobald ein Muschelwächterweibchen sich seine Muschel ausgesucht hat, bleibt es ihr treu und verläßt sie nur kurz während der Paarungszeit.

Für viele Fischarten ist das Ästuar eine Durchgangsstation, die sie auf ihrer Laichwanderung entweder stromaufwärts oder in Richtung Meer passieren. Lachse und Forellen laichen zum Beispiel in den Flüssen ab, aber wachsen im Meer heran; bei den Aalen ist es umgekehrt, denn sie laichen im Meer ab, und die Jungfische wandern flußaufwärts. Zahlreiche Arten benutzen den Mündungsbereich selbst als Laichgrund und Kinderstube für ihre Brut, die von der reichlich vorhandenen Planktonnahrung profitiert. Neben diesen Wanderfischen gibt es andere Arten, die sich ganzjährig im Ästuar aufhalten – Schollen und die kleinen Stichlinge und verschiedene Grundeln, die sich von kleinen Würmern und Krebsen ernähren, sowie die Meeräschen, die nahezu alles fressen, was sie mit ihrem kleinen Maul bewältigen können. Die Fische, die in der Zwischenwelt des Süß- und Salzwassers heimisch sind, können hier nur mit Hilfe ihrer spezialisierten Nieren und Kiemen existieren. Diese Organe haben die Fähigkeit, je nach Bedarf mehr oder weniger Wasser auszuscheiden und mehr oder weniger Salz zu absorbieren. Solche Anpassungsmechanismen sind in einer sich ständig wandelnden Umwelt unerläßlich.

Die Bewohner der Schlammzone

In dem unablässig wogenden Kampf zwischen Süß- und Salzwasser haben es die beweglichen Lebewesen schwer, denn sie werden ständig hin und her gerissen. Um dieser Schwierigkeit zu entgehen, verankern sich viele Organismen der Mündungszone im Schlammboden. Reis- und Seegras wurzeln im Seichtwasser, desgleichen die Strandsalde, deren kleine dreieckige Samen bei Wildenten sehr beliebt sind.

In den ruhigeren Küstengewässern wächst der Meersalat, eine Grünalge, die ebenso wie das Seegras den Enten und Gänsen als Nahrung dient. Wie in einem Binnensee gedeihen auch im Ästuar auf den untergetauchten Pflanzen verschiedene winzige Algen, die von Schnecken, Garnelen und anderen kleinen Vegetariern abgeweidet werden. Die meisten bodenlebenden Tiere verziehen sich bei Niedrigwasser in den Schlamm oder unter Steine. Doch sobald die Flut steigt, erscheinen überall Röhren, Schläuche, Köpfe, Beine und andere Körperfortsätze und verwandeln den schlammigen Boden in einen Wald aus Tierleibern. Würmer und allerlei Krebstiere, wie Krabben und Garnelen, wandern auf dem Schlamm umher, um sich an Algen und dem nahrhaften Detritus gütlich zu tun. Die winzigen Rissoschnecken bauen sich aus Luftblasen und Schleimfäden ein Floß, mit dem sie nicht nur auf-und absteigen, sondern auch Nahrung erbeuten können.

Da es schwierig ist, diese Unterwasserwelt zu beobachten, sofern Sie sich nicht ein eigenes Meerwasseraquarium einrichten, wartet man am besten, bis das Watt bei Ebbe trockengefallen ist. Dann können Sie am Strand entlanggehen und nach den Spuren der Tiere Ausschau halten, die jetzt im Boden verschwunden sind. Dabei ist allerdings Vorsicht geboten, denn manche Schlammflächen sehen zwar leicht begehbar aus, sind aber fast so heimtükkisch wie Treibsand. Als ich in Bournemouth lebte, machte der Strand bei Niedrigwasser den Eindruck eines idealen Wandergebiets. Eines Tages beschloß ich, eines der zahlreichen unbewohnten Inselchen aufzusuchen, die aus dem Boden des Hafenbeckens aufragen. Nach zehn Minuten, als ich fast bis zur Hüfte im Schlamm steckte und mich abmühte, meine Beine wieder freizubekommen, dämmerte es mir, daß der Spaziergang doch nicht so gefahrlos war, wie ich angenommen hatte. Ich gelangte schließlich doch zu der Insel, und weil auf ihr keine Menschen lebten, konnte ich einige interessante Vogelnester und Tiere entdecken. Klugerweise hatte ich mich vor meiner Exkursion über die Gezeiten informiert; andernfalls hätte ich leicht ertrinken können, wenn mich die hereinkommende Flut überrascht hätte, als ich mich wie ein Flußpferd im Schlamm suhlte.

Wenn das Gezeitenwasser das Watt freigelegt hat, können Sie sich als »Naturdetektiv« betätigen und ermitteln, welche Tiere dort heimisch sind. Die Pfeffermuschel verrät beispielsweise ihre Anwesenheit durch ein sternförmiges Muster im weichen Schlamm. Das stellt sie mit ihrem langen Siphon her, der aus dem Boden hervorlugt und die Oberfläche in allen Richtungen nach Nahrung abtastet. Wo der Boden wie gekörnt aussieht, hat man vielleicht Tausende von winzigen Rissoschnecken vor sich, die noch schnell etwas zu sich nehmen, bevor sie sich einwühlen, und wo die Oberfläche Klümpchen bildet, hausen vermutlich Hunderte von Wattkrebsen *(Corophium)*. Diese kleinen Tiere werfen um ihre Wohnröhren herum Schlammhügelchen auf, wenn sie bei Hochwasser hervorkommen und auf Nahrungssuche gehen. Man kann zuweilen erstaunliche Entdeckungen machen, wenn man einen dicken Schlammbrocken in einem sauberen, mit Meerwasser gefüllten Plastikbehälter legt und abwartet, welche Tiere sichtbar werden, sobald sich der Schlamm gesetzt hat.

Nicht nur Kleingetier können Sie in der Schlammzone finden. Der Reichtum an schlammbewohnenden Organismen zieht größere Tiere an, die ihnen nachstellen. In hellen Scharen suchen Watvögel – Strandläufer und Schnepfen – und die größeren Möwen und Reiher das Watt nach Kleintieren ab. Erstaunlicherweise hat man sogar schon Hermeline und Wiesel und im Winter Otter auf der Jagd nach Krebstieren beobachtet.

In den warmen nordamerikanischen und tropischen Ästuarien spielen die Winkerkrabben als Nahrung für unzählige Tiere eine wichtige Rolle. Auf den Schlammflächen huschen diese seltsamen kleinen Krabben umher, und wenn man dort spazierengeht, rennen sie vor einem davon, daß man sich wie ein Hubschrauber vorkommt, der in Ostafrika eine große Herde vor sich her treibt. Wenn sie sich bedroht fühlen, flitzen sie in ihre Wohnröhren, die man an den vor dem Eingang aufgehäuften Schlammkügelchen erkennen kann – sie müssen an ihren Behausungen ständig weiterarbeiten, damit diese jederzeit ge-

Fraßspuren im Schlamm
Auf dem Schlammboden der Ästuare kann man die Spuren tierischer Küstenbewohner erkennen. Neben den kreuz und quer verlaufenden Fährten der Watvögel erscheinen unregelmäßige Kratzspuren. Das sternförmige Muster ist das Werk der Pfeffermuschel, die vom Zentrum aus ihr Saugrohr über den Schlamm ausstreckt. Die konischen Vertiefungen stammen von einer Flunder, die nach Mollusken gesucht hat; auch ein Rotschenkel ist hier vorbeigelaufen. Das Bogenmuster hat eine Brandgans geprägt, die mit halbkreisförmigen Schnabelbewegungen den Boden systematisch nach Schnecken durchstöbert hat.

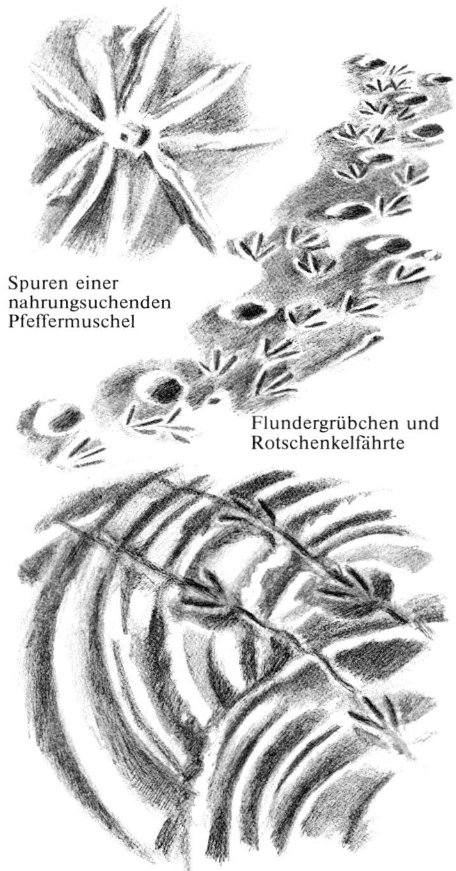

Spuren einer nahrungsuchenden Pfeffermuschel

Flundergrübchen und Rotschenkelfährte

Gründelmuster der Brandgans

Unser größter Watvogel
Der Große Brachvogel *(gegenüberliegende Seite)* ist ein regelmäßiger Besucher der Mündungsgebiete, wo er im Schlamm und Sand nach kleiner Wirbellosennahrung stochert. Sein Brutrevier beschränkte sich früher auf Moorlandschaften, doch neuerdings hat sich der Vogel auch auf Wiesen, Marschen und Dünen etabliert.

brauchsfertig sind. Darin ähneln die Winkerkrabben den Regenwürmern, denn auch sie schichten beim Graben den Boden unaufhörlich um.

Wenn man sich still hinsetzt und den Krabben zuschaut, merkt man, was für reizende Kerle das sind. Jedes Männchen hat eine kleine Schere, die als »Eßlöffel« dient, und eine stark vergrößerte »Winkschere«. Indem sich das Tier langsam über den Boden bewegt, stopft es sich mit der kleinen Schere eifrig Schlamm in die komplizierten Mundwerkzeuge, die sorgfältig die eßbaren Bestandteile aussieben. (Das ist so, als wenn wir einen Eimer voll Kies verschlingen würden, um darin ein paar Erdnüsse zu finden!) Mit der großen Schere winkt das Krabbenmännchen aus zwei Gründen: erstens, um seinen männlichen Artgenossen mitzuteilen, daß das hier sein Territorium ist, und zweitens, um Partnerinnen »herbeizuwinken«. Außerdem klopft es zwischendurch mit der Winkschere auf den Boden, um gleichsam Morsezeichen auszusenden.

Es ist schade, daß es an unseren europäischen Küsten solche unterhaltsamen Geschöpfe wie die Winkerkrabben nicht gibt. Hier ist die Krebsfauna insgesamt recht bescheiden; neben den Wattkrebsen fallen am ehesten die

DAS FOTOGRAFIEREN WILDLEBENDER TIERE

Das Fotografieren der Tiere, die man in der Natur antrifft, ist ein ausgezeichnetes und zugleich »schonendes« Verfahren zum Sammeln von Belegen. Wer sich Mühe gibt, kann selbst scharfe Aufnahmen von flüchtigen Tieren machen, ohne sie dabei zu stören. Um gute Resultate zu erzielen, sollte man sich möglichst gründlich über die Tierart informieren, die man zu fotografieren gedenkt. Man muß wissen, wie sich das Tier verhält und wo es wahrscheinlich auftauchen wird, damit man sein Tarnzelt in Sichtweite aufstellen und die Kamera auf die richtige Stelle ausrichten kann. Beherzigen Sie stets die goldene Regel des Naturfotografen: Beunruhigen Sie das Objekt möglichst wenig. Das Wohlbefinden eines Lebewesens ist wichtiger als ein Stück Zelluloid!

Vögel und Säugetiere
Größere Tiere sind oft sehr scheu. Deshalb müssen Sie soviel wie möglich über die betreffende Art wissen. Finden Sie vorher heraus, wie der Tagesablauf der Tiere beschaffen ist, wo sie Nahrung aufnehmen und wie sie herumziehen. Wenn Sie Nachttiere beschleichen, benutzen Sie eine Taschenlampe, deren Licht mit rotem Zellophan abgeschirmt ist. Fotografieren Sie nur, wenn Sie ganz sicher sind, daß Sie das Bild unbedingt brauchen, denn das Blitzlicht irritiert die meisten Tierarten. Sie können die Kamera auf einem Stativ aufbauen und den Verschluß mit einem langen Drahtauslöser oder einem elektromagnetischen Fernauslösegerät betätigen.

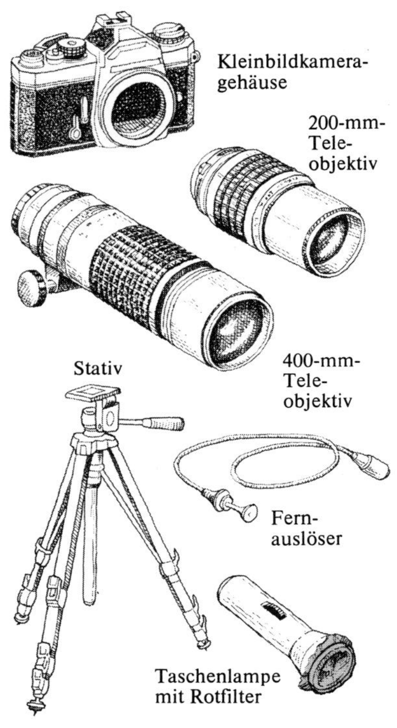

Die richtige Kameraausrüstung
Am besten verwendet man eine Kleinbild-Spiegelreflexkamera. Das Sucherbild stimmt dann genau mit dem Aufnahmeformat überein, und Sie können mit auswechselbaren Objektiven arbeiten. Die meisten Fabrikate sind mit einem 50-mm-Normalobjektiv ausgerüstet, doch für Fernaufnahmen ist eine längere Brennweite angebracht. Bei einem Teleobjektiv können Sie zur Vergrößerung entfernter Objekte zusätzlich einen Konverter verwenden. Ein stabiles Stativ ist unerläßlich.

Tarnversteck
Wenn Sie kein einwandfreies natürliches Versteck finden, empfiehlt sich die Aufstellung eines Tarnverstecks in der Nähe des Freß- und Brutplatzes *(vgl. S. 140)*. Dabei dürfen Sie die Tiere nicht stören. Bauen Sie das Versteck schrittweise an mehreren Tagen hintereinander auf, oder schieben Sie es ganz langsam an den vorgesehenen Platz. Nehmen Sie genügend Zubehör mit. Es lohnt sich, zwei »geladene« Kameras bereitzuhalten für den Fall, daß eine versagt oder daß sich ein unvorhergesehenes Bild bietet, wenn der Film gerade zu Ende ist.

Das Brachvogelporträt
Um die Aufnahme des Brachvogels *(gegenüber)* machen zu können, baute sich der Fotograf ein Versteck zwischen den Wurzeln eines nahen Baumes. Er errichtete eine runde Mauer aus Steinen, Grassoden und Holzstücken und verkleidete das Ganze mit einem großen efeubewachsenen Zweig, der eine Öffnung für das Kameraobjektiv freiließ. Es wurde ein Teleobjektiv mit einer Brennweite von 400 mm benutzt, damit der Vogel detailreich abgebildet werden konnte.

Strandkrabben und die kleinen Strandflöhe auf, die trotz ihres Namens zu den Krebstieren gehören.

Zwischen Mündungszone und Land – die Salzwiesen

Wenn Sie von den Schlammflächen zu den Salzwiesen oder Marschen beiderseits des Ästuars aufsteigen, werden Sie feststellen, daß bis zur mittleren Hochwasserlinie nur wenige Pflanzenarten wachsen. Zuerst begegnet man wohl am ehesten dem Queller und dem Salzschlick- oder Reisgras. Dieses Gras kann Salz ausscheiden, und wenn man es am frühen Morgen oder am Spätnachmittag im schräg einfallenden Sonnenlicht betrachtet, dann glitzert es von Salzkristallen. In den Stengeln und Wurzeln befinden sich Hohlröhren, die Sauerstoff von den Blättern nach unten befördern; dadurch werden die unteren Pflanzenteile vor dem Ersticken im Schlamm bewahrt.

Der Queller ist ein Gänsefußgewächs, dessen fleischige grüne Stengel wie aneinandergereihte winzige Würstchen aussehen. Die Pflanzenasche ist reich an Soda und wurde früher bei der Glasbläserei und zur Seifenherstellung verwendet. Die dicken Stengel sind ein Anpassungsmechanismus zur Wasserspeicherung, weil das Meerwasser die Eigenschaft hat, der Pflanze Körperflüssigkeit zu entziehen. Ich erinnere mich noch sehr genau, wie gut diese sukkulente Pflanze schmeckt; während meiner Exkursionen in den Salzwiesen von Korfu habe ich des öfteren eine Handvoll Queller abgepflückt und gekaut. Man kann die Stengel tatsächlich als Salat anrichten oder sogar sauer einlegen.

Mehr landeinwärts sind die Salzwiesen mit Strandgerste und Strandsode bestanden, und dann folgen die Strandnelke, die Salzmiere und die Grasnelke. Überall ziehen sich kleine Bäche, die Priele, durch den Untergrund und entwässern ihn, wenn die Flut zurückgeht, und hier und da bilden sich Gezeitentümpel. Hinter der Hochwassermarke beginnt das Schilf- und Binsenröhricht, vor allem dort, wo das Süßwasser der Flußnebenarme die Oberhand gewinnt. Das Ende der Salzwiesen, wo der trockene Boden aufzusteigen beginnt, ist vielfach von Sträuchern und Bäumen gesäumt. Sie bieten den Vögeln und Säugetieren, die die tiefergelegene Marschlandschaft als Nahrungsquelle nutzen, Unterschlupf und Nistgelegenheiten.

Eine Salzwiese verändert wie eine Prärie ihre Farbe im Lauf der Jahreszeiten. Im Frühling ist sie überwiegend grün; im Sommer ist sie gesprenkelt mit dem Purpur der Strandnelken, dem Gelb der Salzmiere und den rosa Polstern der Grasnelke; bis zum Herbst verfärbt sie sich abermals: Landeinwärts entsteht ein Streifen aus dunkelgrünen, fast schwärzlichen Binsen, und auf der meerzugewandten Seite erscheinen die Queller jetzt rötlich.

Als wir auf Korfu lebten, war einer meiner Brüder ein leidenschaftlicher Jäger. Das gefiel mir zwar nicht, aber ich muß zugeben, daß ich auf diese Weise sowohl Material für mein Privatmuseum als auch gründliche Informationen über die Vögel und Säuger der Insel erhielt. Zu Winteranfang mieteten er und seine Freunde regelmäßig ein *benzina* (griechisches Fischerboot), um zu den ausgedehnten Butrintit-Sümpfen zu gelangen, die ein Dorado für Jäger und Naturfreunde waren.

Dieses artenreiche und faszinierende Sumpfgebiet an der griechisch-albanischen Grenze ist ein Musterbeispiel für die gegenseitige Durchdringung von Fluß und Meer. Auf den Schlammflächen und im Mündungsbereich tummelten sich Strandvögel wie Alpenstrandläufer, Grünschenkel und Regenpfeifer, und in den dahinterliegenden Sümpfen wimmelte es von Stock-, Spieß-, Pfeif- und Löffelenten, Reihern, Rohrdommeln und Schnepfen. In dieser Jahreszeit war es zu kalt für Reptilien und Amphibien, aber desto zahlreicher waren die Säugetiere vertreten – Wildschweine, Wildkatzen, Marder, Fischotter, Scher- und andere Mäuse.

SCHMETTERLINGSNETZ

Das Schmetterlingsnetz besteht aus einem stabilen Rahmen mit weiter Öffnung und einem festen Leinen- oder Nylonbeutel. Man führt das Netz im Bogen über das Röhricht oder Gras oder durch lockeres Gesträuch, um Insekten und andere Kleintiere zu fangen, die auf den Pflanzen fressen oder ruhen. Zur Schonung der Vegetation sollte man es nicht häufiger benutzen als unbedingt erforderlich.

Einmal, als ich bei meinem Bruder gut angeschrieben war, erlaubte er mir, daß ich ihn begleitete. Es war ein aufregendes Erlebnis. Die Überfahrt dauerte mehrere Stunden und war ungemütlich, feucht und kalt; die höchsten albanischen Berge, die im Hintergrund aufragten, trugen bereits ein weißes Gewand. Als wir ankamen, standen die wild dreinblickenden albanischen Treiber bereit, angetan mit roten Tarbuschen und langen, dicken Schafwollmänteln, und ihre riesigen, sehr scharfen Hunde warteten ungeduldig auf ihren Einsatz. Während mein Bruder und seine Freunde in das Rohrdickicht eindrangen, um Jagd auf Schwarzwild zu machen (ich durfte leider nicht mitkommen, weil das zu gefährlich gewesen wäre), erkundete ich den schlammigen Strand. Ich fand herrliche Schätze, Muscheln und seltsame halberfrorene Insekten und, das Schönste von allem, ein halbes Delphinskelett. Als die Jäger zurückkehrten, hatten sie zwei mächtige borstige Keiler erlegt. Man gestattete mir, sie auszuweiden (so konnte ich feststellen, was sie gefressen hatten), und außerdem durfte ich die Hauer, die Schalen (Hufe) und einen Schädel für mein Museum behalten – eine bedeutende Erweiterung meiner Sammlung.

Mein Bruder und die anderen Jäger gingen anschließend auf die Enten- und Schnepfenjagd. Diesmal durfte ich mit. Wir stakten unsere flachen Flußboote tief in das Röhricht hinein. Auf einmal waren die Boote übersät von Pfuhl- und Waldschnepfen und vielerlei anderen Vögeln, und ich mußte mich beeilen bei dem Versuch, die verschiedenen Arten zu skizzieren und ihre unterschiedlichen Farben zu notieren.

Zum Abendessen wollten wir ein paar Vögel verspeisen, und ich fragte meinen Bruder, ob ich sie sauber abhäuten und die Bälge meinem Museum einverleiben dürfe. Er war einverstanden, und so konnte ich meine Kollektion um fünf Entenarten, zwei Pfuhlschnepfen und zwei besonders schöne Sumpfschnepfen bereichern, deren Bälge wie Herbstlaub aussahen. Nach unserem gemeinsamen Ausflug in die Sumpflandschaft brachte mir mein Bruder jedesmal ein paar Exemplare von seinen Expeditionen mit, auch wenn ich ihn nicht begleitete.

Man muß den Tierreichtum in den Sümpfen und Mündungsgewässern von Butrintit erlebt haben, um zu glauben, daß es so etwas einmal gegeben hat, denn heute ist wahrscheinlich alles ganz anders. Neuerdings betreibt der Mensch ganz rücksichtslos die endgültige Zerstörung der küstennahen Feuchtgebiete, indem er Schadstoffe in die Flüsse einleitet, die Ästuarien eindämmt und durch Erosion im Hinterland die Verlandung der Mündungszonen fördert. Überdies praktiziert man in den Feuchtgebieten verschiedene Formen der »Landgewinnung«, und die Ölpest vor den Küsten trägt zusätzlich zur Dezimierung der Pflanzen- und Tierbestände bei.

In der weiten Marschlandschaft an der Nordsee ist die Zahl der Seeschwalben und Entenvögel stark zurückgegangen, weil das Wasser des Rheins durch Schwermetall- und andere giftige Verbindungen aus holländischen, deutschen, französischen und schweizerischen Industriebetrieben verseucht worden ist. Millionen von Vögeln, Fischen und anderen Watt- und Marschbewohnern leiden, falls sie der direkten Vergiftung entgangen sind, unter Nahrungs- und Wohnraummangel, weil ihre Biotope entweder verseucht sind oder von den Menschen beansprucht werden. Es ist jedoch eine Tatsache, daß zwei Drittel der Fische und Schalentiere, die der Mensch verzehrt, auf die Feuchtgebiete an den Küsten angewiesen sind. Wenn Regierungsvertreter leichthin von Landgewinnung und -nutzung sprechen, meinen sie in Wirklichkeit die Ausrottung zahlreicher Arten. Wie die Feuchtbiotope im Binnenland haben sich auch die küstennahen Feuchtgebiete unter sehr speziellen Bedingungen entwickelt, und sie sind deshalb besonders anfällig. Im übrigen sollte man bedenken, daß man nicht etwas beanspruchen und an sich reißen darf, was einem gar nicht gehört!

Die Pfeifenten ruhen tagsüber auf dem Wasser der Mündungszone und ziehen am Abend scharenweise zur Nahrungsaufnahme landeinwärts.

Der Säbelschnäbler sucht das Flachwasser mit seinem aufgebogenen Schnabel nach Kleingetier ab.

Die Alpenstrandläufer überwintern in großen Scharen an den europäischen Atlantik- und Mittelmeerküsten.

Auf Klippen und Dünen

Korfu hat die Form eines reichverzierten Krummessers. Die Nordhälfte der Insel bildet den Griff und besteht aus Bergen und Steilabhängen, die man Kliff nennt, während sich die Klinge nach Süden biegt und von herrlichen Sanddünen geprägt ist. Das bedeutet, daß ich als Junge das Glück hatte, sowohl das Kliff als auch die Dünen erkunden zu können – die letzten Vorposten des Festlandes am Meer.

An den hohen Felsküsten haben Wind und Wellen seit Jahrtausenden das Kliff geformt. Die Pflanzen, die sich an dieses Kliff anklammern, haben es sehr schwer, weil sie unten dem Spritzwasser und oben der Sonne und dem Wind ausgesetzt sind. Zudem schaffen die verschiedenen Gesteinsarten unterschiedliche Probleme. Granit verwittert sehr langsam und erzeugt wenig Erdreich; nur Moose, Flechten und Algen können sich auf seiner steilen, nackten Oberfläche behaupten. Kalkstein hingegen verwittert und verändert sich erheblich schneller, doch auch auf einem Kalkkliff kann sich Erde nur auf Vorsprüngen und in Spalten ansammeln, die wiederum häufig durch Felsrutsche zerstört werden. Aber immerhin findet man höhere Pflanzen an diesem Kliff, und manche von ihnen – Seeleimkraut, Seemangold und Grasnelke (die hübsche große Polster aus rosafarbenen Blüten ausbilden) – vertragen das Salz und gedeihen deshalb auf allen Höhenstufen der Felswand. Die sogenannte Zistrose (die keine echte Rose ist) und Wilder Thymian wachsen in der Nähe des Kliffdachs.

Ungeachtet ihres prekären Lebensraums sind die Kliffblumen vielfach von großer Schönheit. Zwischen den rosa Grasnelkenrasen leuchten die goldenen Blüten des Stechginsters und der Zistrosen und die blauen Sterne der Meerzwiebel auf. Wenn ein zerklüftetes Kliff eine solide Pflanzendecke aufweist, können dort vielerlei Kleintiere existieren, Insekten, Spinnen, Hundert- und Tausendfüßer. Kliffe sind allerdings relativ unzugänglich, und die einzigen größeren Tiere, die man auf ihnen antrifft, sind die Vögel, die dort, einigermaßen sicher vor Landraubtieren, auf ihrer Wanderung ausruhen oder brüten.

Die anmutige Strauchpappel
Die Strauchpappel ist eine wunderschöne Küstenpflanze mit weichen, samtartigen Blättern. Sie ist im Mittelmeerraum weit verbreitet und wurde auch in Südwestengland eingebürgert, wo das Klima mild ist.

Die Kliffbrüter

Viele Vogelarten brüten in riesigen Kolonien auf dem Kliffdach oder auf den Felsbändern und in den Spalten der Wand. Jedes Brutpaar betrachtet die Umgebung seines Nests als sein Territorium. Diese heftig verteidigten Eigenbezirke sind sehr klein und bemessen sich nach der Reichweite des jeweiligen Nestbesitzerschnabels.

Verschiedene Möwenarten bauen ihr ziemlich unordentliches Nest oben auf dem felsigen Steilabfall. Die hervorragend getarnten Jungen verlassen das Nest schon bald nach dem Schlüpfen. Die Tölpel mit ihrem langen Dolchschnabel und ihrem weiß schimmernden Gefieder legen ihre Brutkolonien ebenfalls in den höheren Kliffregionen an. Diese Vögel, die den Pelikanen nahestehen, bauen sehr viel stabilere Nester als die Möwen, da ihre Nachkommen mehrere Monate lang dieses Nest hüten müssen. Die Papageientaucher, deren Gesicht und Schnabel einer Clownsmaske gleichen, graben komplizierte Bruthöhlen und sind aus diesem Grund auf Kliffdächer mit einer dicken Bodenschicht angewiesen.

Lautstarke Kormorane
Kormorane *(gegenüberliegende Seite)* brüten in kleinen, aber geräuschvollen Kolonien am Fuße eines Kliffs, wo die Nester gewöhnlich flache Mulden aus getrocknetem Seetang bilden. Diese Vögel sind kraftvolle Taucher, die mehrere Fische auf einmal erbeuten können, bevor sie im Tiefflug zu ihren Nestlingen zurückkehren.

Seevögel der oberen Kliffregion
Dreizehenmöwen bauen kunstvolle Napfnester. Das Gelege umfaßt bis zu drei Eier, und die Jungen brauchen mehrere Wochen, bevor sie die Geborgenheit ihres Kliffnests verlassen. Die Trottellumme legt nur ein einziges Ei. Die Birnenform bewahrt das Ei davor, vom Kliffrand abzurollen, desgleichen der klebrige Kot (Guano), der sich auf den dichtbesetzten Felsbändern ansammelt. Die jungen Lummen fliegen schon gut zwei Wochen nach dem Schlüpfen mit ihren Eltern zum Meer.

Dreizehenmöwe

Trottellumme

Das Brüten an der Felswand ist eine sehr viel heiklere Sache. Manche kleineren Koloniebrüter wie etwa viele Alkenarten – Trottellummen, Tordalken und so weiter – machen sich gar nicht die Mühe, ein Nest zu bauen, achten aber darauf, daß die Eier auf den schmalen Bändern oder in Rinnen vor dem Herrunterrollen geschützt sind. Ähnlich halten es die Felsentauben mit ihren schlampigen Nestern. Dreizehenmöwen, ebenfalls Felswandbewohner, bauen tiefe Nester, indem sie Wasserpflanzen mit Schlamm in winzige Spalten pressen und dann auf ihnen herumtrampeln, so daß sie fest zusammenhalten und eine Mulde entsteht, die das Gelege aufnimmt. Bei ihrem aggressiven Territorialverhalten bewegen sie sich kaum von der Stelle; sie tragen vielmehr lang anhaltende Duelle mit ihren Schnäbeln aus. Sobald eine Dreizehenmöwe sich unterlegen fühlt, gibt sie auf und versteckt ihr »Schwert« unter dem Flügel.

Für unser ästhetisches Empfinden legt die Trottellumme die am spektakulärsten gefärbten Eier überhaupt. Einige können zwar schlicht weiß ausfallen, aber andere sind zimtfarben oder rostrot gestreift oder tragen grüne und schwarze Krakel, die wie eine verrückt gewordene Handschrift aussehen. Wieder andere zeigen schokoladenbraune Flecken auf einem kremfarbenen Untergrund oder haben Flecken nur am dicken Ende und ein paar Schnörkel auf der Spitze. Auf einem Kliff, das Tausende von Lummen beherbergt, wird man niemals auch nur zwei Eier finden, die vollkommen identisch sind. An diesen Farbmustern kann der Vogel genau erkennen, welches Ei ihm gehört. Darüber hinaus ist ein Lummenei so geformt – langgestreckt und sehr schmal an einem Ende –, daß es, wenn es vom Wind gestreift oder von einem Vogel angestoßen wird (erinnern Sie sich, Trottellummen bauen keine Nester), im Kreis herumrollt und nicht von der Felswand fällt. Der berühmte Juwelier Fabergé verfertigte gerne phantastische Ostereier aus Gold und Edelsteinen, und ich habe einmal eine Ausstellung seiner Arbeiten in London besucht. Die Ostereier waren in der Tat eindrucksvoll, aber kein einziges erreichte auch nur im entferntesten die Schönheit eines Lummeneis!

Kliffwände mit großen Felsvorsprüngen sind ideale Nistplätze für Seeadler. Sie schichten mächtige Stapel aus Stöcken und Zweigen auf und polstern dann das Innere sorgfältig mit weichen Pflanzen aus. Der nordamerikanische Weißkopf-Seeadler baut von allen Vögeln das größte Nest; der imposanteste Horst, der bisher entdeckt wurde, hatte einen Durchmesser von drei und eine Höhe von sechs Metern. Während die neuweltlichen Geier wie die Kondore kein Nest errichten, sondern sich für ihr Gelege einfach ein passendes Felsband aussuchen, horsten einige Arten der Alten Welt genauso wie die Adler an Kliffwänden. Ich erinnere mich noch sehr gut an ein Erlebnis mit einem brütenden Geier, der mir eine Lektion über die Gefahren des »Kliffstudiums« erteilte.

Wie man kliffbewohnende Vögel nicht beobachten sollte

Eines Tages hatte ich mit meinen Hunden auf Korfu eine lange Wanderung in den Norden der Insel unternommen. Um die Mittagsstunde machte ich, erschöpft und verschwitzt, Pause am Rand eines hohen goldbraunen Felskliffs, das steil zum blauen, durchsichtigen Meer abfiel. Die Hunde und ich lagen im Schatten der Myrtensträucher und des einzigen kleinen Olivenbaums und hielten unser Mittagsmahl. Die Hunde schliefen ein, und ich döste, doch plötzlich spürte ich etwas und war hellwach. Mit einem mächtigen Flügelrauschen huschte ein Schatten über mich hinweg, und als ich die Augen öffnete, konnte ich gerade noch einen riesigen Vogel an der Felswand nach unten abstreichen sehen. Ganz aufgeregt, denn ich glaubte, es sei ein Steinadler, kroch ich vorsichtig bis zum Kliffrand vor und schaute hinunter. Es war kein Steinadler, sondern etwas noch Sensationelleres, vor allem deshalb, weil es so unerwartet auftauchte. Es war ein riesenhafter Gänsegeier, der etwa zwölf Meter unter mir auf einem Felsvorsprung hockte und hingebungsvoll zwei dicke, daunenbekleidete Geierbabys atzte. Ich war dermaßen erregt, daß ich beinahe abgestürzt wäre. Mein erster Gedanke war, die Vogelkinder als Heimtiere an mich zu nehmen, aber dann fiel mir ein, daß meine Familie einstimmig ein neues Gesetz erlassen hatte: Keine weiteren Tiere mehr! Unsere Villa quoll schon über von allem möglichen Getier, von Seepferdchen und Kröten bis zu Wiedehopfen und Uhus, und die Belastungsfähigkeit meiner Angehörigen war längst erreicht. Sie würden mir niemals zwei Gänsegeier zugestehen, selbst wenn ich meine Mutter überzeugen könnte, wie nützlich sich die Vögel bei der Beseitigung der Küchenabfälle erweisen würden. Immerhin, dachte ich, ich könnte doch zum Horst absteigen und die beiden Junggeier persönlich kennenlernen und fotografieren.

Der Gänsegeier, ein Aasvertilger aus Südeuropa

Sobald die Geiermutter davongeflogen war, kroch ich auf dem Kliffdach entlang, um einen Abstieg zum Horst ausfindig zu machen. Ich konnte keinen Pfad entdecken, aber ich sah, daß das Felsband, auf dem der Horst stand, breit genug für eine Kletterpartie war und daß es sich ziemlich lang hinzog und an einem Ende sanft anstieg, bis es sich auf etwa sechs Meter der Kliffkante näherte. Wenn ich ein Seil gehabt hätte, hätte ich mich hinablassen und auf dem Vorsprung bis zum Nest vorarbeiten können. Doch ich sah ein, daß ich dies nicht allein bewerkstelligen konnte und daß schon der Versuch tollkühn und lebensgefährlich war. Daraufhin überlegte ich mir eine andere Route zum Kliff und sicherte mir zu diesem Zweck die Unterstützung eines mit mir befreundeten jungen Fischers namens Taki, der über Bärenkräfte verfügte. Als ich Taki erklärte, was ich von ihm verlangte, entgegnete er, ich sei verrückt und meine Mutter werde ihm nie vergeben, wenn ich abstürzen sollte, ja, sie würde ihn wahrscheinlich als Mörder hängen lassen. Doch nach vielem Hin und Her war er schließlich bereit, mir zu helfen.

Wenn ich daran zurückdenke, war auch die zweite Lösung ein sehr törichtes und gefährliches Vorhaben. Keiner von uns beiden hatte irgendwelche alpinistische Erfahrung; unsere Seile waren ganz gewöhnliche Stricke, wie man sie zum Anbinden der Esel brauchte; und vor allem war ich alles andere als schwindelfrei. Taki bestand darauf, daß wir zwei Seile benutzten; das eine sollte um meinen Leib geschlungen werden, und an dem anderen sollte ich absteigen. Heute ist mir klar, daß das Seil um meine Taille mich wahrscheinlich in zwei Stücke geschnitten hätte, statt mich zu retten, wenn ich abgestürzt wäre. Jedenfalls, wir befestigten die Seile an dem kleinen, aber zähen Olivenbäumchen, und indem ich tief Atem holte und die Augen zumachte, schwang ich mich über die Kliffkante.

Zu meiner Verwunderung war das Hinunterklettern am Seil viel einfacher, als ich befürchtet hatte. Schon nach einer Minute stand ich auf dem Felsband. Meinen Blick von dem gräßlichen Steilhang zu meiner Rechten abwendend, tastete ich mich voran, bis ich bei den Geierkindern anlangte, die mich eher interessiert als beunruhigt begrüßten. Ich wußte, daß ich schnell vorgehen mußte, denn ich wollte nicht von den Eltern auf dem Felsvorsprung erwischt werden. Ich machte mehrere Aufnahmen von den Babys und raffte rasch ein paar ungewöhnliche Dinge zusammen, die im Horst herumlagen: einen Hundeschädel, diverse andere Knochen, einen zersplitterten Schildkrötenpanzer und das verstümmelte Skelett eines großen Fischs. Ich stopfte die Sachen in meinen Sammelbeutel, hastete zum Seil zurück, kletterte mühsam nach oben und landete erhitzt, aber triumphierend auf dem Kliffdach. Doch am nächsten Tag lief es mir kalt den Rücken hinunter, als mir Taki berichtete, was ihm passiert war. Er hatte seinen Esel mit dem Seil angebunden, an dem ich herumgeklettert war, und sobald sich der Esel ein bißchen ins Zeug gelegt hatte, war das Seil gerissen wie ein Baumwollfaden. Dieser Erkenntnisschock war mir eine Lehre, eine solche Dummheit nie wieder zu begehen.

Küstenklippen

Eine Kliffwanderung ist selbst für den kundigen Naturfreund eine wahre Offenbarung. Die imposante Landschaft, die windgepeitschten Pflanzen und die ständigen Bewegungen und lauten Rufe der Seevögel sind ein großartiges Erlebnis. Aber auch die Felswand selbst birgt viele faszinierende Geheimnisse, wie wir entdeckten, als wir St. David's Head in Wales besuchten und dort einen nicht allzu steilen und ziemlich ungefährlichen Abstieg vorfanden. Die Pflanzen und Flechten, die wir sahen, waren zumeist niedrig und gedrungen und wuchsen in Polstern oder Rosetten, um dem Wind zu entgehen und Feuchtigkeitsverlusten vorzubeugen. Schalen von Meerestieren und ähnliche Abfälle, die von Seevögeln fallengelassen worden waren, bedeckten die Felsen und machten das »Kliffsammeln« zu einer aufregenden Beschäftigung.

Geformt durch den Wind Dieser Heidekrautzweig ist flach und nach einer Seite ausgerichtet. Große Heideflächen sind vielfach die dominierende Vegetationsform unmittelbar hinter den Küstenkliffen.

Möwenschädel, gesäubert von Krähen und Aaskäfern.

Diese junge Kreuzotter nahm auf einem Pfad unmittelbar neben dem Kliffrand ein Sonnenbad.

Leere Miesmuschel, Überreste einer Austernfischermahlzeit.

Alter Vogelkot, der schon zerfällt, wird sich schließlich zersetzen und die Humusschicht des Kliffdaches anreichern.

Kaninchenfell Die Pfade auf dem Kliffdach sind von Kaninchenbauen unterminiert.

Fuchshaare Füchse durchstreifen das Kliffgelände, um Kaninchen zu jagen und Vogelkadaver zu vertilgen.

Kuckucksspeichel an einem Grashalm

Samenköpfe einer Eberwurzdistel, die auf küstennahen Grasflächen wächst, aber auch im Binnenland vorkommt.

Unverdaute Reste, vermutlich Möwengewölle, enthalten Haare von Tierleichen und Schalenbruchstücke.

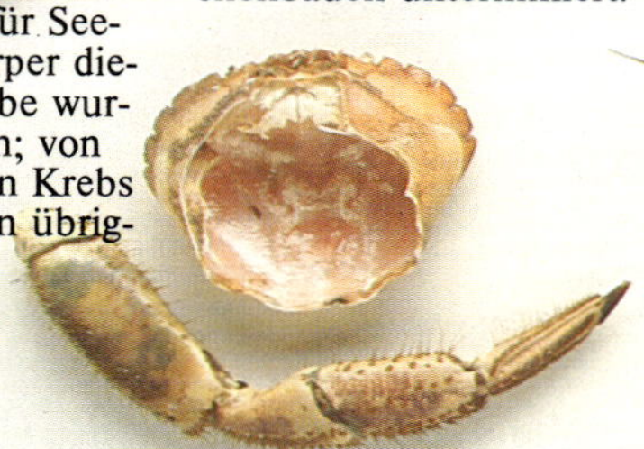

Krabben sind eine saftige Mahlzeit für Seevögel. Der Körper dieser Strandkrabbe wurde ausgegraben; von einem größeren Krebs ist nur ein Bein übriggeblieben.

Allerlei tierische Überreste, die hauptsächlich von Krebsen stammen. Das Muskelfleisch ist aufgefressen worden, so daß nur die harten Scherenspitzen und Panzerfragmente übriggeblieben sind.

Moos

Eine Vielzahl von Flechten Mindestens 18 Flechtenarten sind auf unverschmutzten Küstenfelsen häufig vertreten. Sie gedeihen auf Wänden und Vorsprüngen, die sowohl sonnig als auch feucht sind.

Das Nabelkraut ist ursprünglich ein Kliffbewohner, der sich einen neuen Lebensraum, vor allem trokkenes Mauerwerk, erobert hat.

Krähenfußwegerich, erkennbar an seinen grobgezähnten Blättern, wächst zwischen dem kurzen Gras des Kliffdachs.

Sandkraut bildet auf den Felsbändern hübsche »Rosetten« aus, findet sich aber auch auf Strandkies und Salzwiesen.

Seemangold wächst verstreut in der Spritzwasserzone des Kliffs. Die jungen Blätter sind eßbar.

Scharfer Mauerpfeffer oder Fetthenne

Die Entwicklung einer Sanddüne
Wie die Meereswellen sind auch die Dünen ständig in Bewegung; während eine Düne sich aufbaut, ihren Höhepunkt erreicht und sich wieder abflacht, wird sie an der Vorderseite von jungen Dünen ersetzt. Die Dünenbildung setzt ein, wenn der windverfrachtete Sand von zähen Pioniergräsern festgehalten wird, deren Wurzeln den Sand binden (1). Pflanzen wie der Strandhafer breiten ihre Wurzelsysteme aus, während sich der Sand um sie her ansammelt (2). Stabile Dünen (3) begünstigen das Wachstum von Moosen und Flechten; solche Dünen erscheinen grau infolge der Verfärbung des mit Humus durchsetzten Sandes. Wo die Dünen in das anschließende Hinterland übergehen, ist die dünne Rasendecke mit dichtem Buschwerk (4), etwa Strandkreuzdorn, bestanden.

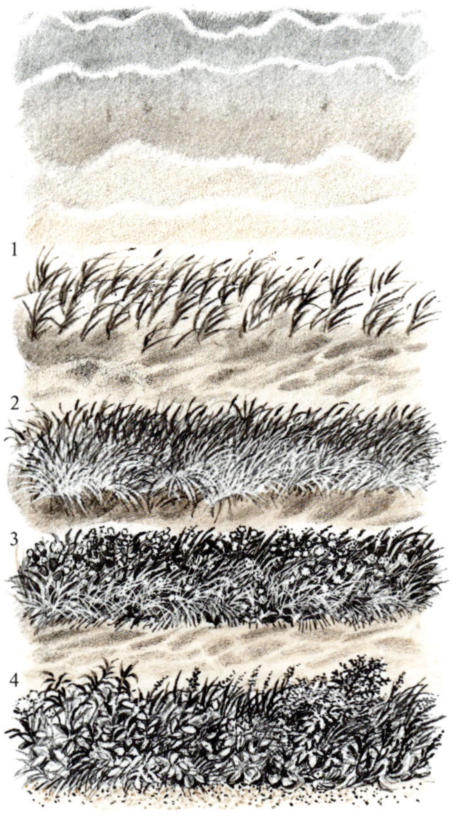

Die Dünenbildung

Auf einem breiten Flachstrand wird der lockere Sand unaufhörlich vom Wind bearbeitet. Der Wind weht ihn zu Haufen und Wellen zusammen und treibt ihn schließlich wieder weiter, doch wenn irgendwelche Pflanzen selbst in der kleinsten Ecke des driftenden Sandhaufens Fuß fassen können, werden sie unter Umständen zum Ausgangspunkt einer ganzen Dünenlebensgemeinschaft. Eine solche Lebensgemeinschaft nimmt gewöhnlich ihren Anfang mit der bescheidenen und unansehnlichen Quecke, einer freilich sehr widerstandsfähigen Pflanze. Ihre Blätter ertragen die scharfe Salzgischt, und sie hält dem Wind stand, der auf der Leeseite ihrer kräftigen, gedrungenen Blattscheiden Sand aufhäuft. Die sich ausbreitenden Rhizome werden mit dem trockenen Sand fertig, der tagsüber glühend heiß und des Nachts eiskalt werden kann. Im Lauf der Zeit bilden die Rhizome dicht unter der Oberfläche eine Art Kriechnetz, das die lockeren Sandkörner der entstehenden Düne zusammenbindet. Der Quecke kommen andere Pflanzen zu Hilfe, etwa das Kalisalzkraut und der Meersenf, die in unregelmäßigen Reihen wachsen und den Sand am Weiterwandern hindern.

Die Pionierpflanzen bilden nach und nach eine Pufferzone und lassen eine Vordüne entstehen, die das dahinter liegende Areal vor Wind und Spritzwasser abschirmt. Im Schutz dieser Barriere kann sich Strandhafer ansiedeln, der mit seinen röhrenförmig zusammengerollten Blättern wertvolle Feuchtigkeit bindet. Der Strandhafer besitzt die ungewöhnliche Fähigkeit, aus dem Stengel Wurzeln auszutreiben und damit an der wachsenden Düne Schritt für Schritt emporzusteigen; dadurch wird der Sand verfestigt und die Vergrößerung der Düne gefördert. Durch die Überreste des Strandhafers und der anderen Pflanzen entsteht eine karge Humusschicht, die sich auf der Leeseite der Düne ansammelt. Hier herrschen etwas freundlichere Lebensbedingungen, die der Salzmiere, der Sandsegge, dem Schwingelgras, dem Kreuzkraut und vielen anderen Arten das Wachstum ermöglichen. Aber auch diese Arten benötigen noch Schutzeinrichtungen, die sie davor bewahren, von Sonne und Wind ausgedörrt und vom Wind im lockeren Sand entwurzelt zu werden. Sie haben durchweg behaarte, wachsüberzogene oder fleischige Blätter, die dem Feuchtigkeitsverlust vorbeugen, und lange, ausgebreitete Wurzelsysteme zur festen Verankerung und zur Wasseraufnahme. Außerdem ducken sie sich in der Regel an den Boden. Die Stranddistel schickt sogar neue Triebe aus, sobald sie vom Sand zugedeckt wird.

Zwischen höheren Dünen bilden sich geschützte feuchte Senken und Mulden, in denen Orchideen und andere Sumpfpflanzen gedeihen können. Doch näher dem Meer zu bestimmen Wind, Sonne und Gischt auch weiterhin die Vegetation. Dort erstrecken sich große Sandflächen, die jeden Baumwuchs verhindern. Immerhin, die Dünen haben sich nun stabilisiert, und mit der Entfaltung der Graspflanzen stellt sich auch eine interessante Fauna ein.

Dünenbewohner

Für ein Tier müssen die Dünen eine merkwürdige Welt sein, die nichts Halbes und nichts Ganzes ist. Dennoch leben in dieser offenbar so unwirtlichen Landschaft viele Tiere glücklich und zufrieden. Da ist zum Beispiel die Wolfsspinne, die vor dem Eingang ihrer Wohnhöhle einen Seidenvorhang aufhängt, den sie wie eine gute Hausfrau bei einer Beunruhigung fest zuzieht. Hier ist auch die Heimat der geschützten Zauneidechse, die den warmen Sand zu schätzen weiß und in ihm ihre Eier ablegt. Für Kaninchen ist das Dünengelände ein idealer Lebensraum, denn im Sand lassen sich mühelos Baue graben, und auch Futterpflanzen sind reichlich vorhanden. Die auffällig schwarz-weiß und fuchsbraun gezeichneten Brandgänse, die bei Niedrigwasser den Strand nach Weichtieren und Würmern absuchen, benutzen alte Kaninchenbaue als Bruthöhlen. Lerchen nisten gleichfalls auf den Dünen, ebenso bestimmte Möwen-, Seeschwalben- und Regenpfeiferarten, die einfach eine Nestmulde in den Sand scharren und dann im seichten Küstenwasser auf Nahrungssuche gehen. Und fast überall trifft man in den Dünen Igel und Füchse an, die ebenfalls die allgegenwärtigen Kaninchenbaue als Unterschlupf verwenden und mit Vorliebe die Nester der bodenbrütenden Vögel plündern.

In der Dünenlandschaft von Korfu habe ich viele Tierarten entdeckt, die auf der übrigen Insel nicht vertreten waren. Da gab es zum Beispiel die kleine Hornviper, die sich dicht unter der Sandoberfläche versteckt, aus der nur ihre Augen hervorlugen. Da diese kleinen Vipern nicht nur giftig, sondern auch sehr angriffslustig sind, mußte ich aufpassen, wohin ich trat. Hier fand ich auch zwei Ameisenlöwenarten, denen ich sonst noch nie begegnet war. Scharen anderer Insekten wurden von den großen Beständen der Dünenlilien angelockt, deren schneeweiße trompetenförmige Blüten in der leisesten Brise erbebten und einen schweren Duft verströmten. In anderen Teilen der Insel wuchsen die Olivenbäume bis an den Strand, doch hier bildeten die Dünen eine Art Übergangszone zwischen den Olivenhainen und dem Meer. Dieser sandige Zwischenbereich besaß zwar seine unverwechselbare eigenständige Fauna, aber gleichzeitig wurde er sowohl von Krabben aus der Küstenzone als auch von Ratten, Mäusen, Schlangen und Eidechsen aus den Hainen im Inneren der Insel aufgesucht.

Die Dünenlandschaft Korfus war ziemlich unzugänglich und deshalb für den Naturfreund besonders reizvoll. Man konnte hier einen ganzen Tag zubringen, ohne eine Menschenseele zu sehen. Der Fußmarsch zu diesen Dünen dauerte zwei Stunden, und das war reichlich strapaziös, vor allem wenn man eine schwere Ausrüstung zu schleppen hatte. Ich begab mich also meist am frühen Morgen zum nächsten Fischerdorf und bat einen freundlichen Fischer, mich mit seinem Boot überzusetzen und am Abend wieder abzuholen. Wenn ich endlich mit meinen Netzen und Flaschen und Büchsen (nicht zu vergessen ein ansehnlicher Vorrat an Ingwerlimonade, denn die Arbeit macht durstig) im Dünengelände eintraf und das Boot davonzog und meinen Blicken allmählich entschwand, war ich mit meinen Hunden ganz allein. Ich kam mir vor wie Robinson Crusoe.

Als ich eines Tages zwischen den hohen Dünen saß und mich an Butterbroten und Ingwerlimonade labte, tauchte plötzlich an der Skyline, daß heißt auf dem Kamm einer mächtigen Düne, eine einsame Krabbe auf. Es war eine Strandkrabbe, die das Fomat einer Teetasse hatte. Wir waren ziemlich weit vom Meer entfernt, aber ich wußte, daß diese Krabben auf der Suche nach Nahrung ein gutes Stück landeinwärts wanderten. Sie schritten wie auf Zehenspitzen seitwärts über den Sand, drehten ihre Teleskopaugen nach allen Seiten und nahmen mit ihren Scheren kleine Brocken auf, die sie auf ihre Genießbarkeit hin prüften. Ich habe einmal rund dreißig Krabben angetroffen, die sich an einer toten Möwe gütlich taten. Doch diese neue Krabbe benahm sich sehr ungewöhnlich. Sie hastete über den Dünenkamm, stürzte sich wie eine Verrückte den steilen Abhang hinunter, fand keinen Halt mehr und kugelte in einer Sandlawine zu Tal. Kaum hatte sie sich wieder aufgerichtet, als sie hektisch zu graben begann, wahrscheinlich um sich zu verstecken. In diesem Augenblick erkannte ich, warum sie in eine solche Panik geraten war: Oben auf der Düne erschien eine riesige Perleidechse wie ein bedrohlicher blau-grüner Drachen. Die Eidechse hielt auf dem Kamm inne, senkte den Kopf, züngelte und »leckte« die Witterung der Krabbe auf. Dann glitt sie wie ein routinierter Skiläufer den Hang hinab und traf unten ein, bevor sich die Krabbe vollständig eingewühlt hatte.

Ein Igel verspeist das Gelege eines Bodenbrüters

Ein Kaninchen vor dem Eingang seines Dünenbaus

Dünenlandschaft

Besucht man die überfüllten Strände im Sommer, dann wirken die von Urlaubern zertrampelten Dünen mehr oder weniger unbelebt. Doch wenn man außerhalb der Saison wiederkommt oder eine abgelegene Dünenlandschft durchwandert, wie wir es an einem schönen Junitag im Westen der Insel Jersey getan haben, dann ist man überrascht von der Vielfalt der Lebensformen.

Pionierpflanzen Diese Gräser mit ihrem weitverzweigten Wurzelgeflecht und ihrer großen Samenproduktion stabilisieren schon früh den driftenden Sand.

Überreste von Kleinsäugern die auf ihren nächtlichen Ausflügen in den Dünen nach Samen und Insekten suchen.

Schmetterlinge Die grelle Zeichnung des Widderchens zeigt an, daß es widerlich schmeckt; der Bläuling ist ein Weibchen.

Schneckenkost Ein auf die Dünen verwehtes Blatt ist eine willkommene saftige Mahlzeit für eine Schnecke.

Die Dünenschnecken beziehen den Kalk für ihr Gehäuse von winzigen Schalenbruchstücken.

Dünenblumen Die Nachtkerze, die so heißt, weil sich ihre großen gelben Blüten erst am Abend öffnen, lockt Nachtfalter an. Die Strandlevkoje ist wie die Gartenlevkoje eine zweijährige Pflanze.

Die Krabbe hatte kaum eine Chance. Die Eidechse, ein schwergewichtiges Tier, das um ein Mehrfaches größer war als sein Opfer, beherrschte offensichtlich die Kunst der Krabbenjagd. Sie bewegte sich mit täuschender Lässigkeit, und die Krabbe kauerte vor ihr, die Scheren wie Boxerfäuste erhoben. Plötzlich stieß das große Reptil zu, packte eine Krebsschere mit dem Maul und riß sie mit einem seitlichen Ruck des Kopfes ab. Die Krabbe machte ein paar Schritte zur Seite und stellte sich dann, wobei sie die einzige ihr verbliebene Verteidigungswaffe schwenkte. Die Eidechse spuckte die Schere aus und bewegte sich nach vorn. Wieder ein rasches Zupacken, ein zweites Kopfschütteln, und die Krabbe hatte beide Scheren eingebüßt. Darauf ließ sich die Eidechse Zeit; sie warf ihre Beute auf den Rücken, amputierte und verspeiste deren Beine und riß ihr dann den weichen Unterleib auf. Nach einer halben Stunde war von der armen Krabbe nichts weiter übriggeblieben als ein paar Chitinstücke des Panzers und die beiden Scheren. Als ich eine Stunde später wieder an der Stelle vorbeikam, hatten sich Scharen von Ameisen um diese kärglichen Leichenteile versammelt.

Eine Perleidechse verfolgt eine Strandkrabbe

Die Anfälligkeit des Dünen-Ökosystems

Dünen sind zerbrechliche Gebilde. Wenn gedankenlose Urlauber das »Bindegewebe« der Pflanzen entwurzeln oder zertrampeln, ist der Sand dem Wind preisgegeben, der die Düne mit Sicherheit zerstört. In manchen Weltgegenden wird diese Zerstörung in großem Stil betrieben.

Als ich vor einigen Jahren in Australien weilte, meinte ein Freund (ein leidenschaftlicher Naturschützer), ich müsse die großartigen Sanddünen an der Küste von Neusüdwales besuchen – und mir dabei ansehen, was mit ihnen passiere. Als ich dort ankam, stand ich vor einigen der größten Dünen, die ich je gesehen hatte. Viele waren mehr als 25 Meter hoch und wurden durch Wälder aus mächtigen alten Eukalyptusbäumen zusammengehalten. Es war ein herrliches Bild: Die Rinde schälte sich ab, wie es beim Eukalyptus üblich ist, und hing in großen Lappen herab, so daß das rosarote Stammholz sichtbar wurde, und im Geäst der Riesenbäume tummelten sich Schwärme von prächtigen Rosakakadus. Die Straße wand sich durch die Dünenlandschaft, und man konnte erkennen, wie diese großen Sandhügel das Binnenland vor den heftigen Winden und Wellen schützten, die vom Pazifik aus das Festland bedrohten.

Unvermittelt waren die Dünen zu Ende. Vor mir dehnte sich eine vollkommen ebene Sandfläche aus, auf der man in dichtgeschlossenen Reihen Araukarien angepflanzt hatte, eine Baumart, die in Australien nicht heimisch ist. Ich war entsetzt. Dann erfuhr ich die Ursache dieses Vernichtungswerks. Eine Bergwerksgesellschaft hatte entdeckt, daß die Dünen Titan enthielten, offenbar ein sehr wertvolles Metall, aus dem man zum Beispiel Mondraketen herstellt. Die prachtvollen alten Baumbestände wurden zerstört (und damit auch die Heimat von zahlreichen Tieren), und dann saugte eine riesige Maschine den Dünensand auf und extrahierte das Titan. Der ausgesiebte Sand wurde zu einer flachen, langweiligen Landschaft eingeebnet und mit Bäumen aufgeforstet, die nicht einmal aus Australien stammten! Die Firma, die für diese Barbarei verantwortlich war, bekam Wind von meinem Besuch und schrieb mir, man wäre gerne im voraus von meinem Vorhaben unterrichtet worden. Man hätte dann eine Führung für mich veranstaltet, um mir zu zeigen, daß die Umwelt durch den Titanabbau nicht geschädigt worden sei, weil man ja »die Natur wiederhergestellt« habe. Das bedeutete schlicht und einfach, daß diese großartige Dünenlandschaft mit all ihren Pflanzen und Tieren auf immer verschwunden war. Zu allem Überfluß wird auch die Küste künftig stark erodiert werden, nachdem die wohltätigen Dünen sie nicht mehr vor dem Wind und dem Meer schützen.

Am Sandstrand

Für viele Menschen ist ein Strand nichts weiter als eine große unbelebte Sandwüste, die sich allenfalls zum Sonnenbaden und zum Bau von Strandburgen eignet. Der Naturfreund weiß natürlich, daß das nicht stimmt. Man braucht nur einmal die Scharen der Wasserläufer, Regenpfeifer und anderer Vögel zu beobachten, die sich längs der Meeresküste eifrig der Nahrungssuche widmen - sie wissen, genauso wie der Naturkenner, daß unter dem Sand eine eigene Lebewelt existiert.

Kein vernünftiges Lebewesen würde sich oben auf dem Sand herumtreiben, wo es von der Sonne und dem Wind ausgetrocknet und von den Gezeiten wie eine Murmel hin und her gerollt würde. Man muß also unter den Sand schauen, wenn man die Tierwelt des Sandstrandes kennenlernen will, denn dort findet man die zahlreichen Arten der Wühler, Grabtiere und Röhrenbewohner. Auf den ersten Blick macht ein flacher Strand nicht den Eindruck eines attraktiven Lebensraums, doch er bietet gewisse Vorteile. Einer der Gründe für die Organismenfülle, die man hier antrifft, ist der ziemlich überraschende Umstand, daß die sandige Umwelt recht stabil ist. Wenige Zentimeter unter der Oberfläche herrschen bei Ebbe und Flut, bei warmem und kaltem Wetter, bei Sonne und Regen stets mehr oder weniger gleiche Bedingungen. Jedes Sandkörnchen ist von einem feinen Wasserfilm umhüllt, und dieses Wasser klebt die Körnchen wie Zement zusammen, so daß der Sand bis hinauf zur Hochwassergrenze ständig feucht bleibt. Die Temperaturen bleiben das ganze Jahr über ziemlich konstant, und der Salzgehalt des im Sand gebundenen Wassers ändert sich nicht, auch nicht durch schwere Winterstürme und Regengüsse.

Hier, in der Welt unter dem Sand, hausen Jäger und Gejagte, genauso wie in anderen Lebensgemeinschaften. Es ist zunächst schwer einzusehen, wovon sich die Gejagten ernähren. In der Dunkelheit des Sandes können doch die normalen Ausgangsstoffe des Nahrungsnetzes - die grünen Pflanzen - nicht existieren! Das ist selbstverständlich richtig; die Nahrung für die Strandbewohner wird durch die Gezeiten »importiert«. Manche Tiere, die im Sand leben, filtern das einströmende Meerwasser mit ihrem Körper und entnehmen ihm Nahrung in Form von Plankton und winzigen Detritushäppchen. Größere Partikel, die von der Flut mitgeführt werden, sinken zum Boden ab und dienen den Tieren als Nahrung, die auf dem untergetauchten Sandboden umherkriechen. Organische Stoffe vermischen sich zudem mit dem Sand zu einer Art Suppe, und Sie werden feststellen, daß Grabtiere und Wühler den Sand fressen, um ihm den Detritus und die dazugehörigen Bakterien zu entziehen, nicht anders als der Regenwurm, der sich durch die Erde frißt.

Winterliche Futtersuche
Während das Gezeitenwasser abfließt, nehmen zwei Knutte und ein Sanderling ihre »Freßposition« ein. Sanderlinge picken an der Oberfläche nach Strandflöhen, die wie aufgezogenes Spielzeug umherrennen; der Knutt bohrt seinen Schnabel meist tief in den Boden, um Krebse, Würmer und Weichtiere herauszuziehen. Beide Vogelarten brüten in der arktischen Tundra und tauchen im Herbst und Winter in großer Zahl an unseren Küsten auf.

Leben in der Gezeitenzone

Das Leben und die Aktivitäten der Strandtiere werden natürlich vom Rhythmus des Gezeitenwechsels bestimmt, der seinerseits von Sonne und Mond abhängt. Das Verhalten der Gezeiten ist auf unserem Planeten uneinheitlich, doch in der Regel gibt es jeden Tag zweimal Ebbe und zweimal Flut. Zweimal im Monat treten sogenannte Springtiden auf - das Hochwasser steigt dann sehr hoch den Strand hinauf und zieht sich sehr schnell wieder zurück. Mit den

Festsitzende Schlammbewohner
Wenn die Flut zurückkehrt, überspült sie die Röhren der Pfauenfederwürmer *(gegenüberliegende Seite)*, die dann ihren prachtvollen Tentakelkranz entfalten. Sie wirken passiv, doch die winzigen »Haare« an den Tentakeln strudeln nährstoffreiches Wasser ein. Die Nahrungspartikel werden dann mit Schleim zur Mundöffnung befördert und nach Größe sortiert; die kleinsten werden gefressen.

SIEB UND KRABBENNETZ

Mit diesen beiden Geräten kann man Tiere erbeuten, die im Sand verborgen leben. Zum Sieben eignet sich ein feinmaschiges Gartensieb. Stechen Sie an der Wasserlinie zwei oder drei Spaten voll Sand aus und geben Sie ihn in das Sieb. Dann sieben Sie an der Oberfläche des Seichtwassers den Sand durch, so daß die Mollusken, Würmer, Krebstiere und die kleinen Fische zurückbleiben. Die andere Methode ist die Arbeit mit dem Krabbennetz. Mit einem Besenstiel, einer halben Fahrradfelge, einem festen Nylongeflecht und zwei Brettchen können Sie selbst ein Krabbennetz basteln. Drücken Sie die Unterkante des Netzes ein paar Zentimeter unter die Sandoberfläche, während Sie das Gerät langsam vor sich her schieben. Den Sand, der sich im Netz ansammelt, können Sie in das Sieb kippen, um die Sandbewohner auszusortieren.

Springtiden wechseln die Nipptiden ab, bei denen das Wasser nur die Strandmitte zwischen Hoch- und Niedrigwassermarke erreicht. Da die Gezeiten für das Leben der Strandtiere von solcher Bedeutung sind, sollten Sie sich stets eine Gezeitentabelle für Ihre Region besorgen. Aus ihr können Sie nicht nur die Zeiten von Ebbe und Flut entnehmen, sondern auch Rückschlüsse auf das Verhalten der Tiere ziehen.

Die Verteilung bestimmter Tierarten auf einem Sandstrand hängt von der Art und Weise ab, wie sie sich mit Nahrung und Sauerstoff versorgen. Fische müssen selbstverständlich im Wasser leben, aber andere Tiere, etwa die Strandflöhe, können Luft atmen und somit im Umkreis des Spülsaums leben. (Der Spülsaum ist die Ansammlung von Tang, Treibholz und Schalen, die von der Flut wie ein langes, unregelmäßiges Band an der Hochwasserlinie abgelagert werden.) Es gibt jedoch viele Tiere, die zwischen diesem Saum und dem Meer selbst zu Hause sind. Das sind die Bewohner der Gezeitenzone. Sie holen sich sowohl Nahrung als auch Sauerstoff aus dem Wasser; deshalb sind für sie die Gezeiten genauso wichtig wie für uns die Lebensmittelläden und Märkte. Sie müssen, je nach Artzugehörigkeit, ihre »Einkäufe« auf die Gezeiten abstimmen, und deswegen bewohnen die verschiedenen Arten verschiedene Abschnitte der Gezeitenzone.

Planktonfresser wie beispielsweise die Herzmuscheln müssen von Wasser bedeckt sein, denn sonst wäre die Nahrungsaufnahme unmöglich. Einige der winzigen Strandflöhe graben sich dagegen in den feuchten Sand ein, wo sie Futterpartikel zwischen den Sandkörnchen finden (die für sie die Größe eines Fußballs haben). Während also die Muscheln im unteren Strandbereich leben müssen, um die meiste Zeit vom Wasser überspült zu sein, können sich die vielseitigeren Strandflöhe auch noch ziemlich hoch in der Gezeitenzone aufhalten. Wenn das Hochwasser zurückgeht, findet man oft Hunderte von Strandflöhen, die wie glitzernde Glassplitter umherhuschen.

Näher am Meer stößt man vielleicht auf verschiedene Muscheln, etwa die dünnschalige Tellmuschel oder den hübsch gestreiften Sägezahn. Sie bearbeiten den Sand wie ein kleiner Staubsauger, denn sie saugen mit ihren langen Einströmrohren oder Siphonen Nahrungsteilchen von der Oberfläche ab (im Unterschied zu den meisten Muscheln sind sie nämlich keine Planktonfresser). Wenn das Hochwasser abfließt und sie freilegt, graben sie sich rasch in den Boden ein. Für ein Weichtier entwickeln sie dabei ein hohes Tempo, weil sie mit ihren abgeplatteten Schalen und schlanken Füßen wie eine Messerklinge in den Sand hineingleiten.

Die Herzmuscheln besitzen zumeist stark gerippte Schalen, mit deren Hilfe sie dem Sog des Wassers standhalten, und zwei kurze Siphone, so daß sie sich nicht allzu tief einwühlen können. Wenn Sie eine Herzmuschel im flachen Wasser beobachten, erleben Sie, wie sie zwecks Standortveränderung regelrechte Sprünge macht und sich dabei mit dem Fuß vom Sand abstößt. Es sind freilich keine sehr großen Sprünge; die Muschel überschlägt sich vielleicht nur ein paarmal, aber auch das ist schon eine beachtliche Leistung für ein Weichtier. Die größten sportlichen Leistungen vollbringen indes die Scheidenmuscheln. Sie ernähren sich mit ihren kurzen Siphonen von Schwebeorganismen und kommen in der unteren Gezeitenzone hervor, wenn die Flut über sie hinweggeht, genauso wie die Herzmuscheln. Bei Niedrigwasser tauchen sie mit erstaunlicher Geschwindigkeit tief in den Sand ein. Mit ihrem ungewöhnlich muskulösen Fuß und dank ihrer dünnen, stromlinienförmigen Schale können sie in einer Sekunde zur Hälfte im Boden verschwinden.

Wenn Sie eine Scheidenmuschel fangen wollen, dann kann ich Ihnen einen Trick verraten. Sie müssen sich ganz vorsichtig auf dem Sand bewegen, weil diese Mollusken, wie viele andere Küstentiere auch, auf Erschütterungen unglaublich empfindlich reagieren. Während Sie der zurückweichenden Ebbe folgen, halten Sie Ausschau nach einem Schalenende und der kleinen Pfütze oder Vertiefung, die das Tier beim Eingraben hinterlassen hat. Dann streuen Sie eine Handvoll gewöhnliches Kochsalz auf diese Stelle. Wenn sich das Salz im nassen Sand langsam auflöst, wird das Tier dermaßen gereizt, daß es sich zum Emporsteigen entschließt. Sobald die Schale hoch genug aus dem Sand herausragt, müssen Sie blitzschnell zugreifen und sie herausziehen. Zögern Sie nicht lange und packen Sie tüchtig zu, denn wenn die Scheidenmuschel merkt, daß jemand hinter ihr her ist, klammert sich ihr Fuß zur Vorbereitung des Wiederabstiegs wie ein Saugnapf an den Sand. In diesem Fall wird Ihr einziger Erfolg darin bestehen, daß Sie sich in den Finger schneiden oder, was noch schlimmer ist, das Tier in Stücke reißen.

Wenn der Strand bei Ebbe trockengefallen ist, entdecken Sie auf ihm vielleicht kleine Sandkringel, die wie Spaghetti aussehen, und dicht neben jedem Häufchen eine winzige Grube. Die Grübchen sind die Eingänge der U-förmigen Wohnröhren des Sand- oder Köcherwurms. In den vorderen Schacht der Röhre fällt Sand, der vom Wurm verspeist wird. Das Tier verdaut die organischen Bestandteile und scheidet dann den Sand als gekringelte Kothäufchen durch den anderen Schacht aus, nicht viel anders als die Regenwürmer, die ihre Ausscheidungen auf dem Rasen absetzen. Der Sandwurmbau wird durch Schleim verstärkt, und ständig laufen Kontraktionswellen von vorn nach hinten über den Körper des Tiers. Sie haben die Wirkung einer Pumpe und fördern unaufhörlich Wasser in den hinteren Schacht, das über die fiedrigen Kiemen des Wurms hinwegströmt und hinten wieder austritt. Dieser Wasserstrom lockert außerdem Sandkörnchen, so daß die obere Sandschicht laufend ersetzt wird, nachdem der Wurm sie gefressen hat.

Schlammiger Sand – eine Zwischenwelt

In geschützten Strandzonen stößt man zuweilen auf Stellen, wo sich organisches Material angesammelt hat. Das bewirkt eine Zunahme der verschiedenen Bakterien, die wiederum den Sauerstoff im feuchten Sand aufbrauchen. Wenn Sie hier graben, finden Sie manchmal schwarze Einschlüsse im Sand. Das ist darauf zurückzuführen, daß sich nach dem Verbrauch des Sauerstoffs bestimmte Bakterien einstellen, die ohne Sauerstoff leben können und durch ihre Aktivitäten den Sand verfärben. Liegt der Strand in einem besonders gut geschützten Bereich oder in der Nähe eines Ästuars oder einer Schlammzone, dann läßt sich wahrscheinlich ein hoher Anteil von organischen Stoffen im Sand – das heißt im schlammigen Sand – nachweisen.

Eine gute Mischung aus Schlick und Sand ist ein ausgezeichneter Ankergrund für Reisgras, Seegras und Meersalat sowie für seßhaftere Muschelarten. Der Schlammsand hat allerdings auch gewisse Nachteile für die Tiere, die in ihm leben. Wegen seiner größeren Kompaktheit erschwert er das Graben und Wühlen erheblich, und wegen des geringen Sauerstoffgehalts sind viele Tiere bei der Atmung auf Siphone oder oben offene Röhren angewiesen. Im Schlammsand trifft man deshalb viele Tierarten an, die sich von den Bewohnern des schieren Sandes unterscheiden. Die Klaffmuschel besitzt beispielsweise einen stabilen, mehr als 15 Zentimeter langen Siphon und steckt so tief im Boden, daß man sie nur mit allergrößter Mühe ausgraben kann.

In diesem Lebensraum sollten Sie einmal nach den wunderschönen Pfauenfederwürmern *(Sabella pavonina)* Ausschau halten. Diese Geschöpfe bauen aus feinem Schlick lange, zierliche Röhren, die freilich zum größten Teil im Boden versteckt sind; nur wenige Zentimeter sind über der Oberfläche sichtbar. Sobald die Flut hereinkommt, steigt der Wurm selbst wie eine farbenprächtige Fontäne aus dem oberen Röhrenende. Seine elegante braune, rote und violette Tentakelkrone wedelt dann anmutig hin und her, um die im Wasser schwe-

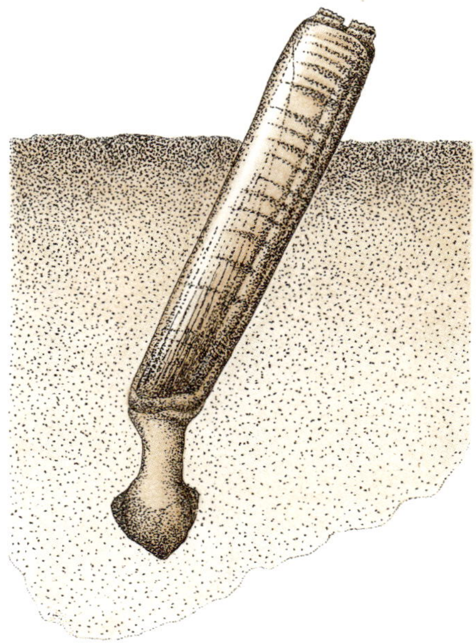

Hastiger Rückzug
Viele marinen Wirbellosen benutzen das Blut in ihrem Körper als überaus effizientes »Hydroskelett«. Beobachten Sie zum Beispiel einmal eine Scheidenmuschel der Gattung *Ensis* beim Einwühlen in den Sand. Sie gewinnt einen erstaunlich festen Halt im Boden, indem sie ihren Fuß mit Blut anfüllt, so daß eine dicke Scheibe entsteht, die wie ein Anker funktioniert; die an der Schale angewachsenen Muskeln ziehen das Tier nach unten. Beim Zug nach unten sind die Schalenklappen fest verschlossen und erleichtern damit den Abstieg, doch in der nächsten Phase, wenn der Fuß sich wieder mit Blut füllt, öffnen sich die Klappen ein wenig, um das Tier in seiner Position zu stabilisieren.

Sandstrand

Glatte Sandstrände haben den Vorteil, daß man sie ziemlich mühelos erkunden kann. Unser Strand auf Jersey wird landeinwärts von hohen Dünen eingefaßt. Als wir ihn besuchten, war es warm und sonnig, und die See war spiegelglatt. Wie fast überall trägt auch dieser Strand ein langes »Halsband« aus Angespültem und Treibgut, in dem man unzählige Schätze des Meeres entdecken kann. Wenn das Gezeitenwasser zurückweicht, wühlen sich die Tiere, die bei Flut aktiv waren, tief in den Boden ein, um sich vor dem Austrocknen zu schützen. Ihre Verstecke kann man an Spuren, Ausscheidungen oder unterschiedlich geformten Vertiefungen erkennen. Sie lassen sich also verhältnismäßig leicht aufspüren; das Ausgraben ist allerdings eine ganz andere Sache, denn Sie werden feststellen, daß sich die Tiere vielfach schneller eingraben, als Sie sie ausgraben können.

Anzeichen des Köderwurms Eingang mit Freßtrichter und würstchenförmige Ausscheidungen des Köderwurms, der im Sand ein ähnliches Leben führt wie der Regenwurm in der Erde.

Eine Seemaus Bei diesem Borstenwurm ist der Rücken bräunlich, während die seitlichen Borsten in vielen Farben schillern.

Wurmröhren Oberteile von Wohnröhren, die der Bäumchenröhrenwurm im unteren Strandbereich baut. Bei Gefahr zieht sich der Wurm auf den Boden der Röhre zurück.

Well- oder Kinkhorn

Die Maskenkrabbe, die wie ein Lebewesen aus dem Weltraum aussieht, liegt eingegraben im Sand und saugt durch ihre langen röhrenförmigen Antennen Wasser ein.

Kleiner Herzigel Skelett eines Seeigels mit Lochreihen für die Saugfüßchen.

Schwertförmige Messerscheide

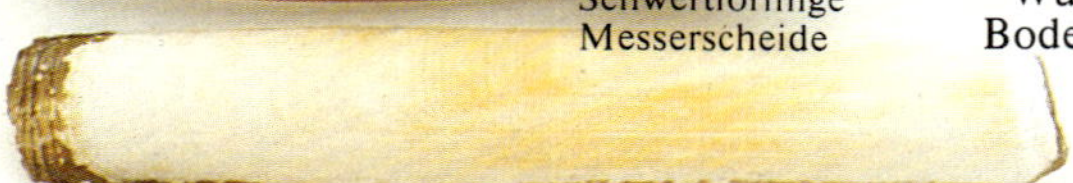

Gefurchte Messerscheide

Scheidenmuscheln Die langen Schalen gestatten es den Tieren, sich sehr schnell senkrecht in den Sand einzugraben.

Stachlige Herzmuschel

Weiße Büchsenmuschel

Abgestoßene Haut einer grabenden Garnelenlarve

Strandflöhe Man braucht nur ein Stück Tang wegzuschieben, und schon hüpfen Strandflöhe davon.

Muschelschalen findet man meist in großen Mengen, aber sie geben kaum eine Vorstellung von den Armeen dieser Weichtiere, die im Sand verborgen ruhen.

Laich der Wellhornschnecke

Eßbare Herzmuschel

Zarte Platt- oder Tellmuschel

Gebänderte Stumpfmuschel

Die Glänzende Mondschnecke ist eine räuberisch lebende Meeresschnecke.

Eier und Eikapseln finden sich in vielerlei Farben und Formen. Das klebrige Laichband des Seehasen stammt aus einem nahen Felstümpel.

Eikapsel eines Glattrochens

Krebsüberreste Der große Panzer stammt von einer Großen Seespinne, der kleinere von einer Strandkrabbe.

Schiffsbohrwürmer, die zu den Weichtieren gehören, haben dieses Treibholz durchlöchert.

Braunalgen wie dieser Zucker- und Knotentang, den die Brandung von seinem Felsen abgerissen hat, sind auf dem eintönigen Strand eine willkommene Nahrung und Zuflucht.

Heimatvertriebene der Felsküste Schwammstücke und Tange sind von ihrem felsigen Standort losgerissen und am Sandstrand angeschwemmt worden.

Möwenfedern, die im Abfall des Spülsaums steckten.

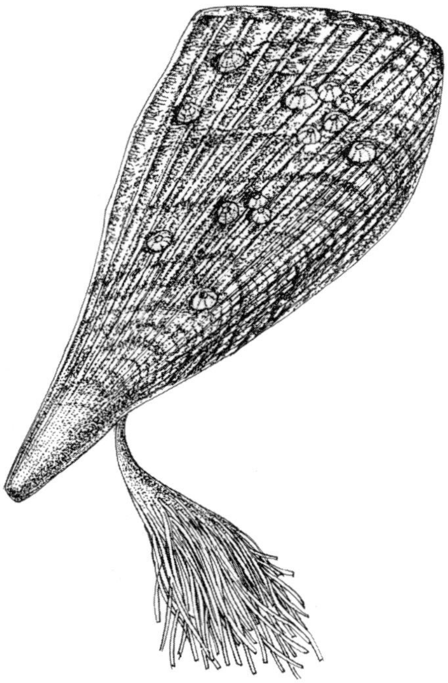

Eine von kleinen Seepocken besiedelte Steckmuschel mit ihren langen Byssusfäden

benden winzigen Nahrungspartikel einzufangen. Bei der leisesten Erschütterung zieht er sich jedoch sofort wieder tief in seine Röhre zurück.

Als ich noch auf Korfu lebte, waren Dinge wie Tauchgeräte, Tauchermasken und Schnorchel für mich unerreichbar. Als Ersatz für die Tauchermaske bastelte ich mir ein paar leichte Holzkästen mit einem Glasboden. Wenn ich einen solchen Kasten auf den Wasserspiegel setzte, dann wurde dadurch die Wellenbewegung ausgeschaltet, so daß ich im sauberen Mittelmeer alles so deutlich vor mir sah, als wäre das Wasser plötzlich auf wunderbare Weise verschwunden. Um meinen ersten Guckkasten auszuprobieren, begab ich mich zum Eingang einer geräumigen Bucht, wo sich Sand und Schlamm vermischten und eine vielfältige Meeresfauna heimisch war. Ich war begeistert von meinem neuen Fenster zur Unterwasserwelt. Bis zur Hüfte im Meer watend und den Rücken der Sonne zuwendend, damit die Glasscheibe im Schatten lag und keine störenden Reflexe auftraten, entdeckte ich eine Reihe mir unbekannter Tiere in und auf dem Sandboden. Plötzlich erblickte ich etwas, was mir fast den Atem verschlug – eine Ansammlung von etwa vierzig Pfauenfederwürmern, die dicht beieinander standen. Sie glichen einem verzauberten Blumenbeet; die Farben hatten einen wunderbaren Glanz, als sich die zarten befiederten »Blütenblätter« hin und her bewegten. Hingerissen betrachtete ich dieses Naturschauspiel mehrere Minuten lang. Doch als ich einen Schritt näher trat, verschwand die ganze Pracht im Nu. Die Strömung, die durch meine Bewegung ausgelöst worden war, hatte die Würmer gewarnt, die sich daraufhin allesamt mit einem Schlag in ihre Röhren zurückzogen. Es dauerte eine halbe Stunde, bis sich die »Blüten« wieder öffneten, aber das Warten hat sich gelohnt.

Im Schlammsand können Sie auch die Steckmuschel finden, die größte Muschel, die in Europa vorkommt. Sie hat die Form eines halbgeöffneten Fächers und kann eine Länge von 80 Zentimeter erreichen. Die Schalen sind orange- bis bernsteinfarben und vor allem in der Jugend mit rinnenförmigen Schuppen überzogen. Steckmuscheln stecken, wie ihr Name besagt, mit dem spitzen Ende im Weichboden und heften sich mit ihren Byssusfäden (Haftfäden) an einen unterirdischen Stein oder Felsbrocken an. Ähnliche Fäden finden Sie bei einer entfernten Verwandten der Steckmuschel, der Miesmuschel.

Auf Korfu hatte ich einmal ein interessantes Erlebnis, bei dem die schönen Steckmuscheln eine Rolle spielten. Ich kannte eine Stelle, wo die Sand- und Schlickmischung ein idealer Lebensraum für große Mengen dieser Mollusken war, und weil die Weichteile sehr gut schmecken, tauchten die Fischer dort regelmäßig, um die Muscheln von ihrer Unterlage abzulösen. Ich ruderte mit meinem Boot umher, als ich einen befreundeten Fischer erblickte, der in der Bucht vor Anker gegangen war. Ich ruderte längsseits und sah, daß er rund zwanzig riesige Steckmuscheln in seinem Boot hatte, die er mit seinem Messer öffnete, indem er den starken Muskel, der die beiden Schalenhälften zusammenhielt, durchschnitt. Zu meiner Verwunderung befand sich in jeder Muschel eine winzige grün-weiße Krabbe, deren Körper etwa die Größe einer dikken Erbse hatte. Es waren Muschelwächter, die sich in der Steckmuschel häuslich einrichten und von der Nahrung leben, welche das Wirtstier einsaugt. Ich behielt ein paar Exemplare für mein Aquarium und warf die anderen wieder ins Wasser, in der Hoffnung, daß sie bald eine andere Steckmuschel finden möchten, nachdem man ihnen so brutal ihre Wohnung geraubt hatte.

Ungefähr drei Jahrzehnte später drehte ich einen Film auf Korfu, und in einer Sequenz kam auch das Tauchen nach Steckmuscheln vor. Seltsam war indes, daß keine der Muscheln, die der Fischer öffnete, einen Muschelwächter enthielt. Statt dessen beherbergten alle Muscheln ein Pärchen kleiner durchsichtiger Garnelen, die wie Miniaturhummer aussahen. Der neue Fischer erzählte mir, daß in sämtlichen Steckmuscheln solche Garnelen steckten, während es vor dreißig Jahren ausschließlich Muschelwächter gewesen seien. Es war eine verblüffende Tatsache, daß ein Kommensale (»Mitesser«) einen anderen so vollständig verdrängt hatte.

Räuber der Gezeitenzone

Die Muscheln, Strandflöhe, Sandwürmer und andere Tiere, die den Strand bewohnen, haben ihre natürlichen Feinde. Von oben her stellen ihnen die zahlreichen Küstenvögel nach, die Austernfischer und Steinwälzer, die Regenpfeifer und Strandläufer. Die Feinde, die unter dem Sand angreifen, sind von ganz anderer Art. Die hübsche Nabelschnecke zum Beispiel sieht völlig harmlos aus, doch ist sie eine gefährliche Räuberin. Sie sucht sich eine Muschel aus und packt und lähmt sie mit ihrem außergewöhnlich langen Fuß. Dann bohrt sie mit Hilfe einer Säuredrüse an ihrem Rüssel ein sauberes Loch in die Schale, so wie ein Tresorknacker einen Safe aufschweißt. Durch dieses Loch führt sie ihren Rüssel ein und saugt nach und nach den Weichkörper der Muschel auf. Zurück bleiben nur die leeren Schalen, die man häufig im Spülsaum findet.

Manche Borstenwürmer, die sogenannten Freilebenden Vielborster oder Errantier, die auf und im Sand auf der Suche nach Beute umherkriechen, gehören einer anderen Feindkategorie an. Man nennt sie »freilebend«, weil sie im Gegensatz zu ihren seßhaften Verwandten viel umherwandern. Diese Würmer besitzen vielfach winzige Häkchen oder Zähnchen auf ihrem ausstülpbaren Rüssel, der zum Vorschein kommt, wenn man hinter dem Kopf drückt. Eine Art wird als Opalwurm bezeichnet, weil sie hellrosa schimmert wie ein Opal. Wenn Sie diese sandbewohnenden Räuber sehen wollen, müssen Sie sie ausgraben, aber wo man graben soll, ist schwer zu sagen, weil die meisten an der Oberfläche keinerlei Spuren hinterlassen. Vielleicht erwischen Sie dabei einen Borstenwurm, der kein Räuber ist, obwohl er so aussieht. Das ist der Seeringel-

Flachstrandparade
Die Schnabelformen und -größen der Watvögel verraten uns, daß sie ihre Nahrung in Gestalt von Krebstieren, Mollusken und Würmern in unterschiedlichen Tiefen des Schlammbodens erbeuten. Sie zeigen außerdem verschiedene Verhaltensweisen, die uns die Identifizierung schon aus einiger Entfernung erleichtern. Der Große Brachvogel mit seinem langen, gebogenen Schnabel ist an seiner unverwechselbaren Silhouette zu erkennen, wenn er am Strand auf Nahrungssuche ist. Er tritt oft in verstreuten Gruppen oder kleinen Schwärmen auf, die sich gemessenen Schritts umherbewegen. Die Pfuhlschnepfen sind Zugvögel, die im Frühjahr und Herbst auf ihren langen Beinen ein gutes Stück ins Wasser hinauswaten. Sie stecken ihren Schnabel tief in den Boden und bewegen ihn wetzend hin und her. Der Austernfischer knackt mit seinem kräftigen Schnabel Herz- und Miesmuscheln auf. Er ist an seinem schwarzweißen Gefieder und dem langen orangefarbenen Schnabel leicht zu erkennen. Die Rotschenkel stochern im Schlamm herum, entweder einzeln oder in kleinen Gruppen. Die Knutte widmen sich gern in größerer Zahl der Nahrungsaufnahme, wobei sie ihre Schnäbel rasch hintereinander in den Boden bohren. Ihre Schwärme bilden dichte Wolken, die mit ungewöhnlicher Präzision auf und ab steigen. Die kleinen Schwärme der vorsichtigen Kiebitzregenpfeifer landen auf dem Watt, wo sie dann pickend umherrennen. Wenn sie sich ausruhen, nehmen sie eine geduckte, fast deprimiert wirkende Haltung ein. Die Steinwälzer untersuchen systematisch umherliegende Steine und Tangklumpen; vielfach tun sich mehrere Vögel zusammen, um einen besonders dicken Stein umzudrehen.

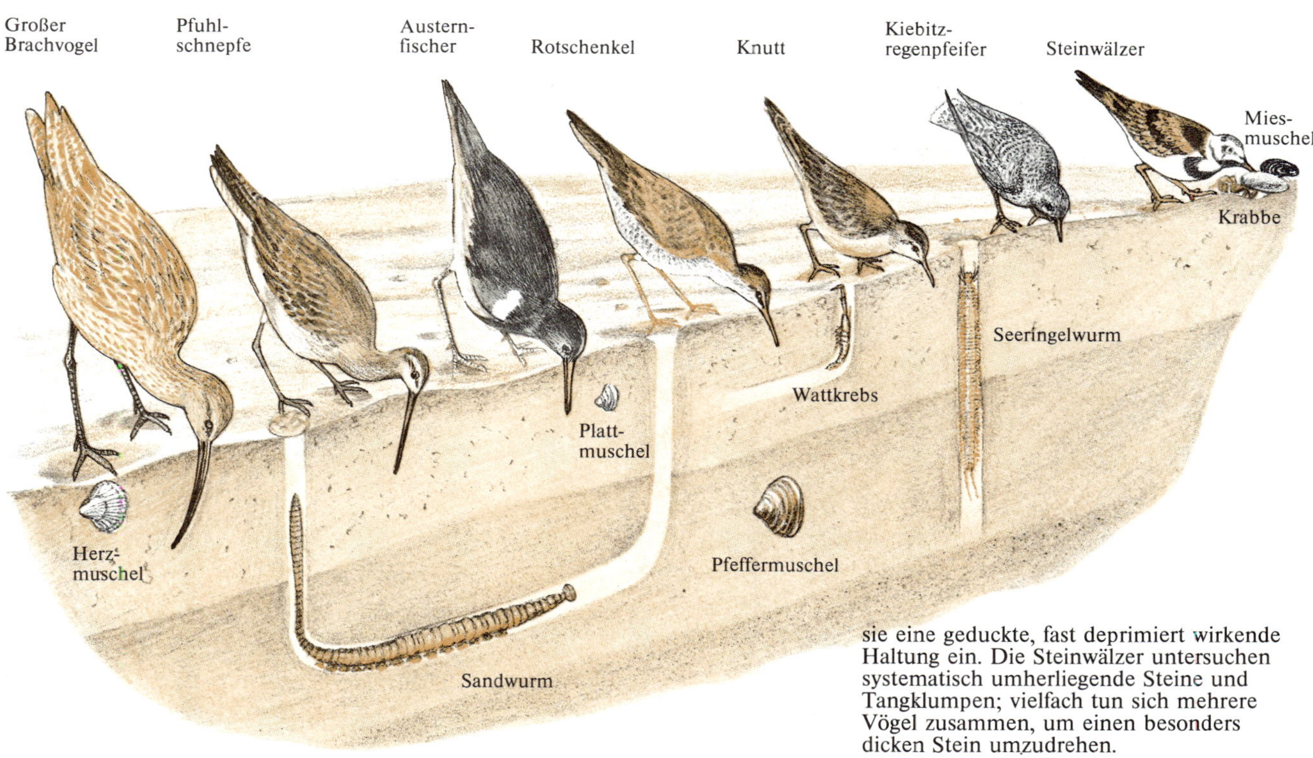

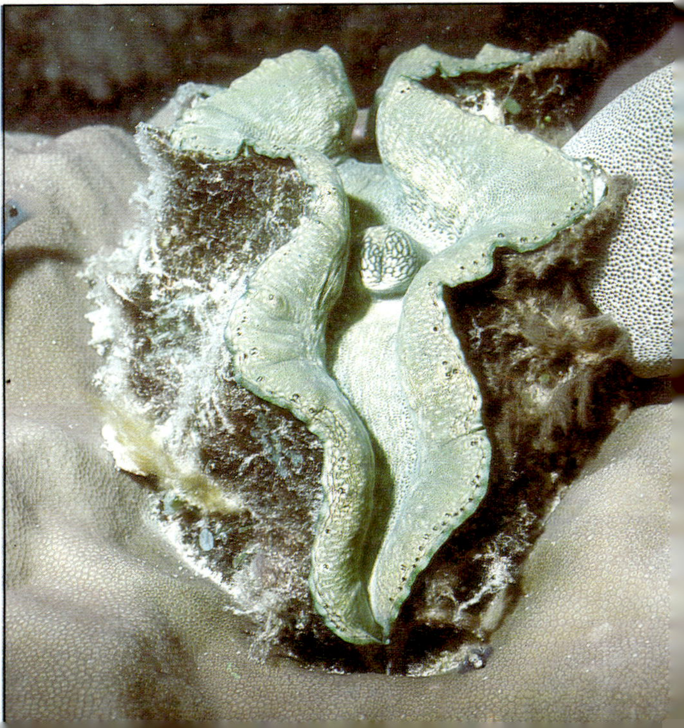

wurm, der mit seinen kräftigen schwarzen Kiefernzangen in aller Unschuld Detritus zerkleinert. Doch Vorsicht – ein großer Seeringelwurm kann empfindlich beißen!

Unerwartete Begegnungen am Strand

Eine Methode, die ich beim Sammeln der verschiedenen Sandbewohner anwandte, bestand darin, daß ich auf allen vieren im seichten Wasser umherkroch und mit beiden Händen und Füßen den Boden abtastete. Manchmal benutzte ich auch meinen Guckkasten, mit dessen Hilfe ich die aus dem Boden hervorlugenden Siphone der Muscheln, die Antennen der Garnelen und sogar die absonderlichen Borstenantennen einer Maskenkrabbe betrachten konnte. Diese Krebstiere warteten geduldig unter dem Sand bis zum Anbruch der Nacht; dann kamen sie hervor und gingen auf Nahrungssuche. Meine Methode, mit Händen und Füßen den Boden abzugraben, sei jedoch nicht unbedingt zur Nachahmung empfohlen.

Auf Korfu hatte ich mir gerade ein neues Salzwasseraquarium gebaut, das auf geeignete Bewohner wartete. Begleitet von meinen treuen Hundemischlingen und beladen mit meiner Fangausrüstung, machte ich mich auf den Weg zu einem langen Sandstrand. Ich wollte versuchen, ein Tier zu fangen, das ich schon lange studieren wollte, einen Herzigel. Diese entzückenden kleinen Seeigel, die ungefähr die Größe einer Handfläche haben, sind wie ein Igelbaby über und über mit weißen Stacheln bedeckt. An einem Körperende stehen die Stacheln hoch wie ein Indianerkopfschmuck, und auch der Körper selbst hat eine ungewöhnliche Form, als hätte jemand einen Apfel genommen und entzweigeschnitten, so daß die eine Seite flach und die andere bucklig ist, während das Tier von oben wie ein pummeliges Herz aussieht. Am abgeflachten Ende hat dieser Stachelhäuter eine Art Schaufellippe. Wenn der Herzigel sich durch den Sand bewegt, schöpft er Detritus auf. Die Nahrungsstoffe werden extrahiert und die Abfälle am Körperende wieder ausgeschieden.

Die kleinen Herzigel leben, mehrere Zentimeter tief vergraben, am Rande des Meeres. Nachdem ich den ganzen Strand auf allen vieren durchgekämmt hatte, bestand meine Ausbeute aus etwa zwei Dutzend Exemplaren. Ich suchte mir die beiden schönsten aus, ließ alle anderen wieder frei und zog mich dann in den Olivenhain auf einem kleinen Kliff zurück, um meine Butterbrote zu verzehren und meine Seeigel zu bewundern, die in ihrem Glasbehälter umhertorkelten. Während ich kauend und schauend dasaß, bemerkte ich, daß der bis dahin einsame Strand Besuch bekommen hatte. Ein junger Fischer war aufgetaucht, der einen Dreizack mit langem Stiel trug, wie man ihn in Griechenland zum Speeren von Fischen benutzt. Er schritt langsam durch das flache Wasser und wiegte dabei den Dreizack stoßbereit in der Hand. Er hatte es auf Flundern oder Schollen abgesehen, und er würde sicherlich Erfolg haben, denn ich hatte bei meiner Herzigeljagd mehrere dieser hervorragend getarnten Plattfische fast mit der Hand berührt. Ich sah ihm zu, wie er weiterwatete, ab und zu mit seinem Dreizack zustieß und einen zappelnden Fisch von den Speerspitzen ablöste und in seinen Schultersack steckte. Ich dachte gerade, was für ein Glück er doch habe, als er unvermittelt stehenblieb, ins Wasser starrte und seine Waffe mit aller Kraft dicht vor seinen Füßen niedersausen ließ. Im selben Augenblick stieß er einen gellenden Angstschrei aus, der in der ganzen Bucht widerhallte, sprang aus dem knietiefen Wasser und fiel dann wieder hin. Sich hin und her windend, versuchte er den trockenen Strand zu erreichen. Ich rannte zu der Stelle, wo er lag, blaß und schwitzend und am ganzen Leib zitternd. Er murmelte immer wieder vor sich hin: »Ich dachte, es wäre eine große Scholle ... ich wußte nicht ... ich dachte, es wäre eine große Scholle ...« Als ich ins Wasser waten wollte, um seinen Dreizack zu holen, hielt er

An wärmeren Küsten
Die Winkerkrabben *(gegenüberliegende Seite oben)* leben auf Schlammstränden in den Tropen und Subtropen, wo sie den nahrungsreichen Boden durchwühlen und durchsieben. Bei den Männchen ist eine Schere besonders kräftig entwickelt, die zum »Heranwinken« der Weibchen und zur Revierverteidigung benutzt wird. Die mit blauen Augen verzierte Kammuschel aus Australien *(unten links)* ist ein Filtrierer. Sie wendet das Rückstoßprinzip an, um ihren Freßfeinden zu entkommen; indem sie blitzschnell ihre Klappen schließt, kann sie ruckweise über den Meeresboden hüpfen. Die indopazifische Riesenmuschel *(unten rechts)*, die auf dem sandigen Meeresgrund ruht, besitzt einen mit zahlreichen einzelligen Algen (Zooxanthellen) besetzten Mantelrand.

mich zurück mit den Worten, er habe einen sehr schlimmen Fisch gespeert, einen sehr gefährlichen Fisch. Schließlich gelang es uns, den Dreizack mit einer langen Schnur und einem Enterhaken, der zu meiner Ausrüstung gehörte, an Land zu ziehen. An dessen Ende war ein großer und noch sehr lebendiger schwärzlicher Zitterrochen aufgespießt. Ich wußte, daß diese Rochen Stromschläge bis zu 200 Volt austeilen können, und der Stiel des Dreizacks bestand nicht wie üblich aus Holz, sondern aus einem Eisenrohr. Der Fischer hatte durch dieses Metall die volle Ladung des Rochens abgekriegt, die ihn buchstäblich umgehauen hatte. Ich fragte mich, was mir wohl passiert wäre, wenn ich auf meiner Seeigeljagd über einen solchen Zitterrochen hinweggekrochen wäre.

Wir erlösten das Tier von seiner Qual, und als wir es ausweideten, entdeckten wir, daß es sich um ein Weibchen handelte, das 25 Embryonen in seinem Leib trug (diese Rochen legen nämlich keine Eier, sondern sind lebendgebärend). Zum Dank für meine Hilfe schenkte mir der Fischer die Embryonen für mein Privatmuseum, und er versprach mir außerdem das Knorpelskelett des Tiers. Als ich mit meinen Herzigeln heimwärts zog, konnte ich mit der Ausbeute dieses Tages zufrieden sein.

Glatte Sandstrände und das durchweg klare Flachwasser wirken stets so friedlich und harmlos, daß man darüber fast die gefährlichen Lebewesen vergißt, die dort gelegentlich auftauchen können. Als Lee etwa neun Jahre alt war, machte sie einmal Ferien am Silver Beach in Florida. Ihr Vater wollte von seiner mit einem Fangnetz bewaffneten Tochter ein schönes Foto machen, und so watete sie bis zu den Knien ins Wasser, um für die Aufnahme zu posieren. Dabei erblickte sie aus dem Augenwinkel eine schwarze Gestalt, die auf sie zuschwamm. Sie rief ihrem Vater zu, er solle sich beeilen, denn sie wußte nicht, was das schwarze Untier war. Sobald die Aufnahme gemacht war, rannte Lee auf den Strand und blickte zurück, aber die schwarze Gestalt war verschwunden. Auf dem fertigen Bild lächelte Lee fröhlich in die Kamera – und fast in ihrer Reichweite, deutlich sichtbar im klaren Wasser, lauerte ein sehr großer und böse dreinblickender Stechrochen.

In Wirklichkeit sind Rochen nicht ganz so schlimm, wie man ihnen nachsagt. Der Zitterrochen benutzt beispielsweise seine elektrische Ladung nur zum Lähmen von Beutetieren, doch wenn Sie versehentlich auf einen solchen Rochen treten (oder ihn mit einem Metallspeer aufspießen), dann verpaßt er ihnen selbstverständlich in Notwehr einen Stromschlag. Ebenso setzen auch die Stechrochen ihre Giftstacheln lediglich zu ihrer Verteidigung ein.

Wie ihre Verwandten, die Haie, sind die Rochen echte Fische. Aber ihr Skelett besteht nicht aus Knochen, sondern aus Knorpelsubstanz (so wie unsere Ohren und Nasen). Von den echten Knochenfischen, die Sie in der Umgebung des Sandstrandes finden können, sind wahrscheinlich die Plattfische die interessantesten Geschöpfe. Junge Plattfische sehen wie ganz gewöhnliche Fische aus, doch wenn sie heranwachsen, geht mit ihnen eine merkwürdige Veränderung vor, zur Vorbereitung ihres späteren Lebens auf dem Meeresgrund. Hätte ein Plattfisch die Gestalt eines normalen Fisches und versuchte sich dann flach hinzulegen (also auf die Seite), dann wäre ein Auge im Sand begraben und damit unbrauchbar geworden. Deshalb wandert bei den heranwachsenden Tieren ein Auge über den Kopf, bis es neben dem anderen angekommen ist. Schollen, Flundern, Klieschen und Seezungen liegen stets auf der linken Seite; deswegen sitzen bei ihnen die Augen auf der rechten Kopfhälfte. Beim Steinbutt ist es genau umgekehrt, und so befinden sich hier beide Augen auf der linken Seite. Diese Verwandlung zählt zu den ungewöhnlichsten Anpassungserscheinungen in der Fischwelt, und wenn Sie einmal ein paar junge Plattfische finden und im Aquarium halten, dann können Sie zusehen, wie die Augen langsam über den Kopf der Tiere wandern.

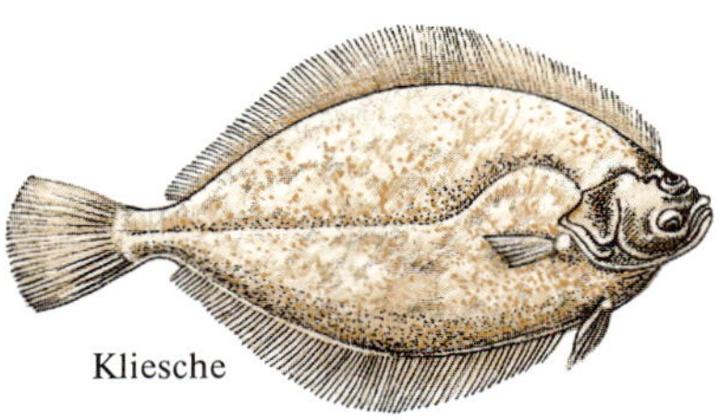

Kliesche

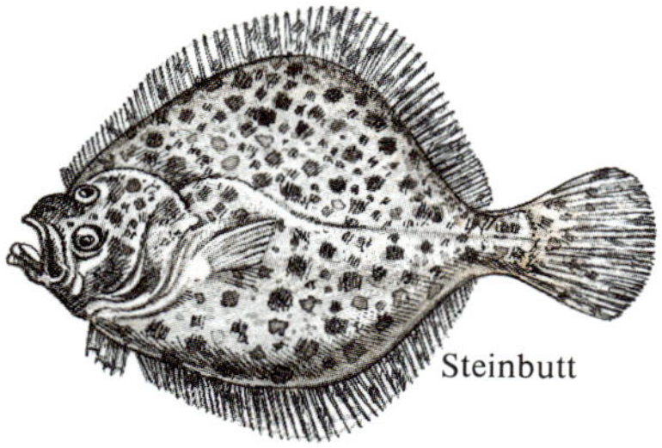

Steinbutt

Erforschung des Strandguts

Die hereinkommende Flut bringt aus dem Meer eine reiche Fracht mit. Das abfließende Gezeitenwasser hinterläßt dann auf dem Strand das sogenannte Angespül in einem unordentlichen Spülsaum, der für den Strandwanderer ein lohnendes Forschungsobjekt ist. Es leben nur vergleichsweise wenige Tiere in diesen »Abfallhaufen«, die von Sonne und Wind ausgedörrt werden, aber mit ziemlicher Sicherheit wird man hier Strandflöhe entdecken. Sie hausen in Bauen, die sie unter dem Boden anlegen, und kommen am Abend zu Millionen hervor, um auf der Suche nach angespülten pflanzlichen und tierischen Stoffen umherzuhüpfen.

Für den Naturfreund ist jedoch der Spülsaum vor allem deshalb interessant, weil er eine Art Friedhof darstellt, in dem das Meer die Überreste der Organismen ablagert, die in ihm leben. Stürme reißen Tang von den Steinen und Felsen längs der Küste ab, und in den Tanghaufen kann man die Leichen einer Qualle oder einer Krabbe entdecken. Manchmal findet man auch Holzstücke mit sauberen runden Löchern und Gängen, die aussehen, als stammten sie vom Bohrer eines Schreiners. Sie stammen jedoch von Schiffbohrmuscheln und von Holzbohrasseln, also kleinen Krebstieren.

Das Angespül ist in der Tat ein herrliches Revier für Schatzjäger, die hier die ausgefallensten Entdeckungen machen können. Im Südwesten von Wales werden zum Beispiel des öfteren harte, glänzende Bohnen von tropischen Inselpflanzen in der Karibik angeschwemmt, die man einsammelt und zahnenden Babys zum Kauen gibt. Man muß sich einmal vorstellen, daß eine Pflanze auf der anderen Seite der Erde ihre Samen ins Meer fallen läßt, die dann im Mund eines walisischen Kindes enden! Oft liegen auf dem Strand die Kalkskelette von Seeigeln herum, die wie eine bucklige exotische Frucht aussehen, aber hohl wie eine Trommel sind, und die flachen, länglich-ovalen Sepiaschalen von Tintenfischen, weiß und brüchig wie Löffelbiskuits. Sepiaschalen sind die Rückenschulpe dieser merkwürdigen und liebenswerten Weichtiere und entstehen im Körperinnern, während die Schnecken ihre Schale außen auf dem Körper tragen. Dann birgt der Spülsaum die verschiedensten Eikapseln, die sich im Tang verfangen haben. Die länglichen, mit Spiralfäden versehenen Kapseln stammen gewöhnlich von Rochen oder Haien, und die seltsamen Gebilde, die Ähnlichkeit mit einem verbogenen Badeschwamm haben, sind wahrscheinlich die Laichhaufen der Wellhornschnecken.

Wenn Sie den Spülsaum durchstöbern, finden Sie unzählige Trophäen für ihre Privatsammlung – Muscheln und Schneckengehäuse aller Formen und Größen, Skelette von Fischen und Vögeln, Gewölle von Möwen, Tange aus den küstennahen Gewässern und vieles, vieles andere mehr. In Griechenland habe ich einmal die Überreste einer Kuh auf dem Strand entdeckt; nach einer ziemlich mühseligen und übelriechenden Sezierarbeit habe ich den Schädel meiner Kollektion einverleibt. Ein andermal fand ich eine Schildkröte, die von der Flut angeschwemmt worden war. Sie war schon lange tot, und zum großen Verdruß meiner Familie präparierte ich den Fund auf unserer Veranda, um den Panzer und das Skelett für mein Museum zu erhalten. Man merke sich, daß ein Amateurnaturforscher sich im Kreise seiner Angehörigen nicht immer ungeteilter Beliebtheit erfreut!

Wenn Sie einen Spülsaum untersuchen, sollten Sie sich nicht ausschließlich auf tierische Reste oder Schalen beschränken. Sie können hier unter Umständen wunderschöne Holzstücke finden, die das Meer gesäubert und poliert und geformt hat. An den Stränden von Korfu habe ich regelmäßig grüne Flaschenglasscherben aufgelesen, die von der Brandung abgeschliffen worden waren, so daß sie wie Riesensmaragde aussahen. Das Meer ist eine große Künstlerin, deren Kunstwerke auf Entdeckung warten.

Schnorrer im Seetang
Die Klippenassel lebt tief unten am Strand zwischen Seetang. Sie gehört zu den vielen kleinen Krebstieren, die des Nachts bei Niedrigwasser umherkrabbeln auf der Suche nach pflanzlicher und tierischer Nahrung. Bei diesen Strandasseln beobachten wir im Küstenbereich eine auffällige Zonierung, wobei sich die Lebensräume der einzelnen Arten zwischen Küstenlinie und Seichtwasser kaum überlappen. Der Dünenmaikäfer ist ein schwerfällig fliegendes Insekt, das sich von verwesendem Tang ernährt. Die fette Larve lebt unterirdisch an den Wurzeln der Dünenpflanzen.

Klippenassel

Dünenmaikäfer

An der Felsküste

Als ich einmal bei meinem Bruder auf Zypern zu Besuch war, gingen wir jeden Morgen in einer kleinen Bucht unweit seines Hauses schwimmen. Die Küste war hier größtenteils felsig, voller winziger Tümpel und Höhlen, aber diese spezielle Bucht hatte einen kleinen Sandstrand. Nach dem Schwimmen wanderte ich gewöhnlich an den Felsen entlang, um festzustellen, was es hier zu finden gab. Die Gegend war sehr reich an Meeresorganismen; in den zahllosen Felstümpeln wimmelte es von wunderschönen Blumentieren, von Seesternen und Seespinnen, und Einsiedlerkrebse krabbelten mit ihren hübschen Schnekkenhäusern umher. Eines Tages entdeckte ich ein Wasserloch voller Seehasen (die zu den Schnecken gehören). Es müssen mindestens zwei Dutzend gewesen sein, so daß es sich wohl um eine Massenhochzeit handelte.

In diesem Küstenabschnitt hatte ich ein merkwürdiges Erlebnis. Als ich auf meinem Strandspaziergang einen großen Felsblock umgehen mußte, stieß ich auf einen kleinen seichten Tümpel im Felsboden. Mittendrin hockte ein junger Krake, der wie ein kahlköpfiger älterer Herr aussah. Sobald er mich erblickte, erstarrte ich, während er, wie es für Kraken in Augenblicken der Gefahr typisch ist, die Farbe wechselte: Das graue und rosige Tier wurde zuerst grün, dann purpurviolett und rot, und schließlich vermischten sich alle Farben zu einem irisierenden Schimmer, der über seinen Körper hinwegzufließen schien. Wir starrten uns eine Weile gegenseitig an. Ich wußte, daß er das Flachwasser aufgesucht hatte, um Krabben zum Mittagessen zu fangen, aber mit mir hatte er nicht gerechnet. Er setzte mich in Erstaunen mit einer Verteidigungsmaßnahme, von der ich bis dahin nicht wußte, daß sie von Kraken angewandt wird. Ich muß eine kleine unbedachte Bewegung gemacht haben, denn plötzlich richtete er seinen Trichter auf mich wie eine Kanone und schoß mir einen Wasserstrahl genau ins Gesicht. Ich war so überrascht, daß ich ausglitt und rückwärts gegen den Felsen fiel. Mehr Zeit brauchte er nicht. Er rutschte rasch aus dem Wasserloch, plumpste ins Meer, und indem er jetzt seinen Trichter richtig benutzte, nämlich als Rückstoßdüse, sauste er ins tiefere Wasser, wobei er seine Fangarme hinter sich her schleppte und im Fliehen dicke dunkle Tintenwolken ausstieß.

Von einem verärgerten Kraken mit Wasser beschossen zu werden ist natürlich ein seltener Glücksfall. Aber auch sonst sind die meisten Felsküsten von mannigfaltigem Leben erfüllt und voller Überraschungen für den Naturfreund. Als erstes fällt einem auf, daß die Pflanzen und Tiere in bestimmten Zonen der Küste leben, je nachdem wie oft sie das Bedürfnis haben, vom Meerwasser überspült zu werden. Die Pflanzen und viele Tiere heften sich mehr oder weniger dauerhaft an die Felsen, und selbst die beweglicheren Lebewesen halten sich an der Oberfläche fest, damit sie in ihrer jeweiligen Zone bleiben, wenn sie von den Gezeiten hin und her gezerrt werden.

An stark exponierten Küsten, die unablässig den heftigen Brandungswellen ausgesetzt sind, existieren nur wenige Lebensformen. Die Sporen des Seetangs können sich hier nicht festsetzen, und nur die winzigen planktischen Larven der Seepocken und Napfschnecken finden im Sog der Wellen Halt an den Felsen. Sie verwandeln sich in fertige Tiere mit flachen und kräftigen Gehäusen, die fast mit dem Felsen verschmelzen. Auf den großen Flächen, die mit Seepocken und anderen Rankenfüßern bedeckt sind, siedeln sich vielfach auch

Bewaffnete Auseinandersetzung
Eine Herzmuschel hat kaum Überlebenschancen, wenn sie von einem Seestern »besetzt« und festgehalten wird. Hier sehen wir die Endphase des Kampfes, in der der Seestern seinen Magen ausstülpt, um das Körpergewebe der Muschel zu verdauen. Vorher hat der Seestern die beiden Schalenklappen aufgesprengt und reihum seine zahlreichen Saugfüßchen eingesetzt, um das Opfer zu ermüden.

Fleischfresser vor der Felsküste
Eine Fadenschnecke *(gegenüberliegende Seite)* weidet eine Hydroidenkolonie ab. Statt sich von den Nesselzellen der Polypen stechen zu lassen, verspeist sie diese, nachdem sie sie zuerst mit Schleim umhüllt hat, und befördert sie in die rosigen Papillen auf dem Rücken, wo sie als wertvolle Munition gelagert werden. Wenn sich die Schnecke bedroht fühlt, gibt sie die Nesselzellen durch feine Öffnungen an den Papillenspitzen ins Wasser ab. In höchster Not werden ganze Papillen, die randvoll mit Nesselzellen angefüllt sind, gegen einen Feind »abgeschossen«.

Die Felsküste – ein ergiebiges Terrain
Zwischen der Spritzwasserzone und der Niedrigwassermarke erstreckt sich ein reichgegliedertes, lebensvolles Terrain. Die meisten Menschen beginnen ihre Suche ganz unten am Strand, aber schauen Sie sich auch einmal hoch oben um, wo die Felsen nur hin und wieder eine Gischtdusche abbekommen. Hier finden Sie den dicken schwarzen Flechtenaufwuchs, der viele kleine Asseln beherbergt, und in den Felsspalten hausen die Strandschnecken, denen der Wasserpieper eifrig nachstellt. Exponierte Küstenbereiche tragen eine Kruste aus Seepocken, Napfschnecken und Miesmuscheln; geschütztere Küsten sind meist dicht mit Algen bewachsen. An der Niedrigwasserlinie bilden die Massen des braunen Seetangs, der die Felsen bedeckt, eine fast undurchdringliche Barriere.

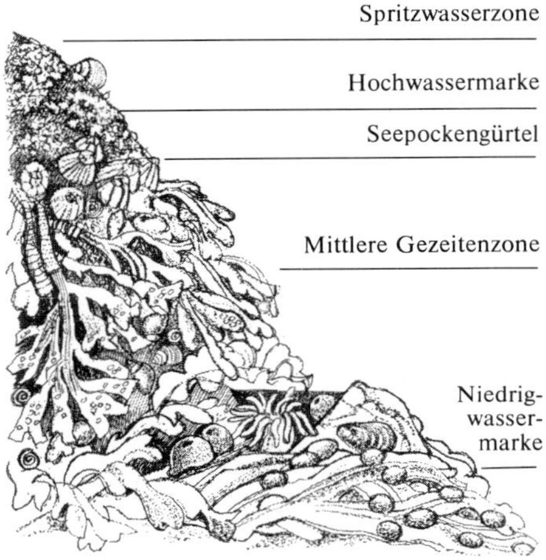

die Larven der kleinen Strandschnecken an, doch wenn diese Schnecken heranwachsen, können sie dem Ansturm der Brandung nicht standhalten, und so wandern sie in die vergleichsweise sichere Spritzzone ab. Das ist der Bereich, der von der Gischt der Flutwellen erreicht wird, und an ungeschützten Küsten ist er recht groß.

Die Organismen, die geschütztere Küstenregionen bewohnen, sind sehr zahlreich und ungeheuer vielgestaltig, obwohl ihr Lebensraum zuweilen von der Sonne versengt und von Brandungswogen getroffen wird. Eine Felsküste ist einem Wald vergleichbar, denn wie er weist sie eine Vielzahl von Kleinbiotopen auf. Im Wald kann man eine ganze Welt unter einem Baumstamm oder Stein, in einer Baumhöhle oder gar auf einem einzelnen Blatt entdecken; in gleicher Weise gibt es an einer Felsküste viele unterschiedliche Wohnbezirke zwischen den Felsen, jeweils mit speziellen Lebensbedingungen und entsprechend angepaßten Organismen. Man trifft einen ganzen Karneval der Tiere an, die unter Felsvorsprüngen herabhängen oder sich regelrecht in das feste Gestein einbohren. Weitere Lebewesen verbergen sich, kaum anders als die Landtiere des Unterwuchses, in den großen Tangdickichten.

Wenn die Flut steigt, bringt sie unternehmungslustige Fische, Kraken und andere Tiere aus dem Tiefwasser mit. Bei Niedrigwasser stranden die Fische manchmal in Felstümpeln, wo sie bis zur nächsten Flut ausharren müssen, um sich wieder befreien zu können. Übereifrige Naturforscher, die ganz in ihre Arbeit vertieft sind, stehen zuweilen vor dem umgekehrten Problem, und nicht anders ergeht es manchen Urlaubern auf der Insel Jersey, wo ich unseren Zoo gegründet habe. Jersey hat einen der größten Tidenhübe Europas – mehr als zehn Meter –, und fast in jedem Jahr stellen sich bei uns Feriengäste ein, die das bei Niedrigwasser trockengefallene ausgedehnte Fels- und Tümpelgebiet erkunden. Dort strecken sie sich dann aus, um ein Sonnenbad zu nehmen, doch inzwischen tritt der Gezeitenumschwung ein, und die Flut strömt fast mit der Geschwindigkeit eines galoppierenden Pferdes ein. Nicht selten wacht dann ein Urlauber mit einem Sonnenbrand auf einem Felsen auf, rings umgeben vom Meer, und muß gerettet werden. Die Moral von der Geschichte: Naturfreunde und Urlauber sollen sich zwar intensiv ihrer jeweiligen Beschäftigung widmen, aber dabei stets ein wachsames Auge auf die Gezeiten haben (und für alle Fälle etwas Sonnenöl mitnehmen)!

Vegetationszonen der Felsküsten

Es ist eine merkwürdige Tatsache, daß an Felsküsten die Flora bei weitem nicht so vielfältig ist wie die Fauna. In der oberen Spritzzone wachsen beispielsweise nur orangefarbene und graue Flechtenbeläge, unmittelbar darunter bildet sich ein Gürtel aus schwarzen Flechten, durchsetzt mit schleimigen blaugrünen Algen, der einen üppigen Weidegrund für die Strandschnecken darstellt. Unterhalb der Spritzzone, an der Obergrenze des Hochwasserbereichs, ist in geschützten Küstengebieten ein schmaler Streifen frei von Pflanzen und besetzt von Rankenfüßern und Napfschnecken. Darunter gedeihen wieder zwergwüchsige Flechten sowie Tange. Der Tang besteht hauptsächlich aus Braun- und Rotalgen, denen einige wenige Grünalgen beigemischt sind. Algen sind primitive Pflanzen, und die grünen Formen gelten als die Ahnen der vielgestaltigen höheren Pflanzen des Festlandes und des Süßwassers. Doch hier im Meer sind die Algen sich treu geblieben. Die küstenbewohnenden Algen (oder Tange) besitzen einen anmutigen, biegsamen Körper, der sich den Wellen anpaßt, so wie sich ein Tänzer im Takt der Musik wiegt. Das gallertige Gewebe, das vielen Arten eigen ist, schützt sie vor dem Austrocknen, da sie ja bei Niedrigwasser der Sonne ausgesetzt sind. Diese geleeartige Beschaffenheit macht sie überdies sehr schlüpfrig und verhindert, daß sie von den Wellen verknäuelt und zerrissen werden (auch ein Langstreckenschwimmer fettet seinen Körper ein, damit er leichter durch das Wasser gleitet). Die Küstenalgen, obzwar ihre Artenzahl nicht übermäßig groß ist, überziehen die Felsen mit ihren wunderschönen zarten Pastellfarben.

In der unteren Gezeitenzone findet man den lederigen Sägetang und die dünnen »Blätter« des Meersalats, der zu den Grünalgen gehört und eine auffällige Ähnlichkeit mit unserem Kopfsalat aufweist. Dann folgt der Knorpeltang, das sogenannte »Irische Moos«, eine Rotalge, die in Irland gern gegessen wird (viele Tange dienen den Menschen in verschiedenen Weltgegenden als Nahrung). Noch tiefer, im Bereich der Niedrigwassergrenze, ist der Felsgrund dicht mit braunem Palmentang bewachsen, dessen schlanke Thalli (so nennt man die »Blätter« der Tange) nur selten aus dem Wasser auftauchen.

Tangansammlungen bieten Schutz vor Sonne und Wind und sind deshalb ideale Wohnstätten für zahllose Meerestiere, deren Eier und Nachkommen. Im Tang können sie sich den jeweils geeigneten Wohnbereich aussuchen, so wie sich auch die Tange selbst über die gesamte Gezeitenzone verteilen.

Knorpelalge (»Irisches Moos«)

Tiere der oberen und mittleren Gezeitenzone

In den höheren Küstenregionen streift die Rauhe Strandschnecke umher, die – höchst ungewöhnlich für eine Schnecke – keine Eier legt, sondern lebende Nachkommen zur Welt bringt. Hier können Sie in der Nacht auch die Klippenassel finden, die sich von Tang und dem anhaftenden Detritus ernährt. Meerasseln sind heimlich lebende Geschöpfe und sehr lichtempfindlich; sie verbergen sich tagsüber in Felsspalten und kommen selbst in hellen Mondnächten nicht zum Vorschein.

Auf den Büscheln der Zwergflechten und den grauen Klumpen der Ledertange bis hinab zur mittleren Küstenzone weiden ungezählte winzige Lebewesen. Man schätzt, daß man in diesem Bereich eine Viertelmillion Tiere pro Quadratmeter einsammeln könnte – Myriaden von jungen Strandschnecken, Milben und sogar Insektenlarven. Hier lebt eine winzige Muschel mit Namen *Lasaea rubara,* die nur zwei Millimeter lang wird. Sie heftet sich zwar normalerweise an Flechten oder sogar leere Rankenfüßerschalen an, aber sie kann sich mit ihrem Fuß, der länger ist als die Schale, auch recht gut umherbewegen.

Weiter unten, wo der Tang zweimal täglich längere Zeit vom Meer überspült wird, trifft man immer mehr Tiere an, die sich an diese Pflanzen anklammern. Dort leben mehrere koloniebildende Arten – Schwämme, Hydroidpolypen und Moostierchen –, die vielfach sehr viel schöner und bunter sind als ihre Süßwasserverwandten. Häufig entdeckt man auch gewundene Röhrchen auf dem Tang, die wie Miniaturwidderhörner aussehen. Das sind die Behausungen von Posthörnchenwürmern, und wenn Sie unter Wasser genau hinschauen, können Sie sehen, wie die Würmer ihre anmutigen grünen Tentakelkränze vorstrecken, um Nahrungsteilchen einzufangen.

Zu den beweglicheren Tieren zählen die schöngemusterten Kreiselschnekken, weitere Strandschneckenarten, ganze Scharen von winzigen Krebstierchen und die Freilebenden Vielborster. Die letzteren treten in vielerlei Formen und Größen auf, und sie alle tragen an der Seite dichte Borstensäume.

Zu den besten Sammelrevieren gehören die Standorte der Riementange (Braunalgen). Diese Tange klammern sich mit ihren Haftscheiben, die sich mit den Wurzeln eines Baumes vergleichen lassen, an den Felsgrund an, und von ihren Stielen zweigen die Thalli wie große Wedel ab. An ihren kräftigen »Wurzeln« leben Moostierchen und Hydroidpolypen, und unter ihnen verstecken sich alle möglichen Schnecken. Wenn Sie Glück haben, finden Sie hier die hübsche Blaugebänderte Napfschnecke, deren fast durchscheinende Schale sich grün verfärbt, wenn man sie ins Licht hält. Vielleicht stoßen Sie sogar auf

Die Felsküste

Auf den ersten Blick erscheint die Lebewelt der Felsküste seltsam willkürlich und chaotisch. Doch der Naturkundige weiß, daß in der Verteilung der Küstenpflanzen und -tiere eine logische Ordnung steckt. Drei Hauptfaktoren bestimmen sie: die Position zwischen der Hoch- und Niedrigwassermarke; die geographische Lage (der vollen Gewalt der Brandungswogen ausgesetzt oder in einer geschützten Bucht); die Beschaffenheit des Substrats oder Untergrunds (Sand, Fels oder Schlamm). An einer Küste herrscht niemals Ruhe, und selbst an unserem stillen, sonnigen Exkursionstag auf Jersey konnten wir die unaufhörliche Aktivität beobachten. Die Wellen erodieren die Küste oder brechen Gesteinsbrocken ab und hinterlassen somit kahlen Boden, der besiedelt werden muß. Jede einströmende Flut bringt frische Nahrung in Form von Planktonorganismen mit, die aus dem Wasser gefiltert werden. Und beim Abfließen der Tide nimmt sie Abfallprodukte und eine Fracht von Eiern und Larven mit.

Pflanzenähnliche Tiere Die Seeanemonen oder Aktinien sind niedrige Tiere, die sich auf Gestein festsetzen und mit ihren Tentakeln von der Strömung verdriftete Nahrungsteilchen einfangen.

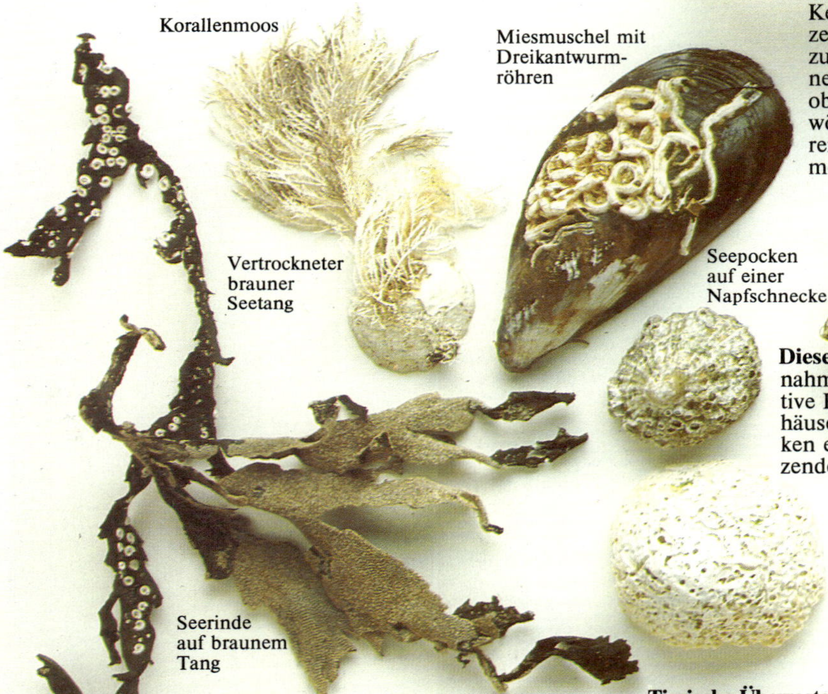

Pantoffelschnecken leben in Ketten von aufeinandersitzenden Einzeltieren; bis zu neun Exemplare können es sein. Die kleinen oben sitzenden sind gewöhnlich männlich, während die größeren darunter meist weiblich sind.

Diese Meeresschnecken, mit Ausnahme der Napfschnecke, sind aktive Räuber. Das glänzende Gehäuse lebender Porzellanschnecken erklärt sich durch eine schützende Gewebeschicht.

Napfschnecken Das graue Exemplar ist einem bohrenden Seekälbchen zum Opfer gefallen.

Tangfresser Stumpfe Strandschnecken tun sich an einem Sägetangwedel gütlich, den sie mit ihrer feilenähnlichen Zunge, der Radula, abraspeln.

Tierische Überreste Der lebende Seeigel besaß grüne Stacheln mit violetten Spitzen. Die Sepiaschale ist die innere Schale des Tintenfisches; zur Auftriebsregulierung ist sie teilweise mit Luft gefüllt.

Schleimfisch Ein Fluttümpelbewohner, der sich lange Zeit unbeweglich verhält und seine Nahrung in Form von Seepocken und Weichtieren vom Felsen abraspelt.

Nackter Wurm Ein Sandröhrenwurm, dessen Wohnröhre im Sand steckte.

Krebse in unterschiedlichem Gewand Die schmucklose Strandkrabbe zeigt das Grundmodell. Der Einsiedler birgt seinen weichen, ungeschützten Hinterleib in einem großen Wellhorn, und die Seespinne trägt einen Grünalgenaufwuchs.

Garnelen Das Weibchen trägt eine dunkle Masse, die aus 2500 Eiern bestehen kann.

Bewachsener Stein ist mit Algen, Seerinde und Mollusken besetzt – eine Lebensgemeinschaft im kleinen.

Tange Die massige Haftscheibe des braunen Tangs ist nach oben gewendet, damit man die zahlreichen »Wurzeln« erkennen kann.

Meereswürmer und ihre Mundwerkzeuge
Der Schnurwurm ist im Tang in der Nähe der Niedrigwasserlinie zu finden. Der gefräßige Räuber läßt seinen Rüssel vorschnellen und speert damit andere Würmer, die er wie eine Schlange abschluckt. Borstenwürmer kommen viel häufiger vor. Sie zerkleinern organische Abfälle mit ihren kräftigen Kiefern. Die schlanken Ruderwürmer untersuchen die kleinsten Felsspalten und holen ihre Beute mit ihrem stachligen, ballonförmigen Rüssel heraus.

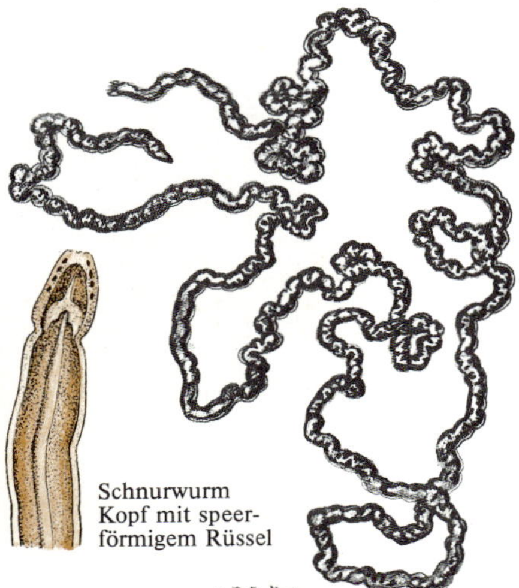
Schnurwurm
Kopf mit speerförmigem Rüssel

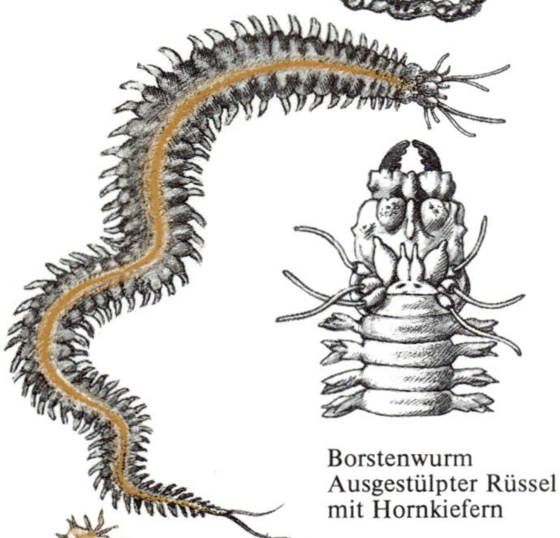
Borstenwurm
Ausgestülpter Rüssel mit Hornkiefern

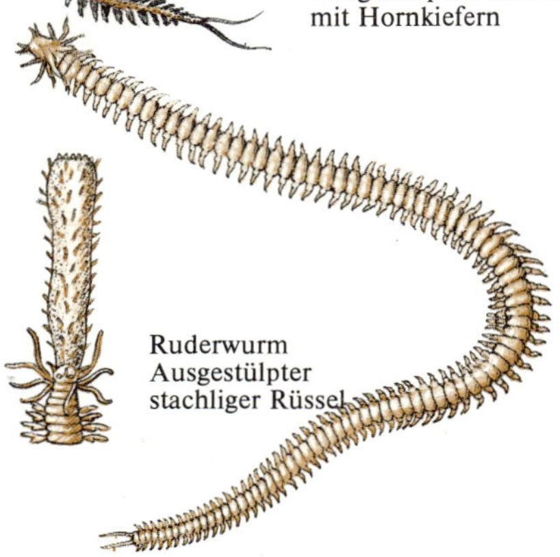
Ruderwurm
Ausgestülpter stachliger Rüssel

einen Riesenschnurwurm, der eine Länge von fünf Metern oder mehr erreicht und wie ein altmodischer rotbrauner Schnürsenkel aussieht. Auf seinem Kopf sitzen zahlreiche winzige Augen, mit denen er seine Beute wahrnimmt. Der erste Schnurwurm meines Lebens hatte sich in den Tanghaftscheiben dermaßen verschlungen, daß ich eine dreiviertel Stunde brauchte, um die beiden Enden zu finden, und eine weitere Stunde dauerte es, bis ich die feinen Schlingen des Wurmkörpers aufgedröselt hatte, ohne ihn in Stücke zu reißen.

Kolonisatoren des nackten Felsens

An jeder Felsküste gibt es Stellen, an denen der Seetang nicht Fuß zu fassen vermag. Doch wenn Sie diese scheinbar »nackten« Flächen genauer inspizieren, werden Sie feststellen, daß sie nicht völlig unbelebt, sondern von Rankenfüßern und Napfschnecken besiedelt sind, die förmlich in den Fels hineinwachsen und mit ihm zu verschmelzen scheinen. Und an den tieferen, ebenfalls tangfreien Felspartien finden sich wahrscheinlich Miesmuschelbänke.

Die verschiedenen seßhaften oder sessilen Arten, die sich an das kahle Gestein anheften, erscheinen auf den ersten Blick vielleicht ziemlich langweilig, doch dieser Eindruck täuscht gewaltig. Betrachten Sie zum Beispiel sorgfältig einen Rankenfüßer, eine Seepocke, und Sie werden erkennen, was für ein außergewöhnliches Geschöpf das ist. Ein Zoologe hat einmal gesagt, die Seepocke »schmiedet ihren Kopf an den Fels und bringt ihr ganzes Leben damit zu, sich mit den Füßen Nahrung in den Mund zu kicken«. Die Füße ragen wie dünne Klauen aus dem Gehäuse hervor und strudeln alle erreichbare Beute ein.

Auch die gewöhnliche Napfschnecke ist ein faszinierendes Wesen. Sie ist eine echte Schnecke, die im Laufe ihrer Evolution die unteren Gehäusewindungen rückgebildet hat und deshalb wie ein kleiner abgestumpfter Kegel aussieht. Im Unterschied zu den Rankenfüßern, deren Schalen auf dem Felsen festzementiert sind, bewegt sich die Napfschnecke auf dem Felsgrund umher und weidet Algen ab. Dadurch hält sie den Algenaufwuchs kurz, und dabei geht sie in ihrem kleinen Territorium nicht anders vor als eine Kuh auf der Weide. Wenn das Wasser fällt, muß sie zu ihrem »Stammplatz« zurückkehren, einer kleinen runden Vertiefung, die sie mit Hilfe ihres Schalenrandes aus dem Gestein herausgearbeitet hat. Sobald die Schnecke in dieser paßgerechten Mulde Platz genommen hat, kann man sie kaum noch ablösen, ohne sie zu beschädigen, doch wenn Sie ganz vorsichtig und geduldig sind und abwarten, bis die Schnecke keinen Argwohn mehr hegt, können Sie sie mit einem schnellen scharfen Ruck überlisten.

Die Miesmuschel ernährt sich wie viele Muschelarten von Schwebeorganismen, doch anstatt der Siphone hat sie sich eine sehr sinnreiche Kiemenstruktur zugelegt, die mit winzigen Härchen (Wimpern oder Cilien) ausgekleidet ist. Die Wimpern schlagen im Wasser auf und ab und befördern es damit in die Schale und zu den Mundwerkzeugen, die Nahrungsteilchen ausseihen. Das durchsiebte Wasser wird dann wieder ausgeschieden. Miesmuscheln verankern sich mit zähen Fäden, dem sogenannten Byssus, auf der Felsunterlage.

Zu den Freßfeinden der Miesmuschel (die außer dem festen Schalenverschluß keinerlei Abwehrwaffen besitzt) gehören die Seesterne. Diese fünfarmigen Stachelhäuter haben mit den Muscheln keine große Mühe. Wie die Tentakel eines Kraken zwingen die Arme die beiden Schalenkappen langsam auseinander. Sobald eine kleine Lücke entstanden ist, stülpt der Seestern seinen Magen nach außen und in die Muschel hinein, um deren Weichteile allmählich aufzulösen und zu verspeisen.

Ein anderer Feind der Miesmuscheln und auch der Rankenfüßer ist die Steinschnecke. Diese stattliche, kräftige Meeresschnecke macht sich zwar manchmal auch über Napfschnecken her, aber die Miesmuscheln und Rankenfüßer, die sich nicht von der Stelle rühren können, sind für sie eine besonders leichte Beute. Wie die Nabelschnecken des Sandstrandes verfügt die Steinschnecke über einen stabilen Bohrrüssel, mit dem sie entweder die Schale der Miesmuschel durchbohrt oder die Platten der Seepocken aufsprengt. Ungewöhnlich ist die sehr variable Färbung der Steinschnecke, was vermutlich mit ihrer Nahrung zusammenhängt. Gelbe Formen haben sich gewöhnlich von Seepocken ernährt, während bei den braun-schwarzen und lila-pinkfarbigen Schnecken Miesmuscheln auf der Speisekarte standen.

Einen festen Halt finden
Eine Napfschnecke, von unten betrachtet, enthüllt ihren großen saugnapfähnlichen Fuß, gesäumt von »Randtentakeln«, die wie Kiemen funktionieren. Die Raspelzunge ist von zwei kurzen Tentakeln flankiert. Im Gegensatz zu den Seepocken wandern die Napfschnecken auf den Felsen umher, um den Algenaufwuchs abzuweiden. Vor Eintritt der Ebbe kehren sie zu ihrem Stammplatz zurück, einer Vertiefung im Fels.

Leben im Kopfstand

Bei Niedrigwasser sollten Sie sich die breiten Felsüberhänge genauer anschauen. Hier ist es zu schattig für Seetang, aber selbst wenn die Sonne scheint, bleibt es unter den Überhängen feucht und kühl; dort ist deshalb ein Paradies für viele verschiedenartige Tiere. Schnecken und Würmer verbergen sich in den tiefen Höhlungen, und wenn Sie zur Decke emporblicken, entdekken Sie, daß sie mit mannigfaltigen Lebensformen geschmückt ist. Seeanemonen oder Aktinien hängen von der Decke herab, die ihre fiedrigen Tentakel eingezogen und den Mund verschlossen haben. Ihr Leib ist mit Seewasser gefüllt, das sie bis zur Rückkehr der Flut bei sich behalten, damit sie feucht bleiben. Man findet die vielfarbigen Büschel der Schwämme und Bryozoen und koloniebildende Seescheiden oder Ascidien. Eine der schönsten Arten ist die Sternascidie, die einer mit kleinen Sternen verzierten schlechtgefüllten grünlichen Wurst ähnelt. In Wirklichkeit sind die Sterne Gruppen von winzigen Seescheidenindividuen, die in eine gallertige grüne, blaue, gelbe oder orangefarbene Masse eingebettet sind. Die einzelnen Seescheiden saugen Wasser ein, entziehen ihm die Nährstoffe und spritzen es im Zentrum des Sterns wieder aus. Solche Seescheidenkolonien sind beliebte Weidegründe der kleinen Porzellanschnecken, die über sie hinwegkriechen und mit ihrem langen Rüssel die in der Gallerte eingelagerten winzigen Tierchen abfressen.

Unter Felsüberhängen finden sich auch einzeln lebende (solitäre) Seescheiden, die zur Gruppe der Manteltiere gestellt werden. Der Körper eines jeden Einzeltiers steckt in einem festen Beutel, dem Mantel, und aus ihm ragen zwei Siphone (Ein- und Ausströmöffnung) hervor. Es will uns schwerlich einleuchten, daß diese einfachen sackförmigen Lebewesen die unterste Stufe der Chordatiere darstellen, also all jener höheren Tiere, die eine Chorda oder ein Rückgrat besitzen. Die adulte Seescheide hat selbstverständlich kein Rückgrat, aber im Larvenstadium hat sie eine auffallende Ähnlichkeit mit den frühen Entwicklungsphasen vieler Wirbeltiere.

Unter Steinen und Felsblöcken

Bei Ebbe können Sie nach den Organismen Ausschau halten, die unter Felsbrocken oder in deren Umkreis leben. Wenn Sie einen großen Stein umdrehen, dann werden Sie über die Fülle der Lebensformen staunen, doch achten Sie darauf, daß Sie dabei die Tiere, die oben auf dem Block leben, nicht zermalmen, und wenn Sie ihn wieder an seine alte Stelle zurücklegen (das sollten Sie *immer* tun), müssen Sie behutsam vorgehen, damit die unten lebenden Tiere keinen Schaden nehmen.

Die stabilen Gehäuse der Röhrenwürmer sind an das Gestein angeklebt, und daneben finden Sie vielleicht hübsche zappelige Schnur- und Borstenwürmer, ferner Ruderwürmer, die mit Hilfe ihrer unzähligen, seitlich am Körper angewachsenen »Ruderblätter« ausgezeichnet schwimmen. Fast unter jedem Stein haust eine kleine Strandkrabbe, und weiter unten an der Küstenlinie

Felstümpelbewohner, aus der Nähe gesehen Ein großer Felstümpel beherbergt vielerlei Getier. Achten Sie auf die kleine Samtkrabbe *(gegenüberliegende Seite),* die trotz ihres hübschen Namens ein gefräßiger Räuber ist, der schwimmend kleinen Fischen nachstellt. Ein »leeres« Wellhorngehäuse kann sich plötzlich aufrichten und mit seinem Besitzer, einem Einsiedlerkrebs, davonspazieren. Währenddessen wedelt seine ständige Begleiterin, eine Schmarotzerrose, mit ihrem Tentakelkranz über den Boden. Ein Widderkrebs schnellt unverhofft vor, um einen vorüberkommenden Ruderfüßer zu schnappen. Die Farbwechselnden Garnelen passen sich hervorragend ihrer Kulisse an. Die Spinnenkrabben sind nur schwer auszumachen, wenn sie sich an Hydroidpolypen gütlich tun. Der Gefleckte Lippfisch raspelt mit seinen hornigen Kiefern Krustazeen und Weichtiere von den Felsen ab, und Seeskorpione lauern im Schatten auf Garnelen oder Fische.

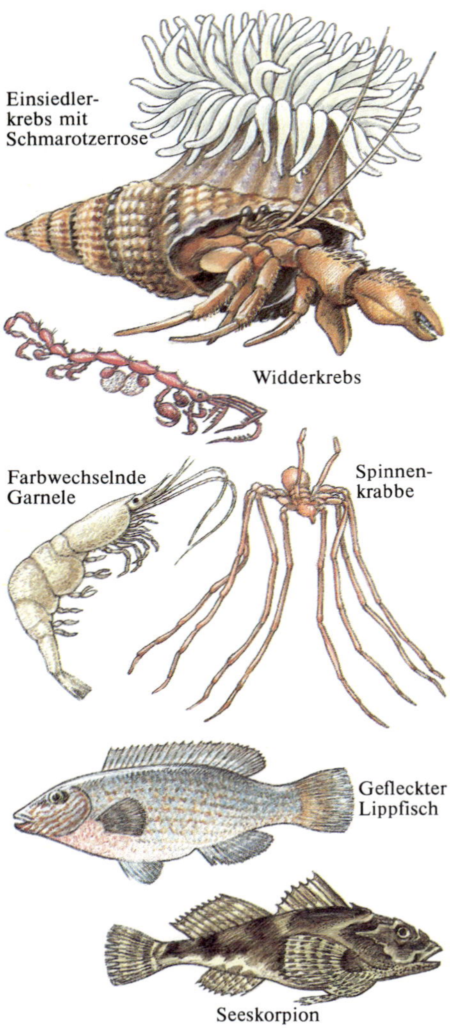

entdecken Sie vielleicht auch eine Samtkrabbe. Dieses bepelzte Krebstier ist sehr kampflustig und wird Sie wahrscheinlich mit seinen Scheren bedrohen. Beobachten Sie (aber »betreten« Sie nicht) die rosig-violetten Seeigel, die auf ihren hydraulischen Saugfüßchen umherwandern und gemächlich den Algenbelag abweiden. Die Skelette der längst verstorbenen Seeigel, die häufig angeschwemmt werden, sind rundliche Gehäuse, die einst die Weichteile des Tieres enthielten und die auch die Stacheln eingebüßt haben. Wenn Sie vorsichtig eine Skelettplatte durchfeilen, können Sie das Alter des betreffenden Seeigels ermitteln, indem Sie die Wuchsringe zählen. Sie entstehen durch die Ablagerung von Farbstoffen in bestimmten Monaten des Jahres.

Ein Tier, das im Meer zwischen Felsblöcken an der äußersten Niedrigwassergrenze vorkommt und vielleicht eine kleine Überraschung für Sie bereithält, ist die Kammuschel. Diese schöne fächerförmige Muschel ist sehr bewegungsfreudig, auch wenn ihre Bewegungen nicht gerade elegant wirken. Das spielt sich folgendermaßen ab: Eine Kammuschel, die ruhig auf dem Boden liegt, öffnet ein wenig ihre Klappen und zeigt dabei einen Tentakelsaum, zwischen dem zahlreiche Augen sitzen. Dahinter befindet sich eine Art Doppelvorhang; der eine hängt von der oberen Schale herab, und der andere steigt von der unteren auf. Durch eine plötzliche Kontraktion des kräftigen Zentralmuskels, der die beiden Schalenhälften verschließt, und durch eine gleichzeitige partielle Schließung der beiden Vorhänge wird Wasser durch die verbliebenen Öffnungen ausgestoßen und die Muschel nach dem Rückstoßprinzip in eine bestimmte Richtung katapultiert. Diese Fähigkeit ermöglicht es dem Tier nicht nur, neue Nahrungsgründe aufzusuchen, sondern sie kann ihm auch das Leben retten, wenn Gefahr im Verzug ist, und schließlich kann sich die Muschel auf diese Weise wieder aufrichten, wenn eine unverhoffte Welle sie umgeworfen hat.

Die Lebensgemeinschaft der Felstümpel

Man hat die Tümpel an der Felsküste einmal mit einem Miniaturmeer verglichen, aber obgleich sie ständig mit Wasser gefüllt sind, herrschen in ihnen niemals so stabile Lebensbedingungen wie im Meer selbst. Die Bewohner eines solchen Tümpels müssen große Schwankungen der Temperatur, des Salzgehalts und der Sauerstoff- und Kohlendioxidzufuhr aushalten. Gleichwohl gibt es für einen Naturfreund kaum etwas Lohnenderes, als sich mit diesen herrlichen Tümpeln zu beschäftigen, die das Meer auf der Felsküste hinterläßt.

Auf den ersten Blick scheint ein Felstümpel nicht mehr zu enthalten als den üblichen Seetang – rosige Büschel von Rotalgen und dazwischen Grünalgen mit kleinen Zweigen oder langen Fingern oder häutigen »Blättern«. Doch wenn Sie genauer hinschauen, kommen andere Dinge zum Vorschein. Zwischen dem Tang entdecken Sie Seeanemonen, die mit ihren sanft wehenden Tentakeln nach Beute haschen. Sobald eine unachtsame Garnele oder ein noch kleineres Lebewesen einen dieser wedelnden Fäden berührt, wird das Opfer sofort »eingewickelt« und in die Mundöffnung eingeführt. Die Schlangenhaarrose besitzt lange schlangenförmige Tentakel, die sie bei drohender Gefahr nicht vollständig einziehen kann wie die anderen Seeanemonen. Dieses seltsame Geschöpf sucht sich einen besonnten Standort aus, weil in seinen Tentakeln winzige Algen eingebettet sind. Die Funktion dieser Seeanemonen-Algen-Beziehung ist noch nicht geklärt und eine ausgesprochene Seltenheit in unseren Küstengewässern (in den Tropen gibt es allerdings viele Beispiele für eine Partnerschaft zwischen Algen und Korallenpolypen oder Muscheln).

An den dicken Säulen bestimmter Seeanemonen finden Sie vielleicht eine kleine Seespinne oder Spinnenkrabbe, die mit unseren Landspinnen freilich nur sehr entfernt verwandt ist. Die Seespinne besitzt keinen nennenswerten

Hinterleib, und ihr Magen reicht zwischen den Beinen hinab. Die Eier entwikkeln sich ebenfalls in den Beinen, aber nur in denen des Männchens – das Weibchen legt sie in den Beinen ihres Partners ab und überläßt ihm das Ausbrüten. Die Larven, die aus den Eiern hervorgehen, bleiben beim Vater oder schmarotzen an Meertannen, die zu den Hydroiden gehören.

Ein Lebewesen, das man leicht mit einer Seeanemone verwechseln kann, ist die Nelken- oder Kreiselkoralle, die vor allem im Mittelmeer heimisch ist, aber als einzige Korallenart auch an den Küsten Großbritanniens vorkommt. Die Nelkenkoralle lebt solitär und nicht in Kolonien wie die typischen Riffbauer, und sie besitzt unter ihrem wedelnden Tentakelkranz ein hartes Kalkskelett. Manchmal entdeckt man am Oberrand des kelchförmigen Skeletts eine kleine Seepocke, die einen Durchmesser von nur etwa einem Millimeter hat.

In den meisten Fluttümpeln der Felsküsten ist eine reiche Flohkrebs- und Garnelenpopulation zu Hause. Einer der absonderlichsten Flohkrebse ist der kleine Widderkrebs, der mich immer an eine Gottesanbeterin erinnert. Er kauert unbeweglich und fast unsichtbar in seinem Tangwald, hält aber die kräftigen Greifbeine bereit, um vorüberkommende Beutetiere zu packen. Da ist auch die seltsame »Chamäleongarnele«, über deren Körper rote, gelbe und blaue Pigmentzellen verteilt sind. Wie ein Maler seine Farben auf der Palette mischt, so kann auch diese kleine Garnele ihre Farben auf der Haut so verändern, daß sie mit der Umgebung verschmelzen. Aber vielleicht paßt der Name »Chamäleongarnele« doch nicht ganz, denn das echte Chamäleon kann seine Farbe innerhalb von Minuten wechseln, während die Garnele dazu ungefähr eine Woche braucht. Neben diesen Kuriositäten werden Sie sicherlich auch die allgegenwärtige Sandgarnele antreffen, die im Sommer die Tümpel zum Ablaichen aufsucht.

Zu den schönsten und interessantesten Tieren des Felstümpel gehören die meereslebenden Nacktschnecken. Sie sind mit den lebhaftesten Farben geschmückt und tragen auf ihrem Körper allerlei bunten Zierrat – Lappen und Rüschen und Fadenbüschel und Bäumchen. Wenn Sie kein Meerwasseraquarium besitzen, sollten Sie sich darauf beschränken, diese aparten Geschöpfe zu zeichnen, zu malen oder zu fotografieren. Sie lassen sich kaum in Spiritus konservieren, weil sie ihre Farben verlieren und sich in mitleiderregende Gallerthäufchen verwandeln.

Eine der häufigsten Arten ist die Warzige Sternschnecke, ein gelbliches Tier mit braunen Flecken und einem fiedrig verzweigten Kiemenbüschel am hinteren Ende. Wenn Sie jemals eine solche Schnecke bei der Eiablage beobachten können, dann dürfen Sie sich glücklich preisen. Der Laich tritt wie helle gazeartige Bänder aus und gleicht einem absonderlichen Christbaumschmuck. Die Sternschnecken gehören zu den wenigen Tieren, die gerne auch auf stachligen Schwämmen weiden. Daneben gibt es eine breitwarzige Fadenschnecke, deren ganzer Körper mit weißlichen Papillen bedeckt ist, so daß sie fast so aussieht wie ein Merinoschaf ohne Beine. Diese Schnecke verspeist Seeanemonen, doch auf unerklärliche Weise verhindert sie es, daß die Nesselkapseln der Seeanemone »losgehen«, und die Kapseln gelangen in die Papillen auf dem Rücken der Schnecke. Die Fadenschnecke kann dann die geraubten Waffen für ihre eigene Verteidigung verwenden.

Im Frühsommer begegnet man manchmal einer anderen Meeresnacktschnecke, dem bräunlichen oder olivgrünen Seehasen. Er trägt seinen Namen zu Recht, denn sein hinteres Fühlerpaar hat eine gewisse Ähnlichkeit mit den Ohren eines jungen Hasen. Die Seehasen stellen sich in den Fluttümpeln ein, um hier ihre hell orangefarbenen Eier zu verstreuen und nach Hasenmanier am Meersalat zu »mümmeln«.

Fische, die ihr Leben größtenteils in Tümpeln verbringen, sind an diese Lebensweise sehr gut angepaßt. Die meisten sind verstohlene Jäger, hervorra-

Das Innere einer Seescheide
Eine solitär lebende Seescheide, eingehüllt in ihren durchscheinenden Mantel, erlaubt uns bereits einen kleinen Einblick in ihren Bauplan; wir erkennen den Magen und den durchbrochenen Kiemensack. Entfernt man eine Körperwand, so tritt das Innere ganz zutage. Eine lebende Seescheide sitzt fest auf dem Felsen und zieht Wasser durch die Mundöffnung am oberen Ende ein; Futterteilchen werden von Schleim festgehalten, der über den Kiemensack fließt und zum Magen gelangt. Das Wasser wandert dann durch die Kiemenspalten des Sacks, gibt seinen Sauerstoff ab und wird durch den kleinen seitlichen Sipho (Ausströmöffnung) ausgepreßt. Koloniebildende Seescheiden bilden schöne gallertige Beläge auf den Felsen des Flachwassers.

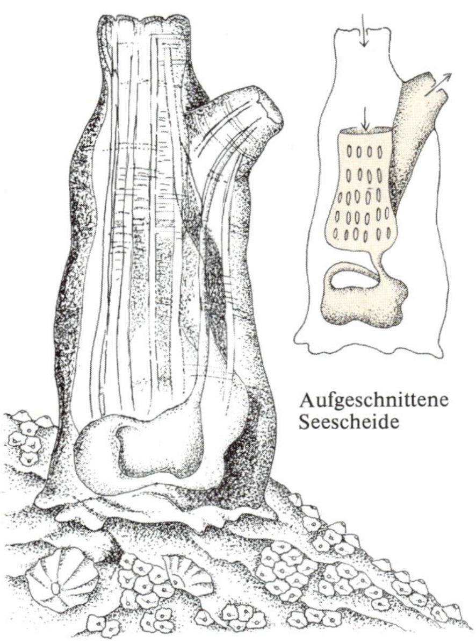

gend getarnt und sehr wendig, so daß sie sich zwischen Felsen und dichtem Tang mühelos fortbewegen können. Es sind Stichlinge, Schleimfische und Grundeln sowie zahlreiche Arten, die sich mit Saugorganen an den Felsen festhalten, wenn sich die Tümpel bei Ebbe leeren. Der Seeskorpion, eine Groppenart, hat einen breiten Körper und bestachelte Kiemendeckel, die er zur Abwehr von Angreifern abspreizt. In manchen tieferen Tümpeln im unteren Bereich der Felsküste entdecken Sie vielleicht auch farbenprächtige Lippfische, die sich zum Schlafen kurioserweise auf die Seite legen.

Im Tanggewirr verbergen sich die Seenadeln, die wie zu einer langen Röhre ausgezogene Seepferdchen aussehen, mit denen sie tatsächlich eng verwandt sind. Sie ernähren sich von Plankton, und sie inspizieren jeden Happen sehr genau mit ihren großen Augen, bevor sie ihn einsaugen. Wie die männlichen Seepferdchen besitzt auch das Männchen der Großen Seenadel eine Bruttasche, in der das Weibchen die Eier unterbringt; der Vater muß sich um den Laich kümmern und die Nachkommen aufziehen. Die Kleinen bleiben stets dicht bei ihrem Vater und ziehen sich bei Gefahr blitzschnell in dessen Bruttasche zurück.

Allerlei Kleingetier wandert ständig zwischen den Tümpeln hin und her. Würmer und Schnecken haben es dabei besonders eilig, denn sie müssen nicht nur vor Unterwasserräubern auf der Hut sein, sondern auch vor den scharfäugigen Möwen, welche die Fluttümpel als ergiebige Jagdreviere betrachten. Zu den aktivsten Tieren, die man hier antrifft, gehören die jugendlichen Einsiedlerkrebse, die sich in leeren Gehäusen von Strand-, Kreisel- und Reusenschnecken einrichten. Der Einsiedlerkrebs ist ganz anders gebaut als die übrigen Krebstiere. Nur sein Vorderteil ist durch einen festen Chitinpanzer geschützt; seine Hinterpartie ist weich und fast schneckenartig. So kann er geschickt wie eine Schnecke in ein Schneckenhaus hineinkriechen, und um den Eingang zu versperren, zieht er seine großen Scheren an sich. Natürlich muß sich der Einsiedler, wenn er heranwächst, eine größere Wohnung suchen. Er ist dabei sehr wählerisch, wälzt das potentielle neue Haus hin und her, dreht es immer wieder um und tastet es mit Antennen und Scheren ab, um sich zu vergewissern, daß die Maße stimmen. Ist er zufrieden, übersiedelt er sehr schnell in das neue Haus, dreht sich um und umklammert mit seinen kleinen sichelförmigen Hinterleibsfortsätzen die Spindel im Innern des Schneckengehäuses.

Bisweilen sind die Häuser der Einsiedlerkrebse mit Seeanemonen bestanden, die als blinde Passagiere die Reise mitmachen und mit ihren Tentakeln die kleinen Nahrungspartikel einfangen, die der umherkrabbelnde Krebs aufwirbelt. Zum Ausgleich macht sich die Seeanemone nützlich, indem sie den Einsiedler mit ihren Nesselzellen vor Freßfeinden schützt. Neben dem Krebs zwängt sich meist noch ein anderer Gast in das Schneckengehäuse - ein Borstenwurm. Er liegt genau in dem Wasserstrom, den der Krebs an seinen Kiemen entlangführt und der mit den Überresten der Krebsmahlzeiten angereichert wird. Man vermutet, daß der Borstenwurm zum Dank für die ihm erwiesene Gastfreundschaft die Wohnung sauberhält.

Nicht alle Gäste des Einsiedlers sind so rücksichtsvoll. Das Äußere des Gehäuses ist vielfach dicht verkrustet mit Seepocken, Röhrenwürmern, Hydroiden, Schwämmen und Moostierchen. Es gibt zwei parasitäre Seepockenarten, die sich in den Hinterleib des Krebses einbohren; bei einem derart befallenen Einsiedler kann man die Fortpflanzungsorgane der Seepocke als gelbliche Klümpchen herabbaumeln sehen, wenn er sein Gehäuse verläßt.

Die Fluttümpel der Felsküste sind eine herrliche, faszinierende und bizarre Welt für sich. In ihrer Farbenfreudigkeit und Lebensfülle ähneln sie einem Tropenwald en miniature, und der Naturforscher und Naturfreund kann an ihnen viele glückliche Stunden zubringen, um ihre Bewohner zu beobachten, ihre Nahrungsketten zu ergründen und ihre Ökologie zu studieren.

Der unvergleichliche Seeigel
Ein lebender Seeigel ist bestückt mit zahlreichen beweglichen Stacheln und langen, wedelnden Schlauchfüßchen. Diese beiden Körperfortsätze arbeiten zusammen und gestatten es dem Tier, auf dem Meeresboden umherzuwandern und sogar senkrechte Felswände zu ersteigen. Die Füßchen dienen zugleich als Sinnes- und Atmungsorgane. Wenn das Tier stirbt, fallen die Stacheln ab, und das harte Kalkskelett mit seinen fünf Lochreihen, durch welche die Schlauchfüßchen ausgestreckt werden, wird sichtbar. Der Kauapparat besteht aus fünf meißelähnlichen, durch einen komplizierten Mechanismus gesteuerten Zähnen.

Aufgeschnittener Seeigel, bei dem das Schalenskelett zu sehen ist.

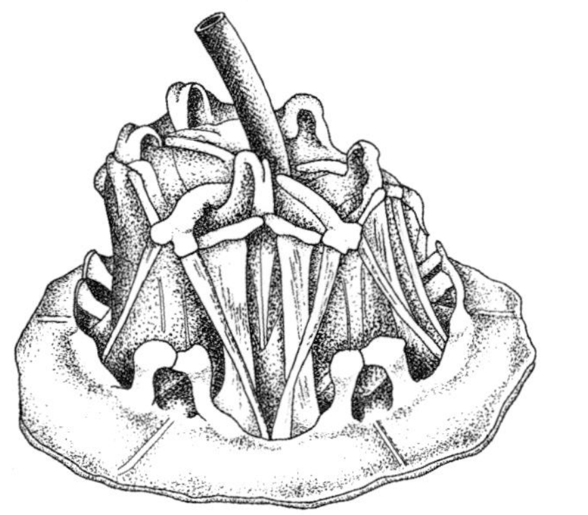

Kauapparat eines Seeigels (»Laterne des Aristoteles«)

Im Meer

Das Weltmeer ist das größte Ökosystem unseres Planeten. Alle Ozeane, Meere und Nebenmeere sind miteinander verbunden, und in ihnen findet infolge der horizontalen und vertikalen Strömungen eine unaufhörliche Umschichtung des Wassers statt, aber in verschiedenen Teilen dieses riesigen Ökosystems haben sich dennoch geschlossene Lebensräume herausgebildet. Das Mittelmeer kennt beispielsweise praktisch keinen Gezeitenwechsel, während der Tidenhub in manchen Regionen des Atlantiks zehn und mehr Meter beträgt. Die Durchschnittstiefe der Ozeane liegt bei 3600 Metern, doch an gewissen Stellen, wie etwa im Marianengraben vor den Philippinen ist das Wasser so tief, daß man den Mount Everest darin versenken könnte. Alle Schichten dieser unermeßlichen Wassermasse sind in der einen oder anderen Form von Leben erfüllt. Das Gewicht sämtlicher Meerespflanzen und -tiere (die sogenannte Biomasse) übersteigt bei weitem das aller Land- und Süßwasserorganismen zusammengenommen. Zudem ist das Weltmeer das variabelste Ökosystem hinsichtlich der durch Photosynthese erzeugten Energie. Das Wasser eines Korallenriffs kann zum Beispiel genauso produktiv und fruchtbar sein wie ein tropischer Regenwald, und andererseits ist das offene Meer insgesamt so arm an Leben, daß man es mit einer Wüste vergleichen könnte. Die Hochsee ist zwar flächenmäßig zwanzigmal größer als die tropischen Regenwälder der Erde, aber noch nicht einmal doppelt so produktiv. Die Idee einer »landwirtschaftlichen Nutzung der Meere«, die vor einiger Zeit sehr populär war, gilt deshalb inzwischen als völlig undurchführbar. Wie dem auch sei, ich halte es jedenfalls für erstrebenswerter, als Forscher die Geheimnisse des Meeres zu entschleiern, als das ökologische Gleichgewicht in diesem riesigen Ökosystem durch wirtschaftliche Ausbeutung zu stören.

Das Nahrungsnetz des offenen Meeres basiert auf einem ungeheuer vielfältigen Phytoplankton. Es setzt sich vor allem aus den schönen Kieselalgen mit ihren mikroskopisch kleinen »Glashäusern« und den Geißelalgen zusammen, die in Massen manchmal das Meer zum Leuchten bringen. Als nächstes kommen die winzigen Tierchen, die sich vom Phytoplankton ernähren. Dabei handelt es sich zumeist um Copepoden (Ruderfußkrebse), aber auch um garnelenähnliche Krebschen, den sogenannten Krill, der die Standardnahrung verschiedener Wale bildet, der größten Säugetiere unseres Planeten. Abgestorbenes Plankton und die Leichen der größeren Tiere und Pflanzen schweben langsam zum Meeresgrund, wo in ewiger Finsternis unheimliche Fische leben, die mit Lichterketten ausgestattet sind wie ein Schiff in der Nacht und mit leuchtenden »Ködern« ihre Beute anlocken. Ganz anders sieht es in den sonnendurchfluteten Korallenriffen aus, wo phantastisch bunte Fische unablässig ihre Runden drehen. Rings um das Riff besteht die Grundlage des Nahrungsnetzes nicht nur aus Plankton, sondern auch aus vielerlei Algen, die im Gewebe der Korallenpolypen leben.

Die farbenfrohe Welt des Riffs

Ein Korallenriff beherbergt eine schier unüberschaubare Fülle von Organismen, die hier gleichartige Rollen spielen wie die Tiere auf dem Festland. Diese Parallelen zwischen den Lebensgemeinschaften des Riffs und des festen Lan-

Eine außergewöhnliche Pflanze
»Seeotternkohl« nennt man diesen braunen Tang, der in einer Saison eine Länge von mehr als 40 Metern erreichen kann. Er wächst vor der kalifornischen Küste im tiefen Wasser mit einer starken Gezeitenströmung. Diese Region ist auch berühmt für den noch größeren Riesentang *Macrocystis,* der 65 Meter lang wird.

Partnerschaft im Korallenriff
Der tropische Anemonenfisch *(gegenüberliegende Seite)* lebt in enger Gemeinschaft mit großen Seeanemonen. Er flüchtet sich bei Gefahr eiligst zwischen die giftigen Tentakel der Seeanemone, die ihm jedoch nichts anhaben. Die Anemone profitiert wahrscheinlich von dieser Partnerschaft, indem sie die Überreste der Fischmahlzeiten mit ihren Tentakeln aufnimmt. Die farbenprächtigen Fische machen in ihrem Leben eine merkwürdige Geschlechtsumwandlung durch; junge Tiere sind männlich, während die großen alten Fische stets weiblich sind.

des gingen mir erst auf, als ich einmal das herrliche Korallenriff besuchte, das die Insel Mauritius im Indischen Ozean säumt. Als ich in dem Wasser schwamm, das so salzig ist, daß man buchstäblich nicht untergehen kann, kam ich mir vor wie ein Falke, der über Wälder und Wiesen schwebt, nur daß hier die Wälder und Wiesen aus Korallengeäst und Tang bestanden. Ich betrachtete die großen Riffbauten wie einen Tropenwald, und da fielen mir die Übereinstimmungen auf. Die Gegenstücke der terrestrischen Pflanzenfresser waren die Weichtiere, die den Algenaufwuchs abweideten, und den Allesfressern entsprachen die bunten Papageifische, die sich an Algen und Korallenpolypen gütlich taten – man konnte das nagende Geräusch ihrer Schnauzen deutlich im Wasser vernehmen. Und da waren schließlich die Räuber, schlanke, flinke Fische, die sich zwischen den blauen Ästen der Hirschhornkorallen verbargen und blitzschnell hervorschossen, um ihre Beute zu attackieren. Ich stellte fest, daß man die ausgedehnten Korallenbänke genauso aufgliedern konnte wie eine Waldlandschaft, denn ich beobachtete Fische, die auf dem Boden, daß heißt auf dem Meeresgrund, heimisch waren, und andere, die sich im »Kronendach« des Korallendschungels tummelten. Räuberische Arten kreuzten wie Adler über dem Riff, und manche harmlose und farbenprächtige Fische waren den Kolibris und Papageien des Regenwaldes vergleichbar. Ich verbrachte sechs Wochen auf Mauritius, und jeden Morgen, sobald es hell geworden war, schwamm ich hinaus, um eine Stunde lang die Fische zu beobachten. In diesen sechs Wochen kehrte ich kein einziges Mal zum Hotel zurück, ohne eine oder gar mehrere Arten entdeckt zu haben, die ich vorher noch nie gesehen hatte.

Leben vor der Küste

Da ich auf einer Insel im Mittelmeer aufgewachsen bin, hielt ich mich in den Sommermonaten mehr auf dem Meer als auf dem Land auf. Ich besaß ein eigenes Boot, mit dem ich an der Küste entlangruderte, um alle möglichen Pflanzen und Tiere zu sammeln, aber an Exemplare aus dem Tiefwasser kam ich erst heran, als ich mich mit den heimischen Fischern angefreundet hatte. Sie verrieten mir, wann sie ihre Netze einholen wollten, und ich stellte mich dann ein, um ihnen zu helfen. Neben den Fischen enthielten die Netze massenhaft andere Lebewesen, die für die Fischer wertlos, aber für mich wahre Schätze waren: riesige weißliche, mit scharlachroten Flecken verzierte Krabben; Seepferdchen, die wie Springerfiguren eines zierlichen Schachspiels aussahen; tangüberzogene Korallen und Steine, die eine ganze Menagerie freigaben, wenn man sie in einem Wasserbehälter schüttelte.

Gemeiner Krake

Männliches Kurzschnauziges Seepferdchen mit erkennbarer Bruttasche

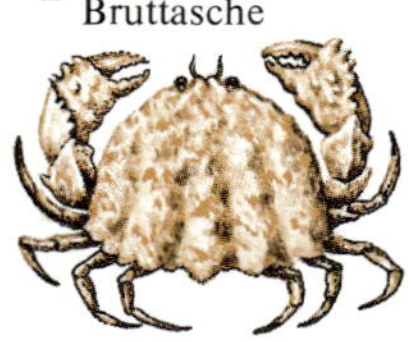
Eine mediterrane Gespenstkrabbe in Verteidigungshaltung

Natürlich, heutzutage kann man sich ein Meeresaquarium mit elektrischen Durchlüfterpumpen und anderem Zubehör einrichten, und sogar künstliches Meerwasser läßt sich mit abgepackten Salzmischungen mühelos zubereiten. Doch damals gab es in der Wildnis von Korfu noch keine Elektrizität, und so war mein Aquarium verhältnismäßig klein, und bei heißem Wetter mußte ich vier- oder fünfmal am Tag Eimer mit frischem Meerwasser zu unserer hochgelegenen Villa hinaufschleppen. Ich konnte meine Tiere jeweils nur ein paar Tage halten und mußte sie dann wieder aussetzen, denn trotz all meiner Bemühungen verdarb das Wasser sehr bald. Dennoch gab mir mein primitives Aquarium die Möglichkeit, allerlei Wunderdinge zu beobachten. Ich erlebte, wie die Krabben sich häuteten und dann mit ihrem neuen weichen Panzer schüchtern zwischen den Steinen hockten, um sich irgendwelchen Räubern zu entziehen. Ich erlebte, wie ein männliches Seepferdchen acht Kinder »gebar« und wie ein Krake, so groß wie meine Daumenspitze, aus dem Ei kroch. Eine Seespinne, von deren Rücken ich den tarnenden Algenbelag entfernt hatte, schmückte sich sogleich wieder mit den Dingen, die ich ihr zur Verfügung stellte – Tang, bunte Korallenstückchen, ja sogar eine lebende Seeanemone.

Ich erinnere mich, daß wir auf Korfu einmal an einer Mondscheinparty teilgenommen haben. Es war mitten im Sommer und sehr heiß, und das Meer phosphoreszierte. Diese »Wasserblüte« entsteht durch die jahreszeitlich bedingte Massenvermehrung bestimmter Geißelalgenarten des Planktons. Sie besitzen die Fähigkeit, chemische Energie in Lichtenergie umzuwandeln, und wenn das Wasser unruhig ist, strahlen sie einen unheimlichen Schimmer aus. Wenn man dann ins Meer hinauswatet, schreitet man gleichsam durch eine goldgrüne Feuersbrunst. Ich schwamm in die Bucht hinein und legte mich auf den Rücken, um den Mond zu betrachten, als plötzlich rings um mich her eine Schule Delphine laut schnaubend und gurgelnd an die Oberfläche stieg und mich aus meiner Kontemplation aufschreckte. Die Tiere spielten und sprangen mehrere Minuten lang um mich herum und ließen das Wasser aufschäumen, daß es hell aufleuchtete, und dann sausten sie, eine glühende Kielwasserschleppe hinter sich herziehend, aufs offene Meer hinaus.

Die verteufelte Manta
Teufelsfisch und Teufelsrochen sind zwei gängige Namen der Riesenmanta, die zwar furchterregend aussieht, aber völlig harmlos ist. Sie gleitet mit rhythmischen Wellenbewegungen ihrer mächtigen Brustflossen durch das Oberflächenwasser und ernährt sich von Plankton, das von den kleinen Hinterflossen ins Maul gestrudelt wird.

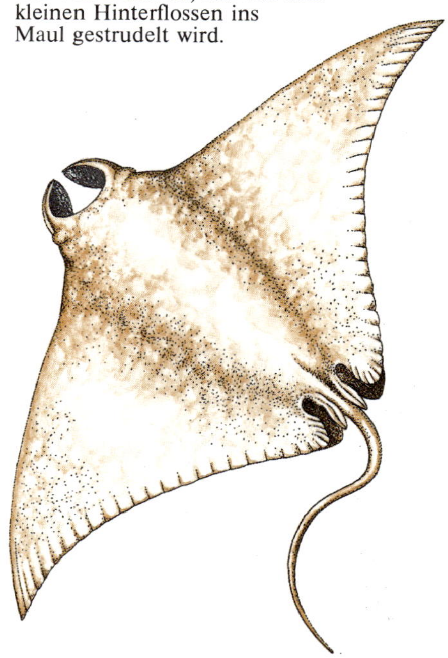

Die Hochsee

Es ist eigentlich schade, daß heutzutage die meisten Menschen mit dem Flugzeug verreisen, denn dadurch entgeht ihnen sehr viel. Mit dem Schiff zu fahren, wie ich es früher fast immer getan habe, ist sehr viel lohnender. Ich habe dabei einmal sechs Pottwale gesehen, die sich wie riesenhafte Teerfässer in den Fluten wälzten und Gischtfontänen aus ihren Blaslöchern aufsteigen ließen. Ich habe den schwerelosen Gleitflug eines Riesenalbatros bewundert, der tagelang dem Schiff folgte und niemals seine Position veränderte und niemals seine Schwingen bewegte, solange ich ihm zusah. Vor der westafrikanischen Küste erblickte ich eines Tages eine Massenversammlung von Portugiesischen Galeeren, jenen anmutigen, aber gefährlich nesselnden Quallen, ihre rötlich angehauchten Schwimmblasen hinter sich herschleppend. Die Quallenschar erstreckte sich, so weit das Auge reichte, und es dauerte eine ganze Stunde, bis sie an uns vorbeigedriftet war.

Die Riesenmanta ist einer der absonderlichsten Fische, denen man auf dem offenen Meer begegnen kann. Sie hat die Form eines leicht verzerrten Dreiecks und gewaltige »Schwingen«, die an ein hypermodernes Flugzeug erinnern. Die Manta benutzt diese großen Schwingen, die eine Spannweite von sieben Metern haben können, um wie ein flatternder Vogel durch das Wasser zu »fliegen«. Zum erstenmal habe ich diese Tiere vor der Küste Sri Lankas (Ceylon) gesehen. Sechs Riesenmantas tauchten dort unverhofft auf. Ihre mächtigen Flügel erhoben sich über die Fluten und überschlugen sich an den Spitzen. Als die Tiere dem offenen Meer zustrebten, sprang plötzlich eins aus dem Wasser und klatschte mit einem fürchterlichen Knall wieder auf das Meer. Sogleich taten die anderen es ihm nach, so daß die Luft erfüllt war vom Lärm der springenden und aufklatschenden Mantas. Es hörte sich an wie ein schweres Artilleriefeuer. Dieses Verhalten, das nicht nur bei Mantas, sondern auch bei anderen großen Fischen und sogar bei Walen vorkommt, dient den Tieren vermutlich dazu, sich von lästigen Hautparasiten zu befreien. Doch da die Mantas, die ich beobachtete, reihum in die Luft sprangen und gewissermaßen ein Wasserballett aufführten, konnte ich mich des Eindrucks nicht erwehren, daß sie sich einfach ihres Lebens freuten oder daß vielleicht ein Tier einen Feind erspäht hatte, den die ganze Schar abzuschrecken versuchte.

Eine Fahrt durch das Sargassomeer, das weite, von treibendem Tang bedeckte Meeresgebiet im Nordamerikanischen Becken, ist stets ein aufregendes Erlebnis. Früher glaubte man, daß ein Schiff, das in diese fast undurchdringlichen Tangmassen hineinsegelte, sich nicht mehr daraus befreien könne; die Seeleute müßten verhungern, und ihr Schiff würde in den Armen des Tangs allmählich verrotten. Das ist selbstverständlich eine Legende, obwohl seiner-

Die ungezählten Krilltiere
Wie es auf dem Festland von Insekten wimmelt, so wimmelt es im Meer von Krebstieren. Kleine garnelenähnliche Krebse sind besonders zahlreich im Oberflächenwasser der Polarmeere vertreten. Als Krill bezeichnet, bilden sie Standardnahrung vieler großer Wale.

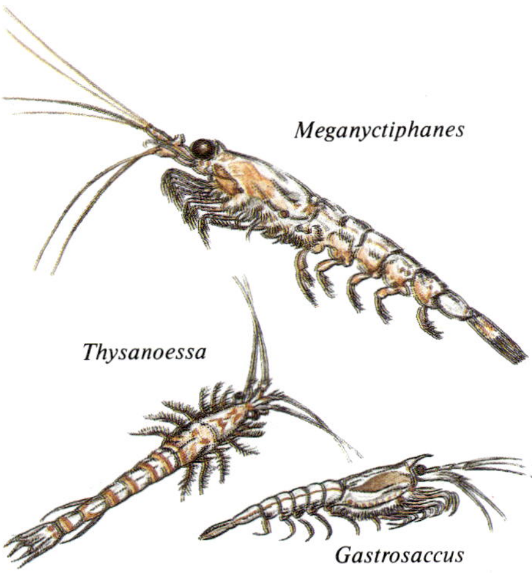

Zwei große Meeressäuger
Der Buckelwal *(gegenüberliegende Seite oben)* ist ein Original unter den Bartenwalen, denn er hat ungewöhnlich lange Brustflossen und Reihen von Hautknoten auf Ober- und Unterkiefer. Er ruht oft an der Oberfläche und streckt dabei eine Brustflosse wie ein Segel von sich, das er dann mit einem lauten Aufklatschen wieder einholt. Außerdem hat er die Angewohnheit, aus dem Wasser zu springen und dabei einen herrlichen Rückwärtssalto auszuführen. Wie viele großen Wale sucht er seine Nahrung in kalten Gewässern, doch zur Fortpflanzung zieht er in tropische Meere. Der Schwarzweiß-Delphin *(unten)* ist vergleichsweise klein, denn er wird nur knapp zwei Meter lang. Dieser rasante, kraftvolle Schwimmer ist auf die kälteren Meeresgebiete der Südhalbkugel beschränkt. »Schulen« von 20 Tieren sind nicht selten; sie kommen sofort einem Artgenossen zu Hilfe, der verletzt wurde oder sich in einem Fischernetz verfangen hat.

zeit jedermann davon überzeugt war, daß das Sargassomeer ein geheimnisvoller Schiffsfriedhof sei. Doch auch wenn wir all das als Seemannsgarn erkannt haben, bleibt die Tatsache bestehen, daß der Sargassotang, der sogenannte Kelp, ein ganz ungewöhnliches Gewächs ist. Zahlreiche Tiere, von Garnelen bis zu Fischen, haben sich in ihrem Aussehen diesem Tang perfekt angeglichen. Sie sind so hervorragend getarnt, daß sie zwischen den Thalli des Kelps nur sehr schwer auszumachen sind, selbst wenn man weiß, daß sie da sind. Als ich zum erstenmal nach Südamerika fuhr, passierte das Schiff das Sargassomeer, und ich hatte mich sorgfältig vorbereitet. Aus der Kombüse hatte ich mir mehrere Plastikeimer geborgt, und mit Hilfe des Schiffszimmermanns hatte ich feste Drahtstücke zu stabilen Haken zurechtgebogen und mit langen Nylonschnüren versehen.

Sobald wir die großen gelb-grünen Kelpteppiche erreichten, warf ich meine Haken aus und zog mit ihnen immer wieder neue Tangmassen samt den anhaftenden Tieren an Bord. Einen ganzen herrlichen Tag lang schüttelte ich die mächtigen Tangbüschel in meinen mit Meerwasser gefüllten Eimern aus und beobachtete, was zum Vorschein kam: winzige Fische, deren Gestalt den tief eingeschnittenen Tangstückchen ähnelte; Garnelen, die so durchsichtig waren, daß sie die Farbe des Tangs annahmen; kleine Schnecken und Muscheln, die auf den Thalli klebten und den Luftblasen so sehr glichen, daß man kaum einen Unterschied wahrzunehmen vermochte.

In den Tiefen des Ozeans hausen vielleicht noch viele Geschöpfe, die dem Menschen unbekannt sind. Erst vor wenigen Jahrzehnten hat man zum Beispiel den Quastenflosser entdeckt, der quicklebendig im Indischen Ozean vor den Kormoreninseln umherschwamm. Alle Zoologen hatten geglaubt, dieser urtümliche Fisch, ein Verwandter der frühesten Landwirbeltiere, sei schon vor vielen Jahrmillionen ausgestorben. Und vor nicht allzu langer Zeit hat ein dänischer Fischkutter aus den Tiefen des Atlantiks mit dem Trawlnetz einen riesenhaften Glasaal (junger Aal) herausgeholt. Er war so lang, daß man bei einem Vergleich mit den Jungtieren des gewöhnlichen Aals zu dem Schluß kommen mußte, daß in der Tiefsee Aale mit einer Länge von fast dreißig Metern vorkommen.

In der ewigen Finsternis der Tiefsee leben auch die zu den Tintenfischen gehörenden Riesenkalamare. Einer der größten strandete vor Jahren auf einer Sandbank vor der nordamerikanischen Küste. Damit das Riesentier bei Eintritt der Ebbe nicht entkam, warfen die Fischer ihre Dregganker nach ihm aus. Die Haken drangen in den Körper ein, und die Männer konnten die Leinen an einem Baum festbinden. Als der arme Riesenkalamar schließlich verendet war, wurde er vermessen: Sein Körper war mehr als sechs Meter lang, und einer seiner Fangarme maß über zehn Meter!

Zu Beginn des vorigen Jahrhunderts begann die Erforschung Afrikas und Südamerikas. Afrika galt damals als der »Dunkle Kontinent«. Der Ozean ist auch heute noch weitgehend unerforscht – er ist unser dunkler Kontinent. Die Meere beherbergen Arten, die wir noch nie zu Gesicht bekommen haben, und vielerlei Tiere mit außergewöhnlichen Verhaltensweisen, für die wir keine Erklärung haben. Wie finden beispielsweise die Aale aus den Flüssen Europas und Nordamerikas ihren Weg zum viele Tausende von Kilometern entfernten Sargassomeer, wo sie ablaichen und sterben? Wir wissen, daß bestimmte Langusten Massenwanderungen auf dem Meeresgrund unternehmen, aber wir wissen nicht, warum sie das tun oder wohin sie wandern und woher sie kommen. Neuerdings wurde entdeckt, daß Wale in den Tiefen des Meeres einander etwas »vorsingen«. Weshalb sie singen und was sie sich dabei zu sagen haben, ist noch immer ein Rätsel. Ja, das Meer übt auf einen Naturforscher von heute die gleiche Faszination aus, die die Forscher früherer Zeiten erfaßt haben muß, als sie sich aufmachten, die großen neuentdeckten Kontinente zu erkunden.

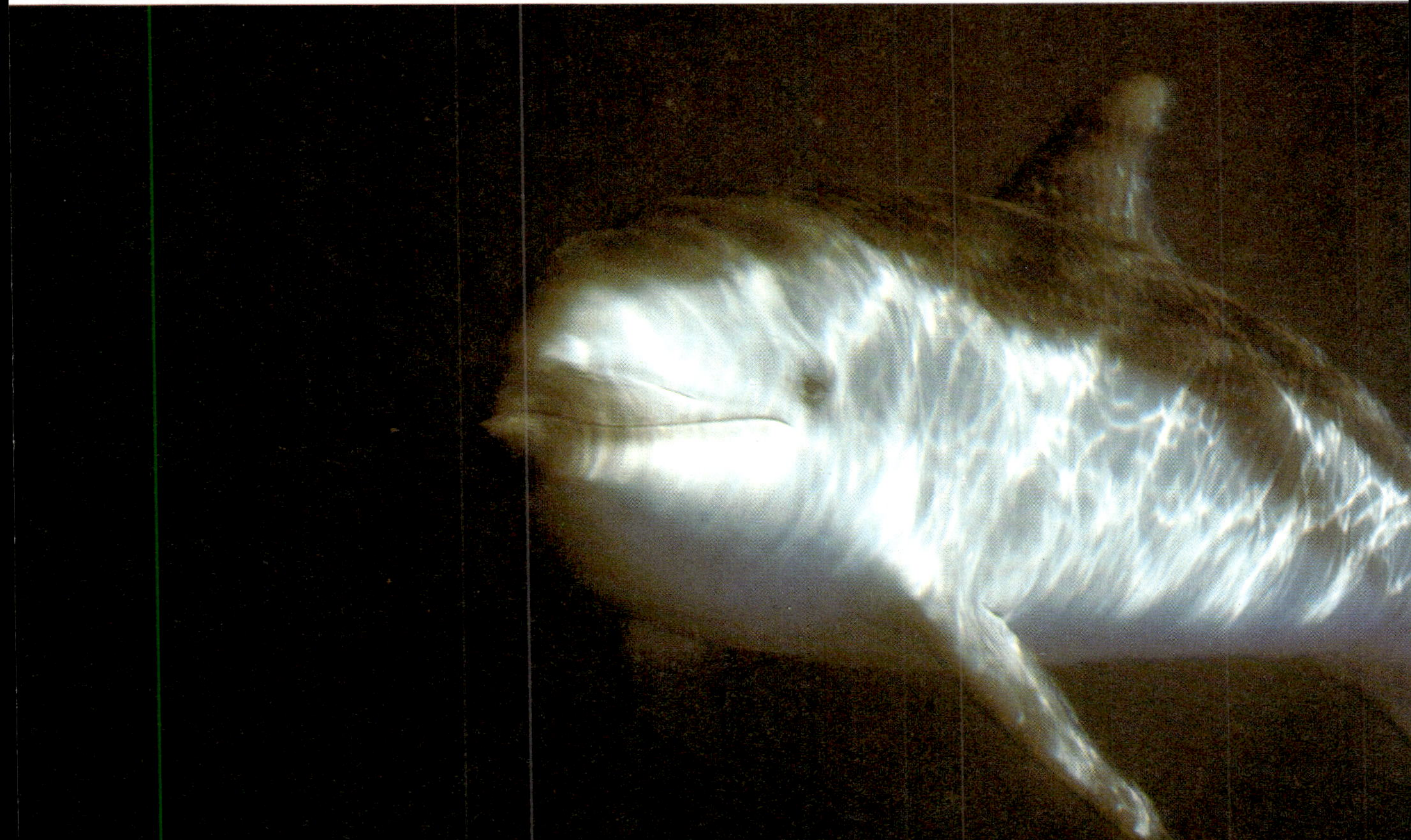

Auswertung zu Hause

Das Beobachten und Experimentieren in der freien Natur ist selbstverständlich für den Naturforscher von entscheidender Bedeutung, aber es gibt auch viele Beobachtungen und Experimente, die Sie leichter daheim durchführen können. Darüber hinaus ist es unerläßlich, daß Sie die Ergebnisse Ihrer Feldstudien gewissenhaft fixieren, denn selbst das beste Gedächtnis läßt uns zuweilen im Stich. Die einzige Methode, die Sie befähigt, ein Sammelobjekt in allen Einzelheiten mit einem anderen Exemplar zu vergleichen, das Sie vor Monaten oder auch nur vor Tagen gesehen haben, besteht darin, daß Sie über alle Ihre Beobachtungen genau Buch führen. Für einen Naturforscher ist die Arbeit daheim in vieler Hinsicht ebenso wesentlich wie die Feldarbeit. Die meisten großen Forscher haben sehr viel wissenschaftliche Arbeit in ihren eigenen vier Wänden geleistet, und Männer wie Darwin oder Fabre besaßen glücklicherweise sehr große Räume, in denen sie nicht nur präparierte, sondern auch lebendige Forschungsobjekte zum Zweck des Experimentierens unterbringen konnten. Wir beide, Lee und ich, haben das Glück, daß wir zwei Wohnsitze haben – den Zoo auf Jersey und unser Haus in Frankreich –, und so können wir unser Sammelgut an zwei Stellen aufbewahren.

Aber Sie benötigen nicht unbedingt sehr viel Platz oder eine aufwendige Ausrüstung. Die meisten praktischen Anregungen, die wir in diesem Teil des Buches geben, erfordern nur bescheidene Mittel, wenn Sie zum Beispiel die im Haushalt anfallenden Behälter für Ihre Exemplare verwenden und ein paar preiswerte Dinge hinzukaufen. Es stimmt zwar, daß einzelne Versuche spezielle und nicht gerade billige Instrumente voraussetzen, aber diese sind nur ausnahmsweise unverzichtbar. Dem naturforschenden Amateur werden draußen wie drinnen gewöhnlich nur durch seine Erfindungsgabe und Phantasie Grenzen gesetzt, und seine wichtigsten Ausrüstungsgegenstände sind in beiden Fällen die Augen und Ohren.

Wenn Sie Ihre Sammeltätigkeit in der Natur beendet und Ihre Ausbeute nach Hause getragen haben, sollten Sie alle Funde als erstes sorgfältig sortieren. Vergewissern Sie sich, daß die Tiere richtig untergebracht und gefüttert werden und daß die Pflanzen genügend Wasser bekommen. Überlegen Sie dann, welche Exemplare Sie ständig behalten und welche Sie nur eine Zeitlang beobachten und dann wieder aussetzen wollen. Bringen Sie sie stets wieder in ihren angestammten Lebensraum zurück – nur dort finden sie die ihnen zusagenden Bedingungen vor.

Mit den Sammelgegenständen, die Sie behalten wollen, können Sie bestimmte thematische Einheiten gestalten. Das heißt, verschiedene Exemplare werden mit Fotos, Zeichnungen und Präparaten kombiniert. Ein Themenbereich kann beispielsweise ein Ausschnitt aus einem Hecken- oder Waldbiotop sein; ein anderer ist vielleicht der Lebenszyklus eines Schmetterlings oder Käfers. Der Raum, in dem Sie arbeiten und Ihre Sammlung aufbewahren, sollte einem Miniaturmuseum gleichen und Ihr Interesse an der Natur und deren Schutz dokumentieren. Beschränken Sie sich dabei auf wirklich sinnvolle Arbeiten, und vergessen Sie nie, daß es Ihre Hauptaufgabe als Naturforscher ist, andere Menschen zur Beobachtung, Respektierung und Erhaltung unserer natürlichen Umwelt anzuleiten.

Der Rucksack des Naturforschers wird ausgepackt
Nach der Rückkehr von einer Frühjahrsexkursion zu einer Hecke und einem Teich ist der Rucksack soeben auf dem Tisch ausgeleert worden *(gegenüberliegende Seite).* Man beachte, daß alle Funde an Ort und Stelle sorgfältig beschriftet wurden, um Verwechslungen vorzubeugen. Oben rechts im Bild sind bereits die Heckenpflanzen aussortiert und warten auf die Behandlung in der Pflanzenpresse, die oben an der Wand lehnt. Diese Exemplare stehen im Wasser, damit sie frisch bleiben. Die weichen Samenköpfe des Huflattichs, die gezähnten Blätter der Weißen Taubnessel und die schmalen lanzettlichen Blätter der Großen Sternmiere sind deutlich zu erkennen. Daneben liegt ein Zitronenfalter, der gerade seiner Tüte entnommen wurde. In der Mitte erblickt man in einer Plastikschale einige Brennesselblätter, die teilweise zusammengerollt sind und Raupen des Admirals beherbergen. Diese Raupen werden aufgezogen, damit man einen Schmetterling behalten und die übrigen wieder in die Freiheit entlassen kann. Unten warten Gallen und Pilze auf die Präparierung und eine Auswahl von bodenlebenden Tieren auf die Untersuchung mit der Lupe. In dem kleinen Gefäß befinden sich Kaulquappen, bei denen man die faszinierende Umwandlung in fertige Frösche verfolgen kann. Im Rucksack stecken noch verschiedene Pflanzen, die sorgsam in Plastikbeuteln eingelegt wurden, damit die Feuchtigkeit erhalten bleibt und das Welken verhindert wird. Obenauf liegt ein Kastanienzweig mit jungen Frühlingsblättern, die vor kurzem ihre klebrigen Blattknospen gesprengt haben.

TECHNIKEN UND AUSRÜSTUNG

DIE EINRICHTUNG DES ARBEITSRAUMS

Der Arbeitsraum des Naturforschers muß zweckmäßig ausgestattet sein, denn in ihm werden die Sammelobjekte aufbewahrt und die Experimente durchgeführt, die sich in der Natur nur schwer oder überhaupt nicht anstellen lassen. Am besten ist es, wenn Ihnen für diesen Zweck ein eigenes Zimmer zur Verfügung steht. Können Sie sich das nicht leisten, dann genügt zur Not auch ein Tisch und eine Wandfläche in einem einigermaßen ruhigen Teil der Wohnung – vielleicht sogar im Schlafzimmer. Achten Sie unbedingt darauf, daß der Raum trocken sein muß, denn viele Exemplare verderben in feuchter Luft.

Wählen Sie den größten Arbeitstisch, den Sie auftreiben können, möglichst mit Schubläden zur Unterbringung der Gerätschaften. Bei Trödlern findet man oft altmodische Küchentische, die sehr praktisch sind. Stellen Sie den Tisch in Fensternähe auf, da Tageslicht für knifflige Arbeiten ideal ist, aber bringen Sie vor dem Fenster einen Vorhang an, den Sie fest zuziehen können, um zu verhindern, daß Ihre Exemplare in der prallen Sonne ausbleichen. Falls Sie künstliches Licht brauchen, verwenden Sie eine verstellbare Tischleuchte (Leuchtstofflampen strengen die Augen an). Das Fenster muß sich zur Verbesserung der Luftzirkulation öffnen lassen, wenn Sie mit Äther oder Formalin arbeiten.

Ein Waschbecken mit Fließwasser ist günstig, doch man kann sich auch mit ein paar Plastikschüsseln behelfen. Bringen Sie an der Wand eine dicke Korktapete oder eine große Pinnwand an, zum Anheften von Landkarten, Notizzetteln, Zeichnungen und (besonders wichtig) Ihres detaillierten Jahresplans, der für Langzeitbeobachtungen ein wesentliches Hilfsmittel ist.

Ein Arbeitsraum kann nie Regale genug haben – nicht nur für Bücher und Zeitschriften, sondern auch für Ihre Museumsstücke und für lebende Tiere in Käfigen oder Aquarien. In einer Ecke sollten Sie etwas Platz für Zubehör reservieren, das Sie in größeren Mengen preiswert einkaufen, etwa Watte oder Spiritus. Hier können Sie auch die verschiedenen Dinge stapeln, die im Haushalt anfallen und auf ihre spätere Verwendung warten – Zündholzschachteln, Pappkartons, Marmeladengläser und ähnliche Behälter.

Das Seziergerät

Die Sezierinstrumente sind der Stolz des Naturforschers; sie werden nicht nur zum Sezieren benutzt, sondern auch allgemein beim Umgang mit winzigen Gegenständen. Ein guter Naturforscher geht mit seinen Instrumenten genauso sorgsam und behutsam um wie ein Maler mit seinen Pinseln, und er wäscht und trocknet sie nach jeder Benutzung. Doch im Unterschied zum Künstler können Sie Ihre Fehler nicht übermalen; beherzigen Sie also die goldene Regel: Nichts überstürzen! Orientieren Sie sich beim Sezieren und Bestimmen von inneren Organen an einer Zeichnungsvorlage, wie sie in den meisten

Zweckmäßig eingerichteter Arbeitsraum
Ein Naturfreund, der über ein einziges Arbeitszimmer verfügt, sollte es in der hier gezeigten Form einrichten. Am wichtigsten sind ein großer, heller Tisch, viele Regale und Schränke und eine größere freie Wandfläche. Ein Waschbecken ist praktisch, aber nicht unbedingt erforderlich.

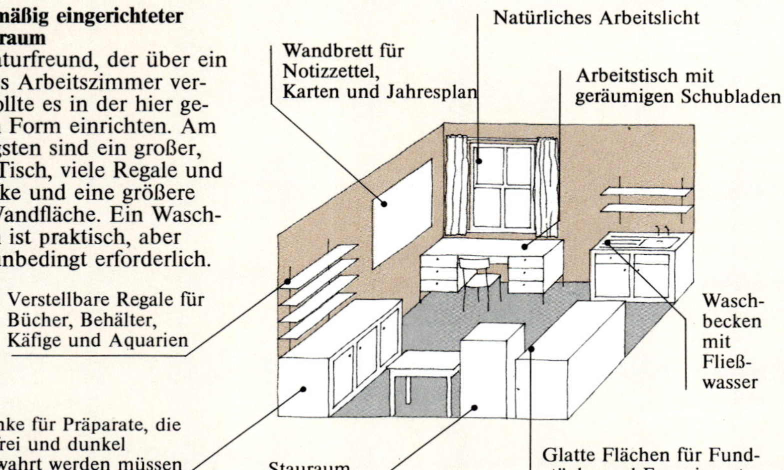

SEZIERINSTRUMENTE UND IHRE HANDHABUNG

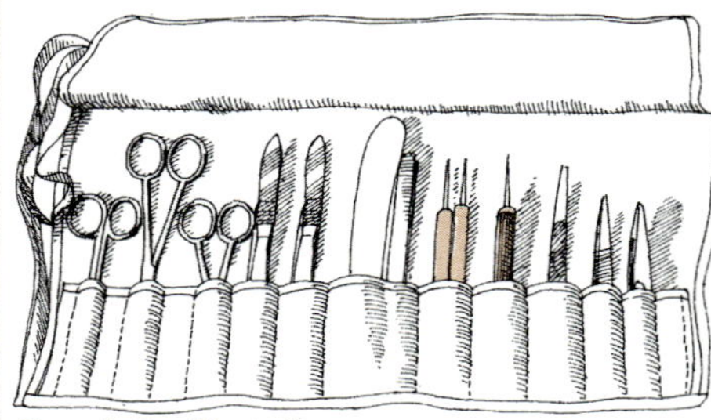

Komplettes Besteck
Ein handelsüblicher Satz steckt meist in einem Tuch mit Taschen. Einzeln gekaufte Geräte bewahrt man – in Tuch gewickelt – in einer Dose oder einem Bleistiftkasten auf.

Skalpelle
Einteilige Skalpelle sind schwer zu schärfen. Besser ist ein Universalhandgriff mit auswechselbaren Klingen in verschiedenen Formen. Beachten Sie beim Auswechseln die Bedienungsanleitung – die Klingen sind sehr scharf!

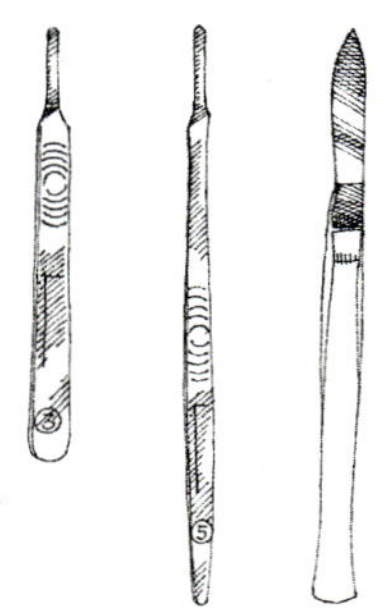

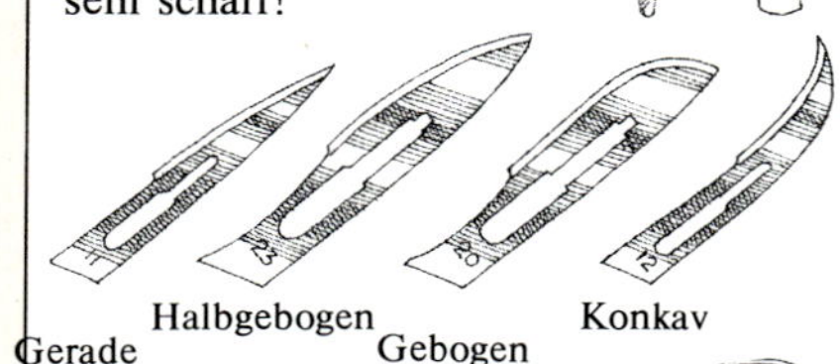

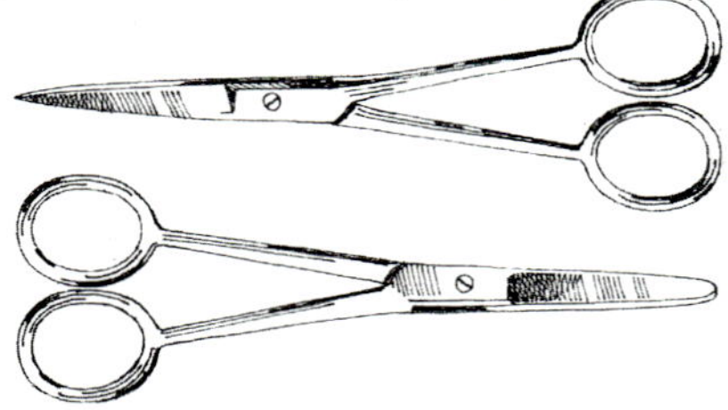

Scheren
Besorgen Sie sich zwei Scheren, eine kleine spitze für knifflige Arbeiten und eine größere runde zum Zerschneiden von Haut oder kleinen Knochen (dabei werden innere Organe nicht durchstochen).

Biologiebüchern enthalten ist. Beim Seziervorgang müssen Sie das Austrocknen des Objekts verhindern, indem Sie es mit etwas Wasser oder Salzlösung anfeuchten.

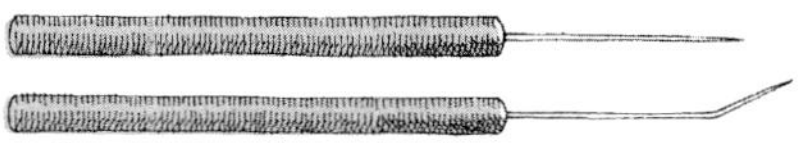

Sonden (Präpariernadeln)
Sonden benutzt man zur Trennung der Bestandteile eines Präparats und zum Manipulieren winziger Objekte. Man benötigt eine stumpfe und eine spitze Sonde mit Holzgriff.

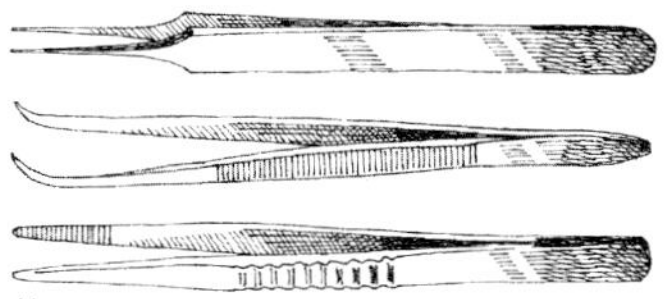

Pinzetten
Eine kleine spitze Pinzette, die vorn möglichst eingebogen ist, zum Halten winziger Gegenstände, und ein kräftiges Instrument zum Halten und Herausziehen derberer Objekte.

Pinsel
Sie werden zum Anfeuchten trockener Stellen, zum Glätten von Haaren und zum Auftupfen zarter Gegenstände verwendet.

Tropfpipette
Dieses alltägliche Instrument – eine einfache Augenpipette aus dem Medizinschränkchen genügt – dient beispielsweise zum Aufbringen von Wassertropfen beim Mikroskopieren.

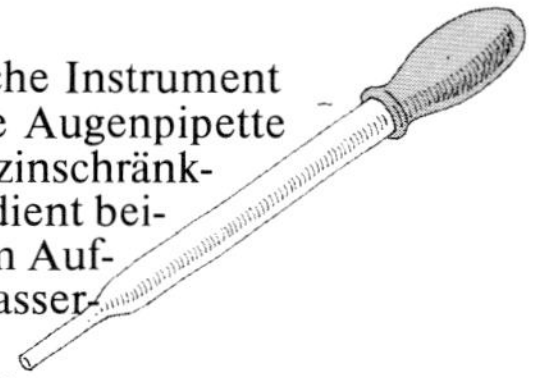

Sezierregeln
1. Waschen Sie sich vor und nach dem Sezieren gründlich die Hände. Tragen Sie dünne Gummihandschuhe.
2. Sezieren Sie kein krankes Tier. Säugetiere und Vögel können Krankheiten auf den Menschen übertragen.
3. Sezieren Sie nicht, wenn Sie an den Händen Schnittwunden oder Geschwüre haben.
4. Sollten Sie sich schneiden, waschen Sie die Wunde aus und desinfizieren Sie sie. Gehen Sie dann zum Arzt. Es ist möglich (insbesondere bei Säugetieren), daß Sie sich mit Tetanus, Milzbrand oder sogar Räude angesteckt haben – also Vorsicht!
5. Reinigen Sie nach Abschluß der Arbeit Instrumente und Arbeitsfläche gründlich mit Desinfektionsmittel. Beseitigen Sie alle Überreste in versiegelten Plastikbeuteln oder durch Verbrennen.

DER UMGANG MIT LUPE UND MIKROSKOP

Die Instrumente, die man zur Betrachtung der Kleinlebewelt benötigt, sind heutzutage für jedermann erschwinglich. Eine Lupe oder ein Mikroskop eröffnen Ihnen den Zugang zu immer neuen winzigen Organismen und enthüllen Details der größeren – von der Vogelfeder bis zum Fliegenauge.

Die Taschenlupe

Eine Taschenlupe ist für jeden Naturfreund unerläßlich. Er braucht sie auf jeden Fall bei Feldstudien, aber auch daheim an seinem Arbeitstisch, wenn er seziert oder mit kleinen Funden hantiert. Am besten eignet sich eine Universallupe mit acht- oder zehnfacher Vergrößerung. Halten Sie das Beobachtungsobjekt in gutes Licht, wenn Sie die wirklich interessanten feinen Einzelheiten erkennen wollen. Ein Tip: Befestigen Sie an Ihrer Taschenlupe einen bunten Wollfaden, damit Sie sie leichter wiederfinden, wenn Sie sie im Gelände verloren haben!

Das binokulare Mikroskop

Ein binokulares Mikroskop ist eine teure Anschaffung, um die jedoch ein ernsthafter Amateurnaturforscher nicht herumkommt. Es erleichtert die Untersuchung und das Sezieren sehr kleiner Objekte. »Binokular« bedeutet beidäugig; das Gerät hat also zwei Okulare, die ein dreidimensionales Bild ergeben, im Gegensatz zur Lupe oder zum einfachen Lichtmikroskop. Manche Fabrikate besitzen einen Objektivrevolver mit drei Linsen, z.B. ×10, ×20 und ×50.

Zum Sezieren unter dem binokularen Mikroskop brauchen Sie auf dem Objekt sehr viel Licht (in vielen Geräten sind Speziallampen eingebaut). Üben Sie zunächst mit ein paar wertlosen Objekten, denn das richtige Mikroskopieren ist eine hohe Kunst, die erlernt sein will. Anfangs kommen Ihnen schon bei einer fünfzigfachen Vergrößerung die feinen Spitzen einer Pinzette wie eine gigantische Bolzenschere vor. Das binokulare Mikroskop eignet sich hervorragend für das Sezieren kleinerer Säugetiere, etwa von Mäusen.

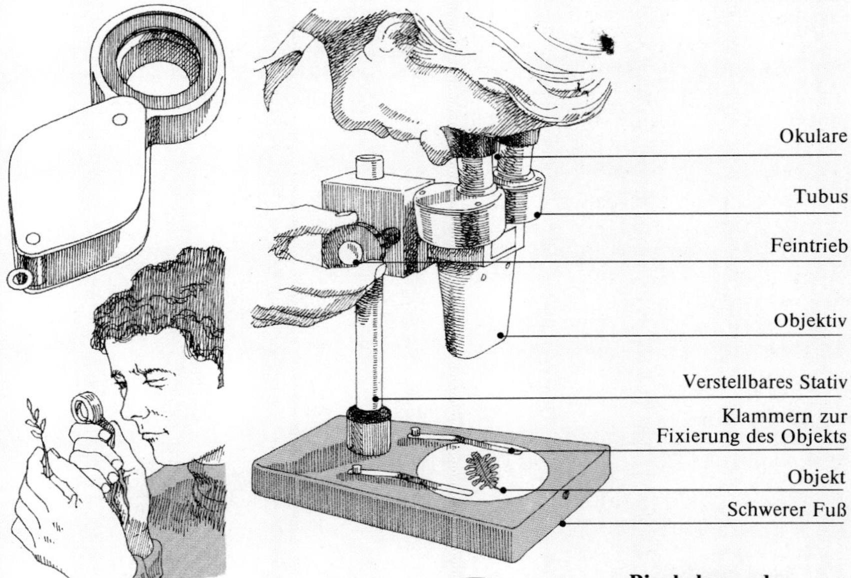

Umgang mit der Lupe Halten Sie die Lupe etwa 5 cm von den Augen entfernt und das Objekt ungefähr gleich weit hinter dem Glas. Es ist oft einfacher, das Objekt und nicht die Lupe hin und her zu bewegen.

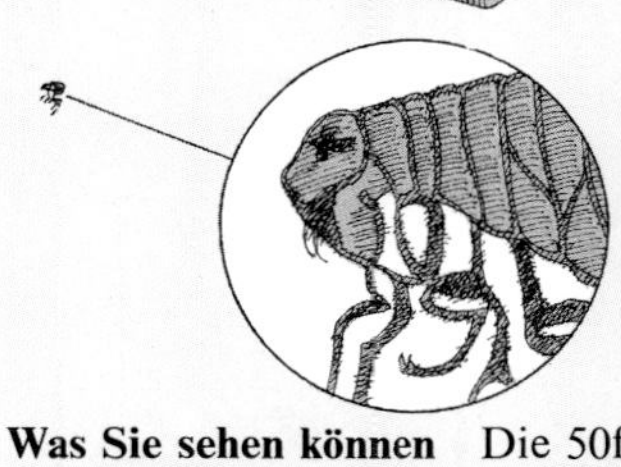

Was Sie sehen können Die 50fache Vergrößerung eines sonst fast unsichtbaren Flohs.

Binokulares oder Präpariermikroskop
Bei diesem Spezialmikroskop wird das Objekt aus einer Höhe von ca. 20 cm anvisiert. So bleibt unter dem Objektiv genügend Platz für die Hände und die Sezier- oder Präparierinstrumente.

Das Lichtmikroskop
So wie das Fernglas entfernte Dinge nahe heranholt oder ein Tauchgerät uns die Welt unter Wasser erschließt, so erweitert auch das einfache Lichtmikroskop den Horizont des Naturfreundes beträchtlich. Es läßt vor unserem Auge die Welt der winzigen Organismen erstehen, die in jedem Wassertropfen aus einem Tümpel oder aus der Regentonne umherwuseln. Mit einem Mikroskop können Sie den Feinbau einer Vogelfeder oder die zierliche Struktur eines Fliegenflügels studieren. Dieser Mikroskoptyp gestattet freilich nur die Betrachtung halbtransparenter Objekte. Deshalb müssen Sie sich von dem zu untersuchenden Exemplar ein hauchdünnes Scheibchen abschneiden. Dieses Schnittpräparat wird mit ein paar Tröpfchen einer Spezialflüssigkeit eingefärbt, auf ein dünnes Glasscheibchen (Objektträger) aufgebracht und zum Schluß mit einem noch dünneren und kleineren Deckgläschen bedeckt.

NOTIZBÜCHER

Notizbücher zählen zu den wichtigsten Hilfsmitteln des Amateurnaturforschers. Mindestens zwei sollten Sie stets benutzen: eine stabile Kladde für Aufzeichnungen in der freien Natur (Skizzen, Farbnotierungen usw.) und ein ausführlicheres »Tagebuch«, in das Sie daheim Ihre Kurznotizen in detaillierterer Form übertragen. Die an Ort und Stelle gemachten Notizen sind von unschätzbarem Wert, weil Sie sich auf Ihr Gedächtnis nicht immer verlassen können. Am Ende eines aufregenden Tages können Sie, wenn Sie sich keine Notizen gemacht haben, vielleicht nicht mehr genau sagen, ob ein Vogel rot oder grün oder blau war oder ob ein Fisch die Gestalt eines Pfeils oder Ovals hatte. Das Tagebuch, das Sie in Ihrem Arbeitszimmer sicher aufbewahren, enthält die endgültige Fassung Ihrer Aufzeichnungen. Verwenden Sie dafür möglichst einen Ordner mit losen Blättern, damit Sie nach Belieben Zeichenpapierbogen einfügen können, auf denen Sie die beobachteten Pflanzen und Tiere im Bild festhalten. Die Loseblattform hat noch weitere Vorteile. Sie können Ihre Aufzeichnungen mühelos auf dem laufenden halten, indem Sie neues Material über einzelne Arten an der entsprechenden Stelle einschieben, zum Beispiel Fotos, Skizzen von bestimmten Verhaltensweisen, sezierten Organen oder anderen Experimenten, die Sie durchgeführt haben. Tragen Sie alle wesentlichen Punkte an Ort und Stelle in Ihr Notizbuch ein und übernehmen Sie sie in Ihr endgültiges Tagebuch – Datum, Ort, Tageszeit, Wetter, Umgebung, eingehende Beschreibung des Forschungsobjekts, Bemerkungen über seine Aktivitäten während der Beobachtungszeit.

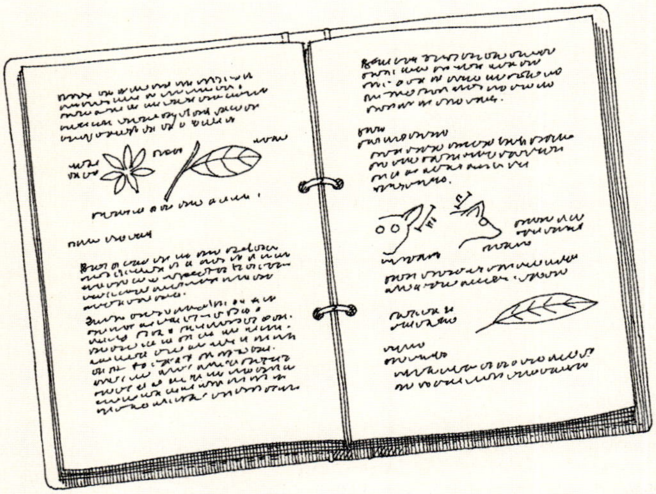

UNTERSCHIEDLICHE VERGRÖSSERUNGEN

Die Lupe liefert 5- bis 20fache Vergrößerungen (×10 ist am häufigsten). Mit ihr kann man Einzelheiten kleiner Tiere oder Pflanzen erkennen, z. B. die Mundwerkzeuge eines Schmetterlings oder die Blüte einer Butterblume.

Das binokulare Mikroskop ergibt 20- bis 50fache Vergrößerungen. Dabei werden Details sehr kleiner Tiere und Pflanzen sichtbar, etwa Haarwurzeln oder die Schuppen eines Schmetterlingsflügels.

Das Lichtmikroskop leistet 20- bis 500fache Vergrößerungen. Bei ×100 kann man praktisch unsichtbare Würmer und Algen sehen, bei 500facher Vergrößerung einzelne Zellen.

Beleuchtung des Mikroskops
Das hier abgebildete Mikroskop besitzt einen Spiegel, der das Licht einer verstellbaren Tischlampe durch das Objekt und den Tubus reflektiert. Bei vielen Mikroskopen ist eine kleine Glühbirne bereits eingebaut, die das notwendige Licht liefert. Je stärker die Vergrößerung, desto mehr Licht ist für die Aufhellung des Objekts erforderlich.

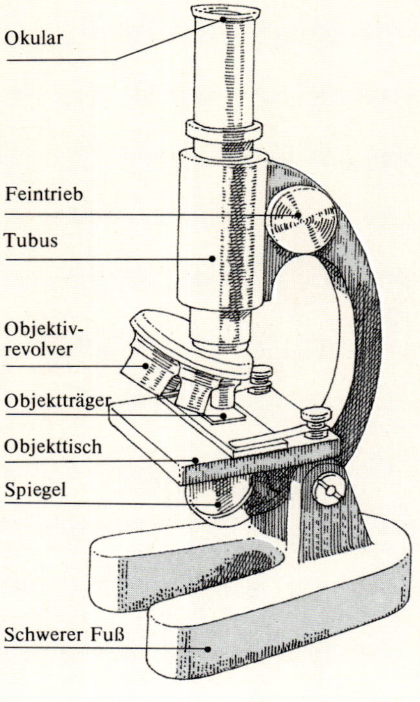

Karteikarten
Zusätzlich zu den ausführlichen Aufzeichnungen in Ihrem Notizbuch empfiehlt sich die Verwendung von einzelnen Karteikarten. Vermerken Sie darauf jeweils Namen, Fundort und Fundzeit sowie alle weiteren Informationen. Versehen Sie jedes Exemplar und die dazugehörige Karteikarte mit derselben Ziffer. Ein gutgeordneter Karteikasten erspart Ihnen das oft mühsame Herumsuchen in Ihren Notizbüchern. Achtung: Ein Exemplar ohne Etikett ist wertlos!

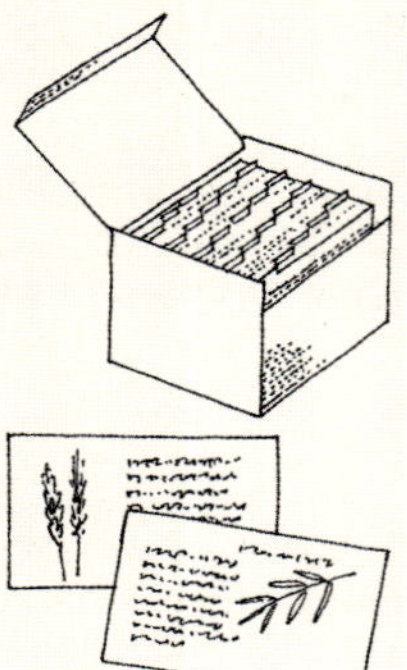

FOTOGRAFIEREN

Wenn Sie Ihre Sammeltätigkeit mit der Kamera betreiben wollen, sollten Sie die jeweiligen Objekte möglichst in der Natur fotografieren und sie nicht zu diesem Zweck nach Hause mitnehmen *(vgl. S. 196)*. Doch auch im Arbeitszimmer ist eine Kamera ein sehr nützliches Instrument. Am besten eignet sich dazu eine einäugige Kleinbild-Spiegelreflexkamera. Das Standardobjektiv mit einer Brennweite von 50 mm ergibt ausgezeichnete Bilder von Gegenständen mit den Ausmaßen eines großen Schmetterlings oder einer Rose, doch wenn Sie wirklich gute Aufnahmen von kleineren Objekten machen wollen, benötigen Sie spezielles Zubehör.

Die einfachsten technischen Hilfsmittel sind ein Umkehrring, auf den das Standardobjektiv umgedreht aufgesetzt wird, und Zwischenringe, welche die Brennweite verlängern. Mit diesen beiden Zusätzen können Sie den Gegenstand näher heranholen. Mit Zwischenringen läßt er sich in Lebensgröße abbilden. Außerdem kann man für Nahaufnahmen auch eine entsprechende Vorsatzlinse verwenden.

Für noch stärkere Vergrößerungen und eine bessere Bildqualität ist ein spezielles Makroobjektiv ideal. Sie können es direkt auf das Gehäuse aufsetzen oder zusammen mit Zwischenringen oder einem Balgenauszug verwenden. So erhalten Sie einen zunehmend größeren Abbildungsmaßstab. Ein Balgenauszug, kombiniert mit einem 55-mm-Makroobjektiv, gestattet Vergrößerungen bis zum Fünffachen der natürlichen Größe. Welches Zubehör Sie auch benutzen, Sie müssen Ihre Kamera in jedem Fall exakt einstellen, weil die Schärfentiefe stets gering ist.

Wenn Sie eine Nahaufnahme einer Pflanze oder eines Tiers machen, sollten Sie immer auch das dazugehörige Biotop fotografieren, damit Sie auch später noch wissen, wo Sie das betreffende Exemplar entdeckt haben. Die Bewegungen von Faltern oder ähnlichen Tieren können Sie für Aufnahmezwecke »verlangsamen«, wenn Sie das lebendige »Motiv« eine Weile in den Kühlschrank stecken; das schadet dem Tier nicht.

Auf dem Markt ist heutzutage eine Vielzahl von raffiniertem (und kostspieligem) Kamerazubehör, doch ob Sie nun über eine einfache oder komplizierte Ausrüstung verfügen, Sie dürfen nie das Grundgesetz des Naturfotografen vergessen, das da lautet: Das Bild ist weniger wichtig als das Wohlbefinden des aufzunehmenden Lebewesens!

Nahaufnahmegerät
Mit einer Spiegelreflexkamera und einem Normalobjektiv kann man gute Nahaufnahmen machen, wenn man Vorsatzlinsen oder Umkehrringe benutzt. Am besten ist natürlich ein eigenes Makroobjektiv, dessen Leistung man mit Zwischenringen oder, noch besser, mit einem Balgenauszug steigern kann.

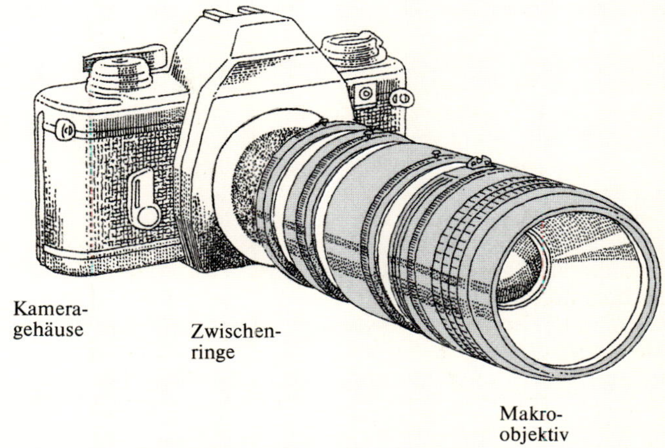

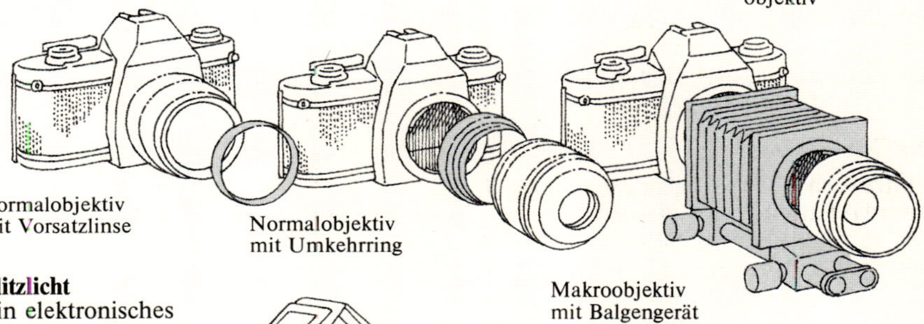

Blitzlicht
Ein elektronisches Blitzgerät mit Schwenkreflektor ist die beste Lösung. Mit ihm kann man den Lichtblitz von der Decke oder der Wand »abprallen« lassen und vermeidet dadurch die harte frontale Aufhellung. Ein Ringblitz liefert gleichmäßiges Licht, das für Nahaufnahmen ideal ist.

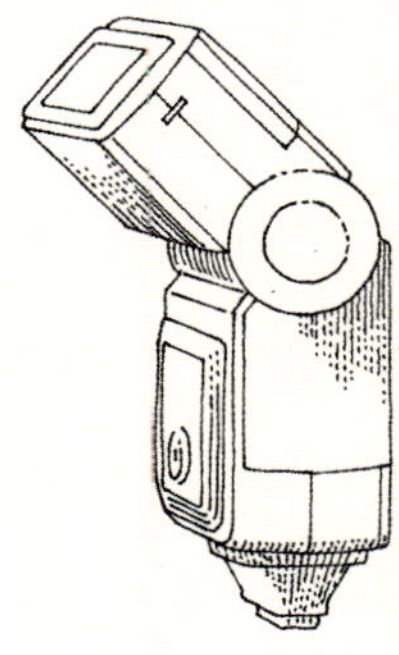
Blitzgerät mit Schwenkreflektor

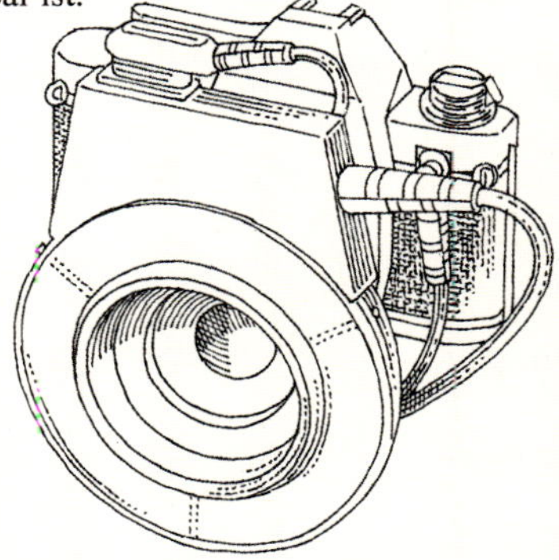
Ringblitz

Ateliereinrichtung
Die Kamera muß stets fest stehen, deshalb sollte man ein Stativ und einen Fernauslöser verwenden. Wenn Sie einen Fund heimbringen, nehmen Sie möglichst auch eine entsprechende »Unterlage« mit – den Zweig, auf dem Sie ihn entdeckten, oder etwas Ähnliches. Wählen Sie als Hintergrund eine Kontrastfarbe.

KONSERVIERUNGSVERFAHREN

Bevor Sie Ihre Sammlung um ein neues Exemplar erweitern, sollten Sie sich fragen, ob es als Beleg für künftige Untersuchungen notwendig ist oder ob Sie das Sammeln nur als Selbstzweck betreiben. Die Zeit, in der naturforschende Liebhaber gleich Hunderte von Exemplaren einer Art zusammenrafften, ist Gott sei Dank vorüber. Heute muß mit der Sammeltätigkeit ein hohes Maß an Verantwortung einhergehen *(vgl. S. 320).*

Für die Konservierung von Naturobjekten gibt es zwei Methoden – das trockene Verfahren, zum Beispiel das Pressen von Blüten oder das Ausstopfen von Tieren, und das feuchte, also das Konservieren in Alkohol. Sie müssen jeweils entscheiden, welche Methode am besten geeignet ist, die Merkmale und die Farbe des Objekts möglichst getreu zu erhalten. Gehen Sie stets mit besonderer Sorgfalt vor, damit nicht Organismen sinnlos zerstört werden.

Feuchtkonservierung

Fixieren Sie Ihre Exemplare entweder in Alkohol (Spiritus) oder Formalin (Formol); beides ist in Drogerien oder naturwissenschaftlichen Fachgeschäften erhältlich. Das Gewebe wird dabei gut konserviert, aber Sie benötigen dazu stabile Gläser oder Plastikbehälter mit festschließendem Deckel. Ein großer Vorteil dieses Verfahrens besteht darin, daß Ihre Präparate nicht von Schimmel oder Ungeziefer befallen werden können, sofern Sie sie sachgerecht »eingelegt« haben. Ein Nachteil ist jedoch, daß Sie an den konservierten Exemplaren keine inneren Untersuchungen durchführen können.

Kaufen Sie reinen oder »absoluten« Alkohol. Um die für Konservierungszwecke erforderliche siebzigprozentige Lösung herzustellen, mischen Sie sieben Teile Alkohol mit drei Teilen destilliertem Wasser. Sie können aber auch gebrauchsfertigen Spiritus erstehen, wie er in der Medizin verwendet wird. Achten Sie dann aber auf das Etikett, um festzustellen, ob das Lösungsverhältnis stimmt. Zur Erzeugung von Formalin kauft man in der Regel Formaldehyd in einer vierzigprozentigen Lösung. Diese Lösung muß noch weiter verdünnt werden: Fügen Sie ein Teil vierzigprozentigen Formaldehyd zu drei Teilen destilliertem Wasser hinzu, und Sie erhalten ein zehnprozentiges Formalin, das als Konservierungsmittel am besten geeignet ist. Formaldehyd ist auch in Kristallform erhältlich, aus der Sie eine zehnprozentige Lösung selbst herstellen können.

Bewahren Sie Ihre Behälter an ei-

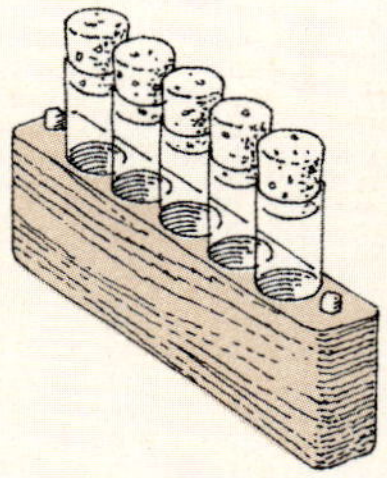

Behälter Für in Alkohol eingelegte Präparate eignen sich alle möglichen Glasgefäße, vorausgesetzt, daß man Kunststoffdichtungen verwendet, um die Deckel vor Korrosion zu schützen. Am besten sind Reagenzgläser mit Korkverschluß.

KONSERVIERUNGSVERFAHREN

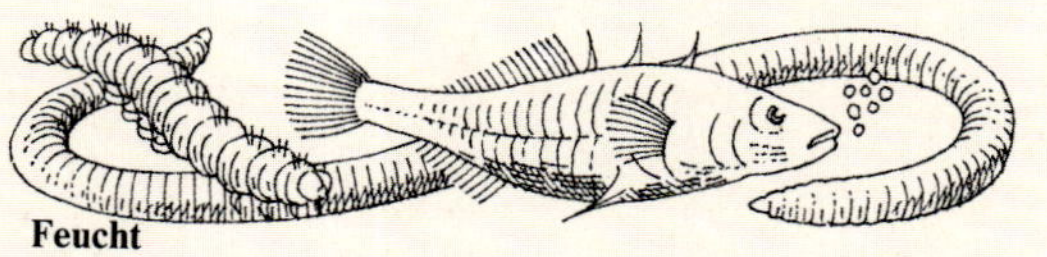

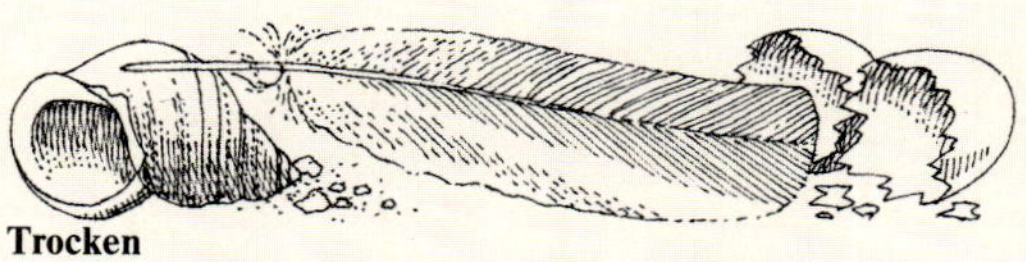

	Feucht	Trocken
Technik	Legen Sie das Präparat in einen sauberen Behälter mit Konservierungsflüssigkeit (Alkohol oder Formalin) ein.	Bewahren Sie das Präparat in trockener Luft auf oder pressen Sie es zwischen Lagen aus saugfähigem Material.
Behälter	Gläser mit dichtschließendem Deckel (verhindern Sie die Korrosion des Deckels durch einen Zwischenring aus Gummi oder Kunststoff); Reagenzgläser mit paßgerechten Korken.	Staubdichte Kästen oder Schubladen; für Insekten benutzt man Material, das keine schädlichen Öle oder Harze ausscheidet, zum Beispiel Eiche oder Mahagoni. Ansonsten gutschließende Plastikdosen. Für Muscheln, Eier und Knochen sind Kästen mit Glasdeckel ideal.
Geeignet für	alle Wasserorganismen; vollständige Tiere (besonders weichhäutige Wirbellose wie Würmer und Raupen); sezierte Fische, Reptilien und Amphibien.	die meisten Pflanzen (außer Exemplare, die sehr viel Wasser enthalten); Schalen und Korallen; Vogeleier und -federn; Säugetier- und Vogelbälge; Schädel, Zähne und Knochen; hartschalige Wirbellose (Insekten, Spinnen).
Vorsichtsmaßnahmen	Aufbewahrung bei niedrigen Temperaturen (6°C sind ideal); auf dichten Verschluß achten; Behälter regelmäßig kontrollieren, evtl. nachfüllen.	An einem dunklen und sehr trockenen Platz aufbewahren; auf dichten Staubabschluß achten; Insektenmittel verwenden; regelmäßig auf Schädlingsbefall hin überprüfen; Präparate nicht zu oft anfassen.
Probleme	Alkohol bewirkt ein leichtes Schrumpfen; Formalin verursacht eine leichte Verhärtung; Farbveränderungen; Feuergefahr.	Farben verblassen ein wenig; Gefahr des Schädlingsbefalls; Feuergefahr.

nem kühlen Ort auf, um die Verdunstung zu verhindern und einer Feuergefahr vorzubeugen. Kleben Sie ein Schildchen außen auf das Gefäß und legen sie ein zweites hinein, weil das Außenetikett mit der Zeit abfallen kann. Schreiben Sie alle Angaben mit Tusche auf festes Papier, denn sonst wird die Schrift durch das Konservierungsmittel allmählich ausgelöscht.

Trockenkonservierung
Die Konservierung ohne Alkohol ist sehr viel billiger und auch befriedigender, aber bei trockenen Präparaten besteht die Gefahr der Schimmelbildung und des Insektenbefalls. Bewahren Sie deshalb die Exemplare möglichst trocken und staubfrei auf. Blechbüchsen sind praktisch, doch neigen sie zum »Schwitzen«. Deshalb müssen Sie poröse Stoffbeutelchen mit Silikagel hineingeben, die die Feuchtigkeit absorbieren. Ideal ist ein spezieller Sammelschrank, der allerdings sehr kostspielig ist; vielleicht können Sie ein preisgünstiges Stück aus zweiter Hand auftreiben. Doch wo immer Sie auch Ihre Exemplare unterbringen, Sie müssen sie unbedingt vor Schädlingsfraß schützen. Dazu verwendet man altmodische Mottenkugeln, Naphthalinflokken oder etwas Kreosot in einer Tasse. Ein Wattebausch, den man in eine konzentrierte Phenollösung eintaucht und trocknen läßt, erfüllt denselben Zweck. Kreosot und Naphthalin müssen regelmäßig erneuert werden, da sie sich allmählich verflüchtigen.
Wenn Ihre getrockneten Pflanzen von Insekten befallen worden sind, sollten Sie sie in eine Pentachlorphenollösung einlegen und wieder trocknen lassen. Alle genannten Chemikalien sind in Drogerien oder Spezialhandlungen erhältlich.

Behälter alle Art
Der Hobbynaturforscher kann für seine Zwecke die meisten Behälter verwenden, die in einem Haushalt normalerweise in den Mülleimer wandern. Joghurt- und Margarinebecher lassen sich für trockene Gegenstände wie Vogeleier oder Käfer verwenden. Plastikgefäße mit gut schließendem Deckel eignen sich für größere Objekte. Vielerlei Gläser und Töpfe, die einmal Marmelade oder Honig enthalten haben, können für das »Einlegen« von Tierpräparaten benutzt werden. Am besten sind Gefäße aus Klarglas, denn man braucht sie nicht immer wieder zu öffnen, um nachzusehen, was in ihnen steckt.

Dauerhafte Unterbringung
Für die langfristige Aufbewahrung von zahlreichen Exemplaren können Sie Pappschachteln oder Holzkästen verwenden. Eine ausgediente Kommode oder auch ein Aktenschrank ist sehr praktisch, wenn Sie alle Spalten durch Dichtungsstreifen vor Lichteinfall oder Staub schützen.

Praktische Behälter sind Joghurt- und Margarinebecher, Plastikdosen und durchsichtige Kunststoffbehälter mit Fächereinteilung. Ideal ist natürlich ein richtiger Sammlerschrank.

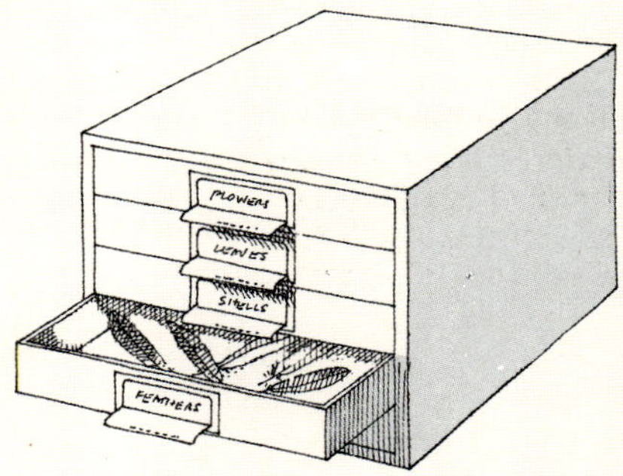

Schaukästen
Um die Präparate im Schaukasten trockenzuhalten, verwendet man rosa oder blaues Silikagel in Musselinbeutelchen.

SCHÄDLINGSBEFALL

Überprüfen Sie Ihre Sammlung jeden Monat, um sicherzustellen, daß die getrockneten Präparate nicht von Insekten oder Schimmelpilzen befallen sind und daß die in Spiritus konservierten Exemplare nicht durch Verdunstung an Flüssigkeitsmangel leiden. Schimmel zeigt sich auf Trockenpräparaten als ein pelziger oder pulvriger Belag. Tauchen Sie das Exemplar 30 Minuten lang in eine zehnprozentige Formalinlösung, um den Schimmel abzutöten. Doch auch nach dieser Behandlung ist eine regelmäßige Kontrolle notwendig. Lassen Sie niemals zu, daß sich Schadinsekten in Ihrer Sammlung einnisten. Löcher in den Präparaten und feiner Staub oder Flöckchen unter ihnen deuten auf Schädlingsbefall hin. Am besten vernichtet man die befallenen Exemplare, doch wenn sie zu wertvoll sind, kann man sie mit Äthylendichlorid oder Äthylformiat durchräuchern. Befolgen Sie dabei genau die Gebrauchsanweisungen, denn diese Chemikalien können bei unsachgemäßer Anwendung gefährlich sein.

Häufige Schädlinge Kleidermotte, Museums- und Teppichkäfer sind mit ihren Larven abgebildet. Auch Läuse und Milben richten Schaden an.

Kleidermotte Museumskäfer Teppichkäfer

DIE UNTERSUCHUNG UND KONSERVIERUNG VON PFLANZEN

DER BAUPLAN DER PFLANZEN

Wie die Tiere haben auch die Pflanzen eine eigene Anatomie. Eine genauere Untersuchung dieser Anatomie zeigt Ihnen, wie sich die verschiedenen Pflanzenteile an ihre jeweilige Aufgabe angepaßt haben. Die Wurzeln dienen beispielsweise nicht nur zur Verankerung der Pflanze im Boden, sondern auch als Rohrleitungen, die Wasser und Nährstoffe aufnehmen und transportieren. Der steife Stengel richtet die Pflanze auf (möglichst höher als ihre Nachbarn), denn die meisten Arten streben der Sonne entgegen. Die Blätter gleichen Solarbatterien, die möglichst viel Sonnenenergie einfangen. Die Sporen und Blüten sind so konstruiert, daß sich die Pflanze erfolgreich vermehren kann. Und innerhalb der Pflanze befinden sich, entsprechend den Adern des menschlichen Körpers, winzige Schläuche und Röhrchen, die das »Blut« – Wasser und gelöste Nährstoffe – zu den verschiedenen Teilen des Pflanzenkörpers befördern. Wenn Sie eine Pflanze sorgfältig sezieren und unter der Lupe oder dem

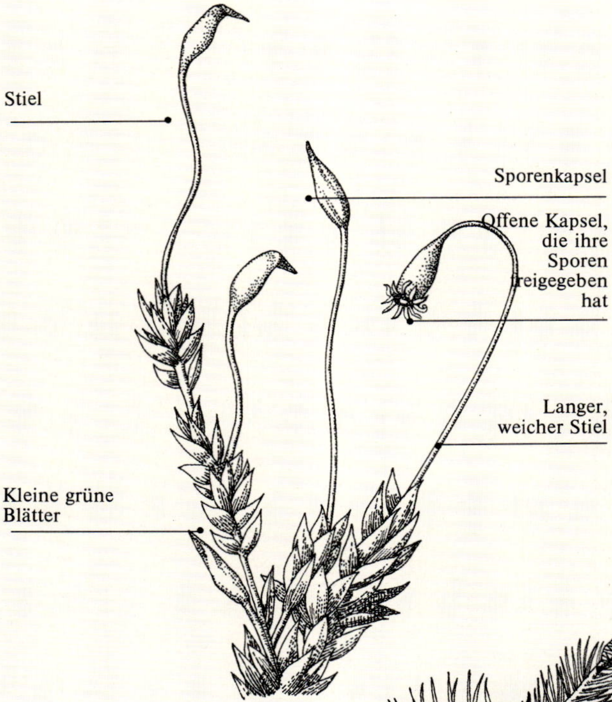

Moos
Es gibt viele schöne Moosarten, doch sie sind allesamt einfach gebaute Pflanzen. Sie haben keine echten Wurzeln, aber viele besitzen zur Verankerung zerbrechliche, haarartige Gebilde. Der Stiel ist mit grünen Blättchen besetzt. Blüten sind nicht vorhanden, doch wenn das Moos fortpflanzungsbereit ist, bilden sich gestielte Sporenkapseln. Bei manchen Moosen sind sie sehr hübsch; sie gleichen chinesischen Laternchen.

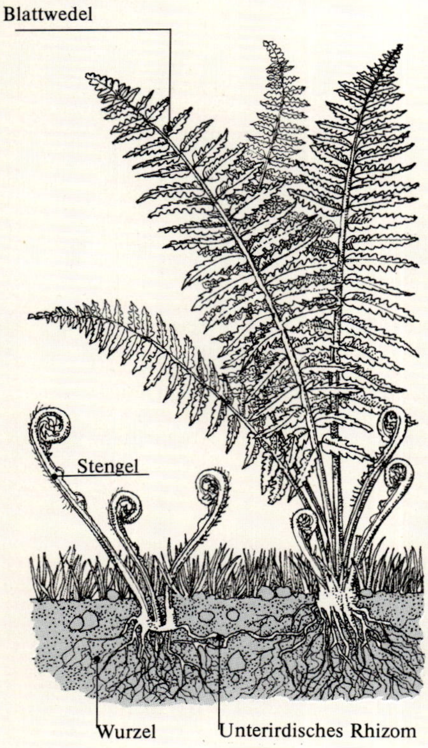

Farn
Farne können sich auf zweierlei Art vermehren. Sie senden unterirdische Stengel, sogenannte Rhizome, aus, die sich horizontal ausbreiten, oder sie pflanzen sich durch Sporen fort, die sich in reihenweise angeordneten knopfähnlichen Beuteln *(Sporangien)* entwickeln, die man an der Unterseite der Blattwedel sehen kann.

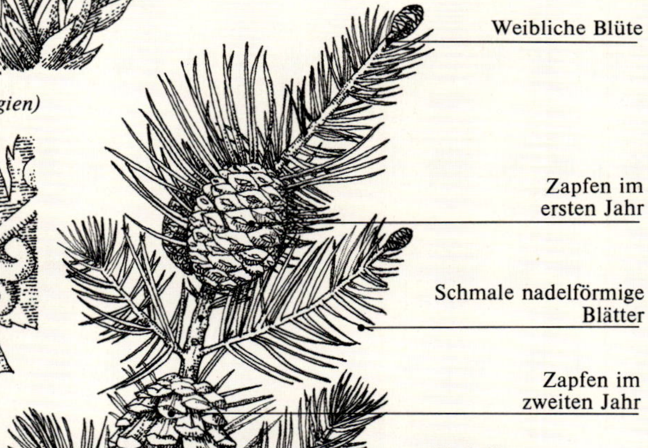

Nadelbaum
Nadelbäume tragen winzige männliche und kleine rote weibliche Blüten an der Spitze der Triebe. Die weiblichen Blüten entwickeln sich im ersten Jahr zu kleinen erbsenförmigen Zapfen und im darauffolgenden Jahr zu den richtigen Zapfen. Männliche sind kleiner und entstehen an der Basis der nächstjährigen Triebe.

Mikroskop betrachten, entdecken Sie spezialisierte Zellstrukturen und -bildungen, die nicht weniger kompliziert und faszinierend sind als die »Bausteine« der Tiere.

Die Baupläne der Pflanzen sind sehr unterschiedlich. Algen, zu denen der Seetang und die grünen Beläge auf Baumstämmen und feuchtem Mauerwerk gehören, sind am einfachsten gebaut. Sie besitzen kaum spezialisierte Teile und bestehen im Grunde nur aus einem abgeplatteten Körper (Thallus). Manche haben aber auch wurzelähnliche Haftscheiben, mit denen sie sich auf einer festen Unterlage anklammern. Die Moose sind etwas komplexer gebaut, denn sie verfügen über Blättchen und sporenerzeugende Kapseln auf den Stielen. Noch höher entwickelt sind die Farne mit ihren abwechslungsreich geformten Blättern, Stengeln und Wurzeln. Farne sind übrigens die primitivsten Pflanzen, die bereits ein Gefäßsystem besitzen – spezielle Röhrchen zur Beförderung von Wasser und Nährstoffen. Am kunstvollsten und am höchsten spezialisiert sind die Blütenpflanzen; schon eine alltägliche Pflanze wie der Löwenzahn bringt eine sehr komplizierte Blüte hervor.

Die Blüte ist einer der wichtigsten Bestandteile der Pflanzenanatomie. Es lohnt sich, das Sezieren von Blüten zu üben, denn die Zahl und Anordnung der Blütenblätter, Kelchblätter und Staubgefäße sind wichtig für die Artbestimmung. Dazu benötigen Sie in den meisten Fällen nur ein scharfes Skalpell, eine Sonde, eine feine Pinzette und eine Lupe. Ein Sezierverfahren besteht darin, daß Sie die Blüte vertikal durchschneiden, damit die inneren Organe in den beiden Hälften zum Vorschein kommen. Bei einer anderen Methode, die sich vor allem bei komplizierteren Blüten empfiehlt, wird die Blüte vorsichtig von außen nach innen aufgeschnitten.

Hahnenfuß
Der Hahnenfuß weist das Musterbeispiel einer typischen Blüte auf. Sie ist von fünf Kelchblättern umschlossen, und innerhalb der gelben Blütenblätter befinden sich die männlichen Organe (Staubblatt oder -gefäß), bestehend aus den Pollen (Blütenstaub), die in den Staubbeuteln enthalten sind, die wiederum auf einem Staubfaden (Filament) sitzen. Die weiblichen Organe (Fruchtknoten oder -blatt) umfassen die Narbe, die auf dem Griffel sitzt, und den Eiapparat. Wir haben es hier mit einer unspezialisierten Blüte zu tun. Sie kann von jedem Tier befruchtet werden, das über sie hinwegkriecht und dabei den Blütenstaub aus den Staubbeuteln auf eine Narbe überträgt.

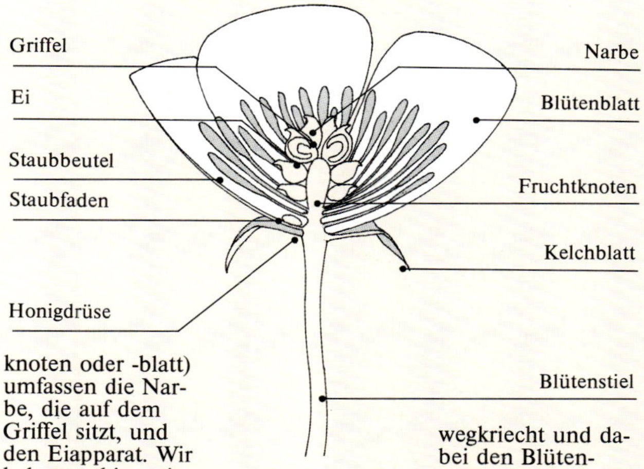

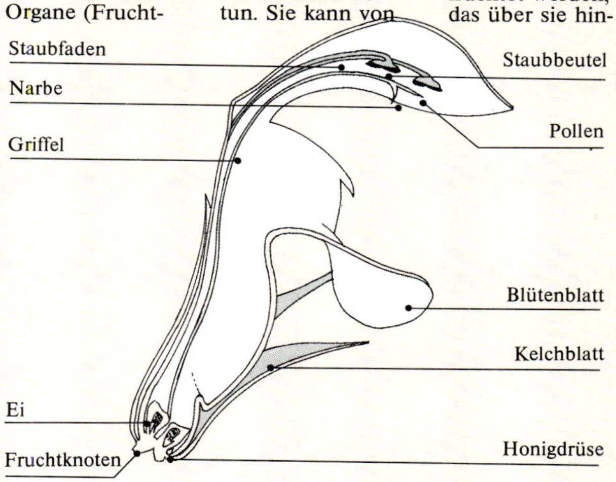

Weiße Taubnessel
Die Taubnesselblüte setzt sich aus denselben Teilen zusammen wie die Hahnenfußblüte, hat aber eine völlig andere, sehr viel stärker spezialisierte Form. Sie ist bei der Bestäubung auf Bienen oder ähnliche Insekten angewiesen; der Pollen ist so angeordnet, daß er auf dem Rücken der Biene haften bleibt. Die Biene befördert ihn dann zu einer anderen Taubnesselblüte.

Löwenzahn
Der bekannte Löwenzahn ist nicht nur eine schöne, sondern auch sehr komplizierte Blütenpflanze. Er gehört zur Familie der Korbblütengewächse. Die Mitglieder dieser Familie haben Blütenstände, die sich aus zahlreichen Einzelblüten mit männlichen und weiblichen Fortpflanzungsorganen zusammensetzen.

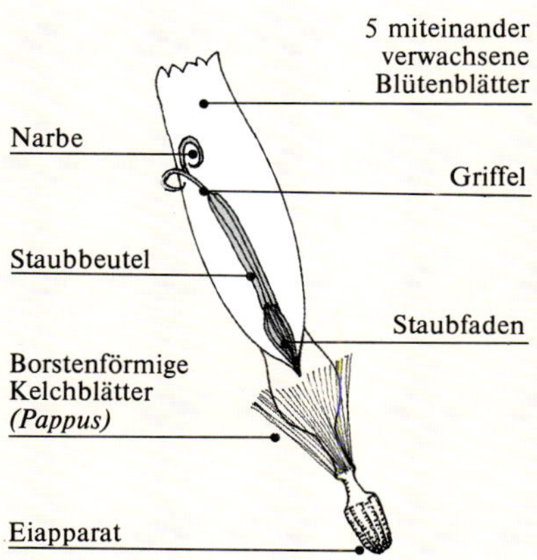

Gräser
Alle Gräser tragen Blüten, die sich jedoch von denen des Hahnenfußes sehr unterscheiden. Anstelle der Blüten- und Kelchblätter besitzen die Gräser zahlreiche blattähnliche Spelzen, welche die verschiedenen Blütenteile umschließen.

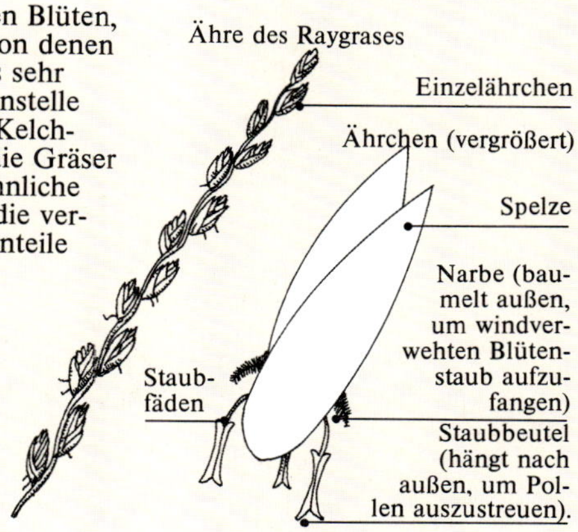

PFLANZENTEILE

Es macht Spaß, den Bauplan einer Pflanze zu entdecken. Mit einer Lupe oder einem einfachen Mikroskop sowie dem gängigen Sezierbesteck können Sie die komplizierte »Architektur« einer jeden Pflanze untersuchen. Besonders geeignete Forschungsobjekte sind verschiedene Gartenpflanzen, weil sich ihre großen Einzelteile leicht sezieren lassen.

Ein Schnittpräparat – ein dünnes Scheibchen der betreffenden Pflanze – ermöglicht Ihnen eine detaillierte Untersuchung. Es ist, als könnten Sie ein großes Gebäude entzweischneiden und alle Zimmer und Büroräume freilegen, aus denen das gesamte Bauwerk besteht.

Ein Schnittpräparat muß so dünn sein, daß das Licht hindurchscheint. Dann können Sie es unter dem Lichtmikroskop betrachten. Man kann für diesen Zweck ein Spezialgerät, ein sogenanntes Mikrotom, erwerben, das extrem feine Schnitte herzustellen vermag; es funktioniert ähnlich wie eine Wurstschneidemaschine. Man kann verschiedene Schnitte durch die einzelnen Pflanzenteile legen – ein Längsschnitt macht natürlich andere Details einer Pflanze sichtbar als ein Querschnitt.

Blätter, Stengel und Knospen

Blätter unterscheiden sich sehr in Größe und Form, doch die meisten weisen die unten abgebildeten Bestandteile auf. Manche Blätter, etwa die des Heidekrauts oder die Nadeln einer Konifere, sind stark modifiziert, und es ist deshalb oft schwierig, alle Einzelteile zu erkennen. Sezieren Sie verschiedene Blattypen und versuchen Sie alle vergleichbaren Teile zu identifizieren.

Die Untersuchung des Stengels gewährt Ihnen einen Einblick in die »Adern« der Pflanze. Machen Sie einen Querschnitt durch den Stengel, und Sie werden die dünnen, zerbrechlichen saftführenden Röhrchen (Phloem) und die dickerwandigen »Wasserleitungen« (Xylem) erkennen.

Die Knospe ist eine Art eingeschrumpfte Pflanze. Unter günstigen Bedingungen, gewöhnlich im Frühling, dehnt sich die Knospe aus, und die in ihr enthaltenen winzigen Blättchen sind funktionsbereit. Gute Untersuchungsobjekte sind die »klebrigen« Knospen der Roßkastanie und der Rosenkohl aus dem Gemüsegarten.

Wurzeln

Die Wurzeln sind im allgemeinen im Boden verborgen, doch sie zählen zu den interessantesten Teilen der Pflanzenanatomie. Sie sind zudem wichtige Lieferanten von minerali-

Herstellung eines Schnittpräparats
Wollen Sie weiches Gewebe schneiden, empfiehlt sich eine »Stütze«, in die das Gewebe eingebettet wird. Dazu eignet sich Holundermark, dichter Schaumgummi, Balsaholz oder Styropor.

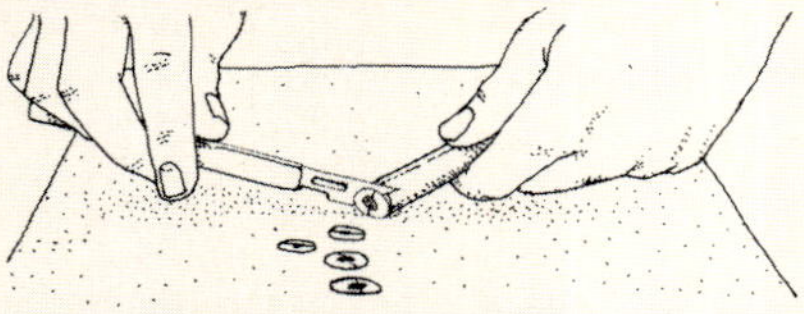

1. Mit einem Skalpell oder einer Rasierklinge führen Sie möglichst feine Schnitte aus, wobei Sie das eingebettete Objekt gut festhalten.

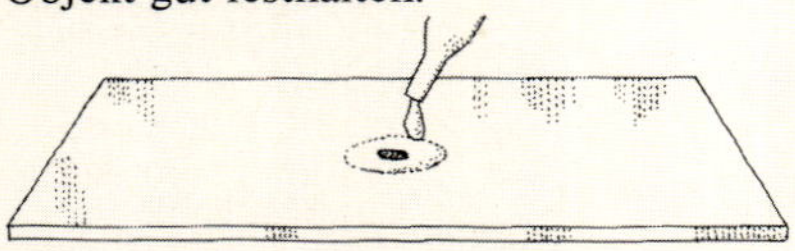

2. Legen Sie den dünnsten Schnitt auf einen Objektträger. Färben Sie ihn mit etwas biologischem Färbemittel.

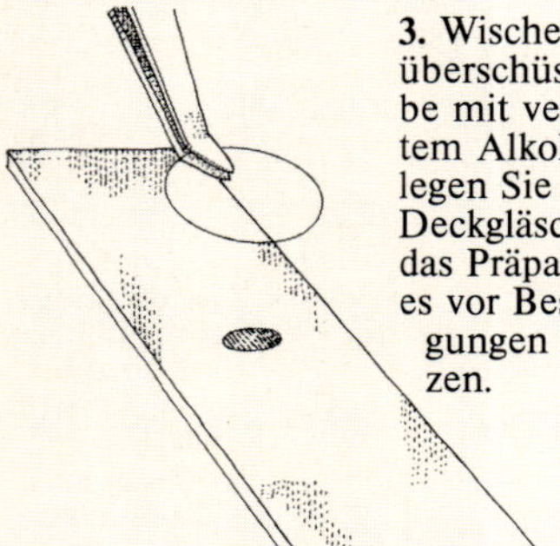

3. Wischen Sie die überschüssige Farbe mit verdünntem Alkohol ab, legen Sie ein Deckgläschen auf das Präparat, um es vor Beschädigungen zu schützen.

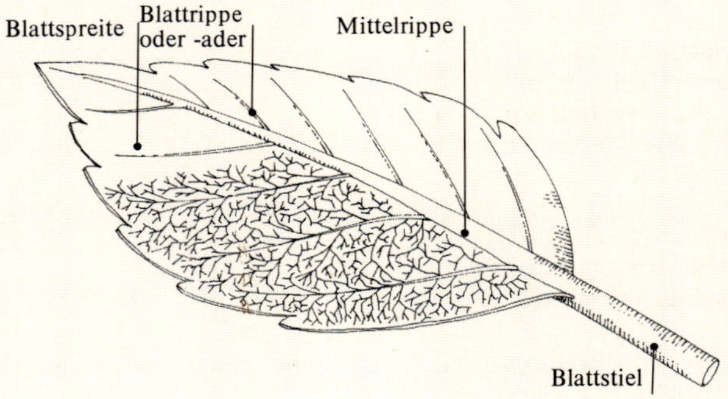

Blattuntersuchung
Blätter sind gleichsam Sonnenfallen. Sie haben die Aufgabe, möglichst viel Lichtenergie von der Sonne aufzufangen. Die Rippen und Adern stützen das Blatt und transportieren zugleich Nährstoffe. Ein Schnitt zeigt die saft- und wasserführenden Gefäße.

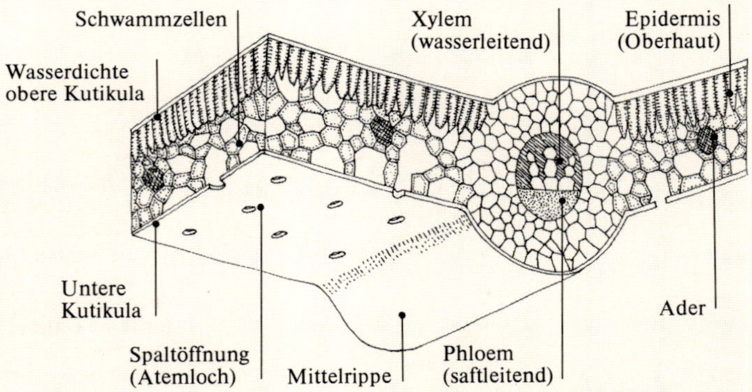

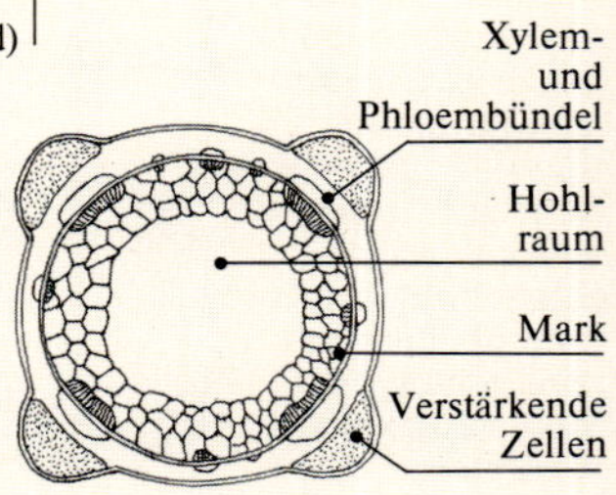

Stengelquerschnitt
Die Weiße Taubnessel besitzt einen exemplarischen Stengel, denn er zeigt im Querschnitt sehr deutlich die verschiedenen Gefäßbündel. In der hohlen Mitte bildet der Stengel eine Röhre, die außen durch vorspringende Anwüchse verstärkt wird. So verbindet sich Festigkeit mit Leichtigkeit.

schen Nährstoffen und Wasser. Die Wurzelenden sind mit feinen Härchen bedeckt, welche die wasserabsorbierende Oberfläche vergrößern. Manche Pflanzen, zum Beispiel der Efeu, treiben neue Wurzeln aus, wenn Sie ein Stück abbrechen und ins Wasser stellen. Sie können deren Entwicklung ohne Hilfsmittel mit dem bloßen Auge beobachten und die Wachstumsfortschritte messen.

Eine Wurzel wächst nur an der Spitze. Schneiden Sie eine Wurzelspitze ab (am besten von einer Zwiebel) und zerdrücken Sie sie behutsam auf einem Objektträger. Unter einem Mikroskop können Sie dann die Zellteilung beobachten. Bei Verwendung eines geeigneten Färbemittels werden außerdem die Chromosomen in den einzelnen Zellen sichtbar.

Samen, Früchte und Beeren

Die Früchte oder Beeren enthalten die Samen, die ihrerseits den Pflanzenembryo, den Keimling, enthalten. In vielen Samen ist außerdem Nahrung für den Keimling gespeichert, die zahlreichen Tieren (einschließlich den Menschen) sehr gut schmeckt. Übrigens, die landläufige Unterscheidung zwischen Obst (Früchte) und Gemüse ist botanisch nicht immer korrekt, denn Bohnen, Gurken, Tomaten und andere »Gemüse« sind allesamt Früchte, weil sie Samen enthalten!

Samen, Früchte und Beeren sind hinsichtlich ihrer Größe, Form und Farbe sehr variabel. Der Same der Tamblacocque-Pflanze sieht beispielsweise aus wie ein kleines Chinesengesicht, während der Löwenzahnsame die Gestalt eines Fallschirms hat. Durch diese äußerst zweckmäßige Form wird die Ausbreitung durch den Wind erleichtert.

Fruchtbildung
Die Zeichnung rechts zeigt die Entwicklung der Erdbeerfrucht aus der Blüte. Der Schnitt durch die Blüte macht die Merkmale der Frucht bereits sichtbar. Nach der Befruchtung welken die Blütenblätter ab, während die Samen wachsen und Nahrungsreserven ansammeln für die Pflanzenembryos in ihrem Inneren. Tiere, die diesen Teil verspeisen, helfen die Samen verbreiten.

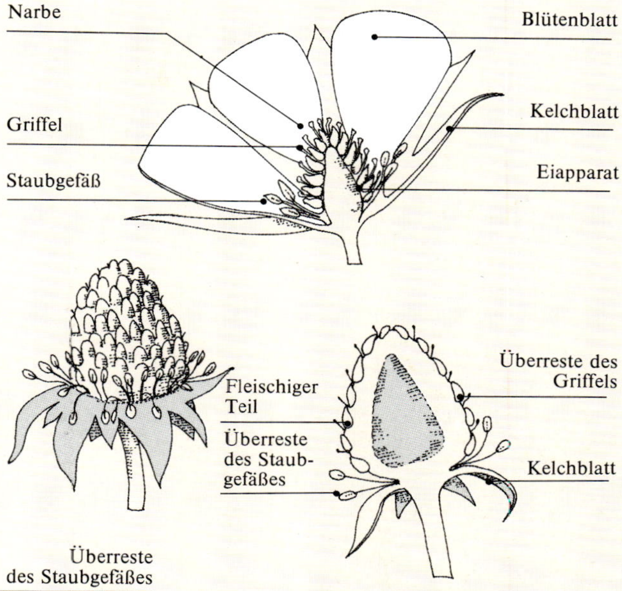

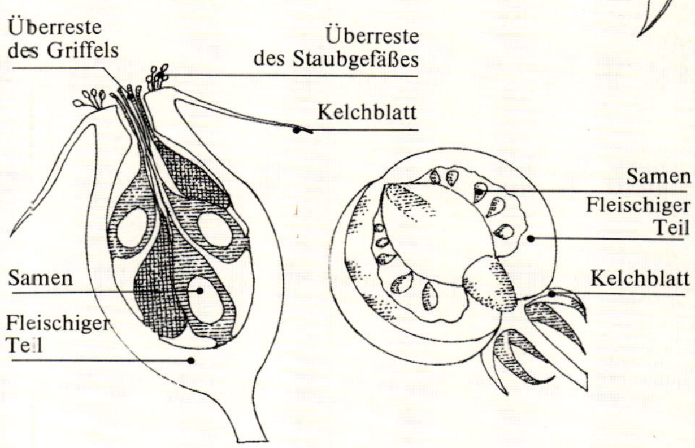

Fruchttypen
Die Tomate *(links)* und die Hagebutte *(ganz links)* demonstrieren, wie unterschiedlich diese »Pflanzenbabys« sein können. Neben den Samen und den Überbleibseln der Blüte besitzen diese Früchte einen fleischigen Teil, der Nahrung enthält.

Wurzeluntersuchung
Man kann eine Wurzelspitze querschneiden, aber meist ist es lohnender, die Wurzel längs zu halbieren. Man erkennt dann nicht nur die Xylem- und Phloemstränge in der Wurzelmitte, sondern auch die Spitze. Das ist der Teil, der sich beim Wurzelwachstum durch die Erde bohrt. Er wird durch die harte Wurzelhaube geschützt.

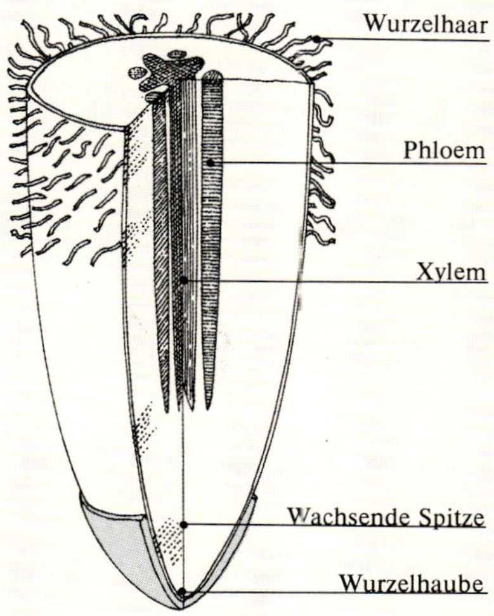

Knospe und Trieb
In einer Knospe befinden sich die zusammengefalteten Blätter und der zusammengedrückte Trieb. Die Knospen am Ende der Zweige nennt man endständig oder »apikal«, die auf dem Zweig achselständig oder »axillar«. Die Apikalknospen setzen das Längenwachstum des Zweiges fort, die Axillarknospen bringen neue Zweige hervor.

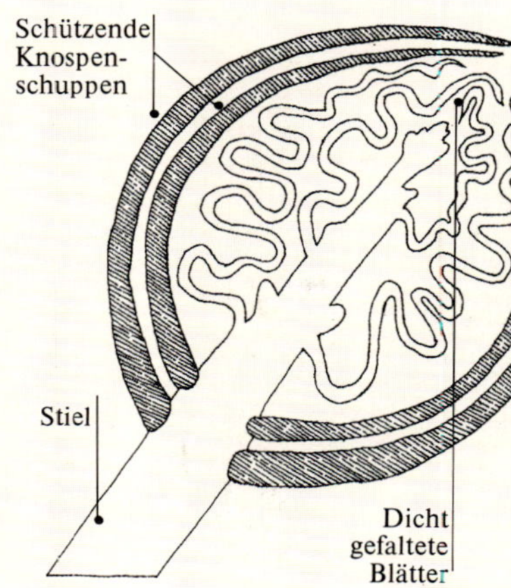

PFLANZEN TROCKNEN UND PRESSEN

In der Regel bewahrt man Blüten und andere Pflanzenteile trocken auf, es sei denn, man möchte sie später mikroskopieren; dann sollte man sie »einlegen«. Da die Farben verblassen, sollten Sie die Blüten farbig fotografieren oder abzeichnen, solange sie noch frisch sind. Noch wichtiger ist, daß Sie die einzelnen Pflanzen während des Trocknens und Pressens beschriften. Eine alternative Konservierungsmethode ist das »Heißsandverfahren« *(vgl. S. 254)*, das häufig bei Pilzen angewendet wird. Dabei behalten die Pflanzen zwar ihre Form, aber die Farbe geht großenteils verloren.

Vorbereitende Maßnahmen

Um beim Pressen gute Resultate zu erzielen, muß man die Pflanzen richtig pflücken und sorgfältig aufbewahren, solange man noch unterwegs ist. Halten Sie sie so feucht wie möglich, vermeiden Sie Knicke und andere Beschädigungen, und sorgen Sie für Frischluftzufuhr. Die Pflanzen dürfen auf keinen Fall austrocknen; deshalb verarbeiten Sie sie am besten sofort nach der Heimkehr. Wenn das nicht möglich ist, spülen Sie sie unverzüglich ab und schneiden Sie die Enden der Stengel sauber ab. Stellen Sie sie in eine hohe Vase mit frischem Wasser, bis Sie mit dem Pressen anfangen.

Die Pflanzenpresse

Ihr wichtigstes Arbeitsgerät ist eine Pflanzenpresse. Mit ihrer Hilfe können Sie nicht nur Blüten, sondern auch Blätter, Stengel und sogar Wurzeln konservieren. Je schneller die Pflanzenteile trocknen, desto besser halten sich die Farben, doch mit einer kleinen Schrumpfung und gewissen Verzerrungen muß man immer rechnen. Das Grundprinzip besteht darin, daß die Blumen zwischen zwei saugfähige Papierbogen gelegt werden, die man mit ausreichendem Druck zusammenpreßt, und daß die Luftzirkulation dann das Trocknen besorgt. Die Größe der Presse ist abhängig von den Abmessungen der Pflanzen, die Sie bearbeiten wollen. Das Standardmaß der Herbarienblätter liegt bei 45×30 cm, und das ist das richtige Format für die meisten Blumen und Kräuter. Bevor Sie ernsthaft zu sammeln beginnen, sollten Sie, um Ihre Technik zu vervollkommnen, zunächst einige »Probedrucke« von gewöhnlichen Gartenpflanzen machen.

Wie viele Papierbogen Sie zum Pressen verwenden und wie oft Sie sie auswechseln müssen, hängt vom jeweiligen Pflanzentyp ab. Eine fleischige Pflanze erfordert viel Papier und einen häufigen Wechsel, damit

Vorbereitung
Pflanzen sind meist sehr zart. Man sollte sie deshalb in einem geeigneten Behälter heimtragen, am besten in einer altmodischen Botanisiertrommel. Die Pflanzen müssen bis zum Pressen frisch gehalten werden.

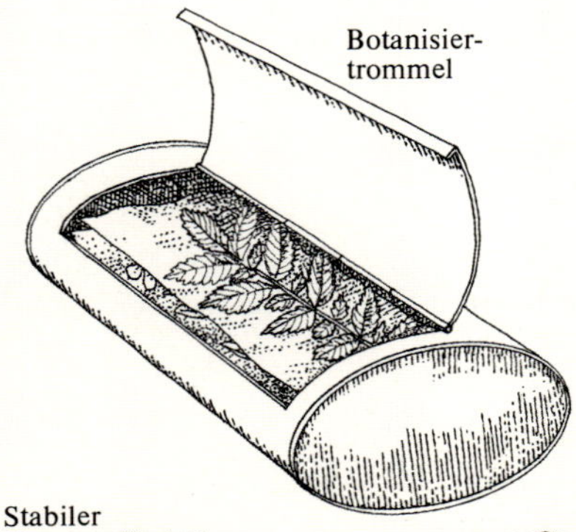
Botanisiertrommel

Stabiler Kunststoffbehälter

In Wasser frischgehaltene Pflanzen

Pflanzenpressen
Falls Sie keine botanische Presse besitzen, können Sie sich mit Büchern, Ziegelsteinen oder sogar Brettern unter dem Bettpfosten behelfen.

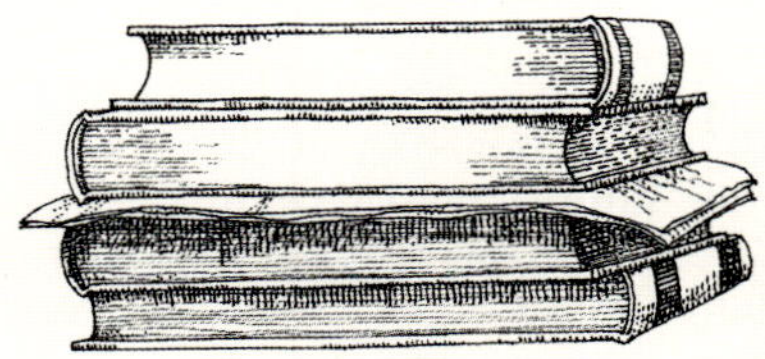
Schwere Bücher

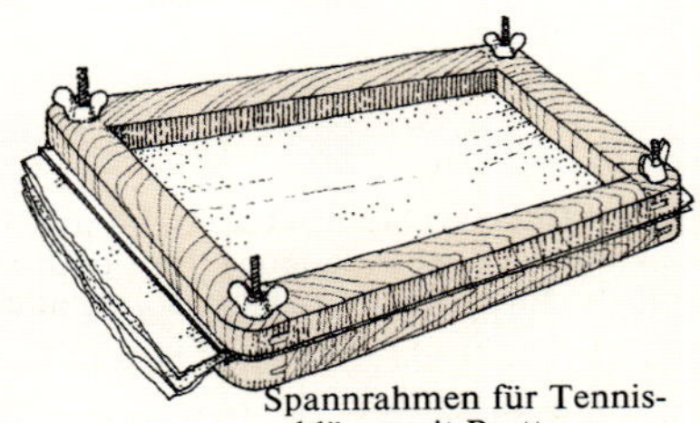
Spannrahmen für Tennisschläger mit Brettern

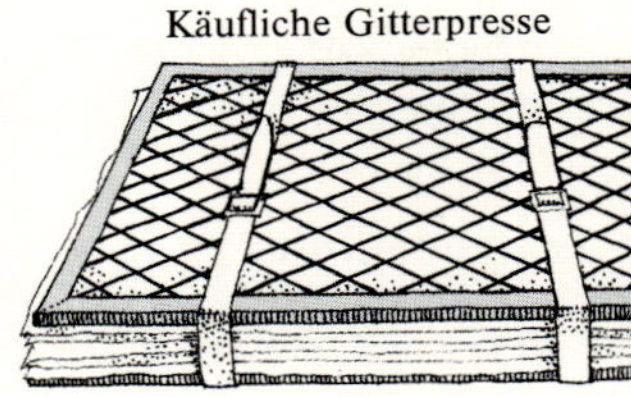
Käufliche Gitterpresse

REHYDRIERUNG FÜR STUDIENZWECKE

Getrocknete Pflanzen lassen sich rehydrieren. Das heißt, man kann ihnen wieder Wasser zuführen, um ihnen ein fast lebensechtes Aussehen zu geben, wenn man ihre Anatomie untersuchen möchte. Rehydrierte Exemplare können sogar unter dem Mikroskop betrachtet werden.
Die Pflanze wird zu diesem Zweck in Wasser eingetaucht und auf einer Kochplatte vorsichtig erhitzt, bis sie weich ist. Das kann 20 oder 30 Minuten dauern, je nach Pflanzentyp. Handelt es sich um eine ursprünglich weiche und feuchte Pflanze, etwa um ein Moos, so ist der Vorgang wahrscheinlich schon nach etwa 5 Minuten in heißem Wasser abgeschlossen. Zähe, trockene Gewächse, z.B. Kreuzkraut, müssen dagegen vielleicht 30 Minuten lang leicht kochen, um sich wieder mit Wasser zu füllen.
Eine rehydrierte Pflanze muß sehr behutsam behandelt werden. Sie wird weich, biegsam und reißt sehr leicht.

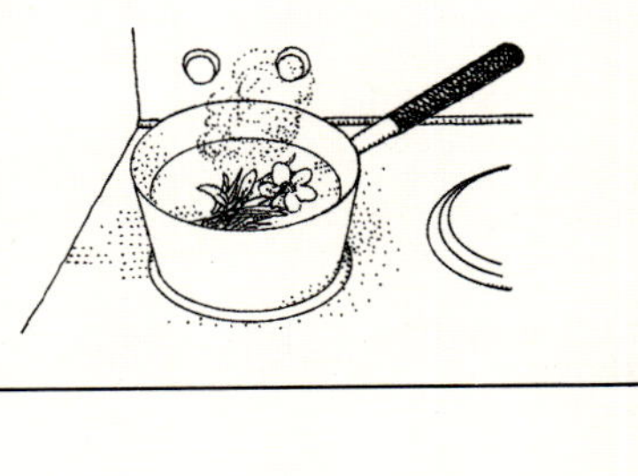

sie gut trocknet. Stark wasserhaltige und lappige Exemplare arrangieren Sie am besten mit dem »Schwimmverfahren« *(vgl. S. 255)*. Bedenken Sie, daß die fertig getrocknete Pflanze sehr brüchig ist; deswegen müssen Sie sie schon ganz zu Anfang sehr sorgfältig anordnen. Manche Botaniker experimentieren derzeit mit Mikrowellenherden, um das Trocknen zu beschleunigen. Man legt die Pflanze in eine kleine Presse, die man dann im Durchschnitt etwa zwei Minuten lang in den Mikrowellenherd schiebt. Machen Sie aber zuerst ein paar Versuche mit wertlosem Material, und achten Sie darauf, daß sich das Papier nicht entzündet.

Anlage eines Herbariums

Befestigen Sie die gepreßten Pflanzen mit durchsichtigen Klebestreifen oder glasklarem Klebstoff auf sauberen weißen Kartonbogen. Stecken Sie das Ganze vor der endgültigen Unterbringung drei Tage lang in die Tiefkühltruhe, damit alle Schädlinge abgetötet werden. Danach wird jeder Bogen sorgfältig beschriftet. Die Aufschrift soll auf jeden Fall den volkstümlichen und wissenschaftlichen Namen der betreffenden Pflanze enthalten. Empfehlenswert sind zudem knappe Angaben über die Fundstelle, die Fundzeit und den Biotoptyp. Bei Pflanzenteilen sollten Sie ferner die ganze Pflanze beschreiben, von der die Probe stammt (Größe, Wuchsform, Zahl der Blätter und Blüten).

Bewahren Sie Ihr Herbarium trokken, flach und ohne Gefahr des Knikkens auf. Dazu können Sie Pappschachteln, Schubladen, Plastiktaschen, Aktenordner oder Alben verwenden.

Problempflanzen

Bei manchen Pflanzen stoßen das Pressen und die Unterbringung auf besondere Schwierigkeiten. Dazu gehören dicke Teile wie Stengel und Früchte, aber auch einige Blüten. Diese Pflanzenteile lassen sich leichter bearbeiten, wenn man sie zum Trocknen entzweischneidet. Schützen Sie sie während des Trocknungsvorgangs durch Papierpolster vor dem Zerdrücktwerden. Halbierte Stücke kleben Sie so auf, daß die eine Hälfte von oben und die andere von unten zu sehen ist.

Große Gewächse, Sträucher oder gar Bäume, stellen den Sammler scheinbar vor unlösbare Probleme. Aber in der Regel ist es möglich, interessante Einzelteile auszuwählen und in der üblichen Weise zu behandeln.

Wie man Pflanzen preßt

Es ist wichtig, daß die Pflanze vor dem Pressen sauber und trocken ist. Tauchen Sie sie in reines Wasser und tupfen Sie sie mit einem weichen Tuch trocken. Auf diese Weise werden alle Insekten und andere Tiere entfernt, die eventuell an ihr haften.

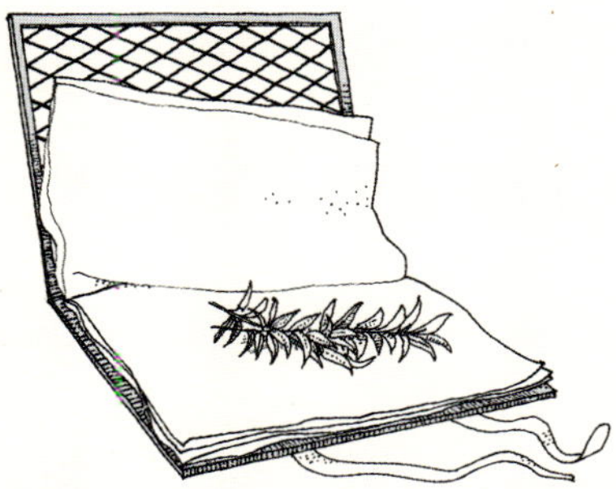

1. Arrangieren Sie das Exemplar auf zwei saugfähigen Bogen, etwa Lösch- oder Zeitungspapier. Dabei sollen alle Aspekte wie Blüten, Knospen und Blätter (Ober- und Unterseite) möglichst vorteilhaft zur Geltung kommen.

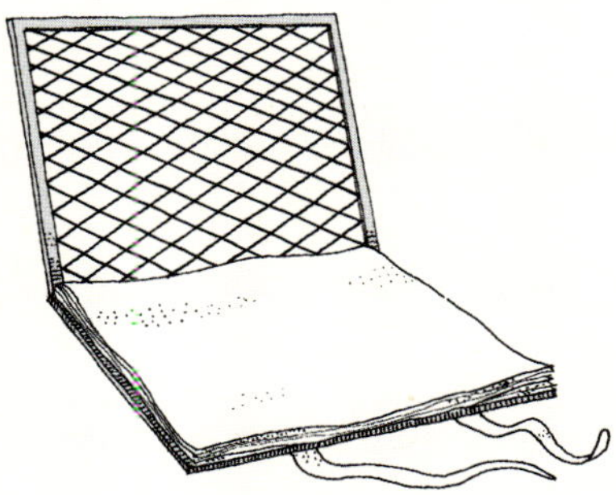

2. Legen Sie drei Papierbogen auf die Pflanze, dann folgen eine zweite Pflanze und wiederum drei Bogen, und so weiter – bis zu zehn Lagen.

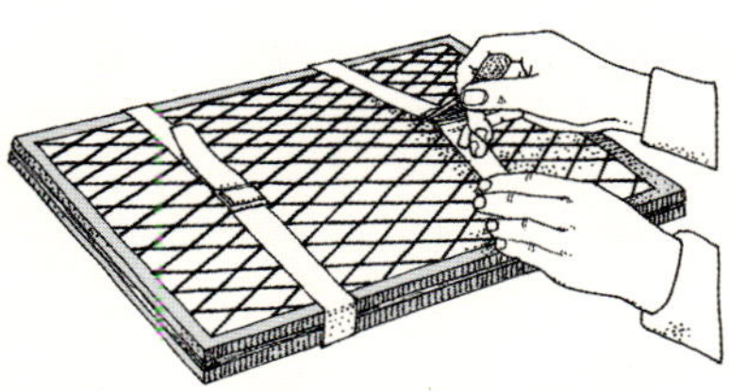

3. Schließen Sie die Presse und bewahren Sie sie in einem warmen, trockenen Raum auf. Die Papierbogen werden häufig ausgewechselt. Nach 2–4 Wochen sind die Pflanzen trocken.

EINE BLÜTE UND IHRE GÄSTE

In einer hochinteressanten Spezialuntersuchung können Sie ermitteln, welche verschiedenen Tiere von einer bestimmten Pflanze abhängig sind. Wählen Sie eine gängige Art, z.B. eine Sonnenblume, und pressen Sie Stengel, Blüten, Knospen und Samen. Beobachten Sie, welche Insekten und sonstigen Tiere die einzelnen Pflanzenteile besuchen oder auf ihnen leben. Von diesen sammeln und präparieren Sie jeweils ein Exemplar. Berücksichtigen Sie dabei die verschiedenen Besucher, die sich zu den unterschiedlichen Tageszeiten einfinden. Die Tiere, die Sie nicht sammeln können, etwa Vögel, lassen sich durch Bilder aus Büchern oder Zeitschriften darstellen.
Fertigen Sie eine Schautafel an, die das Nahrungsnetz und die Wechselbeziehungen zwischen den einzelnen Organismen veranschaulicht.

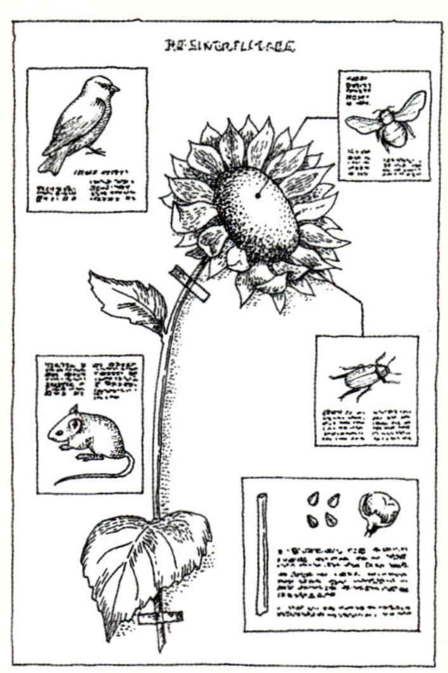

PILZE UND FLECHTEN

Pilze und Flechten »sammelt« man im allgemeinen am besten mit Kamera und Zeichenstift, weil man auf diese Weise die Farben exakt erfassen kann. Eine Konservierung ist zwar möglich, aber dabei gehen gewöhnlich die Farben verloren. Man kann die Gewächse als Ganzes »einlegen«, doch sonst ist die Trockenkonservierung vorzuziehen. Flache, krustige Flechten können zusammen mit dem Gegenstand, auf dem sie festgewachsen sind (Steine oder Holz), getrocknet werden. Dazu genügen zwei oder drei Tage in einem warmen Zimmer. Pilze und weiche Laubflechten werden am besten mit dem »Heißsandverfahren« präpariert.

Das heiße Sandbad

Bei diesem Verfahren bleibt die Form der Pilze erhalten, aber die Farbe verblaßt zum Teil. Man benötigt dazu eine Metallschüssel oder eine feuerfeste Form sowie etwas sauberen, feinen Sand. Erhitzen Sie zuerst den Sand im Backofen, füllen Sie dann eine Schicht in das Gefäß ein und arrangieren Sie darauf Ihre Exemplare. Anschließend »begießen« Sie das Ganze vorsichtig mit heißem Sand, bis die Pilze bedeckt sind. Das Sandbad muß 24 Stunden lang trocknen, und dann lassen Sie den Sand behutsam abfließen. Wenn Sie feststellen, daß die Pilze noch nicht vollständig trocken sind, sollten Sie den Vorgang wiederholen. Das »Heißsandverfahren« ist schwer zu kontrollieren. Deshalb sollte man es nur anwenden, wenn man überzählige Exemplare hat. Es kann nämlich leicht passieren, daß die Pilze dabei verkohlen.

Sind die Pilze trocken, werden sie mit einem feinen Pinsel sorgfältig von anhaftendem Sand gereinigt. Beachten Sie, daß die getrockneten Stücke sehr zerbrechlich sind. Sie dürfen sie nur vorsichtig am Stiel anfassen. Die fertig präparierten Exemplare werden in einem festen Behälter, etwa einer Pappschachtel, aufbewahrt.

Sporenabdrucke

Pilze vermehren sich nicht durch Samen, sondern durch winzige Sporen, die sich von der Unterseite des Hutes lösen. Sie können diese Sporen einsammeln und abdrucken.

Der Vorgang ähnelt dem Fingerabdruckverfahren. Wählen Sie junge schirmförmige Pilze aus, am besten solche mit einem gleichmäßigen glatten Rand. Bei Pilzen mit unregelmäßigen Hüten sind die Ergebnisse nicht so gut. Schneiden Sie den Stiel ab und drücken Sie den Hut mit der Unterseite auf einen sauberen Papierbogen. Hüten Sie sich vor Zugluft, denn sonst werden die Sporen vom Papier weggeweht. Zur Sicherheit stülpen Sie sofort eine Schüssel oder ein ähnliches Gefäß über den Pilzhut. Lassen Sie das Ganze über Nacht stehen, und heben Sie dann vorsichtig den Hut ab. Sie werden entdecken, daß sich das Sporenmuster auf dem Papier abgedruckt hat. Auch die »Speichen« der strahlenförmig angeordneten Lamellen sind deutlich zu erkennen.

Um den Abdruck zu fixieren, besprühen Sie ihn mit einem Haarspray oder einem farblosen Fixativ, wie es die Künstler benutzen. Sie müssen dabei sehr behutsam vorgehen, damit die Sporen nicht verschmieren. Am besten sprüht man horizontal aus einem Abstand von etwa 60 cm und aus ebensolcher Höhe. Dann kann sich das Spray sanft auf den Sporen absetzen. Besprühen Sie den Abdruck dreimal hintereinander, damit er sicher fixiert wird. Um eine reizvolle Kontrastwirkung zu erzielen, verwenden Sie nach Möglichkeit ein farbiges Papier, das von der Unterseite des Pilzhutes absticht: gelbes Papier für braune Sporen, schwarzes für Pilze mit weißer Unterseite.

Der Bauplan der Flechten

Flechten bestehen aus zwei Organismen, die zusammen leben – einem Pilz und einer Alge. Von dieser Partnerschaft profitieren beide. Die Alge wird mit einem geschützten Lebensraum und Nährstoffen versorgt, während dem Pilz die energiereiche Nahrung zugute kommt, die die Alge mittels Photosynthese erzeugt. Wenn man den Aufbau einer Flechte untersuchen will, muß man sie unter dem Mikroskop betrachten.

Die »Heißsandmethode«
Nachdem Sie den Sand im Ofen »gebacken« haben, gießen Sie ihn über die in einer Schale liegenden Fundstücke. Man sollte bei dieser Arbeit Handschuhe tragen, da der Sand und der Behälter sehr heiß sind.

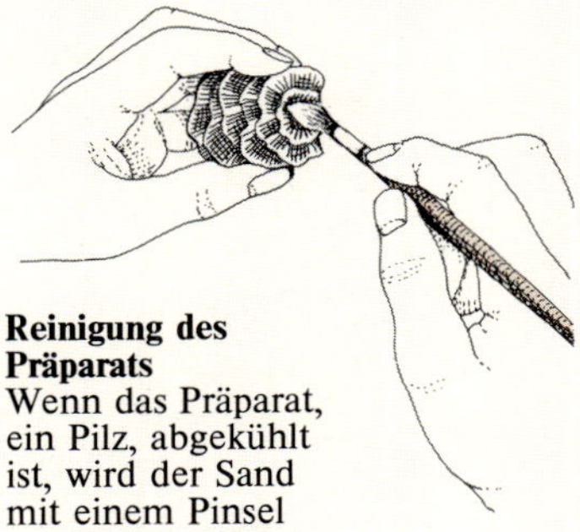

Reinigung des Präparats
Wenn das Präparat, ein Pilz, abgekühlt ist, wird der Sand mit einem Pinsel vorsichtig entfernt.

Die Herstellung eines Sporenabdrucks
Pilzsporen werden vom Wind verfrachtet. Man muß also jede Zugluft vermeiden, wenn man einen guten Abdruck erhalten will.

1. Mit einem Skalpell oder einer Rasierklinge wird der Stiel vom Hut abgetrennt, und zwar so weit oben wie möglich.

2. Legen Sie den Pilzhut auf einen Bogen Papier und decken Sie ihn mit einer Schachtel oder Schale ab.

3. Besprühen Sie den Abdruck von oben mit einem Fixiermittel, damit die Sporen nicht wegwehen.

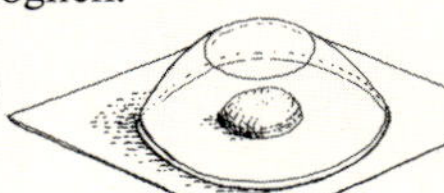
2

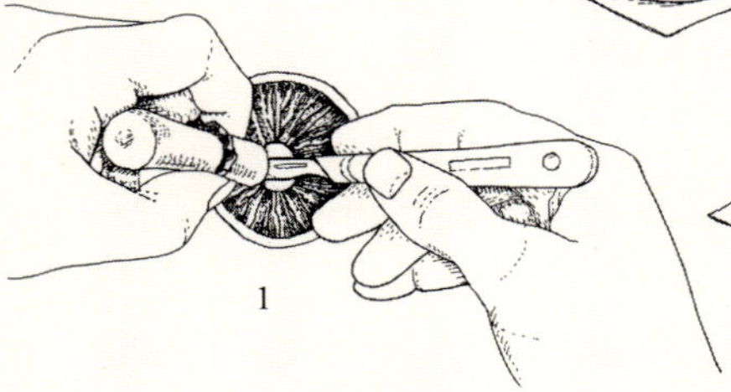
1

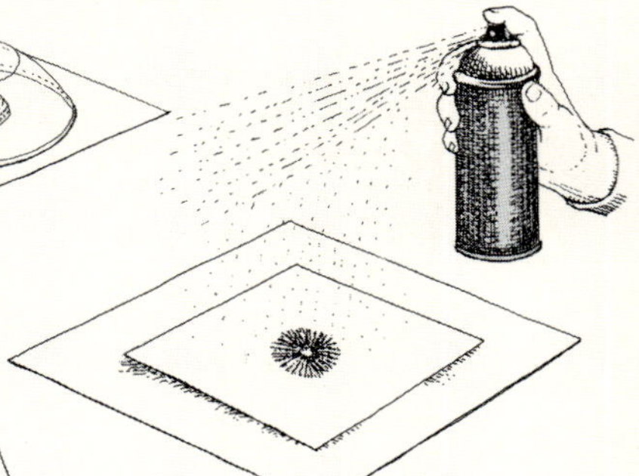
3

Obwohl die Flechten unglaublich widerstandsfähig sind – sie gedeihen sogar unter arktischen Bedingungen und in Dürregebieten –, sind sie extrem empfindlich gegen Schadstoffe in der Luft. Sie gelten deshalb als sehr gute Indikatoren der Luftverschmutzung; nur wenige Arten können sich in unseren Städten behaupten.

Flechten wachsen sehr langsam. Viele kleine Krustenflechtenarten vergrößern sich im Jahr nur um etwa einen Millimeter, und selbst bei den größeren Laubflechten beträgt das Größenwachstum nur einen Zentimeter pro Jahr. Entnehmen Sie deswegen keine zu großen Proben (sagen wir, nicht mehr als zehn Prozent).

Flechten unter dem Mikroskop
Die beiden Grundformen der Flechten sind rechts abgebildet, doch es gibt davon zahlreiche Varianten, die stets Doppelwesen aus Pilzen und Algen sind. Man kann diese Partnerschaft erkennen, wenn man eine Flechte unter einem Lichtmikroskop mit 250facher Vergrößerung betrachtet. Pulvrige grüne Flechten, die auf Baumstämmen wachsen, sind dafür gut geeignet.

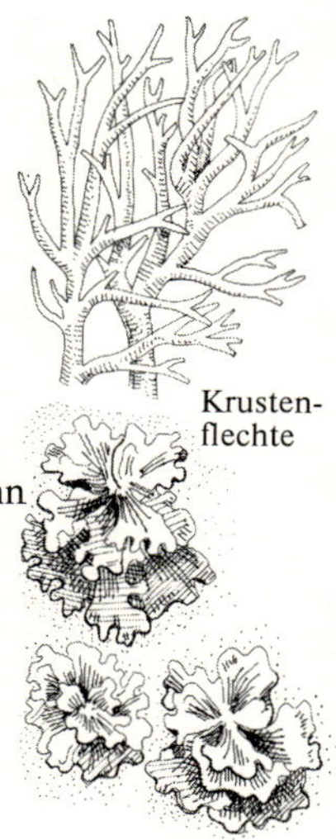

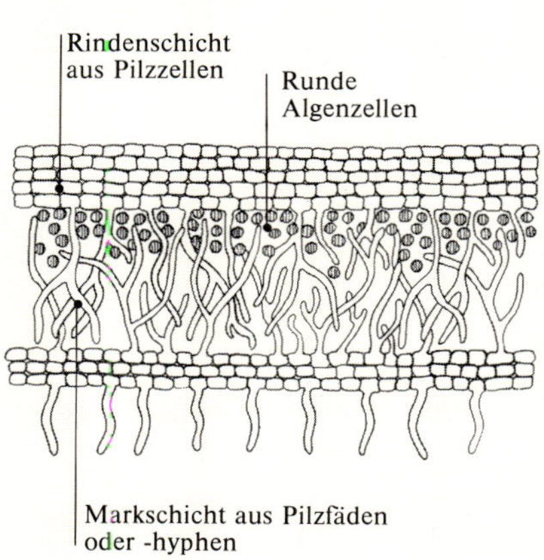

LAUB- UND LEBERMOOSE

Auch diese sind einfache Pflanzen, die keine Blüten hervorbringen, sondern sich wie die Flechten durch Sporen vermehren. Die Sporen sitzen vielfach in winzigen Kapseln, die sich auf schwanenhalsähnlichen Stielen über die Blättchen erheben.

Zur Fortpflanzung benötigen die Moose Feuchtigkeit, und so findet man sie im allgemeinen an feuchten Standorten. Laub- und Lebermoose enthalten sehr viel Wasser und müssen deshalb bei der Konservierung mit besonderer Sorgfalt behandelt werden.

Konservierungsmethoden
Ein sehr simples Verfahren besteht darin, daß man die Moospflanzen in einen Musselinbeutel steckt und in warmer, trockener Luft aufhängt. Dabei bewahren die Pflanzen sehr gut ihre Form. Die getrockneten Moose können Sie dann in einer kleinen Schachtel aufbewahren. Wählen Sie möglichst Moospflanzen mit intakten Sporenkapseln und präparieren Sie sie auf diese Weise.

Sie können aber auch eine Pflanzenpresse der bereits beschriebenen Form verwenden *(vgl. S. 252)*. Moose benötigen allerdings weniger Druck und einen häufigeren Papierwechsel; der ganze Vorgang dauert also länger als bei Blütenpflanzen. Pressen Sie sowohl komplette Moosbüschel als auch einzelne Blättchen.

Bei fragilen sukkulenten Pflanzen wie Moosen und Tangen wendet man häufig das »Schwimmverfahren« an. Dabei bleibt die natürliche wellenförmige Struktur des Tangs erhalten, die man nicht mehr erkennt, wenn man die Thalli auf trockenem Papier auslegt.

Beutel aus Netzgewebe
Ein Netzbeutel eignet sich sehr gut zur Konservierung. Um den Fund zu trocknen, steckt man ihn in den Beutel und hängt ihn in einem warmen, trockenen Luftstrom auf. Ein Lüftungsschrank ist ideal. Bei normaler Zimmertemperatur ist das Exemplar in 7–10 Tagen trocken.

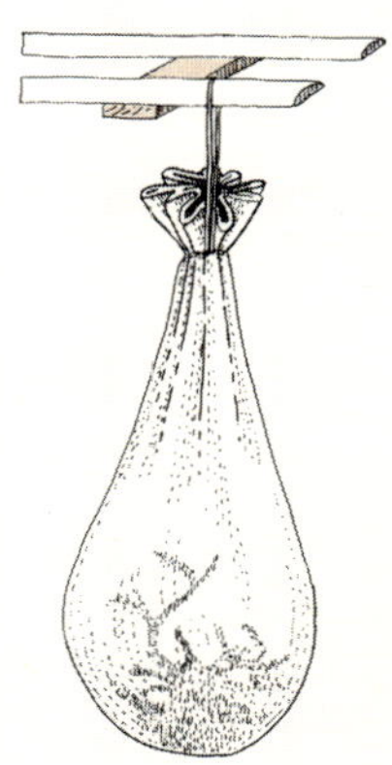

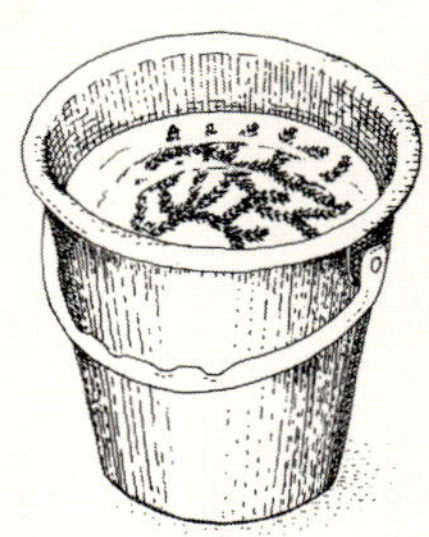

Das »Schwimmverfahren«
Wenn Sie Seetang gesammelt haben und konservieren wollen, bietet sich das Schwimmverfahren als zuverlässige Methode an.

1. Legen Sie den Tang über Nacht in reichlich Süßwasser. Dadurch wird das Salz zum größten Teil entfernt. Wenn man Tangstücke zusammen mit dem Salz konserviert, zerfallen sie allmählich.

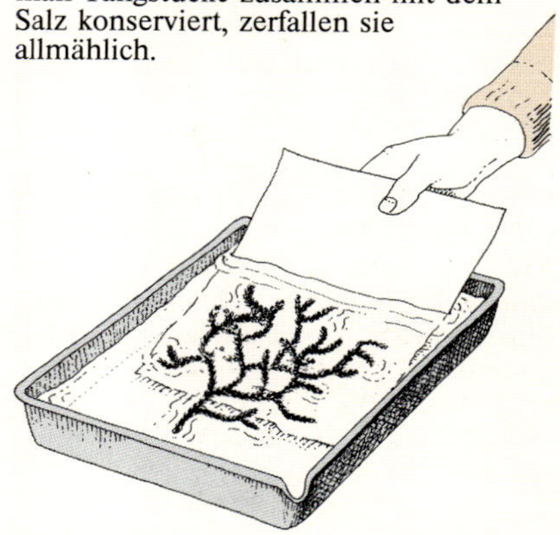

2. Tauchen Sie die Pflanze in eine mit sauberem Wasser gefüllte flache Schale und schieben Sie behutsam einen kräftigen Papierbogen oder einen Karton darunter. Heben Sie dann das Ganze vorsichtig aus dem Wasser, damit die Form des Tangs erhalten bleibt.

3. Lassen Sie die Pflanze eine Stunde lang an der Luft trocknen, bevor Sie sie ganz leicht in der Pflanzenpresse pressen. Bei Verwendung von zusätzlichem Saugpapier und sanftem Druck bewahrt das Präparat seine ursprüngliche Gestalt.

RINDE UND BLÄTTER

Wenn Sie für Studienzwecke einen ganzen Strauch oder Baum erfassen wollen, sollten Sie versuchen, alle wesentlichen Einzelteile auf die eine oder andere Weise zu präparieren. Neben der Blüte, die Sie nach dem üblichen Verfahren pressen können *(vgl. S. 252)*, benötigen Sie auch Belege der Samen und Früchte, der Rinde und des Laubwerks.

Rinde

Sofern Sie sich nicht einen Rindenbeleg in der Natur verschaffen, indem Sie das Reiberbildverfahren anwenden *(vgl. S. 119)*, können Sie auch einen Gipsabdruck anfertigen. Diese Methode eignet sich für vielerlei Gegenstände, aber bei Rinde oder Borke sind die Resultate besonders schön. Sie stellen am Baum eine Druckform aus Ton oder Plastilin her, die Sie dann daheim mit Gips oder Kunstharz ausgießen. Vor dem Guß müssen Sie an beiden Enden der hohlen Form Abschlußstege aus Ton anbringen. Sobald der Gips oder das Kunstharz trocken ist, entfernen Sie die Gußform und bemalen den fertigen Rindenabguß mit realistischen Farben.

Blätter

Für die Präparierung und Fixierung von Blättern bieten sich verschiedene Verfahren an. Welche Methode Sie auch anwenden wollen, reißen Sie niemals zu viele Blätter ab. Am besten nehmen Sie nur die harten Herbstblätter, die sich gerade zu verfärben beginnen, denn zu dieser Jahreszeit braucht der Baum sein Laub nicht mehr, das ohnehin über kurz oder lang abgeworfen wird.

Die einfachste Methode ist das uns bereits bekannte Pressen. Sie können nicht nur einzelne Blätter bearbeiten, sondern aus mehreren Blättern, die Sie im Garten oder Wald finden, reizvolle Kompositionen zusammenstellen. Das Experimentieren mit dem schönen herbstbunten Laub macht besonders viel Spaß.

Die Oberflächendetails eines Blatts lassen sich in Reiberbildern verewigen, nicht anders als die Rindenstrukturen. Wenn Sie nur die Blattform abbilden wollen, können Sie eine Silhouette herstellen. Sie drücken das Blatt mit der Fingerspitze flach auf einen Bogen Papier oder Pappe und besprühen oder übermalen die Ränder mit Farbe, so daß die Umrisse auf der Unterlage erscheinen. Wenn Sie mit einem Pinsel arbeiten, müssen Sie die Striche von innen nach außen führen, damit die Farbe nicht unter den Blattrand gerät und die scharfen Konturen verdirbt.

Die Äderung eines Blatts läßt sich auf zweierlei Weise fixieren. Das erste Verfahren, der Blattdruck, erfolgt nach dem Prinzip der Druckerpresse. Blattskelette entstehen, wenn man das »Fleisch« des Blatts entfernt, so daß nur die Adern und Rippen übrigbleiben.

LEBENSZYKLUS EINES FARNS

Farne haben einen interessanten Lebenszyklus, der aus zwei Phasen besteht. Die Farnpflanze mit den großen Blattwedeln repräsentiert einen der beiden Lebensabschnitte. An der Unterseite der Wedel befinden sich meist kleine braune »Knöpfe«, welche die Sporen enthalten. Wenn sie freigesetzt werden und auf einen feuchten Untergrund fallen, entwickelt sich aus ihnen das zweite Lebensstadium, das Prothallium, ein kleines grünes, herzförmiges Gebilde mit winzigen Wurzeln. An der Unterseite sitzen die winzigen männlichen Geschlechtsorgane, die Spermatozoiden enthalten, und die kleinen napfförmigen weiblichen mit jeweils einer Eizelle. Die Spermatozoiden schwimmen im feinen Wasserfilm umher, befruchten das Ei, und es entsteht eine neue Farnpflanze. Stellen Sie diesen Vorgang auf einer Schautafel dar. Größere Teile werden gepreßt, und kleine können unter der Lupe untersucht und gezeichnet werden.

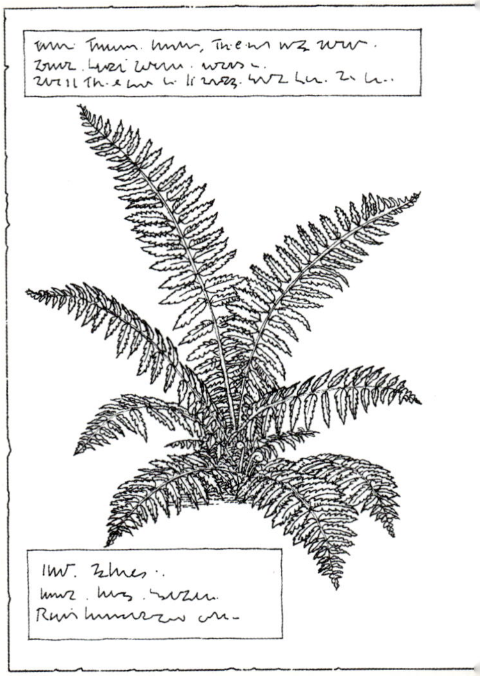

Rindenabguß

1. Klopfen Sie eine Schicht Ton oder Plastilin mit Hammer und Brett in die Rinde.

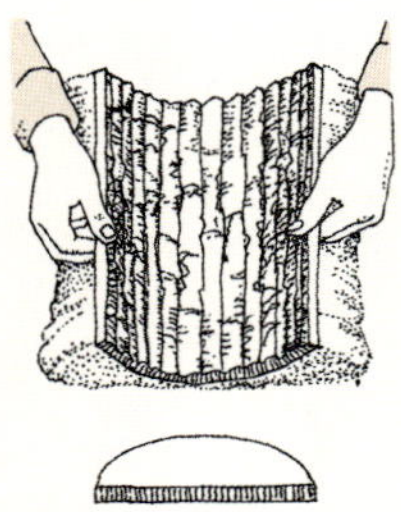

2. Biegen Sie den Abdruck zu einer hohlen Gußform (Enden nicht vergessen) und betten Sie das Ganze in Sand.

3. Gießen Sie die Form mit einem dicken Gipsbrei aus. Warten Sie, bis der Gips abgebunden hat.

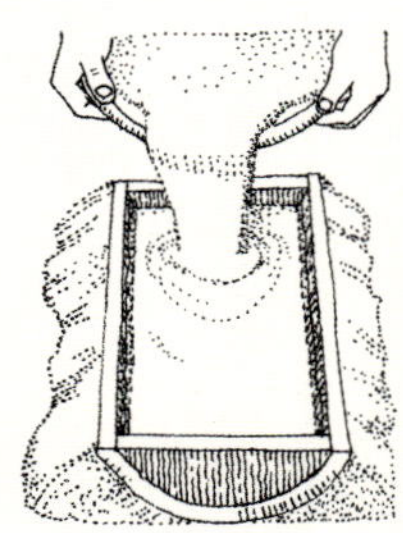

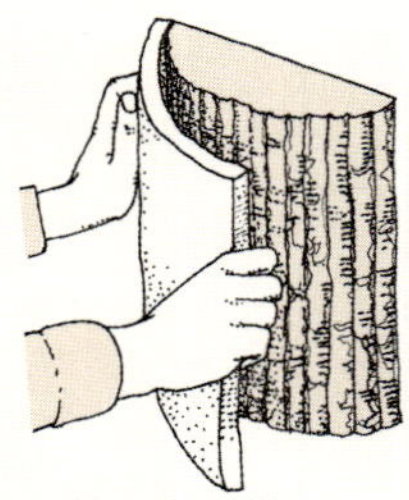

4. Hat der Gips abgebunden, entfernen Sie vorsichtig die Gußform. Säubern Sie den Abdruck mit Wasser und einer kleinen Bürste.

Die Herstellung eines Blattgerippes

Das Blatt 1 Stunde lang in Wasser sieden, 1 Woche darin stehenlassen (bis das Gewebe weich ist), das »Fleisch« mit einem Pinsel herauslösen und das Gerippe trocknen.

SAMEN, FRÜCHTE UND GALLEN

Samen und Früchte werden am besten trocken aufbewahrt. Wenn sie feucht werden, beginnen sie auszukeimen. Doch die meisten Samenkörner, Zapfen und Nüsse sind schon einigermaßen trocken, wenn man sie aufliest. Dennoch sollte man sie einige Tage lang auf einer festen, glatten Unterlage in einem warmen Raum nachtrocknen lassen, damit sie zuverlässig konserviert werden. Die beschrifteten Samen hebt man am besten zusammen mit anderen Teilen derselben Pflanze auf. Fleischige Früchte verschimmeln, wenn Sie sie nicht rasch trocknen. Ein heißes Sandbad *(vgl. S. 254)* eignet sich sehr gut zur Konservierung von Beeren, Trauben und ähnlichen Früchten. Halbieren Sie sie vorher, so daß Sie sowohl das Innere als auch das Äußere der Frucht zur Schau stellen können. Kleine Früchte kann man zusätzlich pressen.

Wenn Sie Material von einem Baum sammeln, sollten Sie auch nach Gallen Ausschau halten, jenen kleinen rundlichen Gebilden, die von Gallwespen, Gallmilben oder anderen Tieren hervorgebracht werden *(vgl. S. 121)*. Wenn Sie im Herbst Gallen sammeln und an einem kühlen Ort aufbewahren, werden die Gallenerzeuger und die mit ihnen zusammenlebenden Kleintiere ausschlüpfen. Harte, trockene Gallen wie zum Beispiel der Eichengallapfel halten sich recht gut, wenn man sie trocknen läßt, doch Blattgallen sollte man pressen. Für weiche, fleischige Gallen empfiehlt sich wiederum die »Heißsandmethode«.

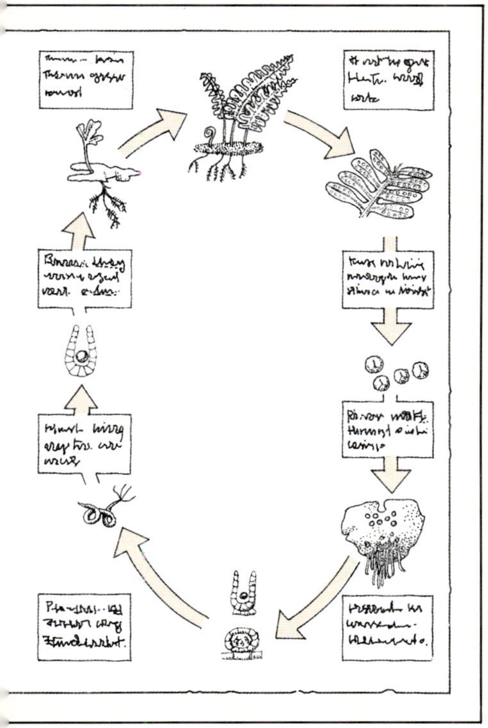

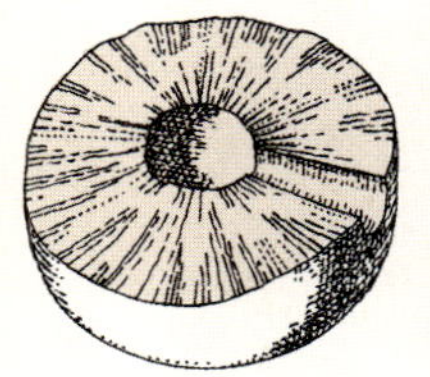

Das Innere einer Galle
Wenn man eine Galle aufschneidet, werden die Kammern in ihrem Innern sichtbar. Die Zahl der Ausgänge zeigt an, wie viele Insekten die Galle bewohnt haben.

DIE ANATOMIE EINES BAUMES

Wählen Sie einen Baum in Ihrer Nähe als Studienobjekt aus. Messen Sie seine Höhe und seinen Kronenumfang *(vgl. S. 110)* und fertigen Sie eine maßstabgetreue Zeichnung an. Indem Sie Einzelteile wie Zweige und Winterknospen sammeln und präparieren, können Sie nach und nach ein Schaubild der Baumanatomie zusammenstellen. Demonstrieren Sie auch den Unterschied zwischen den Frühlings-, Sommer- und Herbstblättern. Konservieren Sie die Blüte, die Samen oder Früchte sowie die Gallen, die Sie auf dem Baum entdecken. Durch Sezieren und Zeichnen der Teile gewinnen Sie am Ende einen vollständigen Überblick.

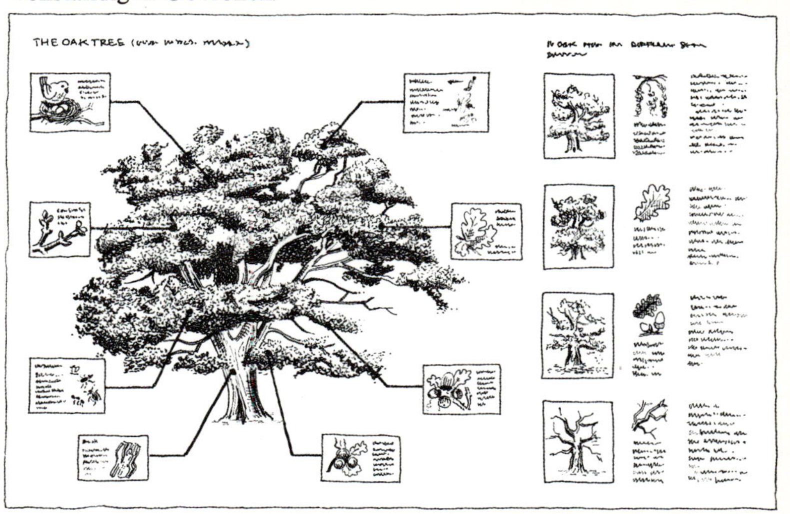

Selbstdruck mit Blättern
Zuerst wird das Blatt dünn mit Öl, Farbe oder Schuhcreme bestrichen. Legen Sie das Blatt mit der feuchten Seite auf ein sauberes Papier, bedecken Sie es mit Löschpapier und pressen und reiben Sie das Blatt, ohne es zu verschieben. Nach dem Trocknen wird der Abdruck mit einem Fixativ besprüht.

DIE PFLEGE LEBENDER PFLANZEN

DAS GEWÄCHSHAUS IM HEIM

Die Pflege von Pflanzen macht nicht nur großen Spaß, sondern ist für den Naturfreund auch sehr lehrreich. Pflanzen wachsen und entwickeln sich ähnlich wie Tiere. Auch sie stellen sich auf ihre Umwelt ein, freilich sehr viel langsamer als Tiere. Das Nervensystem erlaubt es einem Tier, rasch zu reagieren, wenn es darum geht, ein sonniges Plätzchen aufzusuchen oder Wasser zu finden, während eine Pflanze, der ein solches Nervensystem fehlt, auf Licht oder Feuchtigkeit dadurch reagiert, daß sie in die entsprechende Richtung wächst.

Man benötigt kaum Spezialgeräte, wenn man Pflanzen pflegen und mit ihnen experimentieren will, und der ideelle Lohn ist auf die Dauer groß. Die Aufzucht weiterer Pflanzen ist besonders einfach, weil man die vorhandenen Pflanzen durch Samen oder Ableger vermehren kann – Ihr Gewächshaus ist somit ein sich selbst erhaltendes System.

Tragen Sie alle Daten und Angaben über das Einpflanzen, das Auskeimen, die Wachstumsfortschritte usw. in Ihre Wandtabelle oder Ihren Jahresplan ein.

Es ist besser, abgepackte Sämereien zu kaufen, als natürliche Lebensräume durch das Sammeln von Samen zu schädigen. Erbsen, Bohnen, Sonnenblumen, Weizen und Kresse sind für Versuche besonders gut geeignet, weil sie schnell wachsen, und außerdem bereichern sie Ihren Speisezettel, wenn Sie die Experimente abgeschlossen haben. Sie dürfen allerdings auch einzelne Samen von gängigen Wildpflanzen entnehmen, ohne dadurch Schaden anzurichten.

Wachstumsbedingungen

Die meisten Samen brauchen zum Auskeimen und Austreiben vier Dinge: Licht, Feuchtigkeit, Wärme und Luft. Doch die erforderlichen Mengen sind bei den einzelnen Pflanzen verschieden. Das können Sie durch vier Versuche demonstrieren, die auf dieser Seite beschrieben werden. Viele Pflanzen lieben jedoch die

WIR UNTERSUCHEN WACHSTUMSBEDINGUNGEN VON PFLANZEN

Licht

Dieses Experiment soll zeigen, daß Licht für das Pflanzenwachstum notwendig ist. Füllen Sie zwei Blumentöpfe mit feuchter Erde und stecken Sie in jeden Topf drei oder vier Samen, die über Nacht eingeweicht wurden. Stellen Sie beide Töpfe auf die Fensterbank. Decken Sie einen mit einer Pappröhre ab, die am oberen Ende lichtdicht geschlossen ist. Stechen Sie für Luftzufuhr ein paar Löcher in die Röhre. Sie sollten diesen Topf in den Schatten stellen. Begießen Sie beide Töpfe jeden Tag. Beide Pflanzenproben erhalten somit genügend Wärme, Luft und Feuchtigkeit, aber die abgedeckten bekommen kaum Licht.

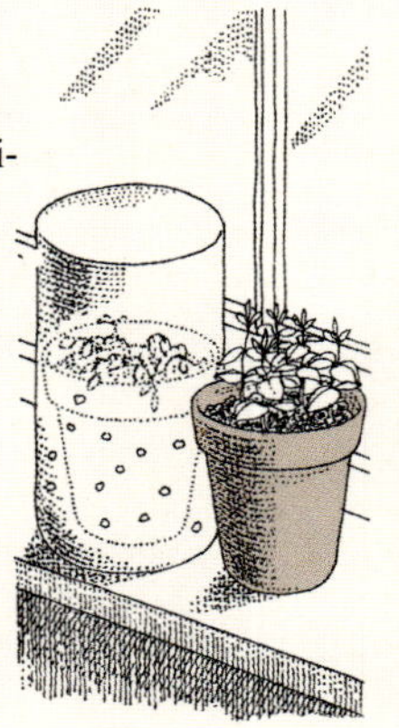

Ergebnis Die Samen des nicht abgedeckten Topfes müßten auskeimen und gut austreiben. Die im dunklen Topf beginnen wahrscheinlich zu wachsen und bringen lange bleiche Stengel und Blätter hervor, doch diese sterben bald ab.

Feuchtigkeit

Dieser Versuch beweist, wie wichtig Feuchtigkeit für Keimvorgang und Wachstum ist. Nehmen Sie wieder zwei Töpfe, einen mit feuchter und einen mit trockener Erde (am besten im Backrohr austrocknen). Legen Sie einige Samen über Nacht in Wasser und stecken Sie je drei oder vier davon in die Töpfe. Stellen Sie beide auf eine Fensterbank, wo sie ausreichend Wärme und Licht erhalten. Begießen Sie den Topf mit feuchter Erde jeden Tag, den anderen gar nicht.

Ergebnis Die Samen in dem bewässerten Topf werden auskeimen, die im trockenen dagegen nicht. Und wenn doch, dann werden die Keimlinge bald absterben.

Wärme

Diesen Versuch führen Sie möglichst bei kaltem Wetter durch. Unter solchen Bedingungen läßt sich leichter nachweisen, daß eine warme Umgebung für den Keim- und Wachstumsprozeß ebenfalls unerläßlich ist. Beschicken Sie abermals zwei Blumentöpfe mit Samen. Verwenden Sie feuchte Erde und wässern Sie beide Töpfe regelmäßig. Stellen Sie einen Topf in einem warmen Zimmer auf die Fensterbank, den anderen draußen vor das Fenster.

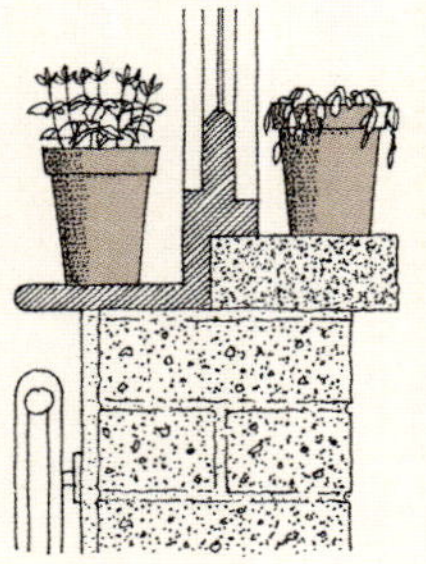

Ergebnis Die Pflanzen im Inneren gedeihen gut, doch die Vergleichssamen vor dem Fenster werden vielleicht auskeimen, aber schon bald der Kälte zum Opfer fallen.

Sauerstoff

Dieses Experiment beweist, daß Luft für die Pflanzen lebensnotwendig ist. Bereiten Sie zwei Blumentöpfe wie bei den bisherigen Versuchen vor. Stecken Sie den einen in einen durchsichtigen Plastikbeutel, in dessen zusammengebundene Öffnung Sie ein kleines Schlauchstück schieben. So können Sie die Pflanze gießen und den Schlauch mit einem Stöpsel wieder verschließen. Stellen Sie beide Töpfe auf eine Fensterbank und begießen Sie sie jeden Tag (den Schlauch im Plastikbeutel fest zustöpseln).

Ergebnis Die Samen im offenen Topf werden auskeimen und wachsen, aber die im verschlossenen Topf ersticken und schließlich Schimmel ansetzen.

Abwechslung. So keimen zum Beispiel manche Samen nur im Dunkeln aus, weil sie die Gewißheit haben müssen, in der Erde zu stecken. Doch die Blätter brauchen Licht, sobald die Pflanze zu wachsen beginnt. Man kann selber Versuchsanordnungen austüfteln, um die Reaktionen der verschiedenen Arten zu testen. Einige Samen, etwa Apfelkerne, keimen erst nach einer kühlen Zwischenperiode aus. Wenn Sie solche Kerne im Herbst sammeln und wie üblich einpflanzen, tut sich wahrscheinlich gar nichts. Doch legen Sie ein paar Kerne zwei Wochen lang in den Kühlschrank. Dadurch wird das kalte Wetter simuliert, und jetzt müßten die Samen eigentlich auskeimen. In der Natur dient diese »Samenstrategie« dazu, das Wachstum im Herbst zu unterbrechen. Das hat den Vorteil, daß die jungen Pflanzen im Winter nicht dem Frost und Schnee zum Opfer fallen.

Lichtquellenvergleich
Sonnenlicht und künstliches Licht setzen sich aus verschiedenen Wellenlängen zusammen, und darauf reagieren Pflanzen in unterschiedlicher Weise. Bereiten Sie drei Blumentöpfe mit Keimlingen vor. Stellen Sie einen auf eine sonnige Fensterbank, den zweiten unter eine Neonröhre und den dritten wegen der Wärmeentwicklung nicht zu nahe neben eine Tischlampe mit normaler Glühbirne. Zeichnen Sie die verschiedenen Wachstumskurven auf.

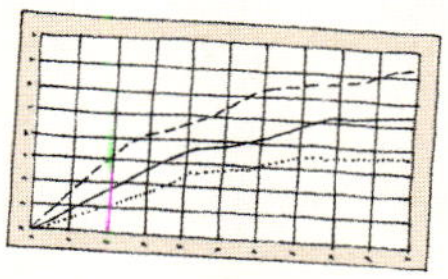

Wie Pflanzen auf Licht reagieren
Alle Pflanzen wachsen dem Licht entgegen. Das können Sie feststellen, wenn Sie die Wachstumsrichtung einer beliebigen Pflanze in Fensternähe beobachten. In einem Experiment läßt sich nachweisen, welche Pflanzenteile in dieser Weise auf Licht reagieren. Ziehen Sie etwa 20 Jungpflanzen in einer Schale in der Nähe eines Fensters auf. Nach dem Auskeimen bedecken Sie die Wachstumsspitzen einiger Pflanzen mit kleinen Kappen aus Alufolie. Diese Exemplare werden senkrecht nach oben wachsen, während sich die anderen dem Licht zuneigen. Es sind also die Spitzen, die auf Licht reagieren.

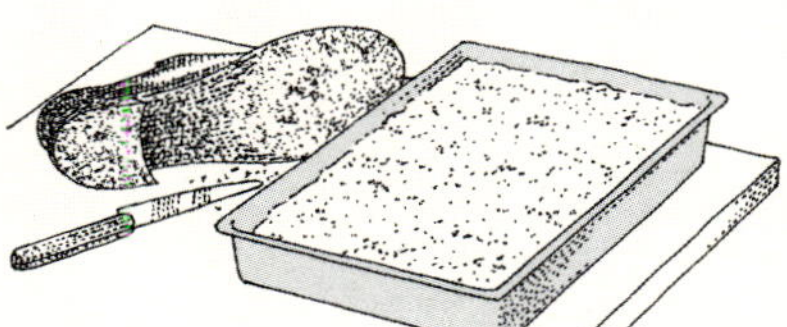
1

2

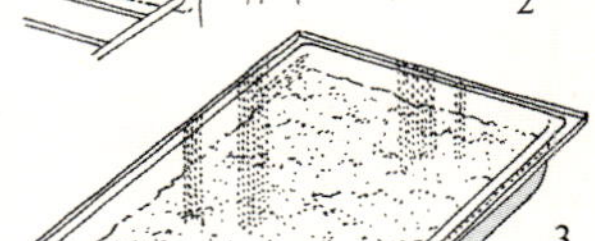
3

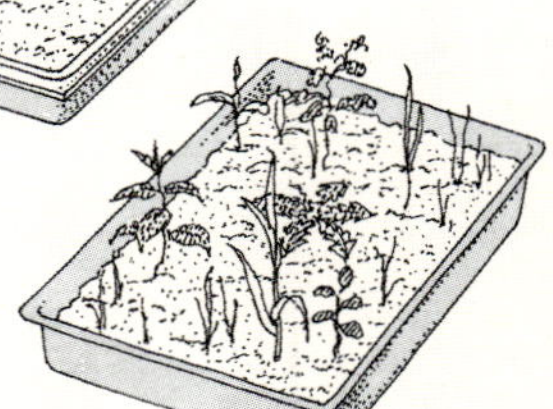
4

Pflanzenaufzucht aus Dreck
1. Nach einer Wanderung kratzen Sie den Schlamm von Ihren Schuhen und rühren diesen Dreck mit Wasser zu Brei an, den Sie über Nacht durchziehen lassen.
2. Sterilisieren Sie eine Schale mit Komposterde durch Erhitzen im Backofen, damit sie keine keimfähigen Samen mehr enthält.
3. Vermischen Sie den Dreckbrei mit dem Kompost, decken Sie den Behälter mit einer Glasscheibe ab und stellen Sie ihn an einen warmen Platz. Die Füllung muß feucht gehalten werden.
4. Nach 2–3 Wochen werden verschiedenerlei Sämlinge erscheinen.

Wie wichtig ist das Licht?
Alle Pflanzen brauchen Licht, um die Photosynthese durchführen zu können, also den Prozeß der Nahrungserzeugung. Aber wieviel Licht benötigt eine Pflanze zum ordentlichen Wachstum? Und wie weit ist die Zusammensetzung des Lichts entscheidend? Brauchen Pflanzen unbedingt Sonne, oder gedeihen sie auch beim Licht einer Glühbirne? Um diese Fragen zu beantworten, stellen Sie zwei Sämlinge, die gut angeschlagen sind, ein paar Tage lang auf die Fensterbank und messen den Wachstumsfortschritt. Dann reduzieren oder vergrößern Sie bei einer der beiden Pflanzen die Lichtdauer und tragen die gemessenen Fortschritte in eine Tabelle oder Kurve ein. Zeichnen Sie auch die Wachstumsraten der Kontrollpflanze auf, die auf der Fensterbank stehengeblieben ist. Sie können dann die Resultate leicht miteinander vergleichen. Man kann auch die Entwicklung einer Pflanze beobachten, wenn sie mehr oder weniger Licht abbekommt als das normale Tageslicht, und feststellen, ob sie bei künstlichem Licht genauso gedeiht wie bei natürlichem oder ob eine Neonleuchte ihr ebenso gut bekommt wie eine gewöhnliche Glühbirne.

Pflanzen aus Samen und Beeren
Neben den Samen und Beeren, die Sie unmittelbar von Pflanzen abnehmen, sind schon viele andere vom Wind oder durch Tiere zerstreut worden. Wie viele das sind, können Sie leicht feststellen, wenn Sie nach einem Herbstspaziergang in Wald und Feld einfach den Schmutz von Ihren Schuhen abkratzen. Stecken Sie diesen Schmutz in einen Blumentopf und schaffen Sie die normalen

Wachstumsbedingungen – Licht, Wärme, Wasser und Luft. Sie werden staunen über die Pflanzenvielfalt, die sich dann entwickelt!

Welche Nährstoffe braucht eine Pflanze?
Keimlinge können eine Zeitlang von den Nahrungsreserven leben, die in ihrer Samenschale gespeichert sind. Doch zum weiteren Wachstum benötigen sie die Zufuhr von neuen mineralischen Nährstoffen (und außerdem Sonnenenergie). Man kann experimentell ermitteln, welche Nährstoffe für Jungpflanzen am wichtigsten sind. Samen, die sich dazu besonders gut eignen, sind Weizenkörner, Erbsen oder grüne Bohnen – sie sind leicht zu beschaffen und keimen zuverlässig aus. Außerdem benötigen Sie noch Glasbehälter oder Reagenzgläschen.

Damit Sie vergleichen können, wie gut die Pflanzen mit den verschiedenen Nährstoffen gedeihen, müssen Sie eine Nährlösung herstellen. Dabei können Sie sich nach dem unten angegebenen Rezept richten. Falls Ihnen das Mühe macht, besorgen Sie sich einen Experimentierkasten, der alles für diesen Versuch Notwendige enthält. Zusätzlich brauchen Sie etwas destilliertes Wasser, das in Drogerien oder Tankstellen erhältlich ist. Zur Not tut es auch abgeschmolzenes Eis von den Wänden Ihres Kühlschranks, obwohl dieses Wasser nicht ganz rein ist. Verdünnen Sie einen Teil der Nährlösung mit vier Teilen destilliertem Wasser. Sie können dann unterschiedliche »Wachstumslösungen« herstellen und die Ergebnisse miteinander vergleichen.

PFLANZENNAHRUNG IM VERGLEICH

Stellen Sie von der rechts beschriebenen Nährlösung vier Varianten her. Ziehen Sie eine Pflanze in der Standardlösung auf, eine in Leitungswasser, eine in destilliertem Wasser. Für die übrigen verwenden Sie die Nährlösung einmal ohne Stickstoff (ersetzen Sie das Kalziumnitrat durch Kalziumchlorid) und einmal ohne Schwefel (ersetzen Sie das Magnesiumsulfat durch Magnesiumchlorid). Bringen Sie die Samen vor dem Umsetzen in Reagenzgläser in Löschpapier *(rechts)* zum Auskeimen.

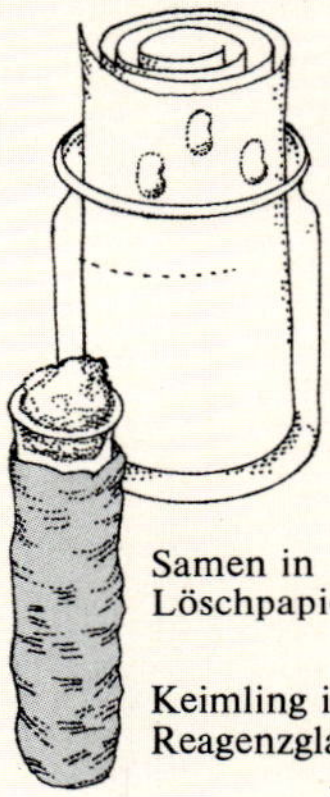

Rezept für Nährlösung

10 g Kalziumnitrat
2,5 Kaliumphosphat
2,5 g Magnesiumsulfat
2,5 g Kaliumnitrat
Eine Prise Eisenchlorid
1 l destilliertes Wasser

Samen in Löschpapier

Keimling in Reagenzglas

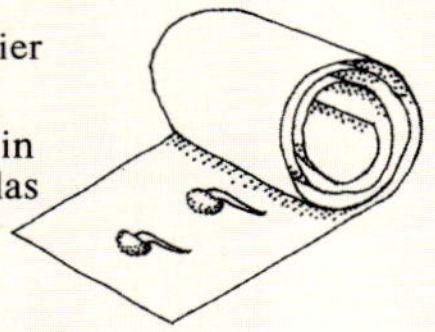

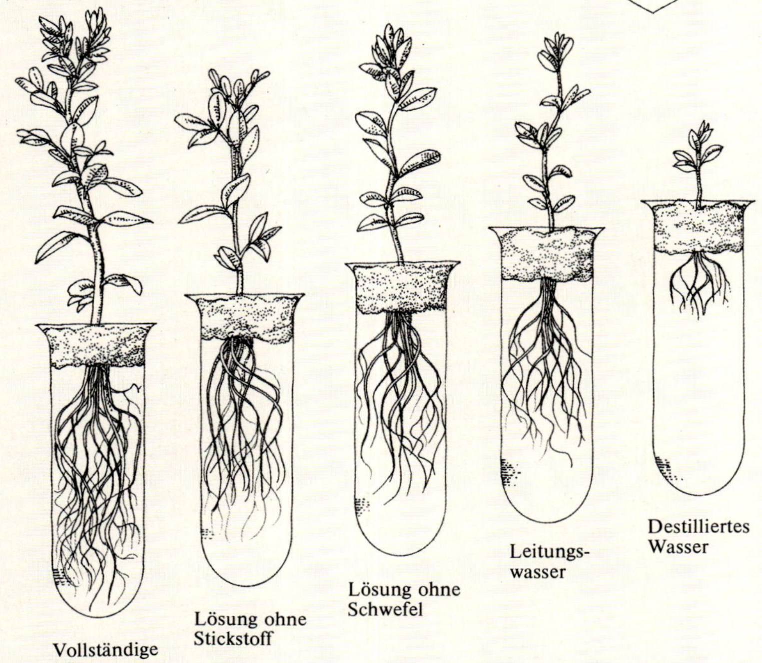

Ableger oder Stecklinge
Fast aus jedem Teil einer Pflanze, den Sie abschneiden und richtig pflegen, entsteht eine neue Pflanze. Die dafür am besten geeigneten Teile sind die austreibenden Zweige oder die Seitentriebe einer Pflanze. Stecken Sie diesen Ableger in feuchte Komposterde und stellen Sie ihn an einen feuchten, schattigen Platz, damit er Wurzeln schlagen kann. Es ist sehr empfehlenswert, auf die Schnittfläche des Stecklings ein wenig Wurzelhormonpulver aufzutragen, bevor Sie ihn einpflanzen. Das ist ein Präparat, das die Wurzelbildung fördert

Aufzucht von Stecklingen

1. Schneiden oder brechen Sie einen gesunden Zweig oder Trieb vorsichtig von der Elternpflanze ab. Behandeln Sie die Schnittfläche mit Wurzelwachstumshormon.

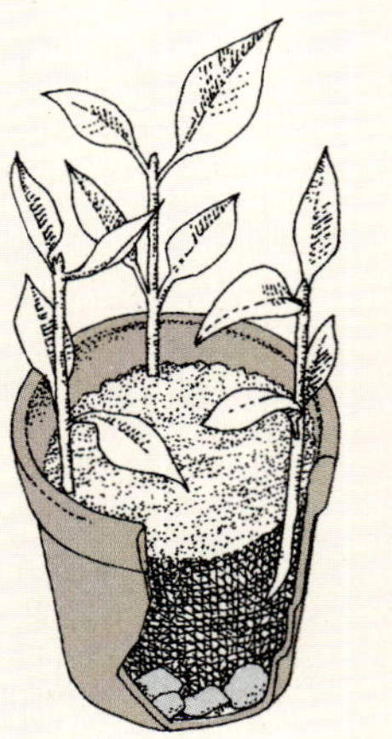

2. Pflanzen Sie den Steckling in einen Topf mit Anzuchterde ein. Stellen Sie den Topf an einen warmen, feuchten und schattigen Ort. Um die Erde warm und feucht zu halten, kann man zusätzlich eine Glas- oder Plastikglocke verwenden.

und somit das Anschlagen des Ablegers beschleunigt. Viele Pflanzen, vor allem Zimmerpflanzen, wurzeln leichter an, wenn Sie die Stecklinge etwa zehn Tage lang in Wasser stellen. Dann werden sie in den Kompost umgesetzt (Vorsicht, daß die Wurzeln nicht beschädigt werden).

Nicht alle Ableger überleben; deshalb sollten Sie sich am Anfang auf gewöhnliche Garten- oder Zimmerpflanzen beschränken. Machen Sie Versuche mit verschiedenen Teilen derselben Pflanze, zum Beispiel mit einem Stengelstück, einem Wurzelabschnitt oder einem Blatt.

Pfropfen

Das Pfropfen, auch Veredeln genannt, hat eine gewisse Ähnlichkeit mit einer medizinischen Transplantation. Man braucht dazu die Wurzeln und den Stamm einer lebenden Pflanze (Unterlage oder Wildling), auf die der lebende Stamm oder ein mit Knospen versehener Sproß (Edelreis) einer anderen, sehr nah verwandten Pflanze übertragen wird. Man setzt also im Grunde einem Baum oder Strauch einen neuen Zweig auf. Die Schnittflächen, an denen die beiden Teile miteinander verbunden werden, müssen genau aufeinanderpassen. Pressen Sie beides fest zusammen und umwickeln Sie die Verbindung fest mit feuchtem Bast, damit das aufgesetzte Teil sicheren Halt bekommt.

Das Pfropfen wird meist bei Sträuchern wie Rhododendren oder Azaleen und bei Obstbäumen praktiziert, aber auch viele andere Pflanzenarten lassen sich auf diese Weise behandeln. In jedem Fall müssen Sie dazu Pflanzen auswählen, die nah miteinander verwandt sind. Züchter pfropfen häufig eine Rosensorte auf eine andere oder einen Obstbaum auf eine ähnliche Baumart. Die verschiedenen Verfahren sind rechts dargestellt.

Zeitrafferaufnahmen

Dies ist eine ausgezeichnete Methode, das Pflanzenwachstum im Bild festzuhalten. Stellen Sie die Kamera stets in genau derselben Position auf. Lassen Sie sie möglichst stehen, und zwar auf einem Stativ. Aus praktischen Gründen verwenden Sie als Hintergrund einen großen karierten Papierbogen, der auf einem senkrecht stehenden Brett befestigt wird. So können Sie die Wachstumsfortschritte leicht auf den fertigen Bildern ablesen.

Die Lichtverhältnisse sollen beim Fotografieren konstant bleiben. Das erreichen Sie mit einem automatischen Blitzlichtgerät. Bei einer schnellwüchsigen Pflanze müssen Sie jeden Tag oder alle zwei Tage eine Aufnahme machen.

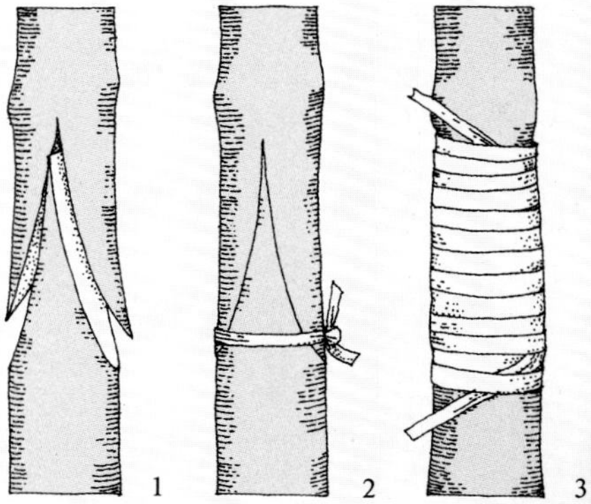

Sattelpfropfen (Kopulieren)
1. Ein Reis und einen gleichstarken Stamm V-förmig zuschneiden.
2. Zusammenfügen und mit feuchtem Bast umwickeln.
3. Die Pflanze möglichst an einen warmen Platz stellen.

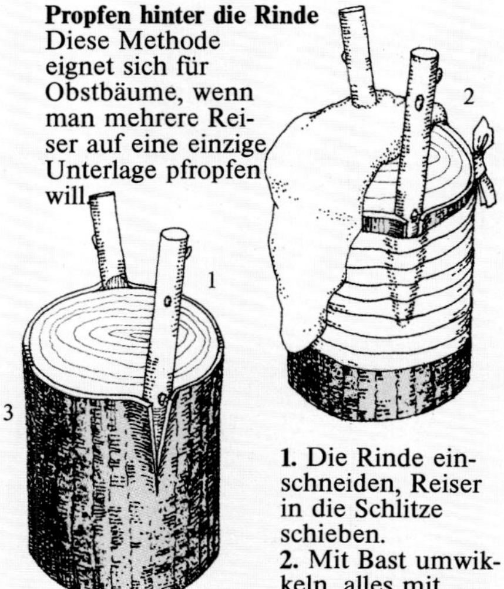

Propfen hinter die Rinde
Diese Methode eignet sich für Obstbäume, wenn man mehrere Reiser auf eine einzige Unterlage pfropfen will.
1. Die Rinde einschneiden, Reiser in die Schlitze schieben.
2. Mit Bast umwikkeln, alles mit Wachs bestreichen.

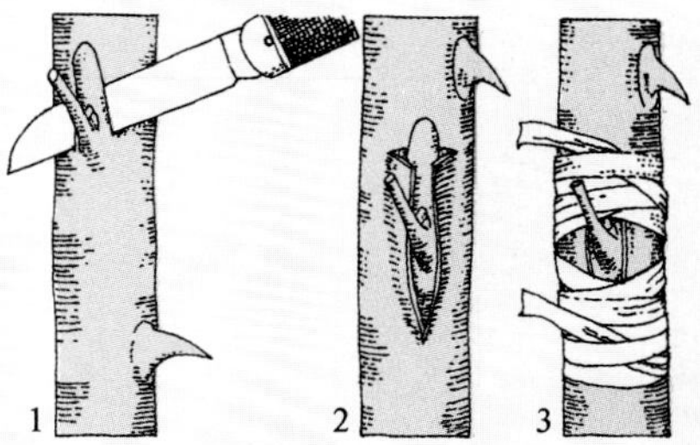

Okulieren
1. Eine Knospe mit etwas Rinde aus der Elternpflanze herausschneiden.
2. Einen T-Schnitt in die Rinde der Unterlage machen.
3. Die Knospe in den Schlitz schieben und mit Bast fest umwickeln.

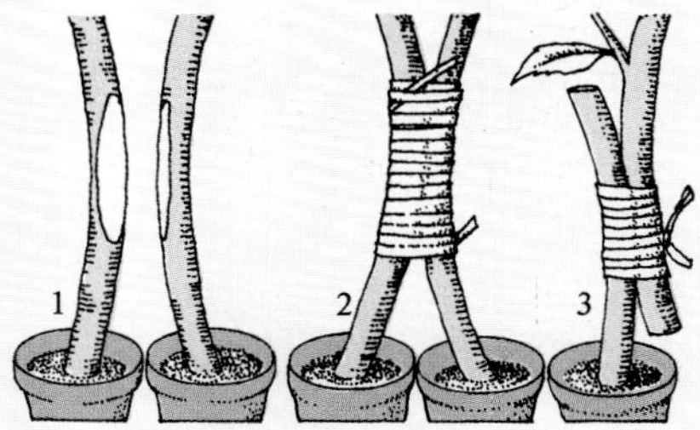

Ablaktation (Absäugeln)
1. Einen Rindenstreifen paßgleich von Wildling und Reis schneiden.
2. Die Schnittflächen genau zusammenbinden.
3. Den oberen Teil des Wildlings, den unteren des Reises abschneiden.

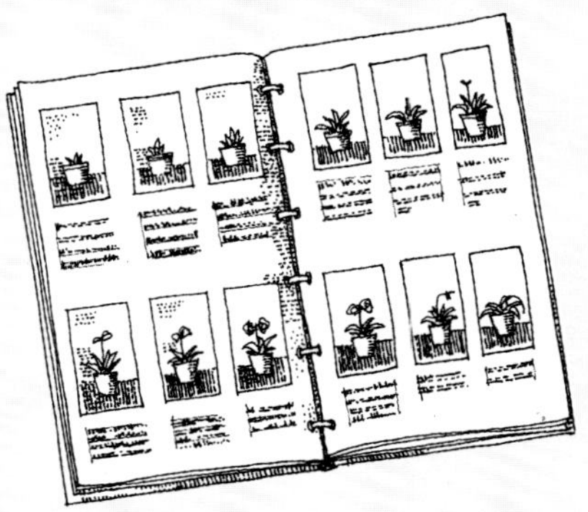

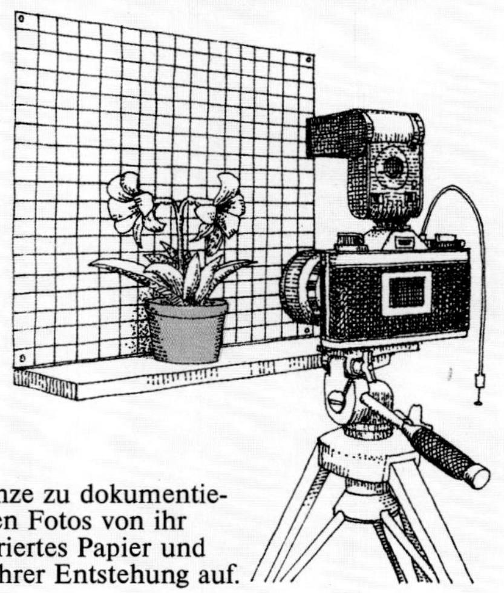

Bildfolgen
Um die Wachstumsfortschritte einer Pflanze zu dokumentieren, kann man in regelmäßigen Abständen Fotos von ihr machen. Nehmen Sie als Hintergrund kariertes Papier und kleben Sie die Fotos in der Reihenfolge ihrer Entstehung auf.

PFLANZEN ALS TIERFUTTER

Viele Herbivoren (pflanzenfressende Tiere), aber auch manche andere Arten wie etwa Mäuse, freuen sich über frische Pflanzenkost. Gerste bekommt ihnen besonders gut. Weichen Sie etwa 20 Körner über Nacht in Wasser ein und säen Sie sie in einem mit Erde gefüllten Joghurtbecher aus. Wenn Sie den Becher an einem warmen, feuchten und hellen Platz aufstellen, wird die Gerste nach zehn Tagen schon eine stattliche Größe erreicht haben.

Falls Sie viele Tiere zu versorgen haben, die Gerste brauchen, lohnt sich eine »Fließbandproduktion«: Man beschickt jeden zweiten oder dritten Tag einen Becher mit Gerstenkörnern, so daß ständig frisches Grünzeug zur Verfügung steht. Sie können dann jeden Tag einen oder zwei Becher einfach in den Käfig stellen. Die Erde läßt sich vier- oder fünfmal wiederverwenden, doch dann ist sie ausgelaugt und muß erneuert werden.

Die Pflege eines Flaschengartens

Ein sich selbst erhaltender Minigarten in einer großen Flasche oder einem ähnlichen Gefäß eignet sich ideal für die Pflege von Moosen, Flechten und anderen kleinen Pflanzen, zumal für solche, die nicht sehr viel Licht brauchen. Die Bepflanzung erneuert sich ständig von selbst – Sie müssen nur hin und wieder etwas Wasser hinzugeben. Ein Flaschengarten ermöglicht uns das Studium von Pflanzen, die in der Natur nur schwer zu finden sind. Moose und Farne sind am besten an feuchte, schattige Standorte angepaßt; schützen Sie sie also vor zuviel Wärme und Licht.

AUFZUCHT AUS KERNEN

Mit Liebe und Geduld können Sie aus den Kernen vieler Früchte, die Sie verspeisen, Pflanzen ziehen.

Anlage eines Flaschengartens
Bringen Sie zuerst eine etwa 3 cm hohe Schicht aus Kohlestückchen und kleinen Kieselsteinen ein, die für den richtigen Wasserablauf sorgt. Darauf kommt eine 5–10 cm dicke Lage aus Pflanzenerde. Mit langen elastischen Stäben führen Sie darauf die Pflanzen durch den engen Flaschenhals. Am leichtesten geht es, wenn man die Bepflanzung von außen nach innen vornimmt. Der Flaschengarten braucht gutes, aber nicht zu helles Licht.

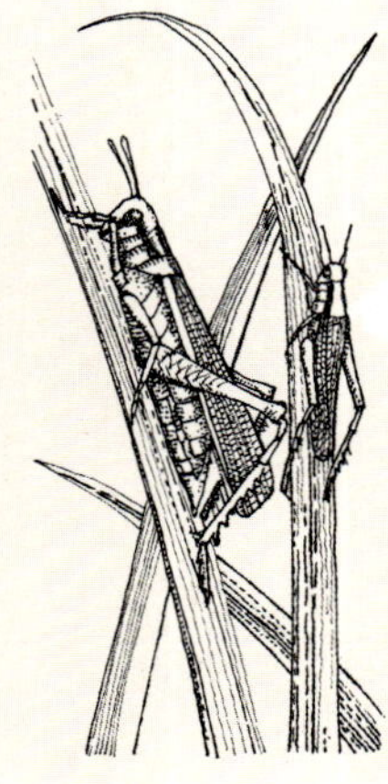

Grünfutter
Selbstgezogener Weizen oder Gerste ist eine ausgezeichnete Nahrung für Pflanzenfresser wie etwa Heuschrecken *(rechts)* oder ähnliche Insekten, aber auch für Mäuse und Wühlmäuse. Wenn Sie Samen in Abständen von zwei oder drei Tagen aussäen, verfügen Sie über einen konstanten Futtervorrat.

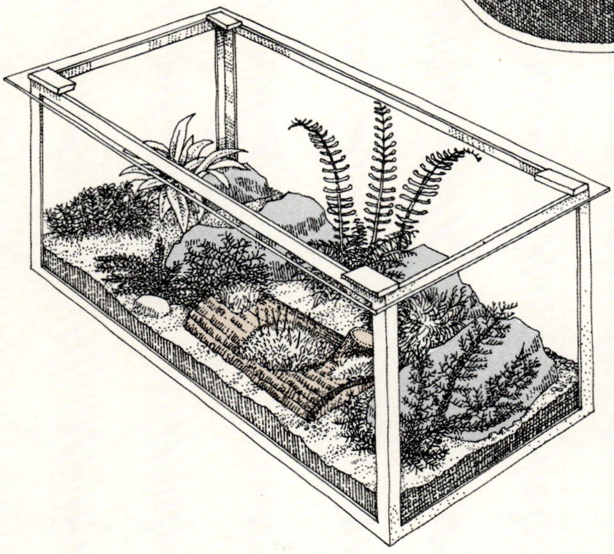

Bepflanzung eines alten Aquariums
Ein solches Becken ergibt einen guten Pflanzenbehälter. Wenn man Moose pflegen will, sollte man Steine auf den Boden des Aquariums legen. Auch Holzstücke sind eine brauchbare Unterlage für Moospflanzen. Eine Abdeckscheibe, die auf Holzklötzchen ruht, hält den Behälter feucht.

Wenn die Grundbedingungen stimmen – Wasserzufuhr, Licht, Schutz vor Zugluft und gleichbleibende Temperatur –, ist die Aufzucht meist problemlos.

Avocado
Die größte Samenfrucht, die Ihnen begegnet, ist wahrscheinlich die Avocado. Aus ihr läßt sich eine attraktive Zimmerpflanze ziehen. Die beliebteste Methode, sie zum Auskeimen zu bringen, ist das Einhängen im Wasser, so wie man es mit Hyazinthenzwiebeln macht. Achten Sie darauf, daß das dickere Ende des Avocadokerns mit Wasser bedeckt ist, und stellen Sie das Pflanzgefäß an einen dunklen Platz, wo eine Temperatur von 21°C aufrechterhalten werden kann – ein belüfteter Schrank ist ideal. Der Kern schwillt langsam an, und nach zehn Tagen bis sechs Wochen erscheinen die Wurzeln und ein gelb-grüner Trieb. Jetzt muß die Pflanze ins Licht gestellt werden. Wenn die Wurzeln das Gefäß auszufüllen beginnen, sollte man die Pflanze in einen größeren Blumentopf umsetzen.

Zitrusfrüchte
Aus den Kernen einer Zitrusfrucht lassen sich zahlreiche Sämlinge ziehen. Man muß alle Sämlinge aus einer Frucht groß werden lassen, da nicht aus allen fruchtbare Pflanzen hervorgehen.

Zitrusfrüchte benötigen Temperaturen von 16–21°C. Zitronen vertragen am ehesten niedrigere Temperaturen. Bedecken Sie die Kerne mit einer flachen Kompostschicht und stellen Sie sie an einen sonnigen Ort. Die meisten Zitrusarten stammen aus dem Mittelmeerraum und überdauern im Winter auch kühlere Perioden.

Zitronen sind durchweg am einfachsten zu kultivieren, doch auch Orangen, Mandarinen und Tangerinen gedeihen recht gut. Alle Zitrusfrüchte sind reizvolle Gewächse mit leuchtenden dunkelgrünen Blättern und duftenden weißen Blüten.

Kleine Bäume
Aus den Samen vieler Bäume kann man schöne und interessante Pflanzen ziehen. Bedenken Sie, daß die meisten Arten an einen strengen Winter gewöhnt sind. Sie sollten deshalb die Bäumchen in den Wintermonaten in einem kalten Raum unterbringen.

Zu den Bäumen, die Sie kultivieren können, gehören der Apfel- und der Kastanienbaum. Beim Apfel sollten Sie Kerne einer sehr reifen Frucht verwenden. Stecken Sie sie etwa einen Zentimeter tief in Pflanzenerde. Das Auskeimen erfolgt etwa zwischen der dritten und achten Woche.

Kastanien kann man im Garten pflanzen. Die einzelnen Exemplare lassen sich indes leichter lokalisieren, wenn man Blechbüchsen benutzt, in deren Boden man zwecks Dränage Löcher einschlägt. Pflanzen Sie die Kastanien im Herbst und bedecken Sie sie mit einer dünnen Sandschicht. Holen Sie die Gefäße im Februar ins Haus und gönnen Sie ihnen etwas milde Wärme, damit der Keimvorgang angeregt wird. Wenn die Pflanzen gut angeschlagen sind, sollten Sie sie wieder in den Garten bringen.

Ananas
Es ist ganz einfach, eine Ananaspflanze aus dem Oberteil der Frucht zu ziehen. Schneiden Sie die Spitze mitsamt einem etwa einen Zentimeter dicken Fruchtfleischring ab und lassen Sie sie 48 Stunden lang trocknen. Vor dem Einpflanzen feuchten Sie das Fruchtfleisch leicht an und geben etwas Pulver zur Förderung der Wurzelbildung darauf. Stecken Sie die Ananasspitze in ein mit gut entwässerter Komposterde gefülltes Gefäß, ohne daß die Blätter mit der Erde in Berührung kommen.

Der Rand des Topfes sollte etwa 2,5 cm überstehen, damit es beim Wässern keine Schwierigkeiten gibt. Die Ananaspflanze wird an einem hellen, warmen Platz untergebracht.

Aufzucht einer Avocado
1. Hängen Sie den Kern mit Streichhölzern in ein wassergefülltes Glas. Stellen Sie es bis zum Auskeimen dunkel auf.
2. Bringen Sie den Keimling ins Licht, und lassen Sie ihn im Glas, bis die Wurzeln zu groß werden.
3. Setzen Sie die Pflanze in einen mittelgroßen Blumentopf.

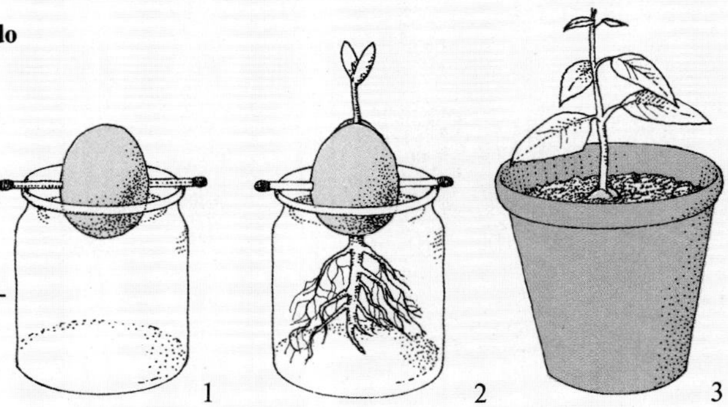

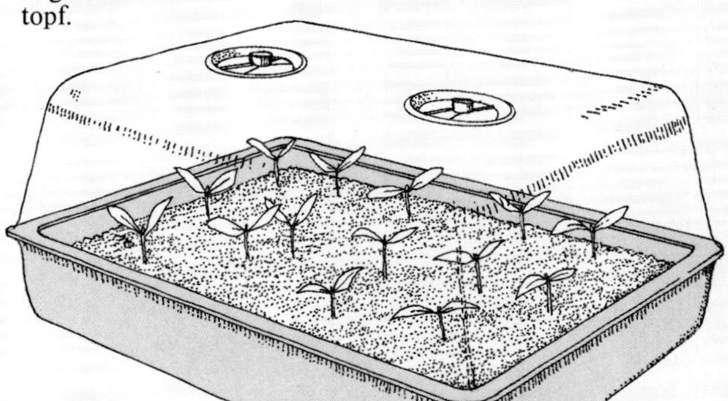

Aufzucht von Zitronenkernen
Säen Sie die Kerne in einem Minitreibhaus mit Klarsichtdeckel aus. Notfalls kann man den Pflanzentopf auch mit einem Kunststoffbeutel abdecken.

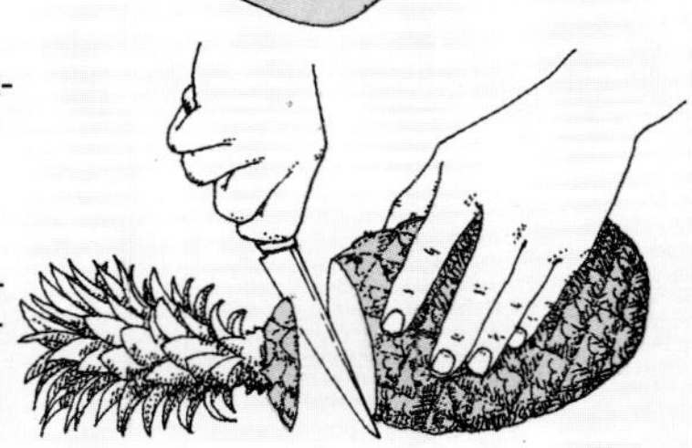

Ananaszucht
Schneiden Sie die Spitze mitsamt einem etwa 1 cm dicken Fruchtfleischring ab. Lassen Sie sie trocknen und pflanzen Sie sie ein, nachdem sie eventuell mit Wurzelhormon behandelt wurde. Ein Kunststoffbeutel dient als Treibhausersatz.

DIE UNTERSUCHUNG UND KONSERVIERUNG KLEINER TIERE

WO FINDET MAN KLEINGETIER?
Unter kleinen Tieren verstehen wir hier sowohl Insekten (Falter, Käfer, Fliegen und Heuschrecken) als auch kleine Wirbellose (Spinnen, Würmer und Schnecken). Diese Geschöpfe zu untersuchen und zu studieren ist eine faszinierende Beschäftigung, und sie haben überdies den Vorteil, daß man sie recht einfach fangen und halten kann. Man kann also mit ihnen Versuche im Garten oder im Arbeitszimmer anstellen. Die meisten dieser kleinen Lebewesen sind mühelos unterzubringen und benötigen keine aufwendigen Käfige, die für größere Tiere vielfach unerläßlich sind.

Kleingetier dieser Art findet sich praktisch überall. Wenn Sie zum Beispiel nur die Ritzen und Spalten in Ihrem eigenen Haus inspizieren, werden Sie staunen, wie viele Kleintiere Sie dort entdecken. Ergiebig sind auch die Blätter, Blüten und Stengel der Zimmer- und Gartenpflanzen. Und wenn Sie Steine oder Baumstämme umwenden, kommen darunter meist Tiere ohne Zahl zum Vorschein. Achten Sie aber darauf, daß Sie die Steine oder Stämme wieder in ihre ursprüngliche Lage versetzen. Weiteres Kleingetier können Sie beim Durchstöbern von Fallaub oder bei einer Strandwanderung erbeuten. Regenpfützen, eine Regentonne oder ein verstopfter Gully bescheren Ihnen massenhaft mikroskopisch kleine Organismen. Fluttümpel sind ebenfalls reiche Quellen für Kleinstwasserlebewesen.

Daneben dürfen Sie nicht die größeren Tiere vergessen, auf denen sich vielfach winzige Parasiten eingenistet haben.

Zum Kleintierfang können Sie außerdem die verschiedenen Methoden anwenden, die ich in diesem Buch beschrieben habe: Fallgruben, Kescher, Ausräuchern, Lichtfalle, Abklopfen von Zweigen usw.

Wenn Sie etwas Fallaub in einer Plastiktüte heimtragen, können Sie mit dem sogenannten Tullgren-Trichter die darin hausenden Tierchen herausholen. Oder Sie sieben den Abfall (d.h. das zerbröckelte Laub mitsamt Staub und Erde) auf eine saubere, flache Unterlage und sammeln die durchfallenden Tiere mit einem Exhaustor auf. Erde gibt ihre Bewohner frei, wenn man sie mit einer starken Salzlösung aufschüttelt. Alle Kleintiere treiben dann an die Oberfläche.

Auch Vogelnester sind eine gute Quelle – nicht nur für Vogelschmarotzer, sondern auch für allerlei Tiere, die sich vom Nistmaterial ernähren. Wenn Sie ein paar Mottenkugeln in das Nest legen und das Ganze in einen großen Kunststoffbeutel stekken, kommen die Tiere hervor, um sich vor dem Geruch zu retten. Sie werden dann mit einem Exhaustor aufgenommen.

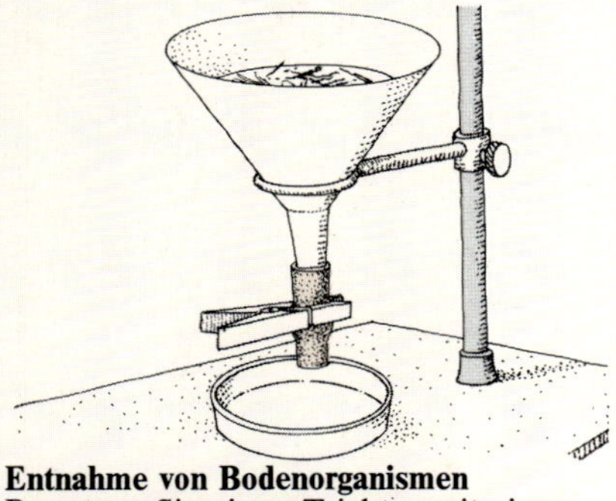

Entnahme von Bodenorganismen
Benutzen Sie einen Trichter mit einem abklemmbaren Schlauch. Damit kann man Nematoden (wasserlebende Fadenwürmer) aus dem Bodenwasser extrahieren. Stecken Sie Erde oder Fallaub in einen Netzbeutel, gießen Sie Wasser in den geschlossenen Trichter. Die Nematoden sinken in die Tülle ab.

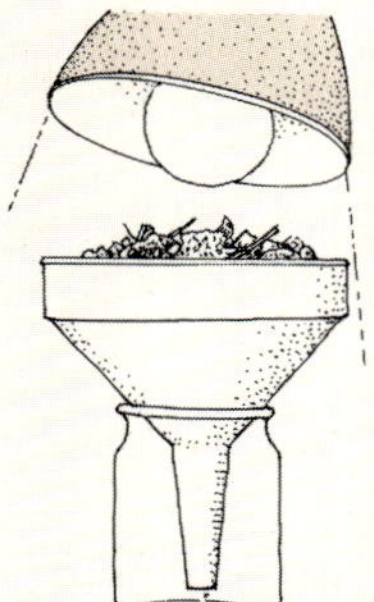

Der Tullgren-Trichter
Füllen Sie Fallaub in einen Trichter. Setzen Sie den Trichter auf ein Glas, dessen Boden mit Löschpapier ausgelegt wird. Richten Sie das Licht einer Tischlampe darauf – es wird die Tiere nach unten auf das Löschpapier treiben.

Flotation
Schütteln Sie 1 Teil Erde mit 3 Teilen einer starken Salzlösung auf. Gießen Sie das Gemisch in eine Kanne oder Schale und lassen Sie es stehen. Die Kleintiere in der Erde treiben dann zur Wasseroberfläche auf.

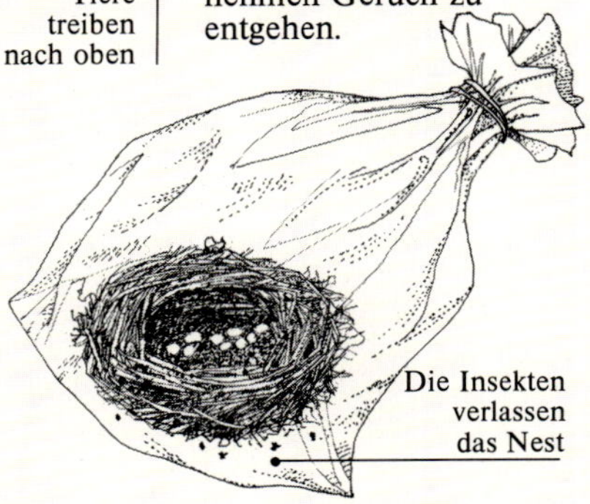

Nestbewohnende Kleintiere
Mit Mottenkugeln kann man vielerlei Kleingetier aus alten Nestern »locken«: Man legt einige Mottenkugeln ins Nest, das man in einen durchsichtigen Plastikbeutel schiebt. Schon bald werden die Tiere hervorkriechen, um dem unangenehmen Geruch zu entgehen.

Der Exhaustor
Mit einem Exhaustor können Sie nach dem Staubsaugerprinzip kleine und zarte Tiere aus Bodenproben und Fallaub heraussaugen. Sieben Sie das gesammelte Material auf eine saubere weiße Fläche. Dann werden die Kleintiere in die Sammelkammer gesaugt.

KONSERVIERUNG VON TIEREN MIT WEICHEM KÖRPER

Würmer, Nematoden (Fadenwürmer), Raupen und ähnliche Tiere sollten nach dem Aufenthalt im Tötungsglas sorgfältig konserviert werden, am besten in Alkohol. Damit die Körperform erhalten bleibt, muß das Tier vorbehandelt werden, indem man es in Alkohol steckt, der mit derselben Menge Wasser verdünnt worden ist. Nach einer Stunde wird es in den normalen Konservierungsalkohol eingelegt. Bewahren Sie die Exemplare einzeln oder gruppenweise in kleinen Reagenzgläsern auf.

Die Konservierung von Schnecken stellt Sie vor andere Probleme. Diese Tiere scheiden nämlich sehr viel Schleim aus, sobald sie in die Konservierungsflüssigkeit geraten. Man muß sie deshalb vor dem endgültigen »Einlegen« mit Löschpapier oder einem feinen Pinsel sorgfältig säubern. Wenn Sie damit fertig sind, verschließen Sie die Reagenzgläschen mit den einzelnen Exemplaren durch einen Wattebausch und stecken sie in ein mit Konservierungsmittel gefülltes Glas. Die Flüssigkeit dringt durch die Watte ein und hält die Röhrchen aufrecht.

Kleinstlebewesen

Die meisten winzigen Wassertiere bewegen sich sehr schnell. Damit man sie unter dem Mikroskop richtig betrachten kann, muß man ihre Bewegungen verlangsamen. Das gelingt mit einem Tropfen Glyzerin oder Jod.

Wenn Sie ein solches Objekt mikroskopieren, sollten Sie mit einer geringen Vergrößerung anfangen, so daß Sie eine größere Fläche überschauen und die interessanten Körperteile, die Sie genauer studieren möchten, lokalisieren können. Dann gehen Sie zu einer stärkeren Vergrößerung über.

SEKTION DES REGENWURMS

Ein Wurmkörper sieht äußerlich recht gleichförmig aus, die inneren Organe jedoch sind sehr vielgestaltig. Wählen Sie für die Sektion einen großen Wurm, den Sie ins Tötungsglas legen. Er wird in der Sezierschale auf den Rücken gelegt (Borsten zeigen nach oben), mit Salzwasser bedeckt, dann schneidet man mit einem Skalpell das Vorderende auf. Die gespreizte Haut mit Nadeln fixieren, damit man die Organe besser studieren kann.

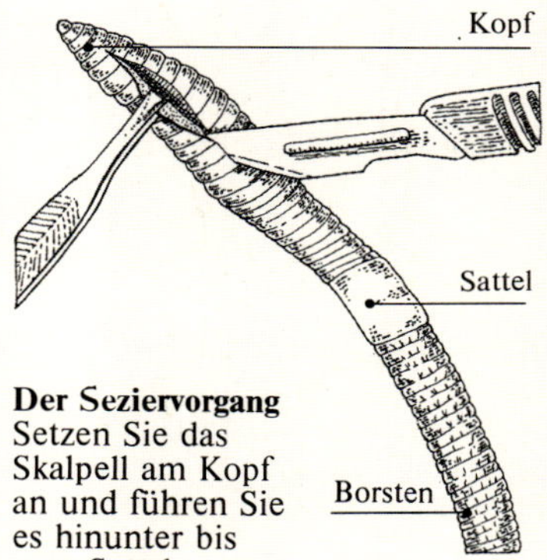

Der Seziervorgang
Setzen Sie das Skalpell am Kopf an und führen Sie es hinunter bis zum Sattel.

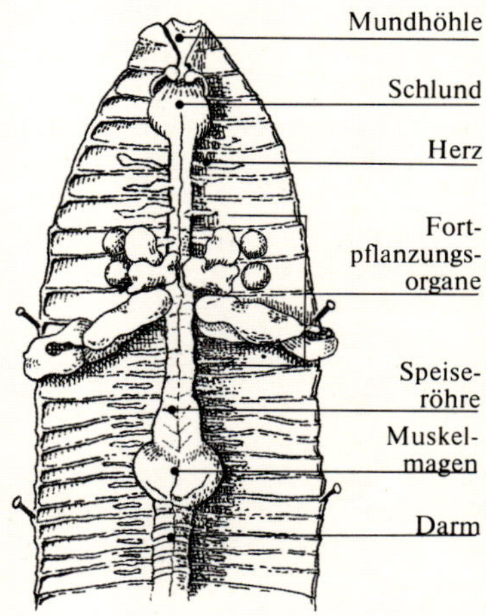

Was man bei der Sektion sieht
Man kann Fortpflanzungsorgane, Verdauungssystem (kropfartig erweiterte Speiseröhre, Muskelmagen und Darm) und Herz freilegen.

Gängige Mikroskopierobjekte
Hier werden einige interessante und häufig vorkommende Organismen vorgestellt, die man sammeln und unter dem Mikroskop untersuchen kann. Im Meerwasser leben z.B. unzählige winzige Larven, aus denen große Krebstiere hervorgehen. Daneben gibt es viele kleine adulte Wasserorganismen sowohl im Salz- als auch im Süßwasser.

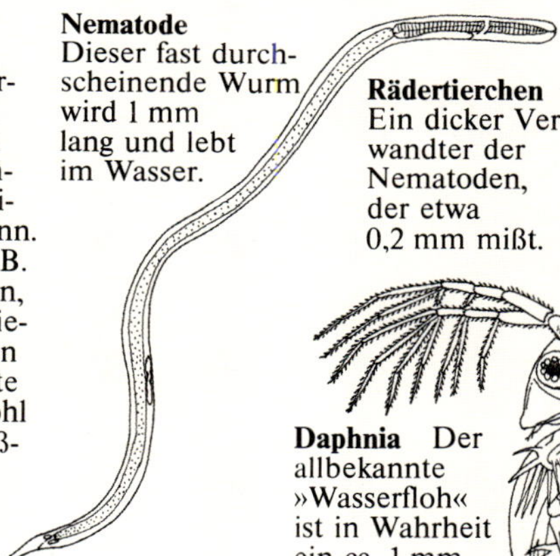

Nematode
Dieser fast durchscheinende Wurm wird 1 mm lang und lebt im Wasser.

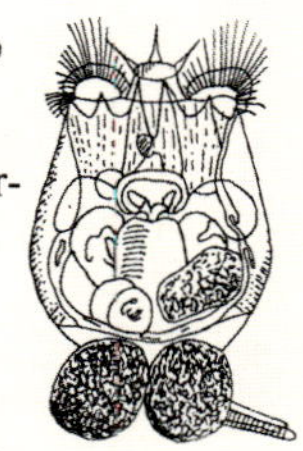

Rädertierchen
Ein dicker Verwandter der Nematoden, der etwa 0,2 mm mißt.

Daphnia Der allbekannte »Wasserfloh« ist in Wahrheit ein ca. 1 mm langes Krebschen.

Euglena Ein einzelliger Organismus, nur 0,05 mm lang, der sich mit Schwanzschlägen fortbewegt.

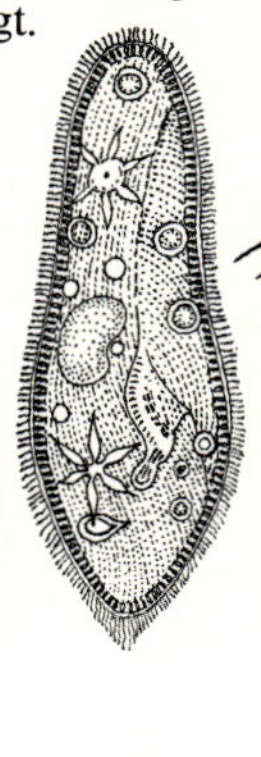

Pantoffeltierchen schwimmen mit Hilfe der Wimpern und messen 0,25 mm.

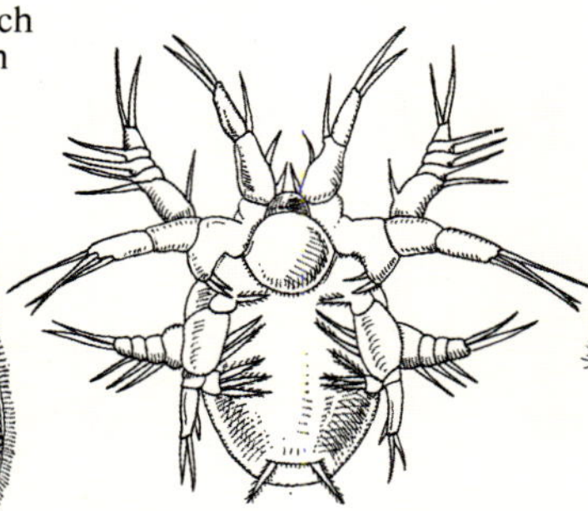

Nauplius Das ist die Larve eines anderen winzigen Krebstiers. Sie wird nur 0,5 mm lang.

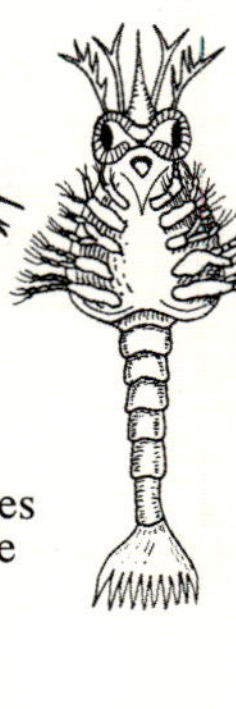

Zoea Diese 1 mm lange Larve entwickelt sich zu einem kleinen Krebs.

INSEKTEN UND ÄHNLICHE GESCHÖPFE

Schmetterlinge, Libellen und Käfer werden am besten trocken konserviert. Das geschieht in drei Etappen. Die meisten Exemplare, die sich einige Zeit im Tötungsglas befunden haben, werden steif oder verkrampfen sich. Sie müssen zunächst »entkrampft« werden, damit man die Gliedmaßen oder Flügel bewegen kann.

Bei einem frisch getöteten Tier geht das natürlich leichter. Die zweite Etappe ist das Spannen: Das Exemplar wird in die richtige Haltung und Position gebracht, damit man seine ganze Anatomie studieren kann und das Präparat attraktiv aussieht. Danach läßt man das Tier trocknen und in der gewünschten Form erstarren. Die dritte Etappe ist das Nadeln, also die endgültige Unterbringung des Exemplars in einem Schaukasten.

Für das Spannen und Nadeln sollten Sie stets dünne und sehr spitze rostfreie Nadeln verwenden. Am besten sind die in verschiedenen Stärken erhältlichen Insektennadeln aus Stahl. Fassen Sie die Insekten und Nadeln immer sehr behutsam mit einer Pinzette an.

Entkrampfung des toten Tiers

Dazu können Sie eine Entkrampfungsflüssigkeit benutzen, wie sie in Fachgeschäften zu kaufen ist. Man kann aber auch einfaches gekochtes Wasser mit ein paar Tropfen eines Desinfektionsmittels verwenden. Des weiteren brauchen Sie einen fest verschließbaren Behälter, etwa eine kleine Blechdose.

Die gesäuberte Dose wird durch Auskochen erst einmal sterilisiert. Wenn sie vollkommen trocken ist, legen Sie den Boden mit saugfähigem Material aus, geben die Flüssigkeit und das Tier hinein und verschließen den Deckel luftdicht. Nach ein bis zwei Tagen müßte sich das Tier entkrampft haben. Das können Sie testen, indem Sie die Beine leicht hin und her bewegen. Lassen Sie das Tier auf jeden Fall so lange in der Dose, bis es biegsam geworden ist.

Das Spannen

Das ist besonders wichtig bei Tieren mit zarten Flügeln, zum Beispiel bei Faltern, Heuschrecken und Käfern. Wenn Sie die Flügel ausbreiten wollen, müssen Sie ein Spannbrett benutzen. Sie können es fertig kaufen

Wie man einen Schmetterling spannt

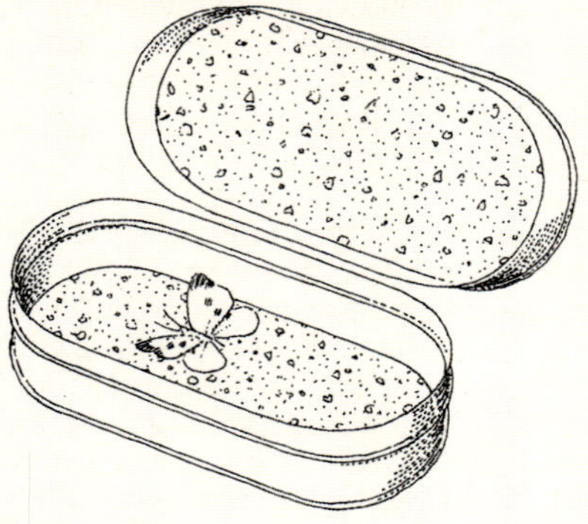

1. Sorgen Sie dafür, daß das Tier völlig entspannt wird, indem Sie es in eine festverschlossene Blechdose mit einer »Entkrampfungsflüssigkeit« einlegen. Das dauert mindestens einen Tag. Prüfen Sie hinterher, ob der Falter biegsam genug ist.

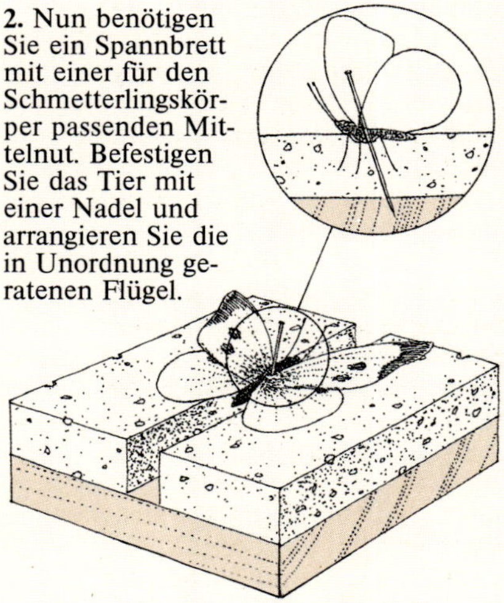

2. Nun benötigen Sie ein Spannbrett mit einer für den Schmetterlingskörper passenden Mittelnut. Befestigen Sie das Tier mit einer Nadel und arrangieren Sie die in Unordnung geratenen Flügel.

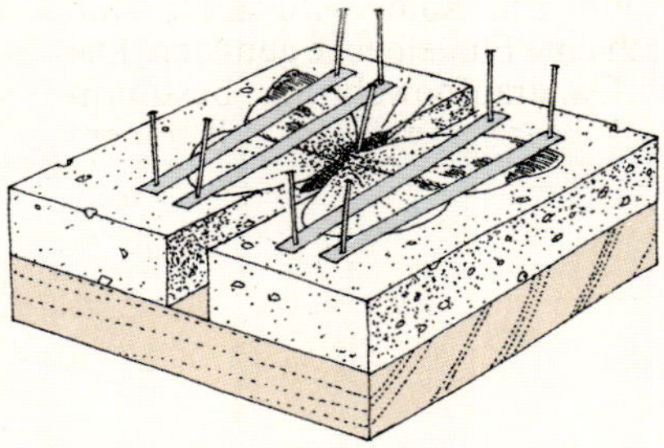

3. Wenn Sie den Falter in die gewünschte Lage gebracht haben, fixieren Sie die Flügel mit fettabweisenden Papierstreifen. Die Trockenzeit beträgt je nach Größe des Exemplars etwa zwei Wochen.

Die Schabe eignet sich gut zum Sezieren, weil sie unspezialisiert ist und alle wesentlichen Organe des Insektenkörpers aufweist. Nachdem Sie die Schabe in ein Tötungsglas gesteckt haben, legen Sie sie in der Sezierschale auf den Rücken. Fixieren Sie die Beine mit Nadeln, und bedecken Sie das Tier mit Salzwasser. Führen Sie den Schnitt behutsam an der Mittellinie entlang und nadeln Sie die zur Seite gezogenen Hälften der Körperhülle. Heben Sie Kropf und Muskelmagen heraus, und entwirren Sie die Eingeweide, damit das Nervensystem sichtbar wird.

DAS INNERE EINER SCHABE

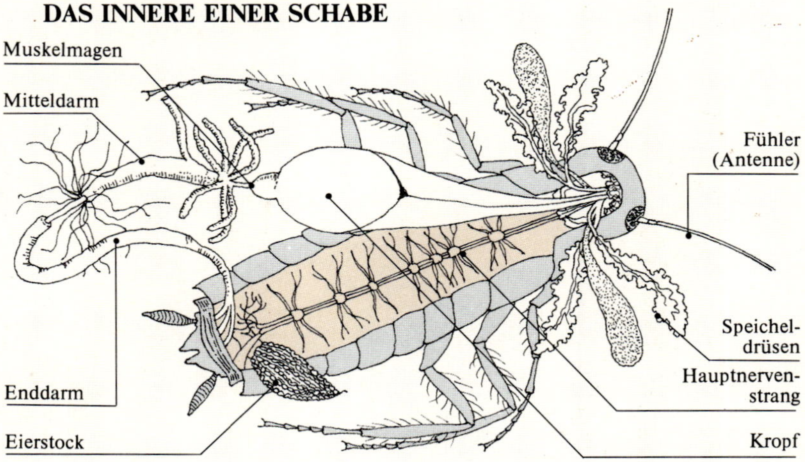

oder mit Hilfe von dicken Korkplatten selber basteln. Der Zwischenraum zwischen den beiden Platten richtet sich nach dem Körperumfang des jeweiligen Exemplars. Wenn Sie das Insekt in die richtige Lage gebracht haben, befestigen Sie über den Flügeln Streifen aus fettabstoßendem Papier. Bis zur endgültigen Unterbringung in Ihrer Sammlung verbleibt das gespannte Insekt zum Trocknen etwa einen Monat lang an einem trockenen warmen Platz.

Das Nadeln

Wenn das Insekt getrocknet ist, werden alle Nadeln, die Beine oder Flügel in Form gehalten haben, entfernt. Befestigen Sie es mit einer Nadel, die durch den Thorax geführt wird, an dem ihm zugedachten Platz im Schaukasten. Bei Tieren, die nicht gespannt werden müssen (Fliegen, Wespen, Spinnen usw.), stechen Sie die Nadel etwas seitlich der Mittellinie ein. Ein Käfer wird am besten durch eine Flügeldecke genadelt. Die zur Daueraufbewahrung bestimmten Präparate müssen mit einem Insektizid geschützt werden.

SCHNECKEN UND ANDERE SCHALENTRÄGER

Schnecken, Muscheln, Krebse und Seeigel sind in den verschiedensten Lebensräumen zu finden. Fluttümpel an Felsküsten sind sehr ergiebig, desgleichen Teiche, Feuchtgebiete und Kalkrasenlandschaften. Wollen Sie sowohl die Schnecke als auch ihr Gehäuse konservieren, so stecken Sie das Tier zuerst in ein Tötungsglas und anschließend in Alkohol; dann entfernen Sie mit Pinzetten und Sonden vorsichtig die Weichteile. Nur so ist es möglich, das eigentliche Tier als Ganzes zu studieren. Sind Sie jedoch nur am Gehäuse interessiert, so töten Sie das Tier auf humane Weise, indem Sie es in kochendes Wasser werfen und eine Viertelstunde darin belassen. Ältere Leergehäuse werden mit einem Holzstäbchen gereinigt und mit Spiritus oder Terpentin gewaschen.

Gehäuse und Schalen werden trocken auf einer Watteunterlage in einem durchsichtigen Plastikkästchen aufbewahrt oder zusammen mit dem Etikett auf Karton aufgeklebt. Ein klarer Firnisüberzug läßt die Schalen attraktiver erscheinen.

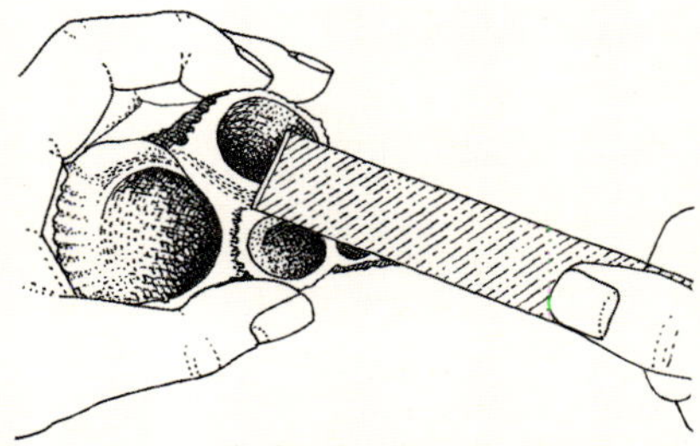

Der innere Bau eines Schneckenhauses
Mit einer groben Metallfeile, einem Sandpapierblock und einer feinen Holzraspel kann man einen Teil des Gehäuses entfernen. Dann wird der innere Bau mit den gebogenen Wänden und der zentralen Spindel sichtbar.

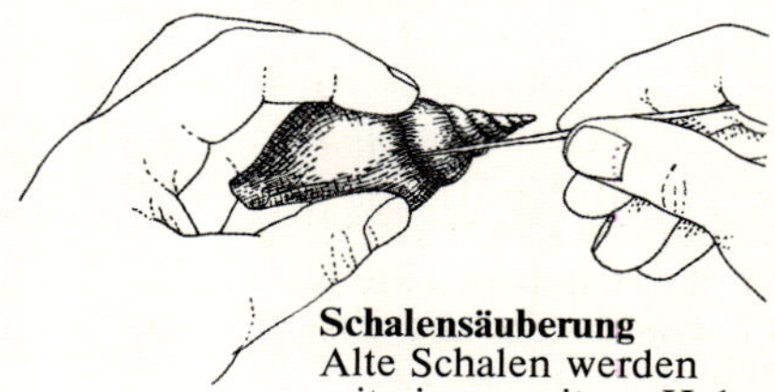

Schalensäuberung
Alte Schalen werden mit einem spitzen Holzstäbchen, das das Objekt nicht zerkratzen oder gar zerbrechen kann, sorgfältig gereinigt.

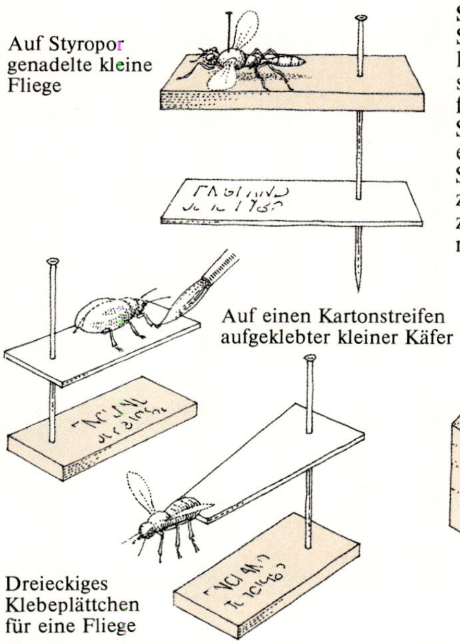

Nadelmethoden
Eine durch die Insektenbrust gestochene Nadel gestattet es Ihnen, das Tier herauszunehmen und zu untersuchen. Auch einen aufgeklebten Insektenkörper können Sie von unten betrachten, was oft für die Bestimmung unerläßlich ist. Bei winzigen Käfern werden die Beine auf ein Kartonplättchen geklebt.

Schalensammlung
Stellen Sie Ihre Schneckengehäuse und Muschelschalen in einem flachen Holzkasten zur Schau. Fassen Sie die einzeln beschrifteten Schalen einer Art zu Gruppen zusammen.

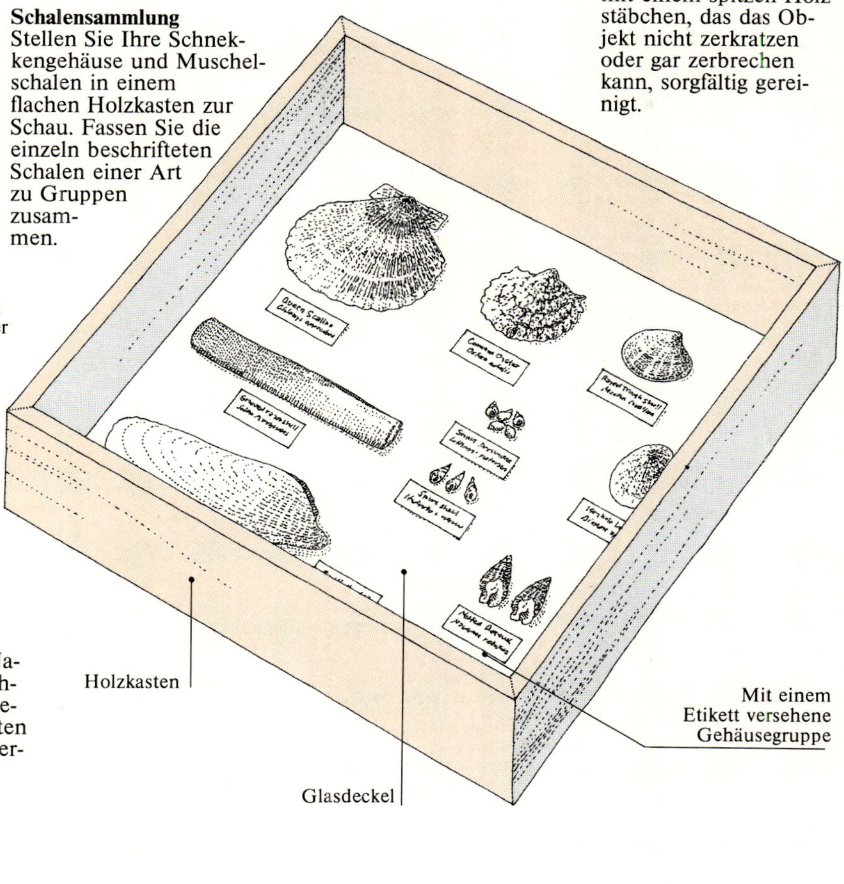

DIE UNTERSUCHUNG UND KONSERVIERUNG GRÖSSERER TIERE

SAMMELN UND PRÄPARIEREN

Die größeren Tiere sind sehr vielgestaltig – Fische, Säugetiere, Vögel, Reptilien und Amphibien. Man kann all diese Tiere in Spiritus konservieren und als Ganzes studieren, doch viele besitzen interessante Organe, die sich sezieren lassen.

Selbstverständlich darf man niemals ein Tier nur deshalb töten, um seine Sammlung zu vergrößern. Doch es gibt viele andere Möglichkeiten, geeignete Studienobjekte zu beschaffen. Viele tote Tiere sind in der Landschaft oder auf den Straßen zu finden. Manchmal entdeckt man eines, das in eine leere Flasche oder Büchse geraten und dort verendet ist. Selbst Ihre Katze wird Ihnen gelegentlich Tiere bescheren, und auch unter Ihren eigenen Heimtieren kommen Todesfälle vor.

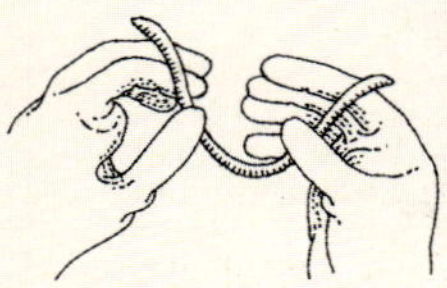

Schutz der Hände
Tragen Sie Gummihandschuhe, wenn Sie Tiere anfassen müssen.

Wenn Sie solche Tiere präparieren wollen, müssen Sie stets vor übertragbaren Krankheiten und Parasiten auf der Hut sein. Behandeln Sie die Tiere mit äußerster Vorsicht, achten Sie auf Sauberkeit, befolgen Sie die Sezierregeln (vgl. S. 243), und tragen Sie Gummihandschuhe!

Wenn sich das Sammeln und Präparieren bestimmter Tiere als zu schwierig erweisen, können Sie vielfach ein »Profil« der betreffenden Art aufbauen, ohne das Tier selbst zu töten. Das gilt vor allem für Vögel, denn hier kann man Federn, Gewölle, zerbrochene Eierschalen und sogar Nester zusammentragen; letztere mitten im Winter, wenn man sicher sein kann, daß die Nester verlassen sind.

Gefangen in einer Flasche
Sogar in weggeworfenen Flaschen ist Untersuchungsmaterial.

FISCHE, AMPHIBIEN UND REPTILIEN

Diese Tiere lassen sich nur sehr schwer abhäuten, und deswegen ist es besser, sie ganz in Alkohol einzulegen oder ihre Skelette zu präparieren. Man sollte sie vorher zeichnen oder fotografieren, weil das Konservierungsmittel ihre Farben verblassen läßt. Legen Sie die Exemplare zwei Tage lang in eine Mischung aus gleichen Teilen Alkohol und Wasser; dann kommen sie in den normalen Konservierungsalkohol. Ist ein Tier ziemlich groß (beispielsweise ein großer Goldfisch), so machen Sie einen kleinen Schnitt in den Bauch, damit das Konservierungsmittel eindringen kann. Viele Tiere neigen dazu, sich einzurollen und zu erstarren; deshalb sollten Sie sie zunächst mit Nadeln auf einer Korkplatte fixieren, und zwar etwa zwei Wochen lang.

Die Präparation von Fischen
Befestigen Sie das Präparat mit Insektennadeln auf einer Korkplatte. Nach etwa einer Woche ist der Fisch so starr, daß man die Korkunterlage entfernen kann.

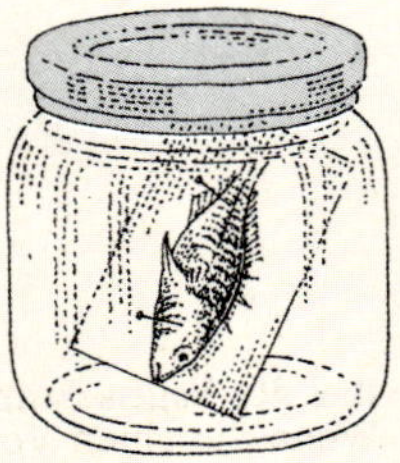

Die Entwicklung des Frosches
Wenn Sie Frösche aus Laich aufziehen, können Sie Exemplare aus den einzelnen Entwicklungsstadien konservieren.

DAS INNERE EINES FROSCHES

Weil Frösche für Forschungszwecke und vielfach auch als Leckerbissen in riesigen Mengen gesammelt werden, sind sie inzwischen selten geworden. Töten Sie also nur selbst aufgezogene Tiere.

Zum Sezieren befestigen Sie den auf dem Rücken liegenden Frosch auf dem Seziertablett. Heben Sie vorsichtig die dünne Bauchhaut von den inneren Organen ab und schneiden Sie sie mit einer Schere oder einem Skalpell auf. Nadeln Sie die ausgebreitete Haut. Bei der Arbeit müssen alle Organe immer wieder mit Salzwasser aus einer Tropfpipette angefeuchtet werden. Sollten Sie Blutgefäße oder Verdauungsschläuche verletzen, strömen die Körperflüssigkeiten aus – dann müssen Sie das ganze Tier gründlich mit Salzwasser abwaschen.

Beim sezierten Tier kommen die Leber am Vorderende und die verschlungenen Därme im hinteren Teil des Körpers zum Vorschein.

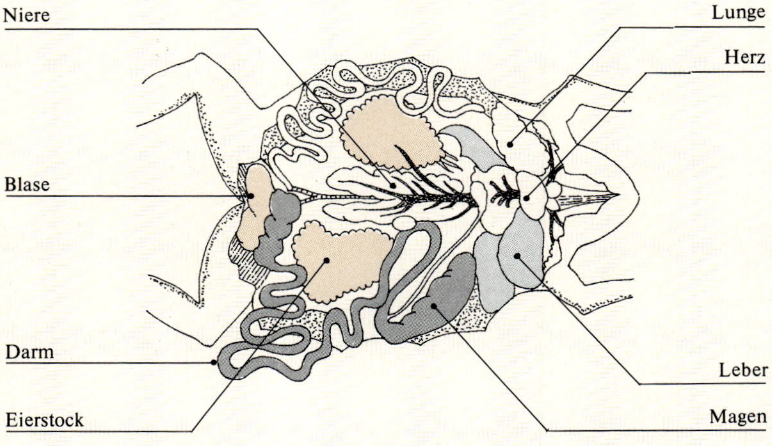

VÖGEL

Die Vogelwelt läßt sich durch verschiedene Einzelteile dokumentieren. Eier und Federn kann man trokken aufbewahren. Wenn Sie die Vögel in Ihrem Garten beobachten, wird es Ihnen nicht schwerfallen, Eierschalen, Federn und (aufgegebene) Nester zu sammeln und so ein Bild des Vogellebens in diesem Lebensraum zusammenzustellen.

Balg, Schädel und Skelett

Die Präparierung eines Vogelskeletts ist ziemlich schwierig, weil die Knochen sehr leicht und zerbrechlich sind. (Dieses leichte Knochengerüst ist ein Anpassungsmechanismus, der den Gefiederten das Fliegen ermöglicht). Sie sollten bei einem Vogel genauso vorgehen wie bei einem Säugetier (vgl. S. 273), allerdings mit besonderer Behutsamkeit. Der Schädel ist leichter zu präparieren und ergibt gleichwohl ein instruktives Schauobjekt, weil der Schnabel anzeigt, um welche Art es sich handelt. Wenn Sie einen abgetrennten Flügel finden, dann spannen Sie ihn zum Trocknen aus, bevor Sie ihn flach aufbewahren. Auch das Abbalgen eines Vogels erfolgt nach denselben Verfahren, das wir bei Säugetieren anwenden (vgl. S. 272). Trennen Sie den Schnabel nicht ab und lassen Sie auch die Flügel intakt. Das Abziehen der Haut ist manchmal eine schmierige Angelegenheit, und es ist deswegen ratsam, Sägemehl als Absorptionsmittel zu verwenden. Der Balg wird auf einem mit Watte umwickelten Stock oder Draht montiert.

Federn

Eine Federsammlung kann eine faszinierende Sache sein. Wenn Sie eine Feder mit der Lupe betrachten, erkennen Sie die Äste, Nebenäste und Häkchen, aus denen sich die Federfahne zusammensetzt. Auf frischen Federn entdecken Sie vielleicht auch Läuse und andere Schmarotzer, die man sich unter dem Mikroskop näher anschauen sollte.

Wir unterscheiden zwei Federtypen – die weichen Dunen, die als Isolationsmaterial dienen, und die kräftigeren Schwungfedern, die zum Fliegen gebraucht werden. Federn kann man überall sammeln, und die besten Zeiten sind der Frühling und Sommer, wenn die Vögel mausern.

Es ist schwierig, einen Vogel anhand von ein paar einzelnen Federn zu bestimmen, es sei denn, man findet sehr auffällige Exemplare, etwa die blauen, schwarzgebänderten Flügelfedern eines Blauhähers. Wenn Sie auf einen toten Vogel stoßen, lohnt es sich, zu Vergleichszwecken eine größere Federprobe zu entnehmen. Damit können Sie vielleicht andere Federn identifizieren, die sich bereits in Ihrer Sammlung befinden.

Bewahren Sie die Federn in einem Aktenordner auf. Sie können sie entweder auf Papierbogen aufkleben oder in Klarsichthüllen stecken. Halten Sie sie sauber, indem Sie es den Vögeln selbst nachmachen – Strählen in Richtung der Äste. Das geht sehr gut mit einem harten Pinsel.

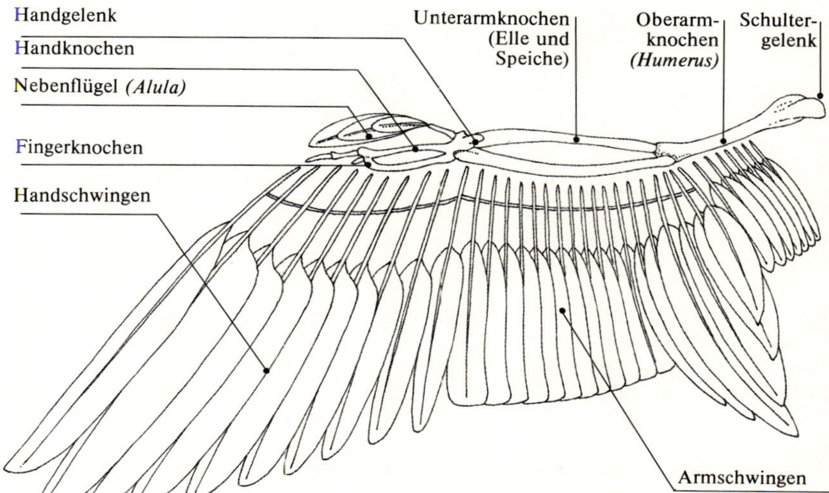

Bau der Vogelschwinge
Wenn Sie einen Vogelflügel finden, fertigen Sie eine detaillierte Zeichnung an, um die Position der Federn festzuhalten. Dann werden die Federn sorgfältig entfernt. Schaben Sie alles Fleisch von den Knochen ab, und setzen Sie das Flügelskelett wieder zusammen.

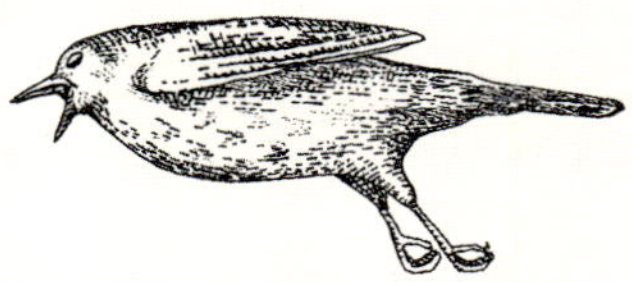

Präparation eines Vogelbalgs
Ein Vogel kann wie ein Säugetier abbalgen. Nehmen Sie eine kleine Holzleiste und umwickeln Sie sie mit Watte, in die ein paar Mottenkugeln eingebettet werden. Wenn die Wicklung eine zylindrische Form hat, wird sie in den Vogelbalg gesteckt.

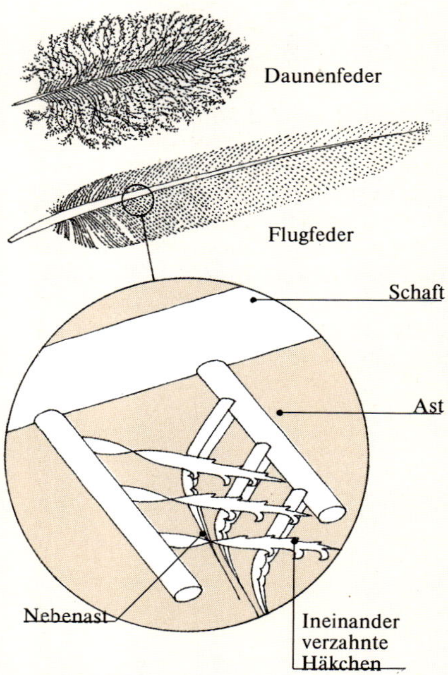

Vogelfedern
Die flauschige Daunenfeder hat die Aufgabe, Luft unmittelbar am Körper festzuhalten und dadurch den Vogel warmzuhalten. Die Flugfedern sehen ganz anders aus. Sie sind lang und flach und bestehen aus Ästen und Nebenästen, die durch Häkchen miteinander verzahnt sind. So entsteht eine zusammenhängende Oberfläche, die durch Strählen immer wieder geglättet wird.

Eierschalen

Sie sollten niemals Eier aus einem Nest nehmen. Sammeln Sie nur zerbrochene Eierschalen, die auf dem Boden herumliegen; verschmutzte Schalen werden sehr vorsichtig in warmem Seifenwasser gesäubert, dem ein Spritzer Desinfektionsmittel zugesetzt ist. Trockene Schmutzteilchen lassen sich mit einem kleinen Pinsel entfernen.

Sie können die gereinigten Schalen mit einem Tröpfchen Klebstoff auf Karton befestigen, doch am besten hebt man sie in einer mit Watte ausgelegten Schachtel auf. Diese Aufbewahrungsart erlaubt es Ihnen, jedes einzelne Stück herauszunehmen und von allen Seiten zu untersuchen. Dabei müssen Sie allerdings sehr behutsam sein, denn ein Vogelei ist äußerst zerbrechlich.

Nester

Nester darf man nur im Spätherbst und Winter sammeln. Dann haben die allermeisten Nester ausgedient. Da die Mehrzahl der Vögel alljährlich ein neues Nest baut, kann man die alten an sich nehmen. Im übrigen entdeckt man die Nester im Winter am schnellsten im kahlen Gezweig. Selbst im Spätherbst müssen Sie jedoch ein Nest, auf das Sie ein Auge geworfen haben, eine Zeitlang beobachten, um sich zu vergewissern, daß es wirklich nicht mehr benutzt wird. Überdies geben, wie gesagt, nicht alle Vogelarten ihr Nest zum Jahresende auf. Als Faustregel sollte man sich merken, daß die Kleinvögel, die in Hecken oder niedrigem Gesträuch nisten, für jede Brut ein neues Nest anlegen. Größere Arten, die hoch auf Bäumen, in Höhlen oder in Dachtraufen brüten, benutzen ihre Nester jahrelang hintereinander und fügen in jeder Brutzeit neues Nistmaterial hinzu. Solche Nester dürfen Sie nicht antasten.

Wenn Sie ein Nest heimgebracht haben, sollten Sie es zuerst einige Tage lang in einen Kunststoffbeutel stecken, der ein starkes Insektizid enthält. Dann können Sie es mit einer Pinzette auseinandernehmen, am zweckmäßigsten auf einer großen weißen Unterlage.

Fangen Sie innen an und sortieren Sie von allen für das Nest verwendeten Baustoffen eine Probe aus. Diese Einzelteile können Sie dann auf einem Karton anordnen und festkleben. Daneben sollten Sie auch alle kleinen Insekten montieren, die Sie im Nest gefunden haben *(vgl. S. 264)*. Eine andere Möglichkeit besteht darin, daß Sie das vollständige Nest aufbewahren, nachdem Sie es mit einem Fixativ oder Klarlack besprüht haben, damit es etwas fester wird und seine Form behält.

Gewölluntersuchungen

Viele Vogelarten würgen aus dem Muskelmagen unverdauliche Stoffe aus, die als feste Masse, als sogenanntes Gewölle, wieder zum Vorschein kommen. Die genaue Untersuchung von Gewöllen ist sehr informativ, denn so erfährt man vieles über die

Nest aus einem Vorstadtgarten

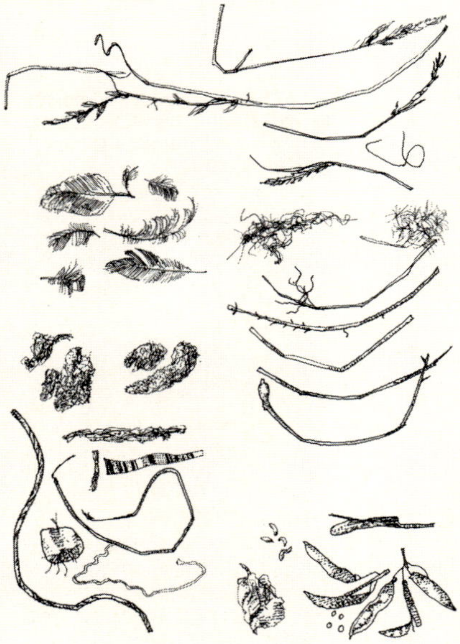

Nest aus einem Wald

Vollständige Nester vor dem Zerlegen

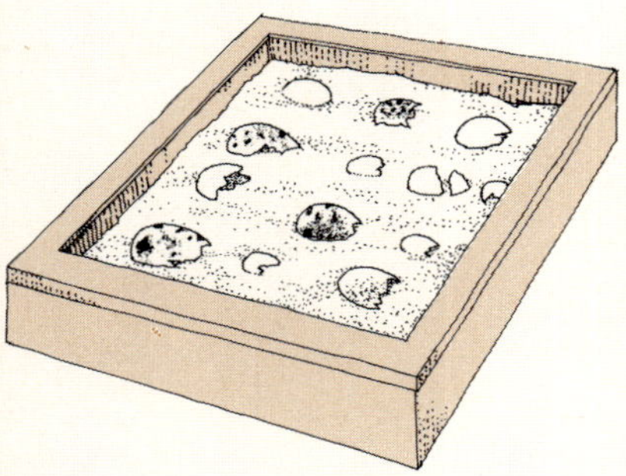

Aufbau einer Eiersammlung

Die Eierschalenbruchstücke, die Sie auflesen, sind sehr zerbrechlich. Bewahren Sie sie in einer stabilen Schachtel mit Watteeinlage und Glasdeckel auf, damit sie immer sichtbar sind. Stellen Sie die Schalen derselben Art zusammen, so können Sie neue Funde leichter bestimmen.

Nistmaterial

Vögel sind sehr erfinderisch, wenn es darum geht, Baumaterialien für ihre Nester zusammenzutragen. Sie verwenden neben Gras und Zweigen auch Fäden, Schnur und andere technische Produkte. Vergleichen Sie einmal alle Bestandteile eines Nests aus einem Vorgarten mit einem Nest derselben Vogelart aus einem entlegenen Waldgebiet. Sie können eine interessante Schautafel zusammenstellen, auf der Sie Nistmaterial unterschiedlicher Herkunft anordnen. Stadtvögel verwenden Stoffreste und Bindfäden zusätzlich zu den Naturstoffen (Zweige, Federn, Samenschoten und Moos), die von den Gefiederten in freier Landschaft verbaut werden.

Nahrung, die der jeweilige Vogel aufnimmt.

Wenn Sie zum Beispiel den Stammplatz einer Eule entdecken, können Sie das ganze Jahr über Gewölle auf dem Boden unter diesem Platz aufsammeln, das Ihnen Aufschluß darüber gibt, wie sich die Kost des Vogels mit der Fluktuation der Beutetiere verändert. Man bricht ein Gewölle am besten in zwei oder drei Teile, die man eine Weile in Wasser einweicht. Dann können Sie mit einer Pinzette die Brocken vorsichtig auseinanderklauben, während sie noch im Wasser liegen. Die Knochen, die Sie finden, sollten Sie ein paar Minuten lang in Haushaltsbleiche einlegen. Anschließend werden sie getrocknet und auf Karton montiert.

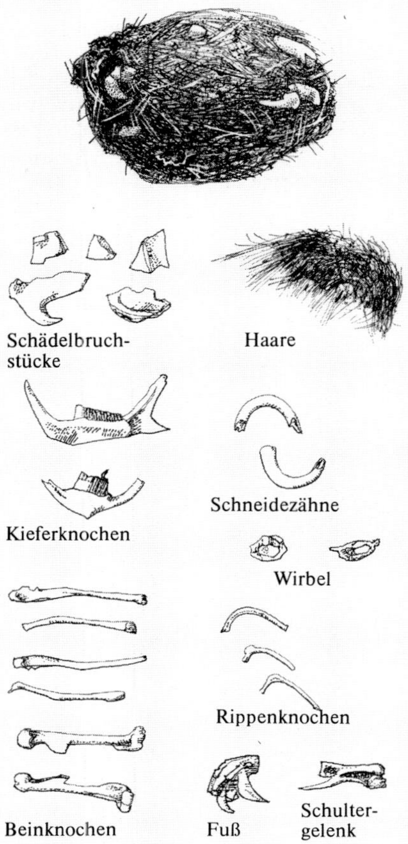

Gewölluntersuchung
Ein typisches Eulengewölle enthält meist guterhaltene Überreste der Beutetiere. Unser Beispiel zeigt die Knochen und Haare eines Kleinsäugers, wahrscheinlich einer Wühlmaus.

BESTIMMUNG VON GEWÖLLEN

Die Gewölle, die von Eulen, Krähen und Greifvögeln ausgespien werden, unterscheiden sich erheblich in Größe und Form. Außerdem zeigen sie eine unterschiedliche Oberflächenbeschaffenheit. So haben Krähengewölle eine lockere Oberflächenstruktur, während die Bestandteile von Eulengewöllen viel fester zusammengeballt sind.

	Fundorte	Aussehen	Bestandteile
Greifvogel (z.B. Turmfalke) 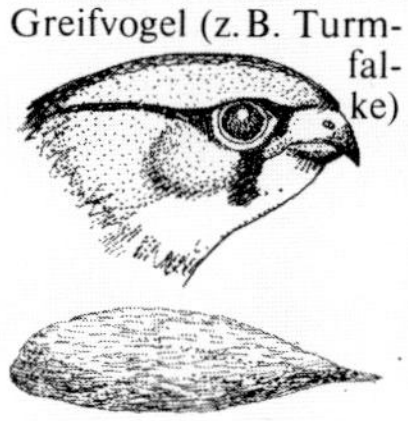	In der Nähe leerer Gebäude, unter hohen Bäumen, besonders in offenem Gelände	25×15 mm. Glatt, an einem Ende zugespitzt	Keine Knochen. Haare, Federn, Krallen, Schnäbel
Schleiereule 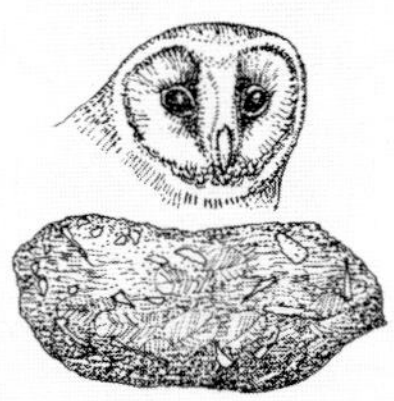	In der Nähe stiller Häuser, unter großen Bäumen	50×25 mm. Schwarz und glänzend, wenn frisch. Stark gerundete Enden, manchmal kugelförmig	Knochen und Haare von Kleinsäugern. Bisweilen Knochen, Federn und Schnäbel von Kleinvögeln, etwa Sperlingen
Waldkauz 	Unter verlassenen Gebäuden oder großen Bäumen, vor allem Nadelbäumen	60×50 mm. Zylindrisch, zugespitzte Enden, massig mit Knochen an der Oberfläche	Knochen und Haare von Kleinsäugern. Knochen, Federn und Schnäbel von Kleinvögeln
Möwe 	Fast überall, besonders unter Brutplätzen auf Kliffen	Bis 40×20 mm. Lockere Konsistenz	Pflanzenreste, einige Knochen, einschließlich Fischgräten, und marine Molluskenschalen
Krähen, Kolkrabe 	Unter Nester in hohen Baumwipfeln	Durchmesser ca. 25 mm. Lockere Masse	Viele Pflanzenreste, Stengel, kleine Kieselsteine

SÄUGETIERE

Es ist zwar möglich, Säugetiere in Alkohol oder Spiritus zu konservieren, aber das Ergebnis ist nicht sonderlich attraktiv. Das Tier sieht dann aus, als wäre es in der Flüssigkeit ertrunken. Außerdem kann man nur die äußere Erscheinung des Tiers und nicht sein Inneres untersuchen.

Man gewinnt sehr viel mehr Informationen, wenn man die Haut und das Skelett getrennt konserviert. Beides ist eine wertvolle Bereicherung Ihrer Belegsammlung. Am Skelett können Sie überdies den Schädel und das Gebiß studieren, die beide wichtige Bestimmungshilfen sind.

Das Abziehen und Präparieren des Balgs

Ein Säugetier, das Sie abbalgen wollen, sollte noch nicht lange tot sein. Das Abziehen der Haut geht dann leichter, und der Balg setzt nicht so schnell Schimmel an wie die Haut eines Tiers, das schon vor mehr als zwei Tagen gestorben ist.

Bei einem Kleinsäuger ist es recht einfach, die Haut abzuziehen und auf einem festen Karton zu montieren. Die eigentliche Dermoplastik oder Taxidermie – das fachgerechte Ausstopfen eines Balgs, so daß er eine dreidimensionale, lebensechte Form erhält – ist eine sehr schwierige Kunst. Das Aufziehen auf einem Pappstück gelingt hingegen mühelos und genügt für Beleg- und Vergleichszwecke.

Vor dem Abhäuten sollten Sie das Tier vermessen, damit Sie einen paßgerechten Karton zuschneiden können. Das Kartonstück sollte ein wenig länger sein als das Tier, und die Breite sollte im allgemeinen mindestens die Hälfte der Länge betragen. Schneiden Sie den Karton am Vorderende spitz zu, während alle anderen Kanten gerade bleiben. Bedenken Sie beim Vorbereiten des Kartons, daß die Haut beim Trocknen etwas schrumpft.

Dann können Sie mit dem Abbalgen beginnen. Zwischendurch und hinterher empfiehlt es sich, die Innenseite der Haut mit einer pulverisierten Mischung aus Borax und Alaun einzureiben. Das erleichtert die Ablösung des Fetts und die Konservierung. Ist die Haut vollständig abgezogen, wird sie auf dem Pappstück abgerollt, wie es die Zeichnung links unten zeigt. Auch der Schwanz sollte ausgestopft werden, damit er in Form bleibt. Dafür eignet sich ein Cocktailstäbchen sehr gut.

Zum Abschluß beschreiben Sie das jeweilige Exemplar möglichst exakt und befestigen das Etikett an dem Karton. Die Aufschrift sollte alle erreichbaren Informationen enthalten, in jedem Fall den Namen und die Größe des Tiers, den Fundort und das Datum.

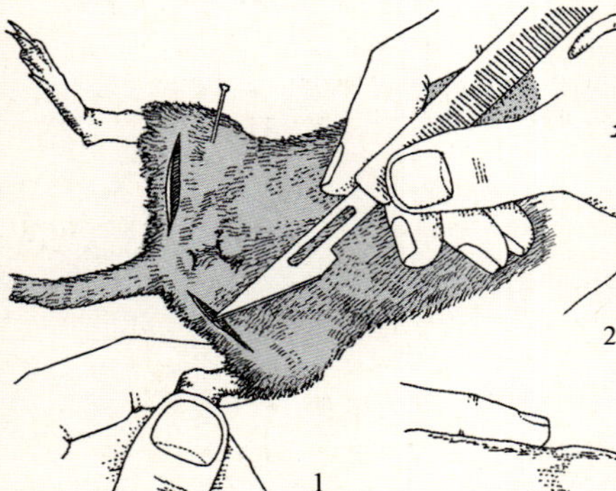
1

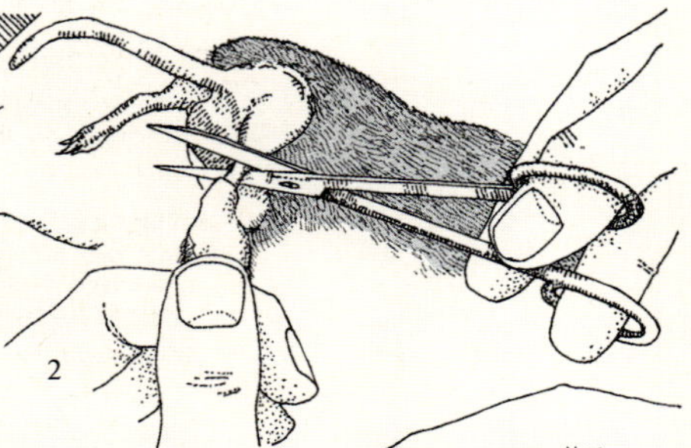
2

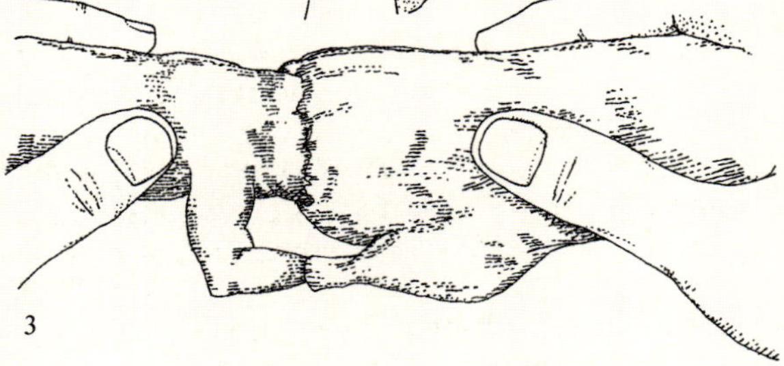
3

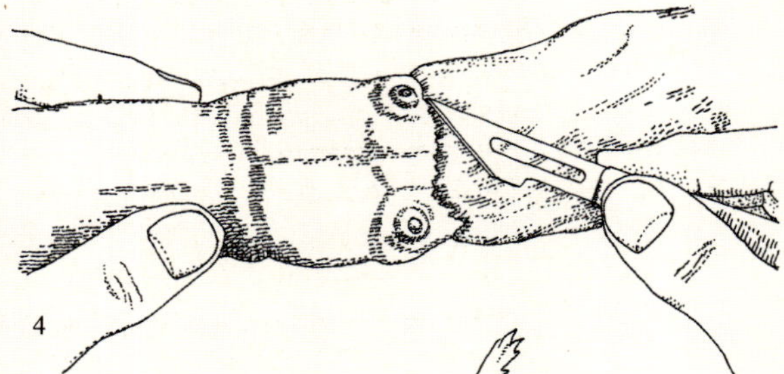
4

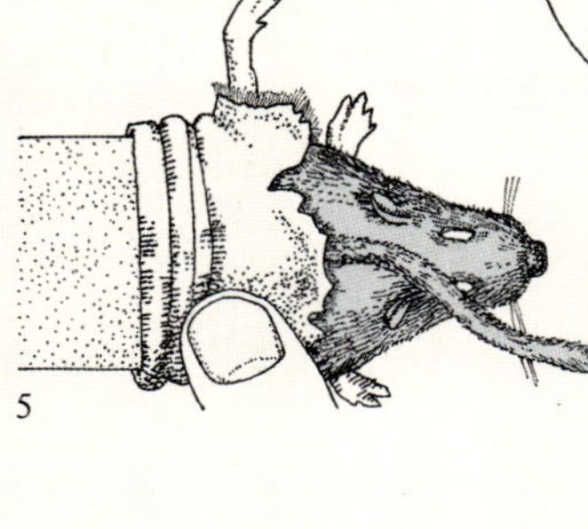
5

Abbalgen eines Kleinsäugers

1. Legen Sie das Tier auf den Rücken und machen Sie zwei Einschnitte, jeweils vom Knie der Hinterbeine bis zum Schwanzansatz. Der Enddarm wird durchtrennt.

2. Lockern Sie die Haut um die Kniegelenke und schneiden Sie die Beine an der Ferse durch, damit die Füße mit der Haut verbunden bleiben. Lösen Sie die Haut am Schwanzansatz ab und rollen Sie sie ab.

3. Ziehen Sie die Haut langsam nach vorne ab, zum Kopf hin. Trennen Sie die Handgelenke durch, damit die »Hände« an der Haut bleiben.

4. Ziehen Sie die Haut über den Kopf und lösen Sie sie durch entsprechende Einschnitte an Ohrenansatz, Augen und Lippen ab.

5. Ziehen Sie den Balg auf ein paßgerechtes Pappstück.

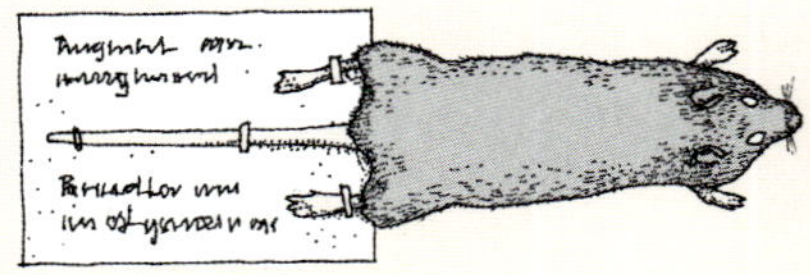

Aufbewahrung des Balgs

Beschriften Sie ein Etikett, das Sie an dem Pappstück mit dem Balg befestigen. Es sollte für spätere Vergleiche alle wesentlichen Angaben enthalten.

Die Reinigung von Knochen und Zähnen

Die Präparation von Säugetierskeletten ist aus zwei Gründen sinnvoll. Sie zeigen sehr anschaulich den inneren Bau der Tiere und sind ein wichtiges Hilfsmittel bei der Bestimmung neuer Exemplare.

Es gibt mehrere Methoden, die Knochen und das Gebiß von Säugern und anderen Wirbeltieren (Fische, Amphibien, Reptilien und Vögel) auszulösen und zu reinigen. Das einfachste Verfahren ist, das Tier in einem Eimer mit Regenwasser draußen vor der Tür stehenzulassen. Dadurch wird das Fleisch mazeriert, das heißt, es weicht auf und fällt nach und nach ab. Dieser Vorgang braucht Zeit (in der Regel mehrere Wochen) und erzeugt einen höchst unangenehmen Geruch, ist aber recht einfach und funktioniert meist einwandfrei.

Die zweite Methode ist das Sieden des Tiers in einer mazerierenden Flüssigkeit. Dazu eignet sich sehr gut eine schwache Natriumhydroxydlösung (Bleichsoda). Da diese Lösung stark ätzend wirkt, sollten Sie bei der Arbeit Handschuhe tragen und Spritzer vermeiden.

Als dritte Möglichkeit können Sie ein biologisches Reinigungsverfahren anwenden. Speckkäferlarven und Schmeißfliegenmaden zehren das Gewebe auf, bis am Schluß nur noch die Knochen übrigbleiben. Ameisen können Ihnen ebenfalls die Arbeit abnehmen.

Welche Methode Sie auch wählen, es wird Ihnen nicht erspart bleiben, daß Sie zum Schluß das Skelett mit einem spitzen Gegenstand, etwa einem Zahnstocher, bearbeiten, damit alles Fleisch gründlich entfernt wird. Anschließend bleichen Sie die Knochen (dafür genügt eine normale Haushaltsbleiche), und dann sind Sie fast fertig!

DAS INNERE EINER MAUS

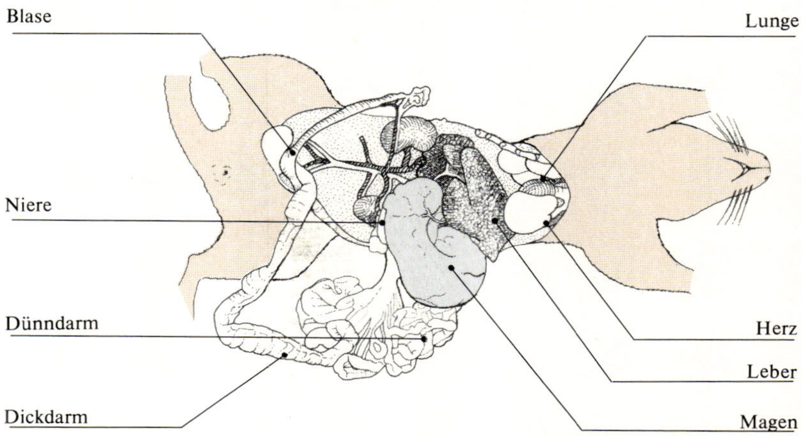

Bei der Sektion einer Maus wird ein Längsschnitt durch die Unterseite geführt, genauso wie beim Frosch *(vgl. S. 268)*. Fixieren Sie die Hautlappen mit Nadeln, um die inneren Organe freizulegen. Wenn Sie den verschlungenen Darm vorsichtig abheben, können Sie die Blutgefäße und Nieren neben der Wirbelsäule sehen. Bei älteren Tieren sind diese Organe in sehr viel Fettgewebe eingebettet, das Sie wegschneiden müssen, wenn Sie alle Details untersuchen wollen.

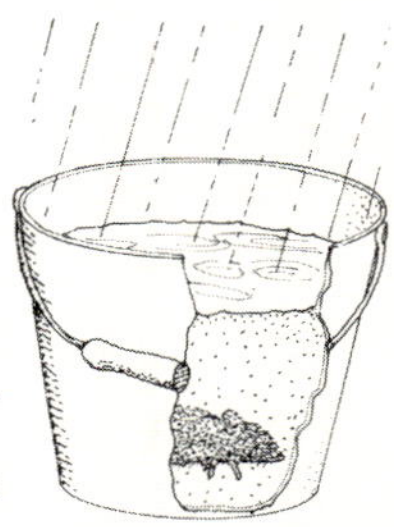

Reinigung in Wasser
Wenn man die Knochen in einen Eimer mit Regenwasser legt, löst sich das Fleisch allmählich ab. Diese Methode liefert wahrscheinlich von allen die besten Resultate, aber bei der natürlichen Verwesung entsteht ein übler Gestank.

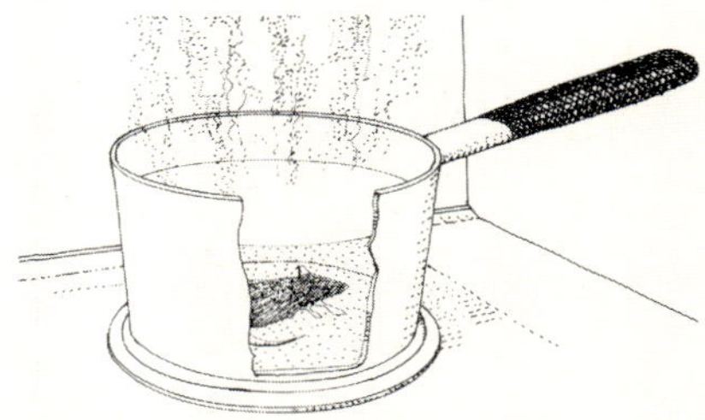

Auskochen auf dem Herd
Die Verwendung einer Mazerierflüssigkeit beschleunigt den Reinigungsvorgang. Lassen Sie den Tierkadaver in einem alten Topf leicht kochen. Nach etwa zehn Minuten beginnt sich das Fleisch von den Knochen zu lösen.

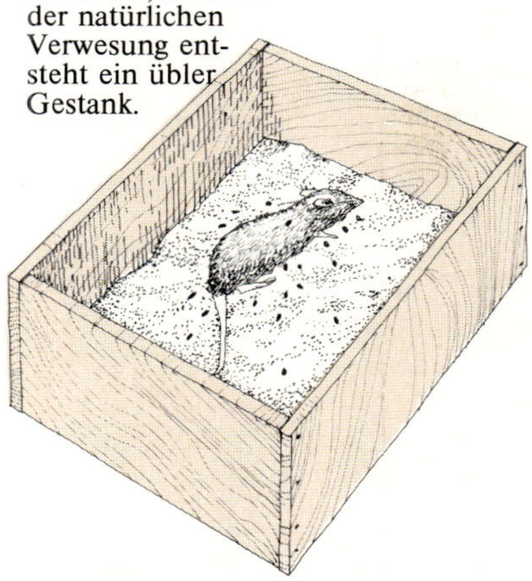

Insektenlarven
Manche Insekten aus Ihrem »Heimzoo« können Sie für die Säuberung von Säugetierskeletten einsetzen. Halten Sie die Käfer zusammen mit dem Kadaver in einem verschlossenen Behälter. Speckkäferlarven eignen sich dafür am besten, aber man kann auch »langsamere« Teppichkäferlarven verwenden.

Ameisen Legen Sie die Tierleiche in der Nähe eines Ameisennests auf eine Matte und stülpen Sie einen Eimer oder Blumentopf darüber, der größere Freßfeinde abhält. Ein kleiner Spalt im Gefäß genügt als Zugang für die Ameisen, die das Skelett mit ihren winzigen Kiefern saubernagen.

DIE MONTAGE VON SCHÄDELN UND SKELETTEN

Nachdem Sie die Knochen mit einem Hölzchen oder einer Pinzette sorgfältig gesäubert und zwei oder drei Stunden in einer Bleichlösung behandelt haben, hängen Sie das Skelett in eine Ammoniaklösung oder in Petroleum, und zwar so, daß es den Boden des Gefäßes nicht berührt, damit alles Fett absinken kann. Seien Sie besonders vorsichtig beim Umgang mit dem leicht entflammbaren Petroleum!

Jetzt kann das Skelett montiert werden. Als Ersatz für die Bänder, die normalerweise die Knochen zusammenhalten, benutzen Sie entweder fein dosierten Klebstoff oder Drahthalterungen. Vielleicht benötigen Sie auch einen Drahtrahmen zur Unterstützung des Skeletts, während Sie die Knochen zusammenfügen.

DERMOPLASTIK

Eine fachmännisch ausgeführte Dermoplastik ergibt ein viel lebensechteres Modell des Tiers als der auf Pappe aufgezogene Balg. Doch die Dermoplastik oder Taxidermie ist eine ziemlich schwierige Technik. Sehr wichtig ist, daß Sie so viel wie mög-

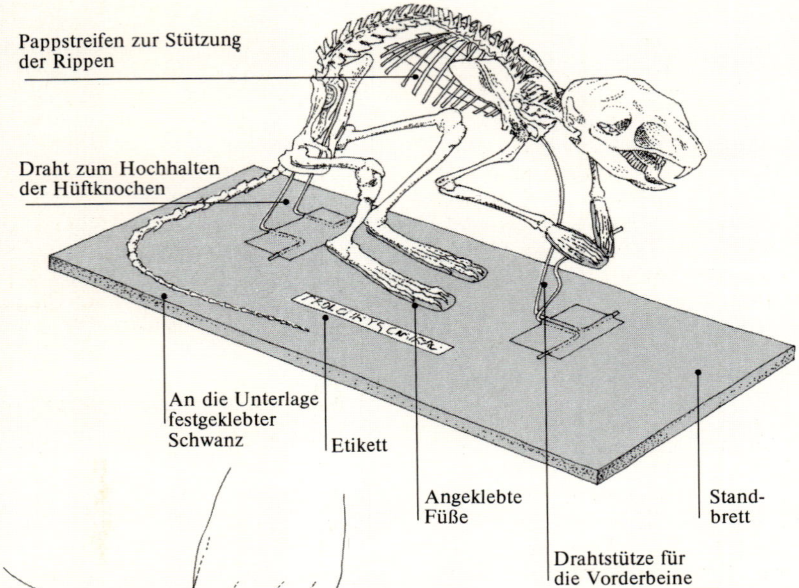

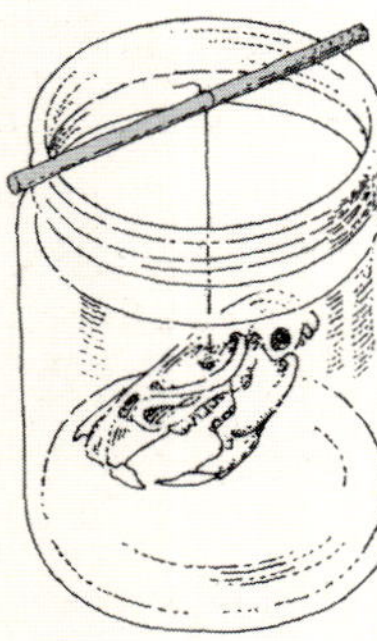

Entfetten Es genügt nicht, nur das Fleisch von einem Skelett zu entfernen. Es muß auch entfettet werden. Hängen Sie das Gerippe in ein Gefäß mit fettlösender Flüssigkeit, etwa Petroleum, Auto-Entfettungsmittel oder Ammoniaklösung. Das Fett sinkt dann zum Boden ab.

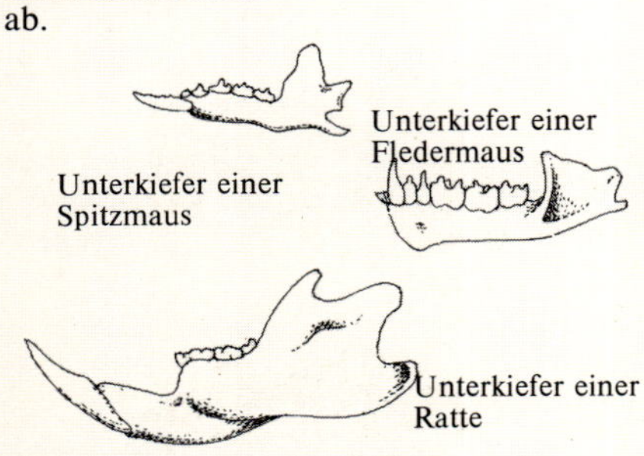

Gebiß und Kiefer
Diese Teile sind wichtig für die Bestimmung eines Säugetiers. Insektenfresser wie Igel, Spitzmäuse und Maulwürfe besitzen ein wenig spezialisiertes Gebiß. Die Backenzähne sind oft spitz und die Eckzähne klein. Bei den Nagern, etwa Mäusen, Ratten und Eichhörnchen, sitzen vorn in beiden Kiefern große Schneidezähne.

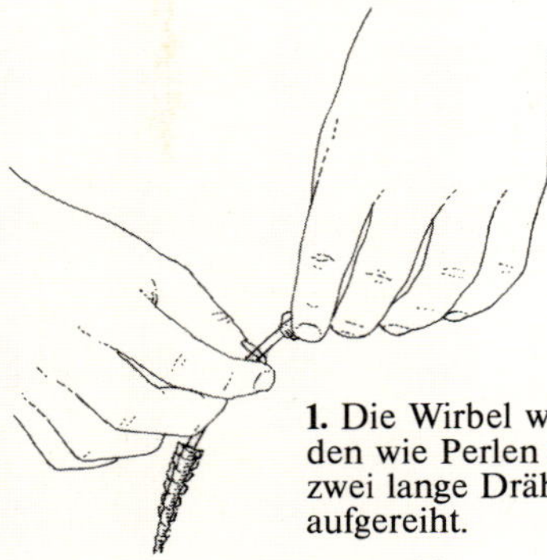

1. Die Wirbel werden wie Perlen auf zwei lange Drähte aufgereiht.

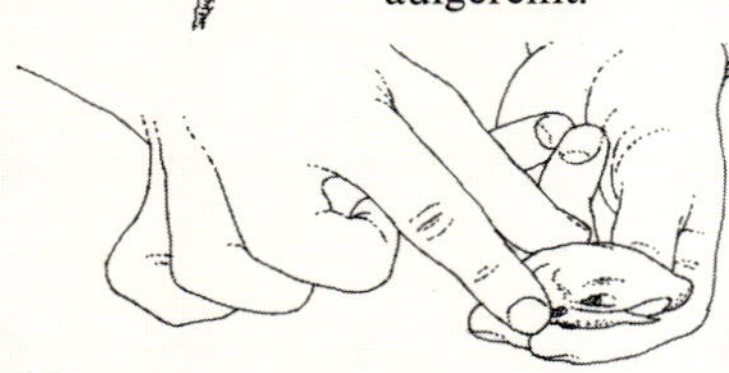

2. Kleben Sie Unter- und Oberkiefer zusammen, und lassen Sie sie trocknen. Befestigen Sie den Schädel am Drahtende. Fügen Sie die Gliedmaßen zusammen, und verkleben Sie sie.

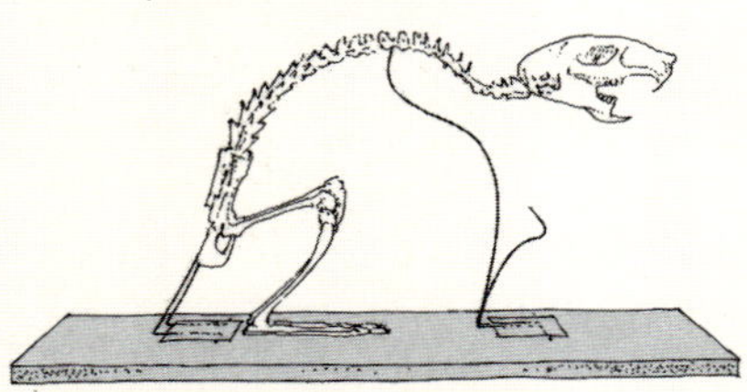

3. Kleben Sie Beckenknochen und Hinterbeine an die Wirbelsäule. Stützen Sie das Skelett mit den Drahtenden. Ein weiterer Draht stützt die Mitte der Wirbelsäule.

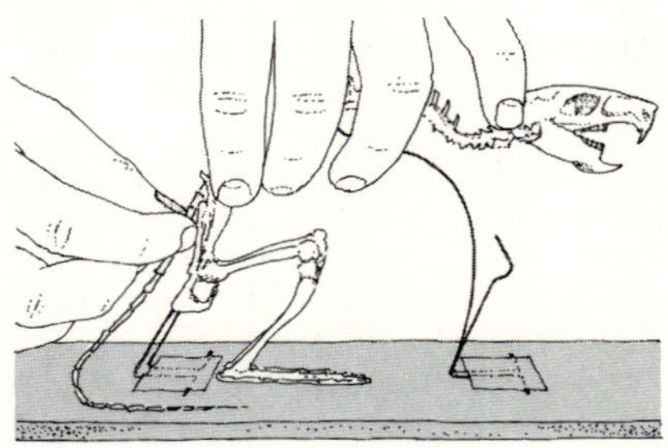

4. Kleben Sie die Schwanzknochen auf einen Bindfaden, der an der Wirbelsäule befestigt wird.

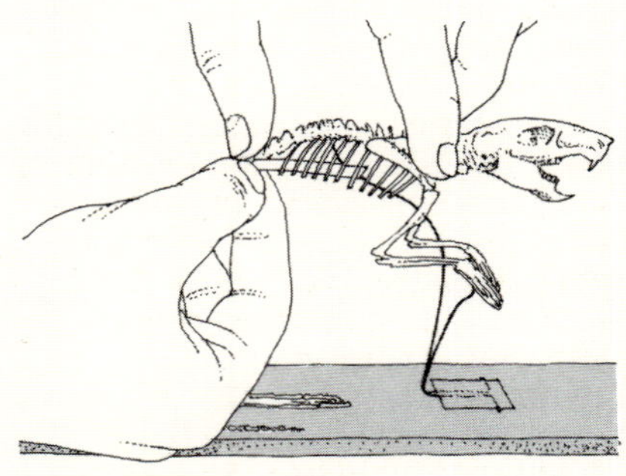

5. Kleben Sie die Rippen an die mit Pappe gestützten Wirbel und die Vorderbeine an den Brustkorb.

lich über die Tierart wissen, die Sie ausstopfen wollen. Sie müssen die Gestalt des Tiers genau im Kopf haben, damit Sie den Balg richtig modellieren können. Außerdem sollten Sie die typische Haltung des Tiers kennen, wenn Sie ihm ein natürliches Aussehen geben wollen.

Ziehen Sie dem Vogel oder Kleinsäuger, den Sie zu präparieren gedenken, zuerst die Haut ab *(vgl. S. 272)*. Das Säubern der Innenseite und die Entfernung aller Fettreste sind hierbei besonders wichtig. Blut können Sie mit kaltem Wasser abspülen, und für die Entfettung des Balgs verwenden Sie am besten Borax oder auch Sägemehl.

Das Ausstopfen von Säugetieren
Zunächst müssen Sie einen künstlichen Rumpf herstellen, der dem lebenden Tier in Größe und Form so weit wie möglich gleicht. Dazu biegen Sie ein Drahtgestell zurecht, das Sie mit Holzwolle so dick umwickeln, bis die gewünschte Form erreicht ist. Lassen Sie die Drahtenden vorne vorstehen, damit Sie an ihnen den Schädel befestigen können. Das kann entweder der gründlich gereinigte echte Schädel sein oder auch ein Gipsabguß. Markieren Sie auf dem Rumpf die Position der Schultern und der Gliedmaßen.

Als nächstes schneiden Sie vier Drahtstücke mit scharfen Enden zurecht, die jeweils ungefähr die doppelte Länge der Gliedmaßen haben. Schieben Sie die einzelnen Drähte durch den Fuß nach oben und formen Sie dabei den Knochenverlauf nach. Stopfen Sie die Vordergliedmaßen mit Werg oder Holzwolle aus und befestigen Sie die Drähte am Rumpf. Bevor Sie die Hinterbeine bearbeiten, sollten Sie den Schwanz mit Draht versteifen und erforderlichenfalls mit Werg stopfen.

Wenn Sie soweit sind, sollten Sie Ihr Werk genau inspizieren und es mit Fotos oder Zeichnungen eines lebenden Tiers vergleichen. Achten Sie auf etwaige hohle Stellen. Die Schultern müssen wahrscheinlich noch mit Werg ausgefüllt werden.

Wenn Sie die Haut vollständig über den Rumpf gezogen und zugenäht haben, geben Sie dem Tier eine natürliche Haltung und montieren es auf ein Standbrett. Auch dabei müssen Sie Zeichnungen und Fotos zum Vergleich heranziehen, denn selbst ein gut ausgestopftes Tier wirkt unnatürlich, wenn es nicht eine arttypische Position einnimmt. Kleben Sie die Füße auf die Unterlage oder führen Sie die Enden der Beindrähte durch das Brett, um dem Modell einen besonders festen Halt zu geben. Setzen Sie Glasaugen der richtigen Größe und Färbung ein, indem Sie sie tief in den Schädel drücken.

Das Ausstopfen von Vögeln
Beim Ausstopfen eines Vogels können Sie wie bei der Säugetierdermoplastik verfahren, doch ein Vogel stellt Sie vor zusätzliche Probleme. Um zu verhindern, daß die Flügel beim Ausstopfen des Rumpfs auseinanderklaffen, schnüren Sie sie zusammen. Geben Sie ihnen eine natürliche Haltung und sichern Sie sie, indem Sie die beiden Oberschenkelknochen zusammenbinden.

Eine weitere Schwierigkeit besteht darin, daß das Gefieder meist sehr ungepflegt aussieht, wenn Sie mit der Arbeit fertig sind. Hier können Sie dadurch Abhilfe schaffen, daß Sie die Federn glätten und dann den Vogelkörper mit weichen Woll- oder Baumwollstreifen umwickeln, bis er vollkommen trocken ist. Ein Stück Pappe, das man um den Schwanz bindet, sorgt außerdem dafür, daß die Federn während des Trocknens wieder ihre natürliche Stellung einnehmen.

Wie man einen Kleinsäuger ausstopft

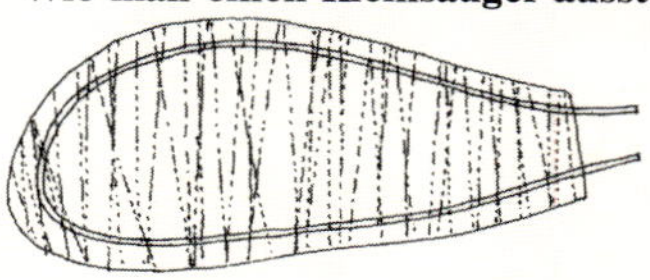

1. Nach den Maßen des Balgs wird ein paßgerechter künstlicher Rumpf angefertigt. Umwickeln Sie eine Drahtschleife mit Holzwolle, und lassen Sie die Drahtenden vorstehen.

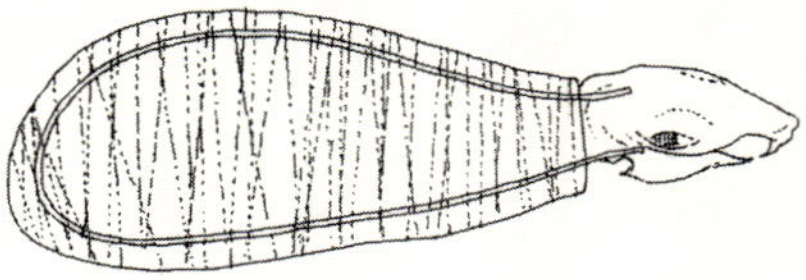

2. Der Schädel wird gereinigt oder abgegossen und dann an den vorstehenden Drähten befestigt.

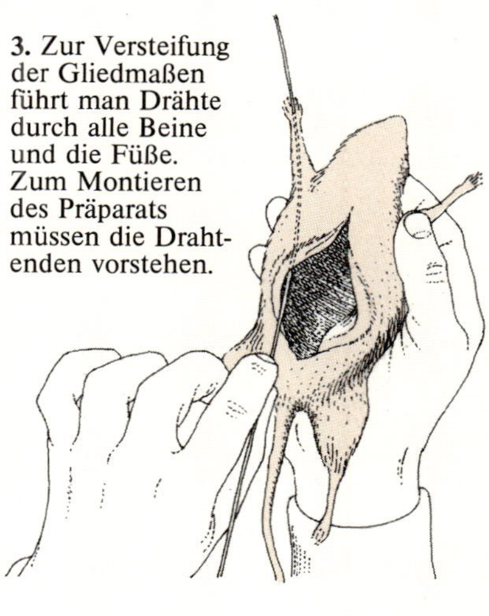

3. Zur Versteifung der Gliedmaßen führt man Drähte durch alle Beine und die Füße. Zum Montieren des Präparats müssen die Drahtenden vorstehen.

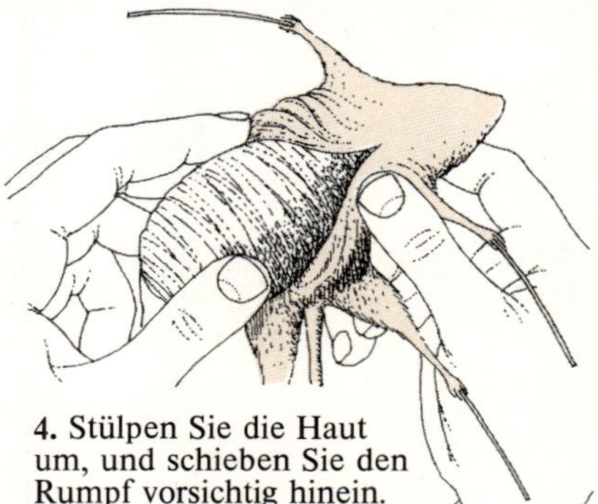

4. Stülpen Sie die Haut um, und schieben Sie den Rumpf vorsichtig hinein. Die Haut darf dabei nicht übermäßig gedehnt werden.

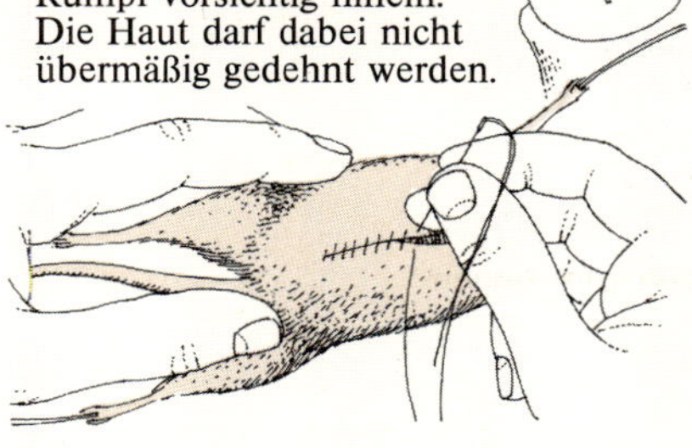

5. Stecken Sie die Beindrähte in den Rumpf, bis sie fest sitzen. Nähen Sie den Balg zu.

6. Befestigen Sie das Tier in natürlicher Haltung mit den vorstehenden Drahtenden auf einem Brettchen.

DIE HALTUNG LEBENDER TIERE

DIE VERANTWORTUNG DES TIERHALTERS

Mir ist das Glück beschieden, daß ich zeit meines Lebens ungezählte freilebende Tiere halten konnte und kann. In meiner Jugend auf Korfu pflegte ich alle möglichen Geschöpfe, vom Uhu bis zum Seepferdchen und von Schlangen bis Schmetterlingen.

Ich weiß aus Erfahrung, daß die Haltung und Betreuung von lebendigen Geschöpfen, ob es sich nun um Würmer oder Weiße Mäuse, um Nashörner oder Elefanten handelt, eine Verantwortung mit sich bringt, die man nicht auf die leichte Schulter nehmen darf. Wenn Sie ein Tier in Gefangenschaft halten, hängt sein Wohlergehen vollständig von Ihnen ab. Machen Sie es sich zur Regel, daß das Wohlbefinden des Tiers stets Vorrang hat. Es gibt viele Gesetze, die zum Schutz der Tiere erlassen wurden, und verschiedene Organisationen, zum Beispiel Tierschutzvereine, die über die Einhaltung dieser Gesetze wachen. Bevor Sie also irgendein Lebewesen in Ihre Obhut nehmen, müssen Sie sicherstellen, daß es richtig untergebracht und ernährt wird und daß Sie es nach Möglichkeit wieder in seinen natürlichen Lebensraum zurückversetzen können, wenn Sie es lange genug beobachtet und studiert haben.

DAS AQUARIUM

Die Aquaristik ist wohl eine der schönsten und sinnvollsten Freizeitbeschäftigungen für den Naturfreund. Die Pflege eines Aquariums ist normalerweise einfach und stets anregend, zumal sich viele Insassen mühelos züchten lassen. Ein Aquarium ist ein künstliches Gewässerökosystem im kleinen. Die Pflanzen wachsen und liefern Sauerstoff und Nahrung für die Tiere. Die Abfallprodukte der Tiere und ihre sterblichen Überreste werden von den Zersetzern verwertet, die wiederum den Pflanzen Nährstoffe zuführen.

Wir unterscheiden vier Aquarientypen: Kalt- und Warmwasserbekken, die entweder Salz- oder Süßwasser enthalten. Den geringsten Aufwand verlangt das kalte Süßwasseraquarium. In ihm können Sie die Wasserlebewelt Ihrer Heimat studieren. Auch wenn Sie nicht am Meer wohnen, können Sie sich ein Meerwasserbecken einrichten; dazu verwenden Sie eine in jedem Fachgeschäft erhältliche Salzmischung, die Süßwasser in Meerwasser verwandelt. Die Meeresaquaristik ist jedoch eine komplizierte Angelegenheit, die weit mehr Aufwand und Sorgfalt voraussetzt als die Pflege eines Süßwasserbeckens. Falls Sie unmittelbar an der See wohnen, können Sie frisches Meerwasser in regelmäßigen Abständen selbst beschaffen.

Ein paar Tips für die Aquarienpflege

Wenn Sie Ihr Aquarium einrichten, sollten Sie möglichst unterschiedliche Pflanzen und Tiere wählen, welche die verschiedenen ökologischen Nischen innerhalb des Beckens ausfüllen. Dazu müssen Sie wissen, welche Rollen die einzelnen Bewohner in der Natur spielen. Pflanzen dienen der Nahrungs- und Sauerstofferzeugung, die meisten Fische bewohnen die mittleren Wasserschichten, während Krebse, Welse und manche Schnecken sich bevorzugt in Bodennähe aufhalten und den Bodenbelag reinigen. Filtrierer wie etwa Muscheln sorgen dafür, daß das Wasser klar bleibt.

Wenn Sie Ihr Aquarium für Langzeitbeobachtungen einrichten wol-

Das Süßwasseraquarium
Installieren Sie einen Filter zur Reinhaltung des Wassers, den Sie mit Steinen auf dem Bodengrund fixieren. Verbinden Sie den Filter durch einen Plastikschlauch mit der Luftpumpe. Besetzen Sie das Becken mit Pflanzen und einer Auswahl von Süßwassertieren.

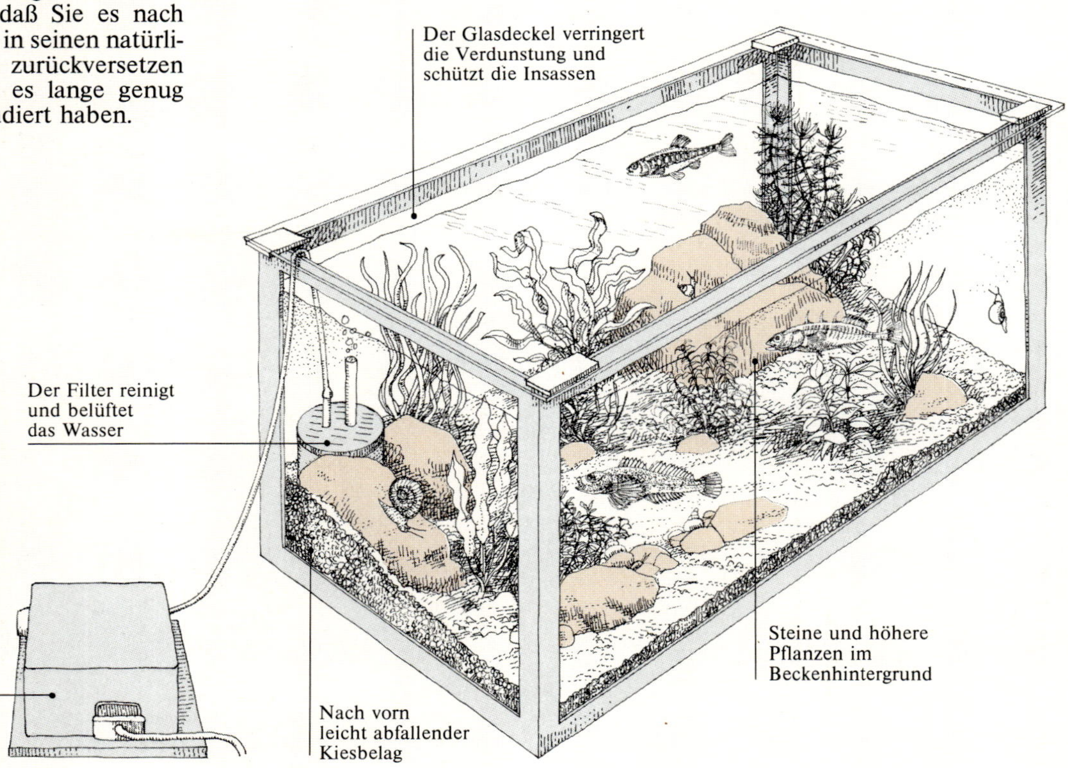

len, ist es ratsam, die Pflanzen in einer Zoohandlung zu kaufen. Mit Pflanzen aus einem Teich oder Bach werden häufig Krankheiten und Parasiten eingeschleppt. Das Becken muß gut beleuchtet sein, darf aber nicht in der prallen Sonne stehen, weil es sich dann zu sehr aufwärmt. Wenn es an einem zu dunklen Ort aufgestellt wird, können Sie auf eine künstliche Lichtquelle nicht verzichten. In die meisten Beckenabdeckungen ist eine Aquarienleuchte eingebaut, die das für die Insassen lebenswichtige Licht spendet.

Der Abfall, der sich auf dem Boden des Behälters ansammelt, kann mit einem sogenannten Schlammheber abgesaugt werden. Aber seien Sie nicht allzu penibel – ein bißchen Mulm sollte in jedem Aquarium vorhanden sein.

DER GARTENTEICH

Wenn in Ihrem Garten ein Teich fehlt, können Sie einen ohne Schwierigkeit selbst anlegen. Es bieten sich dazu verschiedene Möglichkeiten an, etwa Beton oder glasfiberverstärktes Material, aber am einfachsten ist es, den Teich mit Butyl auszukleiden, einem speziell für diesen Zweck geeigneten synthetischen Kautschuk. Doch auch eine dicke, feste PVC-Folie ist durchaus brauchbar. Die üblichen dünnen Kunststoff-Folien reichen allerdings nicht.

Wählen Sie im Garten einen geeigneten Standort aus. Ideal ist eine Stelle, die nicht den ganzen Tag in der Sonne liegt, sondern nur von der Morgen- oder Abendsonne beschienen wird. Legen Sie den Teich nicht unter Bäumen an, denn sonst wird er im Herbst mit Laub zugeschüttet.

Am Anfang macht der künstliche Teich einen ziemlich trostlosen Eindruck, aber schon bald nehmen Pflanzen von ihm Besitz, wie in jedem natürlichen Ökosystem auch. Sie brauchen freilich Zeit, um sich fest zu etablieren. Man kann in den Teich zusätzliche Pflanzen, Froschlaich und Fische einsetzen.

Wichtig ist, daß Sie die richtigen Pflanzen wählen *(vgl. S. 37)*. Zuerst sollten Sauerstofferzeuger an den tieferen Stellen des Teichs eingepflanzt werden. Dazu gehören Wasserstern, Armleuchteralgen, Tausendblatt und Laichkraut. Hinzu kommen ein paar Schwimmpflanzen, etwa Froschbiß, Entengrütze und Wasserkohl. Schließlich bepflanzen Sie die flachen Stellen am Teichrand mit einigen der zahlreicheren Arten, die dafür geeignet sind. Neben den verschiedenen Seggen, Binsen und Simsen kommen zum Beispiel Schwertlilien, Hahnenfuß, Blutweiderich und Wasserminze in Betracht.

Die heimischen Bäche und Teiche liefern eine reiche Auswahl an Tieren, die sich im Gartenteich wohl fühlen. Um eine Amphibienpopulation aufzubauen, können Sie den Laich von Fröschen, Kröten und Molchen sammeln. Auch Insektenlarven, etwa von Libellen und Köcherfliegen, sind leicht zu finden, ebenso Schnecken und ein paar Süßwasserfische.

Die Einrichtung des Aquariums

1. Reinigen Sie das Becken, wischen Sie es mit Papier aus, und spülen Sie es mit sauberem Wasser aus. Ein Unterbodenfilter muß als erstes installiert werden.

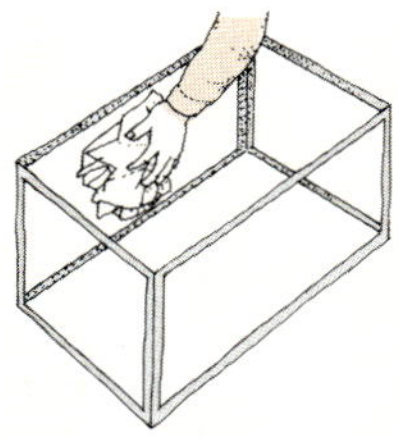

2. Holen Sie sich ausreichend Kies, den Sie zwecks Sterilisierung ca. 20 Minuten kochen und dann waschen, bis er sauber ist.

3. Schütten Sie den Kies so auf, daß er nach hinten leicht ansteigt. Dann bauen Sie den Filter und das technische Zubehör ein.

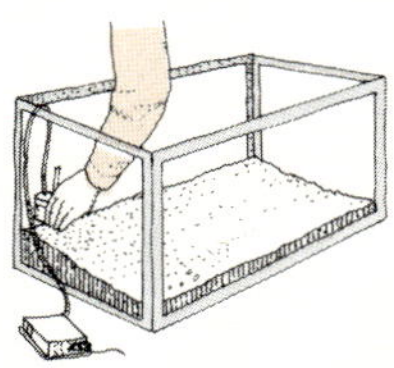

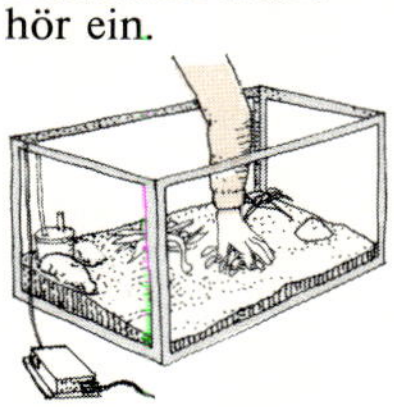

4. Dann setzen Sie die Pflanzen ein – kleine vorn, große hinten. Häufen Sie etwas Kies um die Wurzeln an, damit die Pflanze Halt bekommt.

5. Gießen Sie nun das Wasser langsam über einen Papierbogen in das Aquarium, um das Aufwirbeln des Bodens und der Pflanzen zu verhindern. Lassen Sie das Aquarium 2–3 Wochen stehen, bis es sich »setzt«.

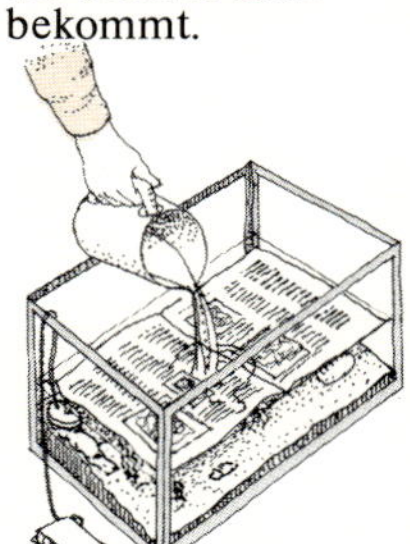

Der Gartenteich

1. Graben Sie ein Loch in der vorgesehenen Größe. Lassen Sie am Rand einen Sockel für die Flachwasserpflanzen stehen, und heben Sie den Mittelteil tief aus, um Verstecke für die Tiere zu schaffen. Wenn irgendwelche scharfen Steine vorstehen, decken Sie sie mit alten Zeitungen oder Glaswolle ab.

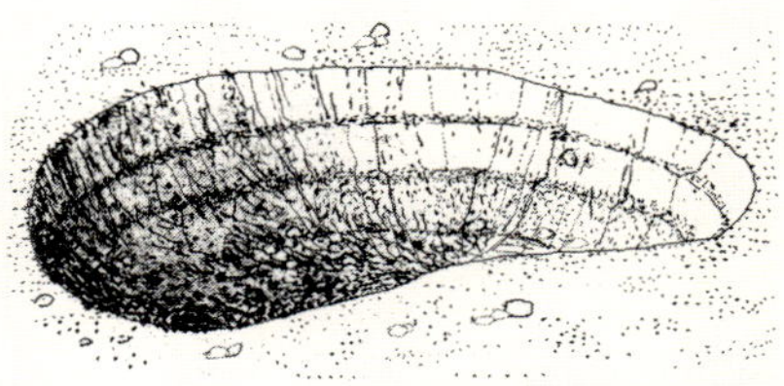

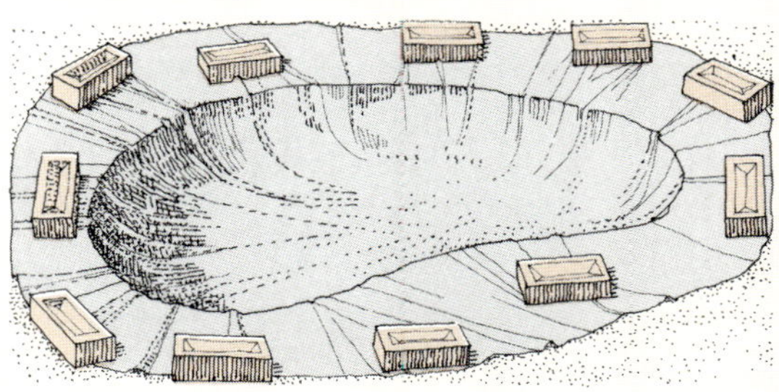

2. Legen Sie die Grube mit einer festen Kunststoffplane aus, die an den Rändern mit Steinen beschwert wird. Streichen Sie die Auskleidung überall glatt.

3. Füllen Sie das Becken mit Leitungswasser, und decken Sie den Rand mit Grassoden oder Platten ab. Anschließend können die Pflanzen eingesetzt werden.

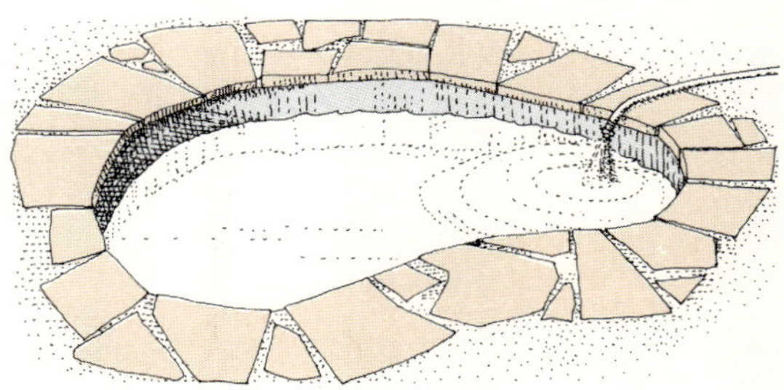

DIE SCHMETTERLINGSZUCHT

Es ist hochinteressant und recht einfach, Tag- und Nachtfalter aus Raupen oder Puppen aufzuziehen. Auf diese Weise gewinnen Sie zudem Exemplare für Ihre Schmetterlingssammlung und unterstützen gleichzeitig die betreffende Art. Denn Sie behalten jeweils nur ein Exemplar für Ihre Sammlung und lassen die anderen Tiere fliegen, die Sie bis dahin vor Freßfeinden geschützt haben. Sie können freilich auch zwei Exemplare behalten, die Sie so nadeln, daß bei einem die Oberseite und beim zweiten die Unterseite der Flügel zu sehen ist.

Die Tabelle auf Seite 279 enthält verschiedene gängige Tag- und Nachtfalterarten sowie kurze Hinweise darauf, wo man sie in den einzelnen Phasen ihres Lebenszyklus am ehesten anzutreffen vermag.

Züchten Sie keine »exotischen« Arten, die Sie dann irgendwo aussetzen, wo sie nicht bereits von Natur aus vertreten sind.

Beschaffung des »Ausgangsmaterials«

In früheren Kapiteln dieses Buches habe ich verschiedene Methoden beschrieben, wie man an Schmetterlinge herankommt: Schmetterlingsnetze für Tagfalter, Lichtfallen für Nachtfalter, Abklopfen von Zweigen zur Beschaffung von Raupen und Ausgraben von Puppen.

Die Exemplare, die Sie in der freien Natur finden, sind nicht selten von Parasiten befallen. Doch wenn Sie eine größere Anzahl sammeln, erhalten Sie meist einige gesunde Tiere, und die anderen geben Ihnen die Möglichkeit, sich näher mit den Parasiten zu befassen.

Die Pflege der Raupen

Raupen brauchen unbedingt die richtige Nahrungspflanze, denn andernfalls können sie nicht wachsen und sich weiterentwickeln. Am besten setzt man die Pflanze in einen Blumentopf, damit den Raupen stets ein ausreichender Vorrat an gesunder, frischer Nahrung zur Verfügung steht. Wenn das nicht machbar ist, können Sie eine im Freien wachsende Pflanze mit einem feinmaschigen Netzgewebe überspannen. Die Raupen können dann nicht mehr entweichen und sind zugleich vor Feinden geschützt. Im fortgeschrittenen Stadium nehmen die meisten Raupen eine ganz bestimmte Position ein, in der sie sich verpuppen. Gewöhnlich hängen sie vom Käfigdach oder vom Oberteil des Netzbeutels herab, oder sie verkriechen sich im Boden. Man sollte darauf achten, daß die Futterpflanze das Behälterdach erreicht, wenn es soweit ist, damit die Raupen die für die Verpuppung notwendige Ausgangsstellung einnehmen können.

Pflegen Sie Ihre Raupen möglichst unter Bedingungen, die dem Freileben weitestgehend entsprechen. In einem kühlen Gewächshaus oder Wintergarten herrschen meist die richtigen Temperatur- und Lichtverhältnisse.

Aufzucht in Käfigen
Fabrikmäßig hergestellte Schmetterlingskäfige bestehen aus durchsichtigem Kunststoff, so daß man die Insassen gut beobachten kann. Ein Deckel mit Fliegendrahteinsatz sorgt für die Luftzirkulation, und den Boden kann man nötigenfalls mit Komposterde für die Futterpflanzen belegen. Ein selbstgebastelter Käfig sollte solide gebaut werden, möglichst aus glattem, spaltenfreiem Holz. Machen Sie den Behälter nicht zu klein, damit auch Pflanzen in ihm Platz haben, und bespannen Sie zwecks guter Belüftung mindestens eine Seitenfläche mit Fliegendraht.

Die Betreuung der Puppen

Die Puppen sind nicht weniger empfindlich als die Raupen und brauchen deshalb ebenfalls möglichst naturnahe Lebensbedingungen. Vielfach überdauern sie den ganzen Winter, und die Vollinsekten kommen erst im Frühling zum Vorschein.

Bei manchen Arten können Sie die Geschlechter unterscheiden. Das ist sehr wichtig, denn das Aufziehen der Puppen ist häufig die einzige Möglichkeit, einwandfreie frischgeschlüpfte Falter zu erhalten.

Zuchtpaare

Man kann zwar das Geschlecht mancher Tag- und Nachtfalter bestimmen, aber am besten ist es, wenn Sie schon im Puppenstadium mit der Zusammenstellung von Zuchtpaaren beginnen. Die fertigen Schmetterlinge werden dann in einem mit Nahrungspflanzen ausgestatteten Zuchtbehälter zusammengesetzt. Es muß natürlich auch eine Futterpflanze vorhanden sein, die für die Eiablage in Frage kommt. Besitzen Sie einige frischgeschlüpfte Nachtfalterweibchen, können Sie mit ihnen heiratswillige Männchen durch Duftstoffe anlocken – so wie es der Naturforscher Fabre gemacht hat *(vgl. S. 65)*.

Steht Ihnen für die Schmetterlinge keine frische Nahrung zur Verfügung, so können Sie sich mit einem Nektarersatz behelfen, zum Beispiel mit einer Mischung aus Honig oder Zucker und Wasser auf einem Wattebausch, den Sie zwischen die Zweige im Käfig stecken.

Der Behälter darf keine Ritzen aufweisen, denn sonst könnten die winzigen frischgeschlüpften Raupen leicht entkommen. Gleich nach dem Schlüpfen müssen Sie frische Nahrungsblätter reichen.

Geschlechtsbestimmung bei Puppen
Bei manchen Tag- und Nachtfalterarten lassen sich die Geschlechter der Vollinsekten nicht unterscheiden. Bei den Puppen ist das jedoch möglich. Das Männchen hat an der Spitze zwei kleine Höcker, das Weibchen nicht. Diese Information ist für den Züchter sehr nützlich.

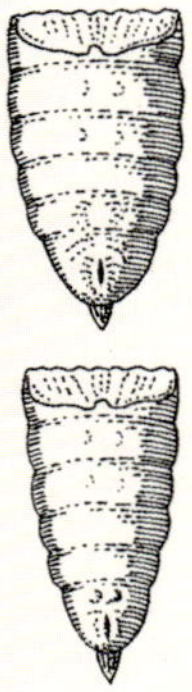

Tagfalter sind recht heikel, wenn es um die Wahl des richtigen Eiablageplatzes geht, während viele Nachtfalter ihre Eier wahllos verstreuen.

Wenn Sie Besitzer eines Gewächshauses sind, können Sie in ihm Ihre Schmetterlingszucht sowie die Nahrungspflanzen unterbringen.

SCHMETTERLINGE – IHR LEBENSRAUM UND IHRE NAHRUNG

Tagfalter	Wann und wo die Eiablage erfolgt	Wo sich die Raupen verpuppen	Nahrung (Raupe und Vollinsekt)
Zitronenfalter	Mai–Juni Kreuzdorn	Zwischen derben Pflanzen, an Stengeln, unter Blättern	Kreuzdorn
C-Falter	April–Juni Brennessel, Hopfen	Auf Futterpflanze	Brennessel, Hopfen, Johannisbeere, Ulme, Stachelbeere
Bläuling	Januar, Juni, September Hornklee, Hauhechel	Untere Stengel der Futterpflanze	Hornklee, Hauhechel, Wiesenklee
Großer Kohlweißling	April–Mai, Juli–August Kohl, Kapuzinerkresse	An Futterpflanzen, Mauern, Zäunen, Fenstern	Kohl, Kapuzinerkresse
Tagpfauenauge	Mai Brennessel	Auf Futterpflanze oder im nahen Unterwuchs	Brennessel, Hopfen
Admiral	Mai–Juni Brennessel	An der Unterseite des Blattes in dichter Vegetation	Brennessel, Glaskraut, Hopfen
Kleiner Fuchs	Mai, August Brennessel	An Stengeln, Zweigen, Zäunen	Brennessel
Braunauge	April–Juli Gras	Im Wiesengras	Wiesengras
Nachtfalter			
Mondraupeneule	März–Mai Auf Futterpflanze	Auf und dicht unter dem Boden	Eiche, Birke, Ulme, Weide. Raupen ernähren sich von anderen Raupen
Grünes Blatt	Juni–Juli Auf Futterpflanze	In unterirdischer Kammer	Ampfer, Wegerich, Brombeere, Weide
Papelschwärmer	April–Juni An Pappel- oder Weidenblättern	Dicht unter der Erde	Pappel, Weide, Espe
Rotes Ordensband	März–April An Pappelrinde	Im Fallaub, unter loser Rinde	Pappel, Weide
Gammaeule	Mai–Juni Auf Futterpflanze	Unter Blättern, auf oder in der Nähe der Futterpflanze	Klee, Erbsen
Bürstenspinner	April–Juli Auf Futterpflanze	In Rindenspalten, Gemäuer, auf Zäunen	In Laubbäumen und -sträuchern
Bärenspinner	Juni–August Auf Futterpflanze	Auf dem Boden oder in Bodennähe	Wegerich, Veilchen, Löwenzahn

DIE HALTUNG VON WASSERINSEKTEN

Wenn Sie an Teichen und Bächen spazierengehen und sammeln, fallen Ihnen am ehesten die Wasserinsekten auf, die Libellen, Köcherfliegen und Eintagsfliegen. Es gibt viele Arten, deren Studium sich lohnt, und Sie können deren Larven in einem Aquarium pflegen.

Die Eier sind vielfach schwer zu finden, aber die Larven machen weniger Mühe. Köcherfliegenlarven sind besonders interessant, denn manche Arten umgeben sich mit einer Wohnröhre, die sie aus Blattresten, Sandkörnern, Zweigstückchen oder anderem Baumaterial herstellen, das sie im Teich vorfinden. Die meisten Köcherfliegenarten verbringen den größten Teil ihres einjährigen Lebenszyklus im Larvenstadium.

Bei der Haltung dieser Insekten sollte man die natürliche Umwelt so weit wie möglich imitieren. Ein geräumiges Becken mit großer Wasseroberfläche eignet sich am besten. Eine Bodenschicht aus Sand und Kies und ein ziemlich niedriger Wasserstand sowie eine reichliche Bepflanzung sind außerdem vonnöten.

Manche Köcherfliegenlarven sind Vegetarier. Sie ernähren sich von den pflanzlichen Abfällen auf dem Teichboden. Geben Sie deshalb etwas von diesem Pflanzenmaterial aus dem ursprünglichen Lebensraum in das Becken. Die Larven anderer Köcherfliegenarten, aber auch die der Libellen und Eintagsfliegen, sind Fleischfresser, die von Kaulquappen und kleinen Fischen leben.

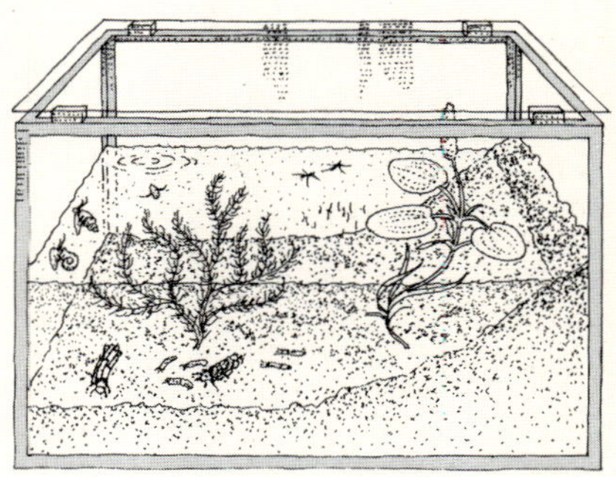

Wasserlebensraum
Mit einem ansteigenden Sand- und Kiesboden kann man eine Flachwasserzone nachbilden. Man setzt Pflanzen aus einem Teich ein und fügt organische Abfälle daraus hinzu.

TERRARIEN FÜR KLEINTIERE

Es gibt mehrere kleine Wirbellose, etwa Würmer, Ameisen und Schnekken, deren Haltung ebenso interessant wie einfach ist. Da es sich um kaltblütige Geschöpfe handelt, sind sie am muntersten, wenn sie es warm haben. Doch seien Sie vorsichtig, weil sonst die Gefahr des Austrocknens besteht. Es ist am besten, wenn Sie diese Tiere eine Zeitlang pflegen, um sie zu beobachten und mit ihnen zu experimentieren, und sie dann wieder aussetzen. Falls Sie sich nicht regelmäßig um sie kümmern, leben sie nämlich nicht lange. Darüber hinaus müssen Sie darauf achten, daß Ihre Pfleglinge nicht entkommen, denn sie können unter Umständen erhebliche Schäden anrichten.

Die Mehlwurmzucht

Die Larven des kleinen Mehlkäfers suchten früher häufig Getreidevorräte heim und wurden unter dem – zoologisch falschen – Namen »Mehlwürmer« bekannt. Wenn man sie an einem trockenen, warmen Ort aufbewahrt, lassen sie sich leicht halten, und zwar als Standardnahrung für viele Vögel und Reptilien. Man kann Larven, Puppen und Käfer gleichermaßen verfüttern, aber man sollte den Tierchen etwa ein halbes Jahr zur Fortpflanzung Zeit lassen, damit man einen ausreichend großen Zuchtstamm erhält.

Jeder feste, belüftete Behälter genügt für die Mehlwurmzucht, zum Beispiel eine Keksdose mit durchlöchertem Deckel oder ein ausgedientes Goldfischglas mit einer Musselinabdeckung. Das Zuchtgefäß sollte unbedingt dunkel stehen. Füttern Sie die Mehlwürmer wöchentlich mit etwas trockener Kleie, der Sie Mehl, Haferflocken, zerkrümeltes trockenes Brot oder Zwieback zusetzen. Die Insekten brauchen nur wenig Feuchtigkeit. Eine Apfel- oder Möhrenscheibe, die alle paar Tage erneuert wird, deckt den Feuchtigkeitsbedarf. Zur Entnahme von Mehlwürmern benutzt man ein Sieb. Das durchgesiebte Gemisch kommt wieder in den Behälter, da es Eier enthalten könnte.

Die Haltung von Speckkäfern

Die Haltung dieser Käfer lohnt sich vor allem dann, wenn Sie Kleinsäugerskelette reinigen und präparieren wollen. Speckkäfer fressen nämlich Fleisch und können deshalb ein Tier sehr sauber skelettieren *(vgl. S. 273)*.

Man kann die Käfer, die in biologischen Fachgeschäften erhältlich sind, in einem großen verschlossenen Glas oder einem Mehlwurmbehälter züchten. Als Standort empfiehlt sich ein warmer Schrank. Legen Sie die zu bearbeitende Tierleiche auf den Boden des Gefäßes.

Beobachtungen an Regenwürmern

Man kann sogar ein Wurmterrarium selber basteln, um die Lebensgewohnheiten des Regenwurms zu studieren. Dazu braucht man einen durchsichtigen Behälter in Form einer schmalen Kiste. Ein Holzrahmen mit Seitenwänden aus glasklarem

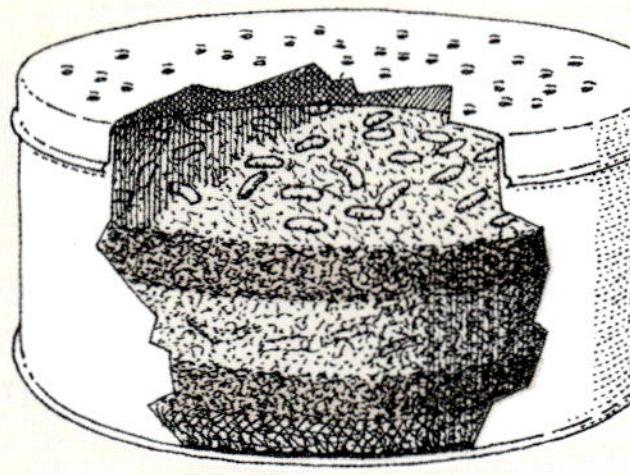

Die Mehlwurmzucht
Ein Gefäß mit Sackleinen oder Sägemehl auslegen, darauf folgt eine 1 cm dicke Hafermehl- oder Kleieschicht, dann eine 2 cm dicke Lage aus Brotkrümeln (mit Mehl vermischt), zuletzt wieder eine Kleieschicht. Darin ca. 100 Mehlwürmer einsetzen.

Wurmhaltung
Die Bewohner des fertig eingerichteten Wurmbehälters werden schon bald ihre Fraßgänge anlegen und dadurch die Bodenschichten durcheinanderbringen. Wenn Sie den Behälter feucht und dunkel halten, gedeihen die Würmer sehr gut.

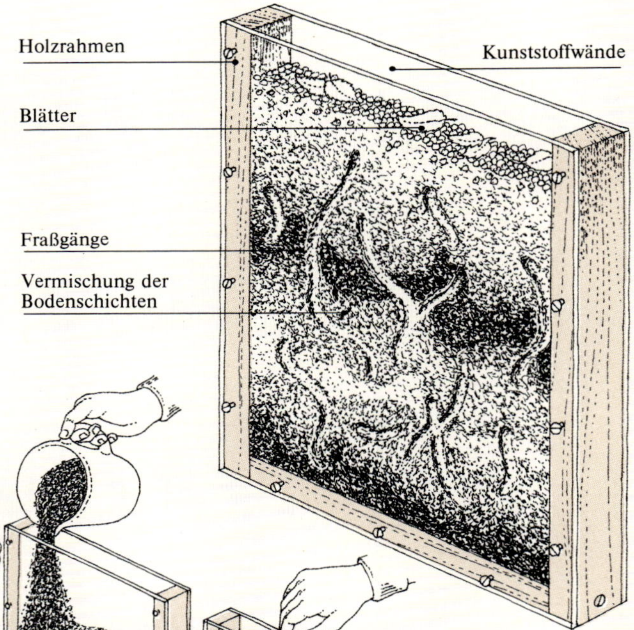

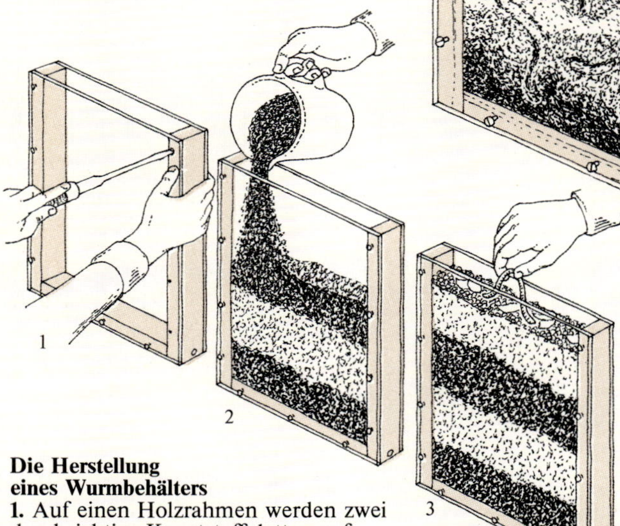

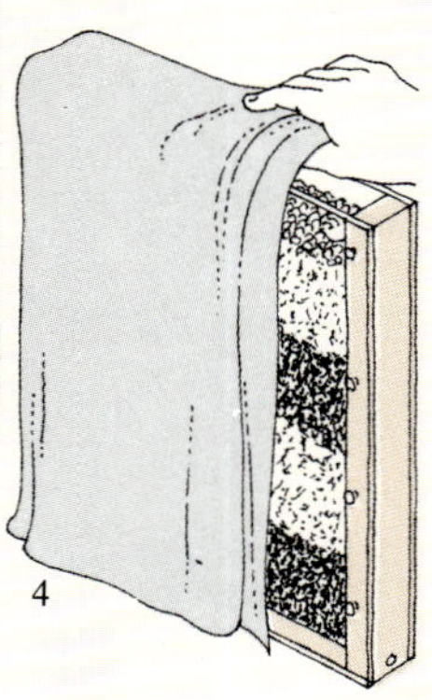

Die Herstellung eines Wurmbehälters
1. Auf einen Holzrahmen werden zwei durchsichtige Kunststoffplatten aufgeschraubt.
2. Füllen Sie schichtweise verschiedene Erdsorten ein.
3. Bewässern Sie die Füllung, und bringen Sie dann die Würmer und Futterstoffe ein. Decken Sie den Behälter mit einem dunklen Tuch ab.
4. Bald werden die Nahrungsstoffe in der Erde verschwinden, die Bodenschichten sich vermischen.

Kunststoff ist ideal. Füllen Sie diesen Behälter mit Schichten verschiedener Erdtypen auf, etwa Gartenerde, Sand und Torf, und wässern Sie gut. Dann können die Regenwürmer einziehen. Zehn oder zwölf ausgewachsene Exemplare genügen für ein quadratisches Terrarium mit einer Kantenlänge von etwa 30 Zentimeter. Ob die Tiere voll ausgewachsen sind, erkennen Sie an ihrem Sattel, der die Fortpflanzungsorgane enthält. Legen Sie obenauf welkes Laub und Gras als Futter für die Insassen und dekken Sie den Behälter ab, um die unterirdische Dunkelheit zu simulieren. Nach einigen Tagen werden die Würmer den Boden durchtunnelt und die Schichten so durcheinandergebracht haben, daß sie sich schließlich vermischen, und die Blätter werden in den Untergrund hineingezogen sein. Auf diese Weise reichern die Regenwürmer den Boden an, da sie nicht alle hinabgezogenen Blätter fressen. Zusätzlich belüften die Fraßgänge die Wurzeln.

Nackt- und Gehäuseschnecken
Diese Schnecken lassen sich in einem abgedeckten Becken halten. Achten Sie darauf, daß die Tiere es kühl und feucht haben. Man füttert sie am besten mit vegetarischer Kost, etwa pflanzlichem Fischfutter, und deckt ihren Wasserbedarf mit einem nassen Wattebausch. Wenn Sie den Schnecken etwas weiches Fett reichen, können Sie mit einer Lupe auf der Oberfläche des Fetts die Spuren der winzigen Reibezähnchen (Radula) entdecken.

Die Einrichtung eines Formicariums
Die Herstellung eines Formicariums (Ameisenterrarium) ist eine einfache Sache, die es Ihnen gestattet, das Leben und Treiben einer Ameisenkolonie aus nächster Nähe zu beobachten. Von den verschiedenen Ameisenarten lassen sich die schwarzen Gartenameisen, die etwas kleineren gelben Ameisen oder die roten Waldameisen am besten halten. Beschaffen Sie sich eine gute Mischung aus Vollinsekten, Larven und Puppen. Wichtig ist außerdem, daß Sie eine Königin finden, die um ein Mehrfaches größer ist als die übrigen Ameisen.

Bewahren Sie das Formicarium dunkel auf, und auch während der Beobachtungszeiten sollten Sie den Lichteinfall möglichst gering halten. Sie können die Tiere mit nahezu allen organischen Stoffen füttern, mit Küchenabfällen, Fleisch, Obst und Gemüse. Ein angefeuchtetes Schwämmchen genügt als Wasserquelle.

Experimente mit dem Formicarium
Sobald sich die Ameisen im Formicarium eingerichtet haben, können Sie eine Reihe von Versuchen anstellen. Mit Korrekturflüssigkeit lassen sich einzelne Tiere markieren, deren Aktivitäten man dann im Laufe eines Tages registrieren kann. Die Lebensdauer einer Ameise läßt sich berechnen, wenn man einige Puppen isoliert und die ausschlüpfenden Vollinsekten markiert.

Steckt man einen dick mit Blattläusen bedeckten Rosenzweig in den Behälter, dann kann man eine besonders interessante Verhaltensweise der Ameisen studieren. Schon nach kurzer Zeit beginnen die Ameisen die Blattläuse zu »melken«: Sie streicheln ihre Gäste mit den Fühlern, um diese zur Ausscheidung einer klebrigen Flüssigkeit zu bewegen.

Wie die Mehlwürmer sind auch die Ameisen, die Sie im Formicarium züchten, ein wertvolles Lebendfutter. Vögel und Fische verspeisen mit Behagen die »Ameiseneier« (sie werden in Zoogeschäften unter dieser Bezeichnung angeboten, sind aber in Wirklichkeit Ameisenpuppen), und manche Reptilien und Amphibien fressen sogar die Ameisen selbst.

Das Formicarium
Die Ameisenwohnung erhält einen dichtschließenden Glasdeckel und wird mit lichtundurchlässigem Material abgedeckt. Ein elastisches Rohr stellt die Verbindung zur Außenwelt her. Die Vorkammer kann zur Einbringung der Nahrung benutzt werden.

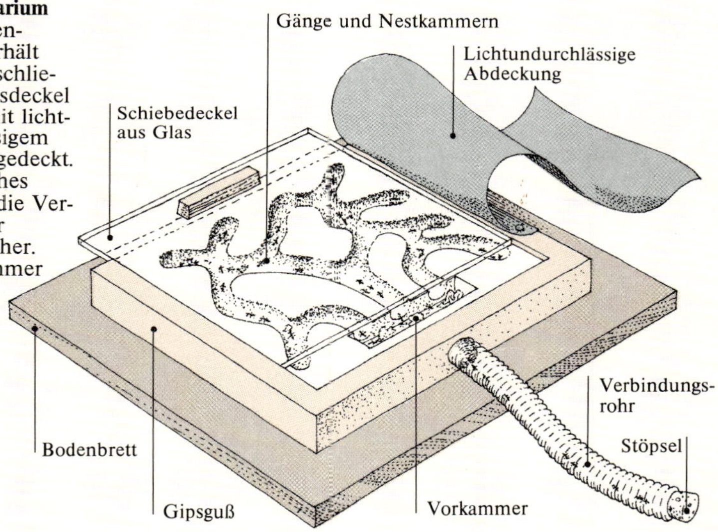

Die Herstellung eines Formicariums
1. Schrauben Sie einen Rahmen aus Holzleisten so auf das Bodenbrett, daß die Glasscheibe genau hineinpaßt.
2. Bringen Sie das Verbindungsrohr an, das mit Plastilin eingepaßt wird.
3. Formen Sie aus Plastilin ein Labyrinth aus Gängen und Kammern, das mit Gipsbrei ausgegossen wird. Lassen Sie den Gips abbinden.
4. Nehmen Sie die Gußform heraus, setzen Sie die Ameisen ein und decken Sie das Ganze ab.

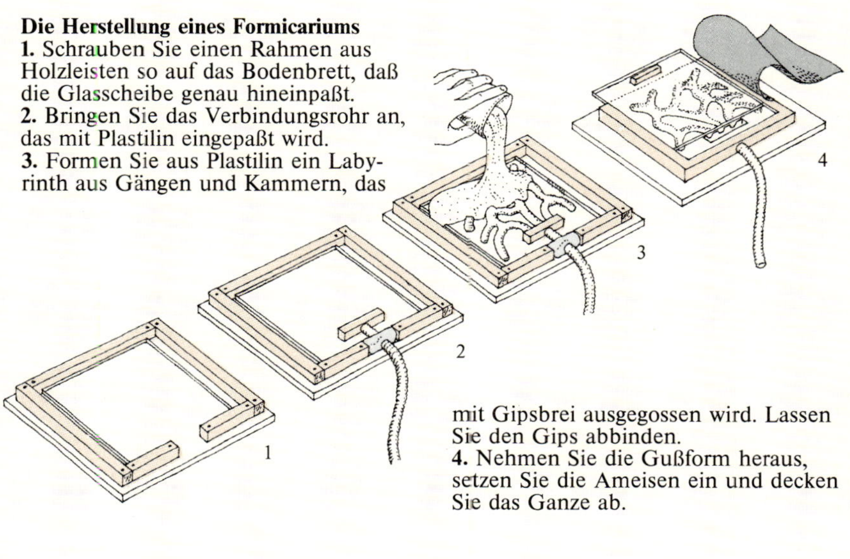

AUFZUCHT VON FRÖSCHEN UND KRÖTEN AUS DEM LAICH

Die Aufzucht von Laich eröffnet Ihnen eine ausgezeichnete Möglichkeit, die erstaunliche Verwandlung (Metamorphose) der Kaulquappe in ein ausgewachsenes Tier zu verfolgen. Sowohl Frösche als auch Kröten entwickeln sich auf diese Weise, und Sie können den Laich von beiden sammeln. Aber bringen Sie ihn nicht zusammen in einem Behälter unter. Die Aufzucht kann überdies ein wertvoller Beitrag zum Artenschutz sein, denn Sie können von den aufgezogenen Fröschchen eine größere Zahl in der Natur aussetzen, wo sie vielleicht sonst nicht so lange überlebt hätten. Das gilt vor allem für den Laubfrosch, dessen Bestände ständig zurückgehen.

Frösche bringen eine große »wolkige« Laichmasse hervor, während der Krötenlaich die Form von langen Strängen hat. (Vielleicht entdecken Sie auch Molchlaich, der aus einzelnen, von Gallerte umhüllten Eiern besteht.) Ich habe einmal in Cambridge einen Vortrag gehalten, und hinterher luden mich die Studenten, allesamt angehende Biologen oder Tierärzte, auf einen Umtrunk in ihre Bude ein. Im Laufe der Unterhaltung stellte ich zu meiner Verwunderung fest, daß keiner von ihnen den Unterschied zwischen Frosch- und Krötenlaich kannte. Das erzählte ich später einem deutschen Zoologen, mit dem ich befreundet bin. Ich erklärte ihm, wie sehr es mich gewundert hätte, daß diese Studenten etwas so Simples nicht wußten. Ich selbst habe den Unterschied dadurch kennengelernt, daß ich mich in Teichen und Gräben umgeschaut habe, als ich etwa acht Jahre alt war. »Ach«, meinte mein deutscher Freund, »das Schlimme ist, daß man die Studenten heutzutage nicht mehr in Teiche und Gräben hineinschauen läßt.«

Sammeln Sie den Laich ein, sobald er in »Ihrem« Teich auftaucht (wahrscheinlich im April). Entnehmen Sie nur eine kleine Menge (etwa eine Handvoll) und dazu ein paar Wasserpflanzen. Den größten Teil der Laichmenge sollten Sie im natürlichen Lebensraum belassen. Pflegen Sie den mitgenommenen Laich in einem Aquarium oder auch in einer Schüssel oder Schale. Erneuern Sie das Wasser alle zwei bis drei Tage und schützen Sie den Behälter vor direkter Sonneneinstrahlung. Dann können Sie beobachten, wie aus den Eiern Kaulquappen und aus den Kaulquappen Frösche und Kröten hervorgehen. Mit den körperlichen Veränderungen geht auch eine allmähliche Nahrungsumstellung einher. Die Kaulquappen ernähren sich zunächst von Wasserpflanzen. Doch wenn die Hinterbeine zu wachsen anfangen, stellen sich die Tiere auf fleischliche Kost um. Katzen- oder Hundefutter ist ideal.

Sobald die Fröschchen ihren Schwanz zurückbilden und ihre Kiemen verlieren und zur Luftatmung übergehen, krabbeln sie aus dem Wasser heraus. Man muß ihnen kleine Steine zur Verfügung stellen, auf die sie klettern können. Es ist erstaunlich, wie gut sie jetzt hüpfen können; deshalb muß man das Aquarium abdecken.

Wenn die Jungfrösche dieses Stadium erreicht haben, ist es ratsam, ihnen die Freiheit zu schenken. Nur in ihrem natürlichen Lebensraum finden sie ständig genügend Insektennahrung. Achten Sie darauf, daß Sie die Tiere in demselben Teich oder See aussetzen, aus dem Sie den Laich geholt haben.

Experimente mit Kaulquappen

Es gibt zwei einfache Experimente, mit denen man die Auswirkungen unterschiedlicher Bedingungen auf das Wachstum der Kaulquappen demonstrieren kann. Wenn Sie einen Laichklumpen in der Wohnung an einem warmen Platz aufbewahren und einen anderen in einem Schuppen oder Nebengebäude, dann werden Sie feststellen, wie sehr die Temperatur die Entwicklung beeinflußt. Bei dem warm gehaltenen Laich verläuft die Entwicklung sehr viel schneller.

Ein anderer Faktor, der das Wachstum und die Fortschritte der Tiere bestimmt, ist der Jodgehalt des Wassers. Diese Substanz ist wichtig für die Produktion jener Hormone, welche die Umwandlung der Kaulquappe in ein fertiges Tier auslösen. Wenn Sie zu einem Laichklumpen nur ein paar Tröpfchen Jod hinzugeben, können Sie sehen, wie wesentlich dieser Zusatz ist.

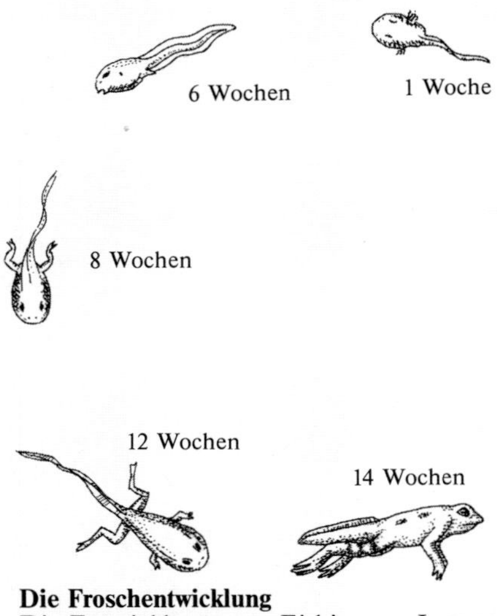

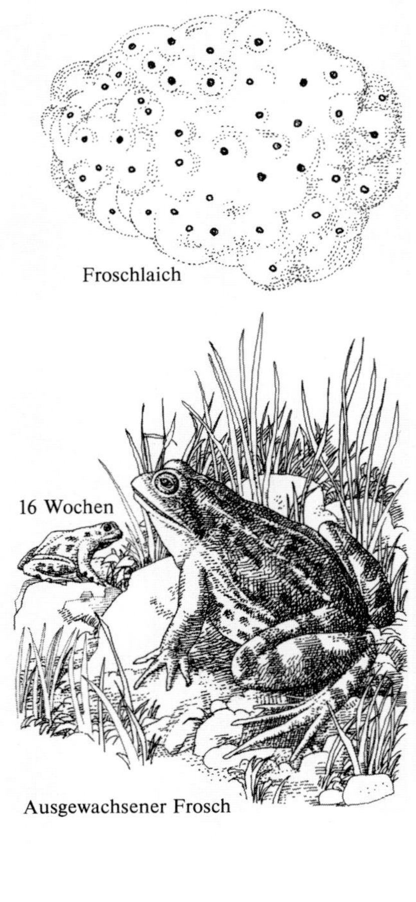

Die Froschentwicklung
Die Entwicklung vom Ei bis zum Jungfrosch dauert etwa 4 Monate, doch die Dauer ist abhängig von den jeweiligen Bedingungen. Mit 6 Wochen beginnen sich die Knospen der Hinterbeine auszubilden, und 2 Wochen später erscheinen die Beine selbst. Nach 12 Wochen sind die Vorderbeine gewachsen, und der Kopf nimmt ein froschähnliches Aussehen an. In 3 Jahren ist der Frosch voll ausgewachsen und geschlechtsreif.

DIE HALTUNG VON WILDLEBENDEN SÄUGERN UND REPTILIEN

Diese Tiere sind besonders interessante Pfleglinge. Doch Sie sollten sie nur so lange halten, wie Sie sie für Ihre Beobachtungen brauchen. Betrachten Sie diese Geschöpfe gleichsam als Gäste, die bei Ihnen ihre Ferien verbringen. Setzen Sie sie nach einigen Wochen wieder aus, spätestens im Herbst, damit sie ihren Winterschlaf halten können.

Der Käfigtyp richtet sich nach der jeweiligen Art, die Sie zu pflegen gedenken. Einer der besten Behälter ist durchweg ein leeres Aquarium. Es ist ideal für Nagetiere wie Mäuse und Wühlmäuse (aber auch für Amphibien und Reptilien), weil diese Tiere die Wände eines Holzkäfigs im Handumdrehen durchgenagt haben. Dekken Sie das Aquarium stets mit Fliegendraht oder einer Glasscheibe ab, die auf Holzklötzchen ruhen muß, damit die Luft durch die schmalen Schlitze zirkulieren kann. Stellen Sie den Behälter so auf, daß die Insassen genügend Licht und Wärme abbekommen – die meisten Reptilien bevorzugen eine sonnige Fensterbank, während Mäuse es gerne kühler und schattiger haben. Frisches Wasser und Futter dürfen selbstverständlich nie fehlen.

Es ist eine schöne Sache, die Verhaltensformen Ihrer Schützlinge zu beobachten und aufzuzeichnen. Sie werden entdecken, daß die Tiere genau wie wir Menschen einen bestimmten Tagesrhythmus einhalten. Viele Kleinsäuger, vor allem Wildmäuse, zeigen ein drolliges Verhalten, das die zahmen Weißen Mäuse und andere gängige Heimtiere eingebüßt zu haben scheinen. Versuchen Sie einmal eine Wildmaus und eine zahme Maus nebeneinander in getrennten Behältern zu halten, und machen Sie sich Notizen über die unterschiedlichen Lebensgewohnheiten.

Welche Tiere kann man halten?

Der Fang von einheimischen Wildvögeln ist nur mit einer entsprechenden Erlaubnis und unter Einhaltung bestimmter Vorschriften gestattet. Das ist ein sehr wichtiges Gesetz, das dem Schutz unserer Vogelwelt dient. Zu den bestens geeigneten Studienobjekten des Hobby-Naturforschers zählen die Amphibien, insbesondere die verschiedenen Molcharten, und die Reptilien, etwa Eidechsen und Blindschleichen. Die Haltung von einzelnen Tieren dieser Art ist erlaubt. Die kleinen Nager, zumal Mäuse, sind ebenfalls leicht zu pflegen.

Bevor Sie sich eines dieser Tiere in Ihr Haus holen, sollten Sie sich vergewissern, daß Sie sie auf die Dauer richtig ernähren können. Bei den vegetarisch lebenden Arten ist das im allgemeinen einfach. Sie können geeignete Futterpflanzen ziehen *(vgl. S. 262)* oder draußen mühelos finden. Manche Fleischfresser lassen sich mit Schmeißfliegenmaden, Mehlwürmern *(vgl. S. 280)* oder ähnlicher

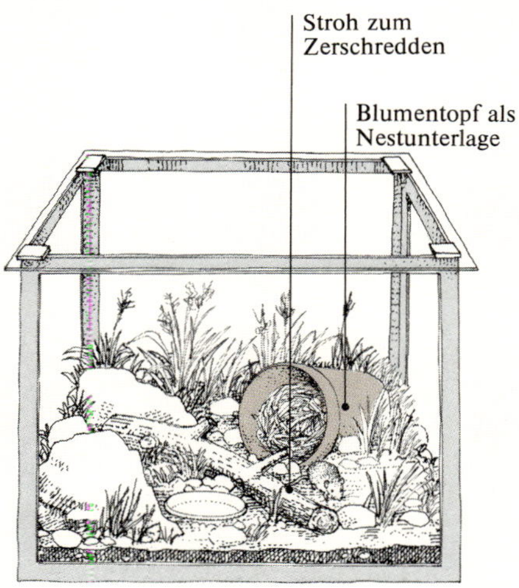

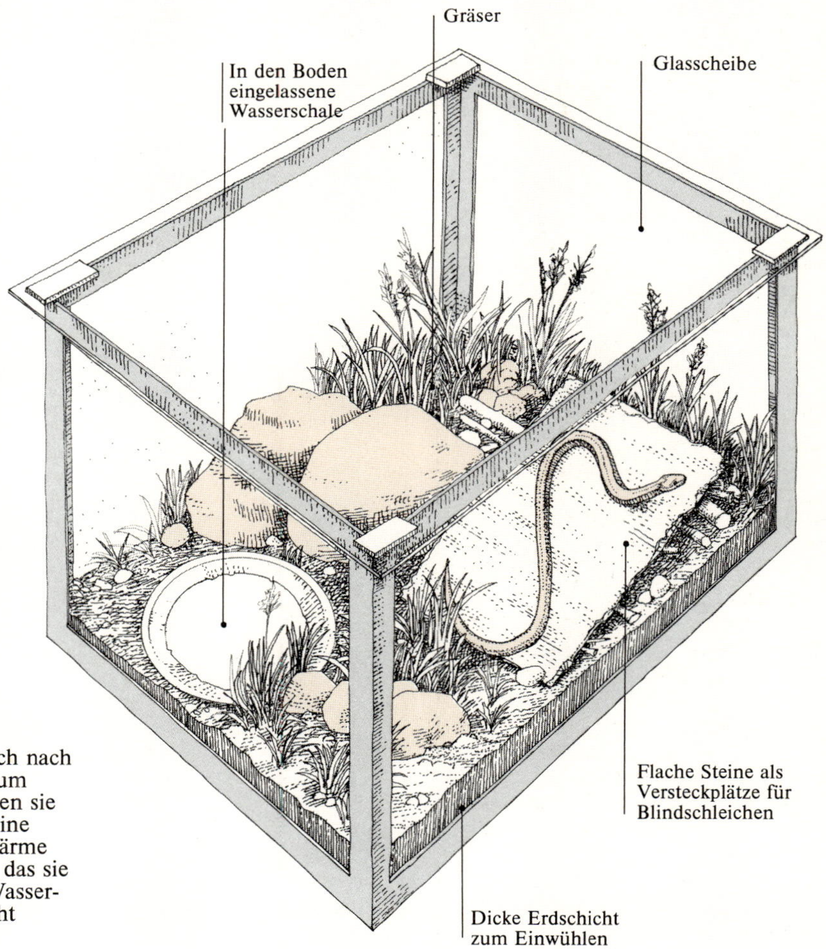

Die Einrichtung eines Vivariums
Die Einrichtung eines Vivariums richtet sich nach den Insassen. Blindschleichen benötigen zum Beispiel Steine oder Holzstücke, unter denen sie sich verkriechen können. Sie bevorzugen eine leicht feuchte Atmosphäre und sind bei Wärme aktiver. Mäuse brauchen Pflanzenmaterial, das sie zerschredden können. Versenken Sie ihr Wassergefäß in den Bodengrund, damit sie es nicht immer wieder umwerfen.

Kerbtiernahrung verköstigen. Doch Schlangen, Insektenfresser wie Spitzmäuse und kleine Raubtiere wie Wiesel und Iltisse sind ausgesprochene Problemfälle. Es ist schwer, für sie die richtige Nahrung zu beschaffen, und deshalb sollte der Amateur lieber auf ihre Haltung verzichten. Vergessen Sie nie, daß das Wohlergehen der Ihnen anvertrauten Geschöpfe oberstes Gebot ist! Wenn Sie den Eindruck haben, daß ein Tier in der Gefangenschaft leidet, sollten Sie es wieder freilassen.

Nächtliche Lebensweise

Viele Tiere, die Sie gerne einmal pflegen wollen, sind nachtaktiv, das heißt, sie schlafen während des Tages (wenn Sie sie beobachten möchten) und werden erst in der Nacht munter. Es ist jedoch möglich, ihren Lebensrhythmus umzukehren, indem man für sie den Tag zur Nacht macht. Ein dafür geeigneter Käfig ist leicht herzustellen. Die Beleuchtung sollte mit einer Zeitschaltuhr reguliert werden, und außerdem ist für eine gute Belüftung zu sorgen. Das Licht schaltet sich am Abend ein, so daß der Insasse das Gefühl hat, der Tag breche an, und er schläft ein, während Sie selber auch schlafen gehen. Eine lichtundurchlässige Abdeckung dunkelt den Käfig tagsüber ab, so daß das Tier meint, es sei Nacht, und munter zu werden beginnt. Man kann dann sein Verhalten beim Schein einer roten Lampe beobachten, die das Tier nicht weiter stört.

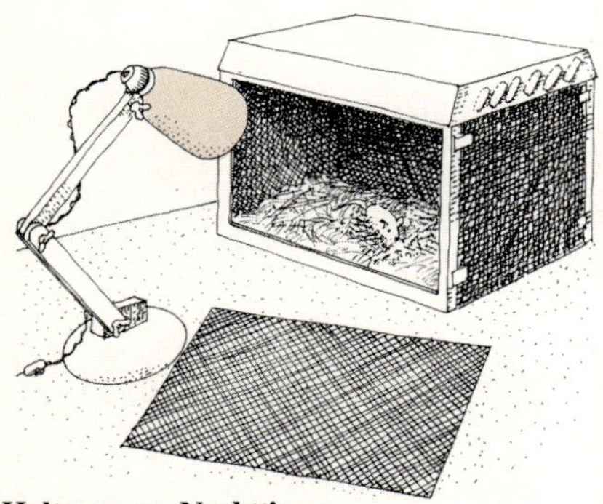

Haltung von Nachttieren
Verwenden Sie einen Käfig, der sich tagsüber lichtdicht verschließen läßt. Sie können die Wände dunkel streichen und für die Frontseite eine Abdeckung aus Holz oder Pappe zuschneiden. Die Beleuchtung regulieren Sie am besten mit einem Zeitwahlschalter (geht aber auch von Hand). Beobachten Sie die Tiere bei Rotlicht.

VERLETZTE UND VERWAISTE TIERE

Die Pflege eines verletzten oder verwaisten Tiers ist eine Vollzeitbeschäftigung. Man darf sie nicht auf die leichte Schulter nehmen. Doch zuweilen ist ein scheinbar hilfsbedürftiges Lebewesen keineswegs in Ge-

DIE HALTUNG UND FÜTTERUNG VON KLEINTIEREN

	Nahrung	Bedingungen	Bemerkungen
Molch 	Kleine Wirbellose, z. B. Nacktschnecken, Würmer, Insekten, kleine Fische	Feuchter Lebensraum, zusätzlich Wasser zum Schwimmen	Ausgewachsene Tiere im natürlichen Lebensraum aussetzen
Frosch 	Kaulquappen: Laichkraut; Jungfrösche: Fleisch, z. B. Heimtiernahrung; ausgewachsene Frösche: Fliegen, Käfer, Nacktschnecken, Würmer	Wasser, Pflanzen, Plattform aus Steinen. Adulte Tiere gehören in einen Teich	
Kröte 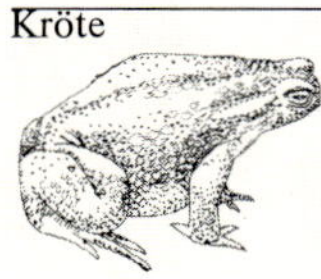	Kaulquappen: Laichkraut; Jungkröten: Fleisch (Heimnahrung); adulte Kröten: Schnecken, Molche, Frösche	Feuchtigkeit, Wasser, Pflanzen und Steinplattform. Adulte Tiere gehören in einen Teich	Adulte Tiere im natürlichen Lebensraum aussetzen
Eidechse 	Kleine Insekten, z. B. Mehlwürmer, Schmeißfliegen, Heuschrecken, auch Spinnen	Sandboden, Grasboden, Holzstamm für Sonnenbäder	Im Herbst vor dem Winterschlaf aussetzen. Wärme fördert die Aktivität
Blindschleiche 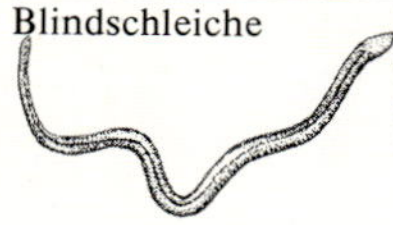	Kleine Nacktschnecken, Würmer und Insekten	Grasbüschel, Brett oder Steine als Ruheplatz. Heller, leicht feuchter Behälter	Langlebig
Ringelnatter 	Kaulquappen, Frösche, Kröten, Kleinsäuger	Warmer Behälter bevorzugt	Ernährung schwierig; alle Schlangen sind sehr schwer zu halten
Maus 	Weizen, außerdem Gras, Früchte, Mehlwürmer und Nüsse	Komposterde, Moos, Grasbüschel, Holzstück oder Steine, Stroh. Keinen hölzernen Behälter verwenden – Aquarien sind am besten	Vorwiegend nachtaktiv
Wühlmaus 	Gras, auch Weizen, Früchte, Mehlwürmer	Wie bei Maus	Vorwiegend nachtaktiv
Spitzmaus 	Heimtiernahrung, Mehlwürmer, Maden. Ständige Nahrungszufuhr, da sehr gefräßig	Wie bei Maus	Haltung schwierig: nur lebende oder ganz frische Nahrung wird angenommen. Einzelhaltung, da sich mehrere Tiere bekämpfen

fahr. Man entdeckt zum Beispiel manchmal Vogelkinder, die den Eindruck machen, als wären sie von ihren Eltern im Stich gelassen worden. Dabei handelt es sich wahrscheinlich um Jungvögel, die soeben das Nest verlassen haben und noch immer unter der Aufsicht ihrer Eltern stehen. Wenn Sie also einen jungen Vogel finden, dann behalten Sie ihn im Auge, aber fassen Sie ihn nicht an und entfernen Sie ihn auch nicht von der Fundstelle, da er vermutlich von den Altvögeln noch immer betreut wird. Kommen Sie jedoch nach einiger Zeit zu dem Schluß, daß er tatsächlich verwaist ist, dann nehmen Sie ihn an sich, um ihn von Hand aufzuziehen. Seien Sie sich allerdings bewußt, daß das eine schwierige und zeitraubende Aufgabe ist. Aus hartgekochtem Ei und etwas feingeschabtem rohem Fleisch können Sie ein brauchbares Futtergemisch herstellen. Die Fütterung geschieht am besten mit einer Pinzette oder Tropfpipette. Das ist freilich anstrengend, weil die meisten Vogeleltern ihren Nachwuchs den ganzen Tag über in regelmäßigen Abständen mit kleinen Portionen atzen.

Vor ähnlichen Schwierigkeiten steht man bei verwaisten Säugetieren. Es sind verschiedene geeignete Milchpräparate im Handel, die Sie ebenfalls mit einer Pipette verabreichen können. Auch das ist eine mühselige und ziemlich zeitaufwendige Tätigkeit.

Bei der Handaufzucht von Säugetieren oder Vögeln ist Überfütterung genauso schädlich wie Unterernährung. Mir fallen dabei die Igelbabys ein, die ich manchmal aufgezogen habe.

An einem Wochenende vertraute ich die Kleinen meiner Schwester an, der ich genaue Anweisungen gegeben hatte, wieviel Futter sie ihnen bei jeder Mahlzeit zumessen sollte. Da aber junge Igel, wie die meisten Tierkinder, sehr freßgierig sind, hatte meine Schwester das Gefühl, ich ließe die Igelchen verhungern. So verabreichte sie ihnen jeweils die doppelte Menge der vorgeschriebenen Ration, und alle Tiere starben an einer Enteritis (Darmentzündung), deren Ursache allzu reichliche Fütterung war.

Wenn Sie ein verletztes Tier finden, sollten Sie sich alle Mühe geben, es zu retten. Der nächste Tierarzt oder Tierschutzbeauftragte kann Ihnen sagen, wie Sie das am besten bewerkstelligen.

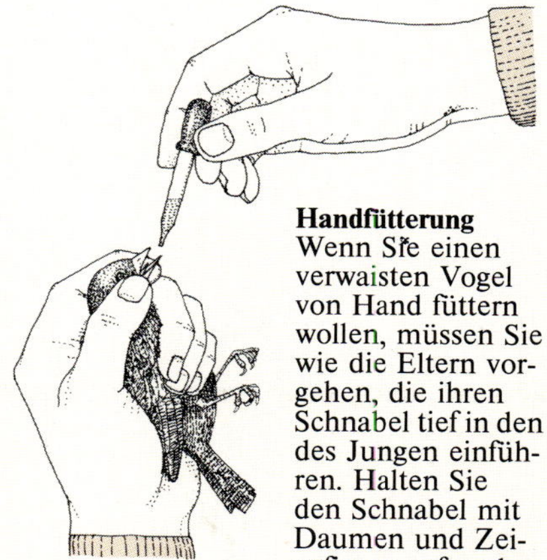

Handfütterung
Wenn Sie einen verwaisten Vogel von Hand füttern wollen, müssen Sie wie die Eltern vorgehen, die ihren Schnabel tief in den des Jungen einführen. Halten Sie den Schnabel mit Daumen und Zeigefinger auf und füttern Sie mit Pinzette oder Pipette.

Fensterunfälle
Bewußtlose Vögel, die gegen eine Fensterscheibe angeflogen sind, sollten dunkel und warm gehalten werden. Knochenbrüche müssen von einem Tierarzt versorgt werden.

DIE ÖKOLOGIE EINES KLEINSÄUGERS

Wenn Sie viele Informationen und Funde zusammengetragen haben, die sich auf ein bestimmtes kleines Säugetier beziehen, lohnt sich die Anfertigung einer Schautafel. Das Mittelstück der Tafel bildet das Tier selbst – ein Balg oder eine Zeichnung oder Fotografie. Dazu gehören seine Spuren – Zeichnungen oder Abgüsse der Fußabdrücke und Exkremente – und eine Kartenskizze seines Territoriums, ebenso wie ein Foto oder eine Skizze seiner Behausung. Oben und unten auf der Tafel werden die Nahrung des Tiers und seine Freßfeinde vorgestellt. Dadurch wird die Stellung des Kleinsäugers in seiner Umwelt veranschaulicht. Man sieht, wie vielen anderen Arten er als Nahrung dient und was er selber zum Überleben braucht.

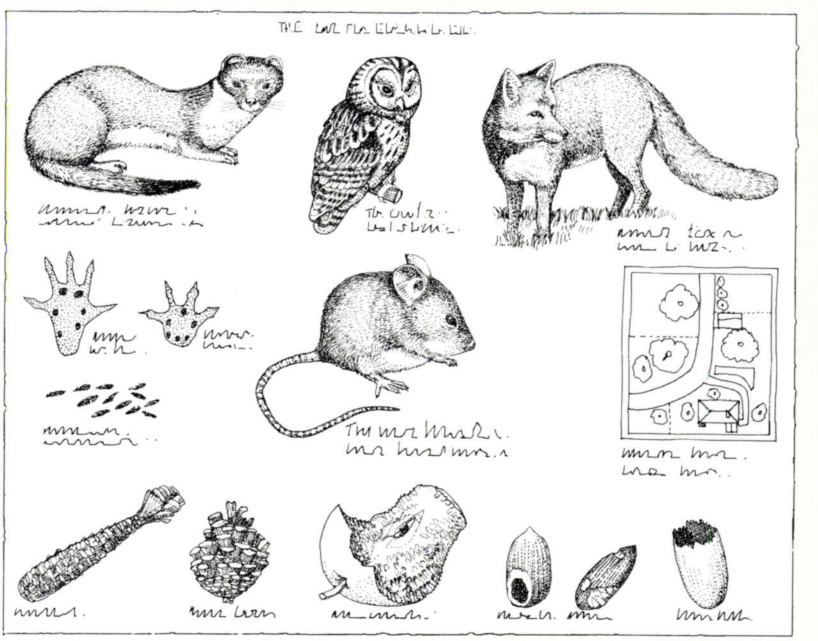

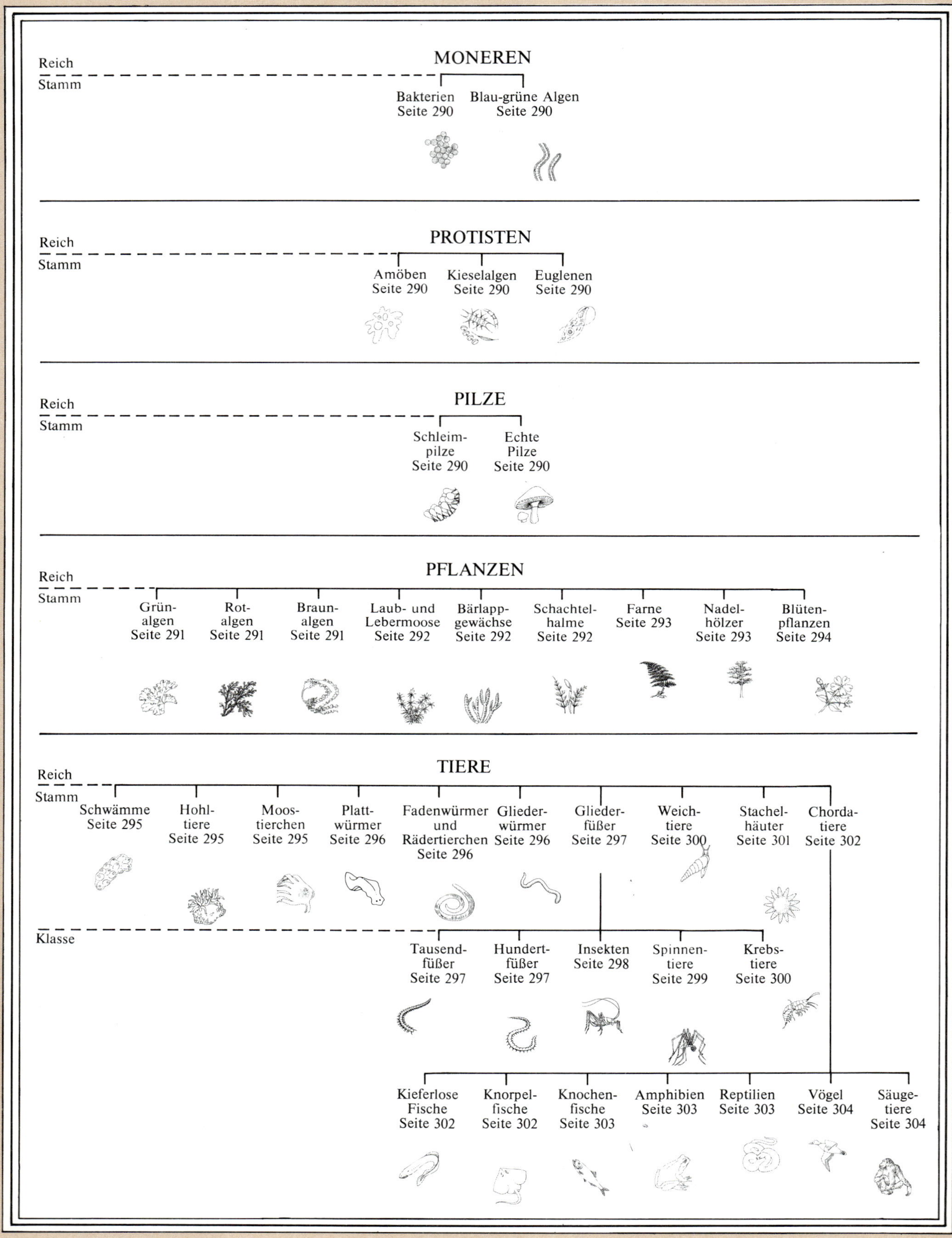
MONEREN
Reich
Stamm
Bakterien Seite 290
Blau-grüne Algen Seite 290
PROTISTEN
Reich
Stamm
Amöben Seite 290
Kieselalgen Seite 290
Euglenen Seite 290
PILZE
Reich
Stamm
Schleimpilze Seite 290
Echte Pilze Seite 290
PFLANZEN
Reich
Stamm
Grünalgen Seite 291
Rotalgen Seite 291
Braunalgen Seite 291
Laub- und Lebermoose Seite 292
Bärlappgewächse Seite 292
Schachtelhalme Seite 292
Farne Seite 293
Nadelhölzer Seite 293
Blütenpflanzen Seite 294
TIERE
Reich
Stamm
Schwämme Seite 295
Hohltiere Seite 295
Moostierchen Seite 295
Plattwürmer Seite 296
Fadenwürmer und Rädertierchen Seite 296
Gliederwürmer Seite 296
Gliederfüßer Seite 297
Weichtiere Seite 300
Stachelhäuter Seite 301
Chordatiere Seite 302
Klasse
Tausendfüßer Seite 297
Hundertfüßer Seite 297
Insekten Seite 298
Spinnentiere Seite 299
Krebstiere Seite 300
Kieferlose Fische Seite 302
Knorpelfische Seite 302
Knochenfische Seite 303
Amphibien Seite 303
Reptilien Seite 303
Vögel Seite 304
Säugetiere Seite 304

Was ist was in der Natur?

Trotz der erfreulichen und zugleich verwirrenden Vielfalt der Lebensformen, die uns umgeben, ist es durchaus möglich, eine gewisse Ordnung und ein Organisationsschema in der Natur zu erkennen. Über die Jahrhunderte hinweg haben Naturforscher wie etwa Carl von Linné die Organismen in Gruppen eingeteilt, deren Mitglieder jeweils irgendwelche Merkmale gemeinsam haben – so wie in einer Schulklasse alle Kinder ungefähr dasselbe Alter haben oder wie in einem Branchenadreßbuch gleichartige Firmen in einer Kategorie zusammengefaßt sind. Die wissenschaftliche Beschäftigung mit dieser Gruppeneinteilung oder Klassifizierung der Lebewesen bezeichnet man als Taxonomie.

Auf der linken Seite ist ein allgemeines Schema dargestellt, in das man sämtliche Organismen einpassen kann. Dieses System wird von den meisten Fachleuten anerkannt, doch es gibt daneben noch andere Versionen, und man kann darüber streiten, welches wohl das beste sei. Welches Einteilungsprinzip Sie auch bevorzugen, alle Systeme beginnen mit den übergeordneten Hauptgruppen; jede Hauptgruppe zerfällt in Untergruppen, und jede Untergruppe wird immer weiter in kleinere Unterkategorien aufgegliedert, bis man schließlich zur letzten Grundeinheit gelangt, der Art oder Spezies.

Die früheren Naturforscher haben die Organismen entweder den Pflanzen oder den Tieren zugeschlagen, doch je mehr wir inzwischen über die Welt der Natur wissen, um so mehr erkennen wir, daß diese alte Einteilung in zwei »Reiche« nicht funktioniert. Das moderne System weist deshalb fünf Reiche auf. Die Pflanzen werden definiert als Organismen, die mittels Photosynthese die Energie des Sonnenlichts auffangen und auf diese Weise ihre Nahrung erzeugen. Dazu benutzen sie den grünen Farbstoff Chlorophyll (Blattgrün) oder eine sehr ähnliche Substanz. Tiere andererseits sind Lebewesen, die ihre Nahrung verschlingen oder sich einverleiben, sprich fressen. Die Pilze gelten als Vertreter eines dritten Reichs – sie »verdauen« ihre Nahrung außerhalb des Körpers und absorbieren sie dann in flüssiger Form durch die Körperwand. Die beiden anderen Reiche umfassen jeweils mikroskopisch kleine einzellige Lebensformen. Die Protisten sind Organismen, die einen Kern besitzen; man kann sie weder als Pflanzen noch als Tiere ansehen, weil sie zum Teil von der Photosynthese zum Freßvorgang übergehen können und umgekehrt, je nach den Lebensbedingungen. Die Angehörigen des fünften Reichs, die Monera, haben nicht einmal einen Kern. Sie stellen die einfachsten Organismen überhaupt dar und stehen wahrscheinlich den allerersten Lebensformen nahe, die sich auf der Erde entwickelt haben.

Die Bedeutung des biologischen Systems

Die Einteilung und Benennung der Pflanzen und Tiere sind für den Naturforscher und -freund aus zwei Gründen wichtig. Zum ersten müssen wir uns erinnern, worum es Linné ging. Sein System stellt so etwas wie eine wissenschaftliche Universalsprache dar, die es den Biologen in aller Welt ermöglicht, ohne Rücksicht auf die jeweilige Landessprache eine Organismengruppe oder einen Organismus so eindeutig zu bezeichnen, daß alle sofort wissen, wovon die Rede ist. Der zweite Grund ist der, daß das System die Wirkweise und die Ergebnisse der Evolution offenbart. Bevor die Evolutionslehre allgemeine Anerkennung fand, wurden die Pflanzen und Tiere von Linné und anderen Gelehrten

Wie man das »Was ist was« benutzt
Jedermann benutzt automatisch das biologische Klassifizierungssystem. Er kennt den Unterschied zwischen einer Glockenblume und einem Falken, um ein Beispiel zu nennen, und er weiß, daß die Glockenblume eine Blütenpflanze und der Falke ein Vogel ist. Schauen Sie sich zunächst einmal die Übersichtstabelle *(gegenüberliegende Seite)* an, und schlagen Sie dann die Seite auf, die für die Gruppe, der Sie das jeweilige Lebewesen zuordnen, angegeben ist. Dort sind unter dem Namen der Gruppe bestimmte Merkmale aufgeführt, die nur auf die Mitglieder dieser Gruppe zutreffen. Untersuchen Sie das Ihnen vorliegende Exemplar auf diese Merkmale hin. Wenn es sie besitzt, haben Sie die richtige Gruppe gewählt; lesen Sie weiter, um sich genauer zu informieren. Sind Sie jedoch in der falschen Gruppe gelandet, finden Sie dort vielleicht einen Hinweis auf eine andere Rubrik, in der sehr ähnliche und leicht zu verwechselnde Organismen beschrieben sind. Haben Sie dann noch immer kein Glück, sollten Sie sich wieder der Übersichtstabelle zuwenden und nach einer gründlichen Prüfung Ihres Exemplars eine andere Gruppe suchen, die wahrscheinlich in Frage kommt.

aufgrund von gemeinsamen körperlichen Merkmalen in Gruppen eingeteilt. So bildeten zum Beispiel alle Blütenpflanzen eine Gruppe oder alle Tiere mit sechs Beinen. Doch vor Darwin hatte noch niemand voll begriffen, daß die Übereinstimmungen zwischen den Organismen einer Gruppe darauf zurückzuführen sind, daß sie sich allesamt von einem gemeinsamen Vorfahren herleiten. Das war ungefähr so, als ob man alle Menschen namens Durrell nur deshalb in einer Gruppe zusammenfassen würde, weil sie Durrell heißen, ohne sich Gedanken darüber zu machen, daß sie alle miteinander verwandt sind. Darwins großartige Theorie enthüllte die wahren Ursachen für die Ähnlichkeiten zwischen bestimmten Pflanzen oder Tieren – sie sind durch den Evolutionsprozeß miteinander verbunden.

Der moderne Taxonom klassifiziert die Organismen auch weiterhin anhand von Merkmalen, die sie gemeinsam haben, doch ihm ist stets bewußt, daß die wichtigsten Merkmale jene sind, die anzeigen, auf welche Weise die Organismen miteinander verwandt sind. Kehren wir noch einmal zu dem Namenbeispiel zurück: Es ist sehr wohl möglich, daß jemand anders den Namen Durrell ganz unabhängig von meiner Familie »erfunden« hat, so daß seine Nachkommen zwar denselben Namen wie wir tragen, aber nicht mit uns verwandt sind. Das gleiche kann in der Natur passieren, und die Taxonomen müssen deswegen ständig auf der Hut sein. Nehmen wir beispielshalber die Fledermäuse (die zu den Säugetieren gehören) und die Vögel. Beide besitzen Flügel, aber für die Taxonomen ist das Vorhandensein von Flügeln kein ausreichender Grund, Fledermäuse und Vögel in dieselbe Gruppe zu stellen. Sie wissen durch Fossilfunde, daß Fledermäuse wie Vögel zwar sehr altertümliche gemeinsame Ahnen haben (da Säuger und Vögel von den Reptilien abstammen), aber daß sich ihre Flügel erst entwickelt haben, nachdem die Vögel und die Säugetiere ihre Evolution als deutlich unterschiedene Gruppen begannen.

Ein gutes Klassifikationsschema erlaubt es einem Biologen, einen »Stammbaum« oder eine Evolutionstabelle zu entwerfen, und wenn Sie ein gutes Buch über Fossilien besitzen, können Sie das auch selbst versuchen. Die Höhe des

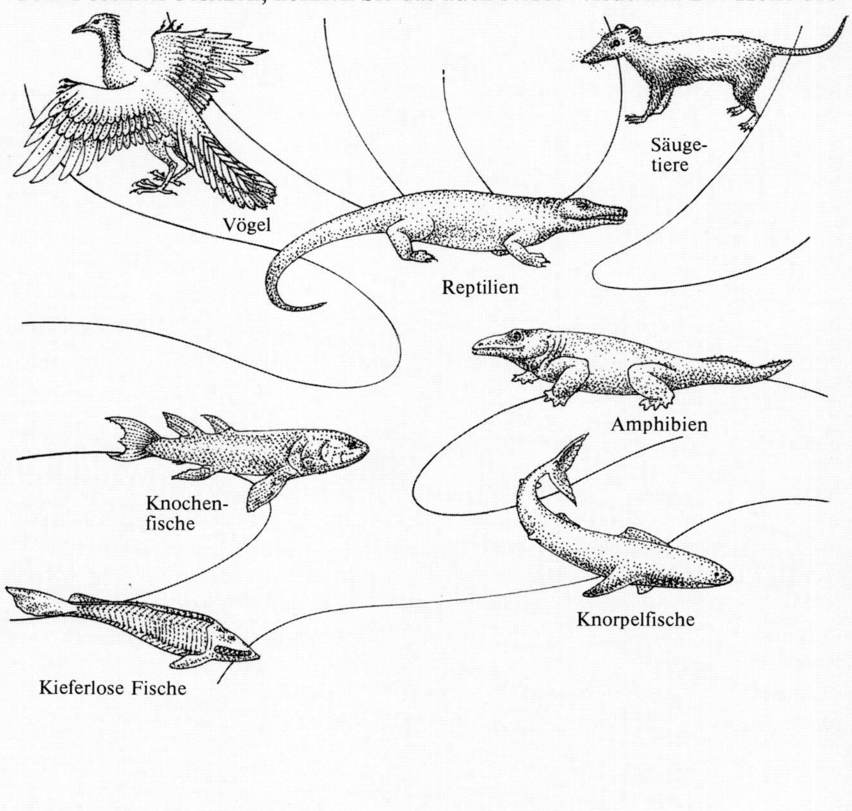

Die Evolution der Wirbeltiere
Die Biologen bedienen sich oft der Baumform, um zu veranschaulichen, wie sich unterschiedliche Organismengruppen vermutlich aus einem gemeinsamen Vorfahren entwickelt haben. Doch lesen Sie nicht zuviel in diese »Bäume« hinein. Sie erwecken den Anschein, als wäre ein bestimmter Evolutionsgang eine unumstößliche Tatsache, was jedoch nicht zutrifft. Unsere Kenntnisse der Evolution und die Erstellung von Stammbäumen beruhen weitgehend auf Fossilien, und wir müssen eingestehen, daß die fossilen Belege ziemlich dürftig sind und daß in ihnen noch große Lücken klaffen. Die Entdeckung eines einzigen versteinerten Zahns kann die Umgestaltung ganzer Stammbäume zur Folge haben. Zudem zeigen die meisten Stammbäume nicht sämtliche Gruppen, die im Laufe der Zeit ausgestorben sind; der Platz reicht gewöhnlich nur für jene Zweige, die zu den rezenten (heute lebenden) Organismen führen. Doch all diesen Unzulänglichkeiten zum Trotz sind Stammbäume wertvolle Hilfsmittel zur Darstellung der wahrscheinlichen Evolutionsabläufe, und sie geben uns Anhaltspunkte für die Klassifizierung der heutigen Tiere und Pflanzen.

»Baums« deutet die abgelaufene Zeit an. Unten ist ein solches Schema abgebildet, das die 500 Millionen Jahre seit dem Auftreten der ersten Wirbeltiere in unseren fossilen Belegen abdeckt. Jeder Ast, der vom Hauptstamm abzweigt, repräsentiert eine sich eigenständig entwickelnde Gruppe, und es ist außerdem zu erkennen, wann das geschah und von welchen Vorfahren sie sich herleitet. Man sieht zum Beispiel, daß das erste Wirbeltier ein merkwürdiger kieferloser Fisch war, der unseren heutigen Neunaugen ähnelt. Man erkennt auch, daß die Ahnen der modernen Amphibien (Frösche, Kröten und Schwanzlurche) vor rund 400 Millionen Jahren aus einem fischähnlichen Geschöpf hervorgegangen sind und daß primitive Amphibien etwa 50 Jahrmillionen später die Gesamtheit der Reptilien entstehen ließen. Die Reptilien haben bis heute in Gestalt von Schildkröten, Schlangen und Echsen überdauert. Die Dinosaurier sind hingegen schon vor langer Zeit ausgestorben. Aber aus den Reptilien haben sich vor rund 180 Millionen Jahren die Vögel und schließlich die Säugetiere entwickelt. Ein Stammbaum wie dieser zeigt lediglich die großen Klassen der Wirbeltiere, aber Sie können auch einen beliebigen Seitenzweig – beispielsweise den der Säugetiere – herausgreifen und dessen feine Verästelungen im einzelnen studieren. Dann läßt sich die Evolution der Fledermäuse und Herrentiere, der Nager, der Raubtiere und Huftiere verfolgen. Die obersten Zweigspitzen des Stammbaums deuten die Arten an, die heute in unserer Welt leben.

Wer sich im Klassifizierungssystem auskennt, vermag die Artzugehörigkeit eines Lebewesens exakt zu bestimmen. Und wenn man weiß, wie das System zustande gekommen ist, kann man die Stellung des Organismus innerhalb der Stammesgeschichte richtig einschätzen. Manche Leute glauben beispielsweise noch immer, Darwin habe behauptet, wir Menschen stammten von den Affen ab. In Wahrheit meinte er nur, daß wir und die anderen modernen Menschenaffen einen gemeinsamen affenähnlichen Vorfahren haben, und von dieser Stammform sind verschiedene Äste ausgegangen – einer führt zu den Schimpansen, ein anderer zu den Gorillas und einer zu den Menschen.

Von den **Schachtelhalmgewächsen** der Tabelle sind der Teich-, Sumpf- und Ackerschachtelhalm an nassen Stellen weit verbreitet, letzterer auch auf Äckern und Wiesen. Der Ästige Schachtelhalm fehlt in Nordwestdeutschland und findet sich sonst vorwiegend an sandigen Ufern der großen Ströme; der Bunte Schachtelhalm kommt nur an feuchten Orten der Alpen häufiger vor, sonst selten. Sumpffarne (Familie **Tüpfelfarne**) wachsen zerstreut in Sümpfen und Mooren und sind nur im Norden häufiger.

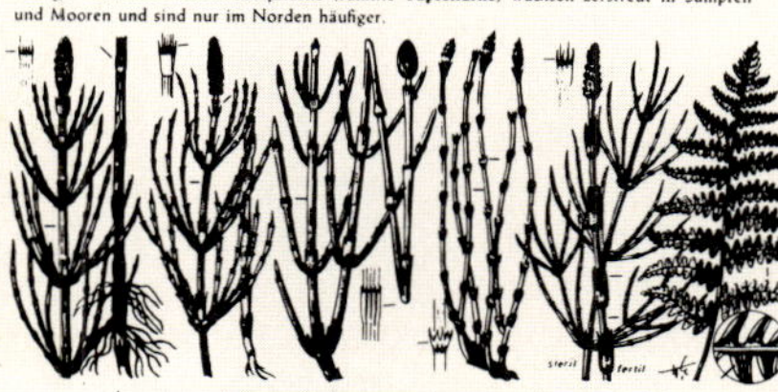

	Teich-Schachtelhalm	Sumpf-Schachtelhalm	Ästiger Schachtelhalm	Bunter Schachtelhalm	Acker-Schachtelhalm	Sumpffarn
wissenschaftl. Name	*Equisétum fluviátile*	*Equisétum palústre*	*Equisetum ramosissimum*	*Equisétum variegátum*	*Equisétum arvénse*	*Thelýpteris palústris*
Größe; Sporenz.	30–120 cm; 5–6	15–50 cm; 5–6	bis 80 cm; 7–8	20–50 cm; 6–8	bis 50 cm; 3–4	30–80 cm; 7–9
Besondere Kennzeichen	Blattscheide mit 10–30 schwarzen Zähnen, Stengel gerillt, oft astlos; ♃	Blattscheide mit 4–12 breit weißhäutig berandeten Zähnen, sterile und fertile Sprosse gleich; ♃	Blattscheiden bis 22 mm lang, Sproß mit 6–16 gewölbten Rippen; ♃	Blattscheiden glockig, Sproß dünn, mit 4–12 Rippen; ♃	Blattscheiden fertiler Sprosse entfernt, mit 6–16 Zähnen, sterile Sprosse grün, verzweigt; ♃	fertile Fiederchen am Rande eingerollt, dreieckig; ♃

Bestimmungstabelle
Für eine exakte Artbestimmung, die für den ernsthaften Naturfreund so wichtig ist, benötigt man eine sogenannte Bestimmungstabelle. Das ist eine in vielen Bestimmungsbüchern und Naturführern enthaltene umfangreiche tabellarische Übersicht, in der zum jeweiligen Lebewesen eine ganze Reihe von kennzeichnenden, meist leicht feststellbaren Merkmalen angegeben werden. Um die ausführlichen Schlüssel, wie sie von Zoologen und Botanikern verwendet werden, richtig benutzen zu können, muß man mit der Anatomie der gesuchten Art und mit den Bezeichnungen der verschiedenen Einzelteile vertraut sein. Das kann recht kompliziert sein, zumal bei Pflanzen, und manchmal tut sich selbst ein ausgebildeter Botaniker schwer, wenn er eine Art mit Hilfe eines solchen Schlüssels genau bestimmen will.

DAS ABGESTUFTE SYSTEM IN DER PRAXIS

Linné und andere Naturforscher haben zur Einteilung der Lebewesen ein hierarchisch abgestuftes System entwickelt. Das Grundprinzip läßt sich mit der Zustellung eines Briefes vergleichen, den Ihnen jemand geschrieben hat: Der Brief kommt zunächst in das richtige Land, dann in die Stadt, dann in die Straße und schließlich in Ihre Wohnung. In der Welt der Natur entspricht dem Land das »Reich«, das die umfassendste Kategorie darstellt (es gibt nur fünf Reiche, in denen alle Lebewesen untergebracht werden). Die nachfolgenden Untereinheiten sind der Stamm, die Klasse, die Ordnung, die Familie, die Gattung und schließlich die Art oder Spezies. Die Tabelle zeigt, wie dieses System bei der Klassifizierung des Mauswiesels in der Praxis funktioniert.

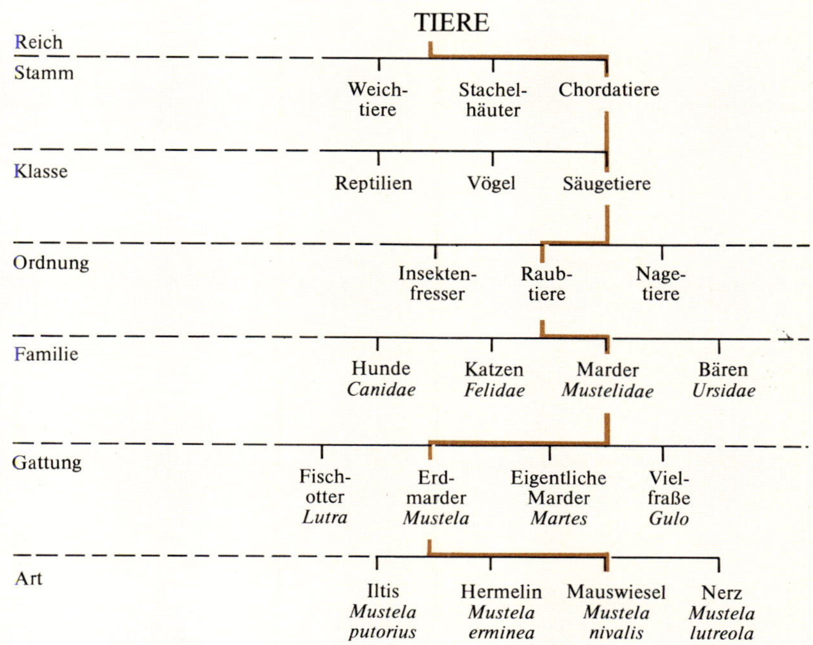

MONEREN
Reich: *Monera*

- ○ Mikroskopisch klein
- ○ Einzeller (wenn mehrere Individuen vereint sind, gleicht jedes genau den anderen)
- ○ Kein Kern (»Kontrollzentrum«) in der Zelle (falls ein Kern vorhanden, siehe unter Protisten, *rechts*)

Die Moneren sind sehr einfache Organismen, weder Pflanzen noch Tiere. Die beiden Hauptgruppen umfassen die Bakterien und die Blaugrünen Algen, die beide billionenfach im Wasser, im Boden, im Staub, in der Luft und in anderen Organismen vorkommen. Etwa 4000 Arten.

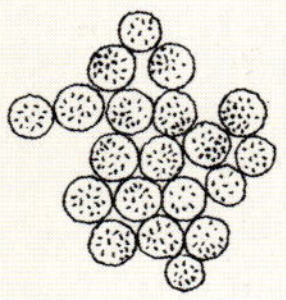
Staphylococcus-Bakterien verursachen Lebensmittelvergiftungen

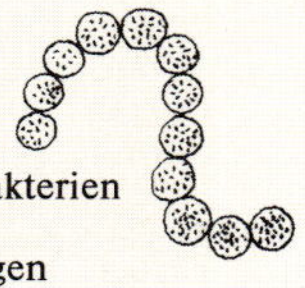
Streptococcus-Bakterien erzeugen Halsentzündungen

Bakterien sind extrem klein und haben manchmal nur einen Durchmesser von einem Tausendstelmillimeter. Sie sind teils rund, teils stäbchenförmig und teils korkenzieherähnlich. Sie sind verantwortlich für Zersetzungs- und Verwesungsprozesse, für bestimmte Gärvorgänge und für viele Pflanzen- und Tierkrankheiten (Krankheitserreger werden als Pathogene bezeichnet).

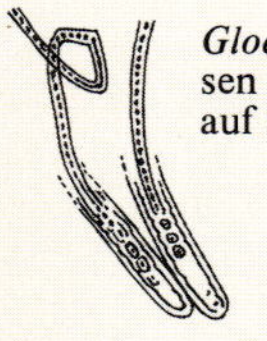
Gloetrichia-Algen wachsen als gallertiger Belag auf Steinen und Mauern

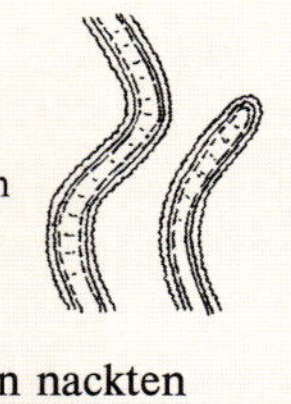
Arthrospira-Algen bilden auf verschmutzten Teichen eine Kahmschicht

Blau-grüne Algen besiedeln nackten Fels oder Beton (dort bilden sie tintenähnliche Streifen aus), Baumstämme, die eisigen Regionen der Arktis und das 75° C warme Wasser heißer Quellen. Wie die Pflanzen beziehen sie ihre Energie aus dem Sonnenlicht.

PROTISTEN
Reich: *Protista*

- ○ Mikroskopisch klein
- ○ Einzeller (wenn mehrere Individuen vereint sind, gleicht jedes genau den anderen)
- ○ Kern (»Kontrollzentrum«) in jeder Zelle (falls kein Kern vorhanden, siehe unter Monera, *links*)

Diese winzigen wasserlebenden Organismen wurden früher in zwei Hauptgruppen unterteilt: Protozoen (einzellige Tiere) und Protophyten (einzellige Pflanzen). Diese Einteilung ist wenig sinnvoll, da sich manche Protisten von Pflanzen in Tiere verwandeln können und umgekehrt. Von den etwa elf Protistengruppen werden drei häufige Typen beschrieben. Protisten stellen den Hauptanteil des Meeresplanktons. Ca. 50 000 Arten.

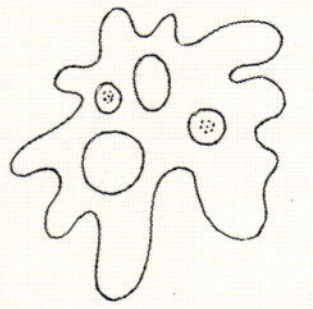
Eine Amöbe frißt Nahrungsteilchen

Amöben (Stamm *Sarcodina*) sind relativ große Protisten und werden etwa ein Zehntelmillimeter lang. Sie bewegen sich »fließend« fort und verfolgen und verschlingen winzige Nahrungsteilchen.

Diatomeen oder Kieselalgen treten in vielen Formen und Größen auf

Diatomeen (Stamm *Chrysophyta*) machen einen großen Teil des Meeresplanktons aus. Sie enthalten Chlorophyll wie die Pflanzen, und ihre Zellwände bestehen aus Kiesel und sind meist wunderschön geformt.

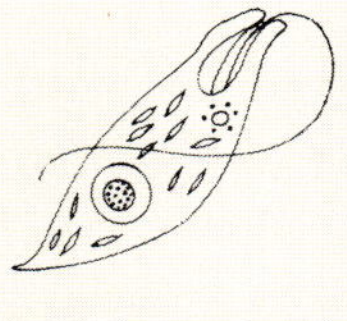
Euglena schwimmt umher, indem sie mit ihrer Geißel Schlagbewegungen ausführt

Euglenen (Stamm *Euglenophyta*) gewinnen ihre Energie gewöhnlich wie Pflanzen aus dem Sonnenlicht, doch wenn sie im Dunklen gehalten werden, können sie wie die Pilze Nahrung durch die Körperwände aufnehmen.

PILZE
Reich: *Fungi*

- ○ Ernährung durch Auflösung und Absorption von Nährstoffen aus abgestorbenen Tieren und Pflanzen
- ○ Körper besteht in der Hauptsache aus ungegliederten Fäden
- ○ Vermehrung durch Sporen

Dieses Reich umfaßt u.a. die Schleim-, Algen-, Schimmel- und Ständerpilze. Der eigentliche Körper eines Pilzes ist eine Masse von Fäden (Hyphen), die das sog. Myzel bilden. Die Fäden scheiden chemische Substanzen (Enzyme) ab, die organische Stoffe auflösen; die so entstehende Flüssigkeit wird durch die Körperwand als Nahrung absorbiert. Bei den höheren Pilzen werden die Sporen im Hut erzeugt. Ca. 100 000 Arten.

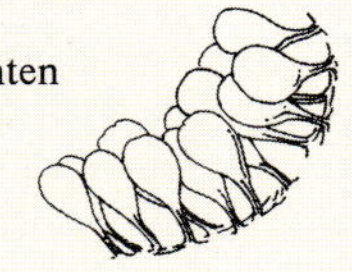
Schleimpilze sind im Herbst auf dem feuchten Waldboden häufig

Schleimpilze (Stamm *Myxomycophyta*) sind merkwürdige gallertige Pilze, die wie Nacktschnecken aussehen und sogar langsam »umherkriechen« können. Die auf morschem Holz häufigen Schleimpilze sind zumeist klein (etwa 15 mm) und leuchtend gefärbt.

Schafchampignons findet man im Spätsommer und Herbst, vor allem dort, wo Pferde gegrast haben

Echte Pilze (Stamm *Eucomycophyta*) sind sehr vielgestaltig. Mehltau-, Mutterkorn-, Rost- und ähnliche Pilze sind als weiße oder braune pulvrige Flecken auf ihrem Wirt, meist einer Pflanze, sichtbar. Manche Schimmelpilze bilden einen weißlichen watteähnlichen Aufwuchs auf Dung, altem Brot und Gemüseabfällen. Schlauchpilze heißen so, weil ihre Sporen in einem schlauchförmigen Gebilde sitzen, und zu ihnen gehören Hefepilze (die bei der Fermentation verwendet werden), Schimmelpilze (bei der Käseherstellung benutzt) und eßbare Pilze wie Morcheln und Trüffeln. Am bekanntesten sind die Ständerpilze, bei denen die Sporen in einem besonderen Fruchtkörper, dem typischen »Hut«, eingebettet sind.

GRÜNALGEN

Reich: *Plantae*
Stamm: *Chlorophyta*

- Einfache Pflanzen, einzellig oder lange Fäden oder wedelförmige Thalli
- Unter dem Mikroskop sehen die meisten Zellen einander gleich
- Chlorophyll nicht überdeckt durch andere Farbstoffe, deshalb grüne Färbung (wenn rot oder braun, siehe *rechts*)

Etwa 90 Prozent der rund 6000 Arten leben im Süßwasser, meist als mikroskopisch kleine Schwebeorganismen oder angeheftete Fadenformen. Am bekanntesten sind jedoch die Grünalgen, die man am Meeresstrand vorfindet. Es sind einfach gebaute Pflanzen, die kaum irgendwelche spezialisierten Strukturen aufweisen.

Der Meersalat hat leuchtend grüne Thalli, aber weder Stengel noch Wurzeln

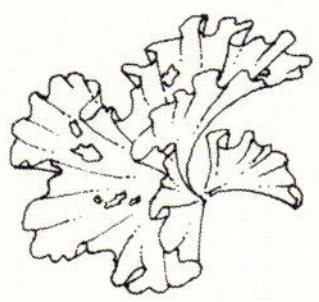

Meersalat *(Ulva lactuaca)* ist eine etwa 30 cm lange Grünalge. Er kommt an Felsenküsten und auf Salzmarschen häufig vor und verträgt eine Zeitlang auch Süßwasser.

ROTALGEN

Reich: *Plantae*
Stamm: *Rhodophyta*

- Kleine oder mittelgroße Pflanzen, meist mit schönen wedelförmigen Thalli, im Meer lebend
- Stets mit einer Haftscheibe oder einem ähnlichen Gebilde angeheftet
- Der rote Farbstoff Phykoerythrin überdeckt das normale grüne Chlorophyll, deshalb erscheint die Färbung rötlich oder purpurn (wenn braun, siehe Braunalgen, *rechts*)

Rotalgen kommen in wärmeren Meeren massenhaft vor, vor allem im Tiefwasser tropischer Meere. Sie bilden kalkhaltige Verkrustungen in Fluttümpeln und auf dem Grund des Mittelmeers. Selten in kalten nördlichen und südlichen Meeren. Rund 4000 Arten.

Die Zierliche Fiederalge oder Seefeder übersteht ein vorübergehendes Trockenfallen während der Ebbe

Die Zierliche Fiederalge *(Plumaria elegans)* wird ungefähr 10 cm lang. Sie wächst als dunkelrote Büschel auf Steinen der mittleren und unteren Gezeitenzone und dient oft dem Beutelkalkschwamm als Substrat.

BRAUNALGEN

Reich: *Plantae*
Stamm: *Phaeophyta*

- Einfache Pflanzen, gewöhnlich groß und vielzellig, im Meer lebend
- Stets mit einer Haftscheibe oder einem ähnlichen Gebilde angeheftet
- Braunfärbung durch den Farbstoff Fukoxanthin, der das Grün des Chlorophylls überdeckt (wenn rötlich, siehe Rotalgen, *links*)

Nahezu alle 2000 Braunalgenarten sind Meeresbewohner, von winzigen verzweigten Formen bis zum riesigen, viele Meter langen Kelp. Die derberen Formen bezeichnet man als Tange. Der Pflanzenkörper ist stets gegliedert – Stengel, Thalli (»Blätter«) und Haftscheiben (»Wurzeln«). Braunalgen sind häufig in kälteren Meeren und Küstengewässern und zeigen eine auffällige Zonierung in der Gezeitenzone der Felsküsten.

Zuckertang zählt zu den größeren Algen an Felsküsten

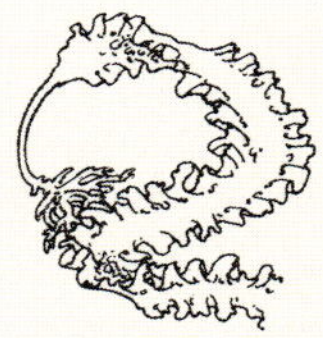

Zuckertang *(Laminaria saccharina)* erreicht eine Länge von 3 m. Seine Thalli gleichen einem gekräuselten Band und sitzen auf einem schlanken Stiel und einer zweilagigen Haftscheibe. Diese Alge gedeiht an geschützten Felsküsten zwischen Niedrigwasserlinie und Flachwasser.

LAUB- UND LEBERMOOSE

Reich: *Plantae*
Stamm: *Bryophyta*

- ○ Kleine grüne und blütenlose Landpflanzen (wenn groß, siehe Bärlappgewächse, *rechts*)
- ○ Polsterförmige Ansammlung von kleinen spitzen Blättern (Laubmoose) oder flach, gelappt und fleischig (Lebermoose)
- ○ Vermehrung durch Sporen

Laub- und Lebermoose sind einfach gebaute, niedrigwüchsige Pflanzen. Sie haben keine Blüten, sondern pflanzen sich durch Sporen fort, und von Wurzeln kann kaum die Rede sein. Beide Typen kommen gewöhnlich an feuchten oder nassen Standorten vor, doch einige Arten gedeihen auch auf trockeneren Unterlagen.

Das Torf- oder Sumpfmoos *Sphagnum plumulosum* bildet große bräunlich-grüne Polster auf Feuchtheiden, Sümpfen und Mooren aus

Laubmoose (Klasse *Musci*) sind an feuchten Standorten weit verbreitet. Die einzelnen Arten sind meist auf bestimmte Böden beschränkt. Sie erscheinen als niedrige elastische Polster aus kleinen spitzen Blättern, die spiralig um einen Stiel angeordnet sind. Obwohl die Einzelpflanzen klein sind, können sie große Flächen überziehen. In der arktischen Tundra bilden sie ausgedehnte Vegetationsteppiche, und in großer Zahl sind sie auch in feuchten Tropenregionen vertreten. Laubmoose vermehren sich durch Sporen, die in gestielten Kapseln enthalten sind. Rund 10000 Arten.

Das *Pellia*-Lebermoos hat einen Thallus mit einem Durchmesser von 1 cm und wächst auf Grubenrändern und Bachufern

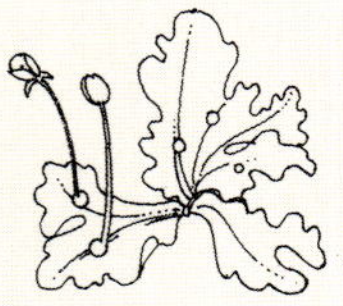

Lebermoose (Klasse *Hepatica*) sind dunkelgrüne Pflanzen, die fast flach auf dem Boden wachsen. Der Pflanzenkörper, der wie ein ungeädertes Blatt aussieht, heißt Thallus und ist gelappt wie eine Leber – daher der Name. Die Vermehrung erfolgt durch Sporen, die auf kurzlebigen Kapseln sitzen. Lebermoose verlangen sehr feuchte Standorte, etwa Sümpfe oder Bachufer. Rund 14000 Arten.

BÄRLAPPGEWÄCHSE

Reich: *Plantae*
Stamm: *Lycodophyta*

- ○ Grüne Landpflanzen ohne Blüten
- ○ Aussehen wie eine große Moospflanze (wenn klein, siehe Laub- und Lebermoose, *links*)
- ○ Vermehrung durch Sporen

Die Bärlappe bilden eine altertümliche Pflanzengruppe, die vor 250 Millionen Jahren sogar Riesenbäume hervorgebracht hat. Die rund 400 rezenten (heute lebenden) Arten wachsen an feuchten Stellen. Sie sind häufig in den Tropen; in gemäßigten Breiten finden sie sich vor allem auf feuchten Heiden und auf Berghängen.

Bärlappe ähneln Moosen, sind aber viel größer

Kolbenbärlapp *(Lycopodium clavatum)* kann 3 m lang werden. Die Blätter sind feingezähnt, und die Sporen ergeben ein gelbes Pulver, das als Lycopodium oder »Hexenmehl« in der Heilkunde verwendet wird.

SCHACHTELHALME

Reich: *Plantae*
Stamm: *Arthrophyta*

- ○ Große grüne Pflanzen ohne Blüten und Blätter
- ○ Gegliederte hohle Stengel mit rauher Oberfläche
- ○ Die einzelnen Stengelglieder tragen oben eine »Krone« (gezähnte Scheide)
- ○ Sporen werden in eiförmigen »Zapfen« erzeugt (Zapfenträger mit holzigem Stamm, siehe Nadelhölzer, *rechts*)

Die rund 30 Schachtelhalmarten sind Überlebende einer riesigen Pflanzengruppe, zu der die mächtigen farnartigen Bäume der Karbonzeit vor 250 Jahrmillionen gehörten (Kohlenwälder). Mehrere Arten sind auf Sumpfböden häufig, andere gedeihen auf Ödland oder unter Hecken und Feldgehölzen. Die Schachtelhalme sind unverwechselbar und wirken sehr eindrucksvoll, wenn sie größere Flächen bedecken.

Schachtelhalme besitzen unverwechselbare lange und spitze Schuppenblätter, die in regelmäßigen Abständen wirbelförmig vom hohlen Stengel ausgehen

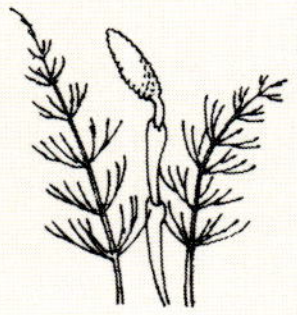

Der Ackerschachtelhalm *(Equisetum arvense)* wird etwa einen halben Meter hoch und ist in Wäldern und Feldern auf leichtem Boden allgemein verbreitet. Auf Nutzflächen kann er zu einem lästigen Unkraut werden.

FARNE

Reich: *Plantae*
Stamm: *Pteridophyta*

- ○ Große grüne Landpflanzen ohne Blüten
- ○ Wedelförmige Blätter, die sich entfalten und vergrößern
- ○ Knopfähnliche Sporenkapseln an der Unterseite der Blätter

Farne sind eine alte Pflanzengruppe, die sich bis heute gut behauptet hat. Die Mehrzahl (über 90 Prozent) der Arten sind große tropische Baumfarne, die 15 Meter hoch werden können. Es gibt einige wenige wasserlebende Formen und natürlich die allbekannten Waldfarne, die hauptsächlich auf fruchtbaren, feuchten und sauren Böden vorkommen. Rund 12000 Arten.

Die meisten Farne besitzen auffallend elegante Blattwedel

Der Schildfarn *(Dryopteris dilatata)* kann anderthalb Meter hoch werden. Seine Wedel bilden kronenförmige Büschel, und sein Stamm ist mit braunen, zugespitzten Schuppen bedeckt. Wie viele Farne breitet er sich durch unterirdische Rhizome aus. In Waldlandschaften kommt er häufig vor.

NADELHÖLZER

Reich: *Plantae*
Stamm: *Coniferophyta*

- ○ Sträucher oder Bäume mit holzigen Stämmen und Ästen
- ○ Blätter in der Regel nadel- oder schuppenförmig
- ○ Zapfen als Samenbehälter (nicht holzige Zapfenträger, siehe Schachtelhalme, *links*)

Nadelhölzer oder Koniferen sind auf der Nordhalbkugel am weitesten verbreitet. Sie sind kältebeständig und allesamt, mit Ausnahme der Lärchen, immergrün. Nadelbäume waren vor ungefähr 150–200 Jahrmillionen die vorherrschende Vegetationsform der Erde. Rund 300 Arten. Obwohl die Koniferen Blüten im weiteren Sinne hervorbringen, bestehen »technische« Unterschiede zwischen diesen Blüten und denen der eigentlichen Blütenpflanzen, so daß die Koniferen nicht in die Gruppe der Blütenpflanzen gestellt werden *(vgl. S. 294)*. Und, wie gesagt, nicht alle Koniferen sind immergrüne Pflanzen – die Lärchen sind Nadelbäume, die ihre Blätter im Herbst verlieren; sie zählen somit zu den laubabwerfenden Koniferen. Kurioserweise tragen auch nicht alle Koniferen (»Zapfenträger«) tatsächlich Zapfen; der Wacholder bringt zum Beispiel weiche, fleischige Beeren hervor.

Die Waldkiefer oder Föhre verliert bei zunehmendem Höhenwachstum ihre unteren Äste

Die Waldkiefer *(Pinus sylvestris)* wird bis zu 30 m hoch. Die Borke ist unten rauh und rotbraun, weiter oben hellrot bis orange. Alte Bäume haben eine flache Krone. Die Waldkiefer ist in ganz Nordeuropa weit verbreitet.

Bei der Zypresse wachsen die Äste stark nach oben, so daß eine spindelförmige Krone entsteht

Die Italienische Zypresse *(Cupressa sempervirens)* ist ein schlanker Baum, der 30 m hoch werden kann. Sie besitzt schuppenförmige Blätter, die in Paaren rechtwinklig zueinander angeordnet sind. Die Zapfen sind rund und knotig, wie dunkle geschuppte Beeren.

Die Fichte oder Rottanne ist ein beliebter Weihnachtsbaum

Die Fichte *(Picea abies)* wird bis zu 20 m hoch und hat kurze Äste und eine kegelförmige Wuchsform. Sie bringt lange und schwere zylindrische Zapfen hervor.

BLÜTENPFLANZEN

Reich: *Plantae*
Stamm: *Anthophyta*

- Grüne Pflanzen mit Blüten, die groß, farbenprächtig und wohlriechend oder klein und unscheinbar sein können
- Differenzierte Blätter, Stengel und Wurzeln
- Unter dem Mikroskop wird ein einzigartiges röhrenförmiges wasserführendes Gewebe (Xylem) sichtbar

Die Blütenpflanzen bilden die dominierende und abwechslungsreichste moderne Vegetationsform. Neben den Pflanzen, die wir üblicherweise als »Blumen« bezeichnen, umfaßt diese Gruppe auch Gräser, Laubbäume, fleischfressende Pflanzen und Kakteen. Über 250000 Arten sind bekannt, und laufend werden neue entdeckt.

Die Anthophyten zerfallen in zwei Hauptgruppen, je nachdem ob der Same ein oder zwei Keimblätter oder Kotyledonen besitzt (siehe Vergleichstabelle unten). Darüber hinaus werden die Blütenpflanzen in zahlreiche Familien unterteilt. Die Familie *Ranunculaceae* (Hahnenfußgewächse) umfaßt zum Beispiel die Trollblume, die Dotterblume, den Rittersporn, das Leberblümchen, die Akelei und viele andere Arten. Es ist oft ziemlich schwierig, eine unbekannte Blume einer bestimmten Familie oder Art zuzuordnen; man muß die Pflanze sehr genau untersuchen und die Fachausdrücke für die verschiedenen Teile der Blüte kennen. Die Beispiele rechts veranschaulichen die Grundprinzipien der Blütenbestimmung.

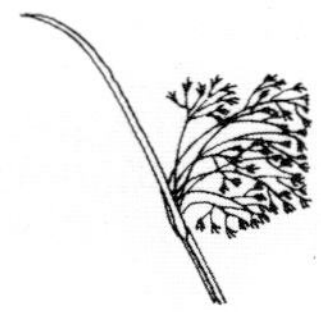

Binsen sind grasähnliche Pflanzen in Feuchtgebieten

Die Flatterbinse *(Juncus effusus)* ist einkeimblättrig, wie die parallelen Blattadern und die Dreiergruppen der Blütenteile anzeigen. Die drei Kelchblätter der winzigen Blüten gleichen Blütenblättern, und Blätter sind nicht vorhanden. Die Binsen gehören zur Familie der Binsengewächse *(Juncaceae).*

Die Spitzorchis oder Hundswurz wächst auf trockenen Wiesen

Die Spitzorchis *(Anacamptis pyramidalis)* ist eine einkeimblättrige Pflanze aus der Familie der Knabenkrautgewächse oder Orchideen *(Orchidaceae),* bei denen das mittlere, untere der drei Blütenblätter jeweils eine Lippe oder einen Kiel bildet.

KEIMBLÄTTER - EINS ODER ZWEI?

Einkeimblättrige Pflanzen *(Monocotyledonae)*	**Zweikeimblättrige Pflanzen** *(Dicotyledonae)*
Ein Keimblatt, das dem Keimling (Embryo) Nahrung zuführt	Zwei Keimblätter, die dem Keimling (Embryo) Nahrung zuführen
Blattadern verlaufen parallel zueinander	Blattadern mehrfach verzweigt
Wasser- und saftleitende Röhren im Stengel oder Stamm unregelmäßig verteilt	Wasser- und saftleitende Röhren im Stengel oder Stamm sauber gebündelt
Blütenteile gewöhnlich dreizählig oder durch drei teilbar	Blütenteile gewöhnlich vier- oder fünfzählig oder durch vier oder fünf teilbar
Gräser, Seggen, Binsen, Lilien, Schwertlilien, Orchideen, Palmen usw. Rund 55000 Arten	Die überwiegende Mehrzahl der rezenten Pflanzen - Blumen, Bäume, Sträucher und Kräuter. Rund 200000 Arten

Die Rote Lichtnelke ist eine Hecken- und Waldpflanze

Die Rote Lichtnelke *(Silene dioica),* eine zweikeimblättrige Pflanze, hat einfache gegenständige Blätter, fünf getrennte Blütenblätter und höchstens zehn Staubgefäße. Sie ist eine Vertreterin der Nelkengewächse *(Caryophyllaceae).*

Das Gänseblümchen oder Maßliebchen ist auf allen Wiesen und Weiden häufig

Das Gänseblümchen *(Bellis perennis)* gehört zu den Korbblütengewächsen *(Compositae),* der größten Pflanzenfamilie. Diese zweikeimblättrige Pflanze trägt viele winzige Einzelblüten, die sich in einem Blütenkopf dicht zusammendrängen.

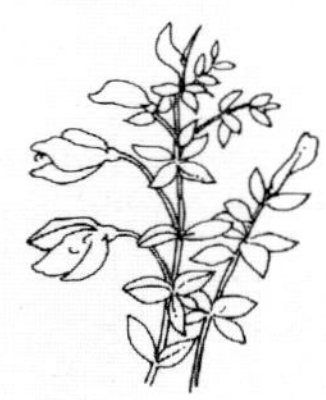

Der Besenginster hat gelbe Blüten, die von Insekten bestäubt werden

Der Besenginster *(Cytisus scoparius)* ist eine zweikeimblättrige Pflanze aus der Familie der Schmetterlingsblütler *(Leguminosae).* Er besitzt zweiseitig symmetrische Blüten, nur ein Fruchtblatt und in einer Scheide vereinte Staubfäden.

Die Buche hat einen hohen, glatten Stamm und eine dichte Krone

Die Rotbuche *(Fagus sylvatica)* trägt winzige Blüten (Kätzchen) ohne Blütenblätter, die entweder männlich oder weiblich sind. Der zweikeimblättrige Baum gehört zur Familie der Buchengewächse *(Fagaceae).*

SCHWÄMME

Reich: *Animalia*
Stamm: *Porifera*

- ○ Körper weich, aber wegen des aus Kalknadeln oder Fasern bestehenden Stützskeletts nicht glatt
- ○ Körper auf einer Unterlage festsitzend, krustig, kugelförmig oder langgestreckt
- ○ Kanalsystem, durch das Wasser ein- und ausströmt

Schwämme sind fast unbewegliche pflanzenähnliche Organismen, doch da sie winzige Nahrungspartikel »fressen«, zählen sie zu den Tieren. Der Schwammkörper ist durchlöchert von kleinen Öffnungen, durch die Wasser eingesogen wird. Nach Entnahme der winzigen Nahrungsteilchen wird das Wasser durch eine oder mehrere größere Öffnungen wieder ausgeschieden. Die Schwämme sind größtenteils marin und von der unteren Strandzone bis zum Tiefwasser verbreitet. Etwa 10000 Arten.

Stücke des Brotkrumenschwamms werden oft von ihrer Unterlage abgerissen und auf den Strand gespült

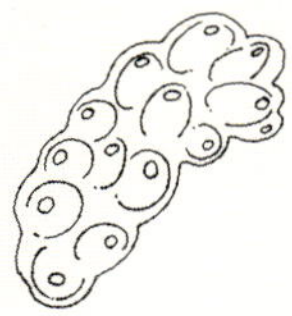

Der Brotkrumenschwamm *(Halichondria panicea)* hat einen Durchmesser von 20 cm und ist von zahlreichen kleinen kegelförmigen Erhebungen bedeckt, die wie Miniaturvulkane aussehen. Er bildet einen Krustenbelag auf Schalen und Gestein zwischen Flach- und Tiefwasser.

HOHLTIERE

Reich: *Animalia*
Stamm: *Coelenterata*

- ○ Einfache Tiere mit weichem, radialsymmetrischem (»rundem«) Körper
- ○ Nur eine Körperöffnung, umgeben von nesselnden Tentakeln
- ○ Körperwand aus zwei Zellschichten, zwischen denen eine gallertige Zwischenschicht liegt

Zu den Hohltieren gehören die Hydrozoen, die Blumentiere (Seeanemonen u.a.), die Korallen und Quallen. Sie durchlaufen zwei unterschiedliche Lebensphasen – als festsitzende zylindrische Polypen (Hydrastadium) und als freischwimmende glockenähnliche Formen (Medusastadium). Alle 10000 Arten leben im Wasser, die meisten im Meer.

Die Ohrenqualle besitzt vier rötlich durchscheinende hufeisenförmige Fortpflanzungsorgane (Gonaden)

Schirmquallen (Klasse *Scyphozoa*) sind durchweg freischwimmende, fast durchsichtige Tiere mit langen nesselnden Tentakeln, die vom glockenförmigen Körper herabhängen.

Die Seedahlie verwandelt sich bei Ebbe in einen Gallertklumpen

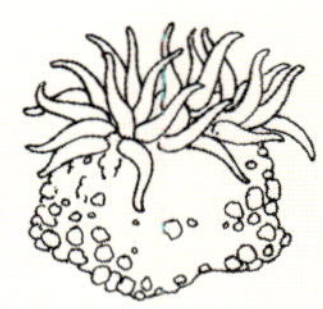

Blumen- und Korallentiere (Klasse *Anthozoa*) sind festsitzende, blumenähnliche Tiere. Die Blumentiere, zumal die Seeanemonen, erbeuten ihre Nahrung mit den Tentakeln, die mit starken Nesselzellen bewehrt sind. Die Korallentiere gleichen kleinen Seeanemonen, haben aber ein festes Kalkskelett. In den Tropen bauen sich aus ihren Überresten oft mächtige Riffe auf.

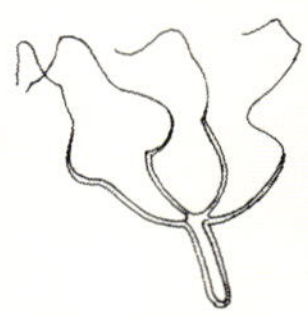

Die Süßwasser-Hydra wird größer als 1 cm

Hydrozoen (Klasse *Hydrozoa*) haben eine zylindrische Gestalt. Sie sind an einem Ende angewachsen und am anderen mit langen wedelnden Tentakeln ausgerüstet.

MOOSTIERCHEN

Reich: *Animalia*
Stamm: *Bryozoa*

- ○ Kleine tentakelbewehrte Tiere, die in Kolonien oder Stöcken zusammenleben
- ○ Jedes Einzeltier ist in eine Kapsel eingeschlossen oder in eine gallertige Masse eingebettet
- ○ Jedes Individuum besitzt eine eigene Mund- und Afteröffnung

Moostierchen oder Bryozoen sind kleine koloniebildende Tiere, die im Wasser leben. Die meisten Arten sind Meeresbewohner und bilden einen dünnen Belag auf Tangen, Schalen und Steinen. Rund 4000 Arten.

Eine Seerindenkolonie bildet einen weißlichen, mosaikartigen Krustenbelag auf Braunalgen

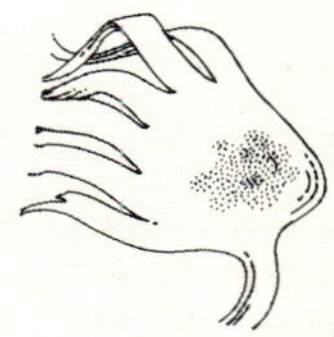

Die Seerinde *(Membranipora membranacea)* wächst als flache weißliche Kruste auf den Stielen und Thalli der Braunalgen (Tange). Die Einzeltiere sind ca. 1 mm lang und kästchenförmig und auf beiden Seiten mit einem stumpfen Dorn versehen. Sie leben zwischen der mittleren Gezeitenzone und dem Seichtwasser.

PLATTWÜRMER

Reich: *Animalia*
Stamm: *Platyhelminthes*

- ○ Kleiner, weicher, abgeplatteter Körper
- ○ Nicht segmentiert (wenn segmentiert, siehe Gliederwürmer, *rechts*)
- ○ Im Wasser oder in feuchten Lebensräumen

Die Plattwürmer unterscheiden sich von den meisten anderen Wurmtieren durch ihr flaches Körperprofil. Die meisten Arten sind klein und unansehnlich. Plattwürmer sind Hermaphroditen (Zwitter) und haben vielfach einen langen, komplexen Lebenszyklus. Rund 25000 Arten.

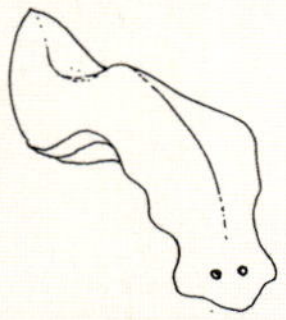
Freilebende Plattwürmer (Planarien) stellen kleinen Beutetieren auf dem Bachbett nach

Die freilebenden Plattwürmer (Klasse *Turbellaria*) sind zumeist marine Bodenbewohner, doch einige Süßwasserarten kommen auch in Teichen und Bächen vor. Sie tragen gewöhnlich mehrere Augenpaare am Kopf und in der Mitte der Bauchseite einen »Mund«, durch den ein Muskelschlauch, die Pharynx, zum Ergreifen kleiner Beutetiere vorgestülpt wird.

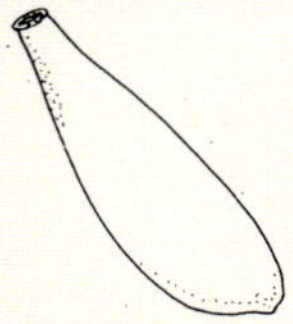
Der Große Leberegel benutzt eine Schlammschnecke als Zwischenwirt

Saugwürmer (Klasse *Trematoda*) sind blattähnliche, durchscheinende Geschöpfe, die an vielerlei Wirbeltieren schmarotzen, vor allem an Fischen. Zum Festhalten am Wirtstier besitzen sie Saugnäpfe am Mund und am Hinterende. Es kommt recht häufig vor, daß Saugwürmer, meist als Egel bezeichnet, zwei oder mehr Wirte heimsuchen.

Der Schweinebandwurm, der im menschlichen Darm lebt, kann über 3 m lang werden

Bandwürmer (Klasse *Cestoda*) sind Innenparasiten, die meist in den Eingeweiden ihres Wirts leben. Der winzige Kopf ist mit Häkchen und Saugnäpfen bewehrt, mit denen sich das Tier an der Darmwand festhält.

FADENWÜRMER UND RÄDERTIERCHEN

Reich: *Animalia*
Stamm: *Aschelminthes*

- ○ Klein, durchscheinend und entweder wurmähnlich (Fadenwürmer) oder rundlich und gedrungen (Rädertierchen)
- ○ Nicht segmentiert (wenn segmentiert, siehe Gliederwürmer, *rechts*)
- ○ Schlängelnde Fortbewegung (Fadenwürmer) oder Spannkriechen nach Egelart (Rädertierchen)

Fadenwürmer (Nematoden) gehören zu den häufigsten Organismen der Erde; in fruchtbarem Boden können auf einen Quadratmeter 100 Millionen Exemplare kommen. Die meisten sind winzig und nur unter dem Mikroskop sichtbar. Sowohl freilebende als auch parasitische Formen sind allgemein verbreitet; zu den letzteren zählen die Madenwürmer, die bei Kindern häufig auftreten, und die Trichinen der Schweine. Ungefähr 20000 Arten.

Die Rädertierchen sind ebenfalls winzig und unwahrscheinlich zahlreich. Ihren Namen verdanken sie dem Räderorgan, einem Wimpernkranz aus winzigen Härchen am Vorderende. Rund 1500 Arten.

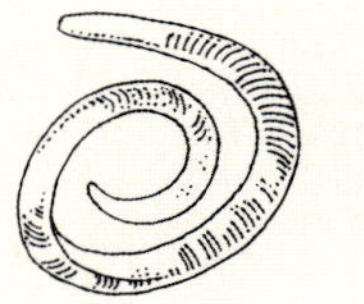
Der Bodenfadenwurm *Rhabditis* ist ein Parasit, der im Körper von Regenwürmern lebt

Der Schweinehakenwurm, bis zu 30 cm lang, schmarotzt im Schweinedarm
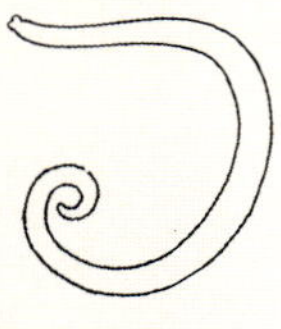

Die Rädertierchen sind rundliche, fast durchscheinende Tierchen, die selten länger als 1 mm werden

GLIEDERWÜRMER

Reich: *Animalia*
Stamm: *Annelida*

- ○ Runder wurmartiger oder egelförmiger Körper
- ○ Körper unterteilt in zahlreiche ähnlich aussehende Segmente
- ○ Borsten (Chaetae) an den Körperseiten, außer bei den Egeln, die vorne und hinten Saugnäpfe besitzen (wenn Körper abgeplattet und ohne Segmente oder Borsten, siehe Plattwürmer, *links;* wenn klein und durchsichtig und ohne Segmente oder Borsten, siehe Fadenwürmer und Rädertierchen, *links*)

Die Gliederwürmer oder Echten Würmer bewohnen die unterschiedlichsten Lebensräume; aber ein allen gemeinsames Merkmal ist die Segmentierung. Meist weisen Kopf- und Schwanzsegmente eine abweichende Struktur auf, äußerlich unterscheiden sie sich kaum von den anderen. Ca. 14000 Arten.

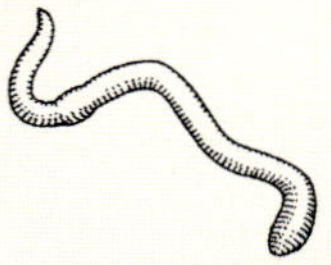
Der Regenwurm ernährt sich von organischen Abfallstoffen im Boden

Die Wenigborster (Klasse *Oligochaeta*) haben Wurmgestalt und sehr kleine Borsten. Sie sind Hermaphroditen (Zwitter) und bewegen sich durch Strecken und Verkürzen des Körpers fort.

Der Seeringelwurm wird 20 cm lang und kann mit seinen kräftigen Mundwerkzeugen empfindlich zwicken
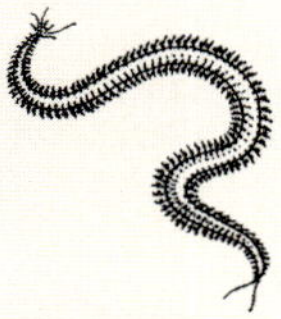

Die Vielborster oder Borstenwürmer (Klasse *Polychaeta*)wie etwa die Seeringel- und Ruderwürmer besitzen lange Borsten, die vielfach auf paddelähnlichen seitlichen Körperfortsätzen sitzen. Sie bewegen sich schlängelnd und mit Hilfe der wedelnden Borsten fort.

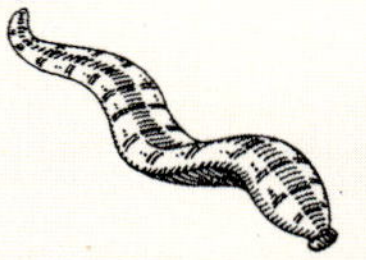
Der etwa 10 cm lange Medizinische Blutegel ernährt sich von Säugetierblut

Egel (Klasse *Hirudinea*) sind flach und haben keine Borsten. Sie bewegen sich entweder durch vertikale wellenförmigen Körperwindungen oder nach Art der Spannerraupen fort, wobei sie die Haftscheiben unter dem Kopf und am Schwanz benutzen.

GLIEDERFÜSSER

Reich: *Animalia*
Stamm: *Arthropoda*

Die Gliederfüßer oder Arthropoden unterscheiden sich von den übrigen Wirbellosen oder Invertebraten durch ihre gegliederten Körperfortsätze, die durch Gelenke miteinander verbunden sind. Alle Gliederfüßer besitzen außerdem ein festes Außenskelett – aber natürlich keine Wirbelsäule.

Der Stamm *Arthropoda* ist der artenreichste der Welt. Die Zahl der Arten wird auf mehr als anderthalb Millionen geschätzt. Die Spannweite des Stammes reicht von den winzigen Springschwänzen, die im Boden umherkrabbeln, bis zu den Riesenkrabben, deren Beine einen Meter lang sind. Der Stamm wird in fünf Klassen unterteilt: Insekten (die artenreichste Tierklasse überhaupt), Krebstiere oder Krustazeen, Tausendfüßer, Hundertfüßer und Spinnentiere.

TAUSENDFÜSSER

Reich: *Animalia*
Stamm: *Arthropoda*
Klasse: *Diplopoda*

- Langgestreckter zylindrischer und segmentierter Körper
- Zwei Gliederbeinpaare pro Segment (wenn ein Beinpaar pro Segment, siehe Hundertfüßer, *rechts*)
- Kurze Antennen auf dem Kopf, oft abgewinkelt (wenn Antennen lang, siehe Hundertfüßer, *rechts*)

Tausendfüßer besiedeln zumeist feuchte Lebensräume und wühlen sich in die Oberflächenschicht des Bodens oder in Laubstreu ein, wo sie sich von verwesenden Pflanzenstoffen ernähren. Sie sind langsam und besitzen zahlreiche »Stinkdrüsen«, die eine widerliche Substanz absondern. Manche Tausendfüßer sind gedrungen und können sich zu einer Kugel zusammenrollen, ähnlich wie die Asseln. Ungefähr 7000 Arten.

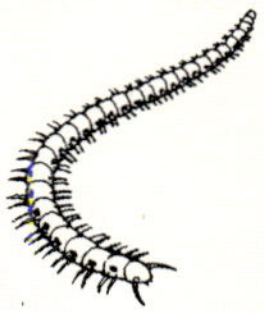

Dieser Schnurfüßer verfügt über »Stinkdrüsen«, die als orangerote Tupfen an den einzelnen Körperringen zu erkennen sind

HUNDERTFÜSSER

Reich: *Animalia*
Stamm: *Arthropoda*
Klasse: *Chilopoda*

- Langgestreckter abgeflachter und segmentierter Körper
- Ein Gliederbeinpaar pro Segment (wenn zwei Beinpaare pro Segment, siehe Tausendfüßer, *links*)
- Kopf mit langen Antennen (wenn Antennen kurz, siehe Tausendfüßer, *links*)

Die meisten Hundertfüßer sind flinke Jäger, die anderen kleinen Wirbellosen nachstellen. Sie werden hauptsächlich am Abend munter, und zwar in feuchten Lebensräumen, etwa im Fallaub oder in anderer verwesender Vegetation. Am Kopfende sitzt ein Paar Giftklauen. Rund 1500 Arten.

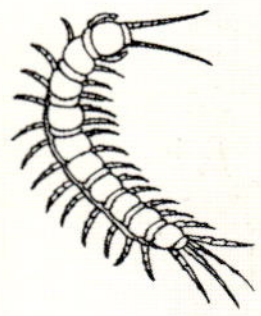

Der Steinläufer haust unter Steinen und Blumentöpfen und kommt abends hervor, um Jagd auf Würmer zu machen

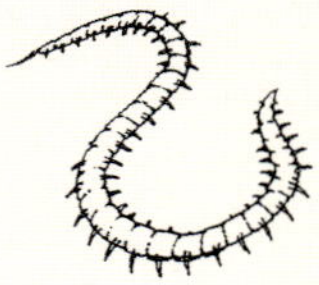

Der Erdläufer ist lang und wurmartig und bewegt sich für einen Hundertfüßer ziemlich langsam

INSEKTEN

Reich: *Animalia*
Stamm: *Arthropoda*
Klasse: *Insecta*

- ○ Drei gegliederte Beinpaare bei den Vollinsekten (wenn vier Beinpaare, siehe Spinnentiere, *rechts;* wenn fünf Paare, siehe Krebstiere, *S. 300*)
- ○ Hartes Außenskelett
- ○ Drei Körperabschnitte
- ○ Ein oder zwei Flügelpaare

Die Insekten stellen die weitaus artenreichste Tierklasse dar. Sie haben fast alle erdenklichen Lebensräume erobert und besiedelt: Land, Luft, Süßwasser, Untergrund und vereinzelt sogar das Meer. Ihre Größe schwankt zwischen den mikroskopisch kleinen Springschwänzen und den 15 Zentimeter langen Goliathkäfern. Etwa eine Million Arten.

Springschwanz

Springschwänze (Ordnung *Collembola*) sind winzige blasse und ungeflügelte Insekten, die im Boden und Fallaub leben. Sie springen mit Hilfe einer »Sprunggabel« am Hinterleib.

Silberfischchen

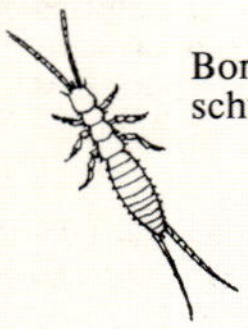

Borstenschwanz

Silberfischchen, Ofenfischchen und Borstenschwänze (Ordnung *Thysanura*) sind klein und flügellos und besitzen einen aus zwei oder drei Borsten bestehenden Schwanz. Die drei Körperabschnitte sind oft schwer zu erkennen.

Eintagsfliege

Eintagsfliegen (Ordnung *Ephemeroptera*) leben als Vollinsekten nur ein paar Tage, doch die Larven überdauern manchmal jahrelang im Wasser. Die Fliegen sehen wie kleine, zarte Libellen aus; sie ruhen, wie Schmetterlinge, mit auf dem Rücken zusammengelegten Flügeln. Die Vorderflügel sind größer als die Hinterflügel, und am Körperende sitzen lange Fortsätze.

Großlibelle

Kleinlibelle

Die Libellen (Ordnung *Odonata*) besitzen zwei mehr oder weniger gleiche geäderte Flügelpaare, einen langgestreckten, schlanken Leib und ein hervorragendes Flugvermögen. Sie sind gefräßige Räuber, genauso wie ihre wasserlebenden Larven. Die Kleinlibellen klappen wie die Eintagsfliegen ihre Flügel im Ruhezustand über dem Rücken zusammen, die Großlibellen spreizen sie seitlich ab.

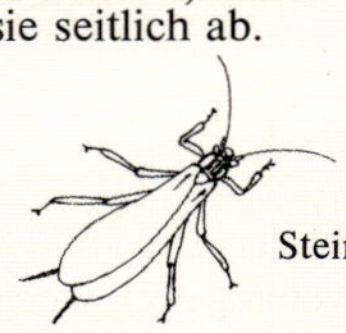

Steinfliege

Die Steinfliegen (Ordnung *Plecoptera*) leben als Larven im Wasser; adult ähneln sie Eintagsfliegen, spreizen in Ruhe aber ihre Flügel seitwärts und haben kürzere Schwanzfortsätze.

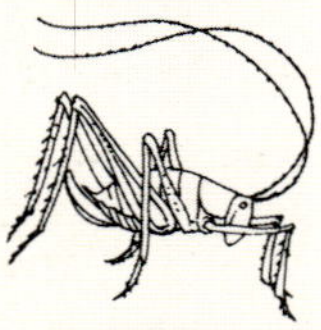

Grille

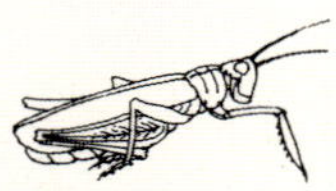

Grashüpfer

Die Schrecken (Ordnung *Orthoptera*) sind relativ große Insekten, die sich von Pflanzen ernähren und mit ihren kräftigen Hinterbeinen große Sprünge machen können. Grashüpfer haben kurze, Grillen lange wedelnde Fühler.

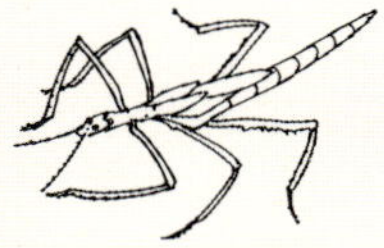

Stabschrecke

Gespenstschrecken (Ordnung *Phasmida*) haben einen langen zweigähnlichen Körper, und ihre Flügel gleichen manchmal Blättern (Wandelndes Blatt).

Ohrwurm

Ohrwürmer (Ordnung *Dermaptera*) ähneln schlanken Käfern mit zangenförmigen Schwanzfortsätzen; das vordere Flügelpaar ist zum Schutz des hinteren zu einem festen Deckel verhärtet.

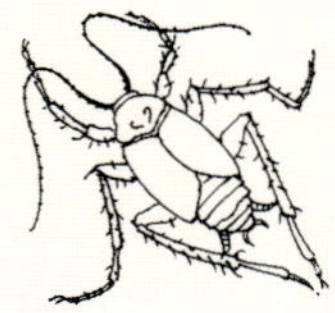

Schabe

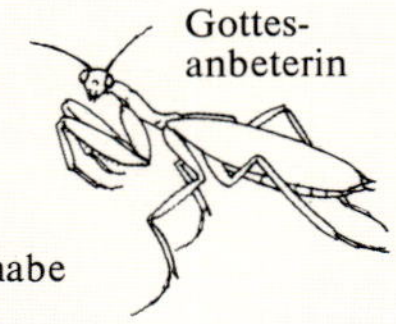

Gottesanbeterin

Schaben und Fangschrecken (Ordnung *Dictyoptera*) sind verhältnismäßig primitive Insekten. Schaben sehen wie Käfer mit langen Antennen und langen Stachelbeinen aus. Fangschrecken falten ihre vorderen Greifbeine zusammen – daher der Name Gottesanbeterin.

Termite

Termiten (Ordnung *Isoptera*) sind kleine und häufig augen- und flügellose ameisenähnliche Tiere. Sie bilden große Kolonien, in denen eine Königin allein für den Nachwuchs sorgt.

Kieferlaus

Kieferläuse (Ordnung *Mallophaga*) schmarotzen an Vögeln und manchen Säugetieren. Sie sind klein und ungeflügelt und besitzen zum Anklammern krallenartige Beine.

Echte Laus

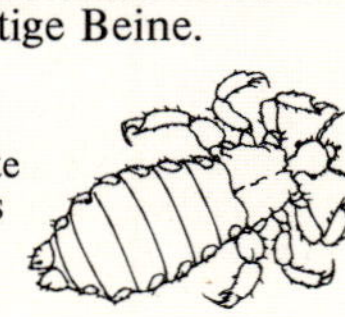

Die Echten Läuse (Ordnung *Anoplura*) ähneln den Kieferläusen, haben aber röhrenförmige Mundwerkzeuge zum Aufsaugen von Körperflüssigkeiten.

Blattlaus

Zikade

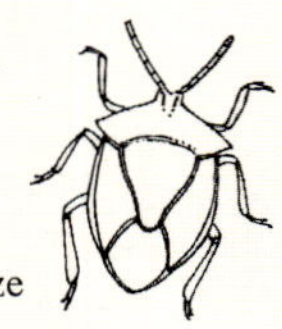

Schildwanze

Die Schnabelkerfe (Ordnung *Hemiptera*) umfassen die Landwanzen, Schwimmwanzen, Blattläuse, Schildläuse, Blattflöhe und Zikaden, deren schnabelähnliche Mundwerkzeuge zum Aufbeißen und Aussaugen von Pflanzen und kleinen Tieren bestimmt sind.

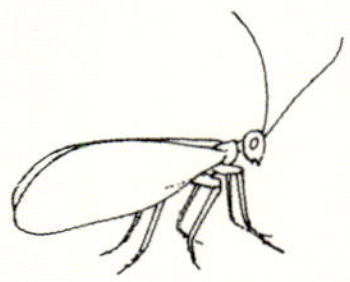
Florfliege

Netzflügler (Ordnung *Neuroptera*), zu denen unter anderem die Florfliegen, Hafte und Ameisenjungfern zählen, haben einen schlanken Körper und zwei gazeartige Flügelpaare. Sie sind Fleischfresser.

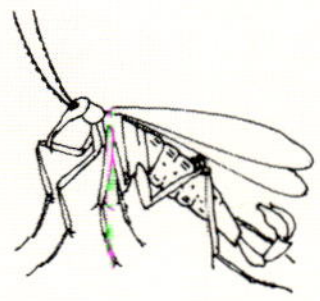
Skorpionsfliege

Schnabel- oder Skorpionsfliege (Ordnung *Mecoptera*) ähneln den Florfliegen, aber ihre Flügel sind schmaler und länger, und ihr Körperende ist wie ein Skorpionsstachel nach oben gebogen. Die schnabelartigen Mundwerkzeuge werden zum Beißen und Kauen benutzt.

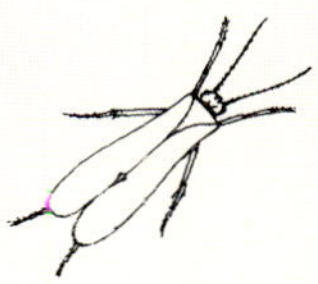
Köcherfliege

Die Köcherfliegen (Ordnung *Trichoptera*) haben Larven, die sich aus Sand oder Pflanzenresten eine schützende Wohnröhre bauen. Die Vollinsekten sehen wie eine Kreuzung aus Motte und Fliege aus; sie besitzen behaarte Flügel und keine Mundwerkzeuge, können also keine Nahrung aufnehmen.

Schmeißfliege
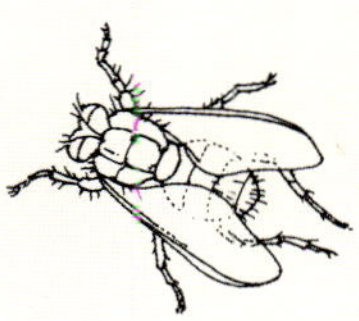

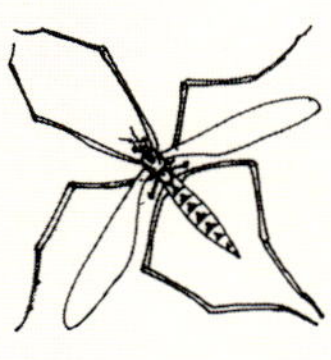
Stelzenschnake

Die Zweiflügler (Ordnung *Diptera*) umfassen die Stubenfliegen, Schnaken, Stechmücken, Bremsen und Schmeißfliegen. Die Larven sind beinlose Maden, und die fertigen Insekten besitzen nur ein Flügelpaar.

Floh

Flöhe (Ordnung *Siphonaptera*) sind kleine ungeflügelte Schmarotzer mit großen hinteren Sprungbeinen und röhrenförmigen saugenden Mundwerkzeugen zum Bluttrinken.

Käfer

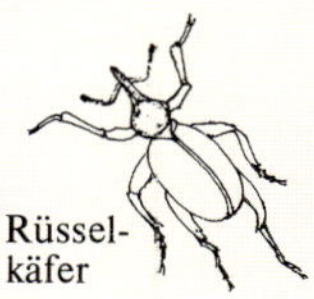
Rüsselkäfer

Käfer (Ordnung *Coleoptera*) haben die Vorderflügel zum Schutz des Hinterflügelpaars in harte Flügeldecken umgewandelt. Die Rüsselkäfer besitzen einen rüsselförmig verlängerten Kopf.

Tagfalter
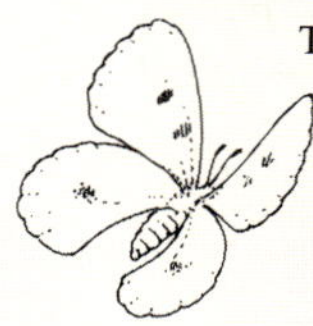

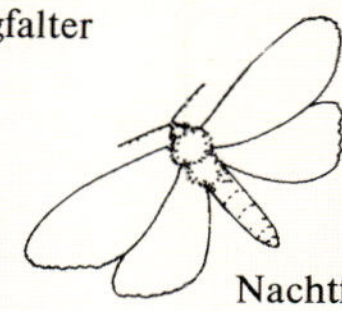
Nachtfalter

Die Schmetterlinge (Ordnung *Lepidoptera*) haben zwei große und vielfach farbenprächtige Flügelpaare. Ihre Larven bezeichnet man als Raupen, die Puppen manchmal als Chrysaliden. Es gibt rund dreißigmal so viele Nacht- wie Tagfalterarten.

Wespe

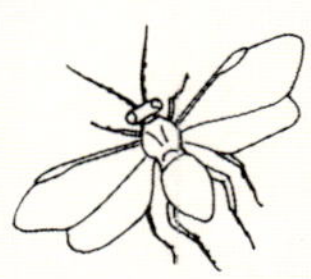
Sägewespe

Schlupfwespe

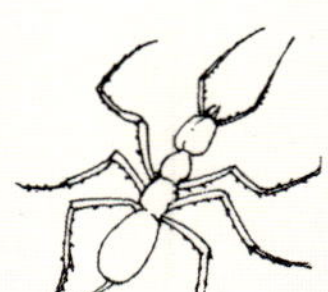
Ameise

Die Hautflügler (Ordnung *Hymenoptera*), also Wespen, Bienen und Ameisen, besitzen zwei durchsichtige häutige Flügelpaare (ausgenommen die Arbeitsameisen, die ungeflügelt sind). Viele Arten sind gesellig und leben in Kolonien.

SPINNENTIERE

Reich: *Animalia*
Stamm: *Arthropoda*
Klasse: *Arachnida*

- ○ Vier Laufbeinpaare (wenn drei Paare, siehe Insekten, *links*)
- ○ Körper normalerweise zweigeteilt
- ○ Festes Außenskelett
- ○ Kiefer sind zu Greifklauen umgebildet

Die meisten Vertreter dieser großen und vielgestaltigen Gliederfüßerklasse sind landbewohnende Jäger. Zu den Arachniden rechnen wir neben den eigentlichen Spinnen die Skorpione, die Skorpionspinnen, die Milben, die Schwertschwänze u.a. Fast 100000 Arten.

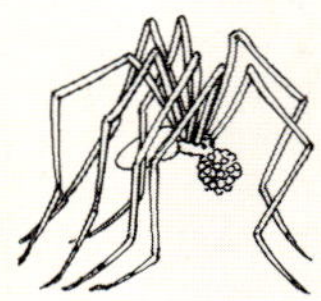
Die Zitterspinne *(Pholcus)* versetzt bei einer Beunruhigung ihr Netz in so schnelle Schwingungen, daß sie fast unsichtbar wird

Spinnen (Ordnung *Araneae*) stellen wirbellosen Tieren nach. Eine typische Spinne hat einen deutlich vom Rumpf abgesetzten Kopf, 8 Augen und kräftige Kieferfühler.

Der allbekannte Gemeine Weberknecht ist nicht so ausgesprochen nachtaktiv wie die meisten seiner Verwandten
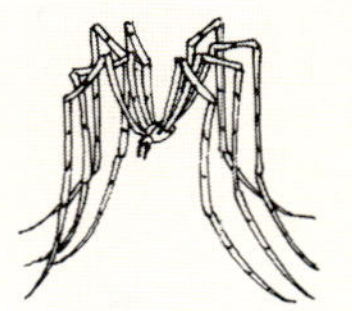

Weberknechte oder Kanker (Ordnung *Opiliones*) besitzen einen kaum gegliederten Körper, sehr lange dünne Beine und ein einziges Augenpaar.

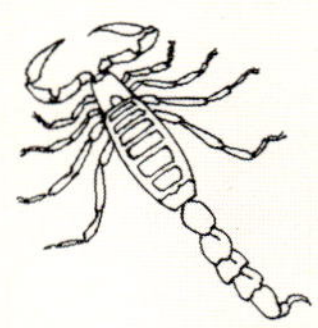
Die meisten Skorpione sind Bodenbewohner, die sich tagsüber in dunklen Winkeln verbergen

Skorpione (Ordnung *Scorpiones*) sind Spinnentiere mit hummerähnlichen Scheren und biegsamem Hinterleib.

Die Erntemilbe führt ihre messerförmigen Mundwerkzeuge in dünne Haut ein und verursacht dadurch eine heftige Reizung
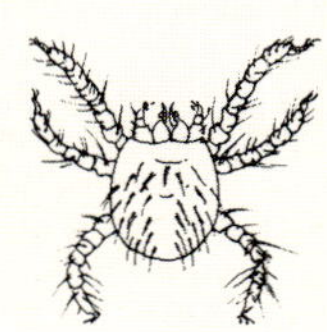

Milben und Zecken (Ordnung *Acarina*) besitzen einen kleinen kugeligen Körper mit vorstehender Kopfpartie.

KREBSTIERE

Reich: *Animalia*
Stamm: *Arthropoda*
Klasse: *Crustacea*

- ○ Festes Außenskelett, entweder durch Gelenke verbundene Platten oder großer Panzer
- ○ Mehrere, vielfach fünf gegliederte Beinpaare (wenn vier Beinpaare, siehe Spinnentiere, *S. 299;* wenn drei Paare, siehe Insekten, *S. 298*)
- ○ Zwei Paar Antennen (Tastorgane) oder ähnliche Fortsätze am Kopf
- ○ Körper geteilt in Kopf, Brust (Thorax) und Hinterleib (Abdomen); diese Körperabschnitte sind allerdings oft nur schwer zu erkennen

Die Krebstiere sind eine artenreiche und sehr variable Tiergruppe. Fast alle leben im Meer (Krabben, Garnelen und Rankenfüßer), einige im Süßwasser (Flußkrebse und Wasserflöhe) und manche auf dem festen Land (Asseln und Palmendiebe). Besonders zahlreich sind sie in den Ozeanen vertreten, wo sie als Bestandteil des Planktons für andere Tiere eine wichtige Nahrungsquelle sind. Die Klassifizierung der Krebstiere ist sehr kompliziert, zumal da es viele winzige oder fast mikroskopisch kleine Arten gibt, die nach äußeren Merkmalen zusammengestellt werden. Rund 25000 Arten.

Der Wasserfloh schwimmt umher, indem er mit seinen Antennen rudert

Wasserflöhe und Verwandte (Ordnungen *Branchiopoda* und *Ostracoda*) haben einen in eine zweiteilige Schale eingeschlossenen Körper und bewegen sich mit ihren langen Antennen schwimmend fort. Die Ruderfußkrebse (Ordnung *Copepoda*) sind ebenfalls kleine Schwimmkrebse, die wie eine Kreuzung aus Assel und Hummer aussehen. Die Ruderfüßer stellen einen großen Teil des Meeresplanktons und gehören zu den häufigsten Tieren der Erde.

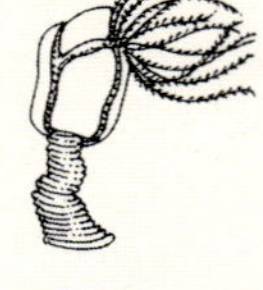

Die Entenmuschel steckt in einer zweiklappigen Schale und verankert sich mit ihrem fleischigen runzligen Stiel

Rankenfüßer (Ordnung *Cirripedia*) sind durch Kalkplatten geschützt und strudeln mit ihren 6 Rankenfußpaaren Nahrung in die Mundöffnung. Sie sind zumeist festsitzende Lebewesen; einige, etwa die Seepocken, sind mit den Platten an die Felsunterlage »geschmiedet«.

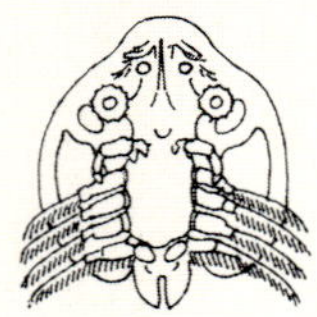

Die Karpfenlaus kann von einem Wirtstier zum anderen schwimmen

Fischläuse (Ordnung *Branchiura*) sind durchscheinende Krebstiere mit Saugnäpfen, Haken und Haftklauen zum Festklammern an ihren Fischwirten.

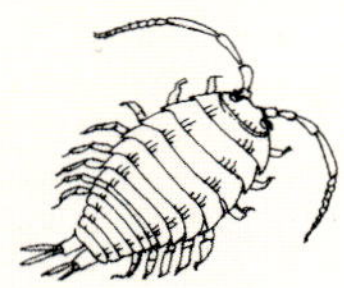

Die Strandassel lebt in der oberen Gezeitenzone von organischen Abfällen

Die Asseln (Ordnung *Isopoda*) sind flach und haben einen segmentierten Panzer und sieben fast gleiche Beinpaare. Die Landasseln zählen zu den wenigen Krebstieren, die das feste Land erobert haben.

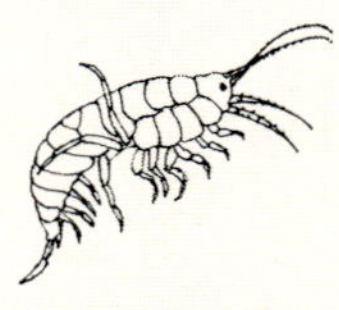

Der Bachflohkrebs *Gammarus* schwimmt auf der Seite, und oft sitzt das kleinere Weibchen auf dem Rücken des Männchens

Die Flohkrebse (Ordnung *Amphipoda*) sind seitlich stark abgeplattet und sehr beweglich. Sie ernähren sich von verwesenden organischen Abfällen.

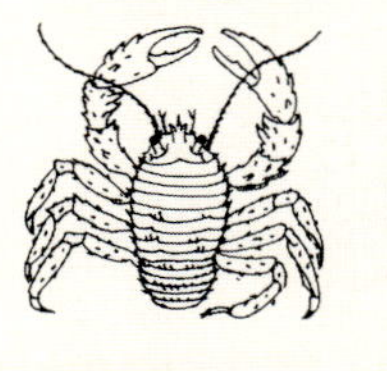

Der Furchenkrebs *Galathea* wird etwa 8 cm lang und verteidigt sich mit seinen kräftigen Scheren

Die Zehnfußkrebse (Ordnung *Decapoda*), zu denen die Krabben, Garnelen, Langusten und Hummer gehören, sind die größten Krebstiere. Sie haben fünf Gliedmaßenpaare, von denen das vorderste zu Scheren umgewandelt ist.

WEICHTIERE

Reich: *Animalia*
Stamm: *Mollusca*

- ○ Der Körper besteht aus einer unsegmentierten weichen Gewebemasse
- ○ Ein Teil des Weichkörpers, der sogenannte Mantel, scheidet in der Regel Kalkstoff für die Schale ab, die im Körper oder außen sitzt.
- ○ Der Körper umfaßt den Kopf, den muskulösen Fuß und den Eingeweidesack.

Die Weichtiere oder Mollusken sind nach den Insekten die größte Tiergruppe. Es sind zumeist Wasserbewohner, und sehr viele Arten leben im Meer; die allgemein bekannten landlebenden Nackt- und Gehäuseschnecken machen nur einen geringen Teil des gesamten Artenreichtums aus. Die Weichtiere unterscheiden sich von anderen ähnlichen Wirbellosen durch das Fehlen gegliederter Körperfortsätze. Der sehr variable Weichtierstamm umfaßt sowohl winzige Schnecken mit einem halbmillimetergroßen Haus als auch Riesenkalmare, die einen sechs Meter langen Körper und doppelt so lange Fangarme besitzen. Rund 100000 Arten.

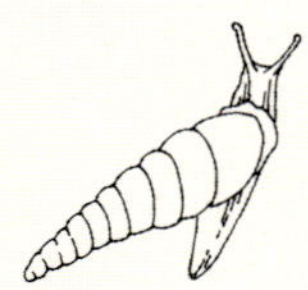

Bei dieser Gehäuseschnecke sitzen die Augen an der Spitze des längeren Fühlerpaars

Die Schnecken (Klasse *Gastropoda*) bilden eine riesige Weichtiergruppe, die nahezu alle Lebensräume besiedelt hat. Die meisten Arten besitzen eine einteilige Schale, die gewunden (wie bei der Bänderschnecke), napfförmig (wie bei den Napfschnecken) oder sehr klein oder überhaupt nicht vorhanden sind (wie bei den Nacktschnecken). Neben den vertrauten Gartenschnecken umfassen die Gastropoden Süßwasserschnekken und Meeresschnecken, wie etwa die Wellhörner, die Strandschnecken und die Nacktkiemer. Der Name Gastropoda (»Bauchfüßer«) rührt daher, daß die Schnecken auf ihrem Bauch zu gehen scheinen.

STACHELHÄUTER

Reich: *Animalia*
Stamm: *Echinodermata*

Die Herzmuschel filtert Nahrung aus dem Wasser, das durch Siphone eingesaugt und ausgestoßen wird

Muscheln (Klasse *Bivalvia*) sind zweischalige Weichtiere. Allgemein bekannte Vertreter sind die Miesmuscheln, Herzmuscheln, Austern, Jakobsmuscheln und Scheidenmuscheln. Die beiden Schalenklappen sind fast immer ungefähr gleich groß. Muscheln sind meistenteils Filtrierer, die sich in Sand oder Schlamm (oder sogar in Holz oder Gestein) eingraben, oder sie verankern sich mit Byssusfäden.

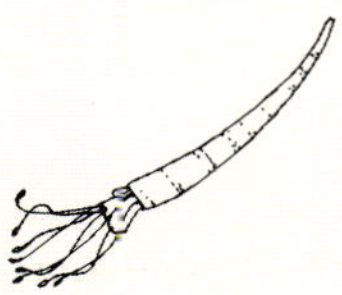

Die Zahnschnecke fängt mit ihren empfindlichen Tentakeln winzige Meeresorganismen

Die Zahnschnecken oder Grabfüßer (Klasse *Scaphopoda*) tragen ein einteiliges Gehäuse in Form einer sich verjüngenden Röhre, die einem Elefantenstoßzahn ähnelt und an beiden Enden offen ist. Sie leben im Meer, wühlen sich in den Sand ein und werden bis zu 13 cm lang.

Die Käferschnecke gleitet langsam über die Küstenfelsen und raspelt dabei Algen ab

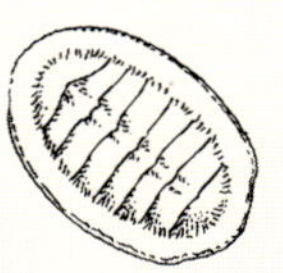

Käferschnecken (Klasse *Amphineura*) sind kleine, abgeplattete Weichtiere, die fast wie Asseln aussehen. Sie klammern sich fest an die Felsflächen der Gezeitenzone an. Die Schale besteht aus acht miteinander verbundenen Plättchen, und das Tier hat einen breiten muskulösen Fuß.

Der Gemeine Krake stellt Fischen, Schalentieren und Krustazeen nach

Die Kopffüßer (Klasse *Cephalopoda*) sind große, hochentwickelte Weichtiere, die ausschließlich im Meer leben. Sie besitzen ein großes, komplexes Gehirn, gute Augen und lange Fangarme, die den Mund umgeben. Die Tintenfische und Kalmare haben eine kleine Innenschale (Rückenschulp), die den Kraken fehlt.

- ○ Radialsymmetrische (»runde«) Gestalt mit meist fünfstrahligen Armen oder Körperabschnitten
- ○ Festes Skelett aus knochenartigen Platten
- ○ Fortbewegung mit Hilfe von winzigen Saugfüßchen

Die Stachelhäuter, zu denen die allbekannten Seesterne und Seeigel gehören, bilden eine unverwechselbare Tiergruppe mit langer stammesgeschichtlicher Vergangenheit. Sie bewohnen den Strand oder den Meeresboden und können mit ihren hydraulisch arbeitenden Saugfüßchen umherkriechen. Die meisten Stachelhäuter sind imstande, abgebrochene Arme zu regenerieren. Rund 6000 Arten.

Manche Seesterne, wie etwa der Sonnenstern, haben mehr als fünf Arme

Die Seesterne (Klasse *Asteroidea*) besitzen in der Regel einen fünfarmigen Körper. Ihre Röhrenfüßchen sind mit Saugnäpfen besetzt, die reihum zum Aufsprengen von Miesmuscheln, Austern und anderen Muscheln verwendet werden. Bei den sogenannten Kissensternen sind die Arme kaum ausgeprägt, so daß der Körper vielfach fast die Form eines Fünfecks hat.

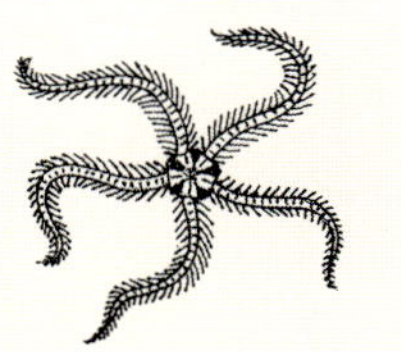

Der Zerbrechliche Schlangenstern erbeutet mit seinen langen beweglichen Armen kleine Würmer

Schlangensterne (Klasse *Ophiuroidea*) besitzen eine kleine Körperscheibe und lange flexible Arme, die leicht abbrechen. Die Tiere bewohnen tiefere Küstengewässer, oft in großer Zahl.

Beim Eßbaren Seeigel ragen die langen Schlauchfüßchen über die Stacheln hinaus

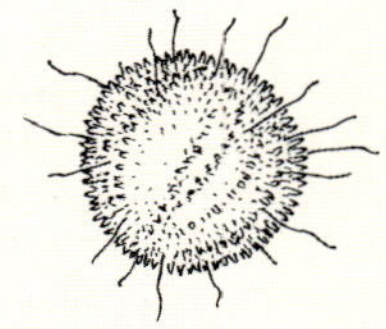

Seeigel (Klasse *Echinoidea*) haben einen rundlichen Körper, bei dem der Mund an der Unterseite sitzt. Das kugelige Kalkskelett hat lange Stacheln und Löcher, durch welche die Schlauchfüßchen gesteckt werden. Die Stacheln können durch Muskeln geneigt werden und dienen zusammen mit den Schlauchfüßen der Fortbewegung. Bei manchen Arten sind die Stachelenden giftig.

Die Seegurke stößt bei einer Belästigung am Hinterende eine Masse klebriger weißer Fäden aus

Die Seewalzen (Klasse *Holothuroidea*) tragen ihren Namen zu Recht. Sie haben einen weichen zylindrischen Körper, ein kleines Innenskelett und meist fünf Reihen Schlauchfüßchen, mit deren Hilfe sie sich fortbewegen. Mit den rund 20 verzweigten Tentakeln werden organische Futterpartikel in die Mundöffnung gestrudelt.

Der Federstern bewegt sich mit seinen langen Armen über den Meeresgrund

Die Haarsterne (Klasse *Crinoidea*) besitzen lange, feinbefiederte Arme und sind nur in der Jugend oder dauernd gestielt und festsitzend. Im Unterschied zu anderen Stachelhäutern sitzt bei ihnen der Mund an der Oberseite.

CHORDATIERE

Reich: *Animalia*
Stamm: *Chordata*

Es besteht kein abrupter Übergang von dem Riesenheer der »niedrigen« Tiere, allgemein zusammengefaßt unter dem Oberbegriff Wirbellose oder Invertebraten (Tiere ohne Rückgrat), zu den uns vertrauteren »höheren« Tieren. Es gibt jedenfalls kein Lebewesen mit einem halben Rückgrat. Doch wir kennen Tiere, die eine sogenannte Rückensaite (Notochord) besitzen – einen zähen, aber flexiblen knorpelähnlichen Strang, der den Rücken längs durchzieht und dem Tier ebenso Halt verleiht wie die Wirbelsäule. Der entscheidende Punkt ist, daß die Wirbeltiere in einem sehr frühen Entwicklungsstadium, vor dem Erscheinen der Wirbelsäule, eine Notochord-Phase durchmachen. Deshalb meinen die Biologen, die Wirbelsäule sei aus der Rückensaite entstanden, und so stellen die Taxonomen die Tiere mit Rückensaite zu jenen, die eine Wirbelsäule haben, und nicht zu den Wirbellosen. Diese Gruppe trägt nun den Namen *Chordata* oder Chordatiere und hat die ältere Gruppierung *Vertebrata* oder Wirbeltiere überlagert. Nach heutiger Auffassung gibt es also mehrere Wirbellosenstämme – Würmer, Weichtiere, Gliederfüßer usw. –, aber nur einen einzigen Chordatenstamm, der sowohl die Tiere mit einer Wirbelsäule (Fische, Amphibien, Reptilien, Vögel und Säugetiere) als auch die Tiere mit einer Rückensaite umfaßt, etwa die Larven der Seescheiden und das Lanzettfischchen.

KIEFERLOSE FISCHE

Reich: *Animalia*
Stamm: *Chordata*
Klasse: *Agnatha*

- ○ Schlanker, fischähnlicher Körper
- ○ Kein Kiefer; die Mundöffnung ist ein mit vielen Zähnchen bewehrtes Saugorgan (wenn Kiefer vorhanden, siehe Knorpel- oder Knochenfische, *rechts*)
- ○ Keine paarigen Flossen

Die kleine Gruppe der primitiven Kieferlosen lebt durchweg als Schmarotzer an anderen Fischen oder als Detritusfresser auf dem Boden. Bekannteste Vertreter sind die Neunaugen und Inger. Die Flossen und Sinnesorgane dieser Fische sind schwach entwickelt, und sie schwimmen mit schwerfälligen Schlagbewegungen. Rund 60 Arten.

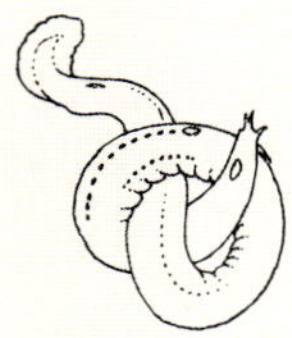

Der nordatlantische Inger oder Schleimaal lebt im Flachwasser und ernährt sich von anderen Fischen, die er mit Schleim umhüllt

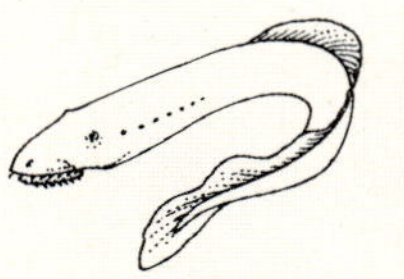

Das aalähnliche Neunauge, auch Lemprete genannt, hat kleine Augen und einen großen ovalen Saugmund, mit dem es sich an seinen Wirt anklammert

KNORPELFISCHE

Reich: *Animalia*
Stamm: *Chordata*
Klasse: *Chondrichthyes*

- ○ Fische, deren Innenskelett aus Knorpelsubstanz und nicht aus Knochen besteht (wenn knochig, siehe Knochenfische, *rechts*)
- ○ Haut rauh und mit gezähnten Schuppen bedeckt (wenn Schuppen flach, siehe Knochenfische, *rechts*)
- ○ Keine Kiemendeckel, deshalb Kiemenspalten deutlich sichtbar
- ○ Asymmetrische Schwanzflosse

Die Knorpelfische, die Haie, Rochen und Seedrachen, sind überwiegend Raubfische mit sandpapierrauher Haut. Da ihnen die Schwimmblase fehlt, sind sie ständig in Bewegung oder ruhen auf dem Meeresboden. Alle leben im Meer. Ihre leeren Eikapseln werden häufig am Strand angespült. Rund 600 Arten.

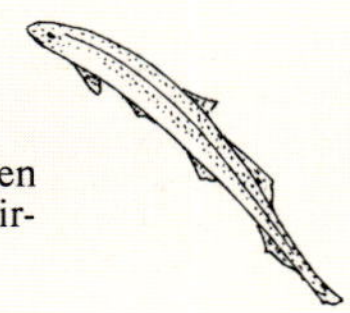

Der Kleingefleckte Katzenhai lebt von Weichtieren und anderen bodenbewohnenden Wirbellosen

Bei den Rochen sind die Brustflossen zu rautenförmigen »Flügeln« umgebildet, die in den abgeflachten Körper übergehen

KNOCHENFISCHE

Reich: *Animalia*
Stamm: *Chordata*
Klasse: *Osteichthyes*

- Fische mit Knochenskelett (wenn Skelett knorpelig, siehe Knorpelfische, *links*)
- Körper mit Knochenplatten oder Schuppen bedeckt (wenn Schuppen rauh und gezähnt, siehe Knorpelfische, *links*)
- Kiemen mit einem Hautlappen, dem Kiemendeckel, bedeckt.
- Schwanzflosse in der Regel symmetrisch

Die allermeisten rezenten Fischarten gehören dieser Gruppe an. Sie leben sowohl im Süßwasser als auch im Meer, und einzelne Arten – die Schlammspringer – können sich sogar eine Zeitlang außerhalb des Wassers aufhalten. Die Knochenfische besitzen eine Schwimmblase und kommen in allen Größen und Formen vor, vom schlangenähnlichen Aal bis zum großen scheibenförmigen Mondfisch. Mehr als 20000 Arten.

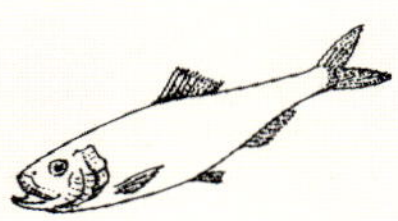

Die Heringe schließen sich im offenen Meer zu großen Schwärmen zusammen, die im Winter in die Küstengewässer ziehen

Der schlanke Aal besitzt ungewöhnlich lange Flossensäume an der Ober- und Unterseite

Der Brassen ist ein kräftiger hochgebauter Fisch mit kleinen Flossen

AMPHIBIEN

Reich: *Animalia*
Stamm: *Chordata*
Klasse: *Amphibia*

- Weiche unbeschuppte Haut
- Aus den gallertigen Eiern schlüpfen wasserlebende Larven, die sogenannten Kaulquappen
- Im allgemeinen vier Gliedmaßen mit Spannhäuten an den Füßen

Für die Entwicklung der Eier und der Larven der Kaulquappen, die durch Kiemen atmen, sind die Amphibien oder Lurche stärker als Reptilien, Vögel oder Säugetiere auf Wasser angewiesen. Auch die adulten Tiere brauchen Wasser, um ihre Haut feucht zu halten, da sie teilweise durch die Haut atmen, obwohl sie Lungen besitzen und Luft durch Senken und Heben des Mundbodens einsaugen und ausstoßen. In der Haut sind Drüsen eingelagert, die eine abstoßende, zuweilen giftige Substanz absondern. Rund 3500 Arten.

Der Laubfrosch verfügt über saugnapfähnliche Zehenspitzen

Froschlurche (Ordnung *Anura*) besitzen kurze Vorderbeine, einen gedrungenen Körper und lange, kräftige Hinterbeine, mit denen sie ein Vielfaches ihrer Körperlänge überspringen können. Die Kröten haben eine trockenere und stärker mit Warzen versehene Haut und bewegen sich meist laufend fort.

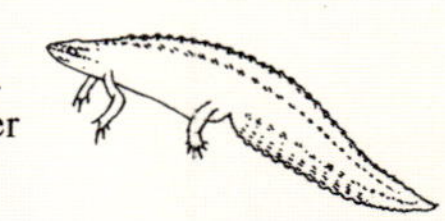

Die Wassermolche halten sich gewöhnlich nur während der Fortpflanzungszeit im Wasser auf

Die Schwanzlurche (Ordnung *Urodela*), zu denen die Salamander und Molche gehören, haben einen eidechsenförmigen Körper. Einige leben auf feuchtem Boden, andere sind reine Wassertiere, die ihre Larvenkiemen beibehalten.

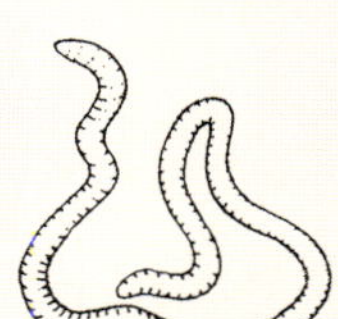

Die Blindwühlen graben nach kleinen boden- oder fallaubbewohnenden Wirbellosen

Blindwühlen (Ordnung *Apoda*) sind wurmähnliche wühlende Amphibien, die nur in den Tropen vorkommen.

REPTILIEN

Reich: *Animalia*
Stamm: *Chordata*
Klasse: *Reptilia*

- Trockene Haut mit Hornschuppen oder Knochenschildern
- Große, dotterreiche Eier mit lederiger Schale
- Kein Larvenstadium

Die heutigen Reptilien oder Kriechtiere sind die Überbleibsel einer viel größeren Tiergruppe, die vor rund 200 Millionen Jahren die Erde beherrschte. Die großen Eier enthalten einen ausreichenden Nahrungs- und Wasservorrat, so daß die Reptilien, im Gegensatz zu den Amphibien, bei ihrer Jugendentwicklung nicht auf Wasser angewiesen sind. Die Reptilien sind eine erfolgreiche Gruppe, die das Festland, das Süßwasser und das Meer besiedelt. Ca. 5000 Arten.

Die nordamerikanische Schnappschildkröte lauert zwischen Wasserpflanzen auf kleine Säugetiere

Die Schildkröten (Ordnung *Chelonia*) besitzen einen geschlossenen Panzer, der aus mit Hornschuppen bedeckten Knochenplatten besteht. Den Rückenpanzer bezeichnet man als Carapax, den Bauchpanzer als Plastron. Die Rippen sind mit dem Panzer verschmolzen.

Die Ringelnatter macht Jagd auf Frösche und Kleinsäuger

Die Schuppenkriechtiere (Ordnung *Squamata*), also die Echsen und Schlangen, besitzen einen langgestreckten Körper, der mit kleinen überlappenden Schuppen und breiteren Bauchschuppen bedeckt ist. Das Maul ist groß und weit aufreißbar, die Zunge eingekerbt oder gegabelt. Die Echsen sind in der Regel vierbeinig, während die Schlangen keine Gliedmaßen besitzen.

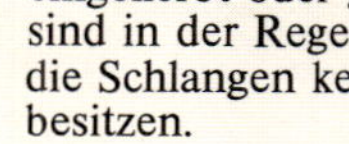

Die amerikanischen Alligatoren unterscheiden sich von den eigentlichen Krokodilen durch ihren breiten Kopf

Die Krokodile (Ordnung *Crocodylia*) sind große echsenartige Reptilien mit dicken quadratischen Schuppen. Ihre Schnauze ist mit Reihen gleichartiger Zähne bewehrt, und bei den meisten Arten sitzen Augen und Nasenlöcher auf dem Schnauzendach.

VÖGEL

Reich: *Animalia*
Stamm: *Chordata*
Klasse: *Aves*

- ○ Warmblüter
- ○ Haut befiedert (abgesehen von den Beinen, die Hornschuppen tragen.
- ○ Vordergliedmaßen zu Flügeln umgestaltet
- ○ Große, dotterreiche Eier mit Kalkschalen

Die Vögel bilden eine große, erfolgreiche und unverwechselbare Tiergruppe. Sie haben das Flugvermögen schon früh in ihrer Stammesgeschichte erworben (auch wenn manche Arten, etwa die Strauße, inzwischen flugunfähig geworden sind), und sie zeigen ein kompliziertes Balz- und Brutverhalten. Die Brutfürsorge ist hoch entwickelt. Die Klasse Aves gliedert sich in rund 30 Ordnungen (deren Bezeichnungen auf *-formes* enden), und jede Ordnung umfaßt wiederum mehrere Familien (Endung *-idae)*. Einige bekanntere Ordnungen werden im folgenden kurz beschrieben. Rund 9000 Arten.

Die Gänsevögel (Ordnung *Anseriformes*), die Enten, Gänse und Schwäne, sind durchweg halbaquatische Vögel, die man volkstümlich unter dem Namen Wassergeflügel zusammenfaßt. Sie fliegen vielfach in Formationen und tragen Schwimmhäute an den Füßen.

Die Sperlingsvögel (Ordnung *Passeriformes*) stellen ungefähr die Hälfte aller Vogelarten. Die vierzehigen Füße sind als Greifwerkzeuge ausgebildet; im allgemeinen sind drei Krallen nach vorn und eine nach hinten gerichtet. Diese Ordnung umfaßt die Schwalben *(Hirnundinidae)*, die Rabenvögel *(Corvidae)*, die Meisen *(Paridae)*, die Finken *(Fringillidae)*, die Waldsänger *(Parulidae)*, die Würger *(Laniidae)*, die Lerchen *(Alaudidae)*, die Drosseln *(Turdidae)* und weitere Familien.

Die Greifvögel (Ordnung *Falconiformes*) sind Fleischfresser. Bussarde, Adler, Milane, Habichte und Altweltgeier gehören zu den Habichtartigen *(Accipritidae)*, während die weitverzweigte Falkensippschaft die Familie der *Falconidae* bildet.

Die Hühnervögel (Ordnung *Galliformes*) umfassen die Rauhfußhühner, die Feldhühner, die Wachteln und Fasane. Es sind untersetzte Landvögel, die sich lieber laufend als fliegend fortbewegen.

Die Eulen (Ordnung *Strigiformes*) sind nachtaktive Jäger mit lautlosem Flug, abgeflachtem Gesicht und großen, nach vorn gerichteten Nachtaugen.

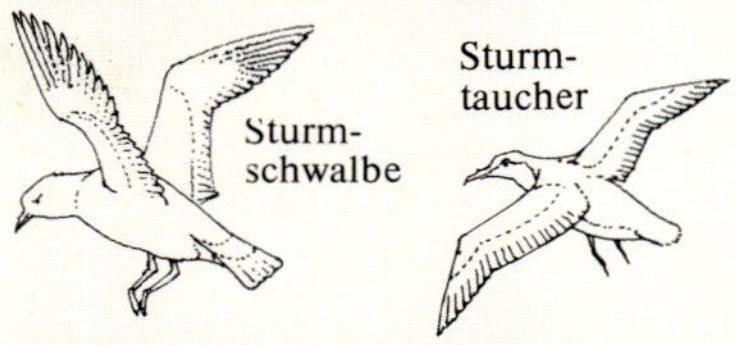

Die Röhrennasen (Ordnung *Procellariiformes*) sind durchweg Meeresvögel, die an Küsten brüten.

Die Wat- und Möwenvögel (Ordnung *Charadriiformes*) bilden eine große Vogelgruppe, zu der u. a. die Schnepfenvögel, die Regenpfeifer und die Alken gehören. Watvögel haben meist lange, dünne Beine, einen gedrungenen Körper und lange Stocherschnäbel.

SÄUGETIERE

Reich: *Animalia*
Stamm: *Chordata*
Klasse: *Mammalia*

- ○ Warmblüter
- ○ Haut mit Fell oder Haaren bedeckt
- ○ In der Regel vier Gliedmaßen
- ○ Die Weibchen säugen ihre Jungen mit Milch aus ihren Milchdrüsen

Die Säugetiere stellen eine erfolgreiche und artenreiche Tierklasse dar, und mit ihrem großen Gehirn, ihren gut entwickelten Sinnesorganen und ihrem komplexen Verhaltensrepertoire gelten sie als die »fortschrittlichsten« Vertreter der Tierwelt. Die Klasse der Säugetiere wird in drei Unterklassen aufgeteilt. Die Kloakentiere, zu denen die Schnabeltiere und Ameisenigel gehören, legen Eier. Die zweite Unterklasse umfaßt die Beuteltiere (Känguruhs, Koalas und Opossums); sie gebären ihre Jungen in einem sehr frühen Entwicklungsstadium, die dann in der Brusttasche des Muttertiers heranwachsen. In der dritten Unterklasse, bei den Plazentatieren (sie stellen die Mehrzahl der Säugetiere), werden die Nachkommen im Mutterleib durch die Plazenta (Mutterkuchen) ernährt. Es gibt ungefähr 4000 Säugerarten, von denen die Hälfte auf die Nagetiere und ein Viertel auf die Fleder- oder Flattertiere entfallen.

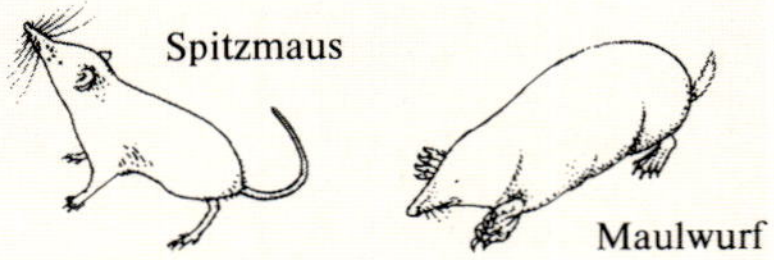

Die Insektenfresser (Ordnung *Insectivora*) sind zumeist kleine Säugetiere mit kleinen gleichartigen Zähnen, mit denen sie ihre aus Wirbellosen bestehende Beute zermalmen. Unter den Spitzmäusen (und den Fledermäusen) finden sich die kleinsten Säuger überhaupt.

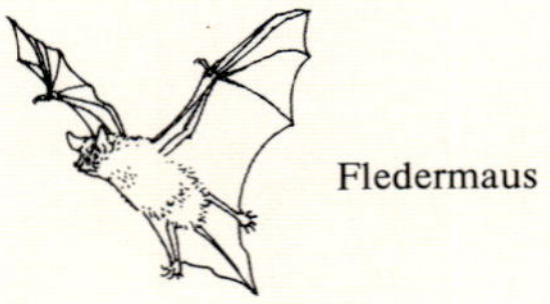

Die Fledertiere (Ordnung *Chiroptera*) sind die einzigen Säugetiere, welche die Kunst des echten Fliegens beherrschen, allerdings können auch einige andere Säuger recht gut gleitfliegen. Die meisten Fledertiere sind kleine Insektenfresser mit gleichartigen Zähnen, doch die größeren Vertreter sind Früchtefresser, und die sogenannten Vampire saugen sogar Blut.

Gürteltier

Zahnlose (Ordnung *Edentata*) heißen die Gürteltiere, Faultiere und Ameisenbären. Doch trotz des Namens besitzen die Gürteltiere und Faultiere kleine, einfache Backenzähne. Sie leben ausschließlich in der Neuen Welt. Die Gürteltiere haben statt eines Fells feste Hornplatten, die beweglich miteinander verbunden sind, und einige Arten können sich sogar zu einer Kugel zusammenrollen.

Schlafmaus

Stachelschwein

Die Nagetiere (Ordnung *Rodentia*) umfassen Ratten, Mäuse, Eichhörnchen, Biber, Stachelschweine und Meerschweinchen. Die großen vorstehenden Vorderzähne werden zum Zernagen von Nahrung, Nistmaterial und aller möglichen anderen Materialien verwendet.

Hase

Pfeifhase

Die Hasentiere (Ordnung *Lagomorpha*) mit ihren großen vorderen Nagezähnen ähneln den Nagetieren. Die Kaninchen und Hasen besitzen lange Ohren (»Löffel«), große vorstehende Augen, die ihnen eine Rundumsicht erlauben, und kräftig entwickelte hintere Springbeine.

Blauwal

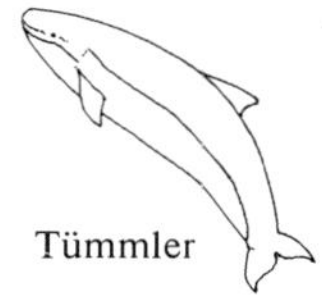
Tümmler

Die Waltiere (Ordnung *Cetacea*) sind große Meeressäugetiere, die man manchmal fälschlich für Fische hält. Wie alle Säuger sind sie Warmblüter, und sie tragen sogar noch die Reste eines Haarkleids, meist auf der Nase. Die meisten sind Jäger, doch das größte Säugetier der Welt, der Blauwal, und die anderen Bartenwale haben im Maul siebförmige Barten, mit denen sie winzige Krebschen (»Krill«) aus dem Wasser seihen.

Puma

Schakal

Die Raubtiere (Ordnung *Carnivora*) sind fleischfressende Jäger und umfassen die Katzen, die Hunde (Füchse, Wölfe und Schakale), die Bären, die Robben, die Waschbären, die Bambusbären und die Marder. Die meisten Arten besitzen vier lange, spitze Reißzähne und sind große, kraftvolle Schleich- oder Hetzjäger.

Galago (»Buschbaby«)

Schimpanse

Primaten oder Herrentiere (Ordnung *Primates*) sind die Halbaffen, die eigentlichen Affen, die Menschenaffen und die Menschen. Die Primatenhand ist sehr beweglich und hat einen opponierbaren Daumen, so daß sie auch kleine Gegenstände zwischen Daumen und Zeigefinger festhalten kann. Die Primaten sind physisch vergleichsweise wenig sozialisiert; ein Pferd oder ein Wal besitzt eine differenziertere Anatomie. Doch aus der Sicht vieler Biologen wird der Mangel an physischer Spezialisierung durch das große und komplexe Gehirn und die dadurch gegebene hohe Intelligenz mehr als wettgemacht.

Elefant

Die Rüsseltiere (Ordnung *Proboscidea*) besitzen einen langen, empfindlichen Rüssel und obere Schneidezähne, die sich zu den charakteristischen Stoßzähnen auswachsen. Afrikanische Elefantenbullen sind die größten Landsäugetiere, aber selbst ein solcher Bulle wiegt weniger als ein Zwanzigstel eines Blauwals.

Zebra

Nashorn

Unpaarhufer (Ordnung *Perissodactyla*) sind die Pferde, Esel und Zebras, die an jedem Fuß nur eine funktionsfähige Zehe haben, sowie die Nashörner und Tapire mit ihrem dreizehigen Fuß (bei den Tapiren sitzen allerdings an den Vorderfüßen je vier Zehen).

Kamel

Antilope

Die Paarhufer (Ordnung *Artiodactyla*) bilden eine der artenreichsten Säugetiergruppen. Zu ihr gehören die Antilopen, Hirsche, Giraffen, Kamele und Nashörner sowie die Wildschafe, Wildschweine und Wildrinder und ihre domestizierten Abkömmlinge. Wie die Unpaarhufer sind sie große Pflanzenfresser mit gutentwickelten Backenzähnen zum Kauen der Pflanzennahrung.

Die Zukunft

In den Jahren, die vor uns liegen, haben die Amateurnaturforscher und die Naturfreunde allgemein eine bedeutsame Rolle zu spielen. Neben den professionellen Naturwissenschaftlern stellen sie eine der wichtigsten Bevölkerungsgruppen dar, denn dadurch, daß sie die Welt der Natur begreifen und schützen und andere von der Notwendigkeit dieses Schutzes überzeugen, leisten sie einen Beitrag zum Wohlergehen der Spezies Mensch.

Werfen wir einen Blick in die Zukunft, wie man sie uns heute prophezeit, und überlegen wir, was die Naturforscher tun können, um den bisher angerichteten Schaden wiedergutzumachen. Das Bild ist ziemlich düster. Zum ersten ist die Erde bereits erheblich übervölkert, und dieser Trend wird sich fortsetzen. Man schätzt, daß die Zahl der Menschen in den nächsten zwanzig Jahren von vier auf sechs Milliarden hochschnellen wird. Jede andere Tierart würde in einer solchen Situation vor dem Kollaps stehen, das heißt, daß die Population buchstäblich ihre eigene Existenzgrundlage auffrißt. Nur wenige Individuen überleben; die übrigen sterben und reduzieren dadurch den Bestand so weit, daß die verfügbare Nahrung wieder ausreicht. Angesichts der Hungersnöte und Unterernährung in vielen Teilen der Welt und angesichts der schwindenden Ressourcen sind die Anzeichen für den Kollaps unserer eigenen Spezies nicht mehr zu übersehen. Der Mensch ist zwar ein intelligentes Wesen und hat sich an fast alle Lebensräume unserer Erde angepaßt, aber zugleich hat er seine Umwelt überall so rücksichtslos ausgebeutet, daß ihm eine schlimme Zukunft bevorsteht.

In den nächsten zwei Jahrzehnten, in denen die Erdbevölkerung um die Hälfte zunimmt, wird vermutlich ein Drittel der landwirtschaftlich nutzbaren Flächen auf die eine oder andere Weise zerstört. Die Errichtung von Riesenstädten für die ständig anwachsende Menschenflut, der Bau von Straßen – all dies verschlingt wertvolles Land. Aber auch unsere erschreckenden Anbaumethoden sind zu tadeln, denn sie verderben vielfach das verbliebene gute Ackerland, und die Überweidung durch unsere Haustiere hat zur Folge, daß sich die Wüsten wie eine erstickende Sandflut über einst fruchtbare Landstriche ausbreiten. Mit den Wäldern und Meeren gehen wir nicht besser um. Die Hälfte der Tropenwälder wird in zwanzig Jahren verschwunden sein, und mit ihnen die vielen Schätze, die sie bergen. Die Weltmeere werden wie riesige Jauchegruben behandelt und nicht wie lebende, atmende Organismen – sie sind zu Abfallkübeln der Welt geworden, denen aller Dreck, von Abwässern bis zum Nervengas, zugemutet wird.

Eines der größten Probleme besteht darin, daß viele Leute, vor allem in den Regierungen und in den mächtigen Industrieunternehmen, die ohnehin Raubbau an den natürlichen Ressourcen unserer Erde treiben, der Ansicht sind, das alles sei gar nicht so schlimm. Sie verschließen die Augen vor den Problemen oder versuchen den Eindruck zu erwecken, daß unsere großartige Technik schon mit allen Schwierigkeiten fertig werden könne. Das ist ein Irrtum; der menschlichen Intelligenz zum Trotz wird die Erde durch unsere vielgerühmte Technologie schneller zerstört, als ebendiese Technologie den Schaden zu reparieren vermag – falls er überhaupt noch zu reparieren ist.

Alle Elemente des großen Puzzlespiels der Natur sind miteinander verzahnt. Was beispielsweise mit den Regenwäldern geschieht, betrifft uns alle. Die Regenwälder Mittelamerikas sind das Winterquartier für Hunderttausende von Grasmücken. Den Frühling und Sommer verbringen diese Vögel in Nordamerika, wo sie die Schadinsekten weit wirkungsvoller bekämpfen als alle Insektizide. Doch die Tropenwälder, die winterlichen Zufluchtsstätten der Grasmükken, werden abgeholzt, um Weideflächen für Rinderherden zu schaffen. Und was passiert mit dem Rindfleisch? Es wird nach Nordamerika und Europa exportiert und zu Hamburgern verarbeitet. Was noch schlimmer ist: Das Weideland, das auf dem Boden des gerodeten Urwalds neu entsteht, hat nur vorübergehend Bestand, denn die dünne Humusschicht, ihrer schützenden grünen Vegetationsdecke beraubt, wird schon bald erodiert.

Die Zukunftsaufgaben des Naturforschers

Die Naturforscher der Zukunft werden bei der Gestaltung und Erhaltung unseres Planeten eine wichtigere Rolle spielen als ihre Kollegen früherer Zeiten, einfach deshalb, weil die Aufgaben so drängen. Unsere hochentwickelte Technik kann in den Dienst dieser Forschung gestellt werden: Kameras und Videoanlagen, Tonaufnahmegeräte, Taucherlungen und Tauchboote, Ballons und Hubschrauber usw. Selbst Satelliten können dazu verwendet werden, großflächige Vegetationsveränderungen zu registrieren. Doch für die große Aufgabe der Bestandsaufnahme und Erforschung ist kein Hilfsmittel zu gering; ein Mikroskop ist zwar besser als ein Vergrößerungsglas, aber mit einem Vergrößerungsglas können Sie den ersten Schritt zur Erkenntnis tun. Im gleichen Sinn ist es zwar wichtig, die Meeresverschmutzung zu verhindern, aber nicht weniger notwendig ist es, den nächsten Dorfteich sauberzuhalten.

Ob Sie nun durch ein Mikroskop oder eine Lupe schauen, ob Sie einen Tropenwald erforschen oder einen winzigen Vorgarten in der Großstadt, überall können Sie Einsichten in neue Lebenszusammenhänge gewinnen. Mit diesem Wissen kommt das Verständnis; wenn Sie als Naturfreund das Funktionieren von Ökosystemen verstehen, die in Wahrheit unsere lebenserhaltenden Systeme sind, dann können Sie auch anderen Menschen erklären, was schiefgegangen ist und, was noch wesentlicher ist, warum es schiefgegangen ist. Sie können anderen zeigen, was es heißt, im Einklang mit den Gesetzen der Natur zu leben. In der Vergangenheit haben wir durch Mißachtung dieser Gesetze unsere eigene Zukunft und die vieler anderer Arten aufs Spiel gesetzt.

Die Naturforscher und -freunde von heute sind gut dran. Im Zeitalter der preiswerten Flugreisen können sie entlegene Weltgegenden erkunden, die ihren Vorfahren völlig unzugänglich waren, und dies allein beweist, wie klein die Erde geworden ist und welche Bedeutung unser Planet für uns hat. Entfernungen, für die man noch vor sechzig Jahren Monate brauchte, kann man heutzutage fast über Nacht bewältigen. Das ist herrlich, aber auch gefährlich, denn dadurch gelangen immer mehr Menschen (und viele gedankenlose) in Regionen, die bis dahin unberührt waren. Diese Menschen (falls sie keine Naturfreunde sind) muß man lehren zu beobachten und zu respektieren, nicht zu zerstören und sich gehenzulassen.

Es ist die Aufgabe der Naturfreunde in aller Welt, den Menschen zu zeigen, wie sie ihr gemeinsames Erbe genießen und bewahren sollen. Es ist belanglos, woher jemand kommt – wenn ein Naturkenner in den Atlas schaut, dann weiß er, daß Staatsgrenzen nur politische und keine biologischen Trennungslinien sind. Leider lassen sich die politischen Grenzen nicht ignorieren, und sie sind die Ursache für sehr viel Unruhe in unserer Welt. Sie markieren die Territorien der verschiedenen Gruppierungen innerhalb unserer Spezies, und wir verwenden viel Zeit und Mühe darauf, uns über sie zu streiten; der Naturkenner weiß jedoch, daß die Welt und ihre Zukunft allen Lebewesen gleichermaßen gehören, nicht nur einer einzigen Art.

FACHBEGRIFFE

A

Adult Erwachsen, geschlechtsreif.

Aerob Bezieht sich auf Organismen, die zum Leben Sauerstoff brauchen.

Anaerob Bezieht sich auf Organismen, die ohne Sauerstoff auskommen.

Annuell Einjährig; Fachbegriff für Pflanze, die ihren Lebenszyklus innerhalb eines Jahres vollendet, so daß jedes Individuum nur ein Jahr alt wird.

Anpassung Die Fähigkeit oder Merkmale eines Lebewesens, die es ihm ermöglichen, sich in seine Umwelt besser einzufügen und damit seine Überlebenschancen zu erhöhen. Der lange Schnabel der Brachvögel, mit dem sie tief eingewühlte Würmer aufspüren können, ist dafür ein gutes Beispiel.

Anthocyane Gruppe von roten, violetten und blauen Pflanzenfarbstoffen. Sie treten in Blüten, Früchten, Stengeln und Blättern auf und sind verantwortlich für die Herbstfärbung.

Arthropode Gliederfüßer; Mitglied der artenreichsten Tiergruppe, welche die Insekten, Spinnen, Krebstiere Hundert- und Tausendfüßer umfaßt. Ihr Körper besitzt paarige, durch Gelenke verbundene Gliedmaßen und meist ein festes Außenskelett.

Arbeiterin Unfruchtbare Weibchenform bei staatenbildenden Insekten (Bienen, Wespen, Ameisen, Termiten).

Artgenosse Ein Mitglied derselben Art.

Art oder Spezies Die Grundeinheit der belebten Natur, deren Angehörige sich miteinander fortpflanzen können und fruchtbare Nachkommen hervorbringen. Die Mitglieder einer Art sehen einander sehr ähnlich. Mehrere Arten werden zu einer Gattung zusammengefaßt.

B

Bau Meist unterirdische Behausung eines Tiers.

Befruchtung Die Vereinigung von männlichen und weiblichen Geschlechtszellen. Aus der befruchteten Eizelle (Zygote) entsteht ein neues Individuum.

Bestäubung Übertragung des Blütenstaubs der männlichen Blütenteile auf die weiblichen zur Befruchtung des Eis, aus dem der Same hervorgeht.

Bio- (Vom griechischen Wort *bios* = Leben) Vorsilbe, die in zahlreichen Fachausdrücken vorkommt, zum Beispiel Biologie (die Lehre von den Lebewesen) oder Biomasse (Gesamtgewicht sämtlicher Lebewesen in einer bestimmten Region).

Biotop Lebensraum einer einzelnen Art oder einer bestimmten Tier- und Pflanzengemeinschaft.

Botanik Die wissenschaftliche Pflanzenkunde.

Byssus Fadenbüschel, das durch die Verhärtung von klebrigen Ausscheidungen gewisser Weichtiere entsteht, etwa der Miesmuschel. Mit diesen Fäden kann sich das Tier an eine Unterlage anheften, was im Gezeitenwasser ein großer Vorteil ist.

C

Carnivor oder karnivor Fleischfressend; als Carnivora oder Karnivoren bezeichnet man die Ordnung der Raubtiere. Das Wort wird im weiteren Sinne auf alle Lebewesen angewendet, die sich überwiegend von Fleisch ernähren.

Carotinoide oder Karotinoide Gelbe, orangefarbene und rote Pflanzenpigmente (Karotin ist in Karotten enthalten). Sie fördern die Photosynthese, indem sie Licht absorbieren und Energie an das Chlorophyll weiterleiten.

Chitin Chemische Substanz, Hauptbestandteil des harten Außenskeletts der Insekten und anderer Gliederfüßer.

Chlorophyll Blattgrün; grüner Farbstoff, der in den meisten Pflanzen vorhanden ist. Die Absorption von Licht durch das Chlorophyll erzeugt Energie, die für die Photosynthese verwendet wird; dadurch können die Pflanzen energiereiche Nährstoffe (Zuckerverbindungen) aus Kohlendioxid und Wasser aufbauen.

Chrysalis oder Chrysalide Puppe der Insekten, vor allem der Schmetterlinge.

Cilien Wimpern oder Flimmern; kleine haarähnliche Fortsätze einer Zelle, die ihr durch rhythmisches Schlagen die Fortbewegung ermöglichen.

D

Dämmerungstier Tier, das in der Morgen- oder Abenddämmerung aktiv ist.

Diatomeen Kieselalgen; einzellige wasserlebende Protisten. Diatomeen können die Photosynthese durchführen und leben in riesigen Mengen im Oberflächenwasser, das am meisten Licht abbekommt.

Diözisch Zweihäusig; bezieht sich auf Pflanzen, bei denen die männlichen und die weiblichen Fortpflanzungsorgane auf verschiedenen Individuen gebildet werden.

E

Ektoparasit Außenparasit oder -schmarotzer; ein Organismus, der außen auf einem anderen schmarotzt, zum Beispiel eine Zecke, die auf einem Schaf lebt.

Entomologie Insektenkunde.

Entoparasit Innenparasit oder -schmarotzer; ein Organismus, der im Körper eines anderen schmarotzt, zum Beispiel ein Bandwurm, der im Darm eines Säugetiers lebt.

Enzym Von einer lebenden Zelle erzeugte Substanz, die die Geschwindigkeit bestimmter chemischer Reaktionen steuert.

Epiphyten Luftpflanzen, die auf dem Stamm oder den Ästen einer anderen Pflanze wachsen und diese lediglich als Unterlage, nicht als Nährstofflieferant benutzen.

Errantia Freilebende Borstenwürmer des Meeres, im Gegensatz zu den röhrenbewohnenden Formen.

Ethologie Die Erforschung der tierischen Verhaltensweisen; Verhaltensforschung oder -wissenschaft.

Evolution Die sich über viele Generationen erstreckende allmähliche Veränderung einer Art unter Einfluß natürlicher Auslese und anderer Faktoren.

F

Familie Eine Gruppe von Lebewesen, die sich meist aus mehreren Gattungen zusammensetzt. Mehrere Familien bilden eine Ordnung.

Fauna Tierwelt einer bestimmten Region.

Fetus oder Fötus So wird der Säugetierembryo genannt, sobald er eine erkennbare Form angenommen hat. Der menschliche Embryo erhält zum Beispiel etwa zwei Monate nach der Befruchtung den Namen Fetus.

Filtrieren Das Ausfiltern von winzigen Nahrungsteilchen aus dem Wasser durch Muscheln, Krebstiere, Seescheiden und andere Wasserbewohner.

Flagellum Geißel; langer fadenförmiger Fortsatz bestimmter einzelliger Tiere. Das Tier bewegt sich durch Geißelschläge fort.

Flora Pflanzenwelt einer bestimmten Region.

Fossil Versteinerter Tier- oder Pflanzenrest aus der erdgeschichtlichen Vergangenheit.

G

Galle Gestaltsveränderung an Pflanzen, hervorgerufen durch Insekten, Milben, Nematoden oder Pilze. Der Eichengallapfel wird zum Beispiel durch eine Gallwespe hervorgebracht, deren Larve sich in der Galle entwickelt.

Garrigue Südfranzösische Landschaft mit niedriger Strauchvegetation.

Gattung Die zweitunterste Gruppierung von Lebewesen, die meist aus einer größeren Zahl ähnlicher Arten besteht. Mehrere Gattungen werden zu einer Familie zusammengefaßt.

Gen Erbeinheit oder Erbfaktor, der beispielsweise bestimmt, ob ein Mensch blaue oder braune Augen hat.

Genetik Vererbungslehre.

H

Halophyten Salzpflanzen; Arten, die eine für andere Gewächse schädliche oder tödliche Salzkonzentration ertragen, zum Beispiel der Queller, der auf Salzwiesen wächst.

Häutung Die Abstoßung der Außenhaut, etwa bei Insekten oder Schlangen.

Herbivoren Pflanzenfresser; Tiere, die sich überwiegend oder ausschließlich von Pflanzenstoffen ernähren, wie etwa die Hirsche oder Kaninchen.

Hermaphrodit Zwitter; ein Tier, das gleichzeitig männliche und weibliche Geschlechtsorgane besitzt, wie beispielsweise viele Würmer oder Schnekken.

Herpetologie Wissenschaftliche Reptilien- und Amphibienkunde.

Hyphen Fadenförmige Gebilde, die einen Pilzkörper ausmachen.

I

Ichthyologie Wissenschaftliche Fischkunde.

Imago Vollinsekt; das vierte oder adulte Stadium im Leben bestimmter Insekten, vor allem der Schmetterlinge.

Insektivoren In der Systematik bezeichnet dieses Wort die insektenfressenden Säugetiere der Ordnung Insectivora (zum Beispiel die Spitzmäuse). Im weiteren Sinn wird es auf alle Lebewesen angewendet, die sich vorwiegend von Insekten ernähren.

Instinkt Eine angeborene, nicht erworbene Verhaltensweise. Viele frischgeschlüpfte Vögel reagieren zum Beispiel mit Panik, wenn sie zum erstenmal die Gestalt eines Greifvogels erblicken, obwohl sie noch nicht von ihren Eltern gelernt haben, daß ein Greifvogel gefährlich ist.

K

Kätzchen Blütenstand, vor allem eines Baumes. Kätzchen bestehen aus zahlreichen kleinen Blüten. Sie sind stets entweder männlich oder weiblich, und manchmal wachsen die beiden Geschlechter auf verschiedenen Bäumen, wie etwa bei der Salweide, so daß ein Baum männlich und ein anderer weiblich ist.

Klasse Eine Gruppe von Lebewesen, die sich meist aus mehreren Ordnungen zusammensetzt. Mehrere Klassen werden zu einem Stamm zusammengefaßt.

Klimaxgesellschaft Der Endzustand einer Lebensgemeinschaft im Rahmen der Sukzession, sofern sich ein Ökosystem natürlich entwickeln kann.

Kloake Einzige Körperöffnung am Hinterteil eines Tiers, in welche die Ausführgänge der Harn- und Geschlechtsorgane gemeinsam einmünden. Sie findet sich bei Fischen, Amphibien, Reptilien, Vögeln und einigen wenigen Säugetieren, den sogenannten Kloakentieren (Ameisenigel und Schnabeltiere).

Kokon Ganz oder teilweise aus Seide bestehende Gespinsthülle, die von einer Insektenlarve hergestellt wird. Der Kokon dient dem Schutz des »Ruhestadiums«, also der Puppe.

Kommensalen So nennt man unterschiedliche Tierarten, die eine enge Gemeinschaft eingehen, ohne offensichtlich voneinander zu profitieren. Kommensalen können beispielsweise denselben Bau oder dieselbe Schale bewohnen. Der Begriff bedeutet soviel wie »Mitesser«.

Kompositen Die größte Blütenpflanzenfamilie (Korbblütler), zu der etwa die Gänseblümchen und die Disteln gehören.

Königin Das einzige fortpflanzungsfähige Weibchen bei koloniebildenden Insekten, wie Wespen, Bienen und Ameisen.

Konvergente Evolution Ein Prozeß, in dessen Verlauf Tiere oder Pflanzen unabhängig voneinander gleichartige Merkmale und Eigenschaften erwerben. Er ist das Ergebnis des Umstands, daß zwei unterschiedliche Arten in ähnlichen Lebensräumen leben und deshalb im Naturhaushalt eine ähnliche Rolle spielen. So hat sich der Delphin, ein Säugetier, eine fischähnliche Körpergestalt zugelegt, weil er sich wie die Fische im Wasser bewegt.

Kotyledonen Keimblätter, die Nahrungsreserven für den Pflanzenkeimling enthalten.

Krustazeen Krusten- oder Krebstiere.

Künstliche Auslese oder Zuchtwahl Die Auswahl bestimmter Individuen mit den vom Züchter gewünschten Merkmalen für die Weiterzucht.

L

Larve Aktives, aber unreifes oder Jugendstadium im Lebenszyklus der Insekten und ähnlicher Tiere, auch der

Amphibien und Fische. In der Regel unterscheidet sich die Larve äußerlich sehr deutlich vom adulten Tier. Allgemein bekannte Beispiele sind die Raupen (die Larven der Schmetterlinge) und die Kaulquappen (die Larven der Frösche).

Lebensgemeinschaft Eine Gruppe von Organismen, die gemeinsam einen bestimmten Lebensraum bewohnen. Die Lebensgemeinschaft und die unbelebte Umwelt ergeben zusammen das Ökosystem.

Limnologie Die Wissenschaft von den Binnengewässern, vor allem der Süßwasserpflanzen und -tiere.

Litoral Ufer-, Strand- oder Küstenregion.

M

Metamorphose Verwandlung; Körperveränderung zwischen Larvenstadium und vollentwickeltem Tier, vor allem bei Insekten, anderen Gliederfüßern und Amphibien. Wir unterscheiden dabei zwei Typen: Bei der vollkommenen Metamorphose oder Verwandlung vollzieht sich eine auffällige Veränderung, etwa vom Ei über die Raupe zur Puppe und schließlich zum Schmetterling; bei der unvollkommenen Metamorphose oder Verwandlung sind die Veränderungen weniger ausgeprägt, wie etwa beim Übergang der Libellenlarve zur fertigen Libelle.

Mimikry Ähnlichkeit im Verhalten oder Aussehen zwischen Tieren verschiedener Arten, die Schutz vor Freßfeinden bietet. Bei der Batesschen Mimikry ahmt ein wehrloses Tier ein wehrhaftes oder ungenießbares »Modell« nach und ist dadurch weitgehend vor Feinden sicher. Bei der Müllerschen Mimikry tragen mehrere gefährliche Arten ähnliche Farben oder Abzeichen (Warntracht), und ein Freßfeind, der eine Art ohne Erfolg angreift, begreift sehr bald, daß er in Zukunft alle ähnlich aussehenden Tiere meiden muß.

Monözisch Einhäusig; so bezeichnet man Pflanzen, bei denen die männlichen und weiblichen Fortpflanzungsorgane auf einem Individuum vereint sind.

Myzel Der Hauptkörper eines Pilzes, der aus einem Geflecht von Fäden oder Hyphen besteht.

Mykologie Wissenschaftliche Pilzkunde.

Mykorrhiza Lebensgemeinschaft eines Pilzes mit den Wurzeln einer höheren Pflanze, meist eines Baums.

N

Nachtaktiv In der Nacht aktiv oder munter; nächtlich lebend.

Nahrungskette Eine Abfolge, in der zum Beispiel eine Pflanze von einem Pflanzenfresser, der Pflanzenfresser von einem Fleischfresser und dieser wieder von einem anderen Fleischfresser verspeist wird. In der Natur umfaßt eine solche Kette selten mehr als fünf oder sechs Glieder. Mehrere Nahrungsketten vereinigen sich zu einem Nahrungsnetz.

Nahrungsnetz Die Vernetzung von mehreren Nahrungsketten, in denen eine Pflanze oder ein Tier verschiedenen Freßfeinden als Nahrung dient.

Narbe Der Teil der weiblichen Blütenorgane, der den Blütenstaub aufnimmt.

Natürliche Auslese oder Zuchtwahl Das Überleben und die Fortpflanzung eines Organismus dank bestimmter Merkmale, die ihm im »Kampf ums Dasein« eine bessere Chance gegeben haben.

Nektar Blütenhonig; eine zuckerhaltige Substanz, die von Blüten zur Anlokkung von Insekten ausgeschieden wird und dadurch die Bestäubung bewirkt.

Neotenie Beibehaltung von Larvenorganen beim geschlechtsreifen Tier, bei Amphibien häufig: Der adulte Alpensalamander besitzt beispielsweise noch die Kiemen der Larve.

Nestflüchter Vogeljunges, das schon bald nach dem Schlüpfen selbständig Nahrung aufnimmt.

Nesthocker Jungvogel, der von den Eltern im Nest noch längere Zeit betreut wird.

Nymphe Junges Insekt, das einem kleinen ungeflügelten Vollinsekt ähnelt. Dieses Entwicklungsstadium kommt bei Arten mit wasserlebenden Larven vor, etwa bei Libellen, Steinfliegen und Eintagsfliegen, aber auch bei Heuschrecken und Wanzen.

O

Ökologie Die Erforschung der Lebewesen in bezug auf ihre Umwelt. Die Ökologie ist eine weitverzweigte Wissenschaft, die verschiedene Disziplinen von der Verhaltensforschung bis zur Geologie und Bodenkunde einbezieht.

Ökosystem Der Gesamtzusammenhang von Organismen und Umwelt. Ökosysteme sind meist sehr groß – zum Beispiel die arktische Tundra –, können aber auch so klein wie etwa ein Wald oder ein Teich sein.

Omnivor Allesfresser; so nennt man Tiere, die sowohl tierische als auch pflanzliche Kost aufnehmen.

Ordnung Gruppe von Lebewesen, die sich aus mehreren Familien zusammensetzt. Mehrere Ordnungen ergeben eine Klasse.

Organisch Bezeichnung für Stoffe von (lebenden oder toten) Pflanzen und Tieren.

Ornithologie Wissenschaftliche Vogelkunde.

Ovipar Eierlegend.

Ovovivipar Bezieht sich auf Tiere, deren Eier bis zum Schlüpfen im Leib der Mutter verbleiben, die dann lebende Junge zur Welt bringt.

P

Parasit Schmarotzer; Organismus, der in oder auf einem anderen Organismus, dem Wirt, lebt. Der Parasit ernährt sich auf Kosten seines Wirts.

Parthenogenese Jungfernzeugung; Form der Fortpflanzung, bei der sich Eier ohne Befruchtung entwickeln. Sie kommt vor bei Insekten wie Blattläusen, Stabschnecken und Gallwespen, aber auch bei einigen Fischarten.

Pathogen Krankheitserzeugend.

Perennierend Mehrjährig; bezieht sich auf Pflanzen, die mehrere Jahre in irgendeiner Form als Individuum überdauern, etwa als Knolle oder Zwiebel.

Pheromon Von einem Tier freigesetzte chemische Substanz, die das Verhalten oder die Entwicklung von Artgenossen beeinflußt. Der Duftstoff des weiblichen Nachtpfauenauges, der die Männchen anlockt, ist dafür ein gutes Beispiel.

Phloem Röhrenförmiges Gewebe, durch das den verschiedenen Pflanzenteilen nährstoffhaltiger Saft zugeführt wird.

Phoresie Ausbreitung von Tieren, die von anderen Tieren befördert werden. So werden zum Beispiel Milben von Laufkäfern von einem Ort zum anderen getragen.

Photoperiodismus Reaktion von Pflanzen und Tieren auf die wechselnde Tageslichtdauer. Manche Vogelarten kommen beispielsweise erst in Brutstimmung, wenn die Tage eine bestimmte Länge erreichen.

Photosynthese Auch Assimilation genannt; die Herstellung von Nährstoffen (hauptsächlich energiereiche Zuckerverbindungen) bei grünen Pflanzen durch die Verwendung von Sonnenlichtenergie, Kohlendioxid aus der Atmosphäre und Wasser.

Phyto- Vorsilbe mit der Bedeutung pflanzlich. Phytoplankton heißen zum Beispiel die winzigen Pflanzen, die im Plankton vorhanden sind.

Pigment Farbstoff.

Plankton Kleine Organismen, die im Oberflächenwasser der Binnengewässer und Meere schweben und umherdriften. Plankter sind meist winzig (weniger als ein Millimeter) und umfassen unter anderem die Larvenformen größerer Tiere.

Pollen Blütenstaub; winzige oder mikroskopisch kleine Produkte der Blütenpflanzen, in denen die männlichen Geschlechtszellen enthalten sind.

Prägung Die Neigung eines neugeborenen Tiers, dem ersten beweglichen Objekt zu folgen, das es erblickt. In der Natur ist das normalerweise die eigene Mutter, doch in Gefangenschaft, wo den Jungtieren der Anblick der Mutter entzogen wird, können sie auch auf einen Menschen oder einen beliebigen sich bewegenden Gegenstand geprägt werden.

Puppe Das »Ruhestadium« im Lebenszyklus vieler Insekten, zwischen Larve und Vollinsekt.

R

Rezent Heute lebend (im Gegensatz zu ausgestorben).

S

Saft Pflanzenflüssigkeit, die durch Photosynthese entstandene Zucker und andere energiereiche Stoffe enthält und durch die Phloem-Leitungen von den Blättern zu allen Pflanzenteilen transportiert wird.

Same Keimling oder Embryo der Blüten- oder Samenpflanzen. Er ist das Produkt der Befruchtung des Eis durch den Blütenstaub. Samen können vielfach ungünstige Bedingungen überdauern und entwickeln sich erst dann zu einer neuen Pflanze, wenn diese Bedingungen sich verbessert haben.

Saprophyten Moderpflanzen; Arten, die ihre Nahrung aus verwesenden organischen Stoffen beziehen. Die meisten Pilze sind Saprophyten, desgleichen einige Blütenpflanzen, zum Beispiel die Nestwurz.

Sporangium Sporenkapsel der Pilze und Farne.

Spore Einzelliger Keim, der von einer Schutzhülle umgeben ist und ungünstige Bedingungen wie extreme Kälte oder Trockenheit überstehen kann und sich zu einer neuen Pflanze entwickelt, wenn die Bedingungen günstig sind. Im Unterschied zum Samen ist die Spore nicht das Resultat eines Befruchtungsvorgangs.

Stamm Gruppe von Lebewesen, die aus mehreren Ordnungen besteht. Mehrere Stämme bilden zusammen ein Reich.

Staubblatt oder Staubgefäß Männliches Blütenorgan, bestehend aus einem Stiel (Staubfaden) und dem Staubbeutel, der den Blütenstaub (Pollen) enthält.

Stomata Spaltöffnung; winzige Löcher in der Oberfläche eines Blatts oder Stengels, durch die den Zellen im Inneren der Pflanze Luft zugeführt wird.

Substrat Unterlage, Nährboden.

Sukkulenten Saft- oder Fettpflanzen in Trockengebieten, die in ihrem Gewebe Wasser speichern können.

Sukzession Die Reihenfolge, in der verschiedene Pflanzen- und Tiergruppen ein Areal kolonisieren. Dabei wird jede Lebensgemeinschaft durch die jeweils nachfolgende abgelöst, bis schließlich die Klimaxgesellschaft erreicht ist.

Symbiose Das Zusammenleben verschiedener Arten zum wechselseitigen Vorteil. Die Alge erzeugt Nahrung, die dem Pilz zugute kommt, und der Pilz bietet umgekehrt der Alge Schutz.

T

Tagaktiv Tagsüber aktiv oder munter; taglebend.

Taiga Der ausgedehnte Nadelwaldgürtel, der sich über Nordeuropa und Nordasien erstreckt.

Taxonomie Die wissenschaftliche Klassifizierung der Lebewesen.

Territorium Eigenbezirk; das von einem Tier oder einem Tierpaar beanspruchte Gebiet, das gegen Artgenossen und manchmal auch gegen artfremde Eindringlinge aktiv verteidigt wird.

Thallus Der Hauptkörper einer einfachen Pflanze (Tange, Lebermoose usw.), die nicht in Stengel und Blätter gegliedert ist.

Tundra Landschaftsform im hohen Norden ohne Baumwuchs, geprägt von Moosen, Flechten und Zwergsträuchern.

V

Vivipar Lebendgebärend.

W

Wettbewerb Die Auseinandersetzung zwischen Lebewesen um beschränkt vorhandene Lebensnotwendigkeiten wie Licht, Nahrung oder Raum.

Wirbellose Invertebraten; Tiere, die keine Wirbelsäule besitzen. Die Wirbellosen stellen mehr als 90 Prozent aller Tierarten.

X

Xerophyten Trockenheitspflanzen; Pflanzen, die in Dürregebieten gedeihen können, von den Kaktusgewächsen bis zum Heidekraut.

Xylem Röhrenförmiges Gewebe, durch das Wasser und einige gelöste Nährsalze von den Wurzeln zu den verschiedenen Pflanzenteilen transportiert werden.

Z

Zoo- Vorsilbe mit der Bedeutung tierisch, zum Beispiel in dem Wort Zoologie, Tierkunde.

REGISTER

Seitenzahlen in **halbfett** beziehen sich auf Bildunterschriften.

DANKSAGUNG, BILDNACHWEIS UND WICHTIGE ANSCHRIFTEN

Wenn man ein Buch wie das vorliegende schreibt, arbeitet man natürlich nicht allein. Wir beide, Lee und ich, möchten an dieser Stelle den folgenden Personen herzlich danken, ohne deren Unterstützung, Ermutigung und Sachverstand die Vollendung dieses Werkes unmöglich gewesen wäre:

Steve Parker, Neville Graham, David Black, Stuart Jackman, Phil Wilkinson, Mark Richards, Joss Pearson, Rosamund Gendle und allen anderen bei Dorling Kindersley für ihre Geduld und tatkräftige Mitarbeit;
Philip Dowell und seinem Assistenten Andy Butler für die wunderschönen Aufnahmen des von uns zusammengetragenen Sammelguts;
Eric Thomas, dem ebenso gewissenhaften wie talentierten Künstler, der zahlreiche hervorragende Illustrationen beigesteuert hat;
John Stidworthy, der unsere vielen und vielfältigen Fragen mit Geduld und Humor beantwortet hat;
John Hartley, meinem Assistenten, der uns in altgewohnter Weise ertragen, uns hin- und hergefahren und sogar für uns gekocht hat;
Renata Vassaillou, die in der Provence die Anfangskapitel getippt hat;
Joan Benn, unserer stets heiteren und vielgeplagten Sekretärin, für ihren geschickten Umgang mit Stenoblock und Schreibmaschine und für ihre sachkundige Textbearbeitung;
allen unseren Freunden, die sich klaglos damit abgefunden haben, daß wir in den zwei Jahren, die wir an dem Buch gearbeitet haben, so ganz und gar ungesellig waren;
den Autoren der vielen Bücher, die wir geplündert haben, um Antworten auf unsere ungezählten Fragen zu finden;
und nicht zuletzt allen Hobby- und Fachbiologen in aller Welt, mit denen wir gesprochen und korrespondiert haben, für ihre jederzeit gewährte verständnisvolle Unterstützung. Im besonderen waren es die nachfolgenden Personen, die uns und dem Team von Dorling Kindersley geholfen und bei der Bestimmung der Pflanzen und Tiere fachmännisch beraten haben:
Juliet Bailey, The Wildfowl Trust, Slimbridge, Gloucestershire; Bob Britton, Station de la Tour du Valat, Camargue, France; Eric Groves, British Museum (Natural History) Department of Botany, London SW7; Bob Moseley, Calshot Activities Centre, Southampton; Eric Newrith, Margaret McMillan House Field Centre, Wrotham, Kent; John Perry, Victoria College, Jersey; Ian Swinney, Bookham Commons Trust Surrey; Tony Thomas and Graham Hobbs, Slapton Ley Field Centre, Devon; Nigel Webb, Furzebrook Research Station, Wareham, Dorset; Derek Wells, Nature Conservancy Council, Huntingdon.

Dorling Kindersley Limited bedankt sich bei den folgenden Personen für deren Unterstützung:

Richard Dawes, Martin Dohrn, Sue Gooders, Billy Hall, Nigel Haselden, John Huxley, Angela Jackson, Malcolm Rush, Jane Parker, Jim Scott, Bob Smiles, Andrew Stanger, Mary Trewby, Alan Ward, Peter Ward.

Illustratoren: Marrion Appleton, Brian Craker, Rosamund Gendle, Sheila Hadley, Anthony Maynard, Robert Micklewright, Eric Thomas, Ken Wood, David Worth

Fotografen:
Abkürzungen: **o** oben, **m** Mitte, **l** links, **r** rechts, **u** unten)

Schutzumschlag Philip Dowell **1–6** Philip Dowell **8** Lawrence Durrell **10o** François Gohier/ Ardea **10m** Rod Williams/-Bruce Coleman **10u** Hans Reinhard/-Bruce Coleman **12o** Mary Evans Picture Library **12m&u** Mansell Collection **14** Mansell Collection **15** Philip Dowell **17** David und Katie Urry/Ardea **20** Philip Dowell **24** J A Bailey/Ardea **28** Philip Dowell **33** Philip Dowell **40** Stephen Dalton/Natural History Photographic Agency **45o** Bob Gibbons/Ardea **45ul** P A Bowman/Natural Science Photos **45rm** Martin Dohrn/Science Photo Library **45ur** R C Revels/Natural Science Photos **48** Ian Beames/Ardea **50–1** Philip Dowell **54ol** Eric Herbert/ Natural Science Photos **54ul** D Bonsall/ Natural Science Photos **54r** Avon und Tilford/Ardea **58–9** Philip Dowell **62** Jane Burton/Bruce Coleman **66–7** Philip Dowell **70–1** Philip Dowell **74–5** Philip Dowell **79** John Mason/Ardea **81** Ian Beames/Ardea **84o** Ian Beames/-Ardea **84u** Rod Williams/Bruce Coleman **85** Jeff Foott/Bruce Coleman **88** Bruce Coleman **96** Wayne Lankinen/ Bruce Coleman **100o** Charlie Ott/Bruce Coleman **100u** R. Balharry/Natural History Photographic Agency **101** Jane Burton/Bruce Coleman **105** Ian Beames/Ardea **108–9** Philip Dowell **113o & ul** NA Callow/Natural History Photographic Agency **113ur** A und E Bomford/Ardea **117** L Campbell/ Natural History Photographic Agency **124–5** Philip Dowell **128** Geoffrey Kinns/Natural Science Photos **130** Hans Reinhard/Bruce Coleman **134–5** Philip Dowell **139** Ake Lindan/Ardea **142** Martin W Grosnick/Ardea **146** Alain Compost/Bruce Coleman **151** CB Frith/Bruce Coleman **155** Pekka Helo/Bruce Coleman **158–9** Philip Dowell **161** Bruce Coleman **164** Avon and Tilford/Ardea **168–9** Philip Dowell **173o&u** Martin Dohrn/Science Photo Library **176–7** Philip Dowell **180** Martin Dohrn/Science Photo Library **184–5** Philip Dowell **188** David George **192–3** Philip Dowell **197** RJC Blewitt/ Ardea **200** Martin Dohrn **204–5** Philip Dowell **208** Philip Dowell **210** Jane Burton/Bruce Coleman **214–5** Philip Dowell **219o** CB Frith/Bruce Coleman **219ul & ur** Ron und Valerie Taylor/Ardea **223** David George **226–7** Philip Dowell **231** Martin Dohrn **234** Ron und Valerie Taylor/Ardea **239o** WWF und AI Giddings/Bruce Coleman **239u** Jan und Des Bartlett/Bruce Coleman **240** Philip Dowell

Fotoarbeiten: Negs

WICHTIGE ANSCHRIFTEN

Bundesforschungsanstalt für Naturschutz und Landschaftsökologie
Konstantinstr. 110
5300 Bonn-Bad Godesberg

Bund f. Umwelt und
Naturschutz Deutschland e. V.
Reuterstr. 241, 5300 Bonn 1

Deutsche Botanische Gesellschaft e.V.
Untere Karspüle 2, 3400 Göttingen

Deutsche Gesellschaft für allgemeine und angewandte Entomologie e.V.
Ludwigstr. 23, 6300 Gießen

Deutsche Gesellschaft für Vogelkunde e.V.
Ludwig-Uhland-Institut, Schloß
7400 Tübingen 1

Deutsche Ornithologische Gesellschaft
Schloß, 7760 Radolfzell

Deutscher Bund für Vogelschutz e.V.
Favoritepark 2, 7140 Ludwigsburg

Internationale Union für angewandte Ornithologie
Postfach 169, 6200 Wiesbaden

Senckenbergische Naturforschende Gesellschaft
Senckenberganlage 25
6000 Frankfurt/Main

Studiengesellchaft zur Erforschung von Meeresalgen
Stavenort 1, 2150 Buxtehude

Umweltstiftung World Wildlife Fund
Bockenheimer Anlage 38
6000 Frankfurt/Main

Verband deutscher Waldvogelpfleger und Vogelschützer
Zukunftstr. 25, 6500 Mainz

Zoologische Gesellschaft v. 1858
zu Frankfurt, Zoologischer Garten
6000 Frankfurt/Main

WEITERFÜHRENDE LITERATUR

Allgemeines

H. Bechtel: Naturfotografie. Stuttgart 1979

H. J. Bogen: Knaurs Buch der modernen Biologie. München 1977

E. Duffey (Hg.): Naturparks in Europa. München 1982

A. Ebert (Hg.): Naturschutzrecht. München o. J.

K. von Frisch: Biologie. München 1967

K. von Frisch: Du und das Leben. Eine moderne Biologie für Jedermann. Berlin 1974

H. Garms: Pflanzen und Tiere Europas. Braunschweig 1963

K. E. Graebner: Natur im Heim. Ein Handbuch für Tierliebhaber, Pflanzenfreunde und Sammler. Frankfurt/M. 1969

Grzimeks Buch der Evolution. München 1973

Grzimeks Buch der Ökologie. München 1973

Grzimeks Buch der Verhaltensforschung. München 1974

K. Lorenz: Er redete mit dem Vieh, den Vögeln und den Fischen. Wien 1970

K. Lorenz: Vergleichende Verhaltensforschung. Berlin 1978

G. Stehli: Mikroskopie für Jedermann. Stuttgart 1973

G. Vogel/H. Angermann: dtv-Atlas zur Biologie. 2 Bde. München 1967/68

Pflanzen

D. Aichele/H.-W. Schwegler: Unsere Gräser. Stuttgart 1976

D. Aichele/H.-W. Schwegler: Unsere Moos- und Farnpflanzen. Stuttgart 1978

B. Cetto: Der große Pilzführer. 3 Bde. München 1978/79/80

M. S. Christiansen/V. Hancke: Gräser. München 1980

H. Ellenberg: Vegetation Mitteleuropas mit den Alpen. Stuttgart 1978

K. Harz: Bäume und Sträucher. München 1979

C. E. Hubbard: Gräser. Stuttgart 1979

N. Jacobsen/V. Hancke: Aquarienpflanzen. München 1979

R. Lancaster: Bäume unserer Gärten. München 1977

J. E. Lange/M. Lange: Pilze. München 1977

H. Molisch: Botanische Versuche und Beobachtungen mit einfachen Mitteln. Stuttgart 1979

A. Neuner: Pilze. München 1979

E. Oberdorfer: Pflanzensoziologische Exkursionsflora. Stuttgart 1979

G. Pace: Kleiner Pilzatlas. Bonn 1978

O. Polunin: Pflanzen Europas. München 1977

O. Polunin: Bäume und Sträucher Europas. München 1977

A. Quartier: Bäume und Sträucher. München 1978

T. Schauer/C. Caspari: Pflanzenführer. München 1978

D. Seidel/W. Eisenreich: Heimische Pflanzen I u. II. München 1978

G. Stehli/G. Brünner: Pflanzensammeln, aber richtig. Stuttgart 1976

E. Wendelberger: Alpenblumen. München 1977

J. G. Williams/A. E. Williams/N. Arlott: Orchideen Europas. München 1979

Tiere

P. Bang/P. Dahlström: Tierspuren. München 1977

H. C. Bauer u.a. Zoologische Experimente. Praktische Anleitungen. München 1973

H. Bechtel: Heimische Schmetterlinge. Hannover 1966

E. Bezzel/ B. Gidstam: Vögel Mittel- und Nordeuropas. München 1978

B. Bruun: Der Kosmos-Vogelführer. Stuttgart 1971

B. Campbell: Das große Vogelbuch. Stuttgart 1976

S. P. Dance: Das große Buch der Meeresmuscheln. Stuttgart 1977

W. Dierl: Insekten. München 1978

B. Entrop: Muscheln und Schnecken an Europas Küsten. Stuttgart 1977

O. Danesch/W. Dierl: Schmetterlinge. Stuttgart 1973

E. Friedrich: Handbuch der Schmetterlingszucht. Stuttgart 1975

U. Friedrich/W. Volland: Futtertierzucht. Stuttgart 1981

K. v. Frisch: Tiere als Baumeister. Berlin 1974

Grzimeks Tierleben. 13 Bde. München 1979/80

T. Haltenorth: Säugetiere sowie Lurche und Kriechtiere. München 1978

G. Lindner: Muscheln und Schnecken der Weltmeere. München 1975

L. Lyneborg/N. Jønsson: Nachtfalter. München 1976

L. Lyneborg/N. Jønsson: Tagfalter. München 1975

B. J. Muus/P. Dahlström: Süßwasserfische Europas. München 1977

B. J. Muus/P. Dahlström: Meeresfische der Ostsee, der Nordsee, des Atlantiks. München 1978

G. Nietzke: Die Terrarientiere. 2 Bde. Stuttgart 1980

K. Rimpp: Salamander und Molche. Stuttgart 1978

A. Sandhall: Insekten und Weichtiere. München 1974

G. Schmidt: Kleinsäuger. Stuttgart 1973

S. Schmitz: Aquarienfische. München 1977

S. Schmitz: Die Schnecken- und Muschelsammlung. Minden o. J.

R. Schulte: Frösche und Kröten. Stuttgart 1980

F. Terofal: Fische. München 1978

W. Thiede: Vögel. Unsere heimischen Vögel nach Farbfotos bestimmen. München 1976

W. Thiede: Wasservögel - Strandvögel. München 1979

G. Trommer: Greifvögel. Stuttgart 1977

H. C. D. de Wit: Aquarienpflanzen. Stuttgart 1971

R. Wyniger: Insektenzucht. Stuttgart 1974

Einzelne Lebensräume

W. DeHaas/F. Knorr: Was lebt im Meer an Europas Küsten? Stuttgart 1966

Kosch-Frieling-Janus: Was find ich am Strande? Stuttgart 1970

P. Kuckuck: Der Strandwanderer. München 1957

K. Paysan: Leben in Teich und Tümpel. München 1971

E. Pott: Bach - Fluß - See. München 1979

F. Sauer: Strand und Küste. München 1977

T. Schauer/C. Caspari: Pflanzen- und Tierwelt der Alpen. München 1975

H. Schuhmacher: Korallenriffe. München 1976

H. Sielmann (Hg.): Knaurs Tierleben. 8 Bde. München 1978–82

EIN LETZTES WORT

Wir hoffen, daß Ihnen dieses Buch gefällt und daß Sie, wie viele Biologen und Naturfreunde überall in der Welt, erkannt haben, wie rücksichtslos unsere Erde und die Natur durch den sogenannten Fortschritt zerstört werden. Wenn ja, sind Sie vielleicht auch bereit, die Arbeit zu unterstützen, die wir im Jersey Wildlife Preservation Trust zu leisten versuchen. Diese Stiftung bemüht sich, vom Aussterben bedrohte Tierarten zu retten und weiterzuzüchten und Menschen aus verschiedenen Weltregionen in der Kunst der Zucht und Wiedereinbürgerung von Wildtieren auszubilden. Wir setzen uns ein für die wildlebenden Pflanzen und Tiere unserer Erde, weil sie sich selbst nicht wehren können, und schließlich ist es auch Ihre Erde, zu deren Erhaltung Sie beitragen können. Wenn Sie mehr darüber wissen möchten, schreiben Sie mir an die nachstehende Adresse; wir senden Ihnen dann gern ausführliche Informationen zu.

Jersey Wildlife Preservation Trust,
Les Augres Manor, Trinity, Jersey,
Kanalinseln

VERHALTENSREGELN FÜR DEN NATURFREUND

In unserer überfüllten und geschäftigen Welt ist es von lebenswichtiger Bedeutung, daß ein jeder die Landschaft und ihre Fauna und Flora respektiert und zu erhalten versucht. Auf dieser Seite habe ich einige Verhaltensregeln für den Hobbybiologen zusammengestellt, aber diese Regeln gelten selbstverständlich für alle, die mit der Natur in Berührung kommen. Wenn Sie im Zweifel sind, ob ein bestimmter Eingriff in die Natur erlaubt ist oder nicht, so sollten Sie sich vorher bei der zuständigen Naturschutzbehörde erkundigen *(S. 318)*. Informieren Sie sich außerdem über die Bestimmungen des Naturschutzgesetzes und des Washingtoner Artenschutzübereinkommens sowie die einschlägigen Vorschriften der einzelnen Bundesländer, in denen die Namen der jeweils geschützten Pflanzen und Tiere verzeichnet sind. Und denken Sie stets daran, daß Sie als Naturfreund verpflichtet sind, Ihre Angehörigen, Freunde und Bekannten zur Befolgung unserer Verhaltensregeln anzuhalten.

VERHALTENSREGELN FÜR DEN SAMMLER

1. Entnehmen Sie nicht mehr Exemplare, als Sie für Ihren Zweck unbedingt benötigen.
2. Entnehmen Sie nicht demselben Lebensraum Jahr für Jahr Vertreter derselben Art in größerer Zahl.
3. Lassen Sie die Raubfeinde oder Parasiten der von Ihnen gesammelten Arten ungeschoren.
4. Stören Sie nicht sämtliche potentielle Wohnstätten bei der Suche nach einer bestimmten Art. Drehen Sie beispielsweise nicht alle verrottenden Holzteile in einem Waldstück um, oder inspizieren Sie nicht jedes Loch in einem Baumstamm.
5. Entfernen Sie Fallen, in denen unnötig Tiere gefangen werden.
6. Schneiden Sie Pflanzen sauber mit einem Messer oder einer Baumschere ab – brechen Sie sie nicht einfach ab.
7. Beschränken Sie sich bei regional verbreiteten oder selteneren Arten auf ein oder zwei Exemplare, und meiden Sie stark belastete und von Übersammlung bedrohte Gebiete.
8. Verständigen Sie die zuständige Naturschutzbehörde, wenn Sie einen ungewöhnlichen Fund gemacht haben. Und wenn Sie in einer Region sammeln, die von besonderer naturschützerischer Bedeutung ist, sollten Sie ein Verzeichnis der dort vorgefundenen Arten vorlegen.
9. Sammeln Sie niemals aus wirtschaftlichen Interessen.
10. Wenn Sie Tiere für Ihre Sammlung entnehmen, vor allem Vertreter seltener Arten, sollten Sie sie möglichst in Gefangenschaft halten und vermehren und die überzähligen Nachkommen wieder aussetzen.
11. Ohne den Rat und die Zustimmung der zuständigen Behörde dürfen Sie nicht den Versuch unternehmen, Pflanzen- oder Tierarten wiedereinzubürgern oder gefährdete Populationen zu vergrößern.
12. Wenn Sie Tiere zum Zwecke der Nachzucht mit heimnehmen, müssen Sie sich vorher vergewissern, daß Sie sie angemessen ernähren können. Sorgen Sie dafür, daß für die freilebenden Verwandten der betreffenden Exemplare genügend Nahrung zurückbleibt. Und denken Sie daran, daß die Tiere, die Sie entnehmen wollen, wiederum anderen Arten als Nahrung dienen.
13. Vergreifen Sie sich niemals an einer bedrohten Art. Die Gefangenschaftszucht ist zwar eine vertretbare Praxis und manchmal sogar die einzige Hoffnung, wenn die wildlebenden Bestände so stark zurückgegangen sind, daß sich die Art nicht mehr auf natürliche Weise zu erholen vermag. Aber dieses Verfahren bleibt den Fachleuten vorbehalten.

VERHALTENSREGELN FÜR DEN LANDSCHAFTSSCHUTZ

1. Stellen Sie stets den ursprünglichen Zustand wieder her. Das gilt zum Beispiel für Steine, die Sie umgewendet, oder Wasserpflanzen, die Sie aus einem Gewässer ans Ufer gezogen haben.
2. Lassen Sie keine Abfälle zurück.
3. Seien Sie vorsichtig beim Feuermachen. Alljährlich werden große Wald- oder Buschflächen durch Brände vernichtet, die von unachtsamen Ausflüglern und Campinggästen ausgelöst werden.
4. Bleiben Sie in landwirtschaftlich genutzten Gebieten auf den Wegen – laufen Sie nicht quer über die Felder.
5. Fahren Sie vorsichtig mit Auto oder Rad, und lassen Sie Ihren Hund nicht umherstreunen.
6. Holen Sie eine entsprechende Erlaubnis ein, wenn Sie private Grundstücke oder bestimmte Naturschutzgebiete betreten wollen.
7. Hinterlassen Sie keine verräterischen Spuren, die zweibeinige oder andere Räuber zu einem Nest oder Tierbau hinführen könnten.
8. Machen Sie sich mit den im jeweiligen Land geltenden Naturschutzbestimmungen vertraut.
9. Verraten Sie nicht jedem die Stelle, wo Sie etwas Interessantes gefunden haben. Denn sonst wird das Geheimnis nicht lange ein Geheimnis bleiben. Vertrauen Sie sich nur solchen Menschen an, von denen Sie wissen, daß sie die Informationen für sich behalten.

VERHALTENSREGELN FÜR FOTOGRAFEN UND FALLENSTELLER

1. Manche Tierarten dürfen nur mit einer entsprechenden Genehmigung fotografiert oder eingefangen werden. Erkundigen Sie sich bei der zuständigen Naturschutzbehörde.
2. Wenn Sie mit Ködern arbeiten, dürfen Sie des Guten nicht zuviel tun, damit sich die betreffenden Tiere nicht an die neue Nahrung gewöhnen.
3. Verwenden Sie beim Fallenstellen niemals Methoden oder Stoffe, die Ihrem Fang oder anderen Lebewesen gefährlich werden können; das gilt etwa für Drogen oder Klebstoffe.
4. Wenn Sie ein gefangenes Tier eine Zeitlang halten wollen, müssen Sie ihm angemessene Lebensbedingungen bieten, damit es bis zu seiner Freilassung gesund und munter bleibt.
5. Setzen Sie das gefangene Tier in einer geeigneten Umgebung wieder aus, entweder an seinem ursprünglichen Standort oder in einiger Entfernung von Ihrer Falle, sofern Sie es für Studienzwecke nicht noch einmal einfangen wollen.
6. Das Wohlergehen Ihres Fotomotivs oder Schützlings hat stets Vorrang vor Ihren Fotografier- oder Fangwünschen.